信息融合工程实践
——技术与方法

Information Fusion Engineering Practice
——Technology and Method

赵宗贵　刁联旺　李君灵　翟海涛　著

国防工業出版社

·北京·

图书在版编目(CIP)数据

信息融合工程实践:技术与方法/赵宗贵等著.
—北京:国防工业出版社,2015.7
ISBN 978-7-118-10112-6

Ⅰ.①信… Ⅱ.①赵… Ⅲ.①信息融合—研究
Ⅳ.①G202

中国版本图书馆 CIP 数据核字(2015)第 168491 号

※

国防工業出版社出版发行
(北京市海淀区紫竹院南路 23 号 邮政编码 100048)
北京嘉恒彩色印刷有限责任公司
新华书店经售

*

开本 710×1000 1/16 **印张** 29¾ **字数** 548 千字
2015 年 7 月第 1 版第 1 次印刷 **印数** 1—3500 册 **定价** 98.00 元

国防书店:(010)88540777 发行邮购:(010)88540776
发行传真:(010)88540755 发行业务:(010)88540717

致 读 者

本书由国防科技图书出版基金资助出版。

国防科技图书出版工作是国防科技事业的一个重要方面。优秀的国防科技图书既是国防科技成果的一部分,又是国防科技水平的重要标志。为了促进国防科技和武器装备建设事业的发展,加强社会主义物质文明和精神文明建设,培养优秀科技人才,确保国防科技优秀图书的出版,原国防科工委于 1988 年初决定每年拨出专款,设立国防科技图书出版基金,成立评审委员会,扶持、审定出版国防科技优秀图书。

国防科技图书出版基金资助的对象是:

1. 在国防科学技术领域中,学术水平高,内容有创见,在学科上居领先地位的基础科学理论图书;在工程技术理论方面有突破的应用科学专著。

2. 学术思想新颖,内容具体、实用,对国防科技和武器装备发展具有较大推动作用的专著;密切结合国防现代化和武器装备现代化需要的高新技术内容的专著。

3. 有重要发展前景和有重大开拓使用价值,密切结合国防现代化和武器装备现代化需要的新工艺、新材料内容的专著。

4. 填补目前我国科技领域空白并具有军事应用前景的薄弱学科和边缘学科的科技图书。

国防科技图书出版基金评审委员会在总装备部的领导下开展工作,负责掌握出版基金的使用方向,评审受理的图书选题,决定资助的图书选题和资助金额,以及决定中断或取消资助等。经评审给予资助的图书,由总装备部国防工业出版社列选出版。

国防科技事业已经取得了举世瞩目的成就。国防科技图书承担着记载和弘扬这些成就,积累和传播科技知识的使命。在改革开放的新形势下,原国防科工委率先设立出版基金,扶持出版科技图书,这是一项具有深远意义的创举。此举势必促使国防科技图书的出版随着国防科技事业的发展更加兴旺。

设立出版基金是一件新生事物,是对出版工作的一项改革。因而,评审工作需要不断地摸索、认真地总结和及时地改进,这样,才能使有限的基金发挥出巨大的效能。评审工作更需要国防科技和武器装备建设战线广大科技工作者、专家、教授，以及社会各界朋友的热情支持。

让我们携起手来，为祖国昌盛、科技腾飞、出版繁荣而共同奋斗！

国防科技图书出版基金

评审委员会

国防科技图书出版基金
第七届评审委员会组成人员

作者简介

赵宗贵，男，1943 年 2 月 12 日生，黑龙江铁力市人，1965 年 7 月毕业于哈尔滨工业大学计算数学专业，研究员，博士生导师。曾任电子工业部第二十八研究所科技委主任、副总工程师，总装备部电子信息系统综合技术专业组专家，中国电子学会会士，江苏省系统工程学会副理事长。长期从事 C^4ISR 系统论证、设计和研制工作，曾任空军、海军、陆军多项大型电子系统工程主师、副总师、总师。获国家科技进步一等奖和电子部科技进步特等奖 1 项，部委科技进步一等奖 2 项、二等奖 3 项，以及光华科技基金奖。1998 年被授予国家中青年有突出贡献专家称号，1993 年享受国务院特殊津贴。指导信息融合等领域博士 10 名、博士后 20 余名。参加撰写专著 2 部，主笔撰写《信息融合概念、方法与应用》、《信息融合工程实践——技术与方法》等专著。发表学术论文 80 余篇。

刁联旺，男，1965 年 10 月生，安徽五河县人，工学博士，研究员，硕士生导师。中国航空学会信息融合专业委员会委员。2004 年于南京理工大学人工智能与模式识别专业获工学博士学位，主要从事作战指挥决策、信息融合理论等方面的教学与科研工作，主持多项军队军事理论课题和总装国防装备预研项目，获军队科技进步奖共 9 项。发表学术论文 40 余篇，其中 10 余篇被 EI 检索，出版学术专著 4 部。

序

目前，我们已步入信息时代，信息时代的主要特征是以各种信息形式表达人类对客观世界的察觉、理解和预测等认知活动，为人类改造世界提供支撑。信息融合是基于信息应用出现的跨多学科门类、多专业领域、多应用技术的边缘学科，随着信息获取手段的增加，日益展现出强大的生命力和广阔的应用前景。自1998年开始，国际信息融合学会(ISIF)每年举办一次国际信息融合大会(ICIF)(第1届在洛杉矶、2014年第17届在马德里)，我国信息融合分会(隶属航空学会)自2009年成立以来已举办6届全国信息融合学术年会，会议集中了我国信息融合学界精英，展现了我国信息融合理论、技术发展状况和在各领域的应用成果。

本书主要著作者赵宗贵研究员是我国信息融合领域著名专家，在国内率先编译出版了美国国防部实验室联合理事会(JDL)数学融合信息组(DFIG)专家E. L. Waltz和J. Llinas的专著《多传感器数据融合》，对促进我国信息融合学科和应用领域的发展起到了重要作用。军事应用是信息融合发展不懈的动力，作为我国C^4ISR领域的著名专家，赵宗贵研究员近50年一直从事战场感知信息处理工作，在理论和技术上有重要创新，曾获国家科技进步一等奖，国务院部委科技进步特等奖、一等奖、二等奖十余项，在我国信息融合历届学术年会上曾四次作大会报告，并在工信部培训班和多所军事、地方院校讲授信息融合课程，培养信息融合领域博士和博士后20余名，为我国信息融合学科发展和人才培养作出了突出贡献。

本书是继2012年《信息融合概念、方法和应用》一书出版后，作者的又一部信息融合专著，内容取自作者及其团队近30年信息融合理论和应用研究中的创新成果和应用案例。本书的第一个特点是理论上的创新性，如作者提出了第三代信息融合结构，明确了第三代信息融合结构的功能模式和人在战场感知观测、判断、决策与行动(OODA)环中的作用；对常速系统和变速系统的充分统计量估计和系统参数辨识公式，是作者尚未发表过的创新性研究成果；多站纯方位误差的贝叶斯点估计和区间估计方法在理论上尚未见诸于文献。本书的第二个特点是注重实践性和应用性，书中的主要内容取自作者及其团队的研究和应用成果，其主要内容均带有仿真验证或工程应用案例，这对应用工程师们显然具有重要参考价值。本书第三个特点是前瞻性，书中介绍了对弱信号和隐身目标的检测前跟踪(TBD)技术，融合图像质量评估方法，以及当前信息融合的6个挑战性问题，展示了信息融合研究和未来应用前景。本书第四个特点是可读性好，该书所描述的学科沿革动态，以及信息融合中一些值得玩味的问题，结合应用进行的原理性描述，易于读者阅读理解。书中许多概念和观点是基于应用理解产生的，如判定级融合、共用作战图，以及对感知主体（人、传感器和计算机）的分析等，对于科技人员深入认识信息融合学科的概念具有指导意义。

本书的出版发行对提升信息融合学科的地位，促进国内外信息融合理论、方法与技术的发展，推动信息融合的应用将发挥重要作用。期望赵宗贵研究员及其所在团队为我国信息融合学科理论与应用发展做出新贡献。

中国工程院院士

中国信息融合分会主任 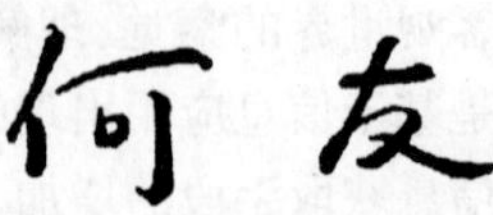

2014 年 11 月

前　言

自1973年建立信息融合概念以来，国际信息融合领域得到了飞速发展，特别是应用领域的扩展，现在已经发展到信息化作战和反恐领域应用，并扩展到医学、地质、航空、商贸、经济和金融等民用领域，特别在突发事件处置和态势感知与分析中，发挥了重要作用，取得大量应用成果。

本书作者及其所在信息融合团队在近50年的数据处理理论、方法与技术研究和工程应用实践中，深刻体会到信息融合不是一个独立的理论学科，而是跨越多学科理论，涵盖多门类技术、面向多领域应用的综合学科，试图建立一个独树一帜的学科理论和方法的思想是不可取的。

信息融合学科分为功能和方法两个层次。功能实现层次，如探测信号（原始信息）的目标检测（发现）、关联/相关、目标状态融合估计与识别、态势/场景估计等功能。所采用的技术和方法层次，如计算机技术、传感器技术、网络通信，以及数学模型和方法，其中数学方法包括统计估计方法（最小二乘、极大似然、极大后验）、不确定性处理方法（D－S证据理论、模糊集理论、贝叶斯推理）、基于知识的人工智能方法（专家系统、模式识别、黑板模型）等。不难看出，信息融合的功能层次与各应用领域密切相关，而采用方法和技术则与相关学科和技术领域有关。这些方法和技术并不是信息融合学科特有的，而是从其他学科和技术领域的"拿来主义"的应用。信息融合学科并不是从理论上研究这些技术和方法，而是要解决它们在融合应用中所出现的技术难点。由于每个学科的发展都需要借鉴与其有关系（Contextual）的其他学科的原理、方法和技术，因此，信息融合这种跨越多学科的边缘特性使其能促进多学科融合发展进程。

由上述分析不难看出，信息融合学科产生的动因在于应用，其发展和创新也来自多领域应用，脱离应用的信息融合理论和方法没有生命力，脱离其他学科和技术领域支持的信息融合应用没有发展前途。应用是信息融合的灵魂，其他学科和技术领域的支持是信息融合学科发展的源泉。

本书是继2012年《信息融合概念、方法与应用》一书在国防工业出版社出版后，作者的又一部信息融合应用专著。与国内出版的信息融合领域著作不同，本书以应用为主旨，几乎所有章节都带有应用案例，涵盖了作者及其所在团队近50年在预先研究和工程应用中的信息融合技术创新成果，包括没有发表过的研究成果。本书中没有脱离应用的纯理论和方法描述，一些较详细的概念描述和公式推导是相关创新应用成果,从方便读者理解和应用出发设置的。本书内容还包括作者指导博士和博士后发表的论文和毕业论文中具有创新性的信息融合理论、方法和(仿真)应用案例。

本书共分10章,第1章描述了作者提出的信息融合发展三个阶段和当前关注的8项研究内容,所介绍的第三代信息融化模型和作者创新的人在感知环中的4类融合模式,突出了基于应用的用户参与和主导作用;第2章向读者介绍了工程应用中的信息关联/相关参数度量和判定方法;第3章介绍了目标检测前跟踪(TBD)技术和三种实现方法及融合TBD技术设想,这是该领域的最新研究和应用成果;第4章介绍了贯穿作战全过程的识别概念和体系结构,突出了基于信息熵的信息一致性和差异性度量方法和应用识别案例;第5章创新建立了一阶和二阶运动目标跟踪的充分统计量模型,提出并证明了工程中应用的两种目标参数辨识方法;第6章给出了单平台和多平台(静止和运动平台)纯方位目标跟踪系统的可观测性条件;第7章介绍了纯方位跟踪平台的最优轨迹模型和求解方法;第8章系统描述了多站纯方位目标定位的多种方法,导出了多站纯方位贝叶斯定位的点估计和区间估计公式,为纯方位测量目标定位精度分析提供了有效的技术途径;第9章介绍了基于任务关注内容和人的视觉感知特征的图像融合方法的最新研究成果,包括融合图像质量指标、计算方法和红外弱小目标增强仿真案例;第10章向读者描述了用户对信息融合的主导作用,介绍了当前信息融合高级学派所提出的数据融合信息组模型和用户—融合模型,其关乎信息融合的未来发展方向。

本书第1、2、4、5章由赵宗贵研究员撰写,第3章由翟海涛、顾晶高工和赵玉丽、萨出拉工程师撰写,第6、7、8章由刁联旺博士撰写,第9章由王晓文博士和赵宗贵研究员撰写,第10章由李君灵博士撰写;张武博士为第6、7章提供了素材并参加撰写,许阳博士为第10章提供了素材并参加撰写;刁联旺、李君灵、许阳博士做了大量文字整理工作,赵宗贵研究员对所有章节进行了多次修改、补充,并最终定稿。吴蔚高工、郭志强工程师等参与了本书的录入工作。感谢潘建群、毛少杰、吴振锋、戚志刚、沈伟平、杨志海、王志刚等研究员和陈图强教授,他们在人员、资料和技术上对本书的撰写提供了支持。

本书出版发行旨在对国内外信息融合研究人员和工程技术人员有所启发和帮助,不足之处请读者指正。

赵宗贵

2014年10月　于南京

目　录

Contents

第1章　多源信息融合综述

1.1　信息融合学科发展简述

信息融合起源于数据融合,或者说数据融合是信息融合的第一阶段。数据融合在概念上是指组合来自多(同类或不同类)传感器的探测数据和相关信息,以获得单一传感器无法得到的更准确可信的结论或质量高于任何单一传感器所获得的信息,见文献[1]前言。虽然数据融合概念起源于20世纪70年代,但更早期(美国和苏联在20世纪四五十年代,我国在20世纪六七十年代)就已经开始应用的多雷达情报综合方法,实际上就是数据融合的初始范例,只是由于当时雷达探测性能差异较大,在多雷达情报处理方法上多采用人工或自动选主站(即选择对目标探测效果最好的雷达)的方式进行情报综合,以单一主站对某批目标进行定位、识别与跟踪,因此融合特征尚不典型。在该综合方式下,当主站丢失跟踪目标时,由其他探测到该目标的雷达站(称为该批目标次站)进行补点或接替主站工作。由于两个雷达站探测精度的差异和非同步工作,在换站跟踪时,会出现目标航迹不连续或偏移,这将大大降低目标跟踪的时效性和精度,对后续作战应用产生不利的影响,这一缺陷成为多雷达情报综合方式从选单一主站方式走向融合方式的主要动因。

信息融合发展的第二阶段从美国防部实验室联合理事会(JDL)1987年建立信息融合初级模型开始,见文献[2]2.1节。信息融合与数据融合的第一个不同点在于信息源,信息融合除采用多传感器探测数据,还融入了其他信息源,如侦察情报(技侦、航侦、人工情报等)、其他军/民情报、开源文档,以及已有资料(数据库、档案库)信息等。第二个不同点是信息融合方法和技术比数据融合难度更大,从统计学和结构化模型迈向非结构化模型,以及基于知识的系统和人工智能技术。第三个不同点是信息融合的研究领域从目标定位、识别与跟踪跨入态势/影响估计等高级感知领域。第四个不同点是信息融合的应用领域从战略和战术预警扩展到支持整个作战过程(作战决策、指挥控制、火力打击,以及作战评估等)和民用领域(医学诊断、环境监测、状态维护、机器人等)的更大应用范畴。

信息融合领域第一阶段和第二阶段的研究和发展目标,无论在理论上还是在技术和应用实现上都力图建立一个能够自动运行的产品,嵌入到应用系统中或直接作为系统应用到相应业务活动中。为此,对于传统结构化数学模型和方法,如统计学、计算方法、数学规划,以及各种信息处理算法无法解决的目标识别、态势估计、影响(威胁)估计等高级融合问题,则求助于不确定性处理和人工智能技术。然而,当前不确定性处理技术,特别是人工智能技术的发展与高级信息融合的需求相差甚远。鉴于信息融合中的诸多问题离不开用户的参与,特别是融合系统运行过程中,离不开人的操作、选择、判断、行动、管理和控制这样一个无法回避的现实。自2005年后,信息融合研究和设计者们不得不反思“建立自动运行的融合产品/系统”这一目标的可能性和正确性,从而使信息融合领域理论和技术发展进入了第三阶段。该阶段的显著特征是如何致力于建立一个人在感知环中的信息融合系统,以在信息融合系统设计、运行、应用等各阶段通过与人的紧密耦合,发挥用户对信息融合的主导作用,以满足用户的应用需求。不难看出,第三阶段的这一目标又回归到信息融合学科的初衷——信息融合产生、发展的动因皆来自应用,当前正致力构建的用户—信息融合模型[3-5]就是该阶段的典型代表。第三阶段信息融合的应用特征是随大数据概念、方法和应用出现的,大数据特征是海量数据规模、快速动态的数据体系、多数据类型和低数据价值密度;信息融合领域的大数据是指来源广泛、获取手段各异且有人参与和理解判定的数据集合。当前,大数据技术在工业、金融、经济、安全等现实社会各领域的应用方兴未艾。包含用户主导的信息融合结构和大数据技术的应用将使信息融合在军事领域的应用扩展到观测、判断、决策与行动(OODA)各环节,并向闭环控制发展。与此同时,信息融合的应用正迈向世界和国家多领域融合、发展规律预测和战略规划等高端应用。

1.2 信息融合技术研究动态

如前所述,信息融合技术的产生和发展来源于多专业领域的应用。目前,在军事领域,对信息融合技术发展的直接推动力是信息化武器装备的发展和信息化作战样式(如网络中心战)的出现,所产生的新的战场感知需求。从国内外信息融合领域研究状况看,下面介绍目前所关注的信息融合技术。

1. 信号级融合

随着武器装备的动力性能的提升和信息化作战能力的提高,目标的隐身能力、机动能力、突防能力日益增强,高超声速目标、低慢小目标和隐身目标的威胁日益加剧,并且面临更加复杂、变幻莫测的战场环境。这对传统传感器探测机制提出了严峻挑战。例如,目标雷达截面积(RCS)大大减小(如战略轰炸机B-2的RCS仅为$10^{-3}m^2$),使得单一传感器已无法连续跟踪目标,甚至无法检测和发现目标。这就出现了融合多传感器探测信号,实现低可观测性目标(称为弱信号目标或弱小目标)的检测和尽早发现预警问题。信号级融合展现了信息融合向底层传感器/探测级的发展趋势,属于0级融合范畴。当前,检测弱信号目标的信号融合技术研究动态如下:

(1) 分布式多基雷达技术。一个雷达探测系统包括一个发射平台和多个在地域上分布配置(或移动)的接收平台,通过多平台接收信号的变换和融合,检测弱信号目标。

(2) 多传感器组网探测技术。分布配置不同频段、不同精度和探测距离的传感器,通过多传感器探测信号的集中式融合,联合检测出弱信号目标。

(3) 认知传感器技术。基于对探测环境中存在的所有电磁信号的感知,自适应选择探测频段和检测门限,通过对接收到的多频段信号进行融合,检测识别出强电磁干扰环境中的目标。

(4) 检测前跟踪(Track Before Detect,TBD)技术。基于单或多传感器探测信号的多帧(多周期)积累和融合,检测并同时发布目标航迹。这是对传统检测后跟踪(Track After Detect,TAD)机制的挑战。

2. 作战识别技术

战场识别(Battlefiled Identification,BID)是信息融合的瓶颈,目前的目标属性识别、状态变化判定、态势与威胁识别技术均与作战需求相差甚远;作战识别(Combat Identification,CID)将战场识别扩展到整个作战活动范畴,因此,技术难度又有较大增加。识别技术所依赖的并不是大量稳定的随机信息,而是很少(偶尔)出现、呈异常变化特征的信息。因此,传统基于统计学的方法已无法满足作战识别的需求,探讨识别信息度量标准和基于不确定性的融合识别方法成为当务之急。作战识别涉及的研究内容如下:

(1) CID 概念与融合结构研究。研究作战识别多级概念和多层次结构,确定每个层次中的多识别假设和每个假设的分布谱系,以及识别各层次之间的关系。

(2) 识别信息量度量和识别知识量度量方法研究。研究识别的信息熵表示方法,识别证据的一致性和冲突性度量方法,以及作战识别中的不确定性关联方法。

(3) 多源识别信息融合实现方法研究。研究多源识别信息融合总线式结构和实现流程,识别信息融合的通用框架,以及基于特征和属性的混合识别推理技术。

(4) 判定识别信息融合技术研究。考虑人在判定融合识别中的主导作用,探讨判定级融合实现目标识别、关系识别和意图识别的方法。

(5) 作战识别中的认知方法。研究人的思维方式、启发性知识和推理逻辑表示及其在作战识别中的应用方法,提升人机交互识别能力。

3. 分布式信息融合技术

分布式信息融合是网络中心战对战场感知的需求,其在结构能力上与传输网络、环境噪声相互耦合,在效能上与作战活动紧密耦合,在技术上面临的难点如下:

(1) 分布式融合体系结构分析。分析网络传输能力、环境噪声、融合算法、信息流程等因素对分布式融合性能和效能的影响,建立支持网络中心战的分布式融合结构。

(2) 分布式融合系统性能指标与度量方法。建立分布式信息融合指标体系和基于网络的性能指标转移模型,以及基于不确定性网络传递的性能指标度量方法。

(3) 分布式节点重用误差滤除方法。包括分布式融合流程管理与控制技术,以及共用节点重用误差滤除技术,以减少和消除信息重用引起的误差增长。

(4) 相关测量和未知分布噪声信息的融合方法。建立非独立测量和带有未知分布噪声的信息融合模型,解决分布节点相关性未知或部分已知的多源信息融合问题,以及非高斯或未知分布噪声的信息融合方法。

4. 异介质图像融合方法与实现技术

当前,随着作战空间向太空和 Cyber 空间的扩展,对遥感遥测和战场监视图像的融合处理成为全维战场感知的迫切需求,特别是异介质图像融合更成为作战识别亟待解决的难题,成为当前研究的热点。主要的融合方法和技术如下:

(1) 异介质图像空间配准技术。指将不同位置、不同视角获取的同一场景图像变换到同一空间坐标系下,涉及到图像景物的空间和视角变换问题,是迄今为止尚未解决的难题。

(2) 异介质图像像素级融合可行性研究。不同频谱/介质图像,特别是有源雷达视频与红外/可见光等典型图像存在较大差异,因此像素级融合的可行性成为人们正在探讨的问题。

(3) 异介质图像特征提取和统一表示技术。为在特征级进行异介质图像融合,需按可融合特征进行特征提取和统一表示,所面临的信号级和特征级图像变换问题亟待解决。

(4) 多介质融合图像质量指标、评价方法择优技术。融合图像质量依赖于源图像中有效信息的保留量、融合图像应用关注特征,以及人对图像的理解和视觉注意机制等,当前对多介质融合图像质量评价指标的选择和评估正在开展。

(5) 融合图像的应用实现技术。当前主要指基于融合图像的目标检测与跟踪技术、基于融合图像的目标识别技术,以及目标打击效果评估技术等,已有初步应用,其中需要人参与。

5. 用户参与和主导的信息融合技术

该项技术旨在实现信息融合与用户的紧密耦合,以及信息融合与应用的紧密结合,以提升融合产品的性能和应用效能。该项研究内容来源于信息融合产品的应用实践,突破了传统的“自动融合”研究领域,成为信息融合技术的前沿课题。主要的信息融合技术如下:

(1) 人在信息融合中的认知能力研究。研究信息融合过程中的认知环节和认知功能,人的认知融合思维模式、能力度量与验证技术等。

(2) 基于用户认知的融合方法与实现技术研究。包含自动融合结果的知识转换及与人的理解和判定知识的统一表示技术、人机信息融合实现技术，以及基于认知的人机交互界面设计技术等。

(3) 信息融合中的用户精练方法与实现技术。主要研究信息融合中所包含的人的因素度量指标、用户活动模式，判定信息融合（DEC－IF）、行动信息融合（ACT－IF）概念和方法，以及感知资源管理和任务管理等题目。

(4) 态势管理与行动方案（Course of Action，COA）规划技术研究。研究基于当前态势和意图的战场态势变化控制方法，包括敌方作战活动（判断、决策和行动计划等）识别和我方行动动态规划；塑造有利于我方意图和作战行动的态势，以实现作战活动的全闭环 OODA 控制。

6. 大数据融合问题和方法

当前，在世界上兴起的大数据，范围覆盖国家、经济、工业、金融、军事等各领域，技术上具有海量数据规模（Volumes）、快速流转数据体系（Velocity）、多样数据类型（Variety）和较低的数据价值（Value）密度等特征，技术上呈现探索多行业、多部门、多领域、多因素信息的内在关系与综合运用方法。态势感知领域的大数据是指与任务相关的广泛情报信息来源和以各种技术/手段获取的多介质、多形式、多格式情报信息，所面向的是较高级别的多种样式感知需求。

当前，信息化条件下的网络中心战采用大数据技术支撑战略、战役和战术层面的战场态势感知，亟待解决的问题如下：

(1) 非数据情报自动处理技术。指按介质和情报源分类的各类形式情报的自动处理技术，包括图像情报自动处理、文字情报自动处理、声音信号和电磁信号的自动处理等；支持战场态势的多源、多介质、多形式融合感知和作战应用。

(2) 非数据情报融合方法。指对各种侦察手段获得的多介质、非数据情报信息的融合方法，包括情报谱系分析与正则化、情报—知识转换、情报—数据转换、基于知识的不确定性推理等技术；支持情报信息的统一分类、人工智能在感知领域的应用、情报信息及其与传感器数据的自动融合、情报信息的人机交互融合，以及情报信息与作战信息的融合等。

(3) 人工情报与传感器数据的融合方法。又称为软数据与硬数据融合[6]，是指人理解和判断的信息与传感器数据融合，属于典型的判定信息融合，包括知识—数据转换技术、基于知识的推理技术，以及人机交互融合方法等。

(4) 作战态势全谱分析方法。基于多源收集的信息，对考虑地缘政治、军事、民族宗教、法律、舆论等因素的全谱作战，进行征候分析、态势估计、威胁估计。

7. 信息融合的评估方法

既然信息融合学科是基于多领域、多类型应用需求驱动发展和成长起来的，那么对信息融合采用的方法、达到的性能和应用效能的评估自然离不开各应用领域需求的指标体系，这就出现了信息融合评估依赖于各专业应用领域的五花八门

的情况。为了构建信息融合学科统一的评估体系,需要解决下述问题:

(1) 建立信息融合质量评价体系。指将融合信息的感知真实性与专业领域可用性结合起来形成跨越多应用领域的信息融合学科统一的质量评价体系[7,8],包括感知真实性指标体系、多应用领域统一采用的有效性指标体系,以及指标体系向多融合级别的分解等(见文献[2]P332~P335)。

(2) 信息融合通用评估方法和模型。指对信息融合质量进行度量的通用方法和各种计算模型,包括通过信息内容的相似性/一致性评价识别结果,通过信息内容的差异性/冲突性度量识别结果[9-12],以及基于信息论的效能度量模型[13]、基于证据推理的不确定性度量模型[14]、基于对策论的行动均衡性度量模型、基于活动时敏性的态势价值度量模型等。

(3) 基于应用特征的信息融合评估模型。指基于用户关注的内容和特征建立信息融合评估模型,包括基于关注区域的原始信息保留量评估[15]、基于关注内容和特征的融合方法选择评估、基于用户视觉注意机制的融合信息显示评估[16-18],以及基于用户理解的融合知识转换评估等模型。

8. 信息融合的高端应用技术

高端应用是指具有高实时性、高精度和高协同性需求的应用,如武器平台火控系统(反导武器控制)、多平台协同作战系统(CEC)、高自主控制系统(机器人、航天飞行器控制)等。为了实现信息融合与高端应用的紧耦合,从能观测性和能控性出发,需要深入研究的技术如下:

(1) 运动平台探测误差的能观测性分析技术。由于运动平台探测含有平台定位与姿态误差,以及传感器测量误差,因此基于对目标(含合作或非合作目标)的测量,估计这些误差参数是迄今尚未解决的难题。该项技术为运动探测平台空间配准提供支撑。

(2) 误差非均与分布传感器测量误差能观测性分析技术。该项技术旨在基于传感器目标测量确定传感器测量误差的空间分布,为误差非均匀分布传感器空间配准提供支撑。

(3) 多平台协同探测的能观测性和能控性分析技术。该项技术主要研究多平台协同观测能力和多平台运动轨迹的最优控制技术,为提高多平台协同作战能力提供支撑。

(4) 单一纯方位跟踪平台能观测性与轨迹优化控制技术。主要研究仅有方位(不完全)测量的单运动平台能观测性,以及基于能观测性确定平台实现优化探测的运动轨迹问题,为单平台纯方位隐蔽跟踪提供支撑。

(5) 探测/融合信息向武器平台的无缝交接控制技术。旨在时间和空间上实现目标信息向火控传感器的无缝交接,支持火控传感器对打击目标的立即跟踪和锁定,达到火力隐蔽打击效果。

1.3　信息融合模式

信息融合过程是通过对多学科方法和技术进行应用集成,以获得多源信息融合所需要的实现技术,从而达成多源信息所支持的更高级应用问题的求解。将相关多学科技术和方法转换为信息融合应用的一个障碍是缺乏跨越各应用领域的统一术语,即使在军事领域中,相关但不同的应用如敌我识别(IFF)、战场监视(BS)和自动目标识别(ATR)等系统中,对于一些基本术语,如相关/关联、判定/决策、配准/校准/时间对齐、身份/属性、态势一致/统一等的定义也不相同,在中文中更产生了一些混淆甚至是五花八门的解释,从而在交流和应用中难以沟通,详见文献[2]5.6节和本书2.2节中一些概念和术语描述。

美国防部实验室联合理事会(JDL)数据融合信息组(DFIG,成立于1986年)为了增进信息融合军事应用研究和系统开发之间的交流,致力于编纂信息融合有关术语和建立信息融合过程模型,并随信息融合方法、技术的不断提升和应用领域的不断扩展而滚动发展,如JDL信息融合初级模型(1987年)、JDL修订融合模型(1998年)、JDL推荐模型(2004年)(见文献[2]2.1节)和DFIG 2004模型、用户—融合模型(见本书9.3.1节)等。

1.3.1　JDL信息融合过程顶层模型

我们在这里描述信息融合过程顶层模型,如图1.1所示,见文献[19]2.1节。

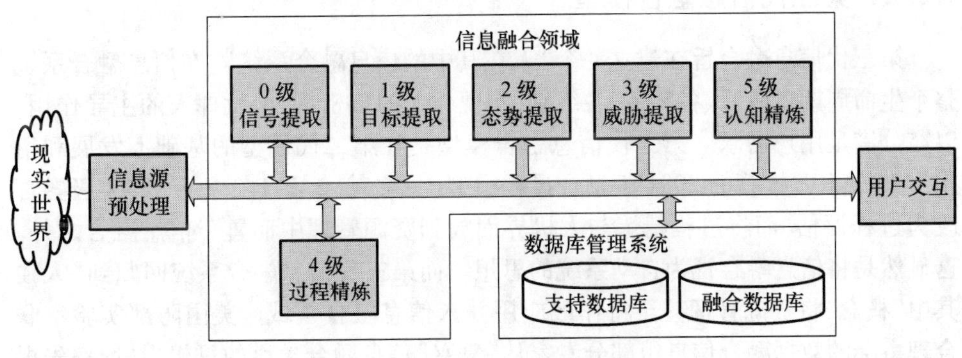

图1.1　JDL信息融合过程顶层模型

该过程模型是Steinberg[20]和Hall等人[21]推荐模型的综合,介于JDL 2004推荐模型与DFIG 2004模型之间,其中信息融合领域框内是6个关键融合子过程,是第一个层次;另一层次含有传感器输入、信息源预处理、数据库管理、人机交互等子过程,称为辅助层次。在这里主要描述第一层次的6个关键子过程概念和功能。

0级处理:信号提取(子对象数据关联与估计)。组合像素或信号级数据,以获得观测目标特征的初始信息。

1 级处理:目标提取。组合传感器数据,以获得实体位置、速度、属性和身份的可靠、准确(精确)估计,以支持对实体未来状态和属性的预测估计。

2 级处理:态势提取。从所处环境角度,尽可能设法开发和建立实体和事件中的当前关系描述,通过关系分析引出对象聚集,产生局部现实关系结构,如兵力结构和诸兵力结构之间的关系、通信关系结构和物理结构等。

3 级处理:威胁提取(影响/效能估计)。用当前态势预测未来,以推断和预测敌方威胁、我方和中立方弱势点、遭遇时机和事件结果,以及敏感度和脆弱性估计等。

4 级处理:过程精炼。是一个超过程(Meta Process),它监视整个数据融合过程,以连续估计和改善实时融合系统的性能。JDL 2004 推荐模型将其分为过程估计(放在融合领域)和过程精炼(放在资源管理中)。

5 级处理:认知精炼。寻求改进融合系统与一个或多个用户/分析员之间的交互能力。该功能能够对显示界面的用户可视性(可理解)、界面内容及其与用户认知的一致性、错误补偿能力、与用户协同能力、群体决策,以及进一步的感知行动方案分析等提供辅助支持。对 5 级处理的进一步分析见文献[19]、[21]和[22]。

图 1.1 给出的 JDL 融合过程顶层模型还含有 6 个关键融合子过程所采用的算法模型,以及辅助层次各子过程采用的管理和控制算法,详见文献[19],这里不赘述。

1.3.2 第三代信息融合模型

第三代信息融合旨在建立一个"人在其中的信息融合系统",在信息融合系统整个生命周期各阶段、各环节、各级别,实现与人的紧密耦合,发挥人的主导作用,以充分满足用户需求。第三代信息融合模型是在第二代模型的基础上发展和衍生出来的,JDL 推荐的 2004 版融合过程模型(见文献[2]2.1.3.2 节)将 4 级融合改为过程评估,而将过程精炼与人机界面放到资源管理中而置于信息融合之外。这显然是将信息融合视为自动系统的思想。而第三代信息融合系统回归到"人在其中"概念,将资源管理甚至将作战应用并入信息融合领域。美国防部实验室联合理事会的数据融合信息组部分专家从"复兴"信息融合学科的思想出发,率先提出了作为第三代系统雏形的信息融合 DFIG 2004 模型(见文献[1]19.3 节),以后又出现了作为典型代表的用户—融合模型[3-5]。

1.3.2.1 DFIG 2004 信息融合模型

与 JDL 另一部分专家试图将人直接参与的融合活动从信息融合学科分离出去的思想(其典型表现是 JDL 2004 推荐模型,见文献[2]2.1.3.2 节)不同,数据融合信息组模型回归到信息融合初衷—基于应用产生和发展,强调用户的参与和主导作用。DFIG 2004 模型的理论依据是 Endsley 的态势感知理论[23]和 Boyd 的

OODA环[24]，它们都强调人在其中的作用。图1.2描述了DFIG 2004模型的7级结构。

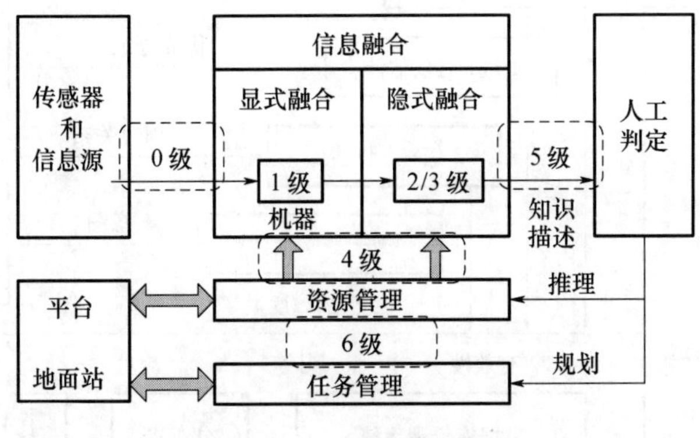

图1.2　DFIG 2004模型

该模型的特征之一是将战场感知资源管理和任务管理纳入信息融合范围（称为6级融合），从而将战场感知管理与感知信息处理纳入一个整体结构中，更易于战场感知的统一控制和优化，更易于与作战应用的紧密耦合。特征之二是将人的判定纳入信息融合范围，由人负责解决机器自动融合显示出的判定和决策问题（称为5级融合），由人负责感知任务的规划和推断资源管理中的问题（称为6级融合）。这是对信息融合JDL 2004推荐模型的重大方向性变革，即从"人在其外"迈向"人在其中"的信息融合。

然而，该模型对于人在信息融合中的作用并没有描述清楚，仅仅是初步考虑。如将第5级融合只表现为知识描述，即机器融合呈现给人的问题与人的思维判定采用统一的知识表述形式，以利于人与机器的一致理解；人对资源管理的推断实际上应是对信息融合的多级融合直到对传感器的管理与控制的优化，即人在4级融合中所起的作用（见文献[2]2.4.4节），而不仅仅是推断存在的问题；此外，6级融合中的任务管理还要与战场感知需求的主导因素—作战活动紧密联系起来，使感知活动更加贴近作战需求，获取作战活动不需要的感知信息将浪费感知资源。

1.3.2.2　用户—融合模型

为有效描述用户与融合系统之间的交互活动，文献[3-5]建立了用户—融合模型。该模型将用户在信息融合中担当的角色概括为"用户精炼"，标识为5级融合。用户—融合模型较深入表现出用户精炼（5级融合）对图1.1所示的JDL信息融合过程顶层模型中各级别的支撑关系，如图1.3所示。

该模型中的5级融合（用户精炼）在融合系统运行应用中的功能与JDL信息融合过程顶层模型中的5级处理（认知融合）功能基本相同，此外用户精炼还包括融合系统立项阶段、需求论证阶段和设计阶段用户参与的活动，以及系统应用中对融合系统的反馈修改活动等。从图1.3可以看出，用户精炼是用户在人机界面上通过与系统的交互活动实现的，交互的依据是融合系统显示界面提供的融合信

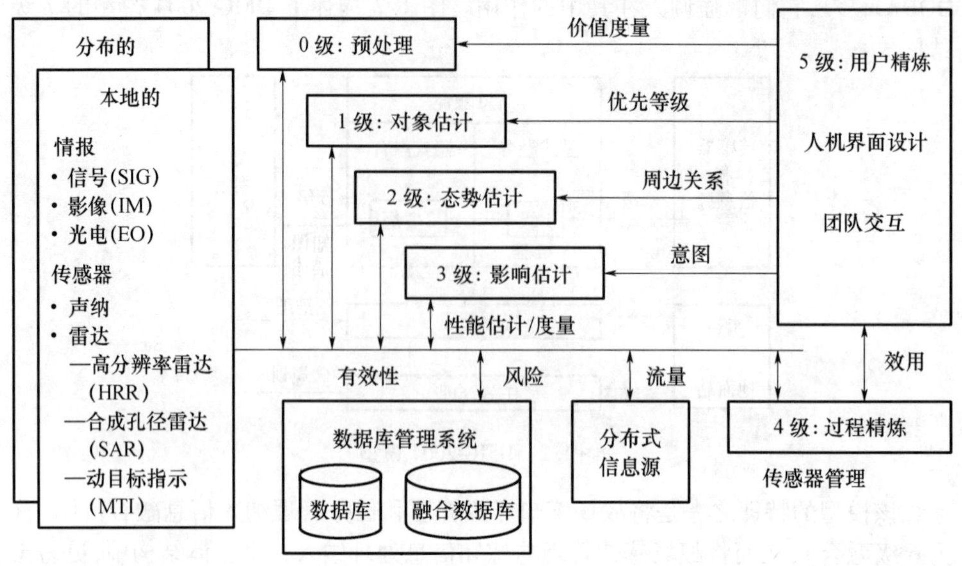

图 1.3　用户—融合模型

息、人(情报业务员、操作员、控制员)的经验和知识、已存储的知识和数据(可查询)、人掌握的外部信息(其他信息来源)和内外关系信息,这些信息通过人的头脑思维与用户承担的任务联系起来,对系统提供的信息进行修正、判断和选择,使系统融合信息质量和应用效能得到大幅提升。从图 1.3 看到,用户精炼向 0 级融合提供数据价值信息,支持0 级融合优先选择和处理价值较高的数据,提高0 级融合对后续级别的支持效能。价值信息也可理解为对数据收集的需求信息,即系统应收集有价值数据,摈弃低价值和无价值数据,以降低系统负荷。用户精炼向 1 级融合提供优先级信息,是指对 1 级融合所涉及的实体提供处理优先级,即从事用户精炼活动的人基于任务需求确定对象或目标的重要程度,以优先级的形式赋予 1 级融合,优先处理重要对象,提升系统对任务的支持度。用户精炼向 2 级融合提供周边关系信息,是态势估计不可或缺的信息,因为态势估计实质上是关系估计,即复杂实体内部关系、实体之间的关系,以及实体或实体群与外部实体或环境的关系;此外,外部信息还能够支持实体内部关系和实体属性的识别,如在时空上聚集在一起的实体一般具有相同属性,但增加了路况环境信息之后,在公路内的目标是汽车,而在公路外的目标可能是坦克,尽管它们距离很近。用户精炼向 3 级融合提供意图信息,是将人判断的对手意图提供给融合系统,修正系统自动产生的对手意图估计的不足或错误,以融合产生及时、准确的影响(威胁)估计结果。用户精炼向 4 级融合提供过程精炼要达到的效用信息,是指用户基于任务需求和融合系统(经与用户交互)产生的诸级融合结果,确定每一级别的融合规划需求,作为相应融合级别要达到的性能指标。文献[2]2.3 节将这一点作为资源管理对信息融合的多级控制功能来表述，实际上反映了用户在融合过程精炼中的作用。

图 1.3 给出的用户—融合模型的不足之处是其没有包含融合管理功能（感知资源管理和感知任务管理），或者说其没有说明用户精炼/过程精炼与融合管理功能的关系，DFIG 2004 模型和作者提出的资源管理模型对其进行了弥补，详见本书 10.3.1 节和文献[2]2.3 节。

1.3.2.3　信息融合的功能模式

必须注意信息融合的特点：一是其不是一个独立的理论学科，而是跨越多学科理论、多门类技术、多应用领域的综合学科，试图独树一帜地建立学科理论和方法的思想是不可取的；二是信息融合产生的动因在于应用，信息融合的发展和创新也来自多领域应用，脱离应用的信息融合理论和方法是没有生命力的；三是信息融合必须有用户的参与，与传统的信息系统开发方法的最大不同点在于信息融合产品的开发需要用户的全程参与，在需求、设计、运行、应用、评估等各环节上实现与用户的紧密耦合，否则，开发出来的信息融合产品将不能使用，因其无法满足用户任务需求。

在用户参与和主导信息融合系统（IFS）的设计、运行操作和应用支撑之后，IFS 的融合形式突破了传统的尽可能生成多种融合算法（优化算法、人工智能方法等）、力图实现自动融合功能，以及作为用户应用的辅助模式，转而将人的知识、智慧和思维所形成的认知能力，通过界面交互融入 IFS，从而产生了用户—IFS 的多种功能模式。

（1）自动信息融合模式：指传统 IFS 工作模式，但是增加了用户参与 IFS 设计功能，包括用户参与 IFS 需求、操作、界面、分发功能和样式的设计。

（2）判定信息融合模式：基于自动融合模式，将人（操作员、控制员和指挥员）的判断结论信息，包括人的经验推理判定信息、灵感思维推理信息，以及不假思索的直觉判定信息等自动融入 IFS 相应判定环节，生成基于用户判定的融合结果。

（3）行动信息融合模式：基于以上两种融合模式产生的融合结果，在时间和空间上指导进一步的信息融合优化控制行动（如传感器配置与控制、分布融合节点资源分配调整，以及融合算法配置和参数调整等），将可能产生的行动预测信息和已产生的行动结果信息融入 IFS，生成基于优化感知控制行动的融合结果。

（4）应用信息融合模式：指基于以上三种融合模式产生的融合结果，以嵌入或非嵌入方式融入应用系统中，系统用户通过规则和制定应用行动方案，确定和指挥应用 IFS 的业务（作战）活动。将可能产生的应用事件预测结果和所收集到的事件结果信息融入 IFS，产生基于应用效能的融合估计结果。该融合模式将 IFS 直接与应用系统紧密耦合起来，能实现感知—融合—应用的闭环优化控制。类似于 Boyd 的 OODA 环[24]。

上述 4 类融合模式皆依赖于用户的参与、主导和应用，其逐类扩展及与各融合级别的关系如图 1.4 所示。其中每一种模式都可能包含多级融合过程，产生多级融合产品,支持感知域和社会(应用)域的用户需求和应用效能的评估。

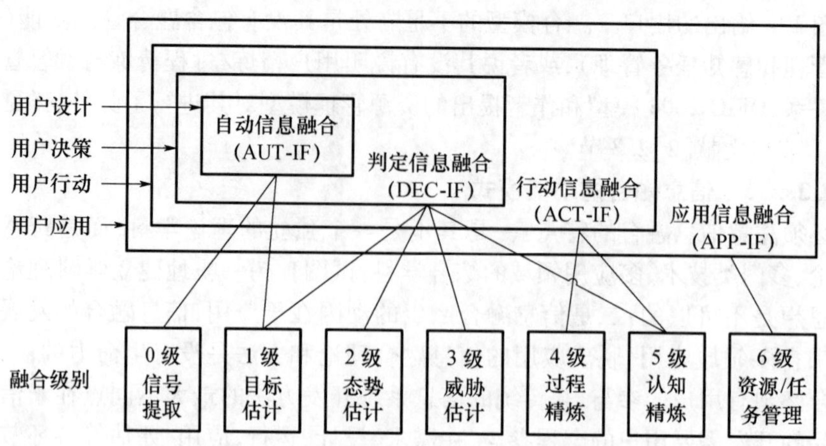

图 1.4　融合模式及其与融合级别的关系

1.3.2.4　人在 OODA 环控制中的作用

Boyd 的 OODA 环[24] 对人类认识世界和改造世界中的任何活动都是适用的,当然,在不同的活动中,其中的 4 个环节具有不同的内涵。在感知活动中,感知活动的 OODA 环如图 1.5 所示。

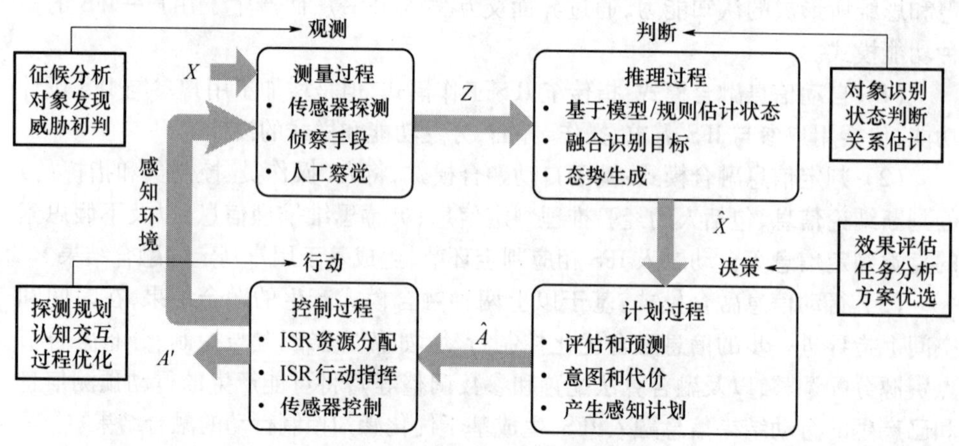

图 1.5　感知活动的 OODA 环

图 1.5 中,Z 为观测环节获得的测量集合,$\hat{X}$ 为判断环节获得的(目标或态势)状态估计,$\hat{A}$ 为决策环境结果的感知计划估计,而 A' 为行动环节结果的感知行动估计,$\hat{X}$、$\hat{A}$ 和 A' 分别以生存概率(适宜率)度量形式出现,每个都可以是多假设集合。从图 1.5 可以看出,双方的行动环节将导致战场态势的变化,而双方的观测环节决定了其获得战场态势的信息量和真实程度。这两个环节都需要人的参与和控制。至于判断环节的目标识别和态势估计,以及决策环节确定感知计划,更

需要人主动参与才能实现，即使自动融合给出了 $\hat{X}$、$\hat{A}$ 和 A' 中的可能多假设，最终也要靠人来优选。图1.5中各环节拉出的框中描述了人在相应环节中的作用。

如果战场上博弈（对策）双方展开情报战，都力图实现对感知活动的 OODA 环的闭环控制，则人在该闭环控制中将起主导作用，如图1.6所示。

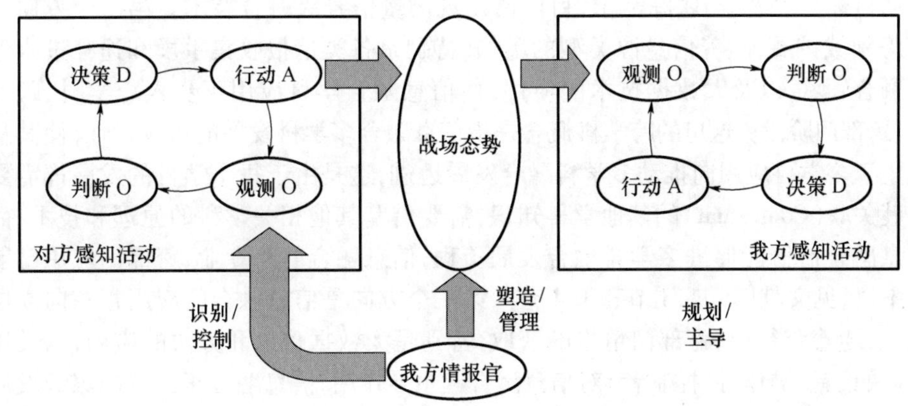

图1.6　人在感知 OODA 闭环控制中的主导作用

图1.6所示的我方情报官活动旨在获得制信息权，其中包括在决策环节确定采取伪装、隐蔽和欺骗（Concealment，Cover，and Deception，CC&D）措施以控制对方的观测环节，在判断环节识别对方对战场信息的判断程度（包括其对我方 CC&D 措施的识别程度），获取和识别对方的感知计划和的行动方案（包括其可能采用的 CC&D 手段）。在识别和控制对方感知环的基础上，依据作战任务需求规划我方感知环的各项感知活动，包括识别对方 CC&D 手段所产生的虚假信息，以分析、理解和塑造符合我方作战意图的战场态势，获得先敌感知的信息优势。

1.4　信息融合的优势

信息融合的优势主要指信息融合能够获得与单一信息源相比的众多优势，其在应用上提高了信息的利用率和应用效能，这也是信息融合学科产生和发展的原动力。从当前信息融合理论与应用发展状况看，信息融合的优势主要包括以下几方面。由于这方面已有许多文献和书籍描述，这里仅作简述。

1.4.1　范围扩展优势

范围扩展包括情报覆盖范围扩展和应用覆盖领域扩展。随着探测介质类型的扩展和新的探测机理的出现，传感器探测能力不断提高；随着探测平台动力性能的提升和活动空间的扩大，传感器的探测和监视的空间和时间范围日趋扩展，目前已全天候覆盖陆、海、空、天、电磁诸维度。然而，只有通过信息融合才能实现对传感器时空覆盖范围的实时、一致感知,消除态势模糊和混乱,使决策者和指挥者避免被信息海洋所淹没,透过迷雾,知己知彼。随着信息融合理论、方法和技术的日益成熟和领域的扩展,应用范围正在向三个方向发展,第一个方向是向底层,即向原始测量信息融合延伸,为适应弱信号目标(隐身和干扰环境、低慢小和高速运动目标)的检测与跟踪需求,目前已出现测量信号级融合技术。第二个方向是向跨领域扩展,随着信息源类型的增加,特别是各类情报收集手段和途径进入信息融合领域,以及大数据技术的应用,使信息融合学科应用正步入跨学科、跨专业、跨部门阶段。这里的跨学科概念是指信息融合多学科发展的边缘特性,使其从诞生于多学科应用向推动多学科融合发展迈进,这是由于每个学科的发展都需要与其关联(Contextual)的其他学科知识,需要借鉴其他相关学科的原理和技术,而信息融合恰恰能促进多学科融合发展历程;信息融合的跨专业、跨部门应用已屡见不鲜,见文献[19]1.3 节和 1.4 节。第三个方向是信息融合的应用正在向高层上升,随着跨行业、跨部门情报的获取,特别是大数据理论和方法的应用,以及用户(决策者、操作者、控制者)对信息融合起主导作用,信息融合正出现国家级发展战略决策、跨国经济发展预测,以及多领域(地缘政治、民族宗教、能源开发、经济发展等)关联影响分析等高层应用,当前世界各经济和军事大国在战略发展规划和路线图论证与规划中,无不采用信息融合技术。

1.4.2 统计优势

从提升战场感知能力的角度看,融合多传感器数据能够获得比单一传感器的多项统计优势。首先,如果采用多个同类传感器跟踪同一运动目标,统计组合多传感器观测数据能够改善目标状态(位置和速度)估计。例如,若采用最优方法融合 N 个独立观测能够获得的多源信息融合的第一个统计优势为:目标位置和速度统计估计的改善因子与$\sqrt{N}$成正比,这里的 N 个观测可由多传感器独立获得,也可由一个传感器 N 次独立测量获得,见文献[1]1.2 节。这里所说的采用最优方法是指对同一目标的探测覆盖率较高时(观测该目标的传感器数量较多),可以根据融合位置精度要求,选择精度较高的目标测量,剔除低精度测量,以获得满足需求的目标融合位置精度。在工程应用中,通常将多源目标融合定位精度指标设定为:不低于单一传感器定位精度,就是以较充分的测量为前提。当对同一目标的测量覆盖率较低、测量数据较少时,无法获得高精度的统计估计结果。文献[25]给出了剔除低精度样本数据的均值与方差递推计算方法。多源信息融合的第二个统计优势是能够提高目标跟踪的连续性和时效性,多传感器同时跟踪一个目标时,若目标机动致使某(些)传感器丢失该目标,只要有一个传感器未丢失,即能对该目标连续跟踪,并且融合的位置会使目标航迹平滑衔接,这对跨区域大范围连续跟踪目标至关重要,能大大扩展拦截作战范围,提高时效性,见文献[2]7.5.4 节所描述的对等融合混合结构与应用案例。多源信息融合的第三个统计优势是能够提升态势的完整性和清晰性，包括提高真目标航迹率、减少漏警率，以及降低假航迹率、减小模糊航迹（冗余航迹和假航迹）率（相关定义见本书2.3.3.3节），从而减少目标标识（批号）变化率，增加目标航迹长度，见文献[2]9.2.4节。第四个统计优势是提高作战识别（CID）率，包括目标特征的统计积累、态势要素的统计积累、态势的统计分类、自底向上和自顶向下的不确定性变换和统计推理，支持目标的尽早发现和预警、属性识别与威胁估计，以及后续的作战决策和火力打击行动。

1.4.3　互补优势

多源信息融合所实现的信息互补优势包含下述几个方面。

一是传感器探测机理和探测能力的互补，包括多介质互补、多频段互补、多模式互补、多分辨率互补、有源与无源探测互补，以及传感器部署与探测范围互补等。能够提高战场感知目标的完整性、探测的精确性和隐蔽性，是实现早期预警、正确决策和快速行动的前提。文献[1]1.2节给出了一个脉冲雷达与红外图像传感器互补观测运动目标的案例。

二是对目标的定位与识别互补。通常，对目标的定位和跟踪与对目标的识别采用的是不同介质和机理的传感器，如有源雷达（定位跟踪为主）、无源雷达（ESM，以识别为主）、图像传感器（SAR、红外、可见光等）等。在融合处理过程中，还需要定位跟踪信息与识别信息相结合，才能克服所出现的诸如关联/相关模糊、目标机动判定延误等难点，实现尽早发现预警、打击目标尽快锁定，支持威胁估计、作战决策和火力打击。

三是情报信息与传感器数据互补，情报信息通常指侦察情报、人工情报和开源文档情报，其以准实时或非实时预存方式提供使用，在作战活动的征候判断、预先威胁估计和早期预警中，起重要作用。例如，在弹道目标预警中，通过侦察到的对方弹道导弹部署和活动情况，能够初步判断其可能动用弹道导弹的征候；而在红外预警卫星探测发现某弹道导弹点火发射之后，尚不能确定其来袭方向，此时，依靠侦察情报预知的该导弹发射平台（发射井）担负的任务和平时训练信息，即可估计出其来袭方向，甚至能够估计出其打击目标，从而尽早实现反导预警。

四是非实时信息与实时信息互补，这对高级融合即态势估计与威胁估计至关重要，仅依靠实时探测信息是无法实现的。特别是对敌方作战意图的估计和敌方可能采取的伪装和欺骗手段的判断，在实时信息确定敌方兵力平台位置之后，只有依靠包括国际形势、地缘政治和军事态势等非实时或准实时信息，才能正确判断敌方意图和可能受到威胁的我方目标。

五是人与机器的互补，没有用户参与的信息融合系统无法满足应用需求，这已成为不争的事实。本书第10章详细描述了人在信息融合系统中的作用，通过人的认知能力和判定能力与机器的自动处理能力互补,才能实现及时、准确、完整、连续的态势感知,获得信息优势,为应用行动优势提供支撑。

1.4.4 识别和判定优势

信息融合的目标是为应用提供态势感知,而态势感知中有大量需要识别和判定的问题。多源信息融合比任何单源信息处理有着不可比拟的识别和判定优势,主要表现在:0 级多传感器信号融合检测能尽早识别发现有较大威胁的隐身战略轰炸机和弹道导弹/巡航导弹等目标。本书第 3 章提供了对弱信号目标的检测前跟踪技术描述和仿真案例,展现了信息融合这一独到的优势。在 1 级目标融合定位、识别与跟踪中,多传感器信息融合能够尽早识别和检测出目标状态变化(机动)和变化出现时间(见文献[2]4.3 节和本书 5.7 节、5.8 节),实现对目标的精确、连续跟踪。在目标识别中,能够基于多介质、多手段、多传感器提供的目标特征信息,融合识别目标属性/身份,并基于内部、外部和周边关系信息对目标属性进一步识别和验证。例如,有源雷达提供的目标位置和雷达截面积与无源(ESM)传感器、敌我识别传感器提供的目标特征和身份信息融合,能显著提高目标识别率;多介质图像传感器信息融合能够实现目标隐蔽跟踪和识别;侦察情报与实时探测情报融合,能够识别导弹型号等。在战场态势估计中,需要在 0 级和 1 级融合基础上,接入技侦、航侦和战场侦察提供的外部有关信息(国际政治、经济、军事形势),并与预先收集的信息相结合,估计和识别战场对象、环境要素、作战意图之间的关系,以估计敌方企图、能力和脆弱点,支持我方取得信息优势和决策优势。此外,在融合系统运行过程中,指挥官利用机器自动计算能力,发挥人的认知思维和即时响应能力,通过操作者和控制者可以实现对任何应用阶段、任何融合级别出现的识别和判定问题的理解、认知判定和干预,实现判定信息融合(DEC - IF)。例如,能够及时识破敌方的伪装、隐蔽和欺骗手段,准确识别敌方意图、作战计划、行动路线,同时能够注入、预测和估计敌方对我方态势的感知程度,以影响敌方的判断、决策和行动,通过行动信息融合(ACT - IF),实现 OODA 闭环的作战对策控制,为基于我方意图塑造战场态势,获得作战优势提供支撑。

1.4.5 应用支持优势

信息融合产品/系统的应用包括微观应用和宏观应用两类。微观应用可视为局部应用,主要指单一平台或单一业务环节的应用,如医生采用正电子断层扫描—核磁共振成像(PET - MAR),就能获得融合图像,以判断病情;司机只需察看驾驶室中的仪表,就能感知道路、车辆和周边状态;操作员只需观察雷达扫描屏即可得知目标位置,指挥员通过察看多雷达融合显示画面,能够知悉空中态势等。微观应用在民用领域非常广泛,在军事领域则通常指 0 级和 1 级融合,即目标检测、定位、识别和跟踪应用。宏观应用可视为大范围、多环节或全局性应用,也可称为高级融合应用,通常涉及融合众多信息源和广域内设置的多探测平台和传感器信息,在民用上支持如跨地区(跨国)制造业或商业信息系统、政务或社会管理信息系统,以及国家和地区发展规划和高层决策。在军事上,态势估计和威胁估计为决策提供支持就属于宏观应用范畴。当前,随着接入信息从多传感器向多手段、多平台、多介质的扩展,以及高级信息融合方法和模型的出现,信息融合系统正在逐渐覆盖从微观到宏观各个应用领域,解决各应用领域中依靠单一信息源无法解决的应用难题。在军事领域,信息融合的主要应用优势如下:

(1) 微观应用向信号级融合应用延伸,以解决单一传感器无法探测和跟踪隐身目标、低慢小目标和强干扰环境目标的难题,支持目标的早期发现和预警。

(2) 1级融合应用向异类传感器(如有源和无源传感器)和多介质传感器(多介质图像)信息融合应用发展,以解决目标识别、目标机动判定、相关/关联中的模糊性等难题,提高目标信息的完整性、连续性和准确性,支持指挥决策和精确打击。

(3) 2级融合向多类情报获取手段(技侦、人工、开源、数据库等)扩展,解决战场态势要素关系、聚集和知识表示,以及态势估计、识别和预测问题,支持威胁估计、作战决策和效果评估。

(4) 3级融合向外部和关系信息扩展,增加了任务信息、社会/政治/经济/民族宗教信息,以及历史背景和地理环境信息,解决威胁企图、能力和威胁时机,以及伪装、隐蔽和欺骗识别等难题,提高战略和战术预警及战场控制能力。

(5) 用户参与信息融合设计、运行控制和信息分发,将融合功能从多源探测和侦察信息融合扩展到判定信息融合和行动信息融合,这是达成信息融合评估与精炼,提升应用支持能力的主要途径。用户的参与能实现信息融合与应用任务的紧密耦合,在各个任务环节上对作战活动提供支持,是实现体系作战优势的关键。

1.5　信息融合面临的挑战性问题

近10年来,随着感知空间的扩展、感知手段的增加,特别是应用的跨领域增长和效能需求水平的提升,信息融合学科在理论和应用实践上面临巨大挑战,主要包含下述挑战性问题。

1. 多传感器信号配准

这是面向弱信号目标检测的多传感器信号融合无法回避的问题,是实现信号融合的关键技术。对于同类传感器信号融合,信号配准表现为融合所采用信号的空间变换和时间变换中的信号特征配准,如对异地配置的传感器测量信号需变换到融合采用的共用传感器基准上来,包括信号位置变换、信号尺寸(如雷达截面积)变换、信号幅度变换、分辨率变换等,这些特征变换依赖于传感器位置与目标的相对距离,传感器与目标航线的相对方位,以及每个传感器自身的发射功率和工作机理等因素。图像融合中的源图像配准是公认的难题,而多信号空间(特征变换)配准在技术上难于图像空间配准。多信号的时间配准需基于信号的实时变化进行,而信号的实时变化特征是很难预测(外推)的。对于异类传感器来说,信号配准涉及到异类或异介质传感器信号特征的统一基准和特征变换,因此技术难度更大。

多传感器信号配准问题既涉及制造业和传感器探测机理,又涉及信息产业和信息处理,并且需要硬件、模型和软件的紧密配合,这种复合人才现实中并不多见。因此,尽管多传感器信号配准在应用上极其迫切,但目前对该课题研究项目和成果都很少。与此相关的一个研究项目是认知传感器技术,即依据对环境(气候、电磁频谱和探测信号等)的感知信息,自适应确定和调整传感器工作频段和相关参数,需要通过对环境感知信息的不断学习和训练才能确定。

2. 滚动发展的体系结构

当前,随着应用领域的扩展和应用层次的提升,信息融合体系结构的研究不断推陈出新。美国防部实验室联合理事会自 1987 年建立 JDL 信息融合初级模型,20 年来不断推出信息融合修订模型和推荐模型[20,26,27];其他国家和地区也推出不少信息融合模型,如澳大利亚的状态转移数据融合(STDF)框架[28]、加拿大的态势分析与解释系统(SAIS)框架[29],以及美国防部数据融合信息组模型[30]、用户—融合模型[31]等。这些模型提出了信息融合体系结构两个方面的挑战性问题:人在融合系统中和分布式信息融合。人在融合系统中彻底改变了传统寻求融合自动化的发展方向,提出了面向应用的信息融合必须用户参与并以用户为主导,因为当前的人工智能技术状况及其未来发展永远无法取代人而实现融合自动化,用户参与融合系统设计管理和运行控制既能发挥机器的自动计算能力,又能发挥人的认知决策能力,从而实现融合系统与应用的紧密耦合,这对于信息融合学科发展无异于注入一支强心剂,详见本书第 10 章。

分布式信息融合是基于分布式应用提出的,特别是当今信息化条件下,基于网络的作战样式——网络中心战对信息融合的分布式需求。分布式信息融合方式彻底颠覆了基于单一系统应用的集中式数据融合方式,而迈向了面状多点网络系统的应用方式,这实际上是信息融合系统的网络化和信息化过程,对当前无论是军事还是国民经济各领域的信息化应用都具有重要意义,因此,对促进信息融合学科的发展将起到不可小觑的作用。从集中式融合迈向分布式融合,在融合体系结构上将出现重大变化,包括考虑融合功能与网络传输能力关系、融合功能的分布式应用(如分布式作战决策)分解、消除节点重用产生的融合误差,以及基于噪声和融合误差协方差确定信息反馈流程和反馈信息内容等诸多因素。分布式融合体系结构研究刚刚开始,初步建立的一些分布式融合结构样式很不成熟[32,33]。目前的研究仅限于分布式应用的一些计算模型和方法,见文献[2]第 9 章。该领域是一个全新领域,还有漫长的路要走。

3. 高级融合中的语义挑战

语义挑战主要指2级、3级融合(JDL模型中的态势估计和影响估计)和4级、5级(用户—融合模型中的过程精炼和用户精炼)中所涉及的知识表示、认知表示和相关推理中的语义表示,以及语义的一致性和正则化问题,其贯穿于态势感受、态势察觉、态势理解和态势预测全过程。当前,各国信息融合专家采用的高级融合语义表示可谓五花八门,如澳大利亚使用Mephisto框架[34],采用一阶逻辑(FOL)和描述逻辑(DL)中的公理化语义,描述理论、环境、功能、认知和社会概念;加拿大采用解释系统(IS)框架[29],采用涵盖理论、环境和功能概念的模态逻辑中的公理化定义;而美国学者在信息融合态势估计(IFSA)分类研究中[30,35],需采用计算机模型的操作语义来推断环境、功能、认知和社会概念的含义。文献[2]5.2.2.1节给出了表示态势的一个二阶谓语逻辑及其推理计算方法,其采用的嵌套格式能够适应态势逻辑的关系类型变化、实体属性与数量变化,实现各种态势识别和行动后果估计,包括估计敌方对我方态势的察觉、理解和相信程度。

为了实现不同框架下不同语义形式表示的态势要素的关联和融合,需要建立语义的统一基准并实现统一基准下的语义配准和正则化,文献[2]5.4.3节将其称为态势威胁估计(STA)中的数据校准[36]。语义配准是高级融合的时空配准,实际上是建立所有融合级别的共用语义框架,并且将各类介质和来源形式的信息抽取(转换)为一个语法和语义上通用的格式;在此过程中通常要对所出现的状态/态势间断,即语义裂痕进行弥补,文献[37,38]给出了一个关于军事事件出现地点的信号情报、信号测量情报、图像情报、通信情报、人工情报的融合推演判断案例和采用的技术与开发情况。文献[2]中图5.16描述了图像与自然语言文本情报处理与融合填补语义裂痕的过程。在配准的基础上实现语义正则化需要确定各类语义信息的数据谱系,包括数据融合或资源管理节点用于维持信息形式和数学处理完整性所需要的所有级别的分类信息[39]。语义表示的正则化过程类似于信息的不确定性归一化处理过程,见文献[2]中图5.17。

4. 信息融合中的认知挑战问题

0级和1级低级信息融合就已经涉及到认知域,如战略威胁目标的识别和早期预警、关联/相关中的模糊处理,以及涉及威胁判断的目标机动检测等。随着信息融合向2、3级高级融合发展,涉及更大范围内的地缘政治、社会经济、民族宗教、天候地理等信息和更加广泛的信息获取手段,所面对的环境、问题和形式比低级融合复杂得多。信息融合的重点由机器从自动获取的数据中提取信息含义转向系统为获取的信息赋予含义的过程。向信息赋予含义的过程就是对信息的理解和认知过程,例如,只有向传感器测量目标赋予背景知识(如盟友、已有战例态势、识别规则等),才能推断出该目标是否会造成威胁,这离不开人的判定和认知活动。高级信息融合中的认知挑战涉及的另一个重要问题是战场感知中对敌方的伪装、隐蔽和欺骗的识别,其可能出现在信号、对象、态势、威胁等信息融合各级别上,需要充分利用机器自动推理认知和人的思维推理认知能力,并将其融合起来才能实现。迄今为止,人的思维认知建模是一个尚无法解决的问题,或者说自动实现人的思维认知与机器推理认知的融合还是遥远的事情。为此,人们重新回到半自动融合方式,通过认知域人与机器密切交互,解决信息融合中的认知挑战问题,当然,这会引起信息融合体系结构和实现方式的重大变化。

认知挑战还表现在信息融合与作战应用的紧密耦合,以实现 OODA 的闭环控制,其中的关键环节是预测和控制敌方对我方行动的观测和判断,以及进一步识别敌方的决策与行动意图、作战计划和行动方案,见文献[2]5.4.2 节。为了获得作战优势,除了准确感知敌方态势并预测可能出现的威胁及获取信息优势外,己方也需要采取伪装、隐蔽和欺骗手段,在相应作战阶段和时节上向敌方的感知手段设置虚假信息(如兵力佯动、电子欺骗信息),并基于不断获取的敌方识别和行动信息进行调整,以按我方作战意图,调整和塑造战场态势,掌握战场情报战的主动权,这只有战场感知与作战应用的认知融合才能实现。

5. 人—系统交互中的挑战性问题

当前,用户参与和主导信息融合已呈不可阻挡的趋势,其中人与融合系统的交互理解、交互行动、交互判定是实现融合系统人机交互运行的关键技术。该领域的挑战性问题可以概括为人与机器融合的约定关系和人机交互界面。人与机器的约定关系指人的态势感知信息与机器自动处理信息进行融合所采用的规则、协议和格式等,例如,将机器信息转换为统一的知识表示,以与人的感知知识进行融合。作为美国、澳大利亚和加拿大的基础设施的联合分布式信息融合试验床(Coalition Distribution Information Fusion Testbed,CDIFT),支持可操作的融合产品,但将其用于人机融合交互时,采用的交互规则和协议各不相同,澳大利亚采用基于正规语义理论的连接人机认知代理的法定一致协议(Legal Agreement Protocol,LAP)[40,41],加拿大基于解释系统框架建立的信息融合与资源管理(INFORM)试验床,使用博弈模型进行代理交互[42,43],而美国基于代理的控制系统(Control of Agent Based System,COABS)框架,在 CDIFT 和信息管理模型[44]中,使用基于信息需求和工具的人机融合协议[45,46]实现本体与代理的知识获取。因此,在人机融合交互约定关系上面临交互规范和协议的统一问题,以利于建立国际统一的人在环中的融合模型、操作方式和体系结构,促进应用领域的互通。

人机界面是实现人的态势感知与机器融合紧密耦合的关键环节,在人—融合系统中,人机界面在设计上要体现用户在融合系统的应用领域、操作方式和应用效能中所发挥的作用,包括人对机器显示内容的理解、修改、判定与选择,用户认知对机器的注入与融合方式,以及人的思维对融合系统的运行与应用的控制等。这里涉及跨越信息域与认知域的大量难以解决的问题,如机器推理知识与人的认知推理知识的统一表示、用户判定与机器判定信息的融合(DEC - IF)、人的认知活动与机器处理活动产生的信息(检测、识别、估计、预测、规划)的融合(ACT - IF),以及人的认知思维方式建模及其对融合过程的控制等问题。这些问题在应用上跨多领域,在技术上跨多学科门类,由于与人的高级思维和认知活动紧密相连,因此存在巨大难度。目前世界各国对信息融合人机界面的挑战的应对还仅限于逻辑层面和操作层面,虽然出现了一些知识层面的方法,但对较高层次的认知层面和智能层面的人机界面讨论还不多。在实现方法上,人机界面已超越了低级融合中传统"画面中的点"和"画面中的线"的显示技术。例如,美国采用具有操作条件估计功能的用户自定义作战图(User Defined Operational Picture,UDOP)(详见文献[47]第9章),以支持信息协同共享[48]和改善态势感知一致性[49],实现了具有符号、信息管理和协同功能的共用作战图(Common Operational Picture,COP)的可视化,支持基于认知理论的融合用户精炼[46,47]。加拿大设计的指挥控制用户界面采用人与机器相同的融合框架[50,29],实现了语义与符号表示、可视化,以及交互式传感器与任务管理[40,42,43,51]。澳大利亚专家采用高级共用作战图(Higher Common Operational Picture,HiCOP),通过虚拟顾问和虚拟战场空间实现人—机代理之间的交互[52-54]。将这些纳入人机界面会导致信息融合系统结构的变化,如美国增加了第5级融合描述用于用户精炼的人机界面。

6. 评估挑战问题

信息融合系统的性能评估和应用效能评估是其应用不可或缺的依据。由于基于应用设计的融合系统性能的差异,以及不同专业领域所需要的应用效能不同,难以建立统一、通用的融合性能度量和应用效能度量指标体系。因此,融合系统的评估挑战问题研究目前以低级融合(0级和1级)评估居多(见文献[2]第9章),高级融合的评估研究则进展缓慢,并且各国专家独立研究与应用也产生了评估方法上的差异。例如,加拿大研究人员强调使用证据推理度量不确定性关系[51],在解释系统中采用博弈论度量行动的适应性[42,43];美国研究人员基于信息论建立了一系列基于活动的态势性能度量方法[55-57]和态势效能度量方法[9,13],采用贝叶斯网络度量作战条件的随机变化并从性能测量导出了效能度量,已应用到Cyber分析的效能开发和海岸监视中;澳大利亚学者则在对态势估计的评价中,基于随机推理网络进行命题差异性度量。

1.6 信息融合中的奥秘

信息融合学科不能解决感知领域中的所有问题,并且迄今为止,尚存在人们对信息融合领域认识不清楚、不一致甚至错误的一些概念。本节描述这样一些问题,供读者研究。本节取材于文献[1]1.8节、文献[58]、文献[59]21.5节和本书著者的实践。

(1) 信息融合产品(系统)无法取代一个好的传感器或优秀的人的理解和判断。这意味着若某些现实事物不能实际观测到或人们无法基于观测结果推理出来，即使增加探测传感器数量、采用信息融合方法（或技术）也无济于事。这个问题比获取变化的态势感知或威胁还困难，从传感器搜索现实世界中的物理目标（如发射机或武器系统）到基于情报网络获取现实目标，都存在一个明显的问题，即人们力图发现的现实目标是否出现或是否能观测到。至于人通过头脑思考所推断出来的意图和结论，更是难以通过信息融合获得，因为人的思维迄今仍是难以捉摸的。这也是当前信息融合引入用户参与和主导的原因。

（2）下游处理无法解除上游处理出现的错误。如果低级（信号/数据级或对象级）融合出现错误或由于缺少关注的数据产生错误，会引起高级（态势估计和威胁估计）融合的错误。除非增加信息来源（如增加情报信息或人工判断），否则高级融合无法纠正低级融合出现的错误。这就告诉我们，每一个数据提取阶段和每一级别的融合处理获得局部优化结果，除满足局部产品应用需求外，还直接影响后续融合性能。在探测图像和信号处理、参数变换和特征提取，对象特征关联/融合、状态估计和身份（属性）估计，态势估计中的关系提取、意图估计、威胁估计等诸序贯处理阶段中，上游融合的错误会向下游融合传递，直到影响应用效能。指望采用高明的对象模式克服数据融合阶段的错误或通过复杂的态势估计方法纠正对象融合产生的错误都是不现实的。

（3）融合结果可能比最好的传感器差。由于融合包含比最佳传感器性能低的观测结果，以及数据谱系不完整、信息过载，以及随之出现的不确定性等问题，都会引起融合性能的下降。此外，当分布式网络节点快速接入新的传感器或增加人的理解和判断（视为软传感器）时，如果不能准确估计输入数据的精度和可信性，无法确定输入数据的权重，也会导致融合结果误差。网络应用环境和面向服务结构（SOA）的出现，使迅速传播的数据/信息缺少对来源和谱系的理解（谁报告什么数据），会使这一问题加剧。尽管如此，当最好的传感器无法连续获取目标（由于其探测范围、杂波区、干扰等，这是不可避免的，并且再好的传感器也会产生目标丢失）时，多传感器数据融合会大大提高目标感知的时效性；当探测覆盖率较高时，通过按需选择可获得不低于最佳传感器的融合效果。因此总体上看，多传感器数据融合的优势还是单传感器无法比拟的。

（4）不存在不可思议的算法。这里的算法是指信息融合学科在理论、模型和计算中采用的纯数学模型和算法。信息融合技术和方法分为两个层次；第一层次是功能实现技术，如信号检测、关联/相关、目标状态/属性估计、态势估计等功能实现技术；第二层次是每项实现技术所采用的数学方法，如奈曼—皮尔逊（Neyman－Pearson）信号检测模型、统计估计方法（最小二乘、极大似然、极大后验估计）、不确定性处理方法（证据理论、模糊集）、基于知识的系统（KBS）、黑板模型、模板法等。在文献[19]中有详细描述。第一层次功能实现技术随应用需求而变化，而需求属于各应用范畴。信息融合属于跨多学科的边缘应用学科，其采用的数学方法随各专业学科而发展，当然，通用的数学方法有其自身发展规律，但这并不是信息融合领域的研究对象,信息融合的这种“拿来主义”的应用可以解释为其采用的算法是已知的,关键在于如何进行应用选择,始终需要解决算法与数据表示、信息含义、推理知识进行匹配的难题,尚不存在对所有情况都适用的某个单一算法。

(5)不存在统一态势。这是在应用意义上讲的。态势质量集中体现在两个方面:真实性和可用性。真实性是指获取的态势应尽量符合实际的战场情况,包括现状和变化走势。从客观上看,真实的战场态势只有一个,但各作战单元基于自身感知手段获得的战场态势可能存在显著差别,采用网络共享也难于实现所有作战单元感知的战场态势的完全统一。从可用性角度看,不同级别、不同专业/兵种作战单元所关注的态势显然具有千差万别,总司令和士兵不可能关心内容相同的态势。故美军提出用户自定义作战图(UDOP)概念,在应用中,只须在作战协同时,双方(或多方)对共同关心的态势信息达成一致理解,就能够支持作战活动的自同步。与联合作战同时出现的美军COP和CTP(Common Tactical Picture)[60]在应用概念上指共用作战图和共用战术图,这里的“共用”是指对图中共同关注的信息达成一致理解。不同的协同任务使用(级别和内容上)不同的作战图,而不是一张“统一”的作战图。这样定义的COP和CTP才能有利于协同规划,帮助所有层次的作战单元实现态势感知的一致理解[61]。

(6)判定与决策不是一个概念。判定是指在客观事物的感知和理解中,对所出现的两种(或以上)情况(含义或结论)进行判断和选择,确定哪一种更符合客观实际,如对一个目标是敌或我的识别判断,对敌方企图的识别判断等。决策则是指人们在遂行某项任务或进行某项活动之前,事先筹划和确定实施方案、采用策略和行动计划等。因此,决策是自身行动规划的一部分,属于自身主动行为范畴,而判定属于对客观事物的理解和认知范畴。信息融合领域的Decision大多指判定,而不是指决策,Dision Fusion在内涵上通常指对多个已有判定结论的融合即判定级融合,如对各传感器自主生成的目标局部航迹进行融合就属于判定级融合,而不能称为决策级融合。

(7)两种感知观点的权衡。第一种观点认为人是感知的主体,传感器和技术手段只是人类感知功能的扩展,信息融合研究内容源于人类应用活动的需求(如事件假设或语义解释信息),通过寻找适宜的数据或证据支撑而迈向传感器信息获取和处理领域。第二种观点认为传感器与计算机融合处理是感知主体,人们的具体感知行动开始于数据,即传感器输入,再向上推进到为人类的应用活动服务。在技术实现上,第一种感知观点是用户基于需求设计感知模型,以模型驱动方式运行融合系统,寻找和识别与模型匹配的数据,即向数据赋予知识(含义),再经过逐级融合,产生满足应用需求的态势信息。第二种感知观点是以数据驱动运行融合系统,从传感器数据中提取特征、关系和知识,建立应用模型或直接提供用户进行应用选择。在应用模式上,第一种观点是用户与机器的紧密耦合活动,用户参与融合系统设计、运行交互和信息分发活动,充分发挥人的认知能力以产生符合应用活动需求的融合产品;第二种观点是机器在后台自主进行融合处理,在人机界面上显示融合结果供用户干预选择。这两种感知观点在概念上、技术上和应用模式上的差异,涉及信息融合学科的概念、结构、方法和应用中的许多理论和实践问题,关乎学科发展方向。当前出现的人与机器相结合的信息融合体系结构[62,63](见本书第10章),正力图为实现这两种感知观点的统一,开展相应的研究工作。

(8) 仿真不是万能的。信息融合涉及的应用广泛性和跨学科特点,使得模拟和仿真技术有时显得无可奈何。模拟剧本不能反映出真实的应用场景或无法验证融合模型和方法,这是由于人们对信息融合这一正在发展中的跨领域边缘应用学科尚无完整的规律性认识所引起的。如尚不能获得某一识别分类谱系,对某种状态变化尚不能在机理上或统计上充分认识等。例如,1995年国际雷达会议文集中的一篇论文反映了北约对某雷达站的误差修正仿真实验结果与实际测量结果相差甚远[64]。文献[2]第3章关于近海监视雷达空间配准的描述反映出采用误差均匀分布模型估计和补偿雷达探测误差出现了与实际情况大相径庭的结果,从而提出建立探测误差非均匀分布传感器空间配准模型的需求。这既反映了信息融合领域中的仿真方法研究严重落后于应用的现实,也反映了亟待积累、分析和掌握已有融合方法应用的实践经验,促进信息融合仿真和试验领域的发展。

(9) 无法获得足够的训练数据。在解析或统计算法向人工智能算法发展的过程中,模式识别方法具有重要应用价值。在确定参数模式(标准模式)的过程中,需要大量训练数据,例如神经网络算法需训练确定输入样本分量的权重,并将训练结果反馈给输入端不断进行改进[65];在目标分类模式识别中,标准模式参数也要通过一定数量的样本进行训练获取,并随样本增加不断进行修正[66,67]。然而,在通常情况下,训练样本的正确性和数量是无法保证的,因此,所产生的标准模式偏差将影响模式识别的准确性。特别是对不同的识别场景中的目标,需基于实时采集的样本训练产生和修正相对标准模式,才能体现不同场景中的识别特征的差别;此时,训练样本的数量和正确性更成为模式识别误差的主要来源。

参考文献

[1] Martin E, Liggins, David L Hall, James Llinas. Handbook of Multisensor Data Fusion: Theory and Practice (Second Edition), CRC Press, Taylor & Francis Group, Boca Raton London, New York, 2008.

[2] 赵宗贵,熊朝华,王珂,等. 信息融合概念、方法与应用[M]. 北京:国防工业出版社,2012.

[3] Blasch, E P, and Hanselman P, Information Fusion for Information Superiority, IEEE National Aerospace and Electronics Conference, 2000.

[4] Blasch E P. Ontological Issues in Higher Levels of Information Fusion: User Refinement of the Fusion Process, International Conference on Information Fusion, 2003.

[5] Blasch E P. Assembling a Distributed Fused Information - based Human - Computer Cognitive Decision Mak-

ing Tool, IEEE Aerospace and Electronic Systems Magzine, Vol. 15, No. 5, pp. 11 – 17, May 2000.

[6] Blasch E P, Valin P, Bosse E, Roy J. Ontology Alignment in Gregraphical Hard – Soft Information Fusion System, International Conference on Information Fusion, 2007.

[7] 曹瑞昌,吴建明. 信息质量及其评价体系[J],情报探索,2002,12.

[8] 曹孟谊,吴建明,吴秀玲. 国外信息质量评估指标体系研究[J],军事运筹与系统工程,2004,4.

[9] Klein L A. Sensor and Data Fusion: A Tool for Information Assessment and Decision Making, SPIE Press, 2004.

[10] Blasch E, Valin P. Track Purity and Current Assignment Ratio for Target Tracking and Identification Evaluation, International Conference on Information Fusion, 2011.

[11] Waltz E, Llinas J. System Modeling and Performance Evaluation, Multisensor Data fusion Systems, Norwood, MA: Artech House, 1990.

[12] Llinas J. Assessing the Performance of Multisensor Fusion Processes, in The Handbook of Multisensor Data Fusion: Theory and Practice, D. Hall and J. Llinas(eds.), CRC Press, 2001.

[13] Theil A, Kester L J H M, Bosse E. On Measures of Performance to Assess Sensor Fusion Effectiveness, International Conference on Information Fusion, 2000.

[14] 赵宗贵,刘海燕. 基于局部信息分配的证据合成方法[J],现代电子工程,2008,29(2): 11 – 14.

[15] 王晓文. 多源图像融合技术研究[D],南京:解放军理工大学,2013,6.

[16] 田明辉. 视觉注意机制建模及其应用研究[D],中国科学技术大学,2010.

[17] Garcia J A, Sanchez RR, Valdivia J F. Axiomatic Approach to Computational Attention. Pattern Recognition, 2010, 43(4): 1618 – 1630.

[18] Lai J L, Yi Y. Key frame extraction based on visual attention model. J. Vis. Commun. Image R. 2012, vol. 23, pp. 114 – 125.

[19] David L Hall, Sonya A H McMullen. Mathematical Techniques in Multisensor Data Fusion(Second Edition). Artech House Inc, Boston/London, 2004(ISBN 1 – 58053 – 335 – 3)

[20] Steinberg A N, Bowman C L, White Jr F E. Revision to JDL Data Fusion Model, Proceedings of the 3rd NATO/IRIS Conference, Quebec City, Canada, 1998.

[21] Hall M J, Hall S A, Tate T. Removing the HCI Bottleneck: How the Human Computer Interface(HCI) Affects the Performance of Data Fusion System, Proceedings of the MSS National Symposium on Sensor and Data Fusion, San Dieho, CA, Jun, 2000, pp. 89 – 104.

[22] Blasch E P. Plano S. Level 5: User Regiment to Aid the Fusion Process, in Multisensor Multisource Information Fusion: Architecture Algorithms and Applications 2003, Dasarathy BV (Ed.). Proceedings of SPIE, 2003, 5099.

[23] Endsley M R. Toword A Theory of Situation Awareness in Dynamic Systems, Human Factors, 1995, 37(1): 32 – 64.

[24] Hightomer T A. Boyd's OODA Loop and How We Use It, http://www. tacticalresource. com/d/node/226.

[25] 林强. 一种统计样本检验的新算法及其应用[J],现代电子工程,2002,23(4),20 – 23.

[26] Steinberg A N, Boxvman C L, White F E. Revisions to the JDL Data Fusion Model, Proceedings of SPIE, Vol. 3719, 1999.

[27] Steinberg A N, Bowman C L. Rethinking the JDL Data Fusion Levels, National Symposium on Sensor and Data Fusion, 2004.

[28] Lambert D A. STDF Model Based Maritime Situation Assessments, International Conference on Information Fusion, 2007.

[29] Maupin P, A – L Jousselme. Interpreted Systems for Situation Analysis, International Conference on Informa-

tion Fusion,2007.

[30] Blasch E,Kadar I,Salerno J,Kokar M M,Das S,Powell G M,Corkill D D,Ruspini E H. Issues and Challenges in Situation Assessment(Level 2 Fusion),J. of Adv. in Info. Fusion,December,2006,(2):122 - 139.

[31] Blasch E P. Assembling a distributed fused Information - based Human - Computer Cognitive Decision Making Tool,IEEE Aerospace and Electronic Systems Magazine,Vol. 15,No. 5,pp. 11 - 17,May,2000.

[32] Liggins M E,Chong C Y,Kadar I,Alford M G,Vannicola V,Thomopoulos S. Distributed fusion architectures and algorithms for target tracking,(Invited paper),in Proceedings of the IEEE,Vol. 85,Issue 1,pp. 95 - 107,January 1997.

[33] Chong C Y. Distributed architectures for data fusion,in Proceedings First International Conference on Multisource Multisensor Information Fusion'98,Las Vegas,1998,7:85 - 91.

[34] Lambert D A,Nowak C. The Mephisto Conceptual Framework,DSTO Technical Report DSTO - TR - 2162,2008.

[35] Blasch E,Llinas J,Lambert D,Valin P,Das S,Chong C - Y,Kokar M M,Shah - bazian E. High Level Information Fusion Developments,Issues,and Grand Challenges - Fusion10 Panel Discussion,Intl. Conf on Info. Fusion,2010.

[36] Lambert D A. A unification of sensor and higher - level fusion. Proceedings of the Ninth International Conference on Information Fusion. Florence,Italy. 2006:1 - 8.

[37] Steinberg A N,Waltz E L. Perceptions on Imagery Fusion. Presented at NASA Data Fusion/Data Mining Workshop,Sunnyvale,CA. 1999.

[38] Erdley J D. Bridging the Semantic Gap. Proceedings of the MSS National Symposium on Sensor and Data Fusion. McLean,VA. 2007.

[39] McGuinness B,Foy L. A subjective measure of SA:The Crew Awareness Rating Scale(CARS). Proceedings of the First Human Performance:Situation Awareness and Automation Conference. Savannah,GA. October,2000.

[40] Lambert D A. TTCP C31 TP1 Annual Report,TTCP C3I Annual Meeting,Williamsburg,2008.

[41] Allsopp D N,et al. Coalition Agents Experiments:Multiagent Cooperation in International Coalitions,IEEE Intelligent Systems,May/June 2002,pp 26 - 35.

[42] Maupin P,A - L. Jousselme,H. Wehn,S. Mitrovic - Minic,J. Happe. A Situation Analysis Toolbox:Application to Coastal and Offshore Surveillance,International Conference on Information Fusion,2010.

[43] Maupin P,A - L. Jousselme,Wehn H,Mitrovic - Minic S,Happe J. A Situation Analysis Toolbox for Course of Action Evaluation,International Command and Control Research and Technology Symposium (ICCRTS),2011.

[44] U. S. Office of Management and Budget(OMB)Circular A - 130;http://www. whitehouse. gov/omb/circulars/a 130/a130trans4. html.

[45] Blasch E,Sensor. User,Mission(SUM)Resource Management and Their Interaction with Level 2/3 Fusion,International Conference on Information Fusion,2010.

[46] Blasch E,KadaL I,Salerno J J,Kokar M M,Das S,Powell G M,Corkill D D,Ruspini E H. Issues and Challenges of Knowledge Representation and Reasoning Methods in Situation Assessment(Level 2 Fusion),Proceedings of SPIE 6235,2006.

[47] EricBlasch,Eloi Bosse,Dale A. Lambert,High - Level Information Fusion Management and Systerms Design,ARTECH House,Boston/London,2012,ISBN - 13:978 - 1 - 60807 - 151 - 7.

[48] United States Intelligence Community Information Sharing Strategy,February 22,2008,accessed at http://www. dni. gov/reports/IC_Information_Sharing_Strategy. pdf.

[49] Single Information Environment(SIE), Architectural Intent 2010, Commonwealth of Australia, 2010, accessed at http://www. defence. gov. au/cio/_lib/do c/Single_lnf ormation_Environment. pdf.

[50] Maupin P. A – L. Jousselme. A General Algebraic Framework for Situation Analysis, International Conference on Information Fusion, 2005.

[51] Valin P, Bosse E, Guitouni A, Wehn H, Happe J. Testbed for Distributed High – Level Information Fusion and Dynamic Resource Management, Proceedings of International Conference on Information Fusion, 201 0.

[52] Lambert D A. A Blueprint for Higher – Level Fusion Systems, Journal of Information Fusion, Vol. 10, No. 1, pp. 6 – 24, 2009.

[53] Wark S, Lambert D A. M. Nowina – Krowicki, A. Zschorn, and D. Pang, Situational Awareness: Beyond Dots On Maps To Virtually Anywhere, SimTecT, Adelaide AUS, 2009.

[54] Wark S, Lambert D A. Presenting The Story Behind The Data: Enhancing Situational Awareness Using Multimedia Narrative, IEEE MILCOM, 2007.

[55] Blasch E, Plano S. Level 5: User Refinement to Aid the Fusion Process, Proceedingsof SPIE, Vol. 5099, 2003.

[56] Blasch E. Situation Impact and User Refinement, Proceedings of the SPIE 5096, 2003.

[57] Blasch E. Proactive Decision Fusion for Site Security, International Conference on Information Fusion, 2005.

[58] David L. Hall, Steinberg A. Dirty Secrets in inMultisensor Data Fusion, Proceedings of National Symposium on Sensor Data Fusion(NSSDF), San Antonic, Tx, June, 2000.

[59] Hall David L, James Llinas. 多传感器数据融合手册[M]. 1 版. 杨露菁, 等译, 北京: 电子工业出版社, 2008.

[60] CJCSI 3151. 01, Global Command and Control System Common Operational Picture Reporting Requirements, 10, June, 1997.

[61] CJCSI 3151. 01A, Global Command and control System Common Operational Picture Reporting Requirements, 19, January, 2003.

[62] Blasch E, Kadar I, Salerno J, Kokar M M, Powell G M, Corkill D D, Ruspini E H. Issues and challenges in Situation Assessment(Level 2 Fusion), J. of Adv. in Info. Fusion. Vol. 1, No. 2, 122 – 139. December, 2006.

[63] Kaupp T A, Makarenko F. Ramos and H. Durrant – Whyte, Human Sensor Model for Range Observations, IJCAI Workshop Reasoning with Uncertainty in Robotics, Edinburgh, Scotland, July 2005.

[64] Ingveldur J, Anna S H. 雷达数据系统的系统误差估值和整体监视[J]. 曹健文, 译, (1995 年国际雷达会议), 现代电子工程, 1996, (1): 58 – 74.

[65] 石玥, 王钺, 王树刚, 等. 基于目标参照拓扑的模糊航迹关联方法[J], 国防科技大学学报, 2006, 4.

[66] 张桂林. 基于多分类器的 ESM 与雷达情报融合识别[J], 指挥信息系统与技术, 2013, 4(6).

[67] Susen C Y, Nadalc Mai T A, et al. Recognition of totally unconstrained handwriting numerals based on the Concept of multiple experts, Susen C. Yed. Frontiers in Handwriting Recognition, Montreal, Canada: International Workshop on Frontiers in Handwriting Recognition, 1990: 131 – 143.

第2章 信息关联/相关的概念与实现技术

2.1 感知领域中的信息关联/相关概念

在人类依靠自身感官和头脑认识客观世界的过程中,人们通常是基于要认知的事物对感知的信息进行聚集,即在头脑中通过与事物各类特征的联系产生与该事物有关信息集合的过程,这就是信息关联/相关的原始概念。在感知信息自动处理过程中,关联和相关是指建立感知信息与所关注客观事物(实体、环境或事件)的对应/归属关系的过程。

单一信息源对多个客观事物或对单一事物多个周期的感知信息处理中,存在关联/相关环节,而在多感知信息源对单一客观事物,特别是对多个客观事物的感知信息处理中,关联/相关环节更是不可或缺的。文献[1]中图1.1所示的信息聚集环节描述了信息关联/相关在人类认识活动中的作用,从中可以看出,关联/相关是产生对某客观事物的有关信息的聚集环节,是进一步分析、综合,产生对该事物完整、深刻认知的基础。从多源信息融合角度来说,关联/相关是融合处理的前提和依据。当存在多个关注对象时,关联/相关实际上是要将所有感知信息按诸关注对象进行分划,当多个关注事物特征(位置)信息比较接近时,关联/相关存在较大难度,若观测环境中存在杂波或虚警,关联/相关处理难度更大。因此,关联/相关是一个永远无法彻底解决的问题,只能根据具体态势进行具体处理,也可以说,这是一个“永恒”的课题。

在单/多传感器探测实现单/多目标定位、识别与跟踪过程中,首先要解决传感器测量(测量信号、传感器自主提取的点迹、生成的目标局部航迹或识别结果)与真实实体的对应关系,或者说,确定传感器测量对真实实体的归属,这就是传感器测量信息关联/相关的概念。在实体未知的情况下,关联/相关首先表现为基于目标测量特征的传感器测量聚集,所产生的聚集集合即视为相应目标实体的测量集合,经融合生成对该目标实体的估计,作为目标实体的初始生成(航迹起始或属性初判)[1]。当已有目标实体估计时,后续到来的测量与已有目标实体估计进行关联/相关,即确定测量对已有实体估计的归属,以对已有实体进行接续估计(航迹延续或属性改善),使估计结果更实时接近真实实体。由此可见,关联/相关所采用的度量方法、判定准则和门限直接关系到传感器测量聚集(分割)的合理性和目标实体状态及属性融合估计的正确性。从上述概念描述即可看出关联/相关在信息处理,特别是在多源信息融合实现关注目标属性识别和状态估计中是不可或缺的。

2.2　信息关联/相关的内涵

我们从 1 级信息融合——目标航迹和属性融合估计实现结构出发[2]，描述信息关联/相关的级别和内涵。

2.2.1　信号级融合结构中的信息关联

信号级融合结构如图 2.1 所示。

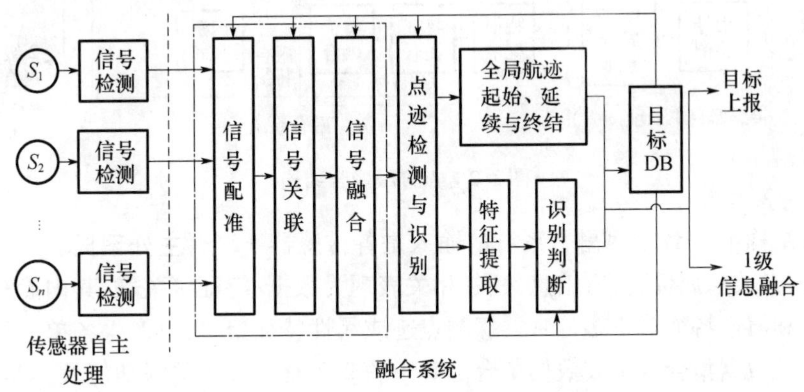

图 2.1　信号级融合结构

该结构中，0 级信息融合系统的输入信息是诸传感器探测信号，信息关联/相关表现为信号级关联，其内涵是按测量特征进行多传感器探测信号聚集，以产生各单一目标测量信号集合或杂波信号集合。基于图 2.1 对信号级关联功能及其与上、下游功能的关系说明如下：

(1) 信号关联与其上游时空配准功能、下游信息融合功能皆出现在信号级，这三项功能是信号级融合的主要特征。

(2) 信号配准是实现信号关联的前提，即将传感器测量信号（模拟信号或数字信号）进行时间配准（统一时间基准和时间同步）和空间配准（统一坐标系），以及信号特征配准（将目标的 RCS、信号幅度变换到统一基准下，见 3.5 节）。在此基础上，才能准确实现信号关联处理，产生源于同一目标或杂波的测量信号集合。

(3) 与信号关联紧密结合的下游信号融合就是对信号关联产生的源于同一目标或杂波的测量信号集合中诸元素进行融合，以生成目标的测量点迹（含杂波）和属性特征。融合的点迹和特征能使单一传感器目标测量信号（能量和特征）大大增强，有利于后续进行的目标点迹检测、属性识别和杂波滤除。

(4) 信号级配准、关联、融合、检测的最终目的是为目标全局（信息）航迹起始、延续，以及目标特征提取和识别提供依据，其中信号关联在 0 级信息融合功能中具有无可替代的重要作用。

2.2.2 点迹(数据和特征)级融合结构中的信息关联

点迹级融合结构如图 2.2 所示。

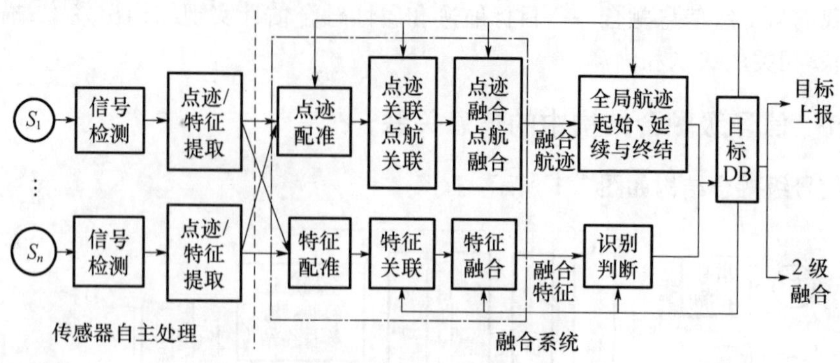

图 2.2　点迹级融合结构

该结构中,1 级信息融合系统的输入是各传感器系统自主处理提取出来的目标点迹/杂波和属性特征,信息关联/相关表现为数据/特征级关联,其内涵是按目标状态和属性特征进行多传感器探测点迹或属性特征聚集,以产生各单一目标的测量点迹数据集合或杂波数据集合。基于图 2.2 对点迹级关联功能及其与上、下游信息处理功能的关系说明如下:

(1) 点迹关联与其上游点迹/特征时空配准和下游信息融合皆出现在点迹/数据级,这是点迹/数据级融合的主要特征。

(2) 点迹/数据时空配准(统一时间基准和时间同步,统一空间坐标系并进行测量误差消除)是点迹关联的前提条件;特征配准将不同型号、不同位置配置传感器的测量点迹特征统一到同一基准下,与信号配准类似,特征配准是特征关联的前提条件。

(3) 点迹/数据关联包含点迹—点迹关联和点迹—航迹关联两种情况。当目标航迹(含属性)尚未起始时,通过点迹—点迹关联实现源于同一目标的点迹数据或杂波数据聚集,为后续目标航迹起始和杂波滤除提供依据;若目标航迹已经起始,则进行测量点迹与已有各目标航迹的关联(实际上是测量点迹与航迹预测点迹或属性的关联),以实现已有目标航迹的融合延续(关联上)或融合起始新的目标航迹或杂波滤除(未关联上)。点航关联又分为测量点迹与局部航迹(源于同信息源的航迹)的关联和测量点迹与全局航迹(源于多信息源的航迹)的关联两种情况。

(4) 对于目标识别来说,点迹关联表现为对各传感器系统提取出来并经配准处理后的目标属性特征进行关联,包括基于目标属性的特征聚集,以及测量特征与已有目标属性特征的关联,然后通过对同一特征集合中诸元素的融合(互补或增强)判断,产生或改善目标属性的识别结果。

2.2.3 判定级融合结构中的信息相关

这里的判定级信息融合主要是指航迹(局部/全局航迹)和属性等判定结果的融合,属于1级融合范畴,其结构如图2.3所示。

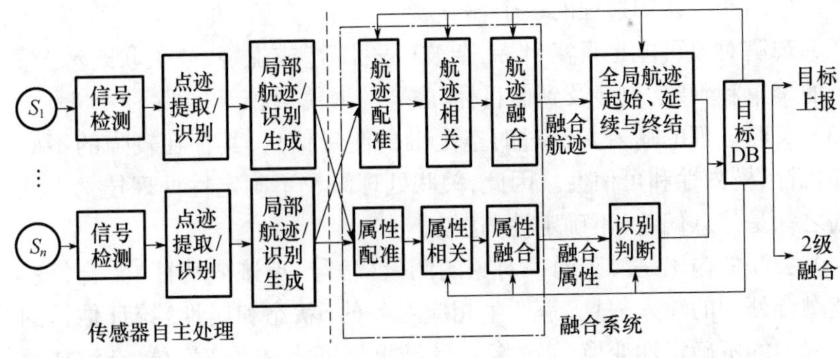

图2.3 判定(航迹)级融合结构

该结构中,信息融合系统的输入是各传感器从探测信号中自主检测、识别和滤波跟踪生成的目标局部航迹估计和属性(特征)估计结果。因此,这里的关联/相关属于判定级相关,其内涵即指对各信息源(传感器)自主产生的目标航迹和属性(特征)估计/判定结论进行相关处理,以产生表示同一实体的目标局部航迹集合和局部属性(特征)判定结论集合。基于图2.3对判定级相关功能及其与上、下游信息处理功能的关系说明如下:

(1) 信息相关与上游的时空配准和下游的信息融合皆出现在判定级,构成了判定级信息融合的主要特征。

(2) 局部航迹时空配准和属性(特征)配准是判定级(航迹和属性)相关的前提,而判定级相关产生的局部航迹集合和属性(特征)集合是融合生成全局航迹和属性识别判断的依据。

(3) 航迹相关包括局部航迹相关和局部航迹-全局航迹相关两种情况。尚未产生全局航迹时,通过局部航迹相关产生表示同一实体的局部航迹集合或虚假航迹集合,为后续的目标全局航迹起始和虚假航迹滤除提供依据;若全局航迹已经起始,则进行局部航迹与已有全局航迹的相关处理,以融合更新和延续全局航迹。

(4) 对于目标识别来说,判定级相关表现为信息源产生并经配准的目标局部属性或特征识别结论的相关处理,包括相同属性特征的增强或不同属性特征的互补,为融合判断生成全局目标属性识别结果提供依据。

2.2.4 关联与相关概念的差异

在这里我们力图对应用中的信息关联和相关概念予以规范和厘清。

关联(Association)的原始概念是指在单源多目标或多源多目标环境中,对来源于同一对象/实体的测量信号或数据进行聚集的过程。对于实体状态来说，可以通俗地解释为：通过测量信息之间的联系，估计产生观测对象位置（点迹）或将其连接生成目标航迹的过程。关联涉及下述特征：

（1）关联通常属于测量信号级或点迹/特征级等较低层次的信息处理，是产生观测对象的初级认知过程的一个环节。

（2）观测对象可能是真实目标、杂波（假目标）或虚警，故关联既涉及真实目标测量的聚集和判定，也涉及到假目标/虚警的聚集、判定和滤除。

（3）关联处理的输入是经过时空配准的测量信息，其存在较强的不确定性，包括随机性、模糊性和可信性。因此，关联处理涉及不确定性处理技术方法，关联的准则之一是信息偏差（不确定性）达极小。

（4）关联的输出是源于同一对象的测量（信号、点迹或特征）集合，该集合作为后续融合处理的输入信息，是产生相应对象的（状态和属性）统计估计的依据。融合过程中的不确定性变换，使对象估计结果仍可能是真实实体、杂波或虚警，并且存在不确定性。

（5）关联也涉及到判定级信息，如点迹—航迹（局部航迹或全局航迹）关联、特征—属性关联。单源多目标测量中的多周期点迹关联与融合产生局部航迹，而多源测量中的单/多周期点迹关联与融合直接产生全局航迹。

相关（Correlation）的原始概念是指确定表示同一实体的判定结果集合的信息处理过程，如确定表示同一实体的航迹集合、确定表示同一实体的属性估计集合等处理过程均属于相关处理范畴。

相关概念涉及下述特征：

（1）相关功能属于较高层次的判定级信息处理，即确定已有多个判定结果的归属关系的处理过程，以产生对观测对象的高级认知。

（2）相关处理所涉及的对象包含已有正确的判定和识别结果，也包含（未知）错误的识别结果，如正确的目标航迹和属性、杂波或假目标航迹等。因此，相关处理也涉及假目标和杂波的生成、判断和滤除。然而，由于信号级和点迹级的关联已经判定和滤除了大量杂波和虚假测量，使相关处理涉及的假目标大为减少。

（3）相关处理的输入是点迹/特征级关联融合产生的统计估计和识别结果，虽经判定级时空配准和属性配准，仍带有一定的不确定性，如航迹精度的随机性，接近的航迹（如交叉航迹和密集航迹）对目标隶属关系的模糊性和目标识别的模糊性和可信性等。因此，相关处理也涉及不确定性处理技术，当已有判定结论相容性较弱或相悖时，相关处理和下游的信息融合处理存在较大难度和不确定性。

（4）目标状态的相关处理分为：局部航迹相关，以融合实现新的全局航迹起始；局部航迹与已有全局航迹相关，以实现全局航迹的更新和延续。对目标属性的相关处理包含配准后的多个属性识别结果的相关，以融合（互补或增强）提高目标识别的正确率；当诸识别结果弱相容或相悖时，相关处理可向下延伸到特征级进行，以提高相容性。

(5) 相关的概念能够延伸到更高级别的信息融合领域，如场景中的实体与态势假设的相关，态势与行动方案假设的相关等[3]。

2.3　关联/相关中的不确定性

不确定性对关联/相关具有重大影响，从测量不确定性到关联处理中的不确定性，以及产生的关联/相关结果的不确定性，不确定性贯穿关联/相关的全过程。

2.3.1　关联/相关中的不确定性概念

信息的不确定性包括随机性、模糊性和可信性。随机性在概念上是指信息随环境(时间、空间，以及多认知域)变化的不确定性描述；模糊性是指人们对事物认识的清晰程度的不确定性描述；可信性在概念上比较复杂，它是表征事物信息的可靠性、健壮性(Robustness)，以及人们对信息的认可/相信程度的综合描述。关联/相关概念中的随机性主要是指用于关联/相关偏差度量的信息的随机误差，即测量或估计信息的精确性或精度，随信息源类型、采用的处理模型误差而不同，随时间和空间无规律变化，通常假设为均值为零的高斯分布。关联/相关中的模糊性是指对关联/相关偏差度量信息认识和理解的清晰程度，通常以相对固定偏移或隶属程度表述，在统计意义下表现为非零偏移量均值。关联/相关中的可信性是由关联/相关偏差度量信息的随机性、模糊性和认知主体对其确认程度综合转化得到，以关联/相关判定结论的风险形式表现出来。

关联/相关中的不确定性来源于测量信息及认知主体对测量信息的认识和理解，如测量信息的系统误差、随机误差、属性识别概率、态势理解的一致性程度等。产生这些不确定性的因素是多方面的。

(1) 信息源/传感器探测机理，如声、光、电磁探测信号传播速度误差产生的探测距离和距离增益误差，雷达伺服系统或元器件老化产生的测量误差和测量基准漂移等。

(2) 环境介质变化，如气象、水文、电磁场不均匀产生的介质折射/反射误差。

(3) 目标运动状态和姿态中的不确定性，如目标(杂波)密集、目标速度和航向机动、目标平台抖动和不规则运动等，与目标平台动力性能和环境条件有关。

(4) 认知主体(人)的经验、偏好、理解与判断能力等。

2.3.2　目标定位与跟踪中的不确定性表现

在密集目标和杂波环境、目标机动跟踪状态，以及无源多站多目标定位系统中，测量信息的不确定性对关联/相关具有显著影响。

2.3.2.1 单/多传感器点迹—航迹关联中的两类模糊现象

在目标编队航行/飞行或航线交叉运动态势下，以及在密集杂波区域中的运动目标，在点迹—航迹关联处理中，会产生两类模糊现象，如图 2.4 所示。

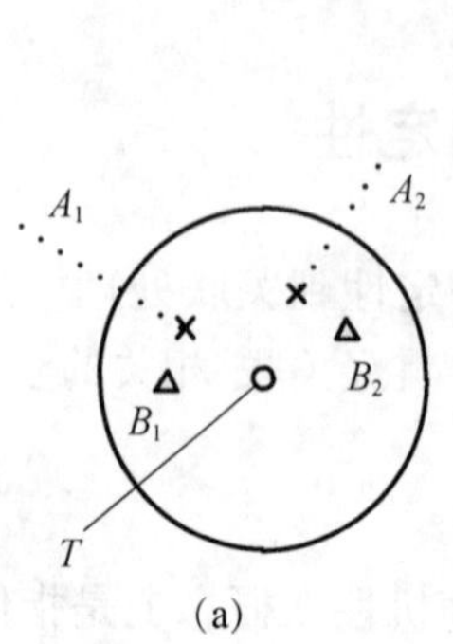

(a)

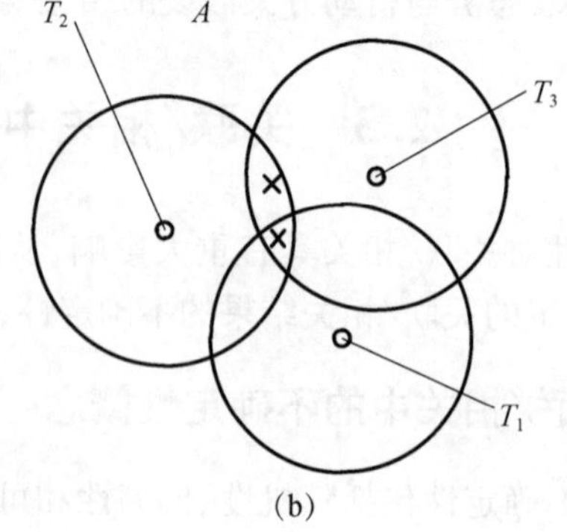

(b)

△—杂波 B_1、B_2；
○—某航迹 T 的预测点；
×—其他航迹 A_1、A_2 的测量点。

○—航迹 T_1、T_2、T_3 的预测点；
×—落入已知两条或三条航迹预测覆盖区内的测量。

图 2.4 单周期测量关联中的两类模糊

图 2.4(a) 中表示单一传感器多目标测量时，某批目标的预测波门（以航迹 T 预测点为中心）内出现多个目标 A_1、A_2 的测量和杂波测量 B_1、B_2，从而在该测量周期内，出现如何将这多个测量对已有目标航迹的关联分配中的多对一模糊现象。当多传感器多目标跟踪时，某批目标航迹预测波门内出现多于传感器数量的测量时，也出现这种模糊现象。图 2.4(b) 表示单/多传感器多目标跟踪中，一个测量值 A 落入已有 3 批目标航迹（分别以 T_1、T_2、T_3 预测点为中心）的预测波门的重叠区域之中，面临该测量如何对三批已有目标航迹关联分配的一对多模糊现象。

在密集目标回波环境中的这两类模糊现象无论采用何种关联判定准则（最邻近、极大似然、极大后验、模糊隶属度等）都无法准确实现测量对航迹的唯一关联分配，只能依据具体物理环境采用相应的解决方法。但无论采取何种统计关联判定方法，判定结果都会出现两类风险，一是将源于某目标航迹的测量点迹判为与该航迹不关联，即漏关联；二是将非源于某目标航迹的测量点迹判为与其关联，即错关联。这两类风险都是由测量不确定性向关联/相关判定环节的传播引起的。

2.3.2.2 多周期序贯关联/相关判定中的不确定性

序贯关联/相关是指对多周期或多帧测量点迹/局部航迹逐周期或逐帧序贯进行关联/相关度量与判定，主要包括多周期点迹关联航迹起始、多周期目标机动判定以及基于多帧测量视频图像的检测前跟踪等应用，均涉及关联/相关度量与序贯判定中的不确定性处理。这里仅简单介绍前两种关联/相关应用中的不确定性技术。多帧测量检测前跟踪是适应隐身目标和低慢小目标（弱信号、RCS <

$1m^2$）检测出现的新技术，是单传感器多周期测量点迹聚集航迹起始向多传感器多帧测量信号聚集目标点迹检测的延伸，见本书第3章。

1. 密集回波环境点迹关联中的不确定性

基于单/多传感器测量点迹关联聚集，实现目标航迹起始（单传感器起始局部航迹，多传感器起始全局航迹），涉及多周期点迹的互联问题，如图2.5所示。

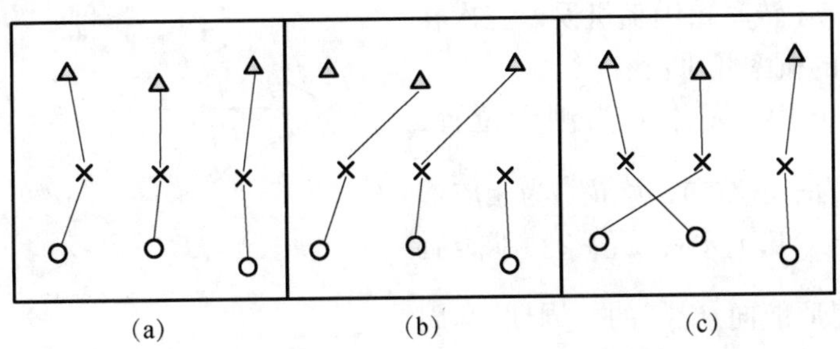

图2.5　可行航迹的三种划分

图2.5中三个周期的测量点迹分别用○、×、△表示，怎样按时序连接，使形成的目标轨迹更合理，或者说更像真实目标的运动航迹状态呢？这里给出了三种连接方法，每种连接方法生成的目标轨迹各不相同。实际上，在测量点迹与单周期对应关系确定的情况下，连接生成目标轨迹的组合数随测量周期呈指数增长。若 k 周期测量点迹数为 $m_k(k=1,2,3)$，则总共连接成航迹的组合数为 $(m_1+1)(m_2+1)(m_3+1)$，从中选出最接近真实目标航迹的组合方式存在巨大工作量，其中存在两级不确定性，一级是点迹聚集产生可行航迹的不确定性，二级是可行航迹进行最优分划的不确定性。减少一级不确定性的约束条件包括每个点迹最多只能分配给一条航迹，所有航迹（包括杂波集合）所含有的点迹必须覆盖所有周期的测量集合，以及基于其他假设的约束，如目标速度变化、航向变化的可能范围等。减少二级不确定性的约束条件实际上是优化指标函数，主要指对各可行航迹产生的分划要使其所有航迹的估计误差（指航迹各估计状态与其测量状态的偏差）达极小，可采用最邻近估计、极大似然估计、极大后验估计等，见文献[1] 4.3.3.2节。

2. 目标机动关联判定中的不确定性

目标机动关联判定又称为目标机动检测。由于机动检测是在目标运动状态出现变化（称为机动）之后才能进行的判断活动，因此检测出的机动目标在时间上滞后于机动发生是自然的。工程中经常出现目标机动时的预测点仍沿原航向外推而偏离目标实际机动位置的情况，就是由于机动检测滞后引起的。

目标机动检测中的不确定性包含目标机动判定的不确定性和机动时刻判定的不确定性。以航向机动为例（图2.6），当目标测量位置偏离原平滑航向时，该偏差可能是由目标机动产生的，也可能是由测量随机误差引起的，从而基于测量的一次偏差无法判定目标是否机动；当两周期目标测量位置均出现航向偏离且向同方向（左或右）偏离时，目标机动判定的不确定性大大减少，因为随机误差两次出现在同方向的概率较小；当三周期目标测量位置出现同方向偏离且沿平滑航向偏离逐渐增大时，则可以判定目标在该方向出现航向机动（转弯）；因随机误差三次在同方向出现的概率几乎没有。

在图 2.6 中，x_i、x'_i、x''_i为测量位置，$\tilde{K}_i$、$\tilde{K}'_i$、$\tilde{K}''_i$为平滑航向，d'_i、d''_i、为相应横向偏差，$i=n-1,n,n+1,n+2$。不难看出，测量值对原航向 $\tilde{K}_{n-1}$ 的一周期、两周期、三周期偏离情况与目标机动判定结果，如表 2.1 所列。

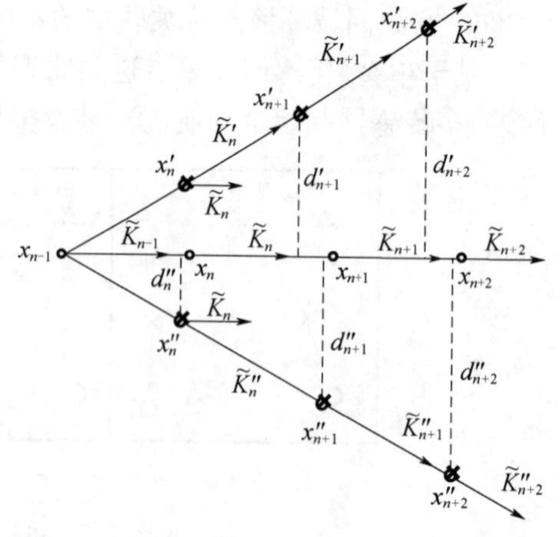

图 2.6　航向机动多周期序贯判定示意图

表 2.1　基于测量偏离的目标机动判定

周期数	横向偏差 d_i	点迹连接	机动判定	平滑航向
1	d_n超过门限	$x_{n-1}-x_n$	不机动	$\tilde{K}_n$
		$x_{n-1}-x'_n$	无法判定	$\tilde{K}_n$
		$x_{n-1}-x''_n$	无法判定	$\tilde{K}_n$
2	d_n、d_{n+1}超过门限	$x_{n-1}-x_n-x_{n+1}$	不机动	$\tilde{K}_{n+1}$
		$x_{n-1}-x'_n-x'_{n+1}$	可能左机动	$\tilde{K}'_{n+1}$（暂）
		$x_{n-1}-x''_n-x''_{n+1}$	可能右机动	$\tilde{K}''_{n+1}$（暂）
		其他组合	无法判定	$\tilde{K}_{n+1}$
3	d_n、d_{n+1}、d_{n+2}超过门限	$x_{n-1}-x_n-x_{n+1}-x_{n+2}$	不机动	$\tilde{K}_{n+2}$
		$x_{n-1}-x'_n-x'_{n+1}-x'_{n+2}$	左机动	$\tilde{K}'_{n+2}$（确认）
		$x_{n-1}-x''_n-x''_{n+1}-x''_{n+2}$	右机动	$\tilde{K}''_{n+2}$（确认）
		其他组合	无法判定	$\tilde{K}_{n+2}$

2.3.2.3　无源多站多目标定位中的不确定性

在无源多站多目标测向定位中，输入信息的不确定性表现为多站多目标探测方位的随机误差，其误差幅度随时间无规律变化，从而对辐射源目标的定位产生不确定的结果。如果测量方位线没有或具有较小误差，对一批辐射源目标的多站测量方位线基本上交汇于一点或在较小的容差范围内；而测量方位线误差较大时，对同一批辐射源目标不仅多站测量方位线难以交汇到一处，甚至出现某辐射源测量方位线与其他辐射源目标位置更加接近的情况，使辐射源目标的交叉定位产生较大的不确定性，特别是当多辐射源目标比较接近时，定位结果会出现较大的不确定性。此时，真实的辐射源目标位置并不在较多方位线聚集处，而在较少(少于站数)方位线聚集处，从而使可能(可选)的目标位置数量大大增加，当真实目标数量未知时，不确定性更大，使得定位判断结果与真实目标位置和数量相差更远，如图2.7所示。

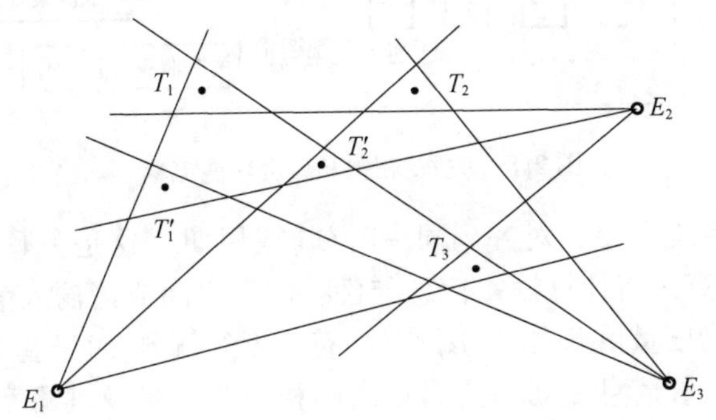

图2.7　无源三站三目标交叉定位

图2.7中，真实目标只有3个，而三站测量方位线的所有交点最多可能有27个，若考虑两站方位线交点也可能是目标位置，则可选的目标定位结果就更多了，这就存在远远大于真实目标数的虚假交点，称为鬼影点(ghost)。图2.7中真实目标位置为T_1、T_2、T_3，而很可能把目标T_1、T_2的位置定位在虚假交点T_1'、T_2'位置处。仅依据测量方位线滤除虚假交点难度较大，曾称为世界级难题。目前在工程应用中，通常采用多站测量方位线与获得的目标辐射的电磁信号参数统一进行关联聚集，实现辐射源测向交叉定位，从而降低定位错误率，但仍无法完全滤除定位结果的不确定性。

此外，所采用的测量方位线关联聚集准则或综合考虑目标测量方位线与电磁信号参数的关联聚集准则，以及最终采取的关联判断准则、门限和求解算法也会对定位结果的不确定性产生影响。

2.3.3　不确定性对关联/相关效果的影响

在关联/相关处理过程中，测量信息中的不确定性传递到关联/相关判定中，产生判定结论的不确定性，从而对关联/相关效果产生重要影响。

2.3.3.1　关联/相关处理流程

无论是如图2.1和图2.2所示的基于测量(信号、点迹/数据)的关联处理结构，还是如图2.3所示的判定融合结构，关联/相关处理、分配和下游融合功能流程如图2.8所示。

图2.8中，信息按测量序贯或按周期输入，对于目标属性关联/相关判断来说，可以随机输入。时空配准是指将输入信息转换到同一时空基准是(坐标)之

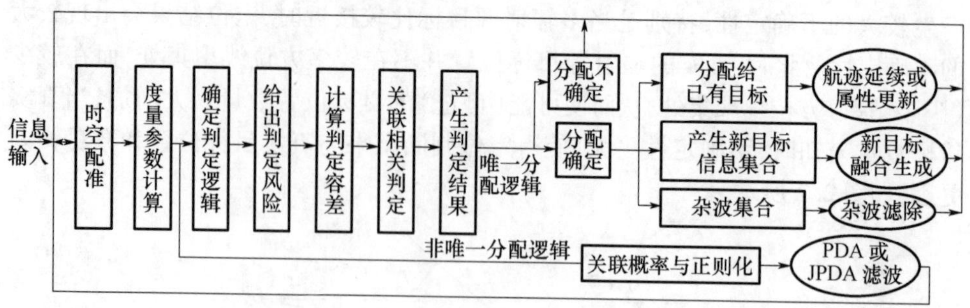

图 2.8　关联/相关和融合功能流程

下,尽可能消除系统误差并对齐到同一时刻(或周期),这是关联/相关处理的前提。度量参数计算是指计算输入信息与已有信息之间或诸输入信息之间的偏差(对于属性关联指度量信息之间的相似度、符合度等偏差,对于基于位置的状态关联/相关通常指度量信息之间的空间距离的相应统计量及其概率分布),这是关联/相关的主要基础信息。确定判定逻辑是基于物理问题需求和经验选择关联/相关判定准则,如最邻近准则、极大似然准则、极大后验准则、似然比判定准则等;给出判定风险是用户根据工程需求确定能够容忍的判定风险,如漏关联/相关率、错关联/相关率等。计算判定容差是在统计判定中,基于给出的判定风险,计算偏差参数的容许范围,即判定门限,通常是基于偏差参数的统计分布确定的。关联/相关判定指采用的判定方法和判定过程如硬判定或软判定(统计判定)、单门限或双(多)门限判定等,是基于物理问题和工程实践选择确定的。产生判定结果是指任一判定逻辑的关联/分配结果;唯一分配逻辑是指将一个测量或局部航迹只分配给一个实体(真实目标或杂波),这符合实际情况,但在回波密集情况下,唯一分配逻辑对 3.2.1 节所述的两类模糊现象,无法产生确定的分配结果或分配结果存在较大的风险概率;当无法进行唯一分配(图 2.8 中的分配不确定)时,直接返回输入端等待下一周期信息输入,以进行多周期序贯关联/相关判定。

2.3.3.2　关联/相关判定分配分析

从概念上讲,关联/相关结果是指关联/相关处理是否能够产生作为下游的融合(滤波)功能的输入信息及其不确定性。从图 2.8 可以看出,对于逐周期输入信息的关联/相关判定的唯一分配逻辑来说,一般能够出现如下几种结果:

(1) 输入的测量或局部估计信息与某已有目标关联/相关成功,将该输入信息唯一分配给该已有目标,对其进行航迹或属性融合估计更新。

(2) 输入信息与某杂波或虚警集合关联成功,将该输入信息判定为杂波或虚警,予以滤除。

(3) 输入信息与所有已知目标皆不关联/相关,且与杂波/虚警集合也不相关,确定该信息为新目标,此时该信息可作为一批新目标的可能航迹或归属于可能产生新目标的测量集合,以融合起始新目标航迹或属性初始估计。

这三种情况皆存在唯一分配结果的不确定性，通常表现为关联/相关判定风险，从图2.8中可以看出判定风险即漏关联/相关率和错关联/相关率是基于应用需求确定的，其用于在统计上确定偏差（或相似）参数的判定门限。关联/相关的唯一分配结果，经下游融合滤波产生的目标更新状态或属性信息所具有的不确定性来源于输入信息的不确定性，如目标融合航迹精度依赖于输入的测量点迹或局部航迹精度，目标属性融合估计的可信度依赖于输入的目标特征或局部属性的可信度。

从图2.8中可以看到，对于非唯一分配逻辑来说，关联/相关处理过程只需进行时空配准和度量参数计算两个步骤即可，非唯一分配逻辑的关联是与下游融合（滤波）功能结合进行的，其并不进行关联判定，这里的度量参数计算是指输入信息与已有目标信息的关联概率计算，然后以关联概率为权值将一个输入信息非唯一地分配给所有关联概率非零的目标。这样，一个测量可以基于不同权值分配给多个目标或一个目标以不同权值同时接纳多个（超过传感器数量）测量信息。这种关联概率与状态估计相结合的递推滤波称为概率数据关联滤波（PDAF）或联合概率数据关联滤波（JPDAF），是 Yakovv Bar Shalom 于20世纪70年代创立的[4-6]。我们知道，一个测量只能来源于一个战场空间实体（真实目标或杂波），因此，非唯一分配并不符合实际情况，它只是理论上的一种方法。工程实践表明，关联/相关中最难以解决的问题是目标密集（如编队航行和航线交叉航行的目标）或杂波密集环境，此时采用 PDAF 或 JPDAF 进行目标关联跟踪，会产生多个目标形成的模糊聚集在空间运动而无法分离的状况，直至随时间推移，测量信息中反映出目标分离或飞离杂波区时，滤波产生的目标才会分离，这实际上与点迹—航迹或航迹—航迹关联/相关唯一分配逻辑中的多周期累积序贯关联/相关类似。可以说，想要避免关联/相关中出现的模糊难题而提出的任何“新”理论或“新”方法，如前述的 PDAF 或 JPDAF，以及基于模糊集理论的融合滤波方法在实质上并没有解决这个难题，只是回避这个问题。因此，这些方法只具有理论意义，而没有实际应用价值，因其前提不符合实际情况。从这个意义上说，关联/相关中的模糊现象是一个不可回避的永恒课题，只能针对具体问题采取相应的解决方法。

2.3.3.3　不确定性对关联/相关结果的影响分析

我们以1级信息融合中的点迹关联、点迹—航迹关联和航迹相关为例，描述不确定性对关联/相关结果的影响。图2.9给出了战场上实际的真、假目标与关联/相关及融合产生的目标航迹（真航迹、冗余航迹、假航迹）之间的关系。

战场目标包括真实目标和假目标（杂波或虚警）两类，如图2.9中上部两个实线椭圆所示，而关联/相关处理产生和涉及的目标航迹则包含估计出来的真航迹（源于真目标的航迹）、假航迹（源于假目标却错认为真实目标的航迹）和冗余航迹（源于真目标却从相应真目标分裂出来的航迹）。此外，还包括处理过程中漏掉的真目标航迹和滤除的假目标航迹，它们都是经正确关联/相关和错误关联/相关产

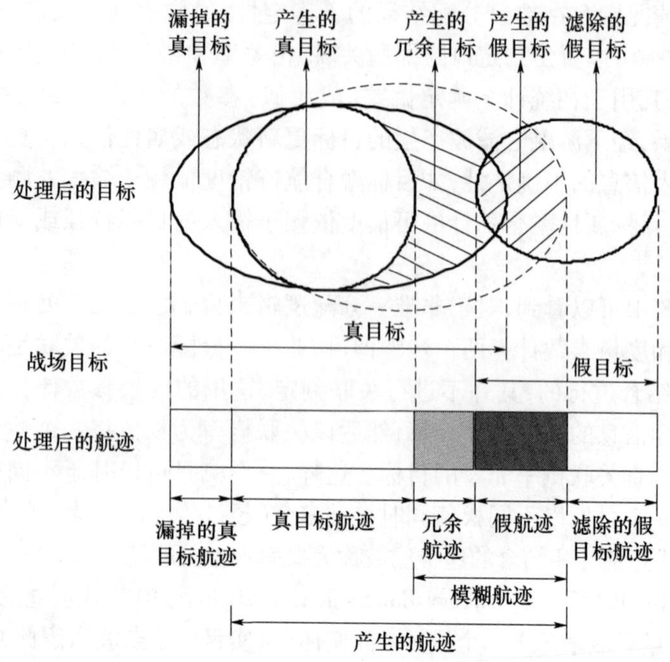

图 2.9 战场目标与估计产生的航迹的对应关系

生的。正确关联/相关包括源于真实目标的测量经关联分配产生相应的真实目标航迹,以及源于杂波的测量经关联分配产生杂波集合予以滤除;错误关联/相关包含将来源于不同目标的两个及以上测量经关联分配产生一条目标航迹,或将源于同一目标的两个测量经关联分配产生不同的目标。通常讲的漏关联,即将源于某目标的测量关联判定与该目标无关,属于错误关联的一种。

图 2.9 中形成的估计航迹(在真实目标未知时,识别为"真实航迹")有三类:

(1) 真航迹:正确关联/相关与融合产生的真实目标航迹。

(2) 假航迹:错误关联/相关与融合产生的源于假目标但没有滤除却识别为真目标的航迹。

(3) 冗余航迹:来源于真实目标,由于错误关联/相关而产生对真目标的一种分裂(多余)航迹。

未形成的航迹如下:

(1) 滤除的假航迹:正确关联/相关产生的假目标航迹,识别出来予以滤除。

(2) 漏掉的真航迹:由于错误关联/相关而漏掉的真实目标航迹。

与形成的三类估计航迹无法关联而漏掉的测量点迹或局部航迹称为孤立测量,其作为一个测量集合再与后续到来的测量进行关联处理。航迹估计结果中的假航迹和冗余航迹称为模糊航迹,是由于关联聚集和识别判断错误引起的。随着后续测量的到来,继续进行关联/相关处理,孤立测量和模糊航迹会不断改善和减少。

2.4　关联/相关度量参数及其计算

多源多目标 1 级信息融合即目标估计中的关联/相关度量是指点迹—点迹、点迹—航迹、航迹—航迹之间的差异度量，包括状态差异度量和属性差异度量。状态差异包括目标位置偏差即位置的空间距离、航向偏差和速度偏差，以及横向距离偏差和纵向距离偏差，其中以位置偏差为基本偏差，其他偏差都与位置偏差有关。航向偏差和速度偏差是指目标航迹(局部航迹或全局航迹)之间的偏差，是对于多周期(多点)位置生成的一段航迹而言的。目标属性差异则通过目标属性特征之间的差异或属性识别估计结果的差异(相容性/相悖性程度)来体现。

状态差异度量包括状态差异的直接/统计度量、综合度量和状态差异的统计分布度量三种，各种度量计算公式表述如下。

2.4.1　状态差异的直接度量计算

状态差异的直接/统计度量主要对目标位置偏差、速度偏差、航向偏差、基于速度和航向的纵向/横向偏差等分量进行的直接或统计计算。在应用时，可以综合考虑，也可以基于具体需要考虑其中一个或几个分量。

2.4.1.1　位置偏差的计算公式

位置偏差 Δd 为两点迹之间或测量点迹与某已知航迹预测点之间或两航迹预测到同一时间的点迹之间的空间距离。直接计算公式和统计计算公式分别为

$$\begin{cases} \Delta d = \sqrt{(\Delta x)^2 + (\Delta y)^2} = \sqrt{(\rho\Delta\theta)^2 + (\Delta\rho)^2} \\ \Delta d = \sqrt{\dfrac{(\Delta x)^2}{\sigma_x^2} + \dfrac{(\Delta y)^2}{\sigma_y^2}} = \sqrt{\dfrac{(\rho\Delta\theta)^2}{\sigma_\theta^2} + \dfrac{(\Delta\rho)^2}{\sigma_\rho^2}} \end{cases} \tag{2.1}$$

式中：$\Delta x = x_1 - x_2$，$\Delta y = y_1 - y_2$；$\Delta\rho = \rho_1 - \rho_2$，$\Delta\theta = \theta_1 - \theta_2$；$(x_1, y_1)$、$(x_2, y_2)$与$(\rho_1, \theta_1)$、$(\rho_2, \theta_2)$分别为两空间位置的直角坐标和极坐标；$\sigma_t^2(t = x, y; \rho, \theta)$为相应的偏差协方差。

2.4.1.2　速度偏差的计算公式

当目标进行直线或近似直线运动时(图 2.10(a))，目标轨迹横坐标 x 和纵坐标 y 随时间递增，而当目标进行曲线运动时(图 2.10(b))，目标轨迹的横坐标 x 和纵坐标 y 并不总是随时间递增，因某一坐标可能随时间折返回来，如图 2.10 中的 y_5、y_6 位于 y_1 与 y_2 之间，x_7 位于 x_5 与 x_6 之间。

注意一维目标定向运动速度的最小二乘估计公式为

$$\tilde{v}_r = \sum_{i=1}^{n} (r_i - \bar{r})(t_i - \bar{t}) / \sum_{i=1}^{n} (t_i - \bar{t})^2 \tag{2.2}$$

$$\bar{r} = \frac{1}{n}\sum_{i=1}^{n} r_i, \bar{t} = \frac{1}{n}\sum_{i=1}^{n} t_i$$

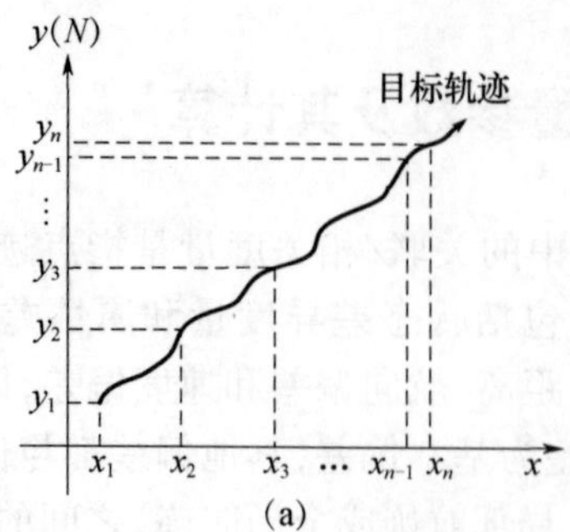

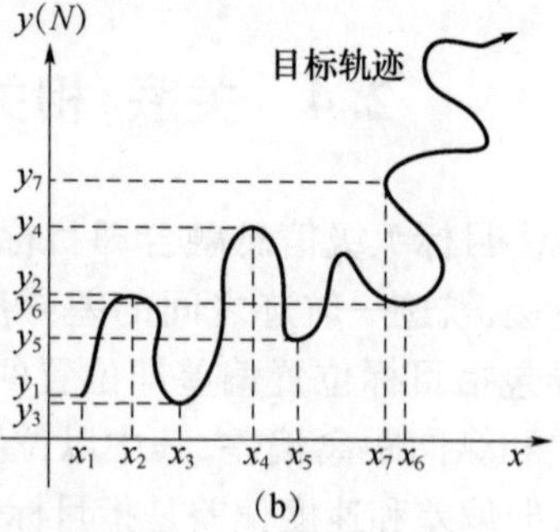

图 2.10 二维目标运动轨迹图

(a) 近似直线运动;(b) 曲线运动。

式中:r_i 为一维位置;t 为时间;n 为样本点数。

对于近似直线运动状态的二维目标,其横向和纵向分速度分别为

$$\tilde{v}_x = \tilde{v}_r(r = x), \tilde{v}_x = \tilde{v}_r(r = y) \tag{2.3}$$

于是,该目标的运动速度和航向估计分别为

$$\tilde{v} = \sqrt{\tilde{v}_x^2 + \tilde{v}_y^2}, \tilde{K} = \arctan\left[\frac{\tilde{v}_x}{\tilde{v}_y}\right]_{0°}^{360°} \tag{2.4}$$

对于不规则曲线运动状态的目标,取 $s_i = s(t_i)$ 为 t_i 时刻之前诸曲线段的近似折线距离之和,即

$$s_i = \Delta s_2 + \Delta s_3 + \cdots + \Delta s_i, \Delta s_j = \sqrt{(x_j - x_{j-1})^2 + (y_j - y_{j-1})^2} \quad j = 2,3,\cdots,i \tag{2.5}$$

这样,s_i 为一维定向运动目标到 t_i 时刻的移动距离并随时间递增,仍引用最小二乘估计公式(2.2),得到该目标运动速度估计为

$$\tilde{v} = \tilde{v}_r(r = s) = \tilde{v}_s \tag{2.6}$$

最后,得到近似直线运动目标速度偏差计算公式为

$$\Delta v = \sqrt{\frac{(\Delta v_x)^2}{\sigma_{v_x}^2} + \frac{(\Delta v_y)^2}{\sigma_{v_y}^2}} \tag{2.7}$$

式中:$\Delta v_x = \tilde{v}_{1x} - \tilde{v}_{2x}, \Delta v_y = \tilde{v}_{1y} - \tilde{v}_{2y}$ 分别为按式(2.2)、式(2.3)求得的两条目标航迹在 x 方向和 y 方向的速度分量偏差;$\sigma_{v_x}^2$、$\sigma_{v_y}^2$ 为速度估计误差方差;$\sigma_{v_r}^2$ 的计算公式为

$$\sigma_{v_r}^2 = \frac{12\sigma_r^2}{n(n^2-1)(\Delta T)^2} \quad r = x,y \tag{2.8}$$

式中:n 为样本点数;ΔT 为测量周期。

曲线运动目标速度偏差计算公式为

$$\Delta v = \tilde{v}_1/\sigma_{v_1} - \tilde{v}_2/\sigma_{v_2} \tag{2.9}$$

式中:$\tilde{v}_1$、$\tilde{v}_2$ 分别为按式(2.5)、式(2.6)求得的两条目标航迹的速度估计值;

$\sigma_{v_i}^2(i=1,2)$为相应航迹速度估计误差方差,其计算公式为

$$\sigma_{v(1|2)}^2 = \frac{12\sigma_{s(1|2)}^2}{n(n^2-1)(\Delta T)^2} \tag{2.10}$$

式中:$\sigma_{s(1|2)}^2$是由式(2.5)表示的正态随机变量$\zeta=\Delta s_j$的$\chi^2(\zeta,n-1)$分布(其中,$\zeta=\Delta s^{\mathrm{T}}\boldsymbol{R}^{-1}\Delta s, R=\sigma_{v_x}^2+\sigma_{v_y}^2$)获取的。

2.4.1.3　目标机动偏差计算公式

(1) 航向偏差 ΔK 计算公式:

$$\Delta K = \frac{\tilde{K}_1}{\sigma_{K_1}} - \frac{\tilde{K}_2}{\sigma_{K_2}} \tag{2.11}$$

$$\tilde{K}_i = \arctan\left[\frac{\tilde{v}_{x_i}}{\tilde{v}_{y_i}}\right]_{0°}^{360°} \quad i=1,2 \tag{2.12}$$

$$\sigma_{K_i}^2 = \frac{v_{x_i}^2}{v_{y_i}^2(1+\tan K_i)^2}\left[\frac{\sigma_{v_{x_i}}^2}{v_{x_i}^2}+\frac{\sigma_{v_{y_i}}^2}{v_{y_i}^2}\right] \quad i=1,2 \tag{2.13}$$

(2) 横向/纵向偏差计算公式:

基于估计航向的横向偏差 ΔD 和纵向偏差 ΔE 如图 2.11 所示,计算公式为

$$\Delta D = \Delta x\cos\tilde{K} + \Delta y\sin\tilde{K} \tag{2.14}$$

$$\Delta E = \Delta x\sin\tilde{K} - \Delta y\cos\tilde{K} \tag{2.15}$$

式中:$\Delta x = x_1 - x_2, \Delta y = y_1 - y_2$。

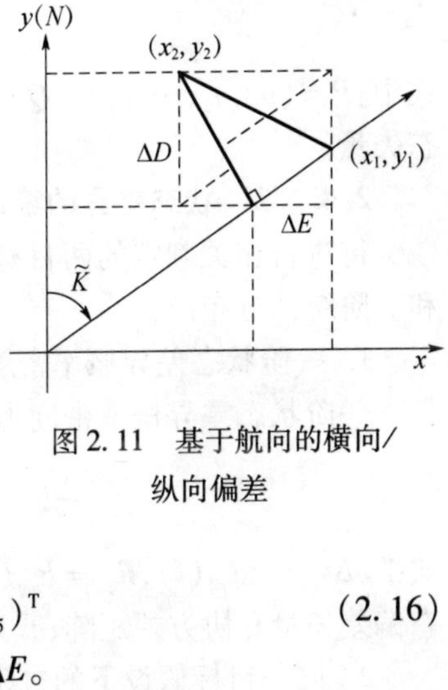

图 2.11　基于航向的横向/纵向偏差

2.4.2　状态差异的综合度量

综合考虑 2.4.1 节给出的目标的两个点迹或两条航迹 p 和 q 的状态差异分量构成的综合状态差异矢量:

$$\Delta s_{pq} = (\Delta s_1, \Delta s_2, \cdots, \Delta s_5)^{\mathrm{T}} \tag{2.16}$$

式中:$\Delta s_1=\Delta d, \Delta s_2=\Delta v, \Delta s_3=\Delta K, \Delta s_4=\Delta D, \Delta s_5=\Delta E$。

采用多周期目标航迹的综合状态差异样本进行统计度量,以减少度量的随机误差。有下述统计度量公式。

2.4.2.1　离散航迹状态差异的统计度量

1. 两条航迹差异的一阶统计度量

两条航迹差异的一阶统计度量为相应 n 个点迹综合状态差异的均值,即

$$\Delta\bar{s}_{pq} = \frac{1}{n}\sum_{k=1}^{n}\Delta s_{pq}(t_k) \tag{2.17}$$

式中:n 为统计周期数。

2. 两条航迹差异的二阶统计度量

两条航迹差异的二阶统计度量为相应 n 个点迹综合状态差异均值的加权欧几里得距离，即

$$\Delta T_{pq} = (\Delta\bar{\boldsymbol{s}}_{pq})^{\mathrm{T}}\boldsymbol{R}_{pq}^{-1}\Delta\bar{s}_{pq} \tag{2.18}$$

式中：$\boldsymbol{R}_{pq}$ 为综合差异矢量 $\Delta\bar{\boldsymbol{s}}_{pq}$ 的协方差矩阵。

3. 其他常用的统计度量

两条航迹差异的其他统计度量通常有以下几种。

明可夫斯基距离：

$$\Delta s_{pq}^{m} = \left(\sum_{k=1}^{n}(\Delta\boldsymbol{s}_{pq}(t_k))^{m}\right)^{\frac{1}{m}} \quad m = 1,2,\cdots \tag{2.19}$$

城市板块距离：

$$\Delta s_{pq}^{c} = \|\Delta\bar{s}_{pq}\|，\text{为取 } n \text{ 维矢量的某种范数} \tag{2.20}$$

皮尔逊矩积相关系数：

$$I_{PQ} = \frac{\mathrm{Cov}(\boldsymbol{P},\boldsymbol{Q})}{\sigma_P\sigma_Q} = \sum_{i=1}^{n}p_iq_i - \frac{(\sum p_i)(\sum q_i)/n}{\{[\sum p_i^2-(\sum p_i)^2/n][\sum q_i^2-(\sum q_i)^2/n]\}^{1/2}} \tag{2.21}$$

式中：$\boldsymbol{P}=(p_1,p_2,\cdots,p_n)^{\mathrm{T}}$、$\boldsymbol{Q}=(q_1,q_2,\cdots,q_n)^{\mathrm{T}}$ 为待进行相关判定的两实体离散状态矢量。

2.4.2.2 状态差异的统计分布度量

待进行相关判定的两目标状态差异的统计分布度量通常包括一阶统计分布和二阶统计分布。

1. 一阶状态差异概率密度通常假设为正态分布

一阶状态差异概率密度为

$$N(\Delta\boldsymbol{s}_{pq},\boldsymbol{R}_{pq}) = \frac{1}{2^{m/2}\sqrt{|\boldsymbol{R}_{pq}|}}\mathrm{e}^{-\frac{1}{2}\Delta\boldsymbol{s}_{pq}^{\mathrm{T}}\boldsymbol{R}_{pq}^{-1}\Delta\boldsymbol{s}_{pq}} \tag{2.22}$$

式中：$\Delta\boldsymbol{s}_{pq}=\Delta\boldsymbol{s}_{pq}(t)$，$\boldsymbol{R}_{pq}=R_{pq}(t)$ 分别为 t 时刻待相关判定的目标航迹 p 和 q 的状态偏差矢量和协方差矩阵；m 为偏差矢量维数。

2. 同一目标假设下的二阶状态差异的概率密度

对源于同一目标的两航迹或点迹进行关联/相关判定时，即只判定相关是否成立（相关不成立并不意味着不相关成立）。此时，一阶状态差异矢量 $\Delta\bar{s}_{pq}(t_i)$ $(i=1,2,\cdots,n)$ 服从相同的正态分布，于是 n 个样本的二阶状态偏差的概率分布为典型的 χ^2 分布，即

$$\zeta = \Delta T_{pq} = (\Delta\bar{\boldsymbol{s}}_{pq})^{\mathrm{T}}\boldsymbol{R}_{pq}^{-1}\Delta\bar{\boldsymbol{s}}_{pq} \sim \chi^2(\zeta,n) \tag{2.23}$$

其中

$$\chi^2(\zeta,n) = \frac{1}{2^{n/2}\Gamma(n/2)}\zeta^{\frac{n}{2}-1}\mathrm{e}^{-\frac{1}{2}\zeta} \tag{2.24}$$

式中：$\Gamma(t)$为伽玛函数。

3. 不同目标假设下的二阶状态差异的概率密度

当进行两个实体（点迹—点迹、点迹—航迹、航迹—航迹）不关联/不相关判定时，即只判定不相关是否成立（不相关不成立并不意味相关成立）。此时，一阶状态差异矢量$x_i=\Delta\bar{s}_{pq}(t_i)$是由源于不同目标的假设状态生成的，其假设服从不同的独立正态分布。

若 $x_i \sim N(\mu_i,1)$，则二阶偏差统计度量$\zeta=\Delta T_{pq}=(\Delta\bar{s}_{pq})^{\mathrm{T}}\boldsymbol{R}_{pq}^{-1}\Delta\bar{s}_{pq}$服从下述非中心$\chi^2$ 分布，即

$$\zeta \sim \chi^2(\zeta,n,\lambda) = \frac{1}{2^{n/2}}\mathrm{e}^{-\frac{1}{2}(\zeta+\lambda)}\sum_{k\geqslant 0}\frac{\zeta^{\frac{n}{2}+k-1}(\lambda/4)^k}{\Gamma(k+n/2)k!} \tag{2.25}$$

式中：非中心参数 $\lambda^2 = \sum_{i=1}^{n}\mu_i^2$。

若 $x_i \sim N(\mu_i,\sigma_i^2)$，则一阶偏差 $x_i'=x_i/\sigma_i$ 的二阶偏差统计量 $\zeta'=\Delta T_{pq}'=(\Delta\bar{s}_{pq}')^{\mathrm{T}}R_{pq}'^{-1}\Delta\bar{s}_{pq}'$服从下述非中心$\chi^2$ 分布，即

$$\zeta' \sim \chi^2(\zeta',n,\lambda) = \frac{1}{2^{n/2}}(\zeta'/\lambda)^{\frac{n-2}{4}}\mathrm{e}^{-\frac{1}{2}(\zeta'+\lambda)}\cdot I_{\frac{n}{2}-1}(\sqrt{\lambda\zeta'}) \tag{2.26}$$

式中：非中心参数 $\lambda^2 = \sum_{i=1}^{n}(\mu_i/\sigma_i)^2$；$I_v(z)$ 为第一类修正贝塞尔函数，其计算公式为

$$I_v(z) = \frac{\left(\frac{z}{2}\right)^v\sum_{k\geqslant 0}(z^2/4)^k}{k!\Gamma(v+k+1)} \tag{2.27}$$

2.4.3 属性差异度量

目标的属性差异与状态差异在概念上有很大不同，因此差异度量的内涵和方法也有较大差别。属性差异度量在信息关联/相关中起着重要作用，例如，在状态关联/相关出现模糊或不确定（如双门限相关判定中出现状态差异度量位于两门限之间的情况）时，需采用属性差异度量确定关联/相关与否；在两航迹接近时，状态相关很可能成立，但若属性差异较大，仍不能判定为同一目标。属性差异度量在目标属性识别中占有重要地位，因在多源信息融合处理中，目标属性估计是基于成功关联/相关的多源属性识别或特征识别结果融合产生的。而目标属性估计结果对 2/3 级融合（态势估计和威胁估计），以至于对后续的作战应用（如确定打击目标、生成作战方案和火力打击方案等）更是至关重要的。

2.4.3.1 目标属性的分级描述

目标属性的分级依赖于目标属性获取手段（传感器）和不同作战意图和作战层次所需要识别的目标属性等级。目前所应用的主要信息获取手段、携载平台及其所能提供的目标属性信息如表 2.2 所列。

表 2.2　目标属性及其信息源类型

信息源	携载平台	目标属性信息
有源雷达(微波/天波/地波)	地面(固定/车载)、机载、舰载	基于 RCS 的目标大小/形状
SAR/ISAR	机载、星载	基于多频段电磁反射信号合成的目标与背景图像
电子支援措施(ESM)	地面、机载、舰载	辐射源方位和电磁信号参数,以及处理获取的辐射源和平台识别结果与信度
声音/振动传感器	水面、水下、地面	辐射源方位和振动频率等
敌我识别(IFF/SSR)	机载、舰载、地面	我/非我目标身份、高度信息等
红外搜索与跟踪(IRST)	星载、机载、舰载、地面	红外目标和背景图像
多光谱/微光/EO	星载、机载、舰载、地面	相应介质的目标图像
技术侦察	地面、机载、舰载	通信截获破译的敌方信息
人工侦察	情报人员	敌方信息
部队侦察	战场多种手段/平台	战场目标综合信息
数据库	系统	累积的历史/中长期情报

此外,不同的作战意图和作战层次对目标属性识别的级别和内涵需求也不相同。在联合作战中,对战场目标属性的分级层次如图 2.12 所示。

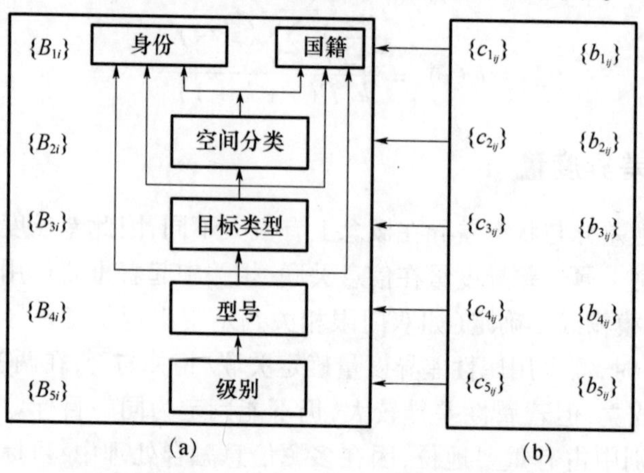

图 2.12　联合战场目标识别分级层次及信度

(a) 属性识别层次及信度;(b) 属性特征识别层次及信度。

图 2.12(a)中,$B_{1i}(i=1,2,3,4)$表示第一层次识别结果敌、我、中、不明、可疑等身份和国籍的信度;$B_{2i}(i=1,2,3,4,5,6)$表示第二层次目标空间分类的识别结果为陆、海、空、天、水下,以及网络电磁空间目标的信度;$B_{3i}(i=1,2,\cdots)$表示第三层次目标类型的识别结果,如空中目标为预警机、远程轰炸机、隐身飞机、侦察机、战斗机等;$B_{4i}(i=1,2,\cdots)$表示第四层次目标型号识别结果,如空中目标远程轰炸

机中 B－52、B1、B2 等,又如战斗机中的 F－15、F－16、F－22、F/A－18 等;B_{5i}($i=1,2,\cdots$)表示第五层次单一目标型号的级别识别结果,如空中目标型号 F/A－18 中F/A－18A、F/A－18B、F/A－18C 等。

不同的识别层次源于不同的作战需求,如第一层、第二层次对于定下作战决心和作战方案至关重要,第二层和第三层次对战术决策和作战行动计划至关重要,而第四层、第五层次对战术行动和火力打击至关重要。从表 2.2 可以看出,这 5 个层次的部分识别结果能由某些信息源/传感器直接提供,但最终是由信息处理系统对于所获取的多源识别结果进行融合产生的,因此其可信度大大提高。

图 2.12(b)中,$c_{k_{ij}}$、$b_{k_{ij}}$($k=1,2,3,4,5$)表示第 k 层次第 i 个识别结论所对应(分解的)第 j 个特征和相应的信度。这些特征参数是基于表 2.2 所给出的信息获取手段和传感器提供的,如 ESM 传感器提供的辐射(反射)源电磁信号的射频、重频、脉宽、脉间、极化特征等特征参数,有源雷达识别出的目标大小、编队目标等也可以作为目标类型和型号层次识别的特征。

2.4.3.2　目标属性识别的特点

属性和状态是目标的两大类特征参数集,它们在概念上不同,在处理方式上更具有本质差别。目标属性识别具有与目标状态估计不同的下述特点:

(1) 属性/特征的测量具有稀疏性,而目标状态观测比较稠密或按特定周期进行观测。在工程实践中,传感器报知目标属性或特征通常具有较大时间间隔或偶尔报知一次。

(2) 对目标属性识别来说,起主要作用的是与已有估计结果不同的测量信息(证据),而不是相同或相近的属性/特征测量信息。属性识别既依靠相同或相近信息的积累,但更重要的是偶尔出现的变化甚至与已有结论大相径庭的信息,或者说具有较大差异的属性/特征信息在目标属性识别中起主导作用。

(3) 信息量和知识量对目标属性识别都具有重要影响。识别信息量是指对可能的识别结果的涵盖程度,含有完备的识别结论集合元素的信息量最大,信息量小会导致某些识别结论的漏失;知识量是指对属性识别过程、方法和收敛性起推进作用的证据信息量,无差别的信息所含识别知识量几乎为零,其最多只能起印证作用。

(4) 属性识别往往与真伪识别结合进行,在对手的 CC&D 手段下,真伪识别成为第一要务,然后才是属性识别。由于 CC&D 手段可能在各层次(信号、特征、实体、态势、威胁)上出现,因此,对于各层次的属性识别来说,都需要率先解决 CC&D 的识别问题。

(5) 属性识别需要先验信息。目标的状态估计(定位、识别与跟踪)反映的是目标的动态状况,其依据实时或准实时观测信息进行;对于属性识别来说,除了依据实时/准实时观测/侦察信息,还需要先验信息的支撑,如电磁信号参数(指纹)信息、目标平台的可能属性/特征集合、可能出现的态势/威胁假设集合等,这些先验信息用于与获取的实时/准实时信息进行比对模式识别(Partern Recognition, PR),以识别目标。识别先验信息应尽量具有完备性,否则会漏失目标属性/特征。由于先验信息是积累产生的,因此其完备性也会不断提高。

(6) 属性识别中的不确定性。目标状态测量信息的不确定性表现为精度,测量精度会传播到目标融合状态中,精度会影响关联/相关效果,但一旦关联/相关成功,目标状态(位置、速度、航迹)就具有唯一性,即具有唯一标识。属性识别中的不确定性表现为信度、模糊度、先验概率赋值等,观测属性/特征中的不确定性,也会传播到融合属性识别结论中,但融合属性的不确定性会导致出现带有不确定性的多个识别结论,供下游融合处理或供用户选择。

2.4.3.3 目标属性识别信息差异度量方法

从以上描述的目标属性识别的特点可以看出,要度量属性识别信息的差异,需要首先度量识别信息所含信息量、知识量,进而度量识别信息的一致性和冲突性。

1. 识别信息量和知识量的度量指标

我们知道,信息熵是对信息之间的差异程度的度量,尤其适用于由于突变引起的状态变化,因此人们自然想到选用信息熵来度量目标属性识别信息。

若 N 个相互独立的属性识别命题假设集合 $H=\{h_1,h_2,\cdots,h_N\}$,其中各分假设(子命题)各自具有概率 $\{p_1,p_2,\cdots,p_N\}$,则定义属性识别信息熵为

$$\mathrm{PIC}(P) = 1 + \sum_{i=1}^{N} p_i \ln p_i / \ln N$$

式中:概率 p_i 为子命题 h_i 的不确定性表示(h_i 为真的概率);N 体现了识别信息量,即可能涵盖的命题(属性)范围;PIC(P)又称为概率信息内容,它反映了对识别有用的知识量,当某一个 p_k 等于1,其他皆为0时,PIC(P)=1 达极大,此时识别知识量最大,因此识别结论即为 h_k,详见4.3.3节。

2. 基于 Dempstor Shafer(简称 D-S)证据理论的属性识别信息的一致性度量

两个属性识别信息的一致性(Agreement)是其相容程度,它是基于不确定性进行命题(证据)融合的基础,不同的不确定性表示和综合方法,对证据一致性的定义和度量计算公式也不相同。

在基本命题集合 $H=\{h_1,h_2,\cdots,h_N\}$ 之下,证据集合 $E=\{(E_1,m_1(A_1)),\cdots,(E_n,m_n(A_n))\}$ 中证据 E_i 的局部一致性信度计算公式为

$$A_{\mathrm{loc}}(E_i) = \sum_{\substack{A_i \in E_i \\ A_i \cap A_j \neq \phi}} m_i(A_i) m_i(A_j) \qquad i = 1,2,\cdots,n$$

它表示证据集合 E 中,证据 E_i 所获得的其他证据的总支持信度。

证据 E 的全局一致性信度计算公式为

$$A_{\mathrm{glo}}(E) = \frac{1}{2}\sum_{i=1}^{n} A_{\mathrm{loc}}(E_i) = \sum_{\substack{i,j=1 \\ i \neq j \\ A_i \cap A_j \neq \phi}}^{n} m_i(A_i) m_j(A_j)$$

它表示证据集合 E 中所有相容证据的总的相互支持信度。

3. 基于 D－S 证据理论的属性识别信息的冲突性度量

两个识别信息的冲突性是指其不相容或相悖程度，它是度量识别知识量的主要来源。相悖信息会减少可能识别结论的数量，使识别概率向最有可能识别命题假设聚集，从而加速属性融合识别进程。

证据集合 $E=\{(E_1,m_1(A_1)),\cdots,(E_n,m_n(A_n))\}$ 中，证据 E_i 的局部冲突信度为

$$C_{\text{loc}}(E_i)=\sum_{\substack{A_j\in E_j\\ A_i\cap A_j\neq\phi}}m_i(A_i)m_j(A_j)$$

它是证据集合 E 中其他证据与 E_i 的总冲突信度。

证据 E 的全局冲突信度计算公式为

$$C_{\text{glo}}(E)=\frac{1}{2}\sum_{i=1}^{n}C_{\text{loc}}(E_i)=\sum_{\substack{i,j=1\\ i\neq j\\ A_i\cap A_j\neq\phi}}^{n}m_i(A_i)m_j(A_j)$$

它是证据集合 E 中所有两两证据之间的总冲突信度。

本书 4.4.1 节详细描述了基于 D－S 证据理论的识别信息一致性概念、计算公式和应用案例。4.4.2 节详细描述了识别信息冲突性概念，给出了基于 D－S 证据理论的证据冲突信度计算公式，并针对 D－S 证据理论的缺陷，详细导出了基于 Jousselme 证据距离函数的证据冲突信度计算公式，并给出了应用案例。

4. 两组统计独立识别结果的差异度和符合度[7]

假设两个传感器分别基于自身探测结果独立统计识别某一目标属性，获得识别结果概率统计矩阵为

$$\boldsymbol{P}_D=\begin{pmatrix}p_{11}&p_{12}&\cdots&p_{1n}\\p_{21}&p_{22}&\cdots&p_{2n}\\\vdots&\vdots&\ddots&\vdots\\p_{n1}&p_{n2}&\cdots&p_{nn}\end{pmatrix}$$

式中：p_{ij} 表示传感器 A 将目标属性识别为属性 i，传感器 B 将该目标属性识别为属性 j 的概率；n 为该目标的可能属性数。

有两种确定传感器 A 和传感器 B 识别结果符合度和差异度的度量方法：

(1) 识别结果完全相同的度量方法。$\theta_1=\sum_{i=1}^{n}p_{ii}$ 表示传感器 A、B 的目标属性识别符合度，此时 $1-\theta_1$ 表示两组识别结果的差异度。显然这里的 p_{ii} 表示传感器 A、B 的目标识别结果完全相同，即皆识别为属性 i 的概率。

(2) 识别结果单方相同的度量方法。$\theta_2=\sum_{i=1}^{n}p_{i+}p_{+i}$ 表示传感器 A、B 的目标属性识别符合度，此时 $1-\theta_2$ 表示两组识别结果的差异度。这里 p_{i+} 表示传感器 A

将目标识别为属性 i(而不管传感器B的识别结果如何)的概率;p_{+i} 表示传感器B将目标识别为属性 i(而不管传感器A的识别结果如何)的概率。

为明确说明上述度量方法,举例如下,设传感器A、B对某批空中目标的识别结果矩阵如表2.3所列。

表2.3 传感器A、B对目标的100次统计识别矩阵

$N(p)$ B \ A	F_{15}	F_{16}	F_{18}	$\sum_A N(p)$
F_{15}	28(0.28)	2(0.02)	0(0)	30(0.3)
F_{16}	10(0.1)	25(0.25)	5(0.05)	40(0.4)
F_{18}	2(0.02)	8(0.08)	20(0.2)	30(0.3)
$\sum_B N(p)$	40(0.4)	35(0.35)	25(0.25)	100(1.0)

表2.3中,目标的可能属性为 F_{15}、F_{16}、F_{18};$N(p)$ 为相应识别次数(概率),如第2行第3个元素5(0.05)表示传感器A识别目标为 F_{16},传感器B识别目标为 F_{18} 的统计次数为5,概率为0.05;最后1列 $\sum_A N(p)$ 分别表示传感器A识别目标为 F_{15}、F_{16}、F_{18} 的次数(概率),而不管传感器B的识别结果如何;最后1行的 $\sum_B N(p)$ 类似理解。

由表2.3可得

$$\theta_1 = 0.28^2 + 0.25^2 + 0.2^2 = 0.1809, 1 - \theta_1 = 0.8191$$

分别表示传感器A、B对该目标的完全相同识别符合度为0.1809,识别差异度为0.8191。

$$\theta_2 = 0.4 \times 0.3 + 0.35 \times 0.4 + 0.25 \times 0.3 = 0.335, 1 - \theta_2 = 0.665$$

分别表示传感器A与B对该目标的单方相同识别符合度为0.335,识别差异度为0.665。

这两种方法的识别度量结果皆表示传感器A、B对该目标的识别结果存在较大差异,即关联/相关不成功,或者说传感器A、B的识别可能源于不同目标。

一个综合 θ_1 和 θ_2 的识别符合度修正公式为

$$\theta = \frac{|\theta_1 - \theta_2|}{1 - \theta_2} = 0.232$$

这也说明传感器A、B的识别结果相关性较小。

5. 图像相似性度量

(1) 基于二进制像素灰度的图像相似系数[10]。在源于同一场景的具有相同分辨率的两幅图像的匹配处理中,可以按某一设定的灰度门限,将这两幅图像中欲进行匹配区域的每个像素量化为0-1二进制数,即所谓二进制灰度数据图像。

这样,就能够将这两个图像区域的匹配问题转换成两个二进制数据向量之间的相似度计算问题,其中每个分量就是一个二进制像素数据。考虑如表2.4所列的关联统计表。

表2.4　二进制像素关联统计

P \ Q	1	0
1	a	b
0	c	d

表2.4中,P 和 Q 为待匹配的两个图像区域。

a:P 和 Q 中同时为1的分量数。

b:P 分量为1,Q 相应分量为0的分量数。

c:Q 分量为1,P 相应分量为0的分量数。

d:P 和 Q 分量同为0的分量数。

有可供选择的如下两种相似匹配方法。

完全相似匹配系数:

$$S = \frac{a + d}{a + b + c + d}$$

若 P 和 Q 完全相似,则有 $S = 1$;若 P 和 Q 完全不相似,则有 $S = 0$;而 S 位于(0,1)区间中的数值反映了 P 和 Q 的相似程度。

部分相似匹配系数:

$$S = \frac{a}{a + b + c}$$

该系数避开了 P 和 Q 同时为0的分量,即略去了联合缺乏信号的情况。

这两种相似匹配中的 S 和 $1 - S$ 可分别视为两图像区域 P 与 Q 的相似度和差异度。

(2) 基于多级灰度统计的图像互信息度量[8]。互信息是信息论中度量两个变量之间的相似性,即采用基于信息熵的度量方法,度量一个变量包含另一个变量的信息量有多少。两幅离散的图像 A、B 之间的归一化互信息公式如下:

$$\text{NMI} = \frac{H(A) + H(B)}{H(A,B)}, \text{ECC}(A,B) = \frac{2I(A,B)}{H(A) + H(B)}$$

式中:ECC(A,B) 又称为熵相关系数,具体计算公式如下。

互信息:$I(A,B) = \sum_{a,b} p_{AB}(a,b) \log_2\left[\frac{p_{AB}(a,b)}{p_A(a)p_B(b)}\right]$

联合熵:$H(A,B) = -\sum_{a,b} p_{AB}(a,b) \log_2[p_{AB}(a,b)]$

式中:$p_{AB}(a,b)$ 表示图像 A 中灰度值(级)为 a 且 B 中灰度值为 b 的概率分布;$p_A(a)$、$p_B(b)$ 分别表示图像 A 中灰度值(级)为 a 和图像 B 中灰度值为 b 的概率分布;$H(X) = \sum_x p(x)\log_2[p(x)]$ 为图像 $X(X = A$ 和 $B)$ 的信息熵。

2.4.4 差异信息识别应用原理

从图 2.12 可以看出,第一属性层次的身份属性(敌/我/中)识别信息来源主要有:直接敌我识别(IFF)传感器报知的身份识别信息,同层和下面各层报来的相应识别信息,以及尚未形成识别结果的敌/我/中特征信息,如图 2.13 所示。

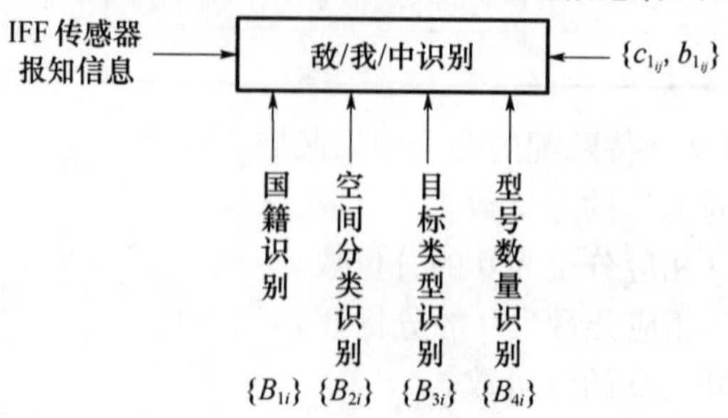

图 2.13 身份识别的信息来源

其中,IFF 信息只能提供我/非我信息,即只能提供目标的部分身份信息;空间分类信息对身份识别的支持是通过其与我方作战计划和估计的敌方计划与行动信息进行匹配实现的,如我方未出动飞机,则空中目标识别结果只可能是敌或中,这两种情况识别知识量都较大;若报知目标类型为敌、我或中共有,即其含有知识量较少,则要通过信度变换或关于目标的其他信息来确定识别结果;报知的目标国籍若来源于交战国,其所含知识量最多,自然支持识别目标为敌的结论。$c_{1_{ij}}$ 特征信息表示敌/我/中目标的第 i 个属性的第 j 个特征(物理或统计特征),若只有一方的目标具有该特征,即所含识别知识量较多,其自然支持对该方身份的识别,若多方目标都具有该特征,即该特征所含知识量较少,则要通过信度变换或目标的其他信息来支持该目标的身份识别[8]。

从 2.4.3.3 节可知,一致性较强的证据所含识别知识量较少,冲突性较大(一致性较弱)的证据通常含知识量较多,即其有利于目标属性识别。然而,从不确定性合成公式(见文献[1]9.2.3 节)可知,冲突性较大的证据是通过排除不可能的识别结果而使识别过程迈向可能的识别结果;但可能识别结果信度的聚集并基于门限判定最终识别结果则是通过合理的、一致性较强的证据信度不断叠加实现的。

当两个证据 E_1 与 E_2 完全冲突(相悖)时,即 $E_1 \cap E_2 = \varnothing$,按 D-S 证据理论,$E_1$ 与 E_2 是无法合成的。然而,在证据 E_1 与 E_2 来源不同时,证据 E_1 与 E_2 是通过各自的判定依据生成的,而每个判定依据都是多个可能结论及其信度的集合,即 $E_1 = [\{A_1, m_1(A_1)\}, \cdots, \{A_n, m_n(A_n)\}]$,$E_2 = [\{B_1, m_1(B_1)\}, \cdots, \{B_n, m_n(B_n)\}]$。证据集合 E_1 中各元素与证据集合 E_2 中各元素可能存在相容元素,这样,尽管单一证据 E_1 与 E_2 相悖,但对它们所含的证据集合元素进行综合,却能获得一定的相容性(一致性),从而实现基于一致性的信度合成。例如,两雷达站上报的同一目标属性分别为敌和我,它们是不相容的。若它们依据的证据集合分别为

E_1 = [{敌/0.6},{我/0.3},{不明/0.1}]和 E_2 = [{敌/0.2},{我/0.7},{不明/0.1}]

按 D－S 证据理论可合成得到识别结果集合为

$$E_1 \cap E_2 = [\{敌/0.42\},\{我/0.55\},\{不明/0.03\}]$$

于是,识别为我方目标的结论大大增强。文献[1]6.4.4 节描述了基于冲突属性转换的目标识别方法,就是基于上述原理,其中包含 3 类(有源雷达目标、ESM 目标特征、敌情通报目标)目标证据的属性转换,大大提高了其间的相容性,并给出了综合识别方法和仿真案例。

2.5　关联/相关的判定方法

对于关联/相关处理来说,在计算求取差异度量参数之后,确定目标的两个估计状态(点迹或航迹)或属性(识别结果或特征)是否关联/相关,需要进行判定处理。判定处理主要涉及的问题有:选取统计判定方法(硬判定或软判定,单假设判定或多假设判定,以及一阶偏差判定和二阶偏差判定等)、确定判定风险和求取判定门限,以及关联/相关分配等。

2.5.1　基于状态偏差的关联/相关硬判定

我们以目标跟踪中已有目标航迹预测点与下一周期测量关联为例,说明点迹—航迹关联中的硬判定处理方法。

2.5.1.1　硬判定门限的求取

将已知目标的航迹按其估计航向和速度外推到下一周期测量时刻,得到航迹外推点 P,设测量点迹为 q。对于二维运动来说,确定测量点迹 q 是否与航迹点 P 关联的判定门限(又称为录取波门)包括方位门限和距离门限。

(1) 非机动目标相关判定门限。若考虑在航迹外推时间内目标仍按原状态模式运动,如常速运动。此时按该模式下在外推时间内目标运动可能出现的最大和最小距离 $\Delta\rho_1$ 和 $\Delta\rho_2$,设置目标波门的距离门限$[\rho_1,\rho_2]$,这里 $\rho_1=\rho_P-\Delta\rho_2$,$\rho_2=\rho_P+\Delta\rho_1$,其中 ρ_P 为 P 点距离,考虑该模式下在外推时间内目标运动可能出现的最大转弯角度 $\Delta\theta_1$ 和最小转弯角度 $\Delta\theta_2$,设置目标波门方位门限$[\theta_1,\theta_2]=[\theta_p-\Delta\theta_2,\theta_p+\Delta\theta_1]$。于是,就可以获得目标的非机动门限 $\Omega_1=\{[\rho_1,\rho_2],[\theta_1,\theta_2]\}$。

(2) 机动目标相关判定门限。考虑外推时间内目标可能出现状态机动,如目标出现速度或航向变化,即由常速运动改变为增减速或转弯运动。此时按目标可能出现的最大距离机动加速度 $a_{\rho\max}$,设置目标波门的距离门限 $[\rho_1',\rho_2']$,其中 $\rho_1'=\rho_1-\frac{1}{2}a_{\max}(\Delta t)^2$,$\rho_2'=\rho_1+\frac{1}{2}a_{\max}(\Delta t)^2$,$\Delta t$ 为外推时间间隔。类似地,可按目标可

能出现的最大航向机动角加速度 $\dot{\omega}_{\max}$，设置目标波门的方位门限$[\theta_1',\theta_2']$，这里 $\theta_1'=\theta_1-\frac{1}{2}\dot{\omega}_{\max}(\Delta t)^2$，$\theta_2'=\theta_2+\frac{1}{2}\dot{\omega}_{\max}(\Delta t)^2$。于是，即可获得目标的可能机动门限 $\Omega_2=\{[\rho_1',\rho_2'],[\theta_1',\theta_2']\}$。

目标非机动和可能机动的硬判定门限 Ω_1 和 Ω_2 如图 2.14 所示。从图 2.14 中可以看到测量点迹 q 位于目标测量时刻外推点 P 的非机动门限 Ω_1 之外，机动门限 Ω_2 之内。此时通常判定为“可能关联”。

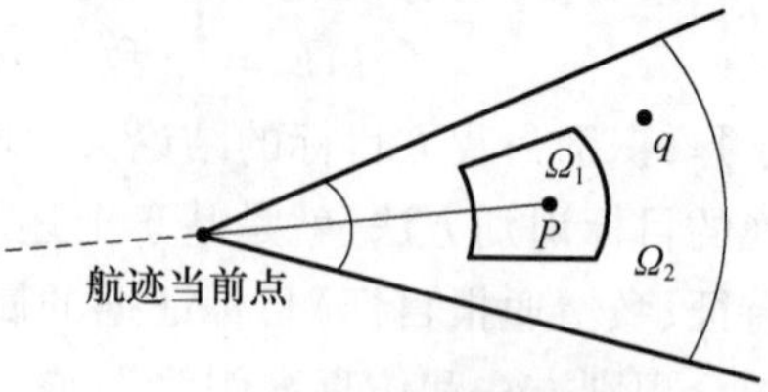

图 2.14　点迹—航迹关联门限

2.5.1.2　硬判定实现方法

在上述关于硬判定门限 Ω_1 和 Ω_2 的求取过程中，并没有考虑目标航迹外推时间间隔中可能出现的随机误差，即门限计算仅考虑目标性能和运动状态中的确定性因素，故门限 Ω_1 和 Ω_2 称为硬判定门限。基于状态偏差的关联硬判定通常根据具体问题采用单门限或双门限判定方法。

1. 单门限点迹—航迹关联硬判定

若不考虑目标可能出现状态机动，并且主要关注关联成立情况，可采用单门限判定公式：

$$\begin{cases}\Delta \boldsymbol{s}_{pq}\in\Omega_1 & \text{关联成立}\\ \Delta \boldsymbol{s}_{pq}\overline{\in}\,\Omega_1 & \text{关联不成立}\end{cases}\tag{2.28}$$

式中：$\Delta \boldsymbol{s}_{pq}$ 为航迹预测点 P 与测量点迹 q 的状态偏差矢量，可采用 2.4.1 节给出的 5 种状态差异计算公式获得单一状态差异分量，或采用式(2.16)中几个或全部状态差异分量加权获得多分量综合差异矢量。注意，在判别式(2.28)中，关联不成立并不表示不关联成立。

2. 双门限点迹—航迹关联硬判定

考虑目标可能出现的状态机动，并且关注关联成立和不关联成立两种情况，采用双门限判定公式：

$$\begin{cases}\Delta \boldsymbol{s}_{pq}\in\Omega_1 & \text{关联成立}\\ \Delta \boldsymbol{s}_{pq}\notin\Omega_1\ \text{和}\ \Delta \boldsymbol{s}_{pq}\in\Omega_2 & \text{可能关联}\\ \Delta \boldsymbol{s}_{pq}\notin\Omega_1\ \text{和}\ \Delta \boldsymbol{s}_{pq}\notin\Omega_2 & \text{不关联}\end{cases}\tag{2.29}$$

判别式(2.29)给出了“关联成立”和“不关联”两种确定判定结果，对于第三种情况，即可能关联情况表示在外推期间，目标状态可能出现变化或可能出现较大的随机误差情况，如 2.3.2.2 节第 2 款中所述的目标机动关联判定中受所出现的不确定性的影响。此时，无法给出正确的判定结果，留待下一周期随目标测量的到来继续进行关联判定，或在本周期中考虑随机误差分布进行统计度量判定，以及在本周期中增加属性识别结果或特征因素等，以确定关联判定结果。由门限计算和判定过程可知,硬判定方法原理简单,易于实现,但关联/相关硬判定的一个致命缺陷是无法给出判定结果存在的风险,用户无法知悉判定结果的可信程度,因此仅适用于不太关注容许风险的关联判定问题。

2.5.2　基于一阶状态偏差似然函数的关联/相关判定

考虑状态偏差的一阶统计分布密度(似然函数),进行目标关联/相关判定的方法主要包括单假设判定、两假设判定和似然比判定等三种。统计分布判定的特征是判定门限通过概率密度与判定风险密切联系在一起。或者说,统计分布能为用户提供判定结果存在的风险,用户可根据具体问题的容许风险确定判定门限。我们以两条局部航迹是否表示同一目标的相关判定为例,描述基于一阶状态偏差的统计关联/相关判定。

2.5.2.1　单假设相关判定

单假设判定通常指设置一个相关判定假设:

$\{H_1$:航迹相关$\}$,其对应一个统计判定门限,与硬判定的单门限情况类似,不同之处在于判定门限基于统计分布确定。考虑在航迹相关假设下,目标状态偏差 $\Delta \boldsymbol{s}_{pq}$ 的概率密度服从正态分布(见式(2.22))。

给出相关漏判风险 α(通常由未知的目标机动或过大的杂波和虚警引起),即可按下式计算一阶状态偏差向量的单一判定门限 X_D,即

$$1-\alpha=\int_{\bar{x}-x_D}^{\bar{x}+x_D} N(x,\bar{x},\sigma^2)\,\mathrm{d}x = 2\int_0^{x_D} N(x,0,\sigma^2)\,\mathrm{d}x \tag{2.30}$$

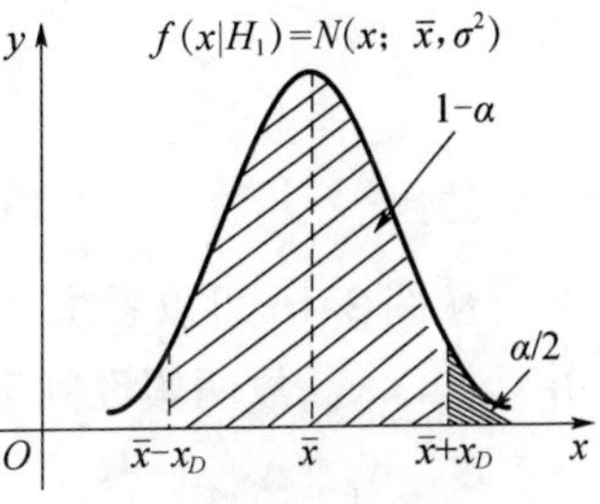

图 2.15　单假设相关判定风险与门限

式中:$x=\|\Delta \boldsymbol{s}_{pq}\|$ 为偏差向量某种范数;$\bar{x}$ 和 σ^2 为 x 的统计均值和方差;x_D 为与相关漏判风险 α 对应的判定门限,如图 2.15 所示。

按式(2.30)基于相关判定风险 α 求出判定门限 x_D 之后,即可按下述公式进行统计判定,即

$$\begin{cases}\text{若 } \|\Delta \boldsymbol{s}_{pq}\| \leqslant x_D \text{ 接受假设 } H_1\text{,即两航迹相关成立}\\ \text{若 } \|\Delta \boldsymbol{s}_{pq}\| > x_D \text{ 拒绝假设 } H_1\text{,即两航迹相关不成立}\end{cases} \tag{2.31}$$

2.5.2.2　两假设相关判定

类似于双门限相关硬判定,不同之处在于相关判定门限基于不同假设之下的统计分布确定。两假设为

$$\begin{cases}H_1:\quad \text{相关假设}\\ H_0:\quad \text{不相关假设}\end{cases} \tag{2.32}$$

设此两假设下,$x=\|\Delta \boldsymbol{s}_{pq}\|$ 的统计分布密度分别为

$$\begin{cases} f_1 = (x/H_1) = N(x,\bar{x}_1,\sigma_1^2) \\ f_0 = (x/H_0) = N(x,\bar{x}_0,\sigma_0^2) \end{cases} \tag{2.33}$$

此二分布皆假设为正态分布，只是分布参数（均值和方差）不同。

给定容许相关判定风险：漏相关概率 p_M 和虚相关概率 p_F（虚假相关概率 p_F 指将源于不同目标的两条航迹错判为相关，通常是由于目标过于密集引起的），由以下积分公式：

$$\begin{cases} p_M = 2\int_{x_M}^{\infty} f_1(x \mid H_1)\,\mathrm{d}x \\ p_F = 2\int_{-\infty}^{x_F} f_0(x \mid H_0)\,\mathrm{d}x \end{cases} \tag{2.34}$$

即可确定与判定风险对应的漏相关门限 x_M 和虚相关门限 x_F，如图 2.16 所示。

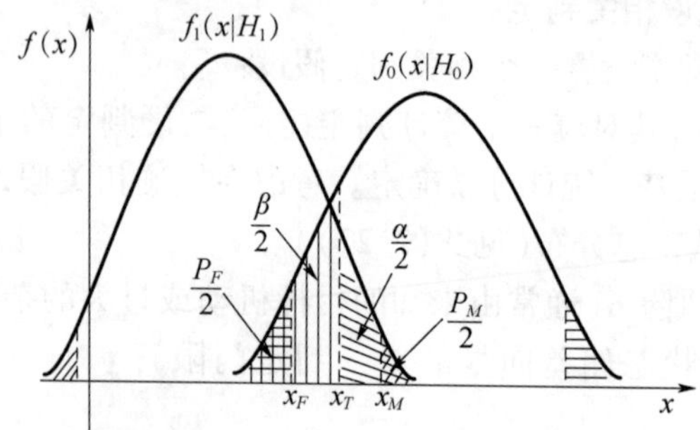

图 2.16　两假设判定风险与判定门限

从图 2.16 可以看出，由于两个假设条件下偏差范数 x 的分布密度相互重叠，并且 $x_F < x_M$，故两假设判定公式为

$$\begin{cases} \|\Delta s_{pq}\| \leqslant x_F & \text{接受假设 } H_1\text{，相关成立} \\ x_F < \|\Delta s_{pq}\| \leqslant x_M & \text{可能接受假设 } H_0 \text{ 或 } H_1\text{，即无法判定} \\ \|\Delta s_{pq}\| > x_M & \text{接受假设 } H_0\text{，不相关成立} \end{cases} \tag{2.35}$$

当 $\|\Delta s_{pq}\|$ 位于 x_F 与 x_M 之间，属于不确定判定结果，只能待下一周期两条航迹基于新的测量进行更新后，再进行相关判定。

若在 x_F 与 x_M 之间折中选取门限 x_T，可得如下单门限判定公式：

$$\begin{cases} \|\Delta s_{pq}\| \leqslant x_T & \text{接受假设 } H_1\text{，相关成立} \\ \|\Delta s_{pq}\| > x_T & \text{接受假设 } H_0\text{，不相关成立} \end{cases} \tag{2.36}$$

此时的判定风险即漏相关概率和虚相关概率分别为

$$\begin{cases} \alpha = 2\int_{x_T}^{\infty} f_1(x \mid H_1)\,\mathrm{d}x = 2\int_{x_T}^{\infty} N(x,\bar{x}_1,\sigma_1^2)\,\mathrm{d}x \\ \beta = 2\int_{-\infty}^{x_T} f_0(x \mid H_0)\,\mathrm{d}x = 2\int_{-\infty}^{x_T} N(x,\bar{x}_2,\sigma_2^2)\,\mathrm{d}x \end{cases} \tag{2.37}$$

2.5.2.3　似然比相关判定

似然比判定属于单门限判定，但其同时考虑了两个假设，实际上是式(2.36)所示的两假设单门限判定中，确定门限 x_T 的一种方法。似然比判定可由贝叶斯(Bayes)后验概率准则导出[9]，也可由奈曼—皮尔逊(Neyman - Pearson，N - P)准则导出。

N - P 准则是在保持一定的虚相关概率条件下，使漏相关概率达极小，依此构造指标函数：

$$J = p_M + \lambda(p_F - \alpha) \tag{2.38}$$

式中：λ 为拉格朗日(Lagrange)乘子。

使指标函数式(2.38)达极小求取判定门限 x_T，即

$$x_T = \arg\min_x J = \arg\min_x \left\{ \int_x^{\infty} f_1(x \mid H_1)\,\mathrm{d}x + \lambda\left[\int_{-\infty}^{x} f_0(x \mid H_0)\,\mathrm{d}x - \alpha \right] \right\} \tag{2.39}$$

对式(2.39)的指标函数求一阶微分并令其等于零，不难得到以 λ 为判定门限的似然比判定公式：

$$\begin{cases} \wedge_1(x) = \dfrac{f_1(x \mid H_1)}{f_0(x \mid H_0)} \geqslant \lambda & \text{接受假设 } H_1\text{，相关成立} \\ \wedge_1(x) < \lambda & \text{接受假设 } H_0\text{，不相关成立} \end{cases} \tag{2.40}$$

在贝叶斯后验概率准则下，似然比判定门限 λ 的表达式为[10]

$$\lambda = \frac{p_r(H_0)}{p_r(H_1)} \cdot \frac{c_{10} - c_{00}}{c_{01} - c_{11}} \tag{2.41}$$

式中：$p_r(H_1)$、$p_r(H_0)$ 分别为假设 H_1 和 H_0 的先验概率；c_{ij} 为假设 H_i 为真时，判定接受假设 H_j 的概率，$i,j=0,1$。

在 N - P 准则下，λ 的表达式为

$$\lambda = p_r(H_0)/p_r(H_1) \tag{2.42}$$

在确定的判定门限 λ 之下，似然比判定风险为

$$\begin{cases} \text{漏相关概率：} p_M = p_r[\wedge_1(x) > \lambda \mid H_1] = \displaystyle\int_{\lambda}^{\infty} p[\wedge_1(x) > \lambda \mid H_1]\,\mathrm{d}[\wedge_1(x)] \\ \text{虚相关概率：} p_F = p_r[\wedge_1(x) \leqslant \lambda \mid H_0] = \displaystyle\int_{-\infty}^{\lambda} p[\wedge_1(x) \leqslant \lambda \mid H_0]\,\mathrm{d}[\wedge_1(x)] \end{cases} \tag{2.43}$$

似然比判定风险如图 2.17 所示。

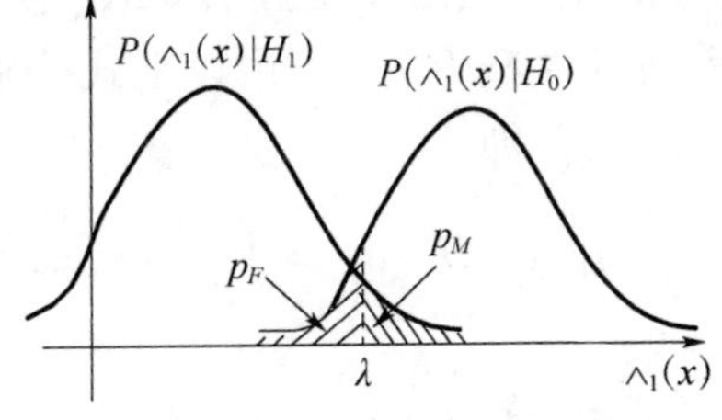

图 2.17　似然比判定风险

2.5.3 基于二阶状态偏差似然函数的相关判定

由 2.4.2 节可知，目标状态的 n 个样本偏差的二阶统计度量，即 $y = \sum_{i=1}^{n} x_i^2$ 的统计度量表达式为

$$\Delta \boldsymbol{T}_{pq} = (\Delta \bar{s}_{pq})^{\mathrm{T}} \boldsymbol{R}_{pq}^{-1} \Delta \bar{s}_{pq} = \sum_{i,j=1}^{n} \boldsymbol{x}_i^{\mathrm{T}} (\boldsymbol{r}_{ij})^{-1} \boldsymbol{x}_j = \boldsymbol{X}^{\mathrm{T}} [\mathrm{cov}(\boldsymbol{X}, \boldsymbol{X}^{\mathrm{T}})]^{-1} \boldsymbol{X} \quad (2.44)$$

式中：$\boldsymbol{X} = \Delta \bar{s}_{pq} = (x_1, x_2, \cdots, x_n)^{\mathrm{T}}$，$\mathrm{cov}(\boldsymbol{X}, \boldsymbol{X}^{\mathrm{T}}) = \boldsymbol{R}_{pq} = \{\boldsymbol{r}_{ij}\}_{i,j=1}^{n}$。

易见当测量样本源于同一目标时，偏差 $y = \Delta \boldsymbol{T}_{pq}$ 服从卡方分布 $\chi^2(y, n)$，如式(2.24)所示；当测量样本源于不同目标时，$y = \Delta \boldsymbol{T}_{pq}$ 服从非中心卡方分布 $\chi^2(y, n)$，如式(2.25)或式(2.26)所示。

2.5.3.1 单假设相关判定

只设定一个相关判定假设：

H_1：(两航迹)相关假设，在此判定假设下，n 个偏差样本的二阶统计量 $y = \Delta T_{pq}$ 服从 $\chi^2(y, n)$ 分布。与基于一阶状态偏差似然函数的单假设判定方法类似，设置漏相关风险概率 α，即可由下式确定相关判定门限 y_D，即

$$1 - \alpha = \int_0^{y_D} f(y \mid H_1) \mathrm{d}y = \int_0^{y_D} \chi^2(y, n) \mathrm{d}y \quad (2.45)$$

当 $n = 10$ 时，式(2.45)如图 2.18 所示。

确定相关判定门限 y_D 之后，即可按下式进行单假设相关判定，即

$$\begin{cases} \Delta \boldsymbol{T}_{pq} \leqslant y_D & \text{接受假设 } H_1\text{，相关成立} \\ \Delta \boldsymbol{T}_{pq} > y_D & \text{拒绝假设 } H_1\text{，相关不成立} \end{cases} \quad (2.46)$$

注意，这里的“相关不成立”情况并不等于“不相关成立”。

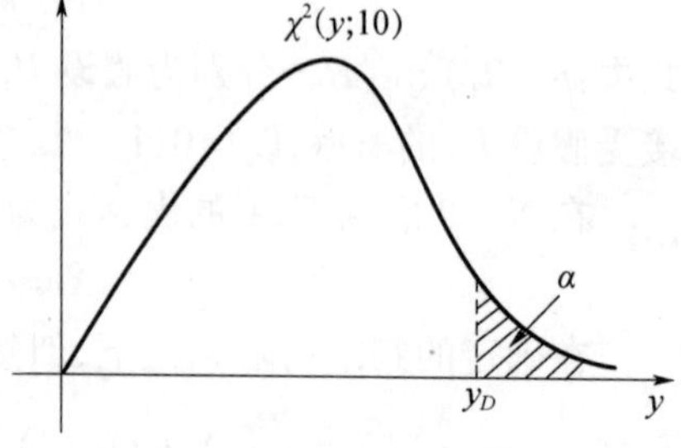

图 2.18 $\chi^2(y, 10)$ 分布下的单假设相关判定门限

2.5.3.2 两假设相关判定

设置一个相关假设和一个不相关假设：

H_1：假设两航迹相关；H_0：假设两航迹不相关。在假设 H_1 之下，n 个样本的二阶统计量 $y = \Delta \boldsymbol{T}_{pq}$ 服从 $\chi^2(y, n)$ 分布；而在假设 H_0 之下，$y = \Delta \boldsymbol{T}_{pq}$ 服从非中心分布 $\chi^2(y, n, \lambda)$。

设置漏相关概率 p_M 和虚相关概率 p_F，可由以下式分别确定漏相关判定门限 $y_D = \chi_1^2$ 和虚相关判定门限 $y_F = \chi_0^2$，即

$$\begin{cases} p_M = \int_{y_D}^{\infty} f_1(y \mid H_1) \mathrm{d}y = \int_{\chi_1^2}^{\infty} \chi^2(y, n) \mathrm{d}y \\ p_F = \int_0^{y_F} f_0(y \mid H_0) \mathrm{d}y = \int_0^{\chi_0^2} \chi^2(y, n, \lambda) \mathrm{d}y \end{cases} \quad (2.47)$$

基于 x^2 分布的两假设相关判定如图 2.19 所示。

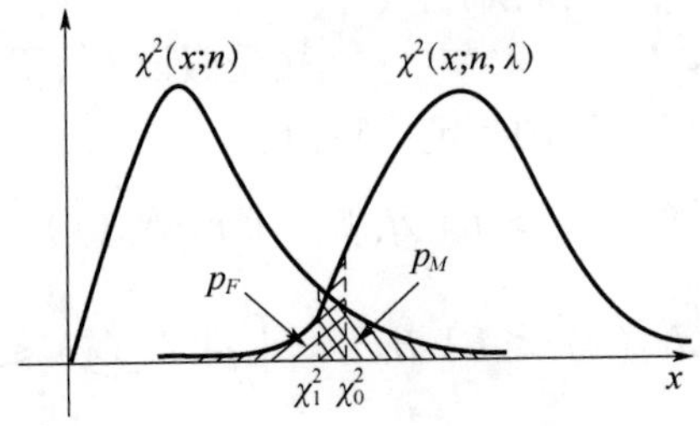

图 2.19　基于 χ^2 分布的两假设相关判定

在确定了漏相关门限 χ_1^2 和虚相关门限 χ_0^2 之后，基于统计获得的二阶偏差的两假设相关判定公式为

$$\begin{cases} \Delta T_{pq} \leqslant \chi_1^2 & \text{接受假设 } H_1\text{，相关成立} \\ \Delta T_{pq} > \chi_0^2 & \text{接受假设 } H_0\text{，不相关成立} \\ \chi_1^2 < \Delta T_{pq} \leqslant \chi_0^2 & \text{不定，留待下一周期采样后继续统计判定或增加属性因素确定判定结果} \end{cases} \tag{2.48}$$

2.5.3.3　似然比判定

与基于一阶偏差统计量的两假设似然比相关判定方法类似，基于二阶偏差统计量的两假设似然比相关判定步骤如下：

（1）构造指标函数，即

$$J = p_M + L(p_F - \alpha)$$

式中：p_M 为漏相关概率；p_F 为虚相关概率；α 为给出的要保持一定程度的虚相关概率；L 为拉格朗日乘子。

（2）对指标函数求极值确定判定门限，即

$$y_T = \arg\min_y J = \arg\min_y \left\{ \int_y^{\infty} \chi^2(y,n)\,\mathrm{d}y + L\left[\int_0^y \chi^2(y,n,\lambda)\,\mathrm{d}y - \alpha \right] \right\}$$

注意：$\chi^2(y,n,\lambda)$ 为如式（2.25）所示的非中心 χ^2 分布。与极值对应的拉格朗日乘子如下。

在 N－P 准则下，拉格朗日乘子为

$$L = p_r(H_0)/p_r(H_1)$$

即 L 为非相关假设和相关假设的先验概率之比。

在贝叶斯准则下，拉格朗日乘子为

$$L = \frac{p_r(H_0)}{p_r(H_1)} \cdot \frac{c_{10} - c_{00}}{c_{01} - c_{11}}$$

式中：c_{ij} 为假设 H_i 为真时，判定接受假设 H_j 的概率（$i,j=0,1$）。

（3）基于二阶偏差统计量的两假设似然比判定公式为

$$\begin{cases}\Lambda_2(y) = \dfrac{\chi^2(y,n)}{\chi^2(y,n,\lambda)} \geqslant L & \text{接受假设 } H_1\text{，相关成立} \\ \Lambda_2(x) < L & \text{接受假设 } H_0\text{，不相关成立}\end{cases} \tag{2.49}$$

（4）似然比判定式(2.49)的判定风险为

$$\begin{cases}\text{漏相关概率：} p_M = p_r[\Lambda_2(x) > L \mid H_1] = \int_L^{\infty} p[\Lambda_2(y) > L \mid H_1]\,\mathrm{d}[\Lambda_2(y)] \\ \text{虚相关概率：} p_F = p_r[\Lambda_2(x) \leqslant L \mid H_0] = \int_0^{L} p[\Lambda_2(y) \leqslant L \mid H_0]\,\mathrm{d}[\Lambda_2(y)]\end{cases} \tag{2.50}$$

2.6 有源雷达与 ESM 传感器目标关联判定方法

众所周知，有源雷达在目标定位和跟踪领域具有独特的优势，而电子支援措施(ESM)作为一类无源探测传感器，具有隐蔽接收电磁辐射(反射)信号和目标识别(包括辐射源识别和携载平台识别)的优势。在有源雷达和 ESM 传感器同时对空中或海上多目标进行探测时，为了确定这两类传感器探测的目标点迹或航迹是否来源于同一实体，必须进行这两类传感器探测的目标信息进行关联或相关判定，以获得对相关目标的完整、准确的认知，也可以称 ESM 为有源雷达跟踪的目标匹配属性。这对于进行来袭目标威胁估计、预警，以及进一步的作战指挥控制活动具有至关重要的意义。许多有关信息融合的文献[11]都提及和介绍有源雷达和 ESM 传感器目标关联方法的动因即在于此。然而，由于有源雷达与 ESM 探测机理不同，其所获得目标状态信息的完整性不同，并且在探测精度和识别能力上更具有较大差异，因此这两类传感器探测目标信息的关联/相关处理存在较大难度。本节从工程应用出发，仅描述 ESM 对一个辐射源目标的多测量方位与已有多个雷达探测目标航迹的两假设多门限关联判定方法，并向读者介绍几个工程应用案例。

2.6.1 问题描述

2.6.1.1 背景描述

考虑二维空间中一个 ESM 无源观测站对一个辐射源目标有 n 个时刻的独立测量方位：$\{\theta_e(t_i)\}_{i=1}^{n}$，雷达探测获得的 m 条二维目标航迹 $\{T_j\}_{j=1}^{m}$ 已经与 ESM 测量进行了时间对齐且转换为与每条 ESM 测量方位线 $\theta_e(t_i)$ 对应的 $n_j(\leqslant n)$ 条方位线：$\theta_j = \{\theta_j(t_i)\}_{i=1}^{n_j}(j=1,2,\cdots,m)$。于是，这里的关联问题描述为：确定 ESM 提供的对该辐射源测量究竟源于哪一个雷达目标 T_j。

图 2.20 给出了一个 ESM 观测站对单一辐射源目标的三周期测量方位与两批雷达目标航迹 T_1、T_2 基于 ESM 观测站的方位关系图。

2.6.1.2 偏差度量与关联假设

无源 ESM 测量向量 θ_e 与有源雷达测量向量 θ_j 之间的“距离”(偏差)的二阶统计量为

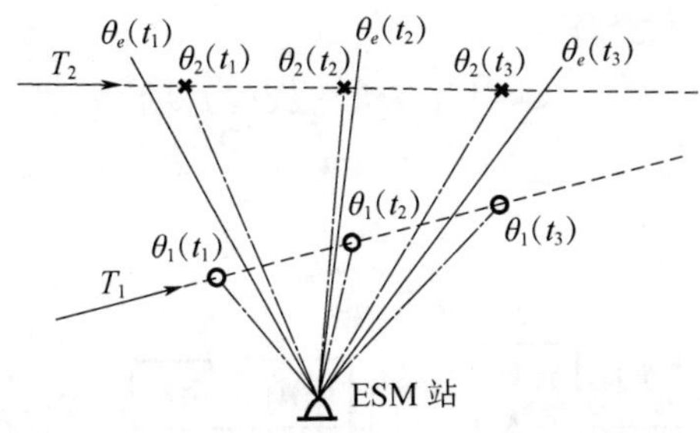

图 2.20　单目标 ESM 方位与两目标雷达航迹

$$y_j = \frac{1}{\sigma_e^2}\sum_{i=1}^{n_j}[\theta_e(t_i) - \hat{\theta}_j(t_i)]^2 \quad j = 1,2,\cdots,m \tag{2.51}$$

式中：σ_e^2 为 ESM 方位测量方差，这里视诸雷达目标方位 $\hat{\theta}_j(t_i)$ 为已确定的估计量。

在二阶偏差统计度量的基础上，可以进一步构造 EMS 单目标测量向量 $\boldsymbol{\theta}_e$ 与各雷达目标相应估计量的关联概率作为关联程度度量：

$$p_j = p_r(y > y_j) = \int_{y_j}^{\infty}\chi^2(y,n_j)\mathrm{d}y \tag{2.52}$$

以及构造不关联程度概率度量：

$$p_j' = p_r(y' \leqslant y_j) = 1 - \int_{y_j'}^{\infty}\chi^2(y',n_j,\lambda_j)\mathrm{d}y' \tag{2.53}$$

式中：$\chi^2(y,n_j)$ 和 $\chi^2(y',n_j,\lambda_j)$ 分别为标准卡方分布和非中心卡方分布。

ESM 对单一目标方位测量向量 $\boldsymbol{\theta}_e$ 与多雷达目标的关联判定采用的两个假设为

$$\begin{cases} H_0 & \boldsymbol{\theta}_e \text{ 与 } m \text{ 个雷达目标航迹皆不关联} \\ H_1 = \{H_j\}_{j=1}^m, H_j: & \boldsymbol{\theta}_e \text{ 与某雷达目标航迹 } T_j \text{ 关联} \end{cases} \tag{2.54}$$

这里的关联假设 H_1 是由 m 个分假设 H_j 构成的复合假设。

两假设判定的风险概率，即漏判概率和虚判概率分别为

$$p_M = p_r(\text{接受 } H_0 \mid H_1 \text{ 为真}) = \int_{y_M}^{\infty} f_1(y \mid H_1)\mathrm{d}y \tag{2.55}$$

$$p_F = p_r(\text{接受 } H_1 \mid H_0 \text{ 为真}) = \int_{-\infty}^{y_F} f_0(y \mid H_0)\mathrm{d}y \tag{2.56}$$

式中：y_M 为漏判门限；y_F 为虚判门限，它们对应于 θ_e 与 m 条 T_j 的最大距离偏差。

$f_1(y|H_1) = \bigcup_{j=1}^{m} f_1(y|H_j)$，$f_1(y|H_j)$ 是 H_j 为真时，θ_e 与 θ_j 二阶统计偏差 y 的分布密度；由于 H_1 是关联假设，故 $f_1(y|H_j)(j=1,2,\cdots,m)$，服从标准卡方分布 $\chi^2(y,n_j)$。$f_0(y|H_0)$ 是 H_0 为真时，θ_e 与 θ_j 二阶统计偏差的分布密度；由于 H_0 是非关联假设，即假设 θ_e 不来源于任何雷达目标，因此，$f_0(y|H_0)$ 服从非中心卡方分布 $\chi^2(y,n_j,\lambda)$。

2.6.1.3 关联判定流程

对式(2.54)给出的两假设(其中关联假设为复合假设),ESM 单目标测量方位 θ_e 与雷达的多目标航迹 $T_j(j=1,2,\cdots,m)$ 的关联统计量计算与多门限关联判定流程,如图 2.21 所示。

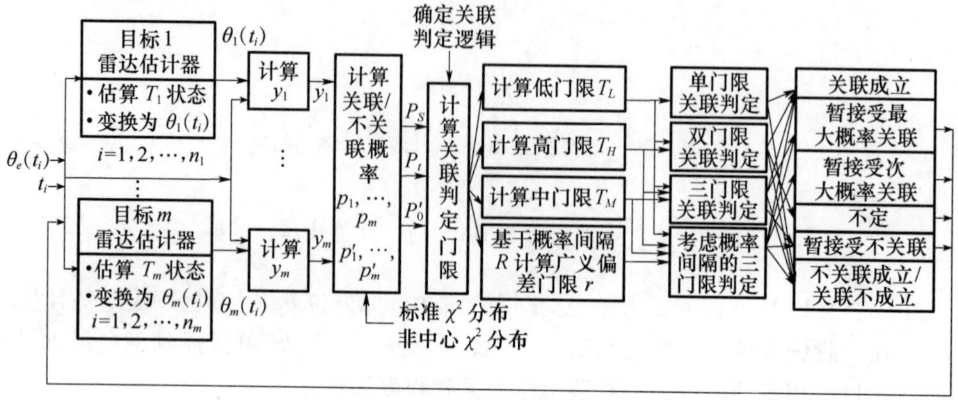

图 2.21 ESM 单目标方位与雷达多目标关联算法流程

图 2.21 中,P_j 是按(2.52)计算获得的 $H_j(j=1,2,\cdots,m)$ 为真之下的二阶偏差统计量 y 的条件概率,其中最大关联概率和次大关联概率分别为

$$P_s = \max_j\{p_j, j = 1,2,\cdots,m\}, P_t = \max_j\{p_j, j = 1,2,\cdots,m, j \neq s\} \quad (2.57)$$

而 P_j'是按式(2.53)计算获得的二阶偏差量 y 的条件概率,其中最大关联概度为

$$P_0' = \max_j\{p_j', j = 1,2,\cdots,m\} \quad (2.58)$$

图 2.21 中的 T_H、T_M、T_L 分别为关联判定高、中和低门限,r 为三门限判定时,所设置的 P_s 和 P_t 之间的最小概率差值对应的门限差值。

2.6.2 两假设单/双门限关联判定方法

图 2.21 中,P_s为关联假设 H_s 为真条件下的二阶偏差统计量的分布概率,由于它是 m 个分布概率中的最大值,对应于最小偏差统计量,因此 ESM 单目标方位测量向量 θ_e 很可能与雷达目标 T_s 关联;同样,P_t 为 m 个分布概率中的次大值,因此 θ_e 与 T_t 关联的可能性仅次于 T_s。

2.6.2.1 单门限关联判定公式

按(N-P)准则,判定是否接受假设 H_0(θ_e 与 m 条雷达航迹皆不相关)主要考虑漏关联概率,因此将低概率门限 T_L 选择为确定的漏判概率对应的判定门限,即 T_L 主要在接受假设 H_0 的判定中起作用。当关联假设 H_s(对应最大分布概率密度 p_s)为真时,二阶偏差统计量 y_s 服从标准卡方分布 $\chi^2(y,n_s)$,于是在给定漏关联概率 p_M 之下,由下式即可计算获得低概率门限 T_L,即

$$p_M = p_r(\text{接受 } H_0 \mid H_s \text{ 为真}) = \int_{T_L}^{\infty}\chi^2(y,n_s)\mathrm{d}y \quad (2.59)$$

这样,就获得了单门限关联判定公式为

$$
\begin{array}{ll}
y \leqslant T_L & \text{接受 } H_s\text{,即 } \theta_e \text{ 与雷达目标航迹 } T_s \text{ 关联成立} \\
y > T_L & \text{接受 } H_0\text{,即 } \theta_e \text{ 与所有 } m \text{ 条雷达航迹关联皆不成立}
\end{array}
\tag{2.60}
$$

这里 y 与式(2.57)所示的 P_s 相对应,式(2.60)的判定结果如图 2.22(a)所示。

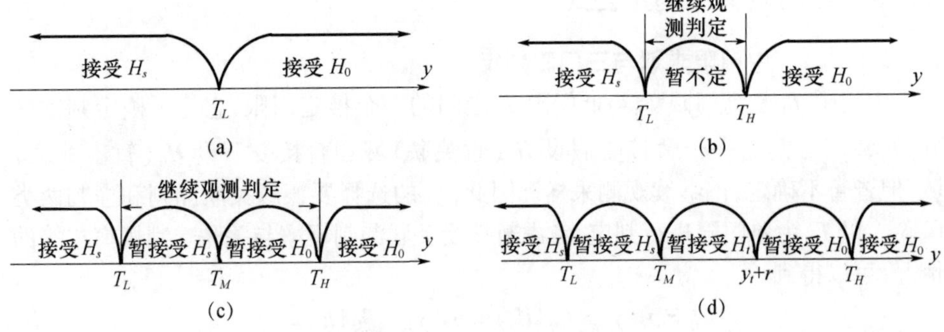

图 2.22　单/多门限判定结果

(a) 单门限判定;(b) 双门限判定;(c) 三门限判定;(d) 带概率间隔的三门限判定。

2.6.2.2　双门限关联判定公式

高门限主要在接受关联假设 H_1 的判定中起作用,按 N－P 准则,在接受假设 H_s 时,主要考虑虚关联问题。当不关联假设 H_0 为真时,ESM 方位测量 θ_e 与 m 条雷达航迹中任一条皆不同,故式(2.51)给出的二阶偏差统计量 y(与最大不关联概率密度 P_0'对应)服从非中心卡方分布 $\chi^2(y,n_0,\lambda_0)$:

$$
\chi^2(y,n_0,\lambda_0) = \frac{1}{2}\left(\frac{y}{\lambda_0}\right)^{\frac{n_0-2}{4}} \cdot \mathrm{e}^{\frac{y+\lambda_0}{2}} \cdot I_{\frac{n}{2}-1}(\sqrt{\lambda_0 y}) \tag{2.61}
$$

式中:n_0、λ_0 与最大不关联概率 P_0'对应,非中心参数为

$$
\lambda_0^2 = \frac{1}{\sigma_e^2+\sigma_r^2}\sum_{i=1}^{n_0}\left[\theta_e(t_i) - \theta_j(t_i)\right]^2 = \frac{\sigma_e^2}{\sigma_e^2+\sigma_r^2}y_0
$$

式中:σ_r^2 为雷达方位预测方差;$I_n(\cdot)$为 n 阶第一类修正贝塞尔函数;其他参数同前面描述。

这样,在确定选取的虚关联判定概率 p_F 之下,可分别由下述公式求取高判定门限 T_H,即

$$
\int_0^{T_H}\chi^2(y,n_0,\lambda_0)\,\mathrm{d}y = p_F \tag{2.62}
$$

最后,得到双门限关联判定公式为

$$
\begin{cases}
y \geqslant T_H & \text{接受假设 } H_0\text{,即 } \theta_e \text{ 与所有雷达目标航迹皆不关联} \\
y \leqslant T_L & \text{接受假设 } H_s\text{,即 } \theta_e \text{ 与雷达目标 } T_s \text{ 关联成立} \\
T_L < y < T_H & \text{暂不确定关联判定结果}
\end{cases}
\tag{2.63}
$$

这里的低门限 T_L 仍是在给定漏关联概率 p_M 下,由式(2.59)确定。式(2.63)的判定结果如图2.22(b)所示。在无法确定关联判定结果情况,待下一周期ESM和雷达目标观测样本到来,继续进行二阶偏差统计计算和双门限判定。

2.6.3 三门限关联判定公式

2.6.3.1 中门限求取与三门限判定

中门限 T_M 是高门限 T_H 与低门限 T_L 之间的一个推定门限,它将不确定判定区域$[T_L,T_H]$分割为一个暂接受假设 H_s(暂关联)域和暂接受假设 H_0(暂不关联)域,但皆暂不确定,待继续观测采样。因此,T_M 的选择要兼顾关联漏判和虚判两类风险。以 T_M 为单门限进行判定,考虑暂接受关联漏判概率与关联虚判概率相等的情况,可以得到

$$p_M = p_r(y_s > T_M \mid H_s) = p_r(y_0 < T_M \mid H_0) = p_F$$

注意:$p_F = \int_{T_M}^{\infty} \chi^2(y,n_0,\lambda_0)\,\mathrm{d}y$,$p_M = \int_0^{T_M} \chi^2(y,n_s)\,\mathrm{d}y$,于是得

$$\int_{T_M}^{\infty} \chi^2(y,n_0,\lambda_0)\,\mathrm{d}y = \int_0^{T_M} \chi^2(y,n_s)\,\mathrm{d}y \tag{2.64}$$

由式(2.64)即可确定中门限 T_M。最后,得三门限关联判定公式为

$$\begin{cases} y \geqslant T_H & \text{接受假设 } H_0 \\ T_M \leqslant y < T_H & \text{暂接受假设 } H_0 \\ T_L \leqslant y < T_M & \text{暂接受假设 } H_s \\ y < T_L & \text{接受假设 } H_s \end{cases} \tag{2.65}$$

式中:T_L、T_H 仍由式(2.59)和式(2.62)确定。

对于暂接受假设 H_0 和 H_s 的判定情况,待下一周期ESM目标测量方位和雷达目标测量样本的到来,继续进行二阶偏差统计计算和三门限判定。判定式(2.65)如图2.22(c)所示。

2.6.3.2 带有概率间隔的三门限判定公式

概率间隔 R 是为降低虚关联概率而设置的。由于虚关联只可能出现在可能关联假设 H_s(达最大可能关联概率 p_s)和 H_t(达次大可能关联概率 p_t)之间,故设定虚关联概率控制量为

$$p_c = p_r\{\text{接受 } H_s \mid (p_s \geqslant p_t + R), \overline{H}_s, H_t\} \tag{2.66}$$

式(2.66)表示假设 H_t 为真,假设 H_s 非真,且 p_s 仍比 p_t 大一定数量 R 条件下,却错误接受假设 H_s 的概率。R 称为调节控制概率间隔,其求取步骤如下:

(1) 给出容许的虚关联(将源于不同雷达目标的ESM测量 θ_e 错判为与同一雷达目标关联)概率 p_c。

(2) 求取广义偏差门限 r,即

$$p_c = \int_0^r \left[\int_z^r \chi^2(u, n_s)\,\mathrm{d}u \right] \chi^2(z, n_0, \lambda_0)\,\mathrm{d}z \tag{2.67}$$

（3）求取概率调整间隔 R，即

$$R = \int_r^{\infty} \chi^2(y, n_s)\,\mathrm{d}y \tag{2.68}$$

式（2.67）、式（2.68）是假设 H_t 为真时，p_t 在[0,1]区间上为均匀分布，并且假设 H_s 不成立（$\overline{H}_s$ 成立）时，y_s 的分布为 $f(h|\overline{H}_s)=f(y|H_0)=\chi^2(y,n_s,\lambda_s)$ 的条件下导出的，细节请见文献[14]。注意，在技术实现上，通常是先给定关联概率控制量 p_c 或直接给出概率调整间隔 R，然后由式（2.67）或式（2.68）求取偏差门限 r。

最后，得到带有概率调整间隔的三门限判定公式为

$$\begin{cases} \text{若 } y_s \geqslant T_H，\text{且 } y_s \geqslant y_t + r，\text{接受假设 } H_0 \\ \text{若 } T_M \leqslant y_s < T_H，\text{且 } y_s \geqslant y_t + r，\text{暂接受假设 } H_0 \\ \text{若 } T_M \leqslant y_s < y_t + r，\text{暂接受假设 } H_t \\ \text{若 } T_L \leqslant y_s < T_M，\text{暂接受假设 } H_s \\ \text{若 } y_s < T_L，\text{接受假设 } H_s \end{cases} \tag{2.69}$$

在三种暂接受某假设情况，皆待继续进行观测判定，以确认所接受的假设。判定式（2.69）如图2.22（d）所示。

2.7　关联/相关应用案例

本节介绍三个基于测量的目标关联/相关应用案例。第一个案例是多目标测量点迹对已有多条确定目标航迹的统计关联分配算法；第二个案例是考虑ESM传感器探测距离约束和电磁信号辐射角度约束时，ESM对某一辐射源目标的方位测量与多雷达目标的关联问题；第三个案例是考虑采用灰色代数曲线模型（GAM）进行ESM测量方位滤波，然后进行ESM测量方位与雷达目标基于二阶偏差的关联问题。

2.7.1　基于状态偏差的点迹—航迹统计关联算法

这里考虑单周期多点迹测量对已有多航迹状态的统计关联分配问题。由于考虑了位置偏差和速度偏差，本方法特别适用于多目标仿真系统中的点迹—航迹关联分配，因仿真系统中，点迹也能提供确定的速度；对于工程应用系统来说，本方法适用于多传感器局部航迹对多全局航迹的相关分配，因传感器能提供局部航迹的位置和速度。对于传感器无法提供测量点迹速度的情况，在相关度量上只能考虑位置偏差。

2.7.1.1　问题与求解流程

设某传感器探测系统具有的确认航迹状态和单周期测量点迹如下：

(1) t_k 周期已有确认的目标航迹 N_k 条，记为 $\{T_i\}_{i=1}^{N_k}=T_1,T_2,\cdots,T_{N_k}$。

(2) t_k 周期测量点迹有 J_k 个(含杂波和虚警)，记为 $\{L_j\}_{j=1}^{J_k}=L_1,L_2,\cdots,L_{J_k}$。

(3) 考虑来源于同一目标的测量点迹最多有一个(可能存在丢点)，这可以视为可能分配方案的约束条件之一。

(4) 假设 $N_k \geqslant J_k$，即已有目标航迹数大于测量点迹数，即 t_k 周期存在测量丢点。

(5) 若 $J_k>N_k$，即点迹数大于目标航迹数，这是由于杂波、虚警较多，或出现新目标所致，此时可以反向考虑航迹对点迹的"关联分配"。

问题描述：求取 J_k 个测量点迹对 N_k 条目标航迹的最优关联分配向量。该最优关联分配向量是对所有可能分配方案的优化，这里的可能分配方案是指符合上述5项条件的所有统计分配组合。求解该问题的流程如图2.23所示。

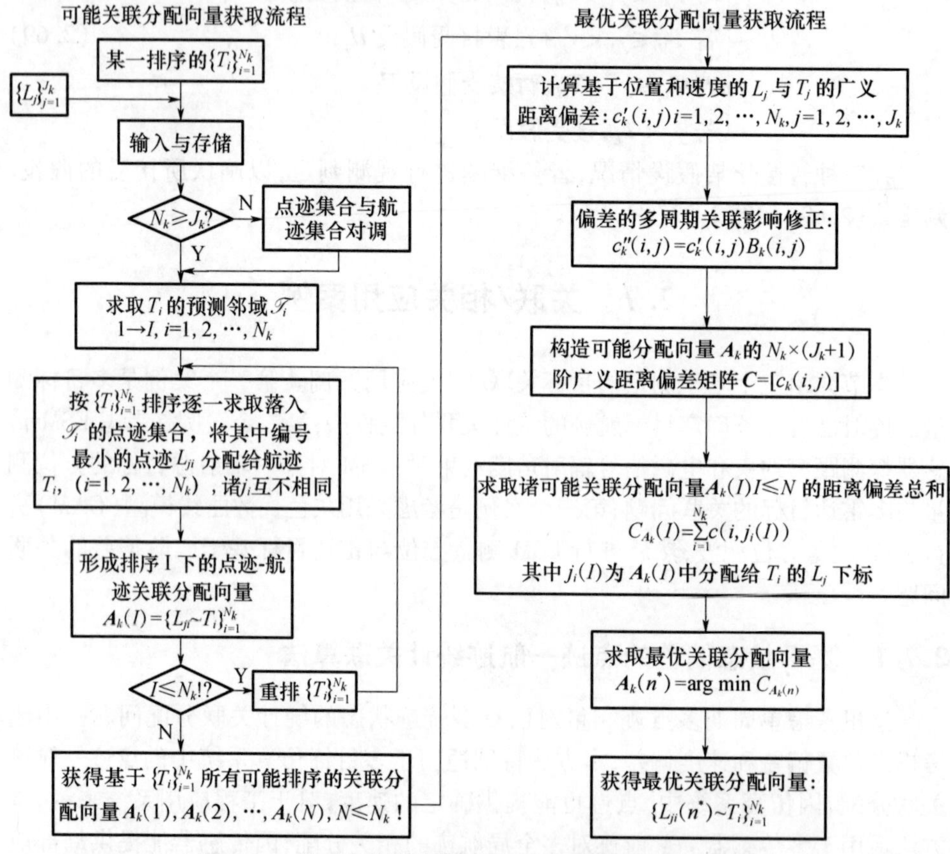

图2.23　基于枚举排列的点迹—航迹最优关联分配流程

该图左半部分是以枚举排列的方式求取所有可能点迹—航迹关联分配向量，最多 $N_k!$ 个；右半部分是在所有可能关联分配向量中求取最优关联分配向量。

2.7.1.2　基于预测邻域的可能关联分配

这里的可能统计关联分配概念是指：确定 t_k 周期已有诸确认目标航迹的预测点邻域内落入的测量点迹，2.7.1.1 节中的 5 点可以作为可能关联分配的约束条件。可能关联分配也称为粗分配或可行分配。

基于可行关联分配覆盖 N_k 条航迹与 J_k 个测量点迹的所有一对一统计组合需求，采用的枚举方法具有下述步骤。

(1) 输入并存储 t_k 周期测量点迹 $\{L_j\}_{j=1}^{J_k}$，对已确认的 N_k 条目标航迹以某种排序方式存储在数据库中。若 $N_k<J_k$，则将点迹集合与航迹数据集合对调，故后续处理始终假设 $N_k\geqslant J_k$，但要假设传感器测量（点迹或局部航迹）具有速度参数。

(2) 求取航迹 T_i 的预测邻域 $\mathscr{T}_i(i=1,2,\cdots,N_k)$。基于航迹当前点和速度，求取 t_k 测量时刻的预测点，考虑可能机动和误差产生预测邻域，这里假设诸点迹测量时刻皆为 t_k，对诸点迹测量时刻不同情况，同一航迹的预测邻域可能不同。

(3) 按 $\{T_i\}_{i=1}^{N_k}$ 排序求取落入 T_1 邻域 $\mathscr{T}_1$ 内的测量 $L_{j_1}(1\leqslant j_1<J_k)$，若有多个测量点迹 $\{J_{1t}\}_{t=1}^{n_1}$ 落入 $\mathscr{T}_i$，j_1 取编号最小值，即 $j_1=\min\{J_{1t}\}_{t=1}^{n_1}$。

(4) 对航迹的 T_2 邻域 $\mathscr{T}_2$，重复步骤(3)，求取落入 $\mathscr{T}_2$ 的点迹 $L_{j_2}(1\leqslant j_2\leqslant J_k, j_2\neq j_1)$，同样，当多点 $\{J_{2t}\}_{t=1}^{n_2}$ 落入 $\mathscr{T}_2$ 时，j_2 为编号最小值，即 $\boldsymbol{j_2=\min\{J_{2t}\}_{t=1}^{n_2}}$。

(5) 重复步骤(3)、(4)，直至 $\boldsymbol{i-1=J_k}$，即测量点迹已向航迹分配完，此时将步骤(3)、(4)、(5)获得的点迹—航迹关联分配向量记为 $\boldsymbol{A}_k(1)$，然后转步骤(6)。

(6) 将 N_k 条航迹重新排列一次，重复步骤(3)、(4)、(5)，可以得到第二个点迹—航迹关联分配向量，记为 $\boldsymbol{A}_k(2)$。

(7) 由于 N_k 条航迹排列方式有 $N_k!$ 种，故按步骤(3)～(6)最多可获得 $N_k!$ 个可能关联分配向量 $\boldsymbol{A}_k(1),\boldsymbol{A}_k(2),\cdots,\boldsymbol{A}_k(N)$，$N\leqslant N_k!$。

以上获得的每一个可能关联分配向量 $\boldsymbol{A}_k(I)(1\leqslant I\leqslant N)$ 都将各测量点迹唯一地分配给一个目标航迹，且一个目标航迹最多只接纳一个点迹。由于每个可能关联分配向量 $\boldsymbol{A}_k(I)$ 的生成仅依赖于目标航迹排序 I（即目标航迹预测邻域排序）和诸邻域 $\mathscr{T}_i(i=1,2,\cdots,N_k)$ 范围的大小，因此要比较各可能关联分配向量的优劣需要考虑诸 $\boldsymbol{A}_k(I)$ 中所有点迹—航迹偏差总和。

2.7.1.3　点迹—航迹最优关联分配向量

基于已获得的诸可能关联分配向量 $\boldsymbol{A}_k(I)$，$I=1,2,\cdots,N(N\leqslant N_k!)$，求取点迹—航迹最优关联分配向量，需要考虑最优指标函数和判定准则，其流程如图2.23右半部所示，包含下述步骤。

(1) 求取可能关联点迹 L_j 与航迹 T_i 的二阶统计偏差：加权欧几里得距离（Mahalanobis距离）为

$$c_k'(i,j)=\frac{1}{\sigma_P^2(1-r^2)}\left\{\Delta x_{ij}^2+\Delta y_{ij}^2+\left(\frac{\sigma_P}{\sigma_v}\right)^2[(s_i\sin\phi_i-v_{x_j})^2+(s_i\cos\phi_i-v_{y_j})^2]\right.$$

$$-2r\left(\frac{\sigma_P}{\sigma_v}\right)\left[\Delta x_{ij}(v_i\sin\phi_i - v_{x_j}) + \Delta y_{ij}(v_i\cos\phi_i - v_{y_j})\right]\Bigg\} \tag{2.70}$$

式中:Δx_{ij}、Δy_{ij}分别为L_j与$\mathscr{T}_i$中心位置的纵横向距离;v_{x_j}、v_{y_j}为L_j的速度;s_i、ϕ_i 分别为目标航迹 T_i 的速度和航向角;σ_P、σ_v 分别为位置和速度误差和方差;r 为位置误差与速度误差的相关系数;仿真系统中的典型值 $r=0.65$,$\sigma_P/\sigma_v=4.3\sim9.0$。

(2) 多周期关联影响修正:考虑多周期统计关联状态的影响,对 L_j 与 T_i 的统计偏差修正为

$$c''_k(i,j) = c'_k(i,j)B_k(i,j) \tag{2.71}$$

其中,若 $k-1$ 周期 L_j(相关点迹或局部航迹)已分配给 T_i,则有 $B_k(i,j)=d(0<d<1)$,否则 $B_k(i,j)=1$。

仿真系统中 d 的缺省值取 0.15。

(3) 构造每个可能关联分配向量 $\boldsymbol{A}_k$的综合偏差矩阵:

$$\boldsymbol{C} = \{c_k(i,j)\} \quad i = 1,2,\cdots,N_k; j = 1,2,\cdots,J_k+1 \tag{2.72}$$

其中

$$c_k(i,j) = \begin{cases} c_g & j = J_k+1 \\ c''_k(i,j) & j=1,2,\cdots,J_k \text{ 且 } L_j \in T_i \\ \infty & \text{其他} \end{cases}$$

式中:c_g是一个常数,表示已无点迹分配给航迹,即漏警误差,与门限值有关。

(4) 求取诸可能关联分配向量 $\boldsymbol{A}_k(I)$,$I=1,2,\cdots,N(N\leqslant N_k!)$的偏差总和:

$$c_{\boldsymbol{A}_k(I)} = \sum_{i=1}^{N_k} c(i,j_i(I)) \tag{2.73}$$

式中:$j_i(I)$为 $\boldsymbol{A}_k(I)$中分配给 T_i的 L_j下标;$c_{\boldsymbol{A}_k(I)}$为可能关联分配向量 $\boldsymbol{A}_k(I)$的优化度量指标。

(5) 求取点迹—航迹最优分配向量

最优分配向量应是其所有点迹—航迹关联偏差总和达极小者,即

$$\boldsymbol{A}_k(I^*) = \arg\min_{1\leqslant I\leqslant N_k!} C_{\boldsymbol{A}_k(I)} = \operatorname{argmin}\sum_{i=1}^{N_k} c(i,j_i(I)) \tag{2.74}$$

$\boldsymbol{A}_k(I^*)$所表示的最优方案为

$$L_{j_i(I^*)} \in T_i \quad i = 1,2,\cdots,N_k \tag{2.75}$$

文献[12]给出的雷达情报系统仿真评估中,将 t_k周期中 J_k个点迹视为由雷达模拟系统产生的真实目标点,将 N_k条航迹视为情报处理软件产生的与真实目标关联的航迹。在每周期仿真评估中,采用本节所述方法实现模拟目标与已生成航迹的关联,取得了较高的关联正确率。

2.7.2 考虑信号辐射角度的 ESM 探测与多雷达目标关联

本节给出的应用案例背景是,空中已有雷达探测确认的 $m(m>1)$批目标和一

部 ESM 侦察平台，其中一批目标携载的辐射源具有辐射角度约束的电磁信号被该 ESM 侦察平台探测到，并且 ESM 侦察平台具有一定（最远）探测距离限制。于是，这里的关联问题归结为求取 ESM 平台探测到的辐射方位线究竟来源于哪批雷达探测目标[13]。

2.7.2.1　ESM 发现距离和目标辐射角度约束

1. 电磁目标辐射角度约束

ESM 侦察平台只有位于某电磁目标辐射角度范围之内，才能接收到电磁辐射信号，如图 2.24(a) 所示。

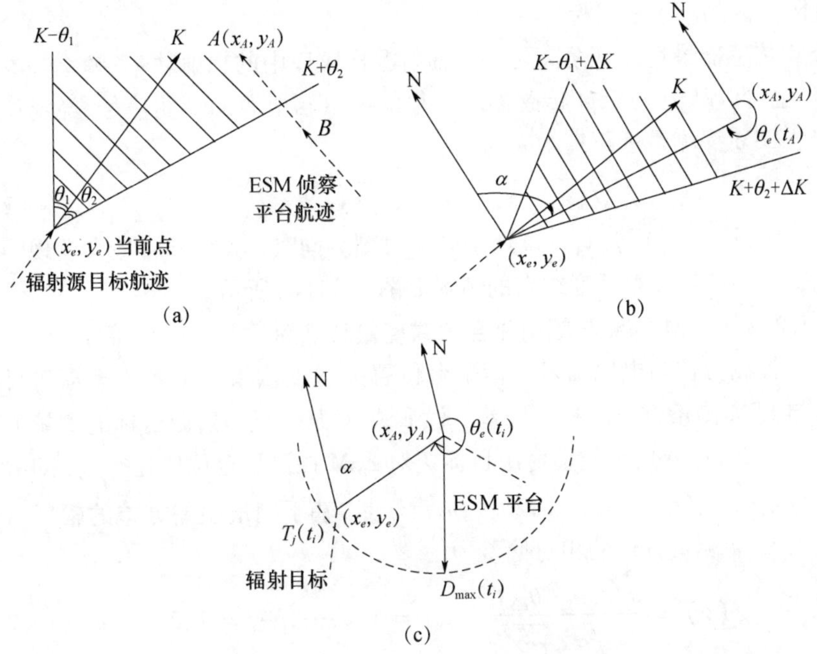

图 2.24　ESM 探测与目标平台辐射约束

(a) ESM 侦察平台与辐射源目标位置；(b) ESM 侦察平台相对探测方位约束；(c) ESM 发现距离及与辐射平台相对方位。

图 2.24(a) 中，K 为辐射目标平滑航向，是已知量，θ_1 和 θ_2 分别是位于航向两侧的辐射范围角，其可由所识别出的目标平台和辐射源型号查阅相关指纹库获得；ESM 侦察平台位于 B 点时，位于辐射平台当前点的辐射范围 $[K-\theta_1, K+\theta_2]$ 之外，无法接收到该平台辐射信号；当 ESM 侦察平台位于 A 点时，则能接收到该平台辐射信号。

此外，还要考虑风速引起的地面雷达探测获取的辐射目标平滑航向（地航向）与平台真航向之间的偏差 ΔK，于是基于辐射源目标当前位置的辐射角度范围为 $[K-\theta_1+\Delta K, K+\theta_2+\Delta K]$。此时，同一时刻的 ESM 侦察平台位置 (x_A, y_A) 与辐射

目标平台当前点位置(x_e, y_e)的相对方位α和探测角度$\theta_e(t_A)$分别为

$$\alpha = \arctan\left[\frac{x_A - x_e}{y_A - y_e}\right]_0^{360^\circ}, \theta_e(t_A) = \arctan\left[\frac{x_e - x_A}{y_e - y_A}\right]_0^{360^\circ} = \alpha + \pi \quad (2.76)$$

如图2.24(b)所示,ESM平台探测该电磁目标的辐射角度约束条件为

$$\theta_e(t_A) \in [K - \theta_1 + \Delta K + \pi, K + \theta_2 + \Delta K + \pi] \quad (2.77)$$

2. 最远发现距离约束

最远发现距离是指ESM传感器对特定辐射源发现距离的极限值,当ESM侦察平台进入多个电磁目标的信号辐射角度范围之内时,优先考虑该ESM传感器最远发现距离内的辐射源目标。

ESM传感器最远发现距离可基于辐射源指纹库中的辐射功率、频率等参数计算获得,也可以基于该ESM传感器对采集的大量辐射源的实测信号,经定位处理后确定。ESM探测最远距离约束为

$$\sqrt{(x_e - x_A)^2 + (y_e - y_A)^2} < D_{\max} \quad (2.78)$$

这里假设(x_e, y_e)与(x_A, y_A)处于同一时刻。同时,考虑ESM最大发现距离约束和电磁平台信号辐射角度约束的情况如图2.24(c)所示。

2.7.2.2 ESM探测与辐射平台关联度量与规划

ESM探测方位与电磁辐射目标平台位置关联度量指标主要考虑辐射目标平台航迹与ESM测量方位的相对偏差。设ESM对某一批辐射源目标的测量方位为$\theta_e(t_i)(i=1,2,\cdots,N)$,可能辐射源目标$T_j$对ESM探测平台位置在时刻$t_i$对齐的相对方位分别为$\{\theta_j(t_i)\}_{i=1}^N(j=1,2,\cdots,m)$,于是,基于测量误差方差的辐射目标平台方位与ESM测量方位的相对偏差为

$$g_j(t_i) = \frac{\theta_j(t_i) - \theta_e(t_i)}{\sqrt{\sigma_r^2 + \sigma_e^2}} \quad i = 1,2,\cdots,N; j = 1,2,\cdots,m \quad (2.79)$$

式中:σ_e^2和σ_r^2分别为ESM对可能辐射目标的方位测量误差方差和地面雷达对m批可能辐射目标的测量误差方差。

这样,就得到基于偏差p阶矩的ESM探测与辐射平台关联规划,其中指标函数为

$$\max_{1\leqslant j\leqslant m} s_j = \left[\frac{1}{N}\sum_{i=1}^N |g_j(t_i)|\right]^{\frac{1}{p}} = \left[\frac{1}{N}\right]^{\frac{1}{p}} \| g_j(t_1)\cdots g_j(t_N) \|_p \quad (2.80)$$

式(2.77)、式(2.78)为约束方程。

若该规划指标达到最大值s_k,即

$$s_k = \max_{1\leqslant j\leqslant m} s_j \quad (2.81)$$

则ESM测量$\{\theta_e(t_i)\}_{i=1}^N$可能与辐射目标航迹$T_k$关联。可采用两假设单门限判定或双门限进行逐周期关联判定,方法见2.6.2节。

2.7.3　基于 GAM 模型的 ESM 测量与雷达目标关联

本节给出的案例的背景是，已有 ESM 传感器对一批目标的多时刻测量方位和雷达对多批目标的测量航迹，确定 ESM 测量集合究竟源于哪一批雷达目标。

这里所述的关联方法针对 ESM 目标方位测量具有较大误差，采用基于灰色代数曲线模型（Grey Algebraical Cureve Model，GAM）对 ESM 方位测量进行数据滤波，以消除 ESM 原始测量大误差对关联的影响[14]，然后给出一种关联判定方法。

2.7.3.1　基于 GAM 模型的 ESM 测量数值滤波

设 ESM 传感器在 m 个时刻对某批目标的测量方位为

$$\alpha(t_i) \quad i = 1,2,\cdots,m \tag{2.82}$$

样本数 m 基于计算量容许选取，基于 GAM 模型的 ESM 测量数值滤波原理如下：

（1）构建灰色测量值。对原始测量数据序列 $\{\alpha(t_i)\}_{i=1}^{m}$ 进行逐一累加，生成 ESM 多级灰色测量值：

$$R^{(1)}(k) = \sum_{t=1}^{k} R^{(0)}(k) = \sum_{t=1}^{k} \alpha(t_i) \quad k = 1,2,\cdots,m \tag{2.83}$$

式中：$R^{(0)}(i) = \alpha(t_i)\,(k = 1,2,\cdots,m)$。

（2）构造 GAM(1) 的 n 阶灰色代数模型：

$$R^{(1)}(t) = \alpha_0 + \alpha_1 t + \alpha_2 t^2 + \cdots + \alpha_m t^n \tag{2.84}$$

对于 $t = 1,2,\cdots,k$，将式(2.84)写成向量形式：

$$\begin{bmatrix} R^{(1)}(1) \\ R^{(1)}(2) \\ \vdots \\ R^{(1)}(k) \end{bmatrix} = \begin{bmatrix} 1^0 & 1^1 & \cdots & 1^n \\ 2^0 & 2^1 & \cdots & 2^n \\ \vdots & \vdots & \ddots & \vdots \\ k^0 & k^1 & \cdots & k^n \end{bmatrix} \begin{bmatrix} a_0 \\ a_1 \\ \vdots \\ a_n \end{bmatrix} = \begin{bmatrix} a_0 + a_1 + \cdots + a_n \\ a_0 + 2a_1 + \cdots + 2^n a_n \\ \vdots \\ a_0 + ka_1 + \cdots + k^n a_n \end{bmatrix}$$

再改写为矩阵形式：

$$\boldsymbol{Y} = B(k)\boldsymbol{A} \tag{2.85}$$

式中：$\boldsymbol{Y}(k) = [R^{(1)}(1),\cdots,R^{(1)}(k)]^{\mathrm{T}}$ 为 k 阶（$k \leqslant m$）灰色测量向量，又称为灰色模型响应向量，是如式(2.83)所示的已知量；$\boldsymbol{A} = [a_0, a_1, \cdots, a_n]^{\mathrm{T}}$ 为待求的 n 阶灰色代数模型系数，阶数 n 的选择依赖模型精度要求。

（3）求解灰色代数模型。式(2.84)的模型系数向量 $\boldsymbol{A}$ 的最小二乘估计为

$$\hat{\boldsymbol{A}} = [\boldsymbol{B}(k)^{\mathrm{T}}\boldsymbol{B}(k)]^{-1}\boldsymbol{B}(k)^{\mathrm{T}}\boldsymbol{Y}(k) \tag{2.86}$$

（4）还原生成 ESM 测量的平滑估计序列 $\hat{\alpha}(t)$。将式(2.86)代入式(2.85)可得到 k 阶（$k \leqslant m$）响应向量的平滑估计：

$$\hat{\boldsymbol{Y}}(k) = [\hat{R}^{(1)}(1),\cdots,\hat{R}^{(1)}(k)]^{\mathrm{T}} = \boldsymbol{B}(k)\hat{\boldsymbol{A}}$$

再由定义式(2.83)即可还原生成 ESM 的平滑测量序列：

$$\hat{\alpha}(t_i) = \hat{R}^{(1)}(i) - \hat{R}^{(1)}(i-1) \quad i = 1,2,\cdots,m \tag{2.87}$$

2.7.3.2 ESM 测量与雷达目标的偏差指标函数

ESM 测量集合与雷达目标关联基于 ESM 观测站位置的目标测量方位偏差进行,构造偏差指标函数包含下述步骤。

(1) 有源雷达目标对 ESM 站位置的相对方位生成。有源雷达目标二维极坐标测量为(r,θ),转换为笛卡儿坐标位置为 $x=r\sin\theta, y=r\cos\theta$,其对 ESM 站位置坐标$(x_e,y_e)$的相对方位角为

$$\beta = \left[\arctan\frac{x-x_e}{y-y_e}\right]_{0°}^{360°} = g(r,\theta) \tag{2.88}$$

该相对方位角误差方差的一阶近似为

$$\sigma_\beta^2 = [A,B]\begin{bmatrix}\sigma_r^2 & 0\\ 0 & \sigma_\theta^2\end{bmatrix}[A,B]^{\mathrm{T}} = A^2\sigma_r^2 + B^2\sigma_\theta^2 \tag{2.89}$$

其中

$$A = \frac{\partial g(r,\theta)}{\partial r} = \frac{(y-y_e)\sin\theta-(x-x_e)\cos\theta}{(x-x_e)^2+(y-y_e)^2}, B = \frac{\partial g(r,\theta)}{\partial\theta} = \frac{(y-y_e)y-(x-x_e)x}{(x-x_e)^2+(y-y_e)^2}$$

(2) 构建雷达目标与 ESM 的 GAM 平滑测量估计的偏差向量和方差分别为

$$\begin{cases}\varepsilon(t_i) = \beta(t_i) - \hat{\alpha}(t_i)\\ \sigma_{\varepsilon(t_i)}^2 = \sigma_{\beta(t_i)}^2 + \sigma_{\hat{\alpha}(t_i)}^2\end{cases} \quad i = 1,2,\cdots,m \tag{2.90}$$

式中:$\beta(t_i)$由式(2.88)基于t_i时刻雷达测量获得;$\hat{\alpha}((t_i)$由式(2.87)获得;$\sigma_{\beta(t_i)}^2$由式(2.89)获得;$\sigma_{\hat{\alpha}((t_i)}^2$为 ESM 方位测量方差。

(3) 构建方位偏差指标函数。

① 基于 m 个周期测量的雷达目标与 ESM 测量的一阶方位偏差指标函数为

$$\Delta(m)_1 = \sum_{i=1}^{m}\varepsilon^2(t_i)/\sigma_{\varepsilon(t_i)}^2 \tag{2.91}$$

② 基于方位变化率的二阶方位偏差指标函数为

$$\Delta(m)_2 = \sum_{i=1}^{m}\phi^2(t_i)/\sigma_{\phi(t_i)}^2 \tag{2.92}$$

其中

$$\phi(t_i) = \varepsilon'(t_i) = \beta'(t_i) - \alpha'(t_i) = [\hat{\beta}(t_{i+1}) - \hat{\beta}(t_i) - \hat{\alpha}(t_{i+1}) + \hat{\alpha}(t_i)]/(t_{i+1}-t_i)$$
$$\sigma_{\phi(t_i)}^2 = [\sigma_{\beta(t_{i+1})}^2 + \sigma_{\beta(t_i)}^2 + 2\sigma_\alpha^2]/(t_{i+1}-t_i)^2 \tag{2.93}$$

③ 综合偏差指标函数。综合考虑一阶和二阶偏差指标函数,得到雷达目标与 ESM 测量综合偏差指标函数为

$$\Delta(m) = \omega_1\Delta(m)_1 + \omega_2\Delta(m)_2 \tag{2.94}$$

式中:ω_1、ω_2($\omega_1+\omega_2=1$)分别为一阶、二阶偏差指标权重。

2.7.3.3 关联判定逻辑

给定容许漏关联概率为 λ,则基于综合偏差指标函数的判定门限 η 应满足

$$p_r\{\Delta(m) > \eta \mid \text{雷达目标与 ESM 测量关联}\} \leqslant \lambda \tag{2.95}$$

在一阶、二阶测量方位偏差向量 $\boldsymbol{\varepsilon}(t_i)$ 和 $\boldsymbol{\phi}(t_i)$ 相互独立且皆服从正态分布时，在关联假设成立，即雷达目标与 ESM 测量源于同一实体假设下，一阶和二阶方位偏差指标函数 $\zeta = \Delta(m)_1$ 或 $\zeta = \Delta(m)_2$ 皆服从自由度为 m 的卡方分布 $\chi^2(\zeta, m)$。于是，综合偏差函数 $\zeta = \Delta(m)$ 服从自由度为 $2m$ 的卡方分布 $\chi^2(\zeta, 2m)$。式(2.95)可写为

$$\int_{\eta}^{\infty} \chi^2(\zeta, 2m)\,\mathrm{d}\zeta \leqslant \lambda \tag{2.96}$$

这样，在给定漏警概率 λ，查阅 $2m$ 维卡方分布表即可获得判定门限 η，从而得到如下判定逻辑：

$$\begin{cases} \Delta(m) \geqslant \eta & \text{雷达目标与 ESM 测量关联不成立} \\ \Delta(m) < \eta & \text{雷达目标与 ESM 测量关联成立} \end{cases} \tag{2.97}$$

与 2.7.2 节类似，也可采用两假设双门限进行逐周期关联判定，方法见 2.6.2 节。工程应用中，为直观反映关联程度，引入关联信度 μ，其定义为

$$\mu = [1 - \Delta(m)]/\eta \tag{2.98}$$

2.7.3.4　仿真案例

1. 仿真场景

如图 2.25 所示，空中目标 T_1 和 T_2 在西北部由西向东平飞，间距 1000m，而目标 T_3、T_4 在南部由南向北平飞，间距也设为 1000m；T_1、T_2、T_3、T_4 初始位置如图中所注坐标值，飞行速度皆为 100m/s。有源探测雷达位于坐标原点，测量根方差 $\sigma_\rho = 20\text{m}$，$\sigma_\theta = 0.5°$，有源雷达探测全部目标。无源 ESM 站址位于有源雷达正东 20000m，方位测量根方差 $\sigma_\alpha = 1.0°$，且 ESM 仅接收目标 T_1 和 T_3 的辐射信号。

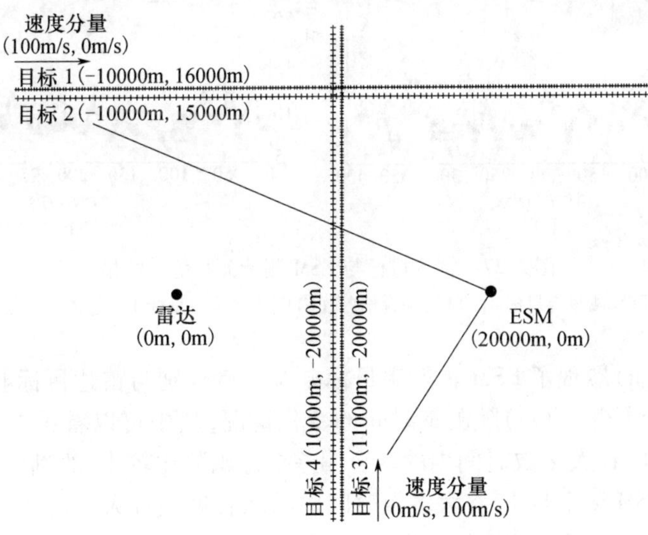

图 2.25　雷达目标与 ESM 测量仿真场景

2. 仿真计算流程

仿真案例针对 ESM 观测站对多个辐射目标平台的方位测量和多批雷达目标航迹进行。鉴于 2.7.3.1 ~ 2.7.3.3 小节中描述的方法仅适用于 ESM 观测站对一个辐射目标平台方位测量与多批雷达目标的关联问题，我们对 ESM 的观测范围进行分区，在每个分区中，ESM 仅观测一个电磁辐射目标。可以看出，这里的仿真场景中，ESM 观测范围仅需划分为两个分区即可。

仿真关联计算针对每个分区内的 ESM 方位测量和雷达目标航迹进行。计算流程如图 2.26 所示。

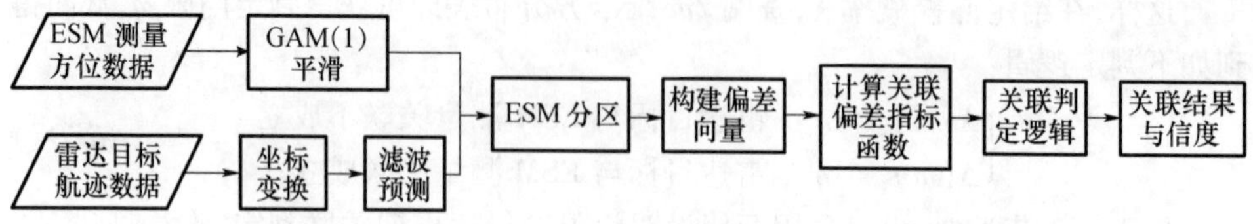

图 2.26 基于 GAM 的 ESM 测量与雷达目标关联计算流程

3. 仿真结果分析

仿真结果如图 2.27(a)、(b) 所示，其中坐标系横轴为测量时间(s)，纵轴为综合偏差指标函数 $\Delta(m)$。仿真实验在 1 ~ 400s 内进行，偏差指标函数计算采用 $m=10$ 个测量周期。

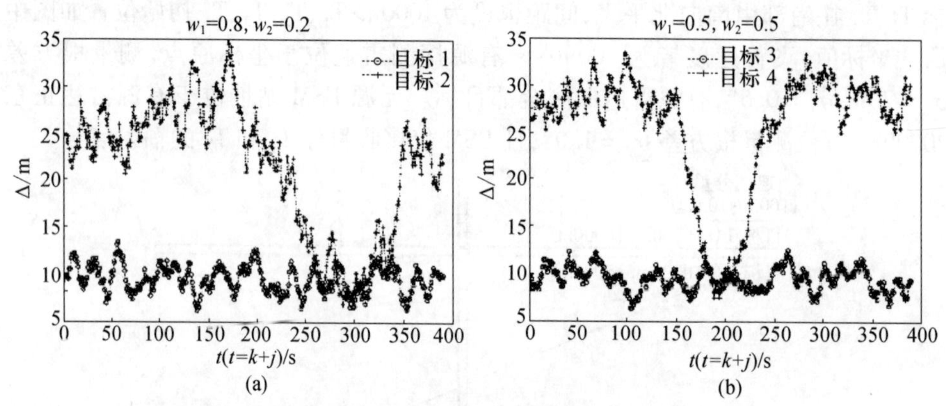

图 2.27 雷达目标与 ESM 测量关联仿真结果

(a) ESM 测量与目标 T_1、T_2 的综合偏差；(b) ESM 测量与目标 T_3、T_4 的综合偏差。

图 2.27(a) 展现了 ESM 辐射源目标方位测量分别与雷达目标航迹 T_1、T_2 的综合偏差指标函数 $\Delta(m)$ 随测量时间的变化情况，从中可以看出 ESM 测量与雷达目标航迹 T_1 在大多数时间内的综合偏差指标函数比较小，故判定 ESM 测量与 T_1 关联；而 ESM 测量与 T_2 在大多数时间内的综合偏差较大，故判定 ESM 测量与 T_2 不关联。从图 2.27(a) 中还可以看出，在 260 ~ 330s 之间，由于 T_1 和 T_2 同时位

于离 ESM 站址最近的正北方向，此时 ESM 测量与 T_1、T_2 的综合偏差指标函数接近，无法获得准确的关联判定结果。图 2.27(b)展现了 ESM 测量分别与雷达航迹 T_3、T_4 的综合偏差指标函数随时间变化情况，可进行类似分析。从图 2.27(b)可看出，在 200s 左右，T_3、T_4 同时到达离 ESM 站址最近的正西方向，此时无法准确进行关联判定，其他时间明显看出 ESM 测量与 T_3 综合偏差指标函数远远小于与 T_4 的综合偏差指标函数，故判定 ESM 测量与目标 T_3 关联。

参考文献

[1] 赵宗贵. 多传感器多目标跟踪优化模型与实现技术[J]. 现代电子工程,2001,2.

[2] 赵宗贵,信息融合技术现状、概念与结构模型[J]。中国电子科学研究院学报,2006,1(4).

[3] 赵宗贵,刁联旺,战场感知资源管理与信息融合[J],指挥信息系统与技术,2011,2(5).

[4] Bar Shalom Y, Tse E. Tracking method in a cluttered environment with probabilistic data association[J]. Automatica, vol. 11, 1975:451 – 460.

[5] Fortmann T E, Bar Shalom Y, Scheffe M. Multi – target tracking using joint probabilistic data association[C]. Proceedings 1980 IEEE Conference on Decision and Control, Dec. 1980:806 – 812.

[6] Bar Shalom Y, Tracking method in multitarget environment[C]. IEEE – AC, August. 1978.

[7] David L Hall. Mathematical techniques in multisensor data fusion[M]. Chapter 3. Artech House, Boston, London, 1992, ISBN 0 – 89006. 558 – 6.

[8] 王晓文. 多源图像融合技术研究[D]. 南京:解放军理工大学,2013,4.

[9] 龙永锡,赵宗贵. 机动目标的最优判决[C]. 平滑、滤波技术交流会会议录,国防工业火控技术情报网编辑部,1977,10.

[10] 康耀红. 数据融合理论与应用,2.2 节[M]. 西安:西安电子科技大学出版社,1997.

[11] 何友等. 多传感器信息融合及应用(第2版)[M]. 北京:电子工业出版社,2007.

[12] 周光霞,刁联旺,等. 雷达情报系统仿真评估中的航迹 – 目标指派方案指派方法探索[J]. 现代电子工程,2009,6(3).

[13] 蔡凌峰. 一种机载 ESM 与雷达数据的关联方法[C]//中国电科集团第二十八研究所学术交流会议论文集,2012,11.

[14] 王妍妍. 基于 GAM 模型雷达与 ESM 数据关联实现方法[J]. 指挥信息系统与技术,2012,3(3).

第3章 目标检测前跟踪技术

目前,在杂波较多或严重电磁干扰环境中,连续稳定地探测和发现弱信号目标(或称弱小目标)成为迫切需求。对海探测雷达通常遇到复杂且较强的海杂波与气象杂波,致使低可探测弱小目标的信噪比较低[1];对空探测雷达要求尽可能远距离发现入侵目标,因此弱小目标的早期预警一直是具有挑战性的课题[2]。随着隐身技术的日趋成熟,隐身飞机、船舰等目标的 RCS 减小了一到两个数量级[3],甚至更少[2](如隐身战略轰炸机 B-2 的 RCS 只有$10^{-3}m^2$,相当于一只鸟),更加剧了这一问题的难度。因此,对弱小目标信号的检测成为雷达信号处理和红外/可见光图像序列检测等领域的研究热点,其中检测前跟踪技术尤其受到关注。

3.1 检测前跟踪技术概述

3.1.1 检测后跟踪与检测前跟踪

传统的目标检测与跟踪方法是检测后跟踪技术[3](Track After Detect,TAD),其针对单帧测量独立进行检测,单帧检测对帧内每个波束上的距离单元进行,此时假设目标稳定驻留在某波束的某个距离单元上。TAD 对每一帧数据处理后即宣布检测结果,如果有目标则宣布目标点迹(包括目标的距离、方位/仰角,以及信号幅度等信息)。TAD 中的信号检测与后续的目标航迹起始和跟踪是两个独立的过程,如图 3.1 所示。

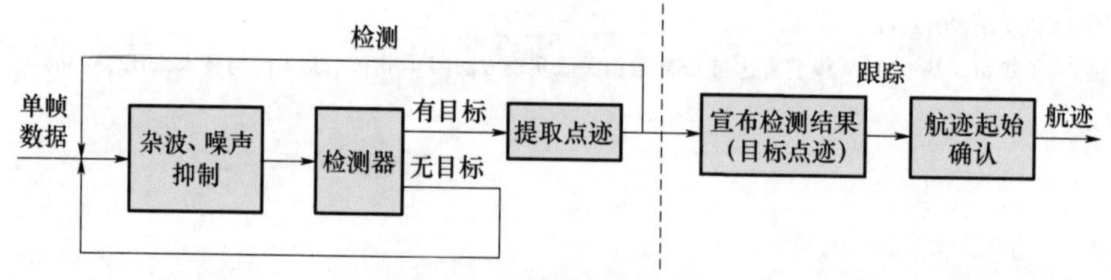

图 3.1 传统 TAD 技术原理

传统 TAD 单帧检测算法忽略了一个波束诸距离单元回波处理期间目标在帧内诸波束之间的运动,更忽略了目标在帧间的运动状态变化,因此该技术一般适用于信噪比较高的情况(SNR > 5dB),而对于低信噪比下的弱小目标检测能力则大大降低。

随着研究的深入，人们设法考虑目标特别是弱小目标在帧内波束之间和逐帧之间发生的状态变化，这就使得检测与跟踪之间的界限越来越不明显，当弱小目标无法被传统 TAD 方法有效检测出来时，人们试图在检测之前采用跟踪思想，通过对弱小目标连续出现的信号进行逐帧相关累积来估计目标的可能轨迹，然后对估计的可能轨迹进行检测判决，这就是检测前跟踪技术（Track Before Detect，TBD）的基本思想。与 TAD 技术相比，TBD 技术在单帧数据处理后并不立即宣布检测结果，而是将多帧数据与假设的目标路径轨迹点逐帧进行几乎没有信息损失的关联处理，经过数次扫描积累处理之后，根据一定的判定准则同时宣布检测结果和产生的目标航迹，这就使目标点迹检测与航迹跟踪融为一体，TBD 技术原理如图 3.2 所示。

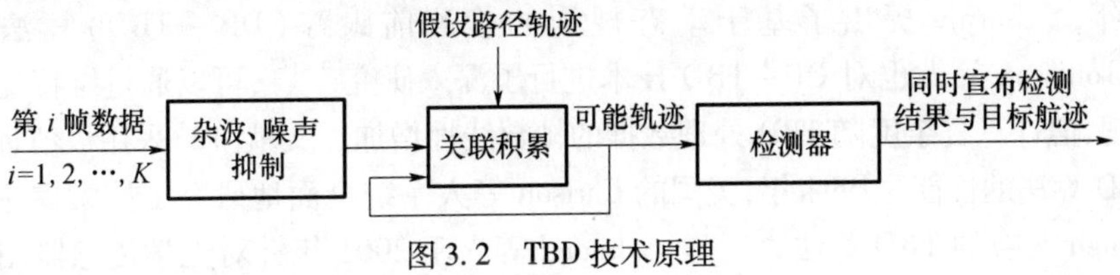

图 3.2 TBD 技术原理

下面以雷达系统检测目标为例，通过与 TAD 技术比较来解释 TBD 的概念[4]。图 3.3(a)为天线扫描 k 个周期后传统 TAD 检测方法对目标的逐周期检测结果，可以看出逐周期宣布的结果为几个孤立的点迹，并且出现多帧未检测到目标的现象，其无法确定检测到的点迹来源于一个目标还是多个目标，需要后续航迹起始和跟踪算法对其进行识别和关联处理。图 3.3(b)是天线扫描 k 个周期后 TBD 技术宣布的检测结果，可以看到检测到了源于同一目标的 k 个点，而且已经连成一条轨迹。TBD 检测的原理：根据目标物理运动特性，构造第一帧到第 k 帧的所有可能目标假设路径，然后基于测量点迹（信号）计算每一条假设路径轨迹的价值函数，用于表征其为真实轨迹的可能性，将价值函数符合一定准则的假设

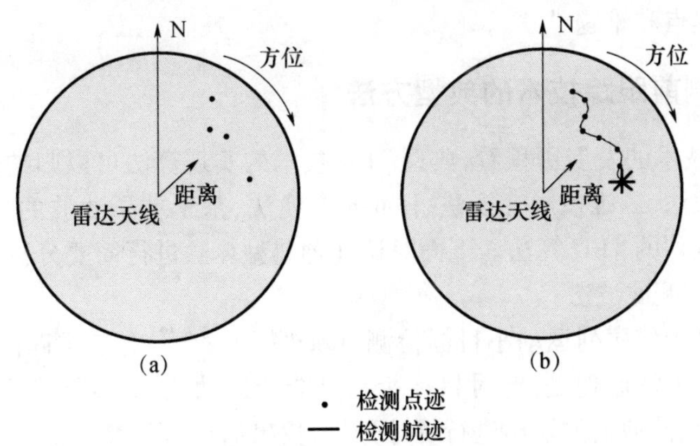

图 3.3 TAD 检测与 TBD 检测

(a) TAD 检测的点迹；(b) TBD 检测的航迹。

路径轨迹判决为真实目标轨迹。由于假设的轨迹数目非常大,故需要通过先验知识,如目标的最大速度、最小速度、加速度、转弯角速度等作为约束条件,以尽量减少可能轨迹数目。

3.1.2 检测前跟踪技术现状

TBD 技术最先从光学、红外图像序列检测弱小目标时引入,早在 20 世纪 70 年代,Reed 等人针对红外图像中弱小运动目标的检测做了系统研究[5][6],后来发展到雷达和声纳系统中的微弱目标检测与跟踪。文献[5]提出三维匹配滤波器在运动小目标检测中的应用,文献[6]提出将一种递归算法应用于运动目标检测中。1985 年,Y. Barniv 提出了基于动态规划的检测前跟踪(DP - TBD)算法[7,8],S. M. Tonisson 等人也对 DP - TBD 技术进行了深入研究[9-11],可以通过维特比算法来实现,但计算复杂度随 TBD 处理数据的帧数线性增加。文献[12]采用极值理论研究 TBD 算法的性能。1994 年,美国的 Carlson 等人系统全面地研究了搜索雷达中基于 Hough 变换的 TBD 算法[13-15]。Salmond 等人于 2001 年针对光学传感器图像中的目标检测和跟踪提出了基于贝叶斯统计的 TBD 粒子滤波方法。国内外众多学者对这些算法进行了性能分析和改进,提高了 TBD 算法的性能,解决了具体应用中面临的一些问题。

TBD 技术引入到雷达检测中,在取得显著应用效果的同时,也使问题变得更复杂。主要有两个原因:一是与二维的红外图像序列不同,雷达是在四维参数空间(方位,距离,多普勒,俯仰角)内进行目标检测跟踪,致使计算量急剧增加,尤其对高速运动目标;二是在红外图像序列中,当前帧图像是由传感器在同一个时刻拍摄所得,而在雷达系统中,当前帧数据是由天线扫描获得,运动目标信号不仅在帧间会有移动,即使在同一帧数据中,扫掠波束之间也存在目标位移,致使对运动目标的跟踪更为困难。此外,针对不同体制雷达,TBD 算法的应用如何达到最优,也是研究的热点和难题[16-18]。

3.1.3 检测前跟踪技术的典型方法

从 TBD 技术的发展历程看,典型 TBD 技术的实现算法可以归纳为以下几种:三维匹配滤波法、二维投影变换法、Hough 变换法、基于粒子滤波的 TBD 算法,以及基于动态规划的 TBD 算法。下面对这几种典型算法进行简要分析。

1. 三维匹配滤波法

针对红外图像序列运动小目标检测,Reed 等人[5,6,19]对三维匹配滤波算法进行了研究。该方法原理是:针对目标所有可能的运动状态,设计多个三维匹配滤波器,对每一个滤波器的输出进行统计分析,找出信噪比最高的滤波器,从而确定出目标在图像中的位置及轨迹。该方法需要已知目标运动速度,速度失配时检测性能大大降低,该方法还导致难以实现的穷尽式搜索,因此只限于很小范围内的应用,一般多采用专门的硬件结构实现。

2. 二维投影变换法

基于投影变换的TBD算法是由Chu[20]首先提出的。该方法原理是:将三维空间图像投影到二维空间上,然后在多个二维空间中进行目标检测,最后将多个二维空间的检测结果再映射回三维空间形成最终的目标检测结果。投影变换可使计算量和存储量大大减小,向实时处理迈进了一步。但投影会损失目标信息,尤其当噪声很强和目标帧间移动较大时,性能会下降很多。

3. Hough 变换法

Hough 变换是通常用于图像处理的特征检测的一种方法,尤其是提取图像中的直线。该方法可以把图像数据空间中的一条直线变换成参数空间中的一个峰值点,我们知道,基于点迹聚集检测目标比基于轨迹偏移检测目标要容易得多。用一维距离像(单一波束回波图像)描述 Hough 变换的原理:把距离—时间 $r-t$ 数据空间的点通过三角变换式 $\rho = r\cos\theta + t\sin\theta$ 变换到 $\rho-\theta$ 空间(Hough 参数空间)的曲线。$r-t$ 数据空间中一条直线上的每一点对应 Hough 空间中一条正弦曲线,而共线的多点对应的多条正弦曲线相交于一点。通过在该交点处累加直线上各点的回波能量,形成峰值点,从而实现直线运动目标的检测。图3.4(b)给出了图3.4(a)中同一直线上4个点的 Hough 变换结果。基于 Hough 变换的检测前跟踪(HT-TBD)能消除运算量随回波数量呈指数增长的弊端,并且能在检测大目标的同时避免弱小目标的丢失。

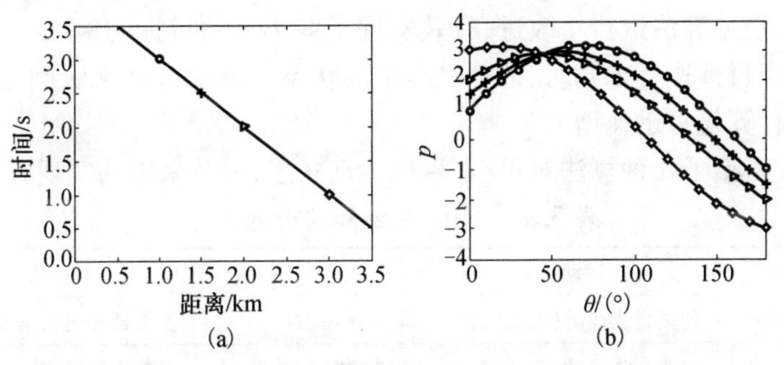

图3.4 Hough 变换图

(a)距离—时间空间的4个数据点;(b)对应的 Hough 变换结果。

4. 基于粒子滤波的TBD算法

粒子滤波(Particle Filter,PF)是采用蒙特卡罗技术求解贝叶斯估计问题的一种递推方法,主要用于非线性、非高斯情况下,进行参数或状态的后验估计问题。该算法的原理是:采用蒙特卡罗技术对状态先验概率密度进行抽样,通过该随机样本对后验概率密度进行近似,从而以样本均值代替积分运算,这些样本称为“粒子”。当粒子数足够大时,这种粒子近似估计能逐渐接近状态的后验概率密度,粒子滤波估计即可达到最优贝叶斯估计的效果[21,22]。

基于粒子滤波的TBD算法(PF-TBD)是Salmond在2001年提出的[23],该算法在目标状态向量中增加一个服从马尔可夫过程的离散变量,用来表示目标出现与否,通过粒子滤波算法实现目标出现与目标状态的混合估计,其中以目标出现的粒子数所占比例为参数实现目标检测。目前,PF-TBD已形成两种主要算法:一种是Salmond算法[23],以一个混合估计架构的粒子滤波器实现目标出现及其状态的联合采样、估计与判定;另一种是Rutten算法[24],其设置两个固定数量的粒子滤波器,分别估计目标出现和目标状态的概率密度,再通过二者的混合实现TBD问题的递归求解[25,26]。

5. 基于动态规划(Dynamic Programming,DP)的TBD算法(DP-TBD)

DP-TBD算法是通过寻找最优轨迹来判断目标的存在,最直观的轨迹路径搜索方法就是穷举法。该方法先找出由第1帧到第k帧各点迹可能产生的所有轨迹路径,计算各可能路径所包含点迹的价值函数(称为值函数),作为可能路径的质量指标,再与门限V_T比较,将值函数超过门限的路径找出来,宣布检测结果。该方法最先由Mohanty提出[27],但由于计算量庞大,难以工程实现。为了减少运算量,Barniv[7,8]设想通过具有多阶段决策优化能力的动态规划思想来实现。基本思想是将原过程分解为符合马尔可夫状态转移过程的多个子阶段,通过寻找逐阶段递增的最优轨迹,达到全过程轨迹最优。动态规划算法的关键是值函数的选择,其直接影响算法性能。Tonissen[10,28]等人直接利用目标信号的幅度构造值函数,Johnston[12]利用极值理论分析了动态规划算法的性能;众多学者根据雷达领域的应用对动态规划算法进行了改进,有效实现了弱小运动目标的检测。但依然存在的问题是,当目标速度未知时,计算过程中的状态转移窗尺寸无法确定,一旦将窗尺寸放大,计算量将迅速增大。

表3.1给出了几种算法对单/多目标运动状态,以及采用的实现方法的比较。

表3.1 TBD主要算法分析比较

算法名称	运动状态	关联方法	轨迹确认准则
三维匹配滤波法	匀速直线运动(速度已知)	匹配滤波	滤波器输出的信噪比
HT-TBD	匀速直线运动	参数空间选择	参数空间极值
PF-TBD算法	匀速直线运动/机动运动	粒子滤波	目标出现概率或似然比检验
DP-TBD	匀速直线运动/弱机动运动	值函数构造	值函数

3.1.4 检测前跟踪技术的主要性能评价指标

众所周知,评价目标检测算法性能可以采用虚警概率P_{fa}(或虚警时间)与检测概率P_d两个指标。由于TBD技术宣布的结果是检测目标轨迹,因此评价其性能的另一个指标为目标轨迹检测概率[10] P_D。下面给出检测概率、虚警概率、虚警时间以及轨迹检测概率的定义。

奈曼—皮尔逊准则在信号检测中应用较广，该准则是在给定信噪比条件下，满足一定虚警概率 P_{fa} 时使检测概率 P_d 最大。

定义3.1　虚警概率：没有目标但信号超过门限 V_T，称为虚警，虚警概率可由下式表示，即

$$P_{fa} = \int_{V_T}^{\infty} P_n(v)\mathrm{d}v \tag{3.1}$$

式中：$P_n(v)$ 为噪声的概率密度。

由式(3.1)可以确定，P_{fa} 是随 V_T 增加的单调递减函数。

定义3.2　检测概率：有目标且信号超过门限 V_T 的概率称为检测概率或发现概率，若目标信号叠加噪声（并不一定是线性相加）的概率密度为 $P_{sn}(v)$，则检测概率表达式为

$$P_d = \int_{V_T}^{\infty} P_{sn}(v)\mathrm{d}v \tag{3.2}$$

由于 $P_{sn}(v)$ 取决于信噪比(SNR)，以及信号和噪声的统计特性，可见检测概率主要与信噪比有关。由式(3.2)可知，当门限 V_T 一定时，P_d 随SNR单调递增。

定义3.3　虚警时间：虚警概率的大小通常由虚警时间决定，常把虚警时间定义为发生虚警的平均时间，即

$$t_{fa} = \frac{M\tau}{P_{fa}} \tag{3.3}$$

式中：M 为脉冲积累数；τ 为接收机采样间隔。

根据这个定义可以计算出1h内、1天内、1年内等的平均虚警时间。

虚警时间的另一种定义为

$$t_{fa} = \frac{t_{\mathrm{int}}}{N} \cdot \frac{1}{P_{fa}} \tag{3.4}$$

式中：N 为虚警识别区域所含单元总数；t_{int} 为观测时间区间，若对区域进行分区序贯检测时，可以采用式(3.4)计算虚警时间。

定义3.4　目标轨迹检测概率[10,33] P_D：正确判决出目标轨迹的概率，其中所回溯轨迹的每一个点迹与真实的目标点迹距离不超过 e_ϕ 个分辨单元，e_ϕ 为根据应用环境设置的容忍参数。

3.2　DP-TBD技术

3.2.1　动态规划(DP)

3.2.1.1　DP基本概念

DP是研究多阶段决策问题最优化的一种方法[29]。每个阶段决策的选择依赖于之前阶段的决策和当前的状态，又影响之后的状态，即各阶段状态转移符合马

尔可夫平稳随机过程。当各个阶段决策确定后,就组成了一个决策序列,因而也就决定了状态变量在整个过程中的一条变化路线。这种把一个问题可看作是一个前后具有链状结构的多阶段过程称为多阶段决策过程,如图 3.5 所示。

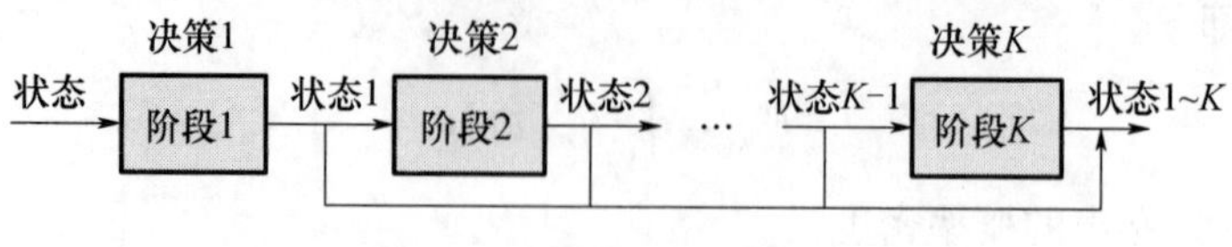

图 3.5　多阶段决策过程

通过对图 3.5 所描述的各个阶段进行最优决策,从而使系统达到最优效果的方法就是 DP 算法。我们首先描述 DP 涉及的几个概念。

(1) 阶段:通常用 k 表示所描述的阶段变量,一般根据时间或空间的自然特征来划分阶段。

(2) 状态:描述阶段状态的变量,称为状态变量,用 x_k 表示第 k 阶段的状态变量,用 $X(k)=\{x_k\}$ 表示第 k 阶段的可能状态集合。

(3) 决策:状态变量的选择称为决策,描述决策的变量称为决策变量,常用 $u_k=u_k(x_k)$ 表示。整个决策过程对应的决策序列 $\{u_1(x_1),u_2(x_2),\cdots,u_K(x_K)\}$ 称为策略。

(4) 值函数:决策过程需要一个度量其策略优劣的指标,称为值函数,第 k 阶段的值函数可表示为 $I_k(x_1;u_1,u_2,\cdots,u_k)$。最优策略是使值函数达最优的策略,从初始状态 x_1 到状态 x_k 的最优值函数为

$$f_k(x_k)=\underset{[u_1,u_2,\cdots,u_k]}{\text{opt}}\{I_k(x_1;u_1,u_2,\cdots,u_k)\} \tag{3.5}$$

式中:opt(·)为最优化符号。

(5) 阶段指标函数:k 阶段指标函数 $w_k(x_k,u_k)$ 用来度量 k 阶段测量对值函数的影响程度,是基于之前 $k-1$ 阶段的最优策略 u_{k-1} 确定的最优状态 x_{k-1} 进行 k 阶段决策(确定决策变量 u_k 以优选状态变量 x_k)的主要依据。k 阶段的值函数可由直到 k 阶段的指标函数之和表示,即

$$I_k(x_1;u_1,u_2,\cdots,u_k)=\sum_{i=1}^{k}w_i(x_i,u_i) \tag{3.6}$$

(6) 状态转移方程:系统在阶段 k 的状态处于状态集合 $X(k)$ 中,通过该阶段的决策结果 $u_k(x_k)$ 从 $X(k)$ 中优化选择出系统在阶段 k 的最优状态 x_k,于是基于状态转移方程可以确定系统从该 x_k 出发可能转移到 $k+1$ 阶段的状态集合 $X(k+1)$,称为系统由 k 阶段的状态向 $k+1$ 阶段状态的转移。多阶段决策过程就是这样通过对诸阶段状态的相继寻优和转移完成的。系统由 k 阶段到 $k+1$ 阶段的状态转移方程为

$$X(k+1)=\{x_{k+1}\mid x_{k+1}=F_k(x_k,u_k)\} \tag{3.7}$$

3.2.1.2　DP 的基本方程

DP 基本方程是 20 世纪 50 年代,美国学者贝尔曼(R. Bellman)在深入研究多阶段过程优化问题时提出的,他将人们对多阶段优化过程的规律性认识概括为著名的最优性原理[30]:一个多阶段决策系统的最优决策具有如下特征,即不论系统的初始状态变量和初始决策如何,其后面的决策对于初始决策引起的相应状态仍然构成最优决策。根据该原理,可推导出 DP 的基本方程为

$$\begin{aligned} f_k(x_k) &= \operatorname*{opt}_{\{u_i\}\in U}\left(\sum_{i=1}^{k} w_i(x_i,u_i)\right) \\ &= \operatorname*{opt}_{u_k\in U}\left(w_k(x_k,u_k) + \operatorname*{opt}_{\{u_i\}\in U}\left(\sum_{i=1}^{k-1} w_i(x_i,u_i)\right)\right) \\ &= \operatorname*{opt}_{u_k\in U}\left(w_k(x_k,u_k) + f_{k-1}(x_{k-1})\right) \end{aligned} \tag{3.8}$$

该式即为 DP 所给出的系统状态逐阶段最优递推关系式。动态规划基本方程式(3.8)又称为 DP 方程,其含义是:k 阶段决策变量 $u_k(x_k)$ 的选择,实际上就是从 k 阶段可能状态集合 $X(k)=\{x_k\}$ 中选取使值函数 $I_k(x_1,u_1,\cdots,u_k)=\sum_{i=1}^{k} w_i(x_i,u_i)$ 达最优的状态 x_k,是基于初始状态 x_1 的逐阶段的最优决策 $\{u_1,u_2,\cdots,u_{k-1}\}$ 产生的最优状态序列 $\{x_1,x_2,\cdots,x_{k-1}\}$ 进行的,如式(3.8)最后等式中 $f_{k-1}(x_{k-1})$ 所示。图 3.6给出了 DP 方程逐阶段状态转移与决策示意图,其中 $\{x_1,x_2,\cdots,x_k,\cdots\}$ 表示从状态 x_1 出发进行逐阶段决策产生的目标最优状态集合,称为最优轨迹。

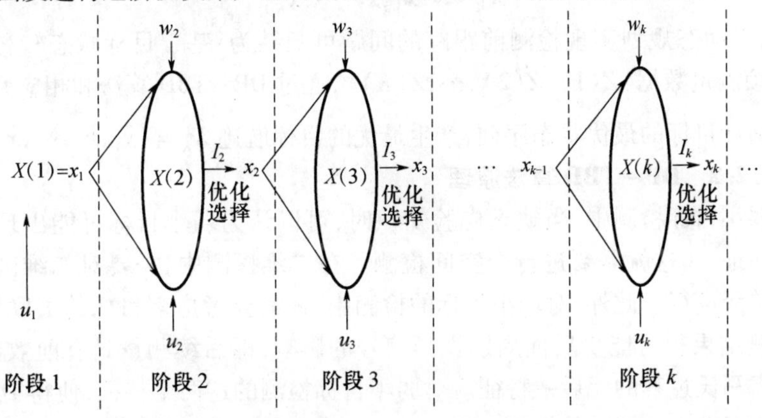

图 3.6　DP 方程逐阶段状态转移与优化选择示意图

3.2.2　DP－TBD 技术原理

3.2.2.1　目标状态与信号模型

假设用 $\boldsymbol{x}_k$ 表示目标在第 k 周期的运动状态向量,对于在 $x-y$ 平面内运动的目标,其状态向量为

$$\boldsymbol{x}_k = (x_k,\dot{x}_k,y_k,\dot{y}_k,A_k)^{\mathrm{T}} \tag{3.9}$$

式中：$[x_k, y_k]$表示 k 周期（或阶段）目标的坐标位置；$[\dot{x}_k, \dot{y}_k]$表示相应的目标速度；A_k 为目标信号幅值。

若在极坐标系中描述分辨单元内的目标状态值，将式(3.9)转化为极坐标为

$$\boldsymbol{x}_k = [\theta_k, \dot{\theta}_k, r_k, \dot{r}_k, A_k]^{\mathrm{T}} \tag{3.10}$$

式中：θ_k、r_k 分别为 k 周期目标所在方位单元与距离单元；$\dot{\theta}_k$、$\dot{r}_k$ 分别表示目标方位变化率与距离变化率。

目标状态的转移方程的离散形式为

$$x_{k+1} = F(x_k) \tag{3.11}$$

考虑将探测区域分割成达 $M \times N$ 个相同的边长为 Δp、Δq 的分辨单元，在每个时刻 k，目标状态集合可表示为 $X(k) = \{\boldsymbol{x}_k(i,j)\}, i = 1,2,\cdots,M; j = 1,2,\cdots,N$。测量值在每个单元被记录，在时刻（或周期）$k$ 记录的总测量是一个 $M \times N$ 矩阵 $\boldsymbol{Z}(k) = \{z_k(i,j)\}, i \in 1,2,\cdots,M; j \in 1,2,\cdots,N$。其中，$z_k(i,j)$ 表示在分辨单元 (i,j) 记录的状态 $\boldsymbol{x}_k(i,j)$ 测量值，其表达式为

$$z_k(i,j) = \begin{cases} A_k + n_k(i,j) & (i,j)\text{ 中有目标} \\ n_k(i,j) & (i,j)\text{ 中无目标} \end{cases} \tag{3.12}$$

式中：A_k 为目标信号幅度，若为恒幅度信号，则 $A_k = A$；$n_k(i,j)$ 表示噪声或杂波。

目标的航迹可定义为从时刻 1 到时刻 K 一系列的状态值，即

$$\boldsymbol{X}_K = \{\boldsymbol{x}_1, \boldsymbol{x}_2, \cdots, \boldsymbol{x}_K\} \tag{3.13}$$

这样，基于动态规划实现检测前跟踪的问题可归结为：基于目标状态转移方程和给定 K 帧测量数据$\{Z(1), Z(2), \cdots, Z(K)\}$，通过 DP－TBD 算法和相应判决准则逐阶段估计目标的最优状态序列，产生最优的目标航迹 $\hat{\boldsymbol{X}}_K = (\hat{\boldsymbol{x}}_1, \hat{\boldsymbol{x}}_2, \cdots, \hat{\boldsymbol{x}}_K)$。

3.2.2.2 DP－TBD 算法原理

在弱小目标检测中，当缺乏先验知识时，可以认为弱小目标可能出现在探测区域任何地方，这就需要进行全空间检测。在二维探测中，需要对二维区域的每个分辨单元进行。此外，对弱小目标的检测中，还需要考虑多目标的关联性，本周期的检测结果很可能受后面周期视频信号的影响，即后续测量具有前效性，而不能只考虑马氏过程的无后效特征。对弱小目标检测的这两个特征，使得 DP－TBD 算法需要对动态规划进行应用变形。

1. 基于分辨单元的 DP 方程

DP 方程式(3.8)可改写为基于阶段值函数的递推优化过程，即

$$\begin{aligned} I_k^*(x_1, u_1, \cdots, u_k) &= \underset{u_k}{\mathrm{opt}}(I_k(x_1; u_1, \cdots, u_k)) \\ &= \underset{u_k}{\mathrm{opt}}(w_k(x_k, u_k) + \underset{u_{k-1}}{\mathrm{opt}}(I_{k-1}(x_1; u_1, \cdots, u_{k-1}))) \end{aligned} \tag{3.14}$$

值函数的递推计算公式为

$$I_k(x_k) = w_k(x_k, u_k) + \underset{u_{k-1}}{\mathrm{opt}}(I_{k-1}(x_{k-1})) \tag{3.15}$$

再将 k 周期状态 x_k 的值函数直接采用 k 周期测量视频帧内各分辨单元所记录的状态值函数表示,即

$$I_k(x_k) = \{I_k(i,j)\} \quad i = 1,2,\cdots,M;\ j = 1,2,\cdots,N \tag{3.16}$$

式中:$I_k(i,j) = I_k(x_k(i,j))$为分辨单元(i,j)处状态 $x_k(i,j)$的值函数。

再假设各分辨单元的初始化状态和值函数为

$$\begin{cases}\{x_1(i,j)\} = X(1) \\ I_1(x_1) = w_1(x_1,u_1) = \{w_1(i,j)\}\end{cases} \quad i = 1,2,\cdots,M;\ j = 1,2,\cdots,N \tag{3.17}$$

如在无先验知识的情况下,可认为诸 $x_1(i,j)$具有相同的信号幅值,即各 $w_1(i,j)$相等。式(3.14)~式(3.17)就是基于分辨单元的 DP-TBD 方程。它将 k 周期目标状态 x_k 与该周期目标的各分辨单元测量信号联系起来,从而将 k 阶段策略 u_k 的确定变为基于式(3.12)所示的各分辨单元测量信号 $z_k(i,j)$,进行状态 x_k 的择优问题。实际上,图 3.6 中描述的 k 阶段的可能状态集合 $X(k)$,是所有分辨单元测量集合$\{z_k(i,j)\}(i=1,2,\cdots,M;j=1,2,\cdots,N)$的子集。

2. 相邻帧状态过程的一步回溯处理

如前所述,在无先验知识的情况下,所记录的每个分辨单元(i,j)测量信号都可能是弱小目标,此时,除需采用全帧算法外,还必须考虑测量帧之间的相互关系,即对当前帧每个分辨单元进行检测处理时,需要考虑与前面测量帧检测处理的关系。这要考虑可能的状态转移,通过状态转移确定各帧状态之间的相互影响,特别是在无任何先验信息时,需要以后续测量帧信息反映之前的目标可能状态,这就使得我们不能完全按照无后效性的马尔可夫过程,基于 DP 方程的正规模式逐阶段进行递推处理,而需采取一定程度的回溯过程。从提高时效性出发,采取一步回溯递推算法是可行的。弱小目标 DP-TBD 算法中的一步回溯概念是:在获得 k 帧测量之后要考虑可能转移到 k 帧分辨单元(i,j)状态的 $k-1$帧窗口 $q_{k-1} \in X(k-1)$,如图 3.7 所示。

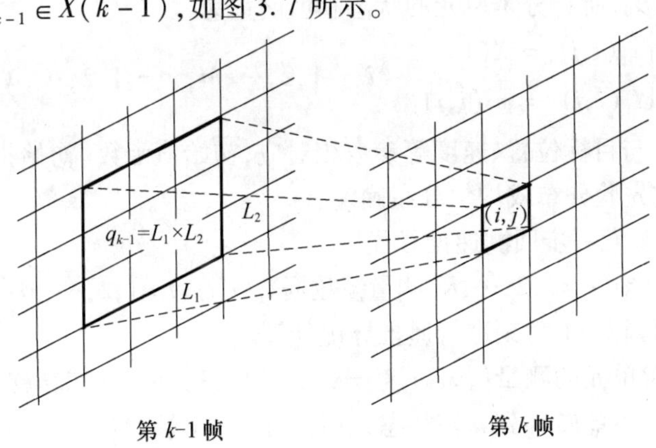

图 3.7　相邻帧状态转移窗示意图

该图中的窗口 q_{k-1} 与目标的状态参数(位置、速度和信号幅度值)有关,它可通过状态转移方程(3.11)的逆变换获得。目标速度越大,扫描周期(帧间隔)越长,以及一个天线扫描周期内目标速度和幅值变化越大,转移窗口越大。若只知道测量信号幅度,不知道目标速度,只能放大窗口防止漏检弱小目标,但计算量会呈指数增长。当然,关于目标的先验知识越多,转移窗口越小,计算量也越小。在转移窗口 q_{k-1} 确定后,即可在该窗口内求取 $k-1$ 阶段值函数达最优的状态估计 $x_{k-1}^*(i,j)=x_{k-1}(i^*,j^*)$,须注意的是最优点 (i^*,j^*) 可能与 (i,j) 不同。由此可以看出,对 $k-1$ 帧的状态寻优窗口是基于于 k 帧分辨单元 (i,j) 的测量值 $z_k(i,j)$ 回溯(逆变换)一步产生的,这就是一步回溯寻优的概念。在 DP - TBD 中增加该一步回溯步骤的详细描述见下 3.2.2.3 节。

3. 目标提取和轨迹确定

在给定初始条件式(3.17)之后,基于给定的 K 帧测量数据 $\{Z(1),Z(2),\cdots,Z(K)\}$,按式(3.14)~式(3.16),采用一步回溯递推寻优算法求解诸阶段的值函数直至得到终阶段 K 时刻的值函数 $I_K(x_K)$,若采用门限判决法,则通过下式提取目标,即

$$\{x_K^*\} = \{x_K^* \mid I_K(x_K^*) > V_T\} \tag{3.18}$$

式中:V_T 为判决门限,同时根据逐阶段寻优所产生的状态,宣布目标轨迹 $\{x_1^*, x_2^*,\cdots,x_K^*\}$,即求取值函数 $I_K(x_K^*)$ 的各阶段最优值函数所对应状态的轨迹。应当注意,最终宣布的目标或轨迹可能是多个。

3.2.2.3 检测弱小目标的 DP - TBD 算法实现步骤

基于 3.2.2.2 节对 DP - TBD 算法原理的描述,基于 K 个时刻(阶段)测量帧数据式(3.12),进行一步回溯遍帧搜索递推寻优的 DP - TBD 算法实现步骤如下。

1. 状态向量和值函数初始化

设 $k=1$ 时刻,所有分辨单元的状态和值函数为

$$\begin{cases} x_1(i,j) = X(1) \\ I_1(i,j) = w_1(i,j) \end{cases} \quad i = 1,2,\cdots,M;\ j = 1,2,\cdots,N \tag{3.19}$$

初态 $X(1)$ 与目标位置、速度等参数相对应,初始值函数(初始指标)与目标幅度相对应,可按先验分布或均匀分布确定。

2. 逐分辨单元一步回溯递推寻优

在获取 k 时刻 $(k=1,2,\cdots,K)$ 测量帧数据 $z_k(i,j)$ $(i=1,2,\cdots,M;\ j=1,2,\cdots,N)$ 之后,一步回溯到 $k-1$ 时刻进行递推寻优计算。

从 k 帧分辨单元的测量值 $z_k(i,j)=x_k(i,j)$ 出发,基于状态转移方程(3.11)一步逆向变换求取可能转移到 k 帧状态 $x_k(i,j)$ 的 $k-1$ 帧窗口 q_{k-1},即

$$q_{k-1} = F^{-1}(x_k) \tag{3.20}$$

构造 q_{k-1} 中的诸分辨单元的值函数：

$$I_{k-1}(i,j) = w_{k-1}(i,j) + I_{k-2}^{*}(i,j) \quad (i,j) \in q_{k-1} \tag{3.21}$$

在窗口 q_{k-1} 中寻求使 $I_{k-1}(i,j)$ 达最优的 $k-1$ 时刻最优状态，有

$$I_{k-1}^{*}(x_{k-1}) = I_{k-1}^{*}(i,j) = I_{k-1}(i^{*},j^{*}) = \underset{i,j\in q_{k-1}}{\mathrm{opt}}\left[I_{k-1}(i,j)\right] \tag{3.22}$$

$$x_{k-1}^{*} = x_{k-1}(i^{*},j^{*}) = \arg\left[I_{k-1}^{*}(x_{k-1})\right] \tag{3.23}$$

最后，再构造 k 阶段各分辨单元的值函数：

$$I_{k}(i,j) = w_{k}(i,j) + I_{k-1}^{*}(x_{k-1}) \quad i = 1,2,\cdots,M;\ j = 1,2,\cdots,N \tag{3.24}$$

为下一步 k 阶段寻优使用。再记回溯起始的 k 帧分辨单元 (i_k,j_k) 与获得的 $k-1$ 帧最优状态 x_{k-1}^{*} 所在单元 $(i_{k-1}^{*},j_{k-1}^{*})$ 对应关系为

$$(i_{k-1}^{*},j_{k-1}^{*}) = T(i_k,j_k) \quad k = 1,2,\cdots,K$$
$$i_k = 1,2,\cdots,M;\ j_k = 1,2,\cdots,N \tag{3.25}$$

式(3.25)为多目标态势下，最终回溯确定各目标的最优轨迹使用。

式(3.20)～式(3.24)就构成了一步回溯 DP－TBD 的递推寻优逻辑，如图 3.8所示，其中上面部分是一步回溯寻优逻辑，下面部分是 k 帧的每个分辨单元 (i,j) 的一步回溯确定$k-1$帧对应窗口 q_{k-1} 示意图。

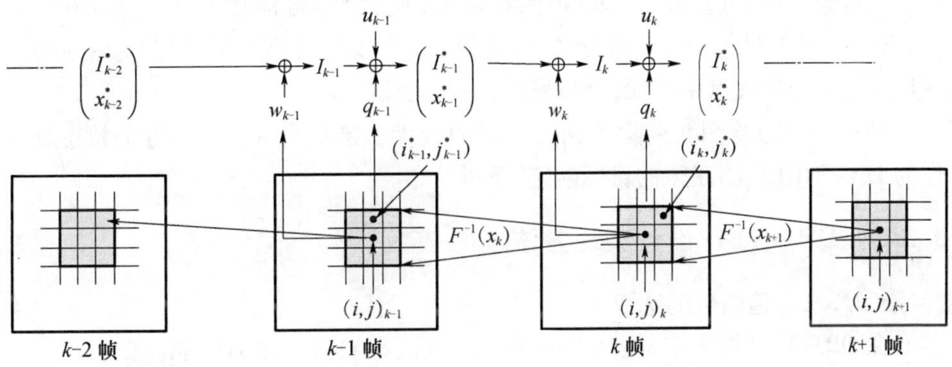

图 3.8　一步回溯 DP－TBD 递推寻优逻辑与示意图

3. 检测判决

按步骤 2 描述的一步回溯 DP－TBD 递推寻优逻辑，直到获得 K 时刻每个分辨单元 (i,j) 的状态优化估计序列为

$$\{x_1(i_1^{*},j_1^{*}),x_2(i_2^{*},j_2^{*}),\cdots,x_{K-1}(i_{K-1}^{*},j_{K-1}^{*}),x_K^{*}(i,j)\} \quad i = 1,\cdots,M;\ j = 1,\cdots,N \tag{3.26}$$

式中：第 k 帧 (i_k^{*},j_k^{*}) 为与第 $k+1$ 帧分辨单元 $(i_{k+1}^{*},j_{k+1}^{*})$ 对应的 $k(k=1,2,\cdots,K-1)$ 帧最优状态所在的分辨单元，其中最后一项 $x_K^{*}(i,j)$ 是通过对 K 阶段值函数 $I_K(i,j)$ 进行门限判决，超过检测门限 V_T 的值函数对应的单元状态，记为 x_K^{*}。

由于可能存在多个目标，故记为 K 时刻目标状态集合的形式，即

$$\{x_K^*\} = \{x_K^*(i,j) \mid I_K(i^*,j^*) > V_T\} \tag{3.27}$$

4. 目标轨迹的确定

在多目标的态势下，即基于式(3.27)式获得的 K 时刻多目标状态集合 $\{x_K^*\}$，如何从 K 时刻逐阶段(帧)向前回溯确定 $\{x_K^*\}$ 中每一个目标直到初始时刻的最优状态，即求取每一个目标的如式(3.26)所示的状态优化估计轨迹。实际上，若记 $\{x_K^*\}$ 中某一目标 K 时刻状态为 $x_K^*(i,j)=x_K(i_K^*,j_K^*)$，则通过式(3.25)即可获得 $K-1$ 时刻最优状态所在单元 (i_{K-1}^*,j_{K-1}^*)，这就确定了该目标在 $K-1$ 时刻的最优状态 $x_{K-1}^*(i,j)=x_{K-1}(i_{K-1}^*,j_{K-1}^*)$，逐阶段回溯直到确定该目标的第 2 阶段和第 1 阶段状态 $x_2^*(i,j)=x_2(i_2^*,j_2^*)$ 和 $x_1^*(i,j)=x_1(i_1^*,j_1^*)$，这就得到了该目标的 K 个阶段轨迹，即

$$x_{1:K}^* = \{x_1(i_1^*,j_1^*),x_2(i_2^*,j_2^*),\cdots,x_K(i_K^*,j_K^*)\} \tag{3.28}$$

对于存在超过门限的多个 k 阶段目标状态来说，即可获得多目标轨迹集合：

$$X_K^* = \{x_{1:K}^*\} \tag{3.29}$$

还必须注意到，式(3.25)所示的对应关系中，k 阶段不同分辨单元 (i_k,j_k) 可能对应 $k-1$ 阶段同一最优分辨单元 (i_{k-1}^*,j_{k-1}^*)，特别是在目标比较密集的环境更会出现该现象。就是说，式(3.29)中的某两个(或多个)目标轨迹可能存在相同点(交叉点)，需要进行相交轨迹分离，可选择一条相交轨迹在 $k-1$ 时刻的最优点用窗口 q_{k-1} 中的次优点来替代，以与另一条目标轨迹分离。

经式(3.27)检测并剔除了相关序列的最优轨迹集合 X_K^* 中的每个轨迹即可作为 DP－TBD 检测获得的目标航迹，予以发布。

3.2.3 DP－TBD 设计实现方法

3.2.3.1 值函数的选取

在 DP－TBD 算法中，值函数的选择会直接影响到算法的性能。在雷达弱小目标检测中，值函数的构造有两种方法：一种是直接将回波幅度值作为阶段指标函数，另一种是选择似然函数作为阶段指标函数；然后构造阶段值函数。

1. 基于回波幅度的 DP－TBD 算法

1996 年，Tnoissen 等人首次提出将目标信号的幅度直接作为阶段指标函数的 DP－TBD 算法。回波幅度值直接体现了 TBD 的基本思想：由于目标运动特性的限制，目标幅度在帧间是相关的，而噪声或干扰信号幅度则不相关。利用该特性，通过 TBD 的帧间幅度等(能量)积累，可以改善信噪比。

基于回波幅度的 DP－TBD 算法用各阶段检测单元的幅度测量值 $z_k(x_k)=A_k\in Z(k)$ 替代式(3.19)和式(3.24)中的指标函数 $w_k(x_k,u_k)$，由 DP 方程式(3.17)和式(3.15)得到如下的递推关系式，即

$$I_1(x_1) = A_1 \quad x_1 \in X(1) \tag{3.30}$$

$$I_k(x_k) = A_k + \underset{\{x_{k-1}\}}{\mathrm{opt}}[I_{k-1}(x_{k-1})] \quad x_k \in X(k), \quad k = 2,3,\cdots,K \tag{3.31}$$

2. 基于似然函数的 DP - TBD 算法

Arnold 提出用似然比作为阶段指标函数[11]，得到目标状态的最大似然估计。之后的许多研究都是基于如何改进似然比阶段指标函数来提升性能，如文献[31]提出用似然差代替 Arnold 方法的似然比，文献[32]用修正的贝塞尔函数构造似然比，避免了递归过程中复杂的转移函数的计算。

基于似然函数的动态规划算法是将似然比作为阶段指标函数来构造值函数 $I_k(x_k)$。对数似然函数定义为

$$\Lambda_k(\boldsymbol{x}_k) = \lg\left(\frac{p(z_k(\boldsymbol{x}_k) \mid H_1)}{p(z_k(\boldsymbol{x}_k) \mid H_0)}\right) \tag{3.32}$$

式中：$p(z_k(\boldsymbol{x}_k)|H_1)$、$p(z_k(\boldsymbol{x}_k)|H_0)$ 分别表示在 k 阶段，目标存在假设 H_1 和无目标假设 H_0 条件下传感器测量信号的概率密度函数。

将式(3.32)作为阶段指标函数 $w_k(\boldsymbol{x}_k, u_k)$，文献[7]推导出 DP - TBD 的递推公式，对于 $x_k \in X(k)$ $(k=1,2,\cdots,K)$，有

$$I_1(x_1) = \Lambda_1(x_1) \tag{3.33}$$

$$I_k(\boldsymbol{x}_k) = \Lambda_k(\boldsymbol{x}_k) + \max_{x_{k-1}}[\lg p(\boldsymbol{x}_k \mid \boldsymbol{x}_{k-1}) + I_{k-1}(\boldsymbol{x}_{k-1})] \quad k = 2,3,\cdots,K \tag{3.34}$$

式中：$\lg p(\boldsymbol{x}_k|\boldsymbol{x}_{k-1})$ 是通过相应状态之间的变化概率设计的一个惩罚项，以增强目标运动的连续性。

3.2.3.2 状态转移窗设计

1. 状态转移窗概述

状态转移在动态规划算法中占有很重要的位置[33]，直接影响 DP - TBD 计算量的大小以及信噪比的改善。所谓状态转移是指目标点经过一定的时间延迟(一般指雷达天线扫描间隔)，在雷达下一帧数据中可能出现的状态变化，如图 3.9 所示。

DP - TBD 中的一步回溯状态转移窗的概念是能转移到第 k 帧某一特定状态的第 $k-1$ 帧中的所有可能状态。若目标在第 $k-1$ 帧中某一特定状态转移到第 k 帧的所有可能的状态数为 $q = \theta_{\text{Lnum}} \times R_{\text{Lnum}}$，如图 3.9(a)所示。在目标运动状态不变情况下，根据目标运动的对称原理，转移到第 k 帧某一特定状态的第$k-1$帧所有可能的状态数也是 $q = \theta_{\text{Lnum}} \times R_{\text{Lnum}}$，如图3.9(b)所示。其中，第$k-1$帧的灰色区域即 DP - TBD 中所谓的状态转移窗。转移窗是以目标当前位置为中心，由目标运动速度等因素影响形成的环形区域。假设目标当前位置为(i,j)，运动速度为 $v \in [v_{\min}, v_{\max}]$，根据目标运动的转移特性(见式(3.11))，在无目标航向知识时，经间隔 Δt，目标状态可能转移到间距为$(r_{\max} - r_{\min})$环形区域中，如图 3.10(a)所示。其中，$r_{\max} = v_{\max}\Delta t$，$r_{\min} = v_{\min}\Delta t$，$\Delta t$ 为相邻两帧时间间隔，即天线扫描周期。

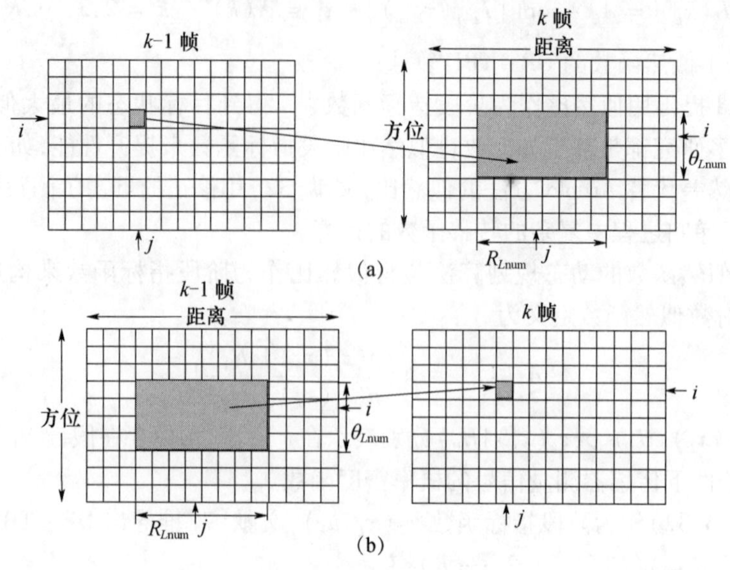

图 3.9　状态转移图

对于警戒雷达来说，所关注的目标为入侵目标，即目标朝向雷达站运动，与雷达站距离逐渐变小。针对这样的目标，雷达探测的上一周期的状态转移窗是以目标本周期的位置为中心，由目标的运动状态影响所形成的面向雷达站的半环形区域，如图 3.10(b)所示，这样搜索区域可减小一半。

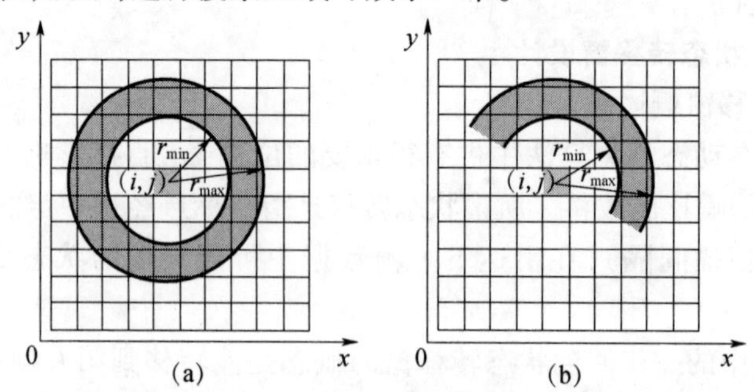

图 3.10　状态转移范围

根据动态规划算法的原理可知，图 3.10 中的转移窗区域越准确、越小，DP - TBD 算法的计算量越小，信噪比得益越高。假设一目标的速度范围和运动方向均未知，帧与帧之间的位移也就未知，则要在一个很大的转移窗内搜索目标，运算量和存储量会呈指数级增长。动态规划算法之优势在于减少运算量与存储量，其关键在于能够缩小状态转移范围。能够发挥 DP - TBD 优势的算法适用条件如下：

(1) 目标运动速度在一定范围内。

(2) 慢速运动目标。

（3）运动状态先验信息较多的目标。

2. 雷达目标检测中的状态转移窗设计案例

雷达天线扫描所接收到的信号是以方位、距离为基本单位存储数据，即在极坐标下存储的数据，因此，状态转移窗的设计不能用图3.10所示 $x-y$ 的平面坐标系下的状态转移窗。

雷达探测目标是在距离、方位角和俯仰角所构成的三维球坐标系中测量散射体的空间分布，若暂时不考虑俯仰角维度，那么雷达存储数据为在距离和方位上独立进行探测采样的两维矩阵数据。$x-y$ 平面内的圆形区域（图3.11(a)）映射到雷达存储的二维极坐标数据区域内不再是圆形区域，而是有如图3.11(b)所示的矩形转移窗。

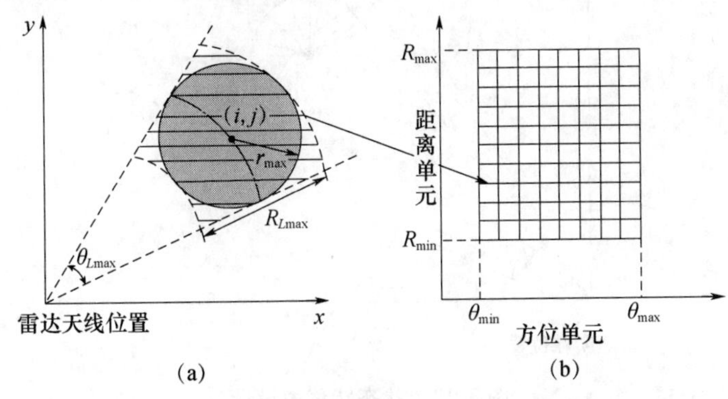

图3.11　雷达存储数据中的状态转移窗
（a）目标状态转移区域；（b）在雷达存储数据中的状态转移窗。

假设目标最大速度为 v_{max}，方向不确定，那么目标状态转移区域为以 $r_{max}=v_{max}T$ 为半径的圆形区域，如图3.11(a)中的灰色区域所示，状态转移窗设计为图3.11(a)中的划线区域，该区域在雷达存储数据中等效为如图3.11(b)中的矩形区域。

当目标速度较小时，如雷达检测海上目标，目标速度可能在十几节左右，此时在雷达天线扫描间隔内目标运动距离大约两三个距离单元，此时状态转移窗可以简单地设计为矩形转移窗，设置 $q=4,9,16,25$。若将DP-TBD算法应用于对空探测雷达，要求在尽可能远的距离处发现敌方入侵目标。由于空中目标具有速度快、距离远、RCS小等特性，给DP-TBD的应用带来新的挑战。针对空中目标状态转移窗的设计如下。

针对入侵目标，假设目标当前所在方位距离单元为(m,n)，速度范围(v_{min},v_{max})，对应的状态转移窗为半环形区域，如图3.12的灰色区域所示。下面建立该区域的精确数学模型，包括方位单元计算和距离单元计算。

从图3.12可以看出，状态转移窗对应的方位角度范围是 θ_{Lmax}，表示目标在一个天线扫描周期内移动的方位角度范围，假设目标当前相对雷达的距离为 R_x，当前目标所在单元(m,n)的状态转移窗的方位单元数为

$$\theta_{\text{xnum}}=\frac{\theta_{L\max}}{\theta_{\text{unit}}}=\frac{2v_{\max}T}{R_x\theta_{\text{unit}}}\tag{3.35}$$

式中：R_x 为当前单元所在的距离；θ_{unit} 为一个方位单元对应的角度；T 为天线扫描周期。

从图 3.12 可以看出，每个方位单元所对应的距离单元数都不一样，如果要准确计算状态转移窗，则需要对每一个方位单元分别计算对应的距离单元数。

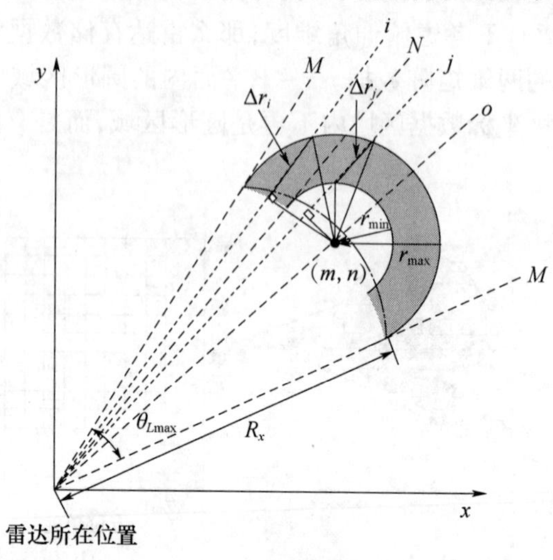

图 3.12 状态转移窗设计

用 $M=\theta_{\text{xnum}}/2$ 表示目标单元(m,n)距离外环边缘的方位单元数，用 $N=M\times r_{\min}/r_{\max}$ 表示目标单元(m,n)距离内环边缘的方位单元数，则状态转移窗的尺寸为：方位尺寸是以目标当前所在位置(m,n)为中心的 $2M+1$ 个方位单元，距离尺寸随方位单元变化的半环形区域，如图 3.12 所示。图中所示第 i（过半环截面），j（不过半环截面）个方位单元对应的距离单元数分别为 Δr_i、Δr_j，即

$$\begin{cases}\Delta r_j=\sqrt{r_{\max}^2-\left(\dfrac{j}{M}r_{\max}\right)^2}-\sqrt{r_{\min}^2-\left(\dfrac{j}{M}r_{\max}\right)^2}\\ \quad=\sqrt{1-\dfrac{j^2}{M^2}}\cdot r_{\max}-\sqrt{\left(\dfrac{r_{\min}}{r_{\max}}\right)-\dfrac{j^2}{M^2}}\cdot r_{\max}\qquad j=0,1,2,\cdots,N\\ r_i=\sqrt{r_{\max}^2-\left(\dfrac{i}{M}r_{\max}\right)^2}=\sqrt{1-\dfrac{i^2}{M^2}}\cdot r_{\max}\qquad i=N+1,N+2,\cdots,M\end{cases}\tag{3.36}$$

式（3.35）和式（3.36）即是所需要的雷达目标检测中的状态转移窗模型。

3. 状态转移窗对 DP－TBD 性能影响仿真案例

这里对同背景中的相同目标分别做不同状态转移窗的 DP－TBD 性能仿真测试，并进行比较。

试验背景为，参数 $\sigma=0.5$ 的瑞利杂波，目标回波为非起伏、幅度服从正态调制信号，DP－TBD处理数据帧数 $F_r=16$，每帧数据包含 $M\times N=700\times300$ 个分辨单元，分辨单元尺寸为60m/距离单元，0.088°/方位单元，目标1速度为25m/s，状态转移窗设置为 $q=9\times11$（距离单元×方位单元）；目标2速度为340m/s，状态转移窗设置为 $q=56\times27$（距离单元×方位单元）。

根据奈曼—皮尔逊判决准则，在给定信噪比的条件下，满足一定虚警概率 P_{fa} 时使发现概率 P_d 最大。因此，可通过比较一定虚警概率 P_{fa} 和一定发现概率 P_d 时的最小可检测信噪比来分析检测性能。这里采用蒙特卡罗方法分别仿真两目标的虚警概率曲线和检测概率曲线，结果如图3.13所示。

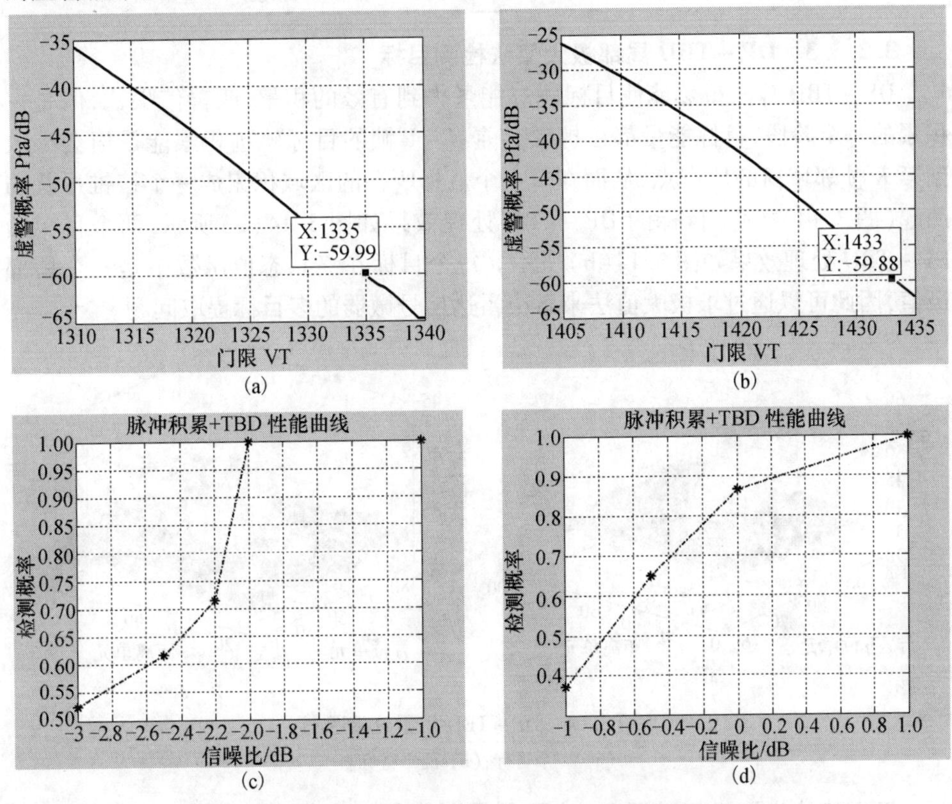

图3.13　不同状态转移窗口的DP－TBD性能比较

(a) 目标1窗为11×9的 (P_{fa},V_T) 曲线；(b) 目标2窗为56×27的 (P_{fa},V_T) 曲线；(c) 目标1的 (P_d,SNR) 关系；(d) 目标2的 (P_d,SNR) 关系。

图3.13展示了不同尺寸的状态转移窗对检测性能的影响，由图3.13(a)可见目标1在虚警概率为 10^{-6}（即－60dB）时，检测门限为 $V_T=1335$，图3.13(c)为目标1在该检测门限下的检测概率曲线，可见目标1达到检测概率0.9所需最小可检测信噪比在－2.1dB左右。由图3.13(b)可见目标2在虚警概率为 10^{-6}（即－60dB）时，检测门限为 $V_T=1433$，图3.13(d)为目标2在该检测门限下的检

测概率曲线,可见目标2达到检测概率0.9所需最小可检测信噪比在0.2dB左右。因此,状态转移窗的增大会使DP-TBD检测性能的降低(可检测信噪比增大)。其次状态转移窗还影响算法的复杂度和时间耗费,分析结果见表3.2。

表3.2 状态转移窗对检测性能的影响

状态转移窗大小	($P_{fa}=10^{-6}$, $P_d=0.9$)的最小可检测信噪比	计算复杂度	1次DP-TBD运算Matlab约耗时/s
目标1:9×11	-2.1dB	$O(M\times N, 9\times 11$, 帧数)	60
目标2:56×27	0.2dB	$O(M\times N, 56\times 27$, 帧数)	720

3.2.3.3 DP-TBD局部极大值法检测目标

DP-TBD算法虽然能使目标轨迹能量得到有效的积累,改善信噪比,但是在积累的每个阶段,目标能量都在扩散。前$K-1$帧的目标轨迹积累能量值会扩散到第K帧邻域窗的所有点,从而在每一个目标所在的区域积累成一个棱锥形状的凸起(图3.14),一个目标的DP-TBD处理效果如图3.14(a)所示,两个目标的DP-TBD处理效果如图3.14(b)所示。每个目标在终状态值函数中是一个局部极值,因此可以通过求极大值法来解决雷达信号微弱的多目标提取问题。

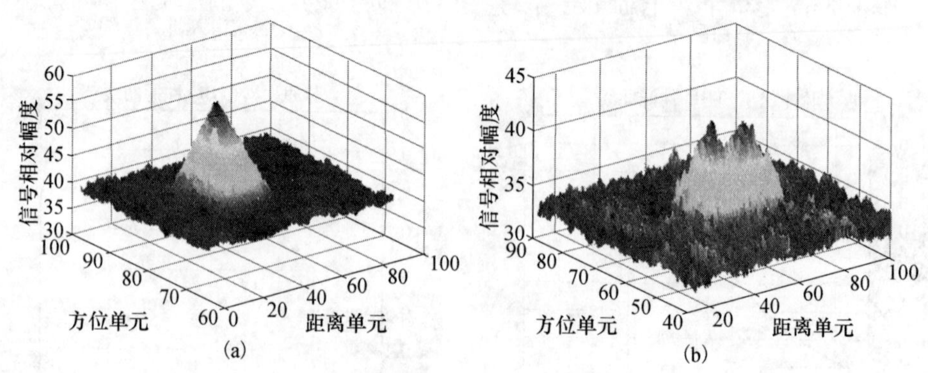

图3.14 DP-TBD积累效果图

(a) 一个目标;(b) 两个目标。

极大值法提取目标的原理:选取积累图像数据中的任意元素值$x_K(l,m)$作为索引元素值,如果该元素所在分辨单元(l,m)的值函数$I_K(l,m)$比它周围一定范围内的值函数都大,则把该元素作为一个极值点即目标点的位置,存入目标集合中$Y=\{y_1,y_2,\cdots,y_n\}$,其中n是提取到的极值点的个数,也就是目标的个数。

从图3.14可以看出,在信噪比较低时,DP-TBD积累后的图像中的棱锥表面变得不光滑,杂波区域的积累也会产生很多小凸起。这些凸起很容易错误地当作极值点而提取出来,从而产生虚警,增加了虚警概率。观察发现,这类噪声通常只会在较小的范围内产生影响,通过扩大极值法的比较范围,能够有效地消除噪声的影响。但在比较范围扩大的同时，算法对多目标的分辨力必然会受到影响。图 3.15描述了 9 区域和 25 区域求局部极值的分辨力。

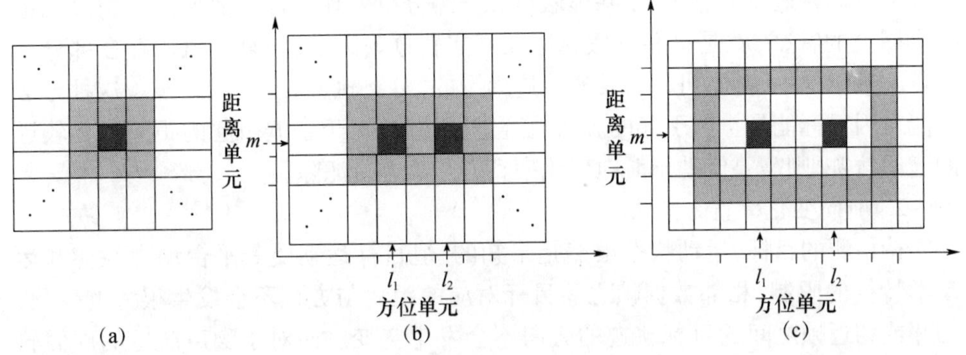

图 3.15　极值法判决目标

(a) 9 区域单目标求极值；(b) 9 区域两目标求极值的分辨力；(c) 25 区域两目标求极值的分辨力。

9 区域求极值：从终状态集合 $X(K)$ 中选取元素 x_i 作为索引元素，其在图像中的位置 (l,m) 的值函数为 $I_K(l,m)$，与其周围的 8 个区域的值函数进行比较，如图 3.15(a)、(b)所示。如果 $I_K(l,m)$ 最大，则认为索引元素 x_i 为一个极值点，将其存入目标集合 Y 中，否则认为该元素不是极值点，继续选择集合 $X(K)$ 中的另一个元素进行同样的判断，直到遍历 $X(K)$ 中的所有元素为止。

25 区域求极值，为了消减噪声的影响，增加极值法比较区域的元素个数到 24 个，如图 3.15(c)所示。取元素 x_i 的值函数 $I_K(l,m)$ 与周围 24 个区域进行比较，如果是最大值，则认为是一个极值点，存入目标集合 Y 中；如果不是最大值，则判决下一个元素，直至遍历所有元素。

比较图 3.15(b)、(c)可以看出，求极值区域的增大，会造成分辨力的降低。图 3.15(b)中两目标间隔最少一个分辨单元，图 3.15(c)中两目标间隔最少两个分辨单元。

3.2.3.4　虚假轨迹剔除方法

在检测领域，无论是门限判决法还是局部极大值法判决目标，无疑都会出现大量的虚警，尤其是在 DP－TBD 的应用中，噪声与目标扩散都可能引起虚警。为降低虚警，需要采取剔除虚假目标的措施。同时，在信号处理前端进行预处理，对减少虚警也非常必要。图 3.16 给出了雷达接收数据进行 DP－TBD 处理之后，对目标进行真假识别的两种方法。

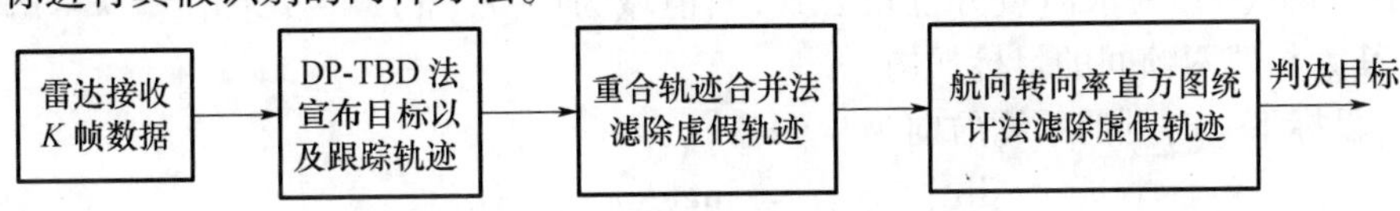

图 3.16　DP－TBD 目标真假识别方法

1. 重合轨迹合并法

由于 DP - TBD 在目标检测判决时,同时宣布目标位置以及它们的轨迹,因此可以从目标轨迹特征着手,剔除虚假目标。经分析发现目标扩散导致的虚假轨迹有个明显的特征,就是这些虚假轨迹在真实轨迹附近,并与真实轨迹存在部分重合点。基于这一特征,可以将真实轨迹周围的“分叉轨迹”合并成一条。这种方法只能对因目标能量扩散引起的虚假轨迹进行滤除,对于杂波引起的距离目标较远的虚假轨迹,则需要借助于航向变化率直方图法进行滤除。

2. 航向变化率直方图法

待检测的目标,运动状态虽然是未知的,但目标运动受其平台动力性能和运动学特征的限制,相邻数据帧之间目标对应的距离与方位不会发生很大的变化,相邻或相近帧之间的目标轨迹的方向不会发生突变。而对于噪声产生的虚假轨迹来说,其所含的每一点迹都是随机的,表现在运动方向上,相邻帧或相近帧之间的运动方向趋向于 $-\pi \sim \pi$ 之间的均匀分布,即可能出现运动方向的较大变化。基于虚假轨迹与真实轨迹之间的这个区别,可以通过航向变化率直方图统计法剔除噪声引起的虚警。

图 3.17 是基于 DP - TBD 结果回溯的检测航迹图,若目标在第 i 帧图像中的位置为 (θ_i, r_i),该位置复数向量表示为

$$v_i = r_i e^{j\theta_i} \tag{3.37}$$

式中:r_i 与 θ_i 分别为第 i 时刻目标在雷达坐标系中距离与方位角的离散值,定义从 i 到 k 时间段内目标的平均航向为

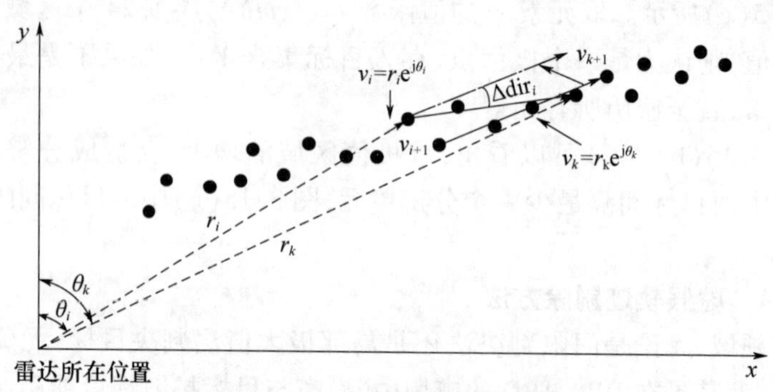

图 3.17 检测航迹图

$$\mathrm{dir}_{ik} = \mathrm{angle}(v_k - v_i) \tag{3.38}$$

式中:angle(·)为求向量方位角公式,其值域为 $(-\pi, \pi)$,$k - i > 0$。当 $k - i = 1$ 时,其为相邻两帧间的目标航向。

目标下一时刻的平均航向为

$$\mathrm{dir}_{(i+1)(k+1)} = \mathrm{angle}(v_{k+1} - v_{i+1}) \tag{3.39}$$

则目标在两帧间的航向偏角为

$$\Delta \text{dir}_i = \text{dir}_{(i+1)(k+1)} - \text{dir}_{ik} \quad i = 1,2,\cdots,F_r - d \tag{3.40}$$

式中:$d = k - i$,称为方向阶数,常取 $d = 2,3$ 或 4;F_r 为 DP－TBD 宣布的航迹中点迹的个数,即 DP－TBD 处理的数据帧的数量。

由于虚假目标的航迹是随机的,其航向偏角服从散布在较大范围[$-\pi,\pi$]中的均匀分布。而目标通常朝特定方向航行,其航向偏角不会发生突变,都集中于0°附近。因此,可以对航向偏角 Δdir_i($i = 1,2,\cdots,F_r - d$)统计处于零度附近的个数,当数量超过设定门限时则认为是真目标,否则为假目标。

由于离散状态、检测误差、杂波干扰等影响,基于相邻两帧目标点迹确定的航向,即使是目标航迹也可能会发生突变,因此在进行方向直方图统计时,可以限定方向阶数,一般都大于 2 阶,即让 $d \geqslant 2$。

综上所述,基于航向变化率直方图统计的目标真假识别步骤如下。

(1) 通过式(3.37)把点迹转换成复数表示,令 $k - i = d$,用式(3.38)计算相近帧之间目标航向序列。

(2) 通过式(3.40)计算目标航向偏角序列。

(3) 对得到的目标航向偏角序列进行直方统计。

(4) 通过统计偏角处于0°附近的数量 Num,制作直方图,通过门限 N_T 判决是否为真目标:

$$\begin{cases} \text{Num} \geqslant N_T & \text{真目标} \\ \text{Num} < N_T & \text{虚警} \end{cases} \tag{3.41}$$

3. 仿真案例

试验目的:测试剔除虚假轨迹方法的有效性。

试验条件:瑞利杂波背景,信噪比 6dB,匀速直线运动目标,采集 16 帧数据,每一帧包含 200 × 300 个分辨单元(方位单元 × 距离单元),动态规划的状态转移窗为 $q = 5 \times 5$,24 区域求局部极大值提取目标。

(1) 平滑效果的仿真。图 3.18 是对 DP－TBD 处理之后的终状态值函数进行平滑处理前后的效果图。从图 3.18(a)可以看出,由于噪声的干扰,无论噪声区还是目标区信号幅度都强烈波动。在三维图中看到,其表面不平滑,有很多“毛刺”,如果采用局部极大值法提取目标,无疑会产生很多虚假极大值。经平滑处理后图 3.18(b)的信号幅度波动较缓,从三维图中看到,其表面已变得光滑,更有利于极大值的提取。

(2) 重合轨迹合并法剔除虚假轨迹。在原始数据中截取 100 × 100(方位单元 × 距离单元)的数据进行剔除轨迹方法的仿真验证。对数据进行 DP－TBD 处理之后的值函数通过局部极大值法提取目标,并回溯轨迹,仿真结果如图 3.19(a)所示,方框内有一条真实的轨迹,周边存在很多“分叉”的虚假轨迹。图 3.19(b)是经过重合轨迹合并法剔除分叉虚假轨迹之后的效果图,可以看出虚假的轨迹分支得到了有效剔除。

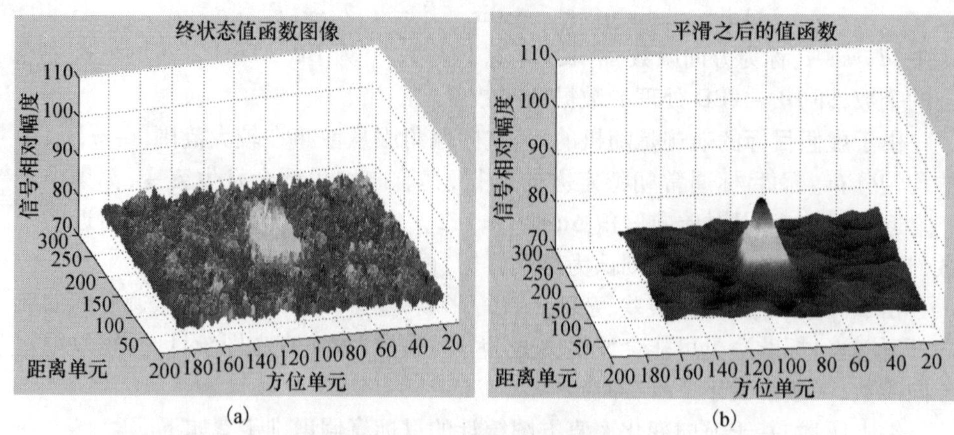

(a) (b)

图 3.18 平滑前后效果图

(a) DP-TBD 处理后的终状态值函数图;(b) 对终状态值函数平滑效果图。

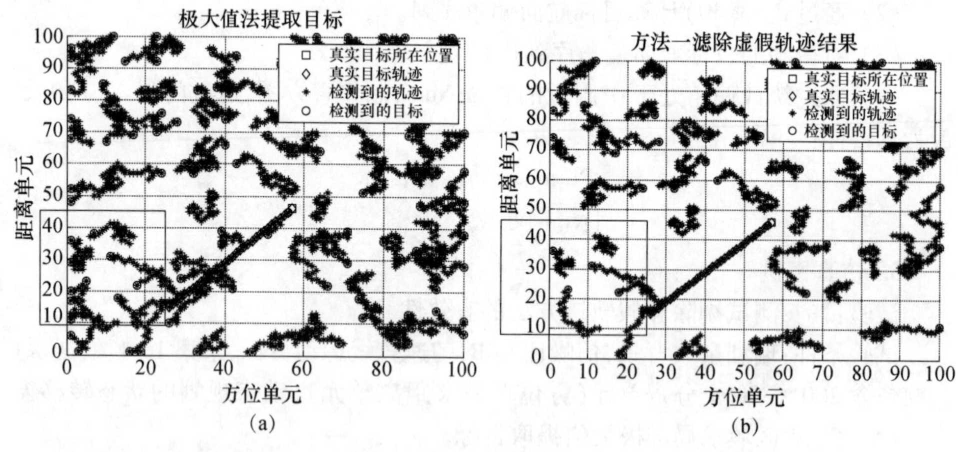

(a) (b)

图 3.19 重合轨迹合并法剔除虚假轨迹效果图

(a) 局部极大值法提取的目标轨迹;(b) 重合轨迹合并后的目标轨迹。

(3) 航向变化率直方图法剔除虚假轨迹。图 3.19(b)中虽然目标区虚假轨迹得到剔除,但噪声区依然存在一些虚假轨迹,通过航向变化率直方图法剔除虚假轨迹,仿真结果如图 3.20 所示。图 3.20(a)为其中两个虚假轨迹的航向变化率直方图统计结果,可以看出其航向变化序列基本符合均匀分布。图 3.20(c)为真实轨迹的航向变化率直方图,大都集中在 0°附近。图 3.20(d)是经此方法剔除虚假轨迹之后的效果图,可以看出只剩下了 2 条轨迹,大量的虚警都得到了有效剔除。

表 3.3 可以看出这两种剔除虚假轨迹方法的有效性。需指出的是,由于这 3 种方法机理不同,各自能够针对不同因素产生的虚假轨迹进行有效剔除,因此可以不分先后地串行应用这些方法。

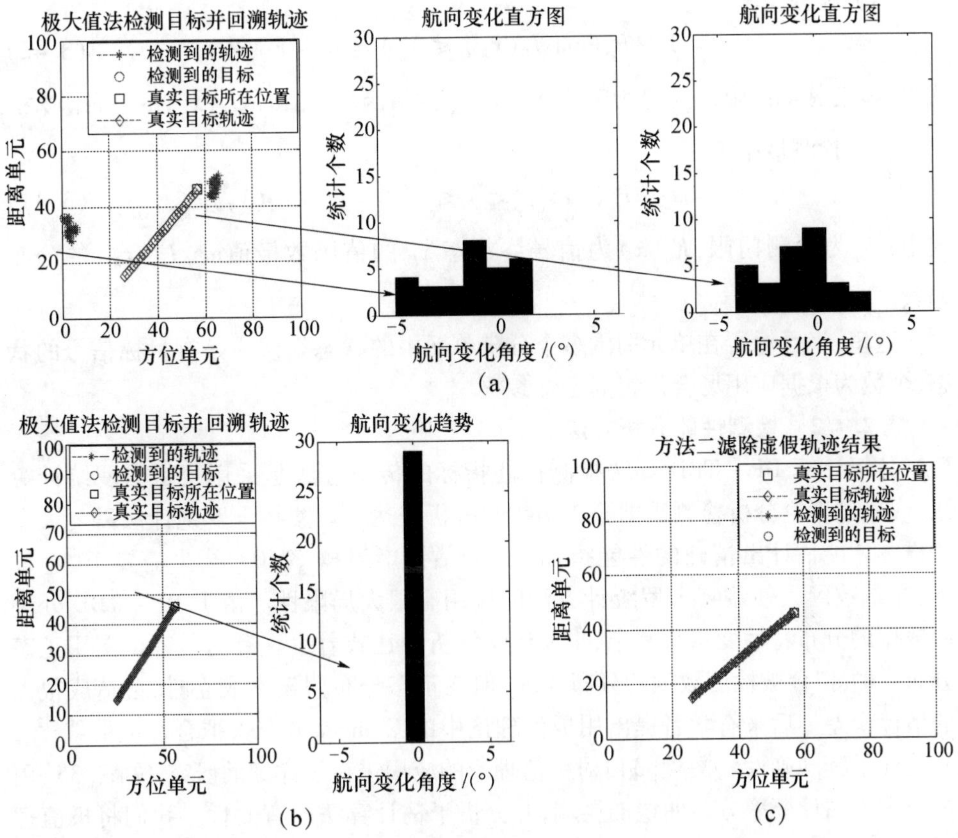

图3.20　航向变化率直方图统计法剔除虚假轨迹与目标
(a) 两虚假轨迹的直方图统计；(b) 真实轨迹的直方图统计；(c) 剔除虚假轨迹效果图。

表3.3　剔除虚假轨迹效果

方法	极大值法提取目标数	重合轨迹合并法剔除之后的目标数	航向变化率直方图法剔除之后的目标数
目标数或轨迹条数	139	55	1

3.2.4　DP-TBD 检测性能分析

DP-TBD 检测性能分析包括虚警概率和检测概率分析，以及(P_{fa},P_d,SNR)间相互关系分析。

3.2.4.1　检测性能评价指标

根据以前给出的 DP-TBD 技术性能评价指标的定义，这里给出在 DP-TBD 算法中虚警概率与检测概率的另一种表达式。

（1）虚警概率 P_{fa}：

$$P_{fa} = 1 - P_n(\max_{\{x_K\}} I_K(\boldsymbol{x}_K) \leqslant V_T) = 1 - F_n(V_T) \tag{3.42}$$

式中：V_T 为检测门限；$F_n(x)$ 为杂波终状态 x_K 的值函数极值 $\max_{\{x_K\}} I_K(\boldsymbol{x}_K)$ 的分布函数。

（2）检测概率 P_d：

$$P_d = 1 - P_s(\max_{\{x_K\}} I_K(\boldsymbol{x}_K) \leqslant V_T) = 1 - F_s(V_T) \tag{3.43}$$

式中：V_T 为检测门限；$F_s(x)$ 为信号终状态 x_K 的值函数极值 $\max_{\{x_K\}} I_K(\boldsymbol{x}_K)$ 的分布函数。

这里，将目标所在单元周围多个分辨单元中的状态都认为是有目标信号的状态，个数为根据应用场合设置的容忍参数。

3.2.4.2 检测性能分析方法

分析计算 DP－TBD 算法检测性能指标的传统方法是采用蒙特卡罗统计算法，或通过理论分析检测数据分布函数的解析表达式。蒙特卡罗统计法需要大量的样本才能估计出精确的性能指标[34]，如估计虚警概率 10^{-6} 至少需要 10^8 个样本，样本数巨大使蒙特卡罗统计方法的应用有很大局限性。由于 DP－TBD 处理后数据的分布特性变得很复杂，也无法从解析表达式着手。有的学者试图用正态分布[10]去拟合被检测数据的分布曲线，但在正态分布假设不成立时，会造成很大的估计误差。后来有学者提出用极值理论中的 Gumbel 分布去拟合性能曲线[12]，并验证了其准确性。文献[34]对极值理论的应用进行了详细的研究，文献[35]用极值理论估计概率分布曲线的尾端，并分析了估计算法的有效性。我们将极值理论应用在 DP－TBD 中，并选择最优的估计方法进行 DP－TBD 检测性能分析。

这里简要介绍一下极值理论的原理以及在 DP－TBD 检测性能分析中的应用流程。极值理论是次序统计学的一个分支，1943 年 Gnedenko 提出了极值理论的基本思想[32]，其认为随机变量的极值分布与自身的分布是独立的。Gumbel 于 1958 年对这一学科的研究做了系统的总结，从而形成了极值理论[35]。该理论主要应用于严重背离分布均值的统计数据分析中，通常被用来预测海啸、地震等极端事件的发生。极值理论的数学模型如下：

设序列 $\{x_1, x_2, \cdots, x_n\}$ 是来自同分布 $F(x)$ 且相互独立的一个随机样本集合，对其按升序排列，结果表示为 $\tilde{x}_1 \leqslant \tilde{x}_2 \leqslant \cdots \leqslant \tilde{x}_n$，则序列 $\{\tilde{x}_1, \tilde{x}_2, \cdots, \tilde{x}_n\}$ 称为该样本的升序集合。其中，$\tilde{x}_1$ 为极小次序统计量，$\tilde{x}_n$ 为极大次序统计量，它们统称为极值统计量。研究表明，极值统计量构成的样本数据具有独立同分布（IID）的性质，其分布函数可以由来自同一分布的总体分布表示。用 M_n 表示序列的极值（极大值或极小值）统计量，则其分布函数为

$$G(x) = [F(x)]^n \triangleq F_n(x) \quad x \in R \tag{3.44}$$

式中：$F_n(x)$ 为极值统计量的分布函数。

Fisher、Tippet(1928)和 Gnedenko(1943)[31]等人研究得出极值统计变量的分布函数。其中,Gumbel 分布的有以下两种形式:

$$F_n(x) = \exp\left\{-\exp\left(-\frac{x-a_n}{b_n}\right)\right\} \tag{3.45}$$

$$F_n(x) = \exp\left\{-\exp\left(-\frac{x^\nu-a_n^\nu}{b_n}\right)\right\} \tag{3.46}$$

式中:a_n、b_n、ν 是与均值、方差和阶数有关的分布参数。

式(3.45)称为极值理论(Extreme Value Theory,EVT),式(3.46)称为广义极值理论(General Extreme Value Theory,GEVT),EVT 是 GEVT 的特例($\nu=1$)。

对极值参数的估计方法有最小二乘(LS)与最大似然(ML)两种估计方法,文献[28]证明了在极值理论参数估计中,LS 比 ML 具有更好的估计性能。

采用极值理论分析 DP-TBD 算法检测性能的步骤如下:

(1) 取得样本序列 $Y=(y_1,y_2,\cdots,y_{\text{num}})$,num 为样本数量;

(2) 样本序列符合分布式(3.45)或式(3.46),采用 LS 估计法或其他估计方法估计参数 $\hat{a}_n$、$\hat{b}_n$、$\hat{\nu}$,用来拟合式(3.42)所示的虚警概率曲线(P_{fa}, V_T)与式(3.43)所示的检测概率曲线(P_d,SNR)。

从虚警概率 P_{fa} 和检测概率 P_d 的定义式(3.42)和式(3.43),以及 DP-TBD 的递推优化过程式(3.15),不难看出极值理论很适宜于评估 DP-TBD 检测性能,采用极值理论对 DP-TBD 的检测性能分析流程如图 3.21 所示。

图 3.21(a)、(b)上面的方框是通过多次试验产生 DP-TBD 终状态值函数的最大值序列,作为极值理论所需要的样本序列,最下面方框是采用 LS 法估计基于极值理论的分布参数,并用来拟合 DP-TBD 的目标检测性能(P_{fa}, V_T)曲线和(P_d,SNR)曲线。

以上流程的分析的目的是通过仿真得出(P_{fa},P_d,SNR)之间的关系曲线,以评估 DP-TBD 算法的性能。

3.2.5 DP-TBD 检测性能和效果仿真

3.2.5.1 DP-TBD 虚警概率和检测概率仿真方法与分析

采用极值理论和蒙特卡罗统计方法,按图 3.21 所示流程分析 DP-TBD 技术的检测性能。

1. DP-TBD 检测方法的检测概率仿真

DP-TBD 算法性能分析试验条件:杂波为参数 $\sigma=0.5$ 的瑞利分布,信号幅度为恒定值 A。DP-TBD 处理数据帧数为 16,每帧数据包含 $L^2=32^2$ 个分辨单元,状态转移窗 $q=9$,分别采用蒙特卡罗统计法(蒙特卡罗统计次数 $N=1000$)、基于 LS 估计的极值理论和广义极值理论三种方法估计信噪比为 SNR=7,9 时的检测概率曲线,如图 3.22 所示。

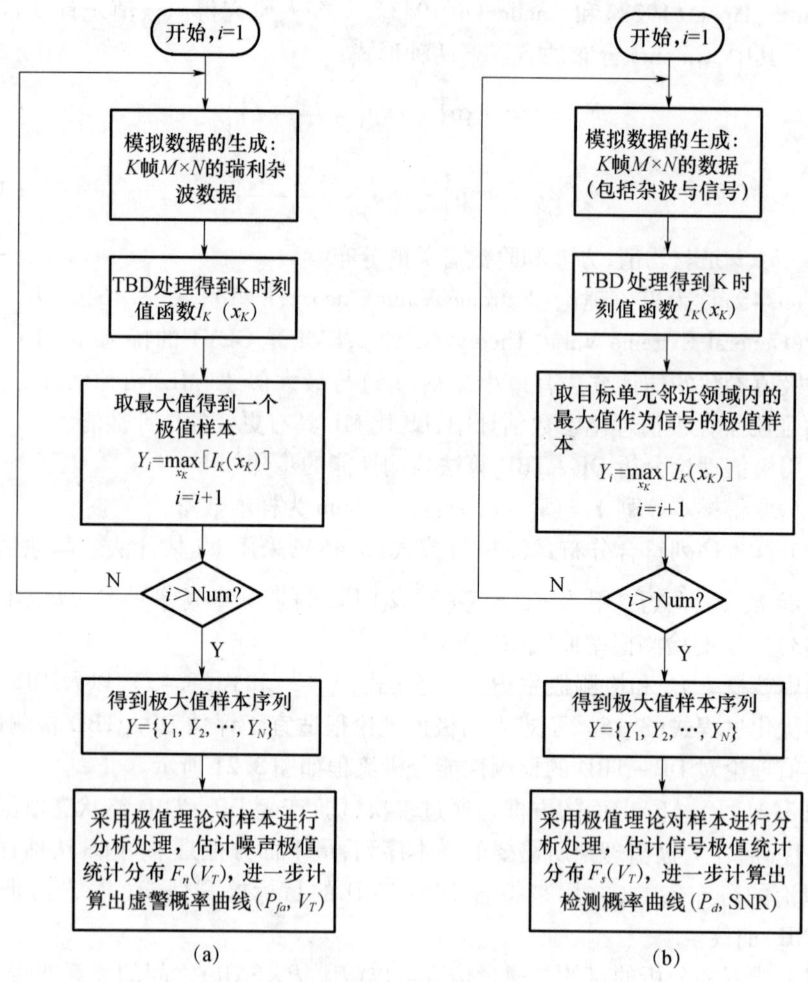

图 3.21　检测性能分析流程图

（a）虚警概率性能分析流程图；（b）检测概率性能分析流程图。

根据统计试验法的原理，可知采用 1000 个样本估计大于 0.1 的检测概率值，能保证足够的准确度。从图 3.22(a)、(b)可以看出，极值理论也能比较准确地估计出检测概率值，但检测概率较大时，如 0.95，其误差要大于蒙特卡罗法。从极值理论的计算公式可知，其运算量也远大于蒙特卡罗法。因此，分析数值较大的检测概率，通常采用蒙特卡罗方法已足够准确。

2. DP－TBD 检测方法的虚警概率仿真

DP－TBD 算法性能分析的试验条件：杂波是参数为 0.5 的瑞利分布，数据的帧数为 16，每一帧包含 $L^2=32^2$ 个分辨单元，信号幅度为 0，即只有噪声，转移窗 $q=9$时。分别用蒙特卡罗统计法、EVT、GEVT 仿真虚警概率，蒙特卡罗次数为 N，仿真结果如图 3.23 所示。

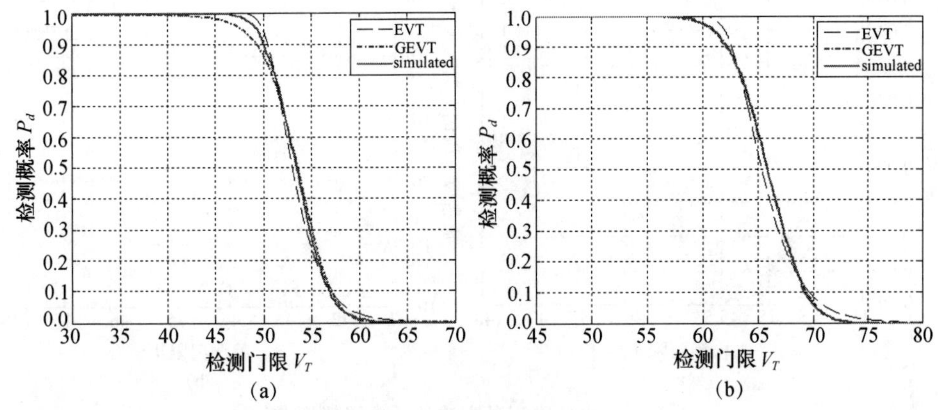

图 3.22　三种方法估计检测概率曲线

(a) SNR = 7；(b) SNR = 9。

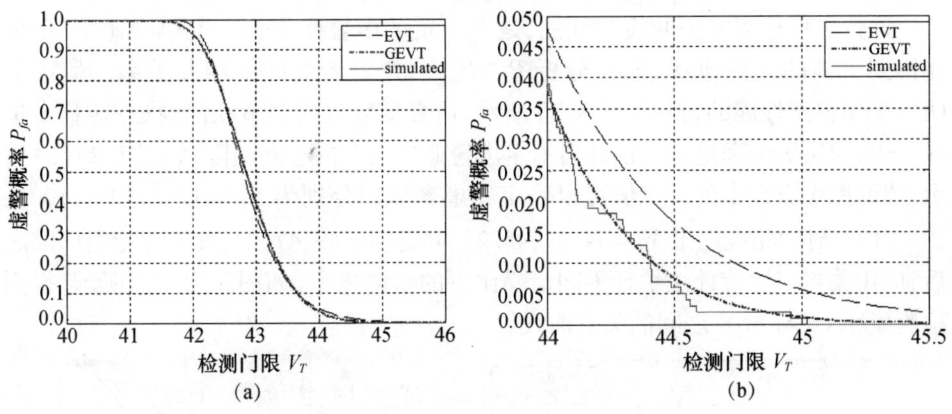

图 3.23　中等样本三种方法估计虚警概率曲线

(a) $q = 9, N = 1000$；(b) $q = 9, N = 1000$。

从图 3.23(b)虚警概率曲线可以看出 GEVT 估计的虚警概率比 EVT 法更吻合于统计法估计的值。图 3.23(b)是对图 3.23(a)中曲线尾部的放大显示，从中进一步表明 GEVT 估计的曲线与蒙特卡罗法估计的曲线之间的吻合关系，而 EVT 估计曲线已完全脱离“真实曲线”。由于样本数的限制，虚警概率非常小时，蒙特卡罗曲线波动较大，准确度降低。将样本数改为 $N = 10000$，进行同样的试验，结果如图 3.24 所示。

从图 3.24(b)虚警概率的对数曲线可知，当 P_{fa} 值减小到 10^{-4} 时，基于最小方差估计的 GEVT 方法与蒙特卡罗法估计曲线依然吻合，说明极值法估计极小值具备较高的精度。因此，分析数值极小的虚警概率，可以选择采用基于 LS 估计的极值理论方法。

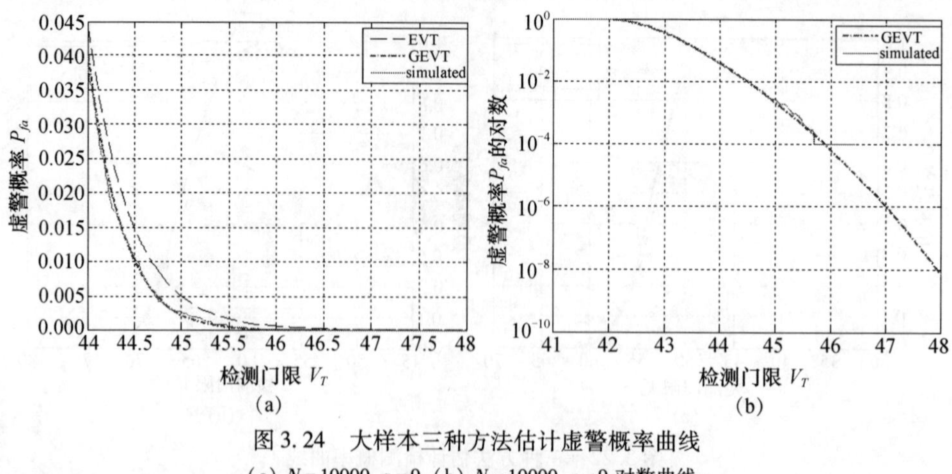

图 3.24　大样本三种方法估计虚警概率曲线

(a) $N=10000, q=9$;(b) $N=10000, q=9$ 对数曲线。

3.2.5.2　DP－TBD 与传统 TAD 检测性能比较

评价一种检测方法的检测性能，是在一定的虚警概率和一定信噪比下，尽可能得到更高的检测概率，即要分析 P_{fa}，P_d，SNR 三者之间的相互关系。恒虚警 DP－TBD检测性能的仿真如图 3.25 所示，仿真参数与前两节相同，状态转移窗选择$q=9$，应用极值理论可以估计出一定虚警概率之下的检测门限，如图 3.25(a)所示，读取图中方框中的 x，y 值可以确定在虚警概率分别为 $P_{fa}=10^{-2}, 10^{-3}, 10^{-4}, 10^{-5}, 10^{-6}$时的相应门限 $V_T=44.51, 45.25, 45.9, 46.49, 47.02$，确定好检测门限之后，应用蒙特卡罗统计法估计不同信噪比下的检测概率，如图 3.25(b)所示，得到检测概率 P_d 与 SNR 之间的关系曲线。

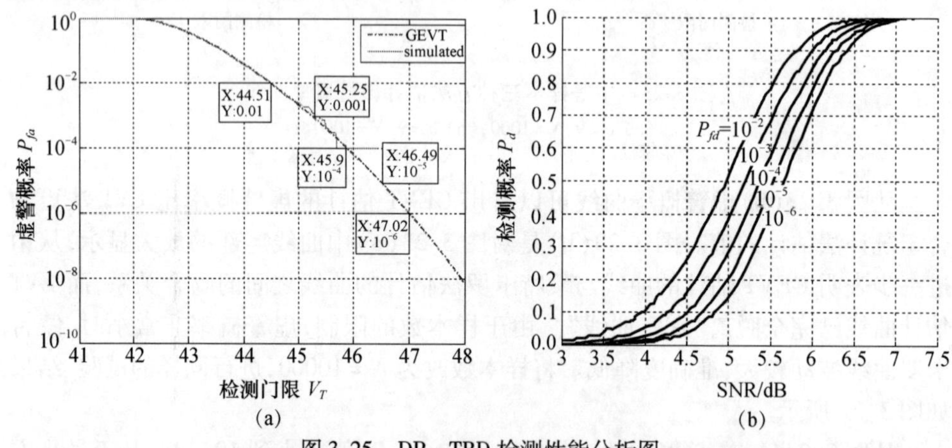

图 3.25　DP－TBD 检测性能分析图

(a) 虚警概曲线的估计;(b) P_{f_a}, P_d, SNR 三者之间关系曲线。

从图 3.25 即可分析出 DP－TBD 的检测性能：虚警概率为 $P_{fa}=10^{-6}$时，要达到检测概率 $P_d=0.9$ 所需要的信噪比为 6.3dB。传统检测性能曲线如图 3.26 所示，可见达到相同指标所需要的最小可检测信噪比为 13.2dB，比较可知 DP – TBD 算法改善了信噪比，可用来检测弱小目标。

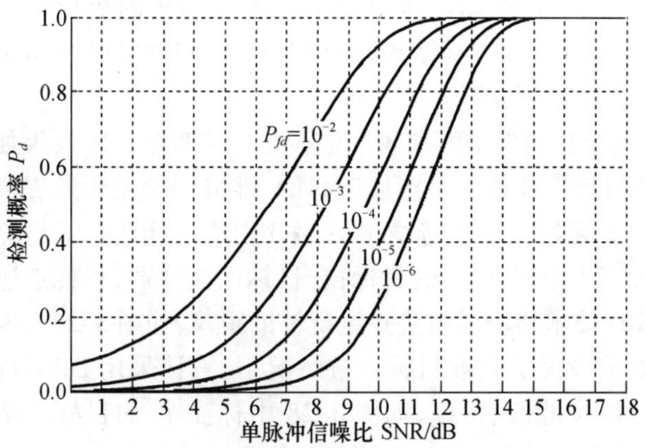

图 3.26　传统检测 P_{fa}、P_d、SNR 三者关系曲线

3.2.5.3　DP – TBD 应用效果仿真

这里给出两个 DP – TBD 检测弱小目标的案例

案例 3.1　原型仿真案例。仿真平台：在原型演示系统中仿真 DP – TBD 检测弱小目标。该系统由雷达模拟信号生成台、DP – TBD 目标检测台和实验效果图形显示台组成。

仿真场景：天线扫描周期为 10s，辨识单元数为 $N = 1425 \times 2000$，杂波为瑞利分布，目标为恒幅正态波束调制信号，目标尺寸为 56×6（方位单元 × 距离单元），目标速度为小于 20m/s 的慢速目标，运动轨迹设计如图 3.27(a)所示，通过改变信噪比进行仿真观察 DP – TBD 的检测结果。

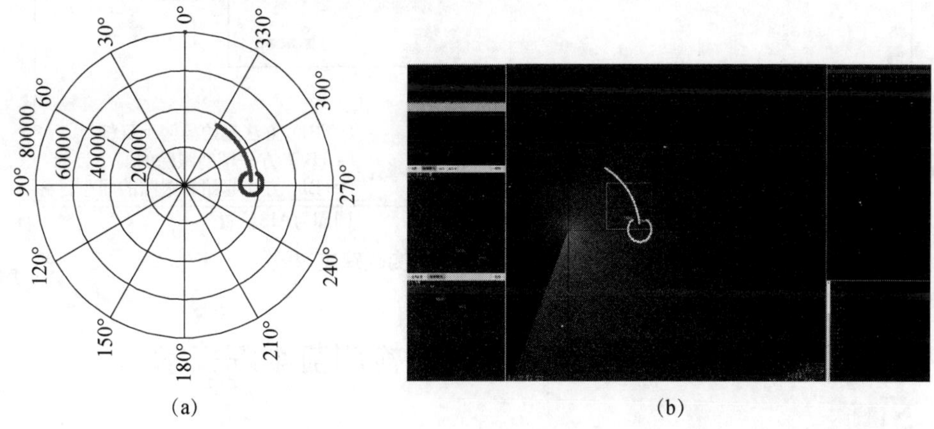

图 3.27　演示系统仿真结果图

(a) 两目标轨迹设计；(b) –3dB DP – TBD 仿真结果。

试验方法:DP - TBD 演示系统中的检测软件采用多脉冲非相干积累与 DP - TBD 的综合检测方法,对弱小目标进行检测。试验中,多脉冲非相干积累的脉冲数是 16,DP - TBD 帧数为 16 帧。搜索窗设计为 11 ×9 的矩形窗。图 3.27(b)是对 -3dB目标的 DP - TBD 仿真结果,图中为连续 24 次 DP - TBD 宣布的检测结果,未丢失目标,也未出现虚警。

案例 3.2 基于幅值的 DP - TBD 关键技术的工程应用效果如图 3.28 所示。弱小目标检测的轨迹点能够为目标航迹起始、维持和稳定跟踪提供支撑。在常规点迹判决逻辑无法起始目标航迹情况下,采用 DP - TBD 技术检测的轨迹点进行航迹起始,如图 3.28 中标注 T_i 的目标;在目标回波变弱,目标点迹丢失严重情况下,利用 DP - TBD 技术检测的轨迹点进行辅助跟踪,如图 3.28 中标注 T_a 的目标;在常规信号检测手段无法获取目标点迹情况下,直接采用 DP - TBD 技术检测的轨迹点进行目标航迹滤波、跟踪,如图 3.28 中标注 T_t 的目标。从实际应用效果看,能明显提升雷达对弱小目标的检测跟踪能力。

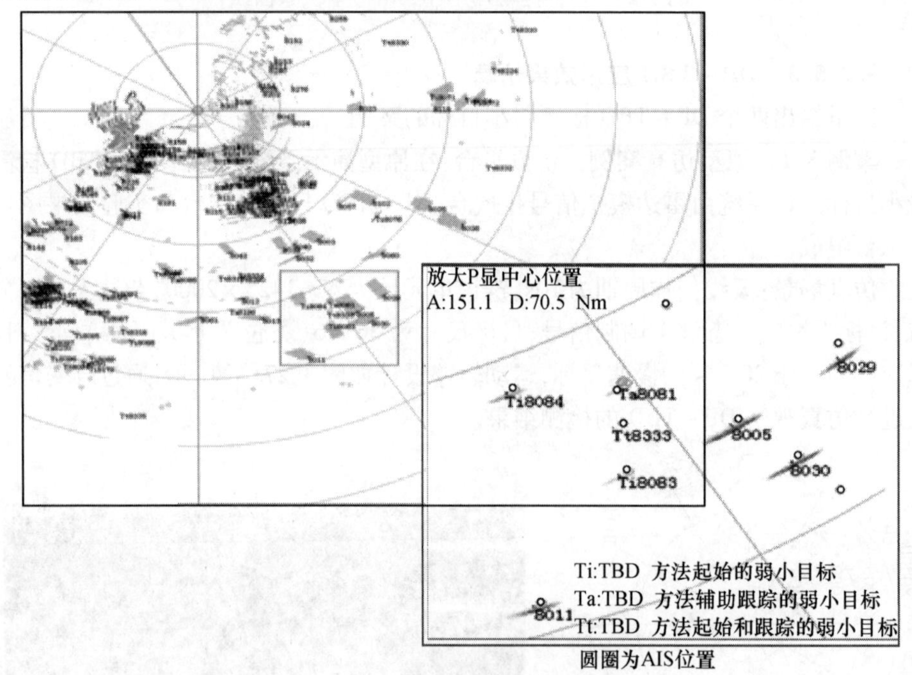

图 3.28 DP - TBD 技术的检测跟踪应用效果

3.3 基于 Hough 变换的检测前跟踪技术

3.3.1 Hough 变换概念及其在信号检测中的作用

Hough 变换(Hough Transformation,HT)是 Paul Hough 于 1962 年提出的同时

实现图像目标检测与跟踪的一种方法[36]，它将多帧搜索扫描、多波束和多普勒单元数据合并为一张二维数据图像，其中所含目标轨迹表现为曲线、直线或“特征图”(如椭圆或圆)，然后作为一种特征检测器[37,38]，从图像中提取目标轨迹。基于 Hough 变换的检测方法能利用之前多帧扫描和多波束数据的积累结果，检测目标并基于检测的特征图形确定目标轨迹。这既消除了传统逐帧判决由于不考虑帧间关联和丢弃低于门限数据而无法检测到弱小信号目标，又避免了传统检测后重新积累数据进行航迹起始所产生的时间延误。众多文献描述了 Hough 变换检测的这一优势[39]。

基于 Hough 变换的目标检测的基本原理：一是将多帧数据图像变换到参数空间，使图像空间(又称数据空间)中的点与参数空间中的曲线一一对应；二是在参数空间中进行多帧信号积累，并基于虚警概率进行目标检测，然后经逆变换生成目标航迹，这使得基于 Hough 变换的目标检测方法成为 TBD 技术的一个重要分支。基于 Hough 变换的信号检测方法的计算量与回波数成线性关系，这就避免了逐帧检测方法中计算量随回波数呈指数增长所带来的组合爆炸问题[40]，可应用于密集杂波环境下的多目标检测与跟踪[41,42]。基于 Hough 变换的目标信号检测能够避免小目标被大目标掩蔽，在参数空间中的二元信号积累过程中，通过对得到的每一参数曲线设置单位权重(参数曲线经历的单元赋予权重 1)，即视小目标与大目标在参数空间中具有相同尺寸，从而使小目标的积累与大目标积累处于同一度量标准之下，这就避免了单一自适应门限只能适应大目标检测所产生的小目标掩蔽问题，或设置不同的参数空间同时检测大小目标所引起的大计算负荷问题。

如前所述，Hough 变换产生于图像处理应用，是检测图像特征，特别是检测沿直线运动目标的一种有效方法。1994 年，B. D. Carlson 等人[43,44]首先将 Hough 变换用于搜索雷达目标检测中，并给出了虚警概率和检测概率的计算公式，证明了瑞利杂波环境中存在使 SNR 达到最小的最优检测，奠定了 Hough 变换用于目标检测的理论基础。之后，M. Elazar[45]研究了瑞利分布和 K 分布杂波背景下的 Hough 检测器的应用，分析了其在瑞利杂波背景下对非起伏目标的检测性能，并采用蒙特卡罗仿真论证了最优检测的存在性。

3.3.2　基于 Hough 变换的检测前跟踪方法

我们以搜索雷达 Hough 检测器的设计和实现过程来描述基于 Hough 变换的检测前跟踪(HT - TBD)功能原理。传统 M/N 检测是假设目标在某一波束位置和距离单元中稳定驻留时间内，若该波束的 N 个 CPI(相干处理间隔)中有一定数量 M 的回波高于门限时，即宣布发现一个目标。由于运动目标在该帧周期内可能从一个检测单元移动到另一个单元，更可能逐帧发生运动状态变化，因此传统 M/N 单帧检测会损失大量目标运动特征信息，从而丢失弱信号目标。为了克服这一弊端,HT - TBD 技术将测量信号从数据空间变换到参数空间进行信号逐帧积累。如果把雷达回波数据作为依赖于距离、方位、仰角、多普勒和时间的多维离散数据图,则目标表示为依时间变化的一条曲线,其亮度取决于回波功率。搜索雷达探测产生的直接数据只有目标距离 r,方位、仰角和多普勒是基于雷达自身探测参数或基于距离数据产生的。因此,建立二维距离—时间空间($r-t$ 空间)进行目标信号检测并不失一般性。

图 3.29 给出了对于特定波束和多普勒单元上的 $r-t$ 二维空间中,以马赫数 3 径向速度运动目标的一个例子。目标航迹为一条直线,是从 -48s 到当前时刻(0s)的积累结果,其斜率由目标径向速度决定。静止的目标或杂波表现为一条垂直线,而无限快速运动目标轨迹点表现为接近零斜率的近似横向直线。假设真实的雷达 $r-t$ 空间所有单元都含有幅度为瑞利分布的白噪声,目标检测问题就归结为从该噪声平面中将该直线提取出来。

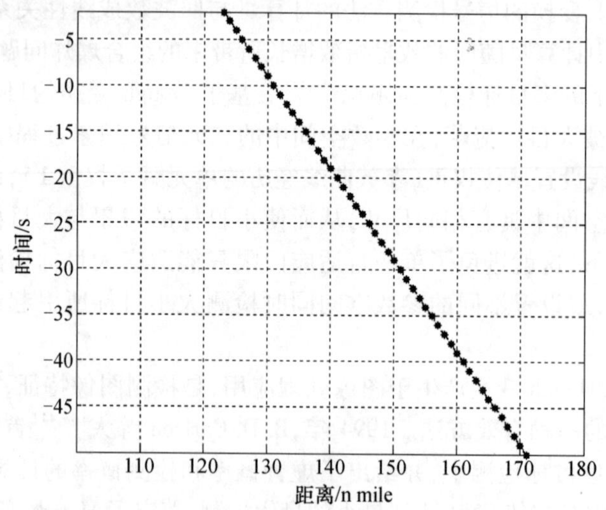

图 3.29　马赫数 3 径向运动目标 $r-t$ 空间示意图

3.3.2.1　Hough 变换与参数空间

作为 Hough 变换的一个例子,通过下式将 $r-t$ 数据空间的点映射为 $\rho-\theta$ 空间(称 Hough 参数空间)中的曲线,即

$$\rho = r\cos\theta + t\sin\theta \tag{3.47}$$

式中:ρ、θ 基于 $\rho-\theta$ 空间在左下角原点进行测量,$\theta \in (0°,180°)$。

式(3.47)可转换为

$$\rho = \sqrt{r^2 + t^2}\sin\left(\theta + \arctan\frac{r}{t}\right) \tag{3.48}$$

这是一个基于 $r-t$ 值产生的具有幅度和相位的正弦式,$|\rho|$ 的最大长度等于 $r-t$ 空间对角线长度。$r-t$ 空间与 $\rho-\theta$ 空间的映射关系如图 3.30 所示。

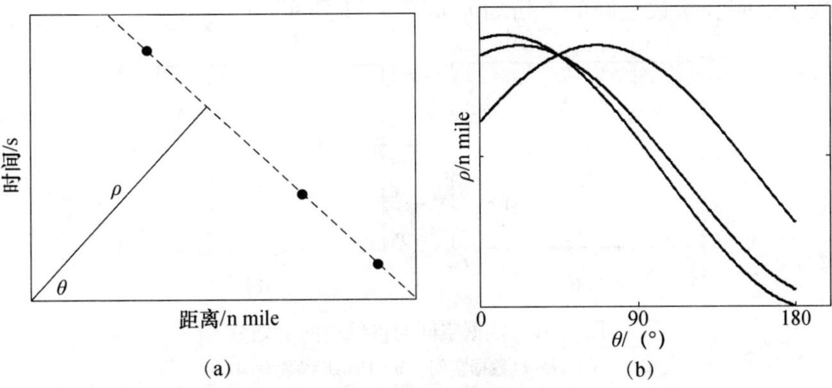

图3.30　$r-t$空间与$\rho-\theta$空间关系

(a) $r-t$数据空间点几何图;(b) $\rho-\theta$参数空间对应的正弦曲线。

图3.30(b)所示的参数空间中的3条正弦曲线分别与图3.30(a)数据空间中(同一直线上)的3个点相对应。不难看出,给出参数空间一个点(ρ_0,θ_0),则式(3.47)表示数据空间中的一条直线,其斜率为$-\tan\theta_0$,截距为$\rho_0/\cos\theta_0$;反之,若给出数据空间一点(r_0,t_0),则式(3.47)表示参数空间的一条正弦曲线,幅度和相位如式(3.48)所示。这样一来,与数据空间点(r_0,t_0)对应的参数空间中的正弦曲线,在数据空间中都存在过(r_0,t_0)点与该正弦曲线上诸点对应的多条直线,于是可知多条正弦曲线的交点就与数据空间中同一直线上的点相对应,因该交点对应的多条直线具有相同的斜率和截距,故其是数据空间中同一条直线。如图3.30中,三个共线点构成的一条直线就与参数空间中的三条正弦曲线交点相对应。由此可见,Hough变换将数据空间中直线(或曲线)运动目标的检测问题转换为参数空间中多条曲线(称为Hough曲线)的交点聚集问题,从多帧能量积累的角度看,对参数空间诸检测单元进行能量积累更有利于确定峰值点,从而实现目标检测。

3.3.2.2　数据空间与参数空间结构与变换

基于HT的信号检测将雷达的距离—时间平面视为数据空间,在每个距离分辨单元上获得的数值视为雷达回波能量,经Hough变换将其变换到参数空间中进行信号能量积累并完成信号检测。由于存在杂波,为便于处理,将数据空间和参数空间划分为多个方格,方格数量等于距离窗口(距离分辨单元)数N_R乘以扫描次数N_T,参数空间划分的方格中心点为

$$\begin{cases}\theta_n=(n-1/2)\Delta\theta & n=1,2,\cdots,N_\theta\\ \rho_n=(n-1/2)\Delta\rho & n=1,2,\cdots,N_\rho\end{cases}\tag{3.49}$$

式中:$\Delta\theta=\pi/N_\theta$,$\Delta\rho=L/N_\rho$,$N_\theta$和$N_\rho$分别为$\theta$和$\rho$所需分段数,$L$为雷达探测距离的2倍。

数据空间和参数空间的方格划分如图 3.31 所示。

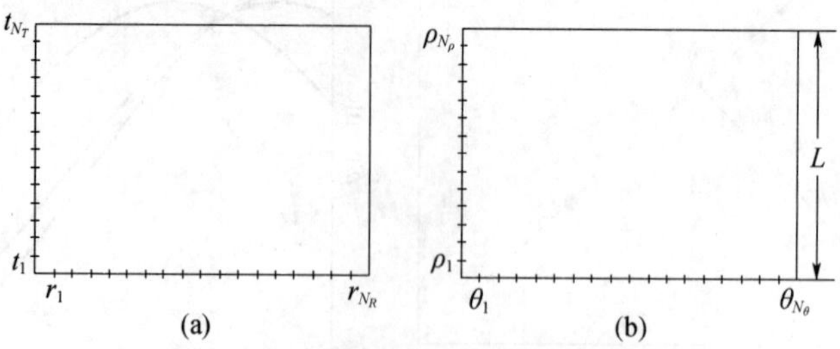

图 3.31　数据空间与参数空间的划分

(a) $(r-t)$ 数据空间;(b) Hough 参数空间。

在图 3.31 所示的数据空间与参数空间划分之下,数据空间中多帧测量可表示为

$$\boldsymbol{D} = \begin{bmatrix} r_1 & \cdots & r_I \\ t_1 & \cdots & t_I \end{bmatrix} \tag{3.50}$$

这是一个二维集合 $\{r_i, t_i\}_{i=1}^{I}$,其中每组元素是通过每一帧中的距离分辨单元测量信号能量与预设门限比较,从多帧测量中提取出来的,其有 I 组数据,每组中的时间也可能相同,因为一帧测量中可能提取出多个距离数据。

基于式(3.49)给出的参数 θ 划分,得到 Hough 变换矩阵为

$$\boldsymbol{H} = \begin{bmatrix} \sin\theta_1 & \cos\theta_1 \\ \vdots & \vdots \\ \sin\theta_{N_\theta} & \cos\theta_{N_\theta} \end{bmatrix} \tag{3.51}$$

于是,Hough 变换式(3.47)为

$$\boldsymbol{M} = \boldsymbol{HD} = \begin{bmatrix} \rho_{1,\theta_1} & \cdots & \rho_{I,\theta_1} \\ \vdots & \ddots & \vdots \\ \rho_{1,\theta_{N_\theta}} & \cdots & \rho_{I,\theta_{N_\theta}} \end{bmatrix} \tag{3.52}$$

其中

$$\rho_{i,\theta_j} = r_i \sin\theta_j + t_i \cos\theta_j \qquad i = 1,2,\cdots,I; j = 1,2,\cdots,N_\theta$$

3.3.2.3　参数空间中的数据积累

基于 Hough 变换的检测前跟踪在参数空间中进行信号积累并实现信号检测。变换到参数空间的信号积累通常有两种方式,一种是针对参数空间所划分的每个方格,进行通过曲线的回波信号的非相干积累。该回波信号指该曲线所对应的数据空间测量矩阵 $\boldsymbol{D}$ 中的距离分辨单元 r_i 处的回波信号。这种积累方式能产生信号峰值,通过门限判决能够检测出目标平台的大小甚至形状等属性,但简单门限判定会掩蔽低于大目标门限的小目标。另一种信号积累方式是表决积累方式,即

在参数空间划分的方格中，对每条 Hough 曲线经过的方格值加 1 的积累方式，这种方式没考虑回波信号能量积累，使大、小目标的积累处于同一尺寸标准之下，对检测弱小目标具有应用价值，但其对平台识别没有贡献。

图 3.32 给出了参数空间中信号表决积累方式例证。图 3.32(b)是图 3.32(a)中三条参数曲线对应的表决积累矩阵，其中一个单元的积累值达到峰值 3。

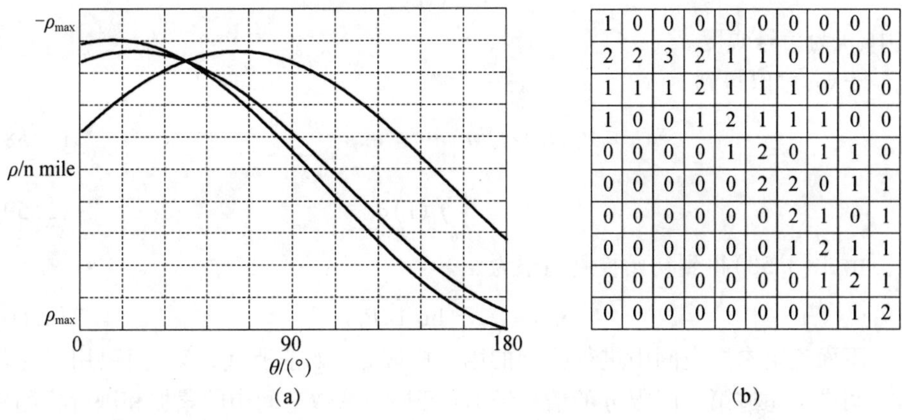

1	0	0	0	0	0	0	0	0	0
2	2	3	2	1	1	0	0	0	0
1	1	1	2	1	1	1	0	0	0
1	0	0	1	2	1	1	1	0	0
0	0	0	0	1	2	0	1	1	0
0	0	0	0	0	2	2	0	1	1
0	0	0	0	0	0	2	1	0	1
0	0	0	0	0	0	1	2	1	1
0	0	0	0	0	0	0	1	2	1
0	0	0	0	0	0	0	0	1	2

图 3.32　参数空间信号表决积累示例

3.3.2.4　检测判决门限

在基于 Hough 变换的检测前跟踪算法中应用了两个门限进行检测判决。如 3.3.2.2 小节所述，基于 Hough 变换的目标信号检测对图 3.31 所示的数据空间中的每一帧测量集合$\{r_i,t_i\}$ $(i=1,2,\cdots,N_R;j=1,2,\cdots,N_t)$，都设置一个初始信号强度门限 η，只有超过门限 η 的回波位置信号，才被提取出来，并列入如式(3.50)所示的多帧测量矩阵 $\boldsymbol{D}$ 中，这就使得随后进行 Hough 变换和检测处理工作量大大减少。在 Hough 参数空间中积累的信号再经过第二门限 ξ 检测，才能宣布目标发现并给出多帧积累产生的目标航迹和属性(基于信号积累判断出来)。在这里给出两门限的确定公式。

假设目标模型服从 SwerlingII 型分布，并假设噪声幅度呈瑞利分布，则噪声功率呈指数分布。数据空间$(r-t)$中的初始检测门限依赖于所给出的每个测量单元的初始虚警概率 P_f。P_f 和 P_d(检测概率)与初始检测门限 η 的关系为

$$P_f = \int_{\eta}^{\infty} p(x)\mathrm{d}x = \int_{\eta}^{\infty} \mathrm{e}^{-x}\mathrm{d}x = \mathrm{e}^{-\eta} \tag{3.53}$$

$$P_d = \int_{\eta}^{\infty} p(x/S)\mathrm{d}x = \int_{\eta}^{\infty} \frac{\mathrm{e}^{-x(1+S)}}{1+S}\mathrm{d}x = \mathrm{e}^{-\eta(1+S)} \tag{3.54}$$

式中：S 表示信噪比 SNR。

从式(3.53)得到初始检测门限为

$$\eta = \ln P_f \tag{3.55}$$

在二维正交高斯噪声背景下,噪声功率和信号功率服从莱斯分布,其概率密度函数分别为[46]

$$f_N(r) = \frac{r}{\sigma^2}\mathrm{e}^{-\frac{r^2}{2\sigma^2}} \tag{3.56}$$

$$f_S(r) = \frac{r}{\sigma^2}I_0\left(\frac{rA}{\sigma^2}\right)\mathrm{e}^{-\frac{r^2+A^2}{2\sigma^2}} \tag{3.57}$$

式中:A 为信号幅度。

于是,可以得到

$$P_f = \int_\eta^\infty f_n(r)\,\mathrm{d}r = \exp^{-\frac{\eta^2}{2\sigma^2}} \tag{3.58}$$

$$P_d = \int_\eta^\infty f_s(r)\,\mathrm{d}r \tag{3.59}$$

由式(3.58)得到初始检测门限为

$$\eta = \sqrt{2\sigma^2\ln(1/P_f)} \tag{3.60}$$

下面确定参数空间中进行检测的第二门限 ξ。如前所述,第二门限用于对数据空间中的超过第一门限 η 的信号经 HT 变换到参数空间中的累加和进行检测判决,因此,第二门限 ξ 与第一门限 η 有关。当然,ξ 更依赖于参数空间积累单元的虚警概率 P_F,或者说,P_F 由第一和第二门限共同确定,即

$$P_F = f(\eta,\xi) \tag{3.61}$$

确定第二门限 ξ 的方法有两种,第一种是仿真方法,即设置第一门限 η,并通过蒙特卡罗仿真,确定给定虚警概率 P_F 下的第二门限 ξ。由于设置不同的 η 可仿真获得不同的 ξ,因此也可以通过协调设置 η 和 ξ,获得满足应用需求的虚警概率。文献[40,47]给出了求取第二门限仿真结果。

下面给出确定第二门限 ξ 的第二种方法——解析法。这里仅进行公式描述,详细推导见文献[44]。

设对参数空间单元有贡献的 $r-t$ 单元(可达单元)数为 N,有 m 个($m<N$)超过初始门限 η 的 $r-t$ 单元$\{x_i\}_{i=1}^m$,则一个给定参数空间单元 ζ 的积累信号超过第二门限 ξ 的概率,即第二门限检测概率为

$$P_D = \Pr(\zeta > \xi) = \sum_{m=1}^{N}\binom{N}{m}P_d^m(1-P_d)^{N-m}\cdot\Pr\left(y = \sum_{i=1}^m x_i > \xi\right) \tag{3.62}$$

式中:P_d 为 $r-t$ 空间单元的检测概率。

在目标模型服从 SwerlingII 型分布,噪声功率呈指数分布假设下,可以得到

$$Pr\left(y = \sum_{i=1}^m x_i > \xi\right) = \begin{cases}1 & \xi < m\eta\\ \Gamma\left(m,\dfrac{\xi - m\eta}{1+S}\right)/\Gamma(m) & \xi > m\eta\end{cases} \tag{3.63}$$

式中:$\Gamma(m,x)$为不完全伽玛函数。

于是,第二门限检测概率为

$$P_D = \sum_{m=1}^{N}\binom{N}{m}P_d^m(1-P_d)^{N-m}\times\begin{cases}1 & \xi < m\eta \\ \Gamma\left(m,\dfrac{\xi-m\eta}{1+S}\right)/\Gamma(m) & \xi > m\eta\end{cases} \tag{3.64}$$

设置 m^* 表示对 ξ/η 取整，则得到 P_D 的最终表达式为

$$P_D = 1-(1-P_d)^N-\sum_{m=1}^{m^*}\binom{N}{m}P_d^m(1-P_d)^{N-m}\times\left[1-\mathrm{e}^{-\frac{\xi-m\eta}{1+S}}\cdot\sum_{k=0}^{m-1}\frac{1}{k!}\left(\frac{\xi-m\eta}{1+S}\right)^k\right] \tag{3.65}$$

用虚警代替检测，并令 $S\to0$，则得到 P_F 类似表达式，即

$$P_F = 1-(1-P_f)^N-\sum_{m=1}^{m^*}\binom{N}{m}P_f^m(1-P_f)^{N-m}\times\left[1-\mathrm{e}^{-(\xi-m\eta)}\cdot\sum_{k=0}^{m-1}\frac{1}{k!}(\xi-m\eta)^k\right] \tag{3.66}$$

式(3.65)、式(3.66)给出了基于第一门限 η 和第二门限 ξ 的 Hough 参数空间积累单元的检测概率和虚警概率。通常，基于给定单元虚警概率 P_F 和第一门限 η，由式(3.66)求取第二门限 ξ。

需要指出的是，第二门限 ξ 是针对参数空间一个积累单元的虚警概率确定的，对该积累单元有贡献(即可达)的数据空间单元数 N 可以通过仿真训练产生，也可通过大量实测数据学习获得。

需要指出的另一点是，基于 Hough 变换的检测前跟踪系统的虚警概率并不能从式(3.66)直接获得，因式(3.66)是单一积累单元的虚警概率，而系统虚警是指在整个可达 Hough 空间中出现的虚警。系统虚警概率的表达式为

$$P_F^{tot} = 1-\prod_{N=1}^{N_{\max}}(1-P_F(N))^{W_N} \tag{3.67}$$

式中：$P_F(N)$ 为参数空间中具有可达单元数 N 的一个积累单元的虚警概率，由式(3.66)确定；W_N 为参数空间中具有可达单元 N 的所有积累单元数；$N_{\max}$ 为 Hough 空间单一积累单元所具有的最大可达单元数。

参数空间积累单元的平均虚警概率为

$$\overline{P_F} = \left(1-\prod_{N=1}^{N_{\max}}(1-P_F(N))^{W_N}\right)\Bigg/\sum_{N=1}^{N_{\max}}W_n \tag{3.68}$$

3.3.3　基于 Hough 变换检测前跟踪仿真案例

3.3.3.1　基于 Hough 变换的检测前跟踪处理过程

基于 Hough 变换的检测前跟踪包含静态处理和动态处理两部分。静态处理工作包括：

(1) 基于雷达型号和性能确定数据空间各维度、范围及其划分粒度。

(2) 确定基于数据空间的参数空间各维度及其单元划分。

（3）给出数据空间向参数空间的 Hough 变换公式。

（4）给出数据空间探测单元虚警概率，仿真或计算确定测量数据滤除门限，即第一检测门限 η。

（5）仿真确定数据空间中对应参数空间一个积累单元的可达单元数 N。

（6）基于参数空间积累单元检测虚警概率，第一门限 η 和 SNR，仿真（训练）或计算确定参数空间积累单元检测第二门限 ξ。

（7）在动态处理宣布目标发现及相应航迹后，还要统计计算该检测系统的虚警概率和参数空间积累单元平均虚警概率。

Hough 变换检测前跟踪动态处理流程如图 3.33 所示。

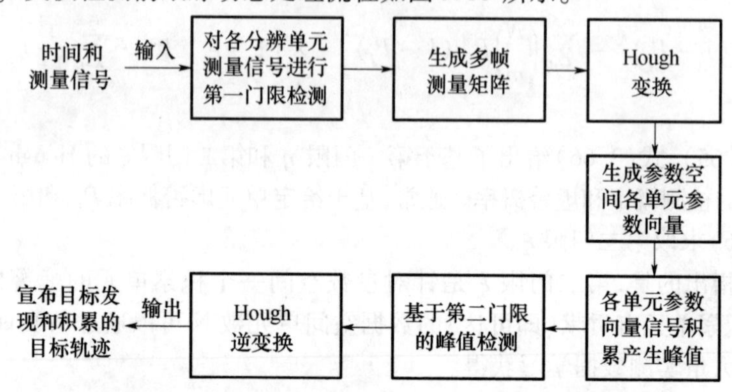

图 3.33　基于 Hough 变换检测前跟踪动态处理流程

3.3.3.2　仿真分析与检验

1. 仿真条件

本节仿真所用目标为非起伏的匀速运动目标，其速度为 25kn，在目标模型上添加了瑞利杂波。观测时长为 100 个搜索时间间隔，距离归一化为 128 个量化单元。参数按照 ρ、θ 维划分成 256×180 个分辨单元，参数空间分辨力为 $\Delta\theta = 1^{\circ}$，$\Delta\rho = 1$。目标和杂波参数与雷达参数见表 3.4。

表 3.4　目标和杂波参数和雷达参数

目标和杂波		雷达参数	
距离	20nmile	中心频率	9 GHz
方位	0°	脉冲重复频率（PRF）	1000
速度	25kn	脉冲宽度（PW）	0.02μs
RCS	$10m^2$	峰值功率	10MW
目标类型	非起伏	天线增益	35dB
		天线转速	240r/min
		系统损耗	6dB
		入射余角	4.7°
		极化方式	水平极化

根据3.3.2.4小节中可达空间的定义可得到如图3.34所示的参数空间"可达"单元数示意图。可以看出,在$\theta=0°$和$180°$时,函数高度为128,其对应数据空间中128个量化单元;在$\theta=90°$,函数高度为100,其对应数据空间中100个量化单元;而在$\theta=45°$或$135°$时,从图3.34中看出有两个峰值200,这两个峰值在数据空间则对应两个对角线。

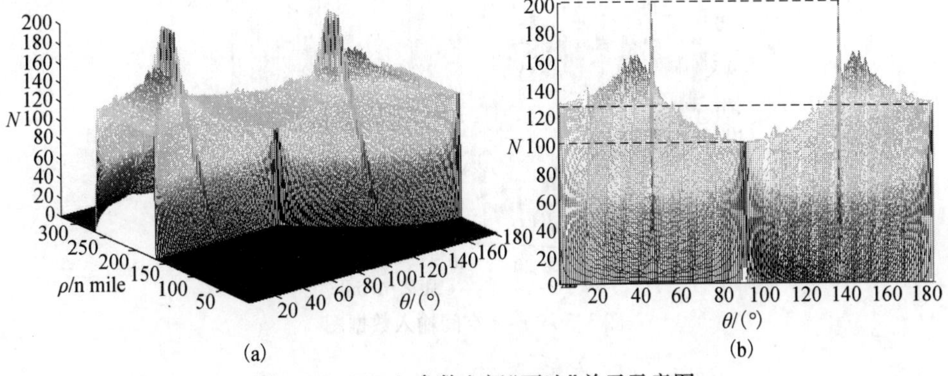

图3.34 Hough参数空间"可达"单元示意图

(a) 三维图;(b) 侧视图。

2. 仿真结果及分析

(1) 基于Hough变换的检测前跟踪过程仿真。根据3.3.3.1节中HT检测前跟踪处理过程流程进行仿真,可得到在信噪比SNR=5dB,第一门限$\eta=1/30$,第二门限$\xi=21$dB时的仿真实例。图3.35中实线为仿真目标在$r-t$空间中的目标真实轨迹。图3.36为时间—距离空间数据图,添加了$\sigma=0.5$的瑞利噪声。图3.37为经过第一门限筛选后时间距离平面上的检测信息,其中共有178个检测点。图3.38为经过Hough变换后参数空间图,图3.35中圆圈线为经过峰值检测和Hough逆变换后得到的目标轨迹。

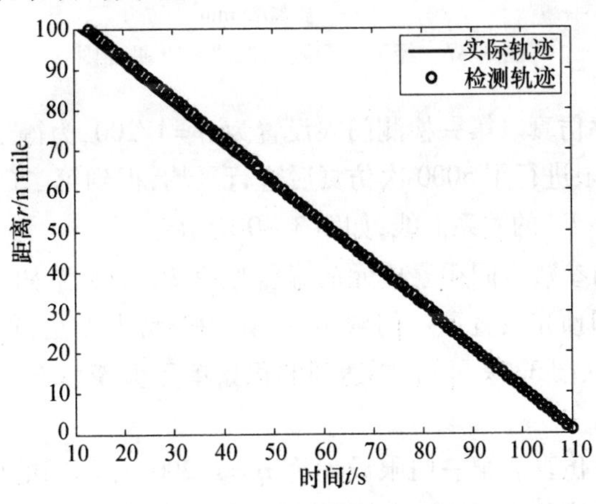

图3.35 目标真实轨迹和检测轨迹

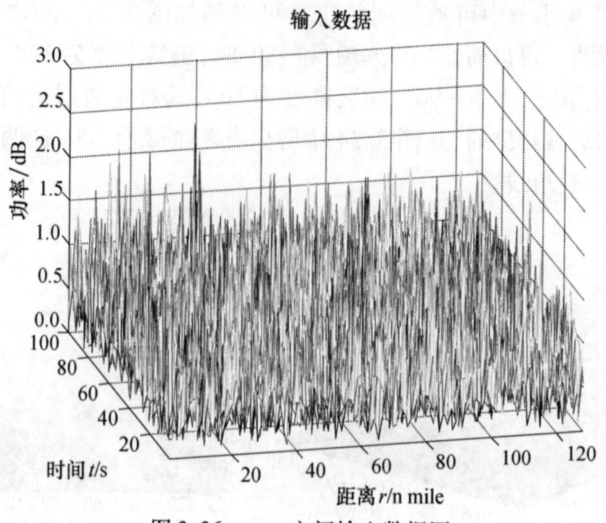

图 3.36 $r-t$ 空间输入数据图

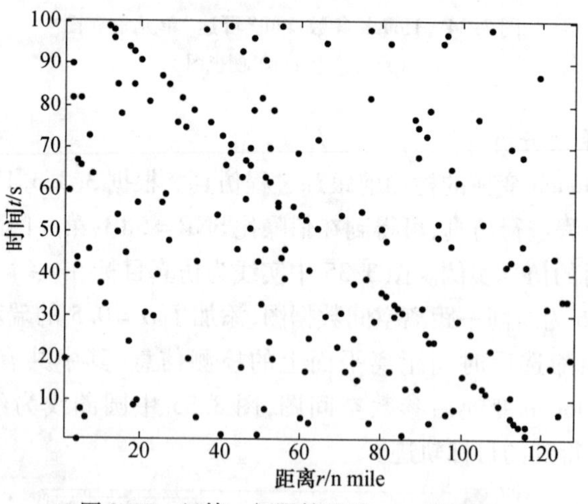

图 3.37 经第一门限筛选的 $r-t$ 平面图

(2) 虚警概率仿真。第一检测门限设置为 $\eta=1/200$,为得到更精确的虚警概率,对每个第二门限进行了 5000 次仿真后进行平均,得到第二门限 ξ 与参数空间积累单元虚警概率 P_F 的关系曲线,如图 3.40 所示。

第二门限 ξ 与参数空间积累单元的虚警概率 P_F 的关系如式(3.66)所示,这里采用仿真法。即预先设置第一门限 η 后,采用蒙特卡罗法,得到第二门限 ξ 与 P_F 的关系曲线。从图 3.39 可知,要达到的积累单元虚警率 P_F 越低,所需要的第二检测门限 ξ 越高。

(3) 检测概率仿真。第一门限设置为 $\eta=1/200$,在不同的检测门限条件下,对各个不同的信噪比各进行 500 次仿真试验,得到参数空间积累单元的检测概率

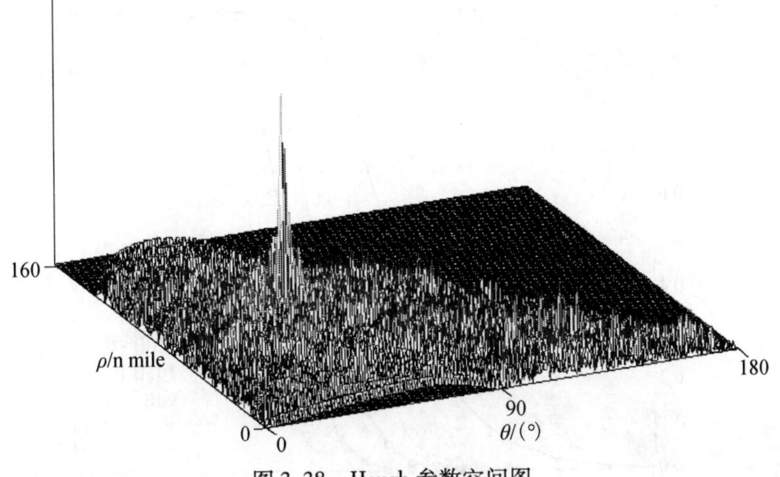

图 3.38　Hough 参数空间图

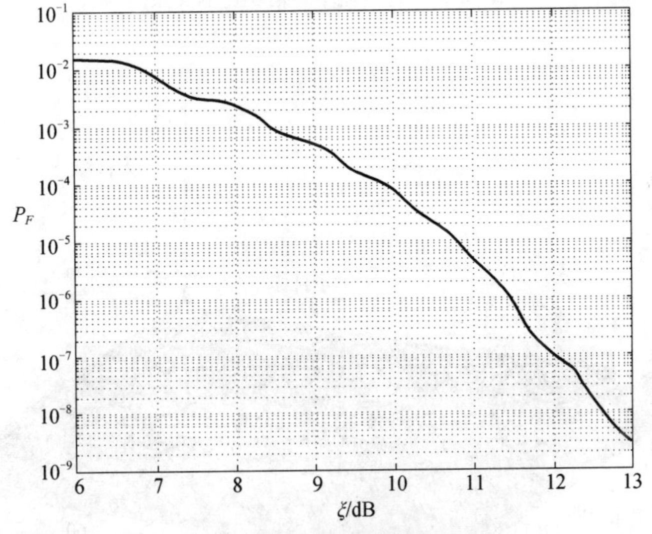

图 3.39　第二门限与虚警概率关系

与信噪比的关系，如图 3.40 所示。

从图 3.40 可知，在同一检测门限下，信噪比越高，检测概率越大；在同一信噪比下，检测概率越大，所需的第二门限越高；在同一检测概率下，信噪比越大，所需第二门限越低。

(4) 参数空间表决积累检测仿真。在距离—时间数据空间，两个目标 SNR 值相差 10dB 的情况下，如果在参数空间采用非相参积累（能量积累）可得到图 3.41 所示参数空间的功率分布。

从图 3.41 看出，很难设置一个单一的门限使大小两个目标同时检测出来，且

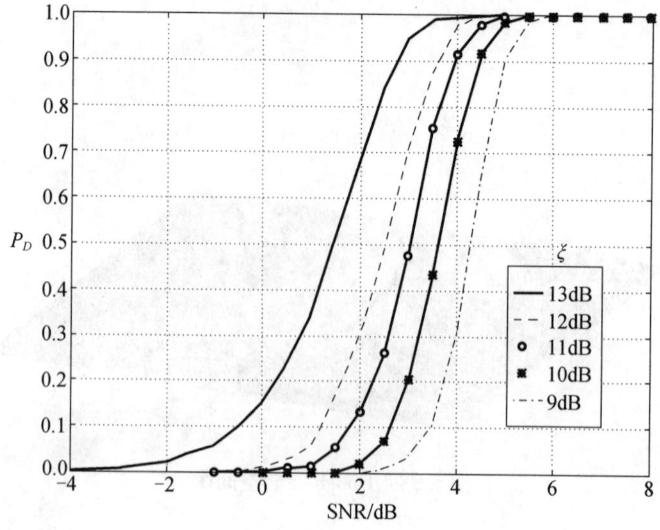

图 3.40　检测概率与信噪比的关系

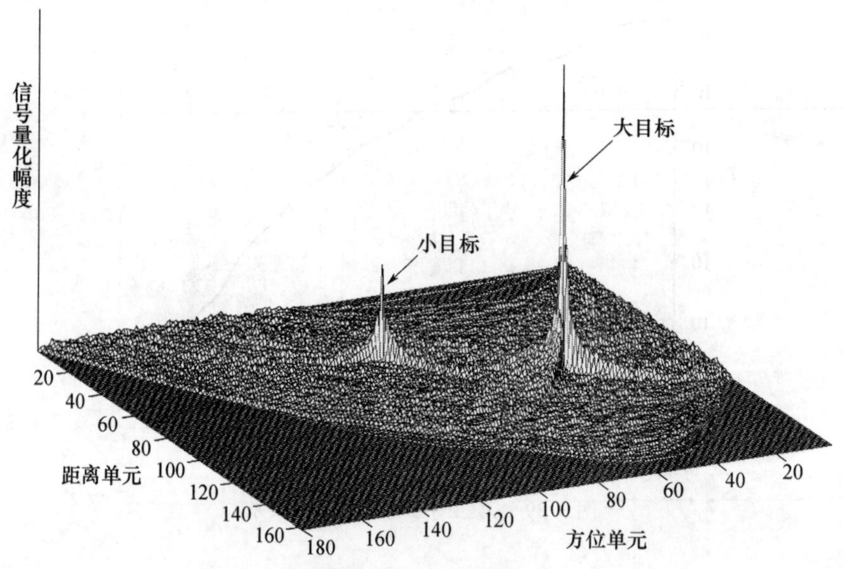

图 3.41　能量积累 Hough 空间中的大、小目标

使虚警率保持较低的水平。而且，当两个目标作交叉运动时，大目标很容易掩蔽小目标。采用 Hough 空间二元表决积累可以避免以上问题，即在距离—时间数据空间设置第一门限，超过门限的测量值映射到 Hough 空间，并对每一条 Hough 参数曲线历经的单元设置单位权重 1，这样在 Hough 空间，大目标与小目标具有相同尺寸。参数空间中二元积累后数据如图 3.42 所示，从该图可以看出，容易设置单一第二门限 ξ 同时检测出该大、小目标。

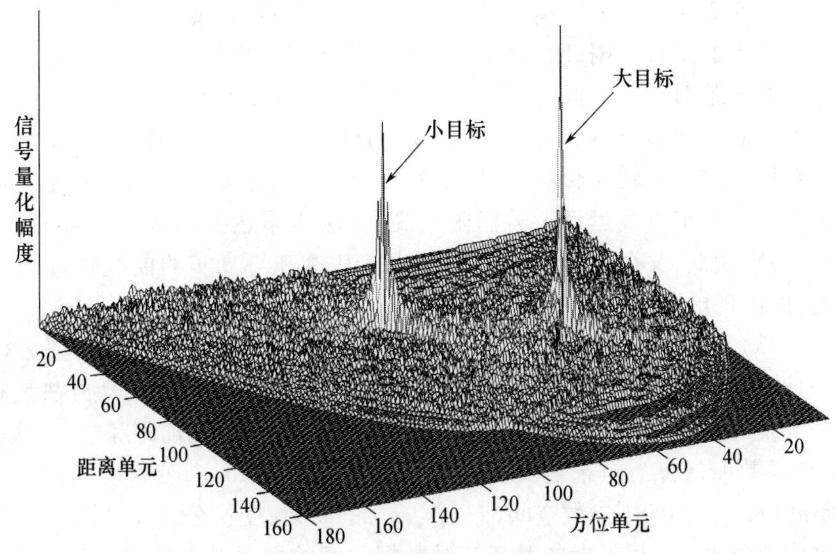

图3.42　表决积累 Hough 空间中的大目标和小目标

3.3.4　基于 Hough 变换的目标检测应用分析

上述关于 Hough 变换概念及其在检测前跟踪中的应用原理，是针对距离—时间测量数据空间中的径向常速(直线)运动目标描述的，从应用角度具有一定局限性。下面针对其他应用背景，特别是对其他目标运动模型和不同的参数空间的应用以及虚警控制等问题进行讨论。

(1) 数据空间有一个维度是时间，特别在基于多帧雷达视频的检测前跟踪中必须包含时间维，否则无法将一个运动目标的逐周期扫描回波积累产生目标航迹。不能将 $r-t$ 数据空间简单对应地描述为 $x-y$ 数据空间，因为 $r-t$ 数据空间是针对一个雷达波束的探测回波的信号测量数据空间。跨波束的回波数据以 $r-\theta-t$ 三维形式出现，文献[40,47]简单地等同于 $x-y$ 数据空间是不正确的。

(2) 径向变速运动目标情况。例如，径向匀加速运动目标模型为

$$r = r_0 + v_0 t + \frac{1}{2}at^2 \tag{3.69}$$

式中：r_0 为某一初始距离；v_0 为该初始距离处的径向速度；a 为加速度。

这种状态是经常出现的，例如，若一个常速运动目标不是面对雷达天线径向运动，那么数据空间的测量中就会出现对假设的径向直线状态的距离偏离，即可视为变速运动。一个非径向运动目标与雷达天线的距离先是逐渐减少，到航路捷径点处达最小，然后又逐渐增加。径向匀加速运动目标轨迹曲线在 $r-t$ 平面上用三个参数(r_0,v_0,a)表示。它们可以作为 Hough 参数空间的三个参数，由 $r-t$ 空间中的测量数据点经 Hough 变换，映射到该三维参数空间中，Hough 变换公式可参

阅本书5.2.3节。值得指出的是,由于三参数的Hough变换太复杂,并且需要较多帧数的测量数据,因此仍然可以采用(r_0,v_0)作为参数,而将加速度a作为噪声的二维Hough空间,这样做简单可行。此时,表现为对式(3.69)所示三参数轨迹曲线的多段(内折线或外切线)直线逼近检测。其中,第二检测门限的设置对检测结果有较大影响,在确定的加速度(作为噪声)之下,速度矢量不能长久沿一条特定直线运动。若门限太高,无法积累达到门限的信号值,会产生漏警;门限太低,又会使检测宣布的直线或其轨迹与真实的曲线轨迹产生较大偏差,而出现虚警。

(3) 距离—时间—方位数据空间的应用。这是针对目标穿越(方位和低俯仰)波束,特别是目标频繁穿越方位波束的情况。传统雷达处理方法是独立处理每个波束,而忽略该穿越状态的影响。在基于HT的检测前跟踪中,对这种情况用4个参数(x,y,v_x,v_y)来定义一条目标直线。于是Hough变换要实现从三维数据空间(r,θ,t)到四维参数空间(x,y,v_x,v_y)的映射,变换公式见文献[48]给出的序贯估计公式。这里考虑的基于三维数据空间的检测对于穿越波束的目标具有使波束扇形损失平滑减少,增加有效积累时间等优点。对于目标穿越波束的速度较慢的情况,可以不考虑这种扩展,仍采用(r,t)数据空间。

(4) 关于虚警控制。控制虚警首先要考虑最优检测结构,由于系统检测概率P_D由第一虚警门限η,第二虚警门限ξ和信噪比SNR共同确定,即$P_D=f(\eta,\xi,\text{SNR})$。因此,在给定的检测概率$P_D$之下,基于SNR确定最优的$\eta$和$\xi$即成为最优检测结构问题。从控制虚警角度,也可在给定的信噪比之下,通过协调设置第一门限和第二门限,使系统检测概率达到最大。通常,最优检测结构采用实测数据或仿真训练确定。控制虚警的第二点是对超过第二门限的多峰值点进行聚集,因为相邻峰值很可能源于同一目标,聚集可将“虚警”减至为单个检测。对于采用二维Hough空间检测加速运动曲线目标情况,聚集能够从源自局部曲线轨迹的扇形直线束中选择最强回波的直线,特别对接近雷达运动的目标,这将是最新的回波,因此对减少虚警有重要意义。第三点是考虑多种检测处理手段的综合运用,如在获得多普勒速度信息时,可为基于目标速度分级的每个多普勒接收单元建立一个数据空间,某一检测目标必然位于一个限定频率偏离范围的多普勒数据空间中,若该检测目标出现在频偏错误的单元里,则作为虚警放弃,从而大大降低虚警率。第四点是进一步考察那些宣布发现目标的数据集合,若几个尖峰信号时间间隔较长,则可能仅是噪声尖峰产生的,因目标探测大多从较稳定的低回波流逐渐积累形成;通过求取数据方差能够消除这类虚警。最后一点是杂波图绘制是Hough检测器容易实现的技术,因为静止杂波在数据空间是一条垂直线。

(5) 关于多传感器联合检测。这需要将各个传感器数据变换到一个共用的Hough参数空间,进行数据积累和关联聚集,以检测数据空间中的直线运动目标。

如果各传感器分离较远,需要考虑共用 Hough 参数空间的粒度和维度,并且在 Hough 变换中,需考虑信号特征参数(如幅度、功率等特征)发生变化。特别对同时接收垂直极化和水平极化信号的雷达,其能从接收信号产生两种分离数据图,并将其转换到统一表示的参数空间中,进行非相参叠加。这就能够积累这两种极化方式交叉出现的大能量信号,可以避免起伏目标在一个极化中出现而在另一极化中消失情况所出现的漏检现象。

3.4　基于粒子滤波的检测前跟踪

基于粒子滤波的检测前跟踪(Particle Filter - Track Before Detection,PF - TBD)算法是 Salmond[23] 在 2001 年提出,该算法在假设的目标状态向量中增加一个描述目标出现与否的离散变量,并使用马尔可夫平稳随机过程计算该离散变量的状态转移概率,通过粒子滤波算法实现对目标出现变量和目标状态向量的混合估计。其中,目标出现的概率估计是通过表示目标出现的粒子数量与总粒子数量的比值获得的,并且通过将该比值与设定阈值比较而实现目标检测[49]。

PF - TBD 技术发展至今,已形成两种主流算法。一种是 Salmond[23] 的 PF - TBD 算法,另一种是 Rutten[24] 的 PF - TBD 算法。这两种算法的核心思想都是对新出现目标密度和目标连续密度进行估计,然后形成联合判定与估计。通过新出现目标的密度估计搜索新目标,而通过目标连续密度的估计实现目标跟踪。两种算法的不同之处在于 Salmond 的 PF - TBD 以单一粒子滤波器混合估计架构实现目标状态以及其出现的联合采样,完成联合判定与估计;而 Rutten 的 PF - TBD 算法是通过两个固定数量的粒子滤波器分别估计这两种密度,然后进行混合,实现 PF - TBD 问题的递归求解[25,26]。本节主要通过介绍 Salmond 的 PF - TBD,结合 Ristic[50,51] 对此算法的分析和描述,阐明基于粒子滤波的检测前跟踪算法的基本原理和实现方法。

3.4.1　粒子滤波原理和实现方法

粒子滤波[52] 是采用蒙特卡罗求解非线性、非高斯的贝叶斯积分运算,以获得系统状态的最优估计的一种递推计算方法。其核心思想是使用带有权重的状态随机样本(称为粒子),以诸样本点处狄拉克函数的加权和近似表示要求取的后验密度函数,并随测量的到来,不断产生新的粒子并对其权重进行预测和更新,从而不断对获得状态向量后验概率密度近似进行修正,以获得系统状态的最优贝叶斯估计。

3.4.1.1　非线性状态的贝叶斯递推估计[53,54]

为了描述动态系统 $\{x_k, k \in N\}$ 估计问题,假设系统的状态转移方程为

$$x_k = f(x_{k-1}, v_{k-1}) \tag{3.70}$$

式中：$f: R^{n_x} \times R^{n_v} \to R^{n_x}$是系统状态 x_{k-1} 的非线性(或线性)函数；$\{v_{k-1}, k \in N\}$是独立同分布的过程噪声序列；n_x、n_v 分别是系统状态和过程噪声矢量的维数；N 为采样的次数，并且目标出现、目标消失以及状态转移符合一阶马尔可夫过程，即系统的当前状态仅依赖于其历史状态。

系统的测量方程为

$$z_k = h(x_k, \eta_k) \tag{3.71}$$

式中：$h: R^{n_x} \times R^{n_\eta} \to R^{n_z}$是系统状态 x_k 的线性或非线性函数；$\{\eta_k, k \in N\}$是独立同分布的测量噪声序列；n_z，n_η 分别是测量值和测量噪声的维数。

再假设对应于系统状态方程的状态转移概率密度为 $p(x_k | x_{k-1})$，对应于测量方程的条件似然函数为 $p(z_k | x_k)$。

最优贝叶斯滤波算法思想是：若已知初始状态的概率密度函数 $p(x_0)$，则可利用测量序列信息 $z_{1:k}$ 和状态转移方程构造状态的后验概率密度函数 $p(x_k | z_{1:k})$，$k = 1, 2, \cdots$，从而可在任何准则下得到最优后验密度估计和状态滤波值。

设初始状态的概率密度函数为 $p(x_0 | z_0) = p(x_0)$，则状态密度预测方程为

$$p(x_k \mid z_{1:k-1}) = \int p(x_k \mid x_{k-1}) p(x_{k-1} \mid z_{1:k-1}) \mathrm{d}x_{k-1} \tag{3.72}$$

基于测量的贝叶斯状态密度更新方程为

$$p(x_k \mid z_{1:k}) = \frac{p(z_k \mid x_k) p(x_k \mid z_{1:k-1})}{p(z_k \mid z_{1:k-1})} \tag{3.73}$$

式(3.73)右侧的分母部分是归一化常数，定义为

$$p(z_k \mid z_{1:k-1}) = \int p(z_k \mid x_k) p(x_k \mid z_{1:k-1}) \mathrm{d}x_k \tag{3.74}$$

从式(3.73)可以看出，贝叶斯估计一般由两个步骤组成：预测和更新。递推贝叶斯估计描述了一个从状态先验知识($p(x_k | z_{1:k-1})$视为 x_k 的先验概率密度)开始，利用状态的后续测量 z_k 修正该先验知识，得到修正后的估计(后验概率密度 $p(x_k | z_{1:k})$)的过程。基于式(3.72)~式(3.74)的递推贝叶斯估计原理如图 3.43 所示。

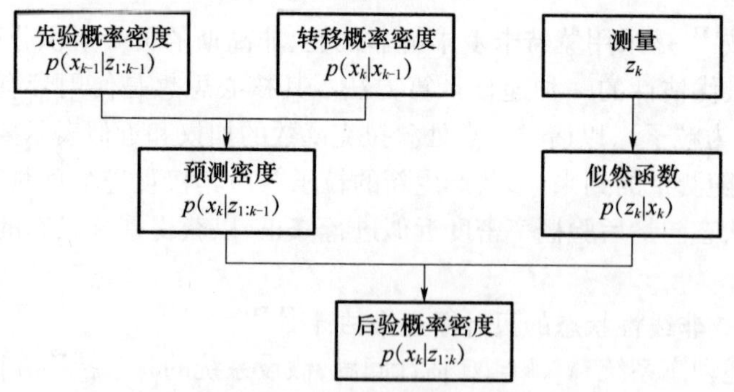

图 3.43　递推贝叶斯估计原理框图

式(3.72)~式(3.74)就是 k 时刻 x_k 的状态后验分布密度函数 $p(x_k|z_{1:k})$ 的贝叶斯递推估计公式,在已知状态的初始概率密度函数的条件下,反复利用条件概率公式,并注意基于状态转移方程和测量方程,以及状态与测量作为马尔可夫随机过程的无后效性。经推导可以得到状态序列 $x_{0:k}=(x_0,x_1,\cdots,x_k)$ 的后验概率分布密度 $p(x_{0:k}|z_{1:k})$ 的递推贝叶斯估计公式为

$$p(x_{0:k} \mid z_{1:k}) = \frac{p(z_k \mid x_k)p(x_k \mid x_{k-1})}{p(z_k \mid z_{1:k-1})}p(x_{0:k-1} \mid z_{1:k-1}) \tag{3.75}$$

式(3.75)中,归一化常数为

$$p(z_k \mid z_{1:k-1}) = \int p(z_k \mid x_k)p(x_k \mid x_{k-1})p(x_{0:k-1} \mid z_{1:k-1})\mathrm{d}x_{0:k} \tag{3.76}$$

递推贝叶斯估计是后验概率意义下的最优滤波问题的求解方法,在状态转移方程式(3.70)和测量方程式(3.71)是非线性情况下,不能得到解析解。只有在线性模型和高斯噪声条件下,才能够利用卡尔曼滤波得到解析解;否则,只能利用扩展卡尔曼(EKF)、近似栅格滤波、无迹变换滤波(UTF)以及粒子滤波等次优方法求解。

3.4.1.2　重要性采样和序贯重要性采样估计方法

重要性采样(Importance Sampling,IS)是粒子滤波的重要组成部分,其原理是:若 $p(x)$ 是难以从中抽取样本的概率密度,$p(x)\propto\pi(x)$,$\pi(x)$ 能对 $p(x)$ 成比例估计。设 $q(x)$ 是 $p(x)$ 的重要性函数且从中容易抽取出样本:

$$x^i \sim q(x) \quad i = 1,2,\cdots,N \tag{3.77}$$

密度 $p(\cdot)$ 的一个加权近似可以表示为

$$p(x) \approx \sum_{i=1}^{N} w^i\delta(x - x^i) \tag{3.78}$$

其中

$$w^i \propto \pi(x^i)/q(x^i) \tag{3.79}$$

式中:w^i 为粒子 x^i 的权重;$\delta(\cdot)$ 为狄拉克函数。

式(3.77)~式(3.79)可以作为概率密度 $p(x)$ 的重要性函数 $q(x)$ 的定义式,从 $q(x)$ 中抽取粒子 $x^i(i=1,2,\cdots,N)$ 的过程称为重要性采样[52]。

从式(3.77)和式(3.78)可知,对于状态序列 $x_{0:k}=\{x_k\}_{k=0}^{N}$ 来说,其基于测量序列 $z_{1:k}=\{z_k\}_{k=1}^{N}$ 的后验概率密度可以通过抽样粒子近似表示为

$$p(x_{0:k} \mid z_{0:k}) \approx \sum_{i=1}^{N} w_k^i\delta(x_{0:k} - x_{0:k}^i) \tag{3.80}$$

$$w_k^i \propto p(x_{0:k}^i \mid z_{0:k})/q(x_{0:k}^i \mid z_{1:k}) \tag{3.81}$$

式中:$q(x_{0:k}|z_{0:k})$ 是 $p(x_{0:k}|z_{0:k})$ 的重要性密度函数,粒子序列 $\{x_{0:k}^i\}\sim q(x_{0:k}|z_{0:k})$。$\{x_{0:k}^i,w_k^i\}_{i=1}^{N}$ 可以称为后验概率密度 $p(x_{0:k}|z_{0:k})$ 的一个随机度量,$\{w_k^i\}_{i=1}^{N}$ 是对应的正则化权重序列,$\sum_i^N w_k^i = 1$。注意狄拉克函数的积分特性,有

$$Pr(x^i) = \int_{x^i} p(x)\mathrm{d}x = \sum_{i=1}^{N} w^i \int_{x^i} \delta(x - x^i)\mathrm{d}x = w^i$$

故这里的 w^i 就是状态 $x=x^i$ 的概率值。这样一来，求解式(3.80)表示的状态序列的后验密度就变成求取权重序列(又称为粒子序列的概率)$\{w_k^i\}_{i=1}^N$ 的问题。通常，求解式(3.80)采用序贯重要性采样[55,56](Sequential Importance Sampling, SIS)递推实现。下面给出权重序列的递推计算公式。

若重要性密度函数 $q(x_{0:k}|z_{1:k})$ 能进行分解(注意:若状态 x 是马尔可夫无后效过程，并且状态和测量皆是独立同分布，该分解是可能的)，即

$$q(x_{0:k} \mid z_{1:k}) = q(x_k \mid x_{0:k-1}, z_{1:k})q(x_{0:k-1} \mid z_{1:k-1}) \tag{3.82}$$

则可以用 k 周期新的状态粒子 $x_k^i \sim q(x_k|x_{0:k-1}, z_{1:k})$ 来扩展 $k-1$ 时刻的状态粒子序列 $x_{0:k-1}^i \sim q(x_{0:k-1}|z_{1:k-1})$ $(i=1,2,\cdots,N)$，从而获得新的粒子序列 $x_{0:k}^i \sim q(x_{0:k}|z_{1:k})$。

为了导出权重的更新方程，应注意贝叶斯公式(3.73)给出的状态密度更新方程，同样注意状态 x 的马尔可夫无后效过程，通过多次变换，可以逐步导出：

$$\begin{aligned} p(x_{0:k} \mid z_{1:k}) &= p(z_k \mid x_{0:k}, z_{1:k-1})p(x_{0:k} \mid z_{1:k-1})/p(z_k \mid z_{1:k-1}) \\ &= p(z_k \mid x_{0:k}, z_{1:k-1})p(x_k \mid x_{0:k-1}, z_{1:k-1})p(x_{0:k-1} \mid z_{1:k-1})/p(z_k \mid z_{1:k-1}) \\ &= p(z_k \mid x_k)p(x_k \mid x_{k-1})p(x_{0:k-1} \mid z_{1:k-1})/p(z_k \mid z_{1:k-1}) \\ &\propto p(z_k \mid x_k)p(x_k \mid x_{k-1})p(x_{0:k-1} \mid z_{1:k-1}) \end{aligned} \tag{3.83}$$

将式(3.82)和式(3.83)代入式(3.81)，得到权重递推更新方程为

$$\begin{aligned} w_k^i &\propto p(z_k \mid x_k^i)p(x_k^i \mid x_{k-1}^i)p(x_{0:k-1}^i \mid z_{1:k-1})/q(x_k^i \mid x_{0:k-1}^i, z_{1:k})q(x_{0:k-1}^i \mid z_{1:k-1}) \\ &= w_{k-1}^i p(z_k \mid x_k^i)p(x_k^i \mid x_{k-1}^i)/q(x_k^i \mid x_{0:k-1}^i, z_{1:k}) \end{aligned} \tag{3.84}$$

对于服从马尔可夫无后效性随机过程的状态 x 来说，在每个测量周期中，只需要估计本周期状态的后验密度 $p(x_k|z_{1:k})$，因此前周期的状态后验密度已估计确定，不受之后测量 z_k 的影响。在这种情况下，可以进一步把重要性密度函数简化为

$$q(x_k \mid x_{0:k-1}, z_{1:k}) = q(x_k \mid x_{k-1}, z_k) \tag{3.85}$$

下面导出基于该重要性密度函数的粒子权重序列的递推计算公式[54]。对于 $x_{k-1}=E(x_{k-1}|z_{1:k-1})$，$x_{k|k-1}=E(x_k|z_{1:k-1})$，$x_k=E(x_k|z_{1:k})$ 三种情况分别应用式(3.77)~式(3.79)，可以得到

$$\begin{cases} x_{k-1}^i \sim q(x_{k-1} \mid z_{1:k-1}) \\ p(x_{k-1} \mid z_{1:k-1}) = \sum\limits_{i=1}^{N} w_{k-1}^i \delta(x_{k-1} - x_{k-1}^i) \\ w_{k-1}^i \propto p(x_{k-1}^i \mid z_{1:k-1})/q(x_{k-1}^i \mid z_{1:k-1}) \end{cases} \tag{3.86}$$

$$\begin{cases} x_k^i \sim q(x_k \mid z_{1:k-1}) \\ p(x_k \mid z_{1:k-1}) = \sum_{i=1}^{N} w_{k|k-1}^i \delta(x_k - x_k^i) \\ w_{k|k-1}^i \propto p(x_k^i \mid z_{1:k-1}) / q(x_k^i \mid z_{1:k-1}) \end{cases} \tag{3.87}$$

$$\begin{cases} x_k^i \sim q(x_k \mid z_{1:k}) \\ p(x_k \mid z_{1:k}) = \sum_{i=1}^{N} w_k^i \delta(x_k - x_k^i) \\ w_k^i \propto p(x_k^i \mid z_{1:k}) / q(x_k^i \mid z_{1:k}) \end{cases} \tag{3.88}$$

注意式(3.86)和式(3.87)中的粒子权重表达式,再注意粒子 x_k^i 的预测概率密度 $p(x_k^i|z_{1:k-1}) = p(x_{k-1}^i|z_{1:k-1})p(x_k^i|x_{k-1}^i)$,其中 $p(x_k^i|x_{k-1}^i)$ 是状态 x_{k-1}^i 经过状态方程式(3.70)得到,于是

$$\frac{w_{k|k-1}^i}{w_{k-1}^i} \propto p(x_k^i \mid x_{k-1}^i) \cdot [q(x_{k-1}^i \mid z_{1:k-1}) / q(x_k^i \mid z_{1:k-1})] \tag{3.89}$$

注意式(3.87)和式(3.88)中的粒子权重表达式,再注意贝叶斯公式(3.73),可知粒子 x_k^i 的后验概率密度为

$$p(x_k^i \mid z_{1:k}) = p(z_k \mid x_k^i) p(x_k^i \mid z_{1:k-1}) / p(z_k \mid z_{1:k-1}) \propto p(z_k \mid x_k^i) p(x_k^i \mid z_{1:k-1}) \tag{3.90}$$

于是

$$\frac{w_k^i}{w_{k|k-1}^i} \propto p(z_k \mid x_k^i) [q(x_k^i \mid z_{1:k-1}) / q(x_k^i \mid z_{1:k})] \tag{3.91}$$

式(3.89)与式(3.91)相乘,得

$$\frac{w_k^i}{w_{k-1}^i} \approx p(x_k^i \mid x_{k-1}^i) p(z_k \mid x_k^i) [q(x_{k-1}^i \mid z_{1:k-1}) / q(x_k^i \mid z_{1:k})]$$

再由概念定义,可知 $q(x_k^i|z_{1:k}) = q(x_{k-1}^i|z_{1:k-1}) q(x_k^i|x_{k-1}^i, z_k)$,最后得到重要性密度函数式(3.85)的粒子权重递推公式为

$$w_k^i = w_{k-1}^i \frac{p(x_k^i \mid x_{k-1}^i) p(z_k \mid x_k^i)}{q(x_k^i \mid x_{k-1}^i, z_k)} \tag{3.92}$$

按式(3.92)递推获得粒子权重序列 $w_1^i, w_2^i, \cdots, w_k^i$,就可以计算出 k 时刻状态的估计值和方差等参数。

$$E(x_k \mid z_{1:k}) = \sum_{i=1}^{N} x_k^i w_k^i \tag{3.93}$$

$$\mathrm{Var}(x_k \mid z_{1:k}) = \sum_{i=1}^{N} \left(x_k^i - \sum_{i=1}^{N} x_k^i w_k^i\right)^2 w_k^i \tag{3.94}$$

基于序贯重要性采样的系统状态状态递推估计实现步骤如下:

(1) 在获取 k 时刻测量 z_k 之后,从 $q(x_k|x_{k-1}, z_k)$ 中抽取状态粒子 $\{x_k^i\}_{i=1}^{N}$。

(2) 基于状态转移方程和测量 z_k,逐点计算粒子的条件密度 $p(x_k^i|x_{k-1}^i)$,似然函数 $p(z_k|x_k^i)$ 和 $q(x_k^i|x_{k-1}^i,z_k)$,这里的 $x_{k-1}^i(i=1,2,\cdots,N)$ 是从 $q(x_{k-1}|x_{k-2},z_{k-1})$ 中抽取的粒子。

(3) 按式(3.92)递推计算权系数 w_k^i,并进行归一化处理。

(4) 获得 k 时刻状态密度的近似表达式:$p(x_k \mid z_{1:k}) \approx \sum_{i=1}^{N} w_k^i(x_k - x_k^i)$。

(5) 根据问题需要,基于 $p(x_k|z_{1:k})$ 计算相应状态参数,如按式(3.93)、式(3.94)近似计算状态均值和方差等。

3.4.1.3 重要性密度函数的优化选择

序贯重要性采样(SIS)粒子滤波方法的重要性权重的方差随时间增长[56],在几次迭代之后,只剩下少数几个(甚至一个)权重较大,其他权重很小且逐渐趋于零,这使得粒子数急剧减少。我们知道,状态的后验密度近似表达需要一定数量的粒子,粒子匮乏会导致 SIS 算法出现退化。

引入有效样本数对算法退化程度进行度量[52,57],即

$$N_{\text{eff}} = N/(1 + \text{Var}(w_k^{*i})) \tag{3.95}$$

式中:$w_k^{*i} = p(x_k^i|z_{1:k})/q(x_k^i|x_{k-1}^i,z_k)$。

由于真实权重无法准确获得,经常使用估计量,即

$$\hat{N}_{\text{eff}} = N/\left(1 + \sum_{i=1}^{N} (w_k^i)^2\right) \tag{3.96}$$

式中:w_k^i 是由式(3.92)递推获得的正则化权重。

注意:$N_{\text{eff}}(\hat{N}_{\text{eff}}) < N$,$N_{\text{eff}}$越小,SIS 算法退化越严重。减少算法退化现象的方法有优选重要性密度和基于重要性密度进行重采样等两种方法。重要性密度函数优化选择是采用使 $\text{Var}(w_k^{*i})$ 达极小的重要性密度函数$q(x_k|x_{k-1},z_k)$,从而使 N_{eff}达极大。文献[56]证明了,此时最优重要性密度为

$$q(x_k \mid x_{0:k-1}^i, z_k)_{\text{opt}} = p(x_k \mid x_{k-1}^i, z_k) = \frac{p(z_k \mid x_k, x_{k-1}^i)p(x_k \mid x_{k-1}^i)}{p(z_k \mid x_{k-1}^i)} \tag{3.97}$$

将式(3.97)代入式(3.92),得到

$$w_k^i \propto w_{k-1}^i p(z_k \mid x_{k-1}^i) = w_{k-1}^i \int p(z_k \mid x_k) p(x_k \mid x_{k-1}^i) \mathrm{d}x_k \tag{3.98}$$

由式(3.98)可知,对于给定的 x_{k-1}^i,无论从 $q(x_k|x_{k-1}^i,z_k)_{\text{opt}}$ 中抽取什么样的粒子 x_k^i,权重 w_k^i 都取相同值,故 $\text{Var}(w_k^{*i}) = 0$,使样本数 N_{eff} = N 达极大,从而证明了式(3.97)给出的重要性密度的最优性。该密度的两个缺陷是必须能从 $p(x_k|x_{k-1}^i,z_k)$ 中进行采样,并对采样粒子进行式(3.98)表示的积分运算,而这两点通常都不能直接进行。与重要性密度式(3.97)有关的应用通常仅限于以下两种情况。

第一种情况是,x_k 是一个有限集合中的元素,此时式(3.98)积分变为求和,从而能够从 $p(x_k|x_{k-1}^i,z_k)$ 进行采样。一个应用例子是 x_k 所隶属的有限集合是跃变

马尔可夫线性系统，使用粒子滤波器跟踪该离散状态的机动目标[58]。另一个应用例子是，$p(x_k|x_{k-1}^i,z_k)$为高斯分布情况，能够解析计算。此时若 x_k 是非线性转移状态，则 $p(x_k \mid x_{k-1},z_k) = \mathbb{N}(x_k,m_k,\sum_k)$，其中 m_k、$\sum_k$ 是基于状态和测量噪声的统计量。对于 $p(x_k|x_{k-1},z_k)$非高斯分布，可以采用局部线性化[56]或无迹变换(UT)构造 $p(x_k|x_{k-1},z_k)$的次优近似，但运算量比补偿样本数量要大得多。

第二种情况是，采用次优重要性密度 $p(x_k|x_{k-1},z_k)=p(x_k|x_{k-1})$，由于未利用最新测量 z_k，因此从其中抽样新产生的权系数方差大于最优重要性密度抽样的权系数方差，但由于其直观且易于实现，仍得到广泛应用[57,59,60]。

3.4.1.4　粒子滤波的重要性重采样方法

减少 SIS 粒子滤波退化的第二个方法是观测到退化现象(当 N_{eff}低于某个需要的粒子数 N_T)时，使用重采样手段，称为重要性重采样(Sampling Importance Resampling，SIR)。SIR 算法是 Gordn 于 1993 年在 SIS 算法中引入重采样步骤产生的[59]，其基本思想是淘汰较小权重粒子，繁殖大权重粒子。通过对后验离散密度 $p(x_k \mid z_{1:k}) \approx \sum_{i=1}^{N} w_k^i \delta(x_k - x_k^i)$ 重复采样 N 次，生成替代$\{x_k^i\}_{i=1}^N$的一个新粒子集合$\{x_k^{j*}\}_{j=1}^N$，新粒子集合元素 x_k^{j*} 的权重为 $w_k^{j*} = \Pr(x_k^{j*} = x_k^i) = w_k^i$。由于所获得的新粒子来自 $p(x_k|z_{1:k})$离散密度的独立同分布(i. i. d)样本，我们可以将新粒子的权重重新设置为 $w_k^i = 1/N$。在生成新粒子集合过程中，淘汰较小权重粒子和繁殖大权重粒子是通过重采样算法中老粒子权重的累加和与新粒子的随机均匀分布权重 $1/N$ 的累加和逐一比较实现的，表 3.5 给出的一种系统性重采样算法伪代码[61]。

表 3.5　系统性重采样算法伪代码

$[\{x_k^{j*},w_k^j,i^j\}_{j=1}^N] = \text{SystematicResampling}[\{x_k^i,w_k^i\}_{i=1}^N]$

- 初始化累积权重和：$c_0=0$
- FOR$i=1:N$

—构造累积权重和：$c_i = c_{i-1} + w_k^i$

- END FOR
- 确定循环起始点：$i=1$
- 产生第一个随机点：$\mu_1 \sim U[0,N^{-1}]$
- FOR$j=1:N$

　— 产生随机点：$\mu_j = N^{-1}(j-1)+\mu_1$

— WHILE$\mu_j > c_i$

　—$i=i+1$

— END WHILE

—样本赋值：$x_k^{j*} = x_k^i$

—权重赋值：$w_k^j = N^{-1}$

—标记父样本上标：$i^j = i$

- END FOR

其中，U 表示均匀分布，i^j 表示粒子 x_k^{j*} 的父样本上标。

表3.5中,老粒子权重累加和用$c_i(i=0,1,2,\cdots,N)$表示,新粒子随机均匀分布权重累加和用$\mu_j(j=1,2,\cdots,N)$表示,$U[a,b]$表示闭区间$[a,b]$上的均匀分布。通过μ_j和c_i的逐一比较:当$\mu_j>c_i$时,表示老粒子权重w_k^i较小,从而淘汰老粒子x_k^i;当$\mu_j\leqslant c_i$时,x_k^i可以作为新粒子x_k^{j*}。由于一个c_i值可能大于多个μ_j值,故该粒子x_k^i可作为即繁殖出相关的多个新粒子($x_k^{j*},x_k^{j+1*},\cdots$)。注意:该算法的目的是产生$N$个较大权重的新粒子,因此可能会遗漏最后若干个大权重粒子。该算法中,$i^j=i$表示老粒子x_k^i与新粒子x_k^{j*}的对应关系。除了表3.5给出的系统性重采样算法外,还有一些通过减少MC方差的其他方法,如分层重采样法和残差重采样法[57]等。

图3.44将粒子权重用圆形面积的变化形象地展示了重要性重采样的过程[62]。图3.44中,自底向上,从$k-1$时刻初始的粒子集合$\left\{x_{k-1}^i,\dfrac{1}{N}\right\}_{i=1}^N$均匀分布权重开始,到$k$时刻发现退化现象(少量粒子权重偏大,部分粒子权重过小),产生的粒子集合$\{x_k^i,w_k^i\}_{i=1}^N$经重采样算法计算,淘汰小权重粒子,繁殖大权重粒子,并重新赋予均匀分布权重,产生新粒子集合$\left\{x_k^i,\dfrac{1}{N}\right\}_{i=1}^N$;再进行$k+1$时刻粒子滤波重采样。

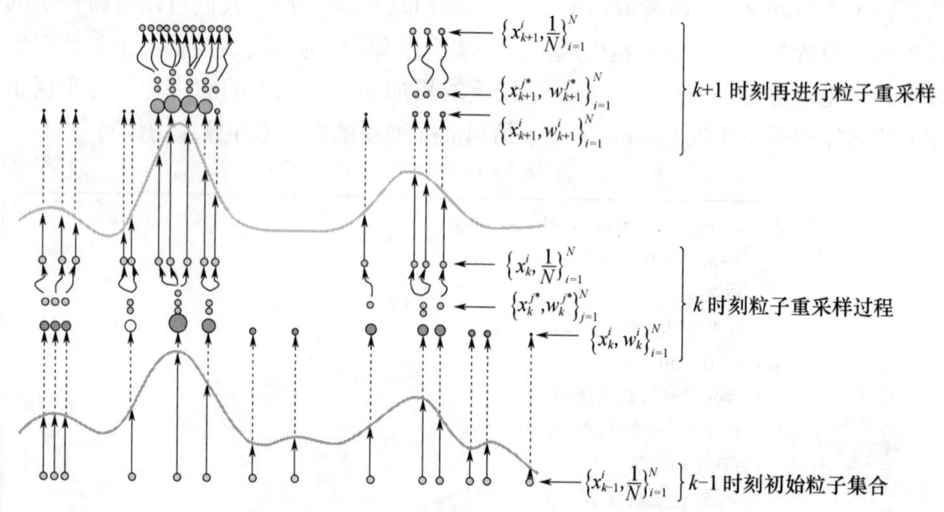

图3.44 递推粒子滤波中的重采样过程示意图

在SIS算法基础上增加如上所述的重采样步骤,就形成了通用粒子滤波算法,其伪代码如表3.6所列。

表3.6描述的通用粒子滤波采样算法中引入的重采样能减小SIS算法退化的影响,但会出现其他一些问题。一是算法中必须组合所有粒子,这会减少并行重采样的机会;二是由于大权重粒子的繁殖会使新粒子集合中包含许多重复点,这

会损失粒子的多样性，特别是过程噪声很小时，几次迭代后会将粒子压缩为一个单一点；三是粒子实际上是表达状态空间的路径，路径减少会使基于粒子路径的任何状态平滑估计产生退化。当前解决这些问题的途径有：通过前面滤波预测粒子状态，再借助从末到始步骤的递归重新计算粒子权重[63]，以得到状态平滑估计；其他一些方法都是使用 MCMC 的产生[61]，如移动重采样算法[64]、正则化方法[65]等，这里就不一一介绍了。

表 3.6 通用粒子滤波算法伪代码

$[\{x_k^i, w_k^i\}_{j=1}^N] = \mathrm{GPF}[\{x_{k-1}^i, w_{k-1}^i\}_{i=1}^N, z_k]$
· FOR$i = 1 : N$
—采样：$x_k^i \sim q(x_k \mid x_{k-1}^i, z_k)$
—按照式(3.92)计算权重：w_k^i
· END FOR
计算权重累加和 ：$t = \mathrm{SUM}[\{w_k^i\}_{i=1}^N]$
· FOR$i = 1 : N$
—权重归一化：$w_k^i = t^{-1} w_k^i$
· END FOR
· 按式(3.96)计算：$\hat{N}_{\mathrm{eff}}$
· IF$\hat{N}_{\mathrm{eff}} < N$
· 用表 3.5 的系统性重采样算法进行重采样；
· 令$[\{x_k^i, w_k^i, -\}_{i=1}^N] = \mathrm{Systematic\ Resampling}[\{x_k^i, w_k^i\}_{i=1}^N]$；
· END IF

3.4.2 PF－TBD 目标与传感器观测模型

3.4.2.1 目标模型

考虑具有一定信号强度（亮度）的目标在 $X-Y$ 平面上运动，其离散动态方程描述为

$$X_k = f(X_{k-1}, v_{k-1}) \tag{3.99}$$

式中：v_{k-1} 为过程噪声；$X_k = [x_k, \dot{x}_k, y_k, \dot{y}_k, I_k]^{\mathrm{T}}$ 为状态向量，(x_k, y_k)、$(\dot{x}_k, \dot{y}_k)$ 和 I_k 分别表示目标位置、速度、信号强度。一般情况下，可视信号强度与目标的位置和速度无关。

在时刻 k，在传感器探测范围内，目标可能存在也可能不存在，以变量 E_k 对 k 时刻目标存在状态进行建模，描述为两状态马尔可夫过程，即 $E_k \in \{0,1\}$；其中，$E_k = 1$ 表示 k 时刻目标存在，$E_k = 0$ 表示 k 时刻目标不存在。定义目标“新生”概率 P_b，目标“死亡”概率 P_d，则随机过程 $\{E_k\}$ 的概率转移矩阵定义为

$$\boldsymbol{P}(E_k \mid E_{k-1}) = \begin{bmatrix} e_{00}, e_{01} \\ e_{10}, e_{11} \end{bmatrix} = \begin{bmatrix} 1-P_b & P_b \\ P_d & 1-P_d \end{bmatrix} \tag{3.100}$$

式中：$e_{10} = \boldsymbol{P}_d = \boldsymbol{P}\{E_k = 0 | E_{k-1} = 1\}$ 表示目标在 $k-1$ 时刻存在、在 k 时刻不存在的概率；$e_{11} = 1 - P_d = \boldsymbol{P}\{E_k = 1 | E_{k-1} = 1\}$ 表示目标在 $k-1$ 和 k 时刻都存在的概率；$e_{01} = P_b = \boldsymbol{P}\{E_k = 1 | E_{k-1} = 0\}$ 表示目标在 $k-1$ 时刻不存在、在 k 时刻出现的概率；$e_{00} = 1 - P_b = P\{E_k = 0 | E_{k-1} = 0\}$ 表示目标在 $k-1$ 和 k 时刻都不存在的概率。

假设目标初始存在概率已知，记为 $p_1 = \boldsymbol{P}\{E_1 = 1\}$。

方程 $X_k = f(X_{k-1}, v_{k-1})$ 描述了在 $k-1$ 和 k 时刻目标都存在时，其状态随时间的变化，设状态转移概率密度为 $\boldsymbol{p}\{X_k | X_{k-1}, E_k = 1, E_{k-1} = 1\}$。如果在 $k-1$ 时刻目标不存在，而在 k 时刻存在，该目标是在 $k-1$ 过渡到 k 时刻的过程中出现的，此时状态新生概率概率密度为 $P_b(X_k)$，在缺少先验知识的情况下，目标新生可视为状态空间上均匀分布的随机变量。

3.4.2.2 传感器观测模型

假定传感器产生一系列监视区域内二维图像，每一帧图像有 $m \times n$ 个分辨单元（像素）。每一个分辨单元 (i,j) $(i = 1,2,\cdots,m;\ j = 1,2,\cdots,n)$ 对应一个矩形区域 $\Delta_x \times \Delta_y$。以 $z_k^{(i,j)}$ 表示时刻 k，分辨单元 (i,j) 的强度观测量，建模为

$$z_k^{(i,j)} = \begin{cases} h_k^{(i,j)}(X_k) + \boldsymbol{\eta}_k^{(i,j)} & \text{目标存在} \\ \boldsymbol{\eta}_k^{(i,j)} & \text{目标不存在} \end{cases} \tag{3.101}$$

式中：$\boldsymbol{\eta}_k^{(i,j)}$ 为分辨单元 (i,j) 的观测噪声，且分辨单元之间、每帧图像之间的观测噪声是相互独立的；$h^{(i,j)k}(X_k)$ 表示位于 (x_k, y_k) 的目标对分辨单元 (i,j) 的强度贡献。

考虑传感器点扩散函数形式，则位于位置 (x_k, y_k)、强度为 I_k 的目标对分辨单元 (i,j) 的强度贡献用一个截断的二维高斯密度函数表示为

$$h^{(i,j)k} \approx \frac{\Delta_x \Delta_y I_k}{2\pi\sigma^2} \exp\left\{ -\frac{(i\Delta_x - x_k)^2}{2\sigma_x^2} - \frac{(j\Delta_y - y_k)^2}{2{\sigma_y}^2} \right\} \tag{3.102}$$

式中：$|i\Delta_x - x_k| < \sigma_x$，$|j\Delta_y - y_k| < \sigma_y$，$\sigma_x$、$\sigma_y$ 分别表示反射信号在 X、Y 方向上强度扩散程度。

下面，将时刻 k 传感器观测表示为 $z_k = \{z^{(i,j)k} : i = 1,2,\cdots,m;\ j = 1,2,\cdots,n\}$，直到 k 时刻所有观测量集合表示为 $Z_k = \{z_i, i = 1,2,\cdots,k\}$。

3.4.3 基于贝叶斯估计的 PF－TBD 算法

3.4.3.1 预测和更新概率密度计算公式

基于贝叶斯估计的 TBD 方法可以在递推贝叶斯估计框架下描述，与其他 TBD 算法的不同之处在于，该算法是典型的依赖于目标运动方程和传感器观测方程的目标跟踪方法。已知 $k-1$ 时刻的目标状态和目标存在状态的联合后验概率密度

$p(\boldsymbol{x}_{k-1},E_{k-1}|\boldsymbol{Z}_{k-1})$，根据最新测量 z_k 构造 k 时刻的联合后验概率密度 $p(\boldsymbol{x}_k,E_k|\boldsymbol{Z}_k)$。$k$ 时刻目标存在的后验概率定义为 $P_k \triangleq P\{E_k=1|\boldsymbol{Z}_k\}$，它可以通过计算 $p(\boldsymbol{x}_k,E_k=1|\boldsymbol{Z}_k)$ 的边缘概率获得。

若 k 时刻目标不存在，即 $E_k=0$，则无需定义目标状态 x_k；当 $E_k=1$，按照贝叶斯估计的预测和更新方程，获取目标状态预测和更新概率密度。

(1) 预测概率密度：

$$
\begin{aligned}
&p(\boldsymbol{x}_k,E_k=1\mid \boldsymbol{Z}_{k-1})= \\
&\int p(\boldsymbol{x}_k,E_k=1\mid \boldsymbol{x}_{k-1},E_{k-1}=1,\boldsymbol{Z}_{k-1})p(\boldsymbol{x}_{k-1},E_{k-1}=1\mid \boldsymbol{Z}_{k-1})\mathrm{d}\boldsymbol{x}_{k-1}+ \\
&\int p(\boldsymbol{x}_k,E_k=1\mid \boldsymbol{x}_{k-1},E_{k-1}=0,\boldsymbol{Z}_{k-1})p(\boldsymbol{x}_{k-1},E_{k-1}=0\mid \boldsymbol{Z}_{k-1})\mathrm{d}\boldsymbol{x}_{k-1}
\end{aligned}
\tag{3.103}
$$

其中

$$
\begin{aligned}
&p(\boldsymbol{x}_k,E_k=1\mid \boldsymbol{x}_{k-1},E_{k-1}=1,\boldsymbol{Z}_{k-1}) \\
&=p(\boldsymbol{x}_k\mid \boldsymbol{x}_{k-1},E_k=1,E_{k-1}=1)P(E_k=1\mid E_{k-1}=1) \\
&=p(\boldsymbol{x}_k\mid \boldsymbol{x}_{k-1},E_k=1,E_{k-1}=1)(1-P_d)
\end{aligned}
\tag{3.104}
$$

$$
\begin{aligned}
&p(x_k,E_k=1\mid x_{k-1},E_{k-1}=0,\boldsymbol{Z}_{k-1}) \\
&=p(\boldsymbol{x}_k\mid \boldsymbol{x}_{k-1},E_k=1,E_{k-1}=0)P(E_k=1\mid E_{k-1}=0) \\
&=p_b(\boldsymbol{x}_k)P_b
\end{aligned}
\tag{3.105}
$$

式中：$p(\boldsymbol{x}_k|\boldsymbol{x}_{k-1},E_k=1,E_{k-1}=1)$ 为状态转移概率密度 $p(\boldsymbol{x}_k|\boldsymbol{x}_{k-1})$，它由系统动态模型确定；$P_b$、$P_d$ 由式(3.100)定义；$p_b(\boldsymbol{x}_k)$ 为目标新出现的概率密度，一般可认为其在检测区内均匀分布。

(2) 更新概率密度：

$$
p(\boldsymbol{x}_k,E_k=1\mid \boldsymbol{Z}_k)=\frac{p(z_k\mid \boldsymbol{x}_k,E_k=1)p(\boldsymbol{x}_k,E_k=1\mid \boldsymbol{Z}_{k-1})}{p(z_k\mid \boldsymbol{Z}_{k-1})}
\tag{3.106}
$$

式中：分母与状态无关，为归一化常数；预测密度 $p(\boldsymbol{x}_k,E_k=1|\boldsymbol{Z}_{k-1})$ 由式(3.103)～式(3.105)确定；$p(z_k|\boldsymbol{x}_k,E_k=1)$ 是似然函数，若考虑一个目标回波能扩展到整个监视区域，可表示为

$$
p(z_k\mid \boldsymbol{x}_k,E_k)=\begin{cases}\prod\limits_{i=1}^{m}\prod\limits_{j=1}^{n}p_{S+N}(z_k^{(i,j)}\mid \boldsymbol{x}_k) & E_k=1\\ \prod\limits_{i=1}^{m}\prod\limits_{j=1}^{n}p_N(z_k^{(i,j)}) & E_k=0\end{cases}
\tag{3.107}
$$

式中：m、n 分别表示监视区域内横向、纵向的分辨单元数；p_N 表示分辨单元 (i,j) 的测量噪声概率密度；p_{S+N} 为给定状态 x_k 条件下分辨单元 (i,j) 内的信号加噪声的概率密度。

若考虑到一个目标回波只能扩展到邻近单元，$p(z_k|\boldsymbol{x}_k,E_k=1)$，即式(3.107)中第一式可分解成

$$p(z_k \mid \boldsymbol{x}_k,E_k=1) \approx \prod_{i\in C_i(\boldsymbol{x}_k)}\prod_{j\in C_j(\boldsymbol{x}_k)} p_{S+N}(z_k^{(i,j)} \mid \boldsymbol{x}_k)\prod_{i\notin C_i(\boldsymbol{x}_k)}\prod_{j\notin C_j(\boldsymbol{x}_k)} p_N(z_k^{(i,j)}) \tag{3.108}$$

式中：$C_i(\boldsymbol{x}_k)$、$C_j(\boldsymbol{x}_k)$表示目标信号位置所在分辨单元(i,j)的扩展区域。

3.4.3.2 PF-TBD 算法实现步骤

TBD 算法是直接采用传感器原始观测数据的目标检测与跟踪方法。在状态转移方程和观测方程表现为强非线性，并且观测噪声、过程噪声也可能是非高斯的情况下，线性高斯条件的递推贝叶斯滤波（卡尔曼滤波）不再适用。粒子滤波作为一种基于蒙特卡罗随机采样的非线性滤波方法，能够广泛应用于非线性、非高斯的状态估计问题，是实现递推贝叶斯 TBD 的一种合理选择[66]。

由 Salmond 提出的基于粒子滤波的检测前跟踪（PF-TBD）算法的基本思想：利用粒子滤波进行目标状态和目标出现变量的混合估计，实现目标检测与跟踪。需要指出的是，与批处理算法明显地进行多帧数据积累不同，PF-TBD 算法没有显式体现递推滤波中数据积累过程，而是采用表示目标出现的粒子数量与粒子总数的比值作为目标出现概率的估计值，再通过设定门限实现目标检测。

在 Salmond 的 PF-TBD 算法的应用描述中，为了通过粒子滤波来实现式(3.106)后验概率密度 $p(\boldsymbol{x}_k,E_k=1|\boldsymbol{Z}_k)$ 计算，引入复合状态变量$\boldsymbol{y}_k=[\boldsymbol{x}_k\ E_k]^{\mathrm{T}}$，并且称$\{\boldsymbol{y}_{k-1}^n,\boldsymbol{w}_{k-1}^n\}_{n=1}^N$为粒子集，用来描述复合状态变量的后验概率密度 $p(\boldsymbol{y}_{k-1}|\boldsymbol{Z}_{k-1})$，$N$ 表示粒子数量。PF-TBD 算法[50]流程如图 3.45 所示。

图 3.45 所展示的 PF-TBD 算法实现步骤描述如下。

步骤 1：粒子初始化

粒子初始化阶段，从先验概率密度函数 $p(y_0)=p(x_1,E_1)$ 中随机抽取 N 个复合粒子$\{\boldsymbol{y}_1^n=[x_1^n,E_1^n]\}_{n=1}^N$，权重取 $1/N$。其中，每个 $E_1^n=1$ 粒子初始状态 x_1^n 在整个探测区域内服从均匀分布，以使粒子初始位置覆盖整个观测范围。

初始化粒子集$\{\boldsymbol{y}_1^n,\boldsymbol{w}_1^n=1/N\}_{n=1}^N$是复合状态变量 y 的初始概率密度度量。

递推计算：$k=2,3,\cdots$每次递推计算包含以下步骤。

步骤 2：目标存在预测

预测 k 时刻每个粒子的存在变量 $E_k^n,n=1,2,\cdots,N$ 状态的基本方法是：基于随机变量集合$\{E_{k-1}^n\}_{n=1}^N$和转移概率矩阵 $\boldsymbol{P}(E_k|E_{k-1})=[e_{t_it_j}]_{2\times2}$产生随机变量集合$\{E_k^n\}_{n=1}^N$，$e_{t_it_j}\triangleq\boldsymbol{P}(E_k=t_j|E_{k-1}=t_i)t_i,t_j=0,1$。如果 $E_{k-1}^n=t_i,u_n\sim\mu[0,1]$，则

$$E_k^n=\begin{cases}0 & u_n\leqslant e_{t_i0}\\ 1 & e_{t_i0}<u_n\leqslant 1\end{cases} \tag{3.109}$$

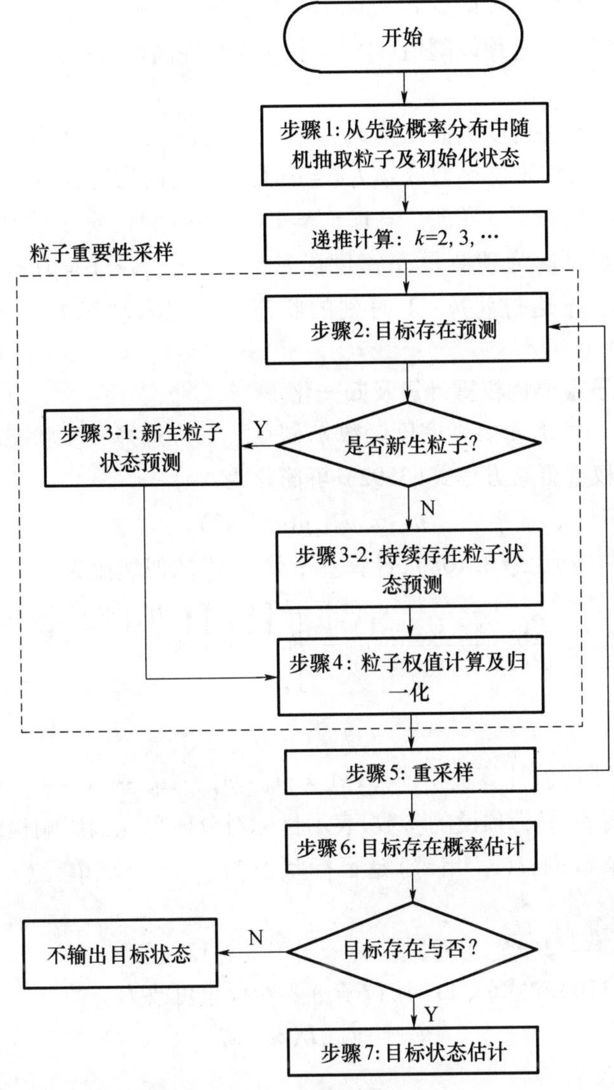

图 3.45　PF－TBD 算法流程

该方法的详细实现过程参见文献[51]中表 3.9。

步骤 3:粒子状态预测

粒子状态预测仅对 $E_k^n=1$ 的粒子进行,$E_k^n=0$ 的粒子不定义状态变量。根据式(3.103),需分新生粒子和持续存在粒子两种情况,对粒子状态预测。

(1) 新生粒子 $x_k^n(E_{k-1}^n=0,E_k^n=1)$状态预测。这种粒子表示目标在 k 时刻刚出现,需要对粒子表示的目标状态进行初始化,即从粒子中获取目标的预测状态,按 $x_k^n \sim q(x_k|z_k)=P_b(x_k)$抽取样本。

位置、速度和信号强度等状态分量的重要密度函数不同。

位置分量重要性密度函数 $q(x_k|z_k)$ 取为在整个探测区域内均匀分布,或在整个探测区域内测量超过预设阈值($z_k^{(i,j)}>\gamma,\gamma$ 为合理阈值)的分辨单元集内服从均匀分布。

速度分量重要性密度函数取 $q(\dot{x}_k)=\mu[-v_{\max},v_{\max}]$ 内均匀分布。

信号强度重要性密度函数取 $q(I_k)=\mu[I_{\min},I_{\max}]$ 内均匀分布。

(2) 持续存在粒子 $x_k^n(E_{k-1}^n=1,E_k^n=1)$ 状态预测。对于持续存在的粒子,重要性密度函数可取为预测概率密度函数 $q(x_k|x_{k-1}^n,z_k)=p(x_k|x_{k-1}^n)$,此时,$k$ 时刻粒子状态 x_k^n 通过将 $k-1$ 时刻的状态 x_{k-1}^n 代入动态方程式(3.70)即可获得。

步骤4:粒子重要性权重计算及归一化

如步骤3所述,若重要性密度函数 $q(x_k^n|x_{k-1}^n,z_k)$ 选择一步状态转移概率密度 $p(x_k^n|x_{k-1}^n)$,则权重更新方程式(3.92)可简化为

$$w_k^n \propto w_{k-1}^n p(z_k \mid x_k^n) \tag{3.110}$$

采用表达式(3.107)、式(3.108),计算基于状态 x_k^n 的似然比为

$$L(z_k \mid x_k^n)=\frac{P(z_k/x_k,E_k=1)}{P(z_k/x_k,E_k=0)}=\begin{cases}\prod\limits_{i\in c_i(x_k^n)}\prod\limits_{j\in c_j(x_k^n)} l(z_k^{(i,j)} \mid x_k^n) & E_k^n=1\\ 1 & E_k^n=0\end{cases} \tag{3.111}$$

式中:为减少粒子滤波计算负担,$C_i(x_k^n)=\{i_0-p,\cdots,i_0,\cdots,i_0+p\}$,取最接近状态 x_k^n 分量数值的整数;p 为预设的参数,表示目标对分辨单元的影响程度。类似可定义 $C_j(x_k^n)$ 的取值范围;$l(z_k^{(i,j)}|x_k^n)$ 是目标状态为 x_k 的分辨单元 (i,j) 似然比,定义为

$$l(z_k^{(i,j)} \mid x_k^n) \triangleq p_{S+N}(z_k^{(i,j)} \mid x_k^n)/p_N(z_k^{(i,j)}) \tag{3.112}$$

利用式(3.110)和式(3.111),粒子重要性权重可改为

$$\tilde{w}_k^n=\tilde{w}_{k-1}^n L(z_k \mid x_k^n) \tag{3.113}$$

归一化权重为

$$w_k^n=\tilde{w}_k^n/\sum_{n=1}^{N}\tilde{w}_k^n \tag{3.114}$$

步骤5:重采样

根据式(3.114)计算所得的粒子权重,采用系统重采样方法进行强制重采样。该重采样过程是将权重大的粒子进行复制,将权重小的粒子抛弃,在每一帧测量数据中,靠近目标位置附近位置对应的信号强度较大,离目标越远的位置对个应的信号强度越小,相应位置的粒子权重也呈现相同的变化趋势,经重采样后,目标位置附近的粒子容易得到复制,目标状态估计也会更趋于准确,即

$[\{\hat{y}_k^n,-\}_{n=1}^N]=\mathrm{SystematicResampling}[\{x_k^n,w_k^n\}_{n=1}^N]$。

经过重采样后,所有粒子权重都取 $1/N$。

步骤6:目标存在概率估计

目标存在概率 $P_k \triangleq P\{E_k=1|Z_k\}$ 可通过计算 $P(x_k,E_k=1|Z_k)$ 的边缘概率获得。实际上,k 时刻目标存在概率 $\hat{P}_k$ 可采用表示目标出现的粒子数量与粒子总数的比值作为目标出现概率的估计值,其计算过程为

$$\hat{P}_k = p(E_k = 1 \mid Z_k) = \sum_n p(x_k^n, E_k^n = 1 \mid Z_k) = \sum_{n=1}^{N} E_k^n / N \tag{3.115}$$

不难看出,$0 \leqslant \hat{P}_k \leqslant 1$。

通过该值与设定门限 P_{th} 的比较来实现目标检测。若 $\hat{P}_k > P_{\mathrm{th}}$,则宣布检测目标存在。

步骤7:目标状态估计

当检测到目标存在时,通过下式估计目标状态,即

$$\hat{\boldsymbol{x}}_{k|k} = \sum_{n=1}^{N} \boldsymbol{x}_k^n E_k^n \Big/ \sum_{n=1}^{N} E_k^n \tag{3.116}$$

若 k 时刻宣布一个检测目标存在,可同时提供该目标的一条暂时性航迹。形成目标确认航迹还需要后续若干周期检测判决结果。

3.4.4　PF－TBD 仿真案例

为了阐明 PF－TBD 算法对弱小目标检测跟踪性能的有效性,本节通过以下仿真试验加以验证。一方面验证 PF－TBD 算法对弱小目标检测能力;另一方面,在检测到目标后,通过估计轨迹与目标真实轨迹的对比来衡量PF－TBD对目标轨迹的估计性能。

3.4.4.1　目标和测量模型

单个目标作匀速运动,其动态方程为

$$\boldsymbol{X}_{k+1} = \begin{bmatrix} 1 & T & 0 & 0 & 0 \\ 0 & 1 & 0 & 0 & 0 \\ 0 & 1 & T & 0 & 0 \\ 0 & 0 & 0 & 1 & 0 \\ 0 & 0 & 0 & 0 & 1 \end{bmatrix} \boldsymbol{X}_k + \begin{bmatrix} \frac{T^2}{2} & 0 \\ T & 0 \\ 0 & \frac{T^2}{2} \\ 0 & T \\ 0 & 0 \end{bmatrix} \begin{bmatrix} v_x(k) \\ v_y(k) \end{bmatrix} + \begin{bmatrix} 0 \\ 0 \\ 0 \\ 0 \\ \eta_I(k) \end{bmatrix} \tag{3.117}$$

式中:$\boldsymbol{X}_k=[x,\dot{x},y,\dot{y},I]$ 为目标状态,由目标的位置、速度和信号强度组成;v_x、v_y 为相互独立的零均值高斯白噪声,其方差均取 $\sigma_v^2=0.1^2$;η_I 为强度过程噪声,其方差取 $\sigma_\eta^2=10^2$;周期 $T=1\mathrm{s}$。

传感器测量模型为

$$z_k^{(i,j)} = \begin{cases} h_k^{(i,j)}(\boldsymbol{x}_k) + \boldsymbol{\eta}_k^{(i,j)} & E_k^{(i,j)} = 1 \\ \boldsymbol{\eta}_k^{(i,j)} & E_k^{(i,j)} = 0 \end{cases} \tag{3.118}$$

式中:噪声 $\boldsymbol{\eta}_k^{(i,j)}$ 服从瑞利分布,则测量值分布为

$$p(z) = \begin{cases} \dfrac{z}{\sigma^2}\exp\left(-\dfrac{z^2}{2\sigma^2}\right) & 噪声分布 \\ \dfrac{z}{\sigma^2}\exp\left(-\dfrac{z^2+A^2}{2\sigma^2}\right)I_0\left(\dfrac{zA}{\sigma^2}\right) & 信号加噪声分布 \end{cases} \tag{3.119}$$

式中:$I_0\left(\dfrac{zA}{\sigma^2}\right)$为第一类零阶修正的贝塞尔函数;$A$ 为信号强度。

根据式(3.112),目标状态为$\boldsymbol{x}_k$ 分辨单元(i,j)似然比为

$$l(z^{(i,j)} \mid \boldsymbol{x}_k) = \frac{p_{S+N}(z)}{p_N(z)} = \exp\left(-\frac{A^2}{2\sigma^2}\right)I_0\left(\frac{zA}{\sigma^2}\right) \tag{3.120}$$

3.4.4.2 仿真想定和参数设置

1. 想定设置

蒙特卡罗仿真次数为100。每次蒙特卡罗仿真产生20帧观测数据;分辨单元 $\Delta_x=\Delta_y=1$,检测区域内分辨单元总数 $n_x \times m_y = 32\times 32$,扫描周期 $T=1$;目标固定信号强度为 $A=128$,信噪比 SNR 分别为 3dB,5dB,9dB;扩散性目标的横、纵向扩散范围为 $\sigma_x=2$,$\sigma_y=1$,目标从第6帧出现,第28帧消失,起始位置为 $x_1=6$,$y_1=6$。目标真实运动轨迹如图3.46所示。

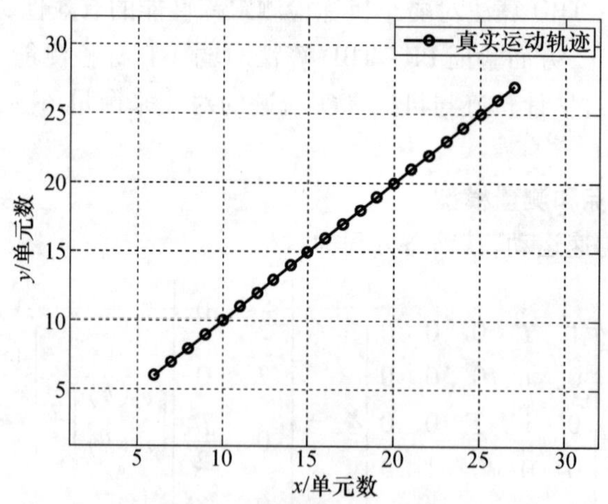

图3.46 目标真实运动轨迹

2. PF-TBD 算法参数设置

粒子初始位置状态在整个探测区域内呈均匀分布 $x \sim U[1,n_x]$,$y\sim U[1,n_y]$,速度状态满足均匀分布 $\dot{x}\sim U[v_{\min},v_{\max}]$,$\dot{y}\sim U[v_{\min},v_{\max}]$,强度满足均匀分布 $I\sim U[I_{\min},I_{\max}]$,其中 $n_x=n_y=32$,$v_{\min}=-1.5$,$v_{\max}=1.5$,速度单位为分辨单元/s,

$I_{min}=10, I_{max}=246$；粒子总数 $N=50000$，新粒子产生的分辨单元集测量信号强度阈值 $\gamma=10$；在计算似然函数时目标对横、纵分辨单元影响因子分别取：$p_x=3$，$p_y=1$。粒子滤波器采用标准 SIR 滤波器，利用式(3.111)、式(3.113)、式(3.120)进行粒子非归一化权重更新计算。

初始目标存在概率 0.1。目标“新生”概率 $P_b=0.1$，目标“死亡”概率 $P_d=0.1$。模式变量转移概率矩阵为

$$\boldsymbol{p}(E_k|E_{k-1})=\begin{bmatrix}0.9 & 0.1\\0.1 & 0.9\end{bmatrix}$$

3.4.4.3　仿真结果与分析

1. 扩散目标仿真结果

(1) 仿真产生不同信噪比条件下的原始信号观测图像，图 3.47 为信噪比分别为 3dB、5dB、9dB 条件下，蒙特卡罗仿真某一帧原始信号观测图像，图 3.48 为不同信噪比条件下原始信号幅度图像。

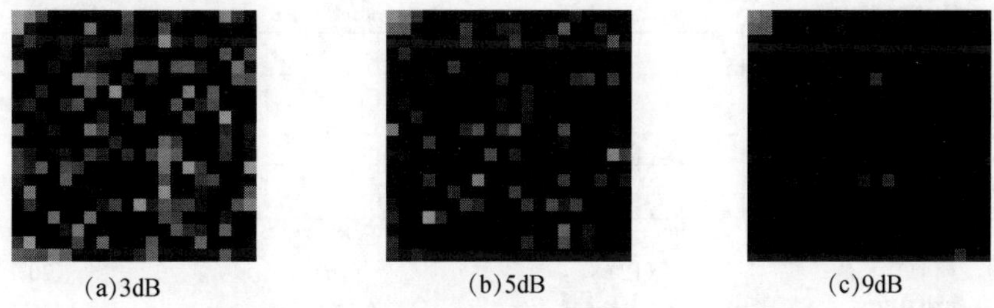

(a)3dB　(b)5dB　(c)9dB

图 3.47　不同信噪比条件下原始信号观测图像

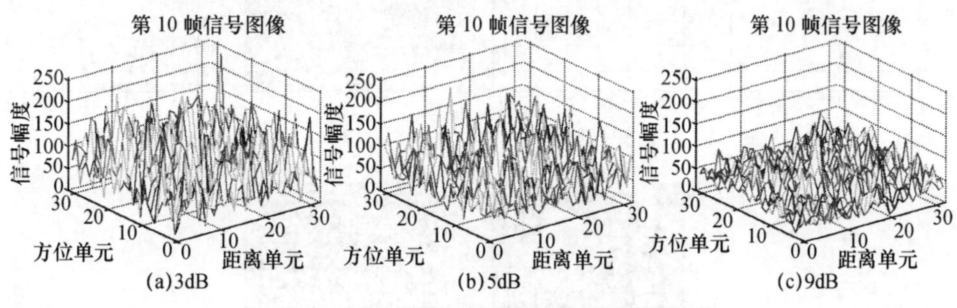

(a)3dB　(b)5dB　(c)9dB

图 3.48　不同信噪比条件下原始信号幅度图像

(2) 以一次蒙特卡罗仿真为例，在信噪比为 5dB 条件下，经过 PF－TBD 算法处理，粒子滤波器中粒子群聚集演化过程中的 18 帧如图 3.49 所示，其中每幅图下面标注其帧序号，坐标名称和刻度与图 3.48 相同。在目标出现的第 1 帧，粒子几乎均匀分布在整个监视区域；在目标出现的最初几帧，位置估计误差较大，但随着粒子群聚集趋于收敛，目标存在概率估计值逐步提高，在第 7 帧后，目标估计位置逐步逼近真实位置；由于采用扩散目标，在(从第 28 帧)延迟到第 30 帧后，目标消

失。单次仿真时,目标存在概率曲线和目标位置估计曲线如图 3.50 所示。

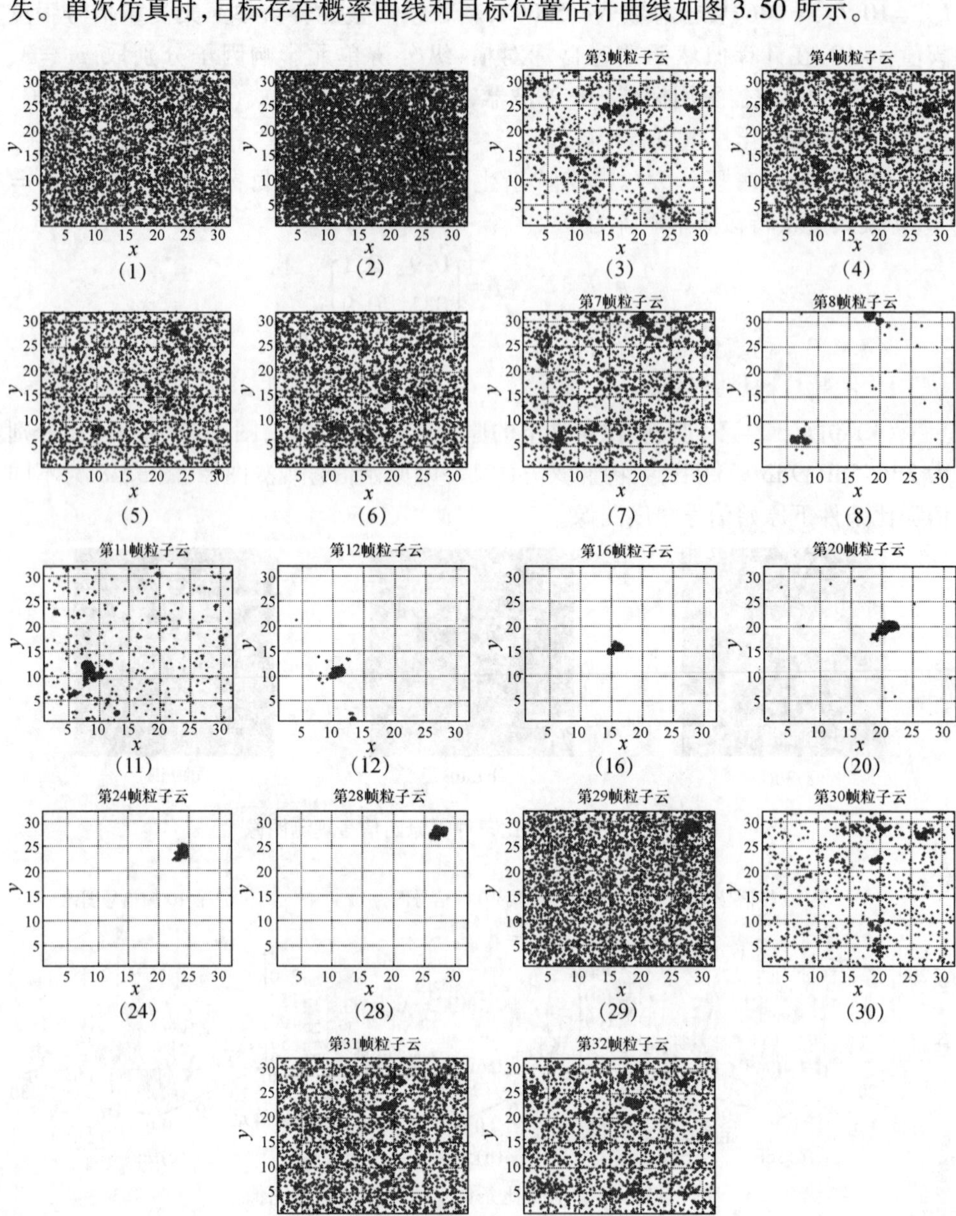

图 3.49　PF－TBD 算法中粒子群聚集演化过程

从图 3.50 所示的目标存在概率曲线和表 3.7 的数据可以看出,第 6 帧数据出现后,经过几帧振荡,从第 12 帧开始,目标存在概率达到 0.95 以上,并趋于稳定,直到第 28～30 帧目标消失。

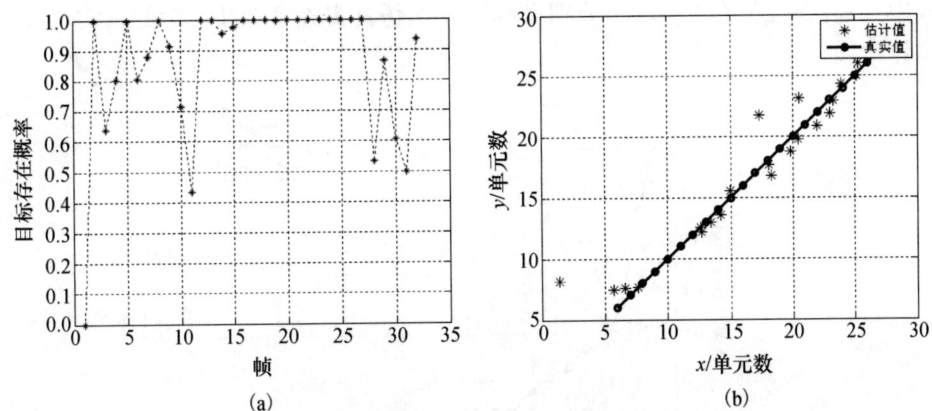

图 3.50　目标存在概率和位置估计曲线(信噪比 5dB)

(a) 目标存在概率曲线;(b) 目标轨迹估计曲线。

表 3.7　目标存在概率数据

帧数	1	2	3	4	5	6	7	8
目标存在概率	0	0.9943	0.6386	0.8029	0.9950	0.8050	0.8793	1.0000
帧数	9	10	11	12	13	14	15	16
目标存在概率	0.9134	0.7137	0.4354	0.9996	1.0000	0.9548	0.9753	0.9981
帧数	17	18	19	20	21	22	23	24
目标存在概率	1.0000	0.9999	0.9956	0.9998	1.0000	0.9989	1.0000	0.9998
帧数	25	26	27	28	29	30	31	32
目标存在概率	0.9996	1.0000	1.0000	0.5328	0.8632	0.6054	0.4975	0.9335

(3) 对于 M = 100 次的仿真情况,在不同信噪比(3dB,5dB,9dB)之下仿真目标检测概率如表 3.8 所列,其中目标检测概率的定义为:在目标存在时间长度 $L=22$ 帧期间,$M=100$ 次仿真中每次仿真的目标存在概率超过门限 0.8 的帧数所占比例的平均值。

表 3.8　扩散目标检测概率

信噪比	3dB	5dB	9dB
目标检测概率	0.9100	0.9341	0.9555

(4) 对于 $M=100$ 次的仿真情况,在不同信噪比(3dB,5dB,9dB)之下仿真目标轨迹估计误差 RMSE 曲线如图 3.51 所示,其中 k 时刻 M 次仿真实验的目标轨迹估计均方根误差(RMSE)定义为

$$\mathrm{RMSE}_k = \sqrt{\frac{1}{M}\sum_{m=1}^{M}\left((\hat{x}_{k,m} - x_{k,m})^2 + (\hat{y}_{k,m} - y_{k,m})^2\right)} \tag{3.121}$$

式中：$(x_{k,m}, y_{k,m})$、$(\hat{x}_{k,m}, \hat{y}_{k,m})$分别表示第 m 次仿真实验第 k 帧目标的真实位置和估计位置。

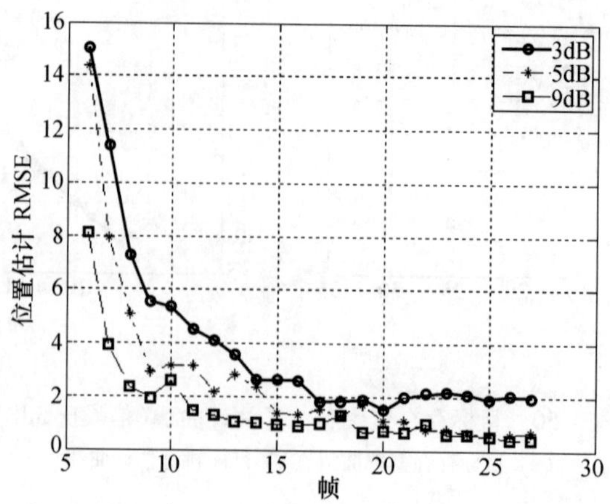

图 3.51 目标轨迹估计 RMSE 曲线

2. 非扩散点状目标仿真结果

仿真参数和想定设置与扩散目标一样，对信噪比为 5dB 的目标进行一次 TBD 仿真，结果如图 3.52 所示。分别对信噪比为 3dB、5dB、9dB 的目标进行 100 次仿真试验，统计目标的存在概率曲线和目标轨迹估计 RMSE 曲线，如图 3.53所示。

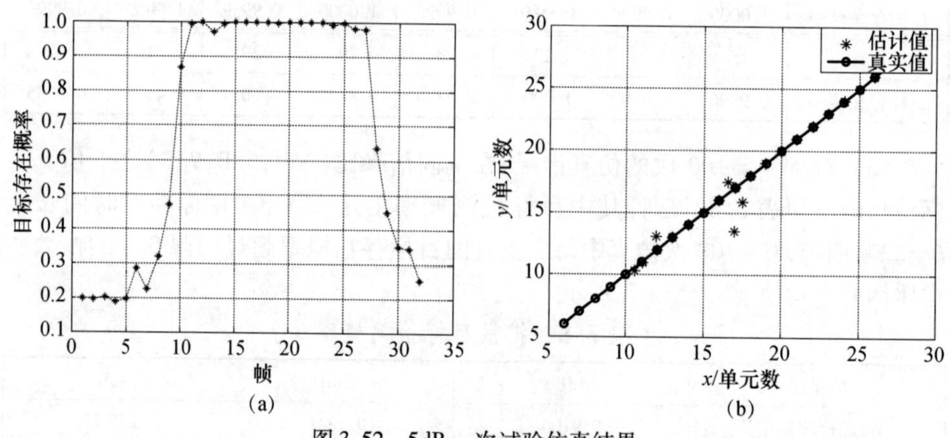

图 3.52 5dB 一次试验仿真结果

(a) 目标存在概率曲线；(b) 目标运动轨迹估计曲线。

3. PF－TBD 算法性能仿真分析[26]

(1) 目标存在概率。在单次仿真试验中，目标存在概率是按式(3.115)计算获得的，图 3.50(a)和图 3.52(a)中的目标存在概率曲线在 11 帧、12 帧以后概率值一直稳定在 0.95 以上，是由于采用 3.4.3.2 节中步骤 5，重采样是强制进行的，

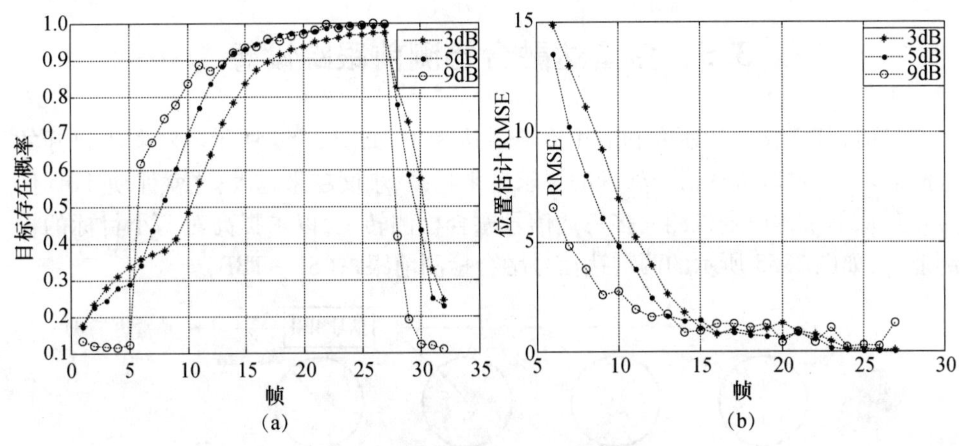

图 3.53　100 次试验仿真结果

(a) 目标存在概率曲线;(b) 位置估计 RMSE 曲线。

并且重采样获得的所有粒子权重均强制为 1/N 的均匀分布,故只要粒子出现概率连续达到一定值,就不再消失,而只是在状态之间进行转移,从而导致按式(3.115)获得的目标存在概率无大差异。由于噪声的干扰,扩散目标的存在概率在前几帧持续波动而无法稳定,如图 3.50(a)的前 12 帧所示;非扩散目标的存在概率在前几帧则呈逐渐增大趋势,直至检测到目标;该结论也可从图 3.53 中看到,而且信噪比越大,越能更早地检测到目标。

(2) 目标检测概率。扩散目标($\sigma_x=2,\sigma_y=1$)每次仿真得到的目标检测概率无大差异性,因此,不同的信噪比(3dB,5dB,9dB)对目标检测概率无显著影响,如表 3.9 所列。

表 3.9　非扩散目标检测概率

信噪比	3dB	5dB	9dB
目标检测概率	0.6309	0.7664	0.8527

表 3.9 为非扩散目标在不同信噪比(3dB,5dB,9dB)仿真的检测概率,从中可以看出信噪比越大,检测概率越大。

(3) 目标位置均方根误差(RMSE)。从图 3.52 和图 3.54(b)中可以看出,无论是扩散目标还是非扩散目标,信噪比越高,PF－TBD 算法检测性能越好,位置估计精度越高,目标发现时间越早。这是由于采用了强制重采样的粒子,并且对各重采样粒子强制采用相同权值,由于不同的信噪比对粒子的位置偏移有影响,从而影响目标位置估计精度。

综合以上三点分析,可以看出,一旦 PF－TBD 得到较高的目标存在概率时,能够同时估计出目标的位置信息。

3.5 多雷达融合检测前跟踪设想

目前,TBD 技术的研究和应用以单雷达为主,如图 3.54 所示。对弱小目标的检测需求,导致对雷达信号处理的要求越来越高,难度越来越大;这就促使 TBD 信号处理从单雷达信号检测向多雷达信号融合检测转变,以求提高对弱小目标的检测能力,如图 3.55 所示的两雷达信号融合检测前跟踪(SF-TBD)。

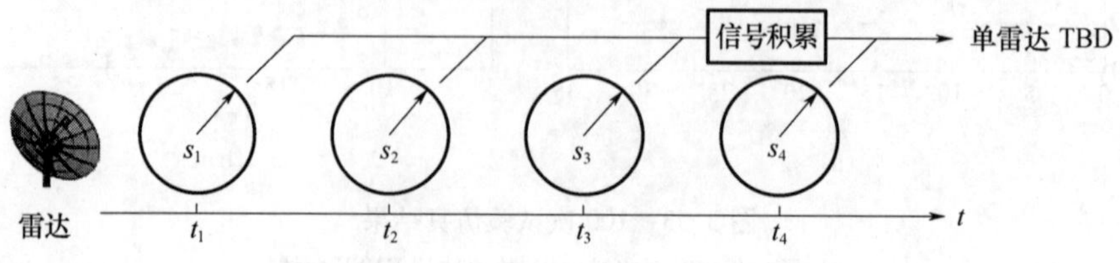

图 3.54 单雷达 TBD 示意图

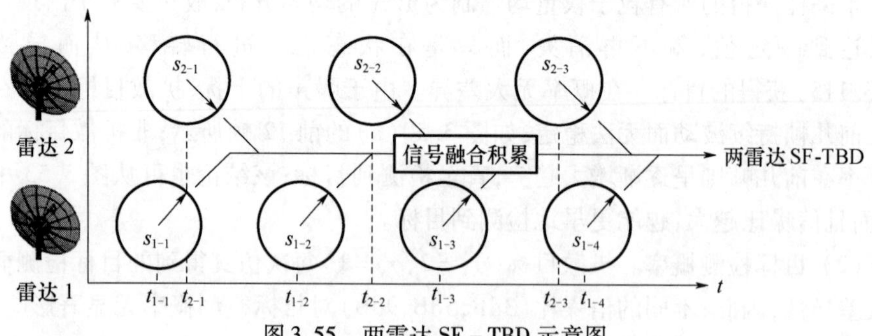

图 3.55 两雷达 SF-TBD 示意图

实现多雷达 TBD 的信号融合检测,需要解决两个问题,一是分布式部署的雷达信号配准;二是异步探测条件下的检测跟踪策略。

3.5.1 多雷达检测前跟踪的优势

单雷达 TBD 检测可大幅度提高低可观测弱小目标的检测概率,而融合多雷达的信息,进行多雷达 TBD 信号融合检测,更能够显著提高对目标的 TBD 性能。

首先,目标回波的强弱与探测雷达的工作参数有关;其次,与探测环境因素,如风、雨雪、温度、海况等有关;此外,还与目标平台因素,如表面形状和材料、体积、结构、动力性能、运动状态,以及目标与探测雷达天线相对位置和姿态等因素有关。在以上因素中,环境因素与目标因素属于不可控的客观因素。而雷达工作参数是可控因素,如雷达脉冲宽度 τ 与水平波束宽度 θ_{3dB} 决定雷达分辨率;水平波束宽度 θ_{3dB}、脉冲触发长度 PRI、天线转速决定雷达波束在某方位上驻留期间的脉冲数；发射功率 P_t 影响回波幅值与最远探测距离；探测频率和极化方式不同，同一目标回波强弱也不一样。极化方式对目标回波强弱的影响，受天气影响较大，并且不如频率影响的效果显著。通过以上分析，可融合不同波段的多部雷达回波以达到目标增强、杂波抑制和信息互补的作用。

我们知道，目标隐身是有条件的，隐身性能不会是全方位、全频段、全极化方式。因此，融合不同位置、不同频段、不同极化方式的多部雷达的探测信息，发挥 TBD 检测低可探测弱小目标的优势，将能够更有效地检测出隐身目标。

3.5.2　信号配准

从数据融合的角度来说，信号配准包括时间配准、空间配准以及信号特征配准三个方面。对于 TBD 技术来说，多雷达可能探测到同一区域内的多个目标，需要进行多周期信号关联和积累；而多雷达在不同时刻探测的目标状态在关联成功后，只需按时间序贯处理即可。因此，这里主要讨论多雷达探测信号的空间配准和特征配准，因为配准是信号关联和积累的前提。

3.5.2.1　空间配准

空间配准主要是指将不同雷达在各自坐标系下的信号位置变换到一个统一坐标系下，以便于后续的信号关联、融合积累和检测计算。空间配准包括空间坐标变换和插值求取统一坐标系位置的信号幅值两个步骤。

1. 雷达信号位置变换

雷达信号是以雷达天线位置为原点，以方位、距离（某些雷达含高程）为参数的极坐标信号，为了进行 TBD 的轨迹过滤等操作，需将其转换到统一的空间直角坐标系中。在此之前，要进行正北方位的校正。

在实际使用中，雷达都会以标校的方式确定正北方向。受限于标校方法以及标校精度，雷达的正北方向与实际的正北方向一般存在误差，如图 3.56 所示。由于两部雷达分别与准确的正北方向存在 θ_A（θ_A 为负角度）与 θ_B 所示的方位误差，两部雷达视频信号在配准空间内存在 $\theta_m = \theta_B - \theta_A$ 的方位（角度）差异，需要在极坐标向统一笛卡儿坐标转换时考虑进去。

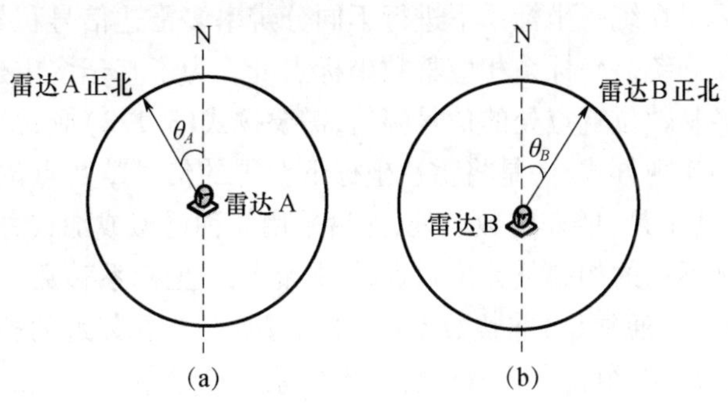

图 3.56　正北方位的校正示意图

在完成正北校正后，进行极坐标向统一直角坐标的转换。对于对海探测雷达来说，统一坐标系可设计为面向近海平面的笛卡儿坐标系（正北为 y 方向，正东为 x 方向），原点可设置在某个雷达站或任一选定地面点。坐标转换要考虑雷达天线距海平面高度 H，如图 3.57 所示。

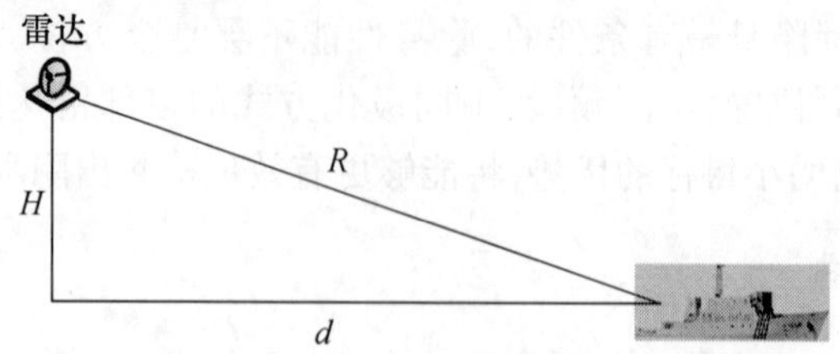

图 3.57　雷达天线距海平面高度 H 影响示意图

假设雷达天线在统一坐标系中的坐标为（x_s，y_s），方位校正误差为 $\Delta\theta$，则雷达站极坐标系向统一平面直角坐标系的坐标转换公式为

$$\begin{cases} x = x_S + \sqrt{R^2 - H^2}\sin(\theta + \Delta\theta) \\ y = y_S + \sqrt{R^2 - H^2}\cos(\theta + \Delta\theta) \end{cases} \tag{3.122}$$

对于含有高程信息的雷达，可设计为雷达站球坐标系（距离 R、方位 θ 以及仰角 α）向统一的空间笛卡儿坐标系（正北为 y 轴，正东为 x 轴，铅垂向上为 z 轴的右手坐标系）的转换。假设雷达天线在统一坐标系中的坐标为（x_s，y_s，z_s），方位校正误差为 $\Delta\theta$，空间转换公式为

$$\begin{cases} x = x_S + R\sin(\theta + \Delta\theta)\cos\alpha \\ y = y_S + R\cos(\theta + \Delta\theta)\cos\alpha \\ z = z_S + R\sin\alpha \end{cases} \tag{3.123}$$

2. 雷达信号幅值变换

它是指基于雷达测量信号位置和幅度确定统一坐标系下信号位置和幅值。目前，单雷达数字信号处理方式对信号量化采样是在确定的分辨率之下的整数坐标位置点实现的，即信号 s_r 的幅值 $f(s_r)$ 与整数坐标点（x_r，y_r）相对应，或称为整数坐标点采样。为了在统一坐标系下进行不同分辨率多雷达信号积累，需要将各雷达采样信号变换到统一坐标系相应整数坐标点处。为了基于多雷达信号采样，确定统一坐标系各整数位置点处的信号幅值，需要按式（3.122）或式（3.123）进行坐标变换。有两种实现方式，一是将雷达坐标下获得的信号整数点位置正向变换到统一坐标系下（通常是）的非整数点处，然后采用某种近似或加权方式将该信号幅值分配给统一坐标系的相邻整数位置点；二是将统一坐标系整数位置点反向变换到某雷达坐标系下（通常是）非整数点处，然后寻找与其相邻近的整数位置点测量信号，采用近似或加权组合方式获得统一坐标系下该整数位置点的信号幅值。我们以第二种方式为例，假设统一坐标系下整数坐标点坐标（x_f，y_f）变换到雷达坐标

系为$(x_r+\Delta x_r, y_r+\Delta y_r)$，其中 x_r、y_r 是整数，Δx_r、Δy_r 是(0,1)中小数。于是，(x_f, y_f)点信号幅值可以通过与$(x_r+\Delta x_r, y_r+\Delta y_r)$相邻的雷达整数坐标处信号幅值的插值组合获得。

信号幅值变换的插值方法包括最近插值法和双线性插值法插值法。

最近插值法原理如图 3.58 所示，将统一坐标系下整数位置点反向变换到单雷达坐标系中的非整数位置点处，取与该坐标点最近邻的整数点坐标，并以该点信号幅值作为相应统一雷达坐标系下该整数位置点信号幅值。最近插值法计算速度快，但插值效果较差。

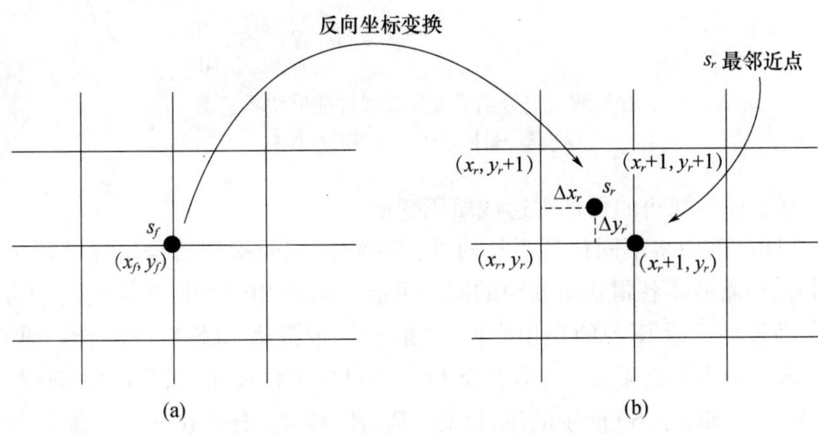

图 3.58　信号幅值变换最近插值法示意图
(a) 统一坐标系；(b) 单雷达坐标系。

双线性插值法原理如图 3.59 所示，将统一雷达坐标系下的整数坐标点，反向变换到单雷达坐标系中，其坐标为$(x_r+\Delta x_r, y_r+\Delta y_r)$，$x_r$ 与 y_r 都是整数，Δx_r 与 Δy_r 都是(0,1)区间的小数，根据该坐标点周围 4 个邻近整数坐标点信号的幅值 $f(n_1)$、$f(n_2)$、$f(n_3)$和$f(n_4)$计算出相应统一雷达坐标系下该整数坐标点信号 s_r 的幅值$f(s_f)$，计算公式为

$$f(s_f) = (1-\Delta x)\cdot(1-\Delta y)\cdot f(n_1) + \Delta x\cdot(1-\Delta y)\cdot f(n_2) + \Delta x\cdot\Delta y\cdot f(n_3) + (1-\Delta x)\cdot\Delta y\cdot f(n_4) \tag{3.124}$$

双线性插值法效果较好，应用较为普遍。

不难看出，无论是最近插值法还是双线性插值法，都适用于不同分辨率雷达信号幅值变换，这是由于只需在图 3.58 和图 3.59 中调整 Δx 和 Δy 即能体现不同的雷达分辨率。这样，这是给出的雷达信号幅值变换方法实际上描述了不同分辨率雷达信号向统一坐标系单一分辨率的信号转换问题。

3.5.2.2　信号特征配准

多雷达对共同探测区域目标进行信号融合检测的前提之一是需要进行信号特征配准。信号特征配准包括目标的 RCS 变换和信号幅度(功率)的变换。

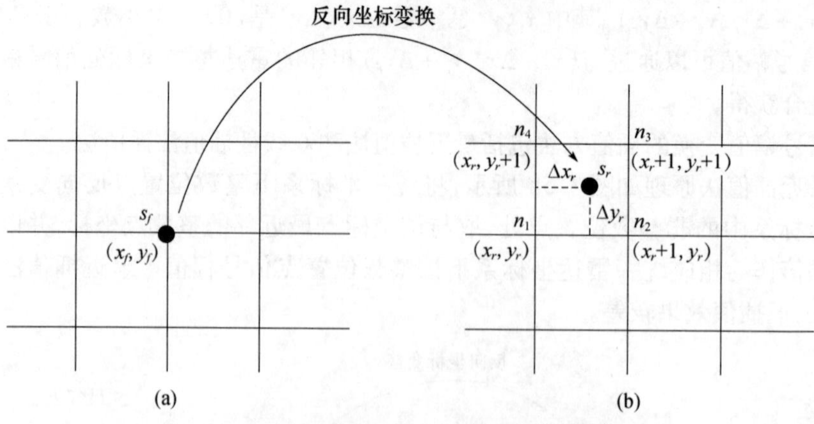

图 3.59　信号幅值变换双线性插值法示意图

(a) 统一坐标系;(b) 单雷达坐标系。

1. 基于探测视角的目标雷达截面积变换

在空间配准中将不同位置雷达对共同探测区域的探测信号位置进行坐标变换的同时,还需要将各雷达对获得的同一可能目标的 RCS 特征变换到同一雷达坐标系下,即进行目标 RCS 的视角变换,才能进行多雷达 RCS 特征融合。通常,目标的 RCS 与探测距离无关[67],但 RCS 取决于目标平台尺寸,以及目标与探测雷达的相对视角。如图 3.60 所示的三部雷达 R_1、R_2 和 R_3,分别位于目标航线侧面不同位置,它们所探测到的目标 RCS 依赖于雷达观测视线与目标航线的夹角 α,即

$$\mathrm{RCS} = \sigma \sin\alpha \tag{3.125}$$

式中:σ 为目标最大可视面积,如图 3.61 中 R_1 位于目标正下方时所获得的 RCS(对应视角 $\alpha = 90°$)。这样一来,RCS 的变换公式成为

$$\mathrm{RCS}' = \mathrm{RCS}\frac{\sin\alpha'}{\sin\alpha} \tag{3.126}$$

式中:α'为统一基准雷达天线处对目标的相对视角。

值得指出的是,此时需要知悉或预测出目标航线,以确定各雷达对该目标航线的相对视角。变换式(3.125)只考虑了不同视角对目标一维观测(线度)变换,若考虑二维面积或三维体积,则变换公式十分复杂。

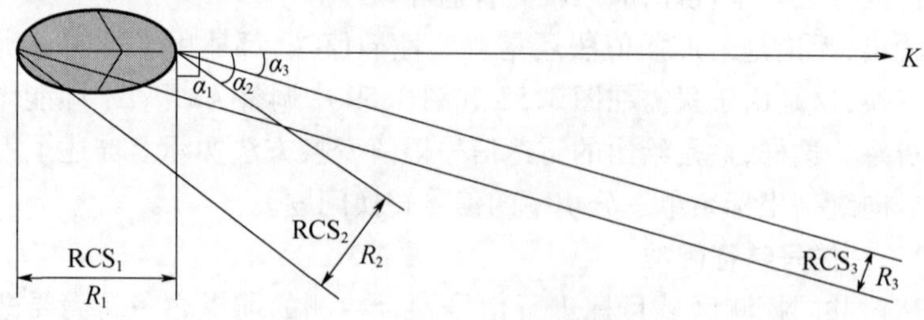

图 3.60　RCS 与探测视角的关系

2. 基于探测距离的目标信号功率变换

雷达接收到目标反射回来的信号功率与雷达和目标的距离有关。因此,在雷达截面积变换的同时,还需要将不同位置的雷达接收到的同一目标反射的信号功率变换到与目标同一距离基准上,才能实现目标的多雷达信号幅度的融合。

通常,雷达接收信号功率与雷达和目标的距离的四次方成反比。对于目标T,其与某雷达的距离为 R,该雷达接收目标T的信号功率为 p_r。若多雷达信号融合的基准距离为 R',则 p_r 要变换为基准距离 R'下的功率 p_r',以进行多雷达信号功率特征的融合。变换公式为

$$p_r' = p_r\left(\frac{R}{R'}\right)^4 \tag{3.127}$$

3.5.3 多雷达检测前跟踪策略

TBD检测一般分为杂波/噪声抑制、关联积累和轨迹过滤三个阶段。多雷达的信号融合可在关联积累阶段或者轨迹过滤阶段进行,于是可将融合策略分为以下两种。

(1) 在关联积累阶段进行信号融合过程是,各雷达将经过杂波/噪声抑制的视频信号进行空间配准和特征配准,即将每部雷达视频信号和位置变换到统一雷达坐标系下,然后进行贯序关联积累,生成假设航迹,在统一雷达坐标系下进行轨迹过滤。

(2) 在轨迹过滤阶段进行信号融合过程是,多部雷达的视频信号在各自的雷达坐标系下独立进行杂波/噪声抑制,各自进行关联积累,生成各自的假设航迹,再将各自的假设航迹进行空间配准,对各自积累的信号进行特征配准,然后融合成统一雷达坐标系下的假设航迹和信号特征,进行轨迹过滤。

3.5.3.1 关联积累阶段的融合策略

关联积累阶段的融合策略如图3.61所示。该融合策略的关键在于如何将探测时间异步、探测区域相同以及信号强度不一的多雷达视频信号进行融合关联积累。

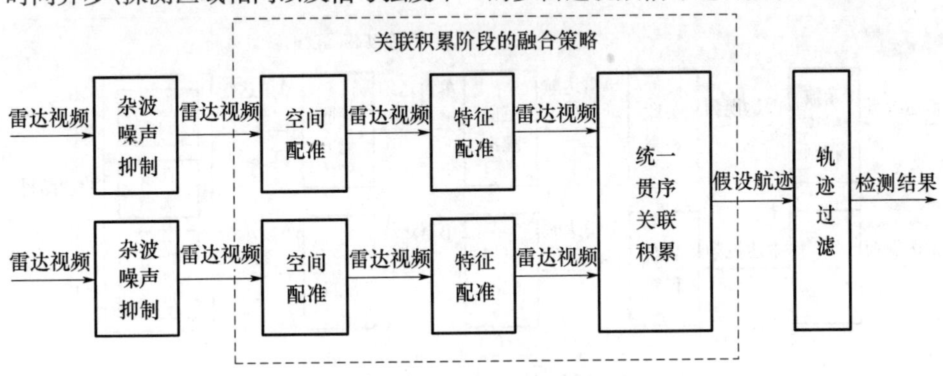

图3.61　两雷达的关联积累阶段融合策略

在多雷达共同检测区域，每部雷达的视频信号经空间配准和特征配准之后，在统一坐标系下按一定的策略统一贯序关联积累，积累到指定周期时，按照一定的判定准则，计算出统一坐标系下的目标假设轨迹。相较于单雷达 TBD 检测，多雷达 TBD 融合检测需要关注两个方面的问题，如图 3.62 所示。

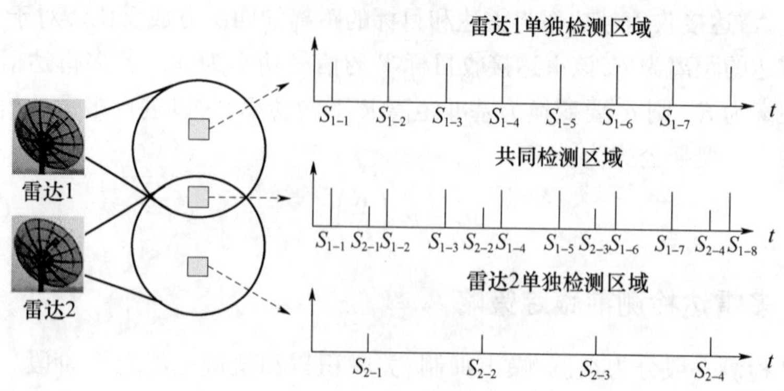

图 3.62　两雷达信号关联积累阶段的融合策略

(1) 由于每部雷达的扫描周期不相同，相位不同步，对共同检测区域，两部雷达各自探测信号序贯到来的相邻时间间隔不相等。进行信号序贯关联积累时，需要将间隔时间作为参数添加到关联积累的策略中去。针对不同的时间间隔，调整搜索窗的大小等参数，以提高 TBD 的性能。要准确获取间隔时间，需要对每部雷达进行统一的时间校准，并将时间戳信息插入雷达信号中。

(2) 检测区域包含各雷达单独检测区域、共同检测区域，还可细分为某几部雷达的共同检测区域，在信号关联积累时，需分别考虑。可在统一坐标系中建立映射表，记录每一个空间位置点被雷达覆盖的情况。根据映射表，进行信号配准，进而进行关联积累。

3.5.3.2　轨迹过滤阶段的融合策略

轨迹过滤阶段的融合策略如图 3.63 所示。

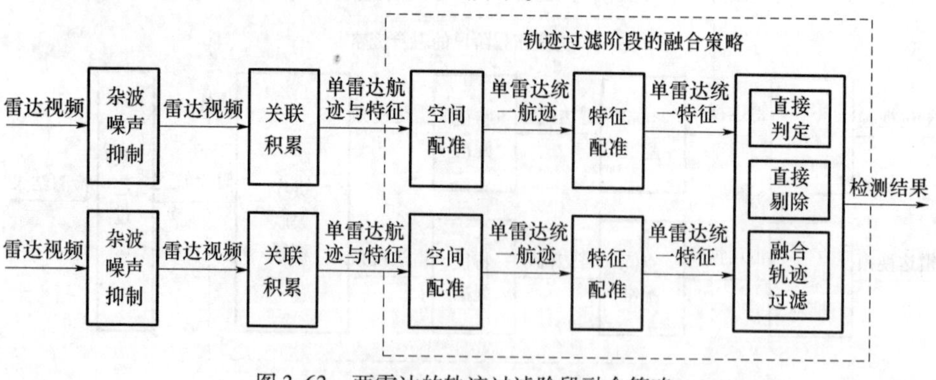

图 3.63　两雷达的轨迹过滤阶段融合策略

在多雷达共同检测区域,每部雷达的视频信号,在各自的雷达坐标系下独立进行杂波/噪声抑制,各自进行关联积累,生成单雷达假设航迹,然后将各自的假设航迹进行空间配准和特征配准,形成统一坐标系下的单雷达假设航迹和特征,进行信号积累以及融合轨迹过滤。

融合轨迹过滤可采用两种方式,一种是将配准后的各雷达假设轨迹在统一坐标系下融合,再依据判定准则进行轨迹过滤,这种方式统一处理,操作相对简单,但融合后的轨迹特性有时会劣于其中检测性能较好的雷达产生的假设航迹,可采用另一种分类处理方式,如图 3.64 最右边框中所示,分为以下三个步骤。

(1) 采用较严格的判定准则,选择出置信度较高的单雷达统一假设航迹,判定为目标航迹,这些航迹直接宣布,不进行融合判定。

(2) 采用较严格的剔除准则,过滤掉置信度很低的单雷达统一假设航迹,这些轨迹直接剔除,不进行融合判定。

(3) 将剩下的假设轨迹进行信号积累及融合处理,依据判定准则进行轨迹过滤,选择出目标航迹,剔除虚假航迹。

与关联积累阶段融合策略类似,航迹过滤阶段融合策略同样存在由于探测不同步需要考虑时间间隔不同时的关联和积累问题。

3.6　小　　结

本章向读者介绍了正处于研发阶段的目标检测前跟踪(TBD)技术,是发现和跟踪弱信号目标(隐身目标、机动目标、干扰环境目标,以及导弹、无人机等特定小目标)的有效技术途径之一。重点描述了基于动态规划的 TBD(DP - TBD)技术,基于粒子滤波的 TBD(PF - TBD)技术,基于 Hough 变换的 TBD(HT - TBD)技术的原理、实现方法和仿真或试验验证案例。对于多雷达信号融合检测前跟踪的研究,目前处于起步阶段,本章向读者介绍了研究思路,给出了不同位置、不同分辨率、不同发射功率的雷达测量信号的统一变换方法,包括信号位置变换、雷达回波截面积(RCS)变换和信号幅值变换等关键技术;描述了技术实现基本途径。

本章内容可能存在不成熟和缺陷,旨在帮助读者应用和思考,望读者指正。

参 考 文 献

[1]　Skolnik M I. Radar Handbook[M] (Second Edition). New York: McGraw - Hill Publishing Company, 1970.

[2]　王小谟, 匡永胜, 陈忠先, 等. 监视雷达技术[M]. 北京: 电子工业出版社, 2008.

[3]　吴顺君, 梅晓春, 等. 雷达信号处理和数据处理技术[M]. 北京: 电子工业出版社, 2008.

[4]　Wynn D A, Cooper D C. Coherent track - before - detection processing in a ship - based multifunction radar. In Radar 1992 International Conference, 1992, 206 - 209.

[5] Reed I, Gagliardi R, Stotts L. Optical moving target detection with 3 – D matched filtering. IEEE Trans. on Aerospace and Electronic Systems,24,4(July 1988),327 – 336.

[6] Reed I, Gagliardi R, Stotts L. A recursive moving – target – indication algorithm for optical image sequences. IEEE Trans. on Aerospace and Electronic Systems, 26, 3(May 1990), 434 – 440.

[7] Barniv Y. Dynamic Programming solution for detecting dim moving targets. IEEE Trans Aerospace and Electronic Systems,1985,21(1):144 – 156.

[8] Barniv Y, Kella O. Dynamic programming solution for detecting dim moving targets, Part II: Analysis. IEEE Trans. on Aerospace and Electronic Systems,1987,23(11):776 – 788.

[9] Tonissen S M, Bar – Shalom Y. Maximum likelihood track – before – detect with fluctuating target amplitude. IEEE Trans. on Aerospace Electronic Systems, 32, 4 (Oct. 1996), 1440 – 1451.

[10] Tonissen S M, Evans R J. Performance of dynamic programming techniques for track – before – detect. IEEE Trans. on Aerospace and Electronic Systems, Oct. 1996, 32:1440 – 1451.

[11] Arnold J, Shaw S, Pasternack H. Efficient target tracking using dynamic programming. IEEE Trans. on Aerospace and Electronic System,29,1(Jan. 1993)44 – 56.

[12] Johnston L A, Krishnamurthy V. Performance Analysis of a Dynamic Programming Track Before Detect Algorithm. IEEE Trans. on Aerospace and Electronic Systems, 2002, 38(1):228 – 242.

[13] Carlson B D, Evans E D, Wilson S L. Search radar detection and track with the hough transform, part I: system concept. IEEE Trans. on Aerospace and Electronic Systems, 1994, 30(1):102 – 108.

[14] Carlson B D, Evans E D, Wilson S L. Search radar detection and track with the hough transform, part II: detection statistics, IEEE Trans. on Aerospace and Electronic Systems, 1994, 30(1):109 – 115.

[15] Carlson B D, Evans E D, Wilson S L. Search radar detection and track with the hough transform, part III: detection performance with binary integration. IEEE Transactions on Aerospace and Electronic Systems, 1994,30(1):116 – 125.

[16] Kramer J D R, Jr and Reid W S. Track – before – detect processing for a range – ambiguous radar. In Radar Conference, Record of the 1993 IEEE National,1993,113 – 116.

[17] Wallace W R. The use of track – before – detect in pulse – Doppler radar. In RADAR 2002, 2002,315 – 319.

[18] Buzzi S, Lops M, Venturino L. Track – before – detect procedures for early detection of moving target from airborne radars. IEEE Trans. Aerosp. Electron. Syst. , 2005,41:937 – 954.

[19] Porat B, Friedlander B. A frequency domain algorithm for multiframe detection and estimation of dim targets. IEEE Trans. on Pattern Analysis and Machine Intelligence(PAMI). 1990:398 – 401.

[20] Chu P L. Optimal projection for multidimensional signal detection. IEEE Trans. on Acoustics, Speech and Signal Processing. 1988,36(5):775 – 786.

[21] 胡士强，敬忠良．粒子滤波原理及应用．北京：科学出版社，2010.

[22] Arulampalam M S, Maskull S, Gordon M, and Clapp T. A Tutorial on Particle Filters for Online Nonlinear/Non Gaussian Bayesian Tracking. IEEE Transactions on Signal Processing, Vol. 50, No. 2, Feb. 2002.

[23] Samond D J, Birch H. A Particle Filter for Track – before – detect. Proceedings of the American Control Conference, Washington, USA, 25 – 27 June,2001,5:3755 – 3760.

[24] Rutten M G, Gordon N J, Maskell S. Particle – based Track – before – detect in Rayleigh noise. Proceedings of SPIE 2004, Signal and Data Processing of Small Targets, 2004, 5428:509 – 519.

[25] Rutten M G, Ristic B, Gordon N J. A comparison of particle filters for recursive track – before – detect. 2005 7th International Conference on Information Fusion, July 2005, 169 – 175.

[26] 梁新华，潘泉，杨峰，等．一种高效粒子滤波检测前跟踪算法的仿真分析，计算机应用研究，2012，1(29)：67 – 71.

[27] Mohanty N C. Computer tracking of moving point targets in space. IEEE Trans. on PAMI. 1981, 3:606 -611.

[28] Tonissen S M, and Evans R J. Target Tracking using dynamic programming Algorithm and performance. Proceedings of the 34th IEEE Conference on Decision and Control, 1995, 3:2741 -2746.

[29] 方海. 系统工程与运筹[M]. 西安：西安交通大学出版社，2008.

[30] Bellman R E. Dynamic Programming. Princeton University Press, Princeton New Jersey, 1957.

[31] 强勇，焦李成，保铮. 动态规划算法进行弱小目标检测的机理研究[J]，电子与信息学报，2003，25(6)：721 -727.

[32] Gnedenko B V. Surla Distribution Du Terme Maximum d'une Serie Aleatoire. Annuals of Mathematics, 1943, 44, 423 -453.

[33] 黄林梅，张桂林，王新余. 基于动态规划的红外运动小目标检测算法[J]. 红外与激光工程，2004，33(3)：303 -306.

[34] 杨万海. 雷达系统建模与仿真[M]. 西安：西安电子科技大学出版社，2007.

[35] Gumbel B J. Statistics of Extremes. Columbia University Press, NewYork, 1958.

[36] Hough P V C. Methods and means for recognizing complex patterrns. U. S. Patent 3, 069, 654, 1962.

[37] Duda R O, Hart P E. Use of The Hough Transformation to detect lines and curves in pictures. Communication of the ACM, 15, 1(Jan. 1972), 11 -15.

[38] Ballard D H. Generalizing the Hough transform to detect arbitrary shapes. Pattern Recognition, 13, 2(1981), 111 -122.

[39] Illingworth J, Kittler J. A survey of the Hough transform. Computer Vision, Graphics, and Image Processing, 44(1988), 87 -116.

[40] 何伍福，王国宏，等. Weibull 海杂波环境中基于 Hough 变换的目标最优检测[J]，现代雷达，26(2)，2004.

[41] 王国宏，毛士艺，何友. 杂波环境下基于 Hough 变换和逻辑的快速航迹起始算法. 系统仿真学报，2002，14(7).

[42] 王国宏，何友，等. Hough 变换在海面信号检测与目标跟踪中的应用研究. 海军航空工程学院研究报告，2002，11.

[43] Carlson B D, Evans E D, Wilson S L. Search Radar detection and track with the Hough transform, Part I: System concept, IEEE trans. On AES, 1994, 30(1):102 -108.

[44] Carlson B D, Evans ED, Wilson S L. Search Radar detection and track with the Hough transform, Part II: Detection statistics, IEEE trans. On AES, 1994, 30(1):109 -115.

[45] Moshe Elazar. Search Radar track - before - detect using the Hough transform. ADA 295245, 1995, 3.

[46] Bassem R. Makafza A Z, Elsherbeni. MATLAB simulations for radar system design. 朱国富，等译. 北京：电子工业出版社，2012.

[47] 王国宏，何伍福. Weibull 海杂波环境中基于 Hough 变换的目标检测研究[J]，雷达与对抗，2004(2)，24 -30.

[48] David L. Hall Sonya, Mcmullen A H. Mathematical Techniques in Multisensor Data Fusion[M]. Artech House Boston. London 2004, chapter 5, 129 -170.

[49] 龚亚信. 基于粒子滤波的弱目标检测前跟踪算法研究[D]. 国防科技大学博士学位论文，2009.

[50] Ristic B. Detection and tracking of stealthy targets [M] Beyond the Kalman Filter: Particle Filtering for Tracking Applications. Artech House, 2004: Chap. 11.

[51] Ristic B. Detection and tracking of stealthy targets [M] Beyond the Kalman Filter: Particle Filtering for Tracking Applications. Artech House, 2004: Chap. 3.

[52] Bergman N. Recursive Bayesian estimation: Navigation and tracking applications. Ph. D. dissertation,

LinkÖping Univ. , LinkÖping, Sweden, 1999.

[53] 胡士强，敬忠良．粒子滤波算法综述[J]，控制与决策，2005,4.

[54] M. SanjeevArulampalam, SimonMaskell, Neil Gordon Tim Clapp A Tutorial on Particle Filters for Online Nonlinear/Non - Gaussian Bayesian Tracking. IEEE Transaction on Signal Processing, Vol. 50, NO. 2, 2002,2.

[55] Doucet A, de J F G, Freitas, Gordon N J. An introduction to sequential Monte Carlo methods. In sequential Monte Carlo Methods in Practice, A. Doucet, J. F. G. de Freitas, and N. J. Gordon, Eds. NewYork: Springer - Verlag, 2001.

[56] Doucet A, Godsill S, Andrieu C. On sequential Monte Carlo sampling methods for Bayesian filtering. Statist. Comput. , vol. 10, no. 3, 197 - 208.

[57] Liu J S, Chen R. Sequential Monte Carlo methods for dynamic systems. J. Amer. Statist. Assoc. , vol. 93, 1998, 1032 - 1044.

[58] Doucet A, Gordon N, Krishnamurthy V. Particle filters for state estimation of jump Markov linear systems. IEEE Trans. Signal processing, 2001, 3(49): 613 - 624.

[59] Gordon N, Salomond D. Novel approach to non - linear and no - gaussian Bayesian state estimation. Proceedings of Institute Electric Engerring, 1993, 140: 107 - 113.

[60] Kitagawa G. Method Carlo filter and smoother for non - gaussian nonlinear stat space models. Journal of Computational and Graphical Statistics, 1996, 5: 1 - 25.

[61] Carlin B P, Polson N G, Stoffer D S. A Monte Carlo approach to nonnormal and nonlinear state - space modeling. J. Amer. Statist. Assoc. 1992, 87(418): 493 - 500.

[62] 蒋薇．粒子滤波改进算法研究与应用[D]．黑龙江：哈尔滨工业大学，2010.

[63] Godsill S, Doucet A, West M. Methodology for Monte Carolo smoothing with application to time - varing autoregressions. in Proc. Int. Symp. Frontiers Timer Series Modeling, 2000.

[64] Gilks WR, Berzuini C. Following a moving target - Monte Carlo inference for dynamic Bayesian models. J. R. Statist. Soc. B, 2001, 63: 127 - 146.

[65] Musson C, Oudjane N, LeGland F. Improving regularised particle filters. In Sequential Monte Carlo Methods in Practice, A. Doucet, J. F. G. de Freitas, and N. J. Gordon, Eds. New York: Springer - Verlag, 2001.

[66] 朱志宇．粒子滤波算法及其应用[M]．北京:科学出版社,2010.

[67] 中国雷达与电子设备研究所编．雷达系统[M]．北京：国防工业出版社，2008.

第4章 作战识别融合结构、方法与应用

4.1 作战识别的基本概念

作战识别(Combat Idetification,CID)信息融合是在适宜的信息级别上,按相应的分类结构组合信息,以获得所关注级别的一个正确识别结果(ID)。从战前的征候识别,目标出现阶段的目标型号与身份识别(敌、我、中),到战场态势与威胁识别,直到火力打击命中目标之前,基于打击效果的目标真伪识别活动(如在拦截弹发射后,在命中前弹载传感器一直探测目标并与武器平台交互,以识别真假弹头和诱饵),以及在一次打击结束后的打击效果识别;作战识别贯穿于整个作战过程中。CID 的最终目的是获得联合作战空间中战场对象的准确特征,从而高可信、实时应用于所面临的作战决策、指挥控制和火力打击中。

以图4.1描述的空战场为例[2],无论是交战还是非交战活动,皆存在信息理解、融合处理和识别的多重复杂性。其既来源于环境/干扰的影响,也来自对象进行主动欺骗和规避对其探测与识别的活动。此外,某一战场对象在一个较长的作战周期中可能只是偶尔出现(见图4.1中的判定频率),甚至所要识别的对象并不参与作战活动或某一战场态势,仅是旨在威慑的姿态性活动,使得作战识别在时机上和复杂性上具有更大难度。所产生的不正确识别结果,会使得作战资源和兵力遭受损失甚至导致战争失败,如图4.1右侧方框所示。这样的例子屡见不鲜,如1988年7月的USS Vincennes事件,1994年在伊拉克禁飞区内美军击落己方"黑鹰"直升机,以及2003年伊拉克战争中爱国者导弹连击落英军返航的两架"鹞"式轰炸机等都是熟知的误伤例子。又如,在1991年历时40天的海湾战争中,美军伤亡613人,其中死亡146人,误死35人;伤467人,误伤72人,2003年伊拉克战争,联军死亡人数158人,其中误死48人。在20世纪90年代后的局部战争中,据过半数的统计,地面人员误伤率为7% ~25%。

无论在何种战场上进行的何种作战活动,其目的皆是消灭敌人,保存自己,而保存自己的手段之一是减少火力误伤。产生误伤是由于情况误判导致的错误决策和行动所致,其源于克劳塞维茨(Clausewitz)的战争迷雾(Fog of War)[3],现在战争的高节奏使交战决策与火力打击之间如此短促,使该问题加剧。因此,减少不确定性(模糊性)、改善决策质量成为战场感知的首要任务。这就需要采用系统工程方法,构建一个集信息融合、航迹管理、作战识别与传感器管理于一体的指挥与决策系统,这就是CID的任务。历史上,由于CID强调实用简单而缺乏准确性

是导致重大误伤事故的主要原因。

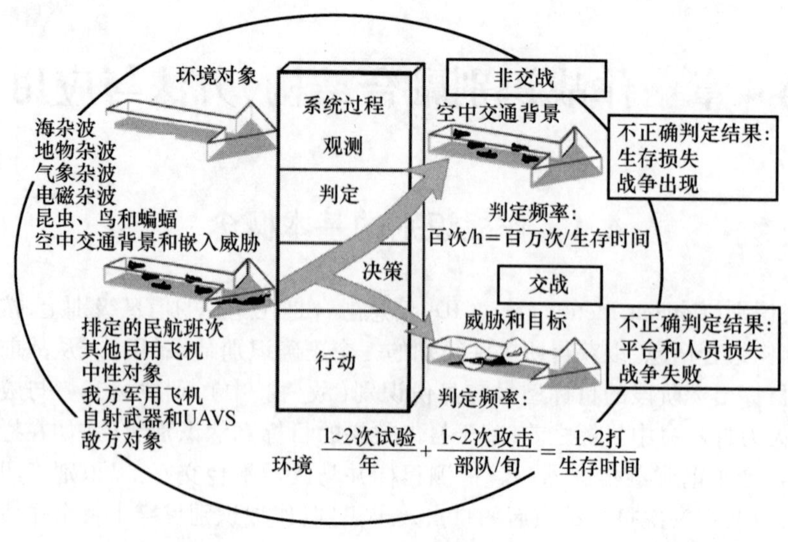

图 4.1　空战场的复杂性

CID 的识别结果是通过采用各种手段获取战场信息,特别是目标属性信息、关系信息和效用信息,经融合、分析与判断产生的,其中最基本的、最底层的是各类传感器或侦察手段获取的战场目标的属性特征信息或与属性有关的信号,见表 4.1。

表 4.1　目标属性信息源类型

信息源种类	携带平台	目标属性信息
有源雷达(Radar)	地面、机载、舰载、车载、星载	基于 RCS 的目标大小和形状
SAR(ISAR)	机载、星载	目标与背景图像
敌我识别器(IFF)	地面、机载、舰载	我/非我目标信息
电子支援措施(ESM)	地面、机载、舰载	辐射源电磁参数与方位、经处理后获得的目标属性(辐射源、平台)
红外搜索与跟踪系统(IRST)	机载、舰载、车载、星载	红外光谱图像
多光谱/微光/EO		目标表面图像/摄像
技术侦察	地面、机载、舰载	截获破译后获得的敌目标属性/企图等
声纳(Sonar)	水面、水下、舰挂	目标音频信号
数据库	系统	已获得的有关目标属性信息

从表 4.1 可以看出感知属性的目标通常分为以下三类。

(1) 合作目标:识别意义下的协同目标,通常指配合识别的己方目标,通过敌我识别(IFF)传感器的二次应答信息或自动识别系统(AIS)提供的识别信息识别我方身份，或通过与己方作战行动计划关联获得我方信息，包括己方平台类型、型号、机/舷号、数量等目标自然属性信息。

(2) 非合作目标：无配合识别行为的非己方目标，只能基于传感器和侦察手段获取的特征信息估计其属性，包括身份(敌、我、中)和自然属性信息。

(3) 无意识合作目标：非主动配合识别目标，如担负通信、探测、干扰任务的作战平台，其自身任务会产生辐射信号，被对方传感器探测到；此外，探测到电磁信号泄漏的目标，也属于无意识合作识别目标。

图4.2给出了识别任务面对的属性识别信息空间，其中除了上述三类识别目标外，还画出了采用传感器和技术手段对该空间进行感知的动态样本S的边界线。

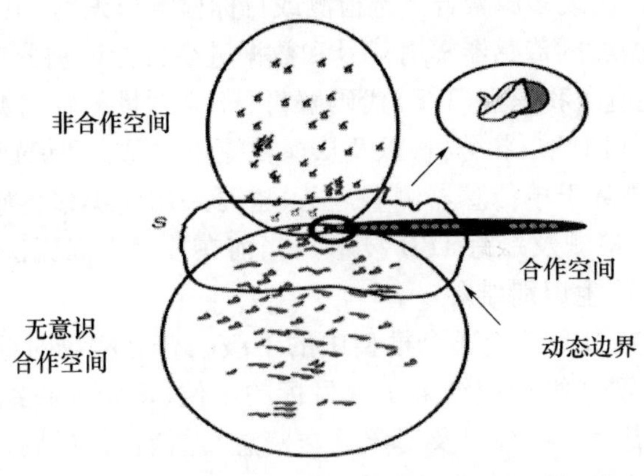

图4.2　属性信息空间

从图4.2可以看出，非合作空间与无意识空间的交集中的目标通常是指辐射的电磁信号被探测到的敌方目标，非合作空间、无意识合作空间、合作空间三者的交集中的目标是指有辐射电磁信号的可疑或不明(无法识别)目标，其身份可为敌、我或中，只能基于探测到的电磁信号估计其自然属性。图4.2还示出了从动态探测样本信息和合作目标信息仅能导出CID的总体信息空间的一个子集。

当各识别传感器的探测信息不充分(稀疏)时，其获得的识别结果在概率大小上不同，甚至可能出现矛盾，如对一个进行信号发射控制或发射欺骗干扰信号的目标的识别结果就属于这种情况。此时，可以通过控制样本空间，即控制传感器获取较真实的信息，或从样本集合中清除虚假(欺骗干扰)信息，以获取一个正确的CID结果。

4.2　作战识别的体系结构

多源信息的作战融合识别作为多源信息融合的重要组成部分，其贯穿于信息融合的各个功能级别中。然而,从各传感器获取目标属性信号和特征信息,到各级融合识别过程的理论研究和工程实践表明,在图 1.1 给出的美国国防部实验室联合理事会(JDL)信息融合 6 级模型中[3],产生 CID 估计结果主要位于 0、1、2、3 级,其分别对应于信号识别、目标识别、态势识别和威胁识别。4 级融合过程精练和 5 级融合认知精练在 CID 中分别反映评估和反馈控制,以及人的认知能力对 0 ~ 3 级识别结果的改善和修正。

4.2.1 基于 JDL 信息融合模型的 CID 功能描述

在这里首先基于 JDL 信息融合模型描述每一级中的 CID 功能。

0 级 CID 功能:0 级融合处于数据级或信号级,通过多源信号或数据的配准、关联、聚集和滤波,实现多源融合点迹检测或目标检测与识别。0 级 CID 主要基于获取的目标平台携载的传感器辐射信号和数据进行目标识别分类,为 1 级 CID 提供支撑,主要功能有敌我识别(IFF)代码解析、ESM 测量的辐射源分类、有源雷达的信号能量聚集和 RCS 形状分析,以及从探测图像中提取和识别目标特征等。该级的识别功能主要基于单传感器测量进行,也可采用同类多传感器信号/数据融合实现(如多雷达检测及跟踪 TBD 技术),当前在技术上尚无法对异类传感器信号/数据进行融合产生识别结果。

1 级 CID 功能:JDL 信息融合模型中的 1 级融合是战场对象(目标)提取/估计,是通过融合各源 0 级处理结果实现目标的定位、识别和跟踪。其中 1 级 CID 功能是融合 0 级提供的特征以及对象分类信息,包括特征或属性的关联/相关分配,以及建立 CID 的目标属性分类集合。1 级 CID 产生对象的属性估计结果称为自然属性,是基于分类方法实现的,如目标空间、平台、型号、级别、单位、数量以及国籍等层次,而国籍有时与敌、我、中等身份关联被放到 3 级 CID 类别中。1 级 CID 的每个层次都是一个多假设结构,由于信息源报知的 CID 信息可能位于该级别的不同层次,对于确定性识别来说,单源信息通常是不充分的。当多源信息比较充分且未丢失有价值的信息时,则能够通过自动融合和判定,识别出 1 级 CID 多个层次目标属性。

2 级 CID 功能:JDL 融合模型中的 2 级融合基于 1 级融合产生的目标定位、识别与跟踪结果,以及侦察情报,通过建立目标的周边关系(目标之间、目标与作战意图及与环境要素之间的关系),使用某些类型的估计方法提取/估计战场态势。战场态势中的一个重要关系是对象的作战身份归属,即战场对象的 2 级 CID 结果,包括我、可能我、中立、可疑、敌、未知等身份属性。因此,2 级 CID 在战场态势生成和估计中占有重要地位。例如,对 1 级 CID 确认的一架飞机型号是 F-16 来说,并不涉及其敌我身份,但在 2 级 CID 中能够基于来源国籍、飞机外形等侦察图像或文档资料,获得该飞机的一个适当的 CID 身份识别结果。特别是从文档资料提供的 F-16 战机的归属国籍可直接确定其身份。如果传感器或信息源报知的目标信息(如传感器 RCS、IFF 和数据链的识别信息)与我方目标的动态特征(目标航迹和属性特征)紧密关联,就不必要再去识别该目标的敌或不明身份。值得注意的是,2 级 CID 含有三个层次的多假设结构,包括目标身份属性、关系属性和态势变化属性多假设集合,采用的推理判定方法包括确定性判断逻辑、后验贝叶斯判定推理、表决融合推理,以及不确定融合推理等,见文献[4]9.2.3 节。

3 级 CID 功能:JDL 融合模型中的 3 级融合称为影响估计或威胁估计,其力图从动态行为(包括目标的状态、属性和行为)来解释一个态势,即估计进一步的预测态势所产生的影响和作用,其与行动所产生的潜在结果相联系。3 级 CID 的功能是基于 1 级和 2 级的融合结果,以及独立获取的人工和侦察情报,研究和识别对象的作战周期(Col. J. R Boyd 1950 年提出的 OODA 环[5])中各环节,特别是识别其判断和决策环节,以估计其后续行动可能产生的影响和效果。3 级 CID 的识别结果表现为对象活动/行为识别、企图识别以及威胁等级估计等层次,每一层次都是一个多假设结构。不难看出,3 级 CID 包含了 JDL 融合模型中 3 级融合的主要功能。例如,对于防空作战来说,若 2 级 CID 已识别某目标为敌,但其行动是飞离保卫对象,则其就没有威胁意图,并可反馈到 1 级 CID 识别其为非交战(或无交战能力)的平台。又如,若 1 级和 2 级 CID 已识别出一批空中目标平台和型号是军用侦察机,那么 3 级 CID 会判断不能进行交战,因其没有武器攻击能力,故其没有威胁意图。3 级 CID 采用的融合和处理方法有贝叶斯信度网络、神经网络和马尔可夫对策论等。

4 级 CID 功能是对 CID 多级识别过程的评估和反馈控制与优化过程,即过程精炼,其类似于 JDL 模型的 4 级融合,但其仅对识别功能进行。需要注意两点:一是 JDL2004 推荐信息融合模型将 4 级融合确定为过程评估,而将反馈控制优化放到感知资源管理(在信息融合范围之外)通用功能中,CID 也可进行类似处理;二是从 0 级 CID 到 4 级 CID,所有识别过程都存在与目标状态信息的协同识别问题,特别在 2 级 CID 和 3 级 CID 中,识别过程与目标状态密不可分。

4.2.2　CID 的多假设关系结构

在这里采用文献[1]31.2 节图 31.4 描述的多级多假设 CID 结构,但将其扩展到整个作战领域,如图 4.3 所示。

图 4.3 给出了 CID 的多层多假设结构,并展示了 0 ~ 4 级 CID 逐级之间的功能和信息支撑关系。从对目标的识别意义上讲,0 级 CID 展现对目标特征的识别结果;1 级 CID 展现了目标的自然属性,与其行动角色无关;2 级 CID 展现目标在行动中的角色,称为身份属性;3 级 CID 展现的是目标的作用和效能,称为效用属性。此外,2 级和 3 级 CID 还包含态势属性和威胁属性的识别。各级具体的假设分类如下。

0 级 CID 有 3 个假设分类,其中探测信号假设分类包含信号能量、波形、变化梯度等3类特征状态。辐射源分类包含可能的各种平台携载的电磁辐射源状态，识别代码分类包含可能的合作目标装载的IFF(二次雷达)的识别代码分类状态。

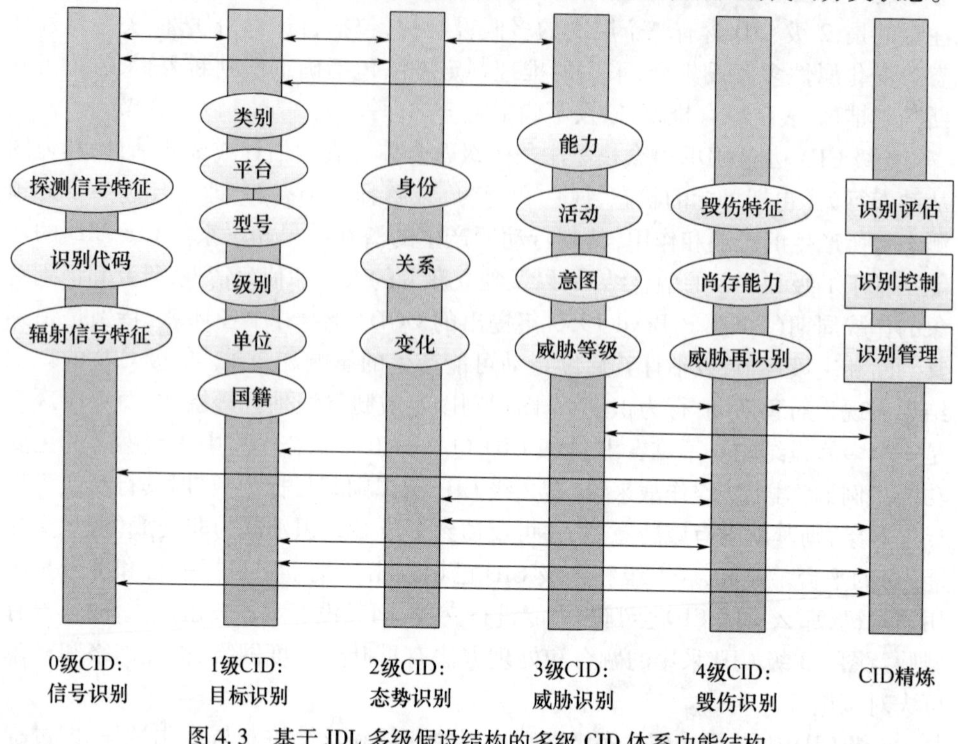

图4.3　基于JDL多级假设结构的多级CID体系功能结构

1级CID有6个假设分类，每个分类含有相应数量的可能状态，如类别分类含有陆、海、空、天、网电等空间状态，其他分类依作战背景而不同，应尽量罗列出相应数量的可能状态，1级CID的每个假设分类及功能关系见4.2.2.1节。

2级CID有3个假设分类，其中目标身份假设分类含有6个可能状态，关系和态势变化假设分类中每个分类状态与具体的作战态势有关。3级CID含有4个假设分类，每个假设分类依不同的作战背景具有相应数量的可能状态。2级和3级CID假设分类及功能关系详述见4.2.2.2节和4.2.2.3节。

4级CID含有三个假设分类，其中毁伤特征分类包含能够表现目标毁伤程度的各种特征，不同的打击目标，如炮兵阵地、通信枢纽、弹道目标等，其毁伤特征是不一样的；尚存能力也基于打击对象而不同，还包含及时补充，转隶和增强能力；威胁再识别是基于双方交战效果和尚存能力的威胁评估结果。4级CID毁伤识别是持续作战不可或缺的链条之一。

5级CID含有3个假设分类，其中评估分类含有可能的评估结论，控制分类含有可能对0~3级CID过程的所有可能控制方法(控制对象、时机和程度)，而管理分类则含有对0~3级CID资源、配置、部署和状态管理，5级CID自身并不含识别功能,而是对 CID 过程进行精炼,以获得整体优化的 CID 结果为目标。

对于各 CID 级别中的假设分类的构建和应用需说明以下几点。

(1) 一个对象的每个假设分类中的状态及其数量,随各传感器输入的不断积累而增加。如 1 级 CID 的型号分类集合中的元素就是由与目标航迹积累文件相关联的每个对象的型号信息确定的。

(2) 每个假设分类中的各可能状态存在一个概率分布,是观测传感器/信息源参数的一个函数。不同信息源或同一信息源在不同时间可能获得某一个 CID 级别不同分类信息或同时获得多分类信息。例如,雷达检测识别出目标平台空间类别,而技侦手段识别出目标型号和级别,因此某一级的分类识别结果可能在多假设分类之间移动,当然应是相容的;又如,技侦手段同时识别报出目标的类型且身份属性为敌,经判断对我方有威胁意图,此时识别信息可能在 1、2、3 级 CID 间移动。

(3) 每个假设分类中的状态识别判定需要一个适宜的门限,该门限值通常基于任务、作战条例和信息的有效性确定,当依据准确或高可信时,可基于概率分布,由容许的判定风险确定;否则,只能依据战场目标识别实际应用效果,进行统计确定。例如,在 2 级 CID 单一身份假设分类中,对于目标身份为敌或中的判断来说,判定身份为中立所依据的信息明显比身份为敌判定所依据的信息要少得多,这是由于判定身份为敌关乎对我方的威胁。因此,要寻求更多的依据信息,并且对身份为敌的判定通常设置一个较高的门限值。

(4) 每个属性假设分类中的属性状态识别判断包含计算出现错误判定结果的概率并对可能产生的后果进行分析。如上述对身份为敌的判定要依据尽量多的信息并设置较高的判定门限,就是为了尽可能减少误判(虚警)结果。在图 4.1 中,右侧上、下两框分别描述目标属性误判对于非交战行动和交战行动可能产生的后果。当然,在具体的背景下,属性误判产生的后果要进行具体分析,包括量化估计。

4.2.2.1　1 级 CID 结构

1 级 CID 结构涵盖空间类别、平台、型号和级别等逐级细化的 4 个假设分类,还包含与上述每个假设分类都有关系的单位和国籍等两个假设分类,图 4.4 给出了 1 级 CID 各假设分类之间的关系示例。

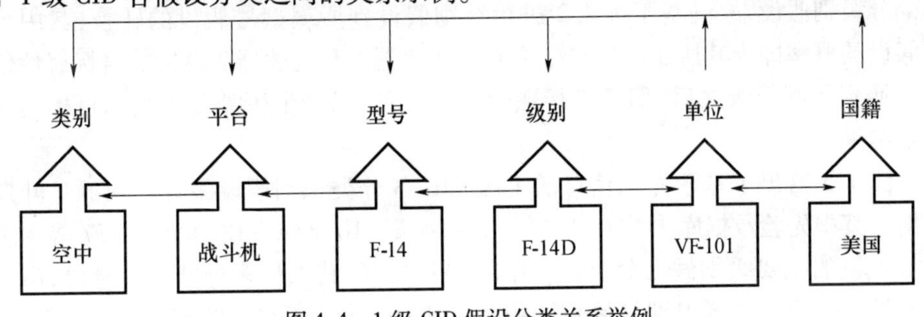

图 4.4　1 级 CID 假设分类关系举例

一个简单例子如下：

（1）传感器1报出的目标机型号信息：F－14、F－15、F/A－18。

（2）传感器2报出目标级别信息：F－14A、F－15E、F/A－18E、F/A－18F。

传感器2提供了传感器1所描述目标型号的特殊子集（级别集合），即给出了传感器1所描述的目标F－14、F－15战机各一个例证和F/A－18战机的两个例证。

目标型号信息、级别信息的一个先验数据库见表4.2。

表4.2　传感器型号－级别报告

型号	可能级别	级别元素个数
F－14	F－14A F－14B F－14D	3
F－15	F－15A F－15B F－15C F－15D F－15E	5
F/A－18	F/A－18A F/A－18B F/A－18C F/A－18D F/A－18E F/A－18F	6

通过表4.2能将传感器1提供的目标型号信息转换为所属级别信息，由于缺少型号中各级别的先验分布信息，故假设型号中各级别是等概率的，于是可将型号概率除以其所含级别数（表4.2提供的三个型号所含级别元素数分别是3、5、6），而平均分配到每个级别上。对于相反的情况，由于传感器2提供了三个型号的部分级别假设，故可基于表4.2进行级别假设到所属型号假设的转换，其中型号假设的概率即为其所属级别概率之和。传感器1和传感器2提供的目标属性信息转换到相同等级之后，即可进行融合识别处理，以产生所需要等级的目标属性识别结果。

图4.5给出了基于先验信息的1级CID各分类识别假设集合之间的贝叶斯网络。其中先验数据库中的ID描述了F－14、F－16、F/A－18和波音737等4个型号飞机的主要级别假设分类集合中的先验数据，其来自多种开放信息源，由假设不带偏差的传感器识别结果长期积累产生的，并且还在不断积累完善。该ID

节点提供的空中飞机型号—级别两级识别结果,可理解为是这四型飞机最小粒度的自然属性,是 1 级 CID 其他分类识别假设集合构建的基础,并对其他等级 CID 分类假设集合构建,以及整个 CID 系统的精炼,具有举足轻重的作用。

图 4.5 还给出了基于该贝叶斯网络进行 1 级 CID 的处理过程。其中,国籍框中的{(美国,0.676),(印度尼西亚,0.0025),(以色列,0.309),(西班牙,0.0126)}和平台类型框中的{(作战飞机,0.959),(商用飞机,0.041)}是输入的要进判读识别的传感器数据,其他节点的数据是基于某些输入数据的 1 级 CID 处理后的识别结果。

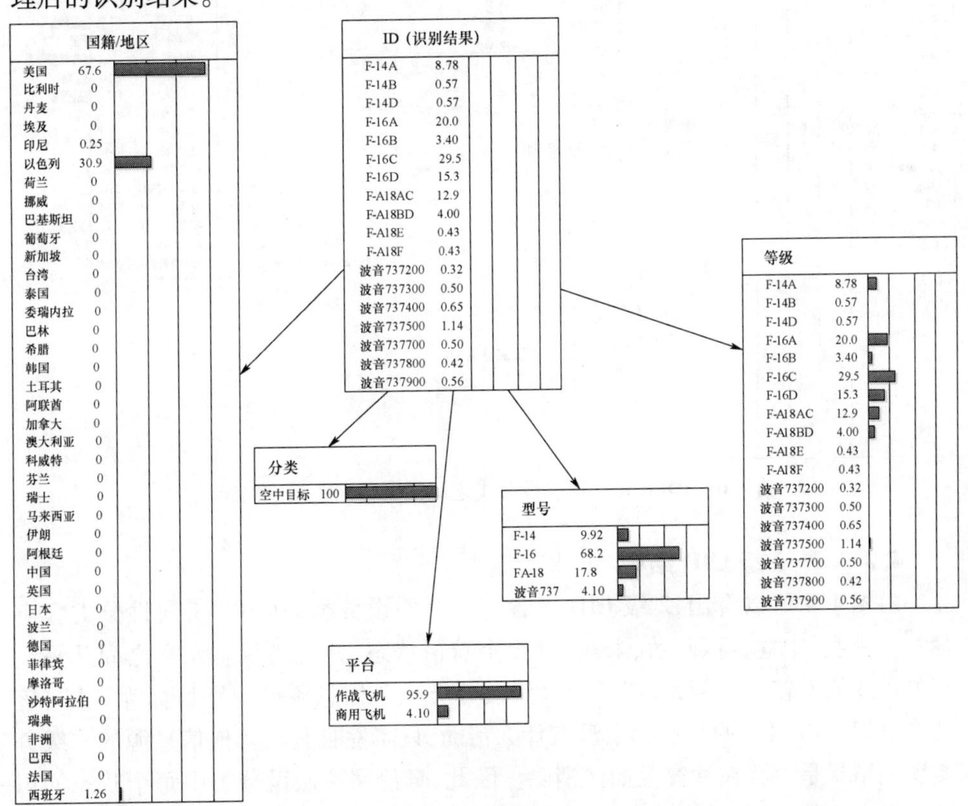

图 4.5　信息处理后的分类作战识别贝叶斯网络

图 4.6 给出了一个已积累到一定程度的 1 级 CID 各假设分类贝叶斯关系网络中的先验数据,包括较完整在状态及其概率赋值/信度分配。该贝叶斯网络展现了该 1 级 CID 案例各假设分类之间的关系,其中的 ID(识别结果)分类节点是该 1 级 CID 中对所有其他分类节点产生影响的节点,可视为该例中的主节点或原因节点,其他节点可视为由该 ID 节点推断出的结果节点,由原因节点信息推断出结果节点信息需构建贝叶斯推理网络,其中除先验概率赋值外,还涉及模糊信息与不良信息处理方法和技术,这里没有列出。

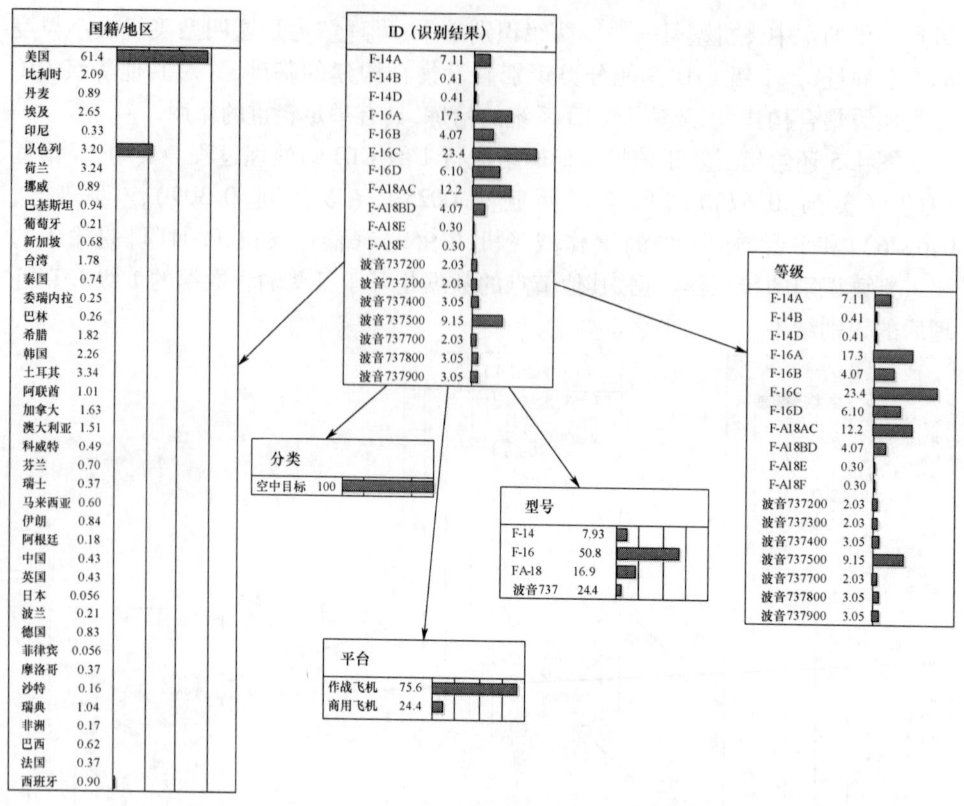

图4.6 JDL1 级 CID 假设分类之间的贝叶斯关系网络示例

4.2.2.2 2 级 CID 结构

由图4.4 可以看出，2 级 CID 中含有三个假设分类，其中身份属性分类含有“我、可能我、中立、可疑、敌、未知”等 6 个身份状态，并且诸状态元素之间几乎没有关系或关系较少。例如，若基于该假设分类一个信息源已识别目标为“敌”，该结论对识别为“我”的状态元素没有什么帮助，只需检验其与其他信息源的二级分类识别结果是否存在冲突及如何消除。因此，身份属性假设分类中每个状态的识别结果主要是基于本级测量、1 级 CID 结果和先验信息推断出来的。对身份属性信息的直接测量来自合作空间目标，如己方平台（IFF）回传的应答信息，鉴于目标身份属性在作战中的重要性，2 级 CID 信息必须由可靠的信息源提供，并且要考虑传输中的加密方法，以及面对欺骗干扰（欺骗信息注入）的检测、处理与身份信息的恢复等。对于身份属性假设中的“可能我、中立、可疑、敌、不明（未定）”等身份状态，无法直接测量确定，通常借助对非合作空间目标的测量信息间接推定，而这些测量信息是基于不同介质传感器提供的目标特征信息，先推断出目标的自然属性，然后再通过先验数据库提供的 1 级 CID（自然属性）信息与 2 级 CID（身份属性）信息的关系信息，估计或推断出身份属性中的“非我”身份状态。例如，应用

CID 条例库，检测到与一个对方平台相关的辐射源型号和级别，即可作为 2 级 CID 分类中的“敌”或“可疑”状态的估计结果。

2 级 CID 中的关系假设分类主要指构建态势所涉及到的战场目标之间的关系，如对抗、隶属、支援、协同、保障等；还涉及到战场目标与环境要素之间的关系，如目标（部队）利用某地形，某公路/河流遂行作战活动，以及作战力量与机场、油库、弹药库等军事设施的使用或打击关系等。关系假设分类更主要涉及作战力量/战场目标与作战意图/作战样式的关系，即其在某种作战样式中所担任的角色和要达到的目标，与作战活动密切相关。关系假设分类是聚集战场要素，生成战场态势的基础，也是识别基于作战意图的态势分类的基础。

2 级 CID 中的态势变化假设分类主要指战场目标状态的变化假设（机动、分批、合批、增强、削弱，以及属性改变），还包括随作战进程产生的作战意图、作战样式、作战能力和兵力分布的变化等。2 级 CID 这三个假设分类中目标身份属性状态是不变的，其对态势关系假设和态势变化假设分类的演变具有重要影响。

4.2.2.3　3 级 CID 结构

如图 4.3 所示，3 级 CID 含有 4 个假设分类：能力类、活动类（如反潜战［ASM］[5]、战斗空中警戒、情报侦察等活动）、意图类（攻击目标非威胁）和威胁等级（致命程度）。3 级 CID 结构主要用来估计对手未来行动及其可能产生的影响，也包含预测己方的活动可能产生的效果。因此，3 级 CID 用于估计对象的影响或对象所能够起的作用，故称为效能属性。3 级 CID 中 4 个假设分类集合中的状态既依赖对 3 级分类的直接测量，还依赖该对象的 1 级和 2 级 CID 的假设分类状态的识别结果。例如，若 2 级 CID 确定的对象身份分类的识别结果是非敌，那么 3 级 CID 的识别结果必然不会出现在威胁等级假设分类中。

3 级 CID 的 4 个假设分类之间具有关联性，其中活动类是识别意图类和威胁等级类的基础，而能力类是 3 级 CID 整体的基础。由这 4 个假设分类不难看出，3 级 CID 与 JDL 融合模型中 3 级融合威胁估计在概念上并无大的差别。也可以说，威胁估计功能主要是识别功能。即识别出敌方兵力的效能和影响，进一步获得对包括我方和中立方在内的所有战场兵力效能和作用的一个清晰估计，有如下诸项[4,7]。

（1）估计集结的兵力能力——包含识别（2 级 CID 确定的）战场上敌、我和中立方兵力。

（2）识别威胁时机——包含识别敌方作战计划、兵力薄弱点和可能出现的敌方威胁行动时间和场景。

（3）预测敌方意图——包括通过信息分析，预测敌方的意图、行动、事件和通信状态。

（4）推断估计——对每个预测的兵力（敌和我方）行动，估计其时间、优先次序，以及对手可能采取的行动。

3 级 CID 提出的假设分类方法融合了战场实体自身的物理特性和它们的行为(任务、行动和显现出的意图),通过两种推理形式获取对 3 级 CID 有用的态势感知(SA)。

(1) 观测驱动 SA 推理——提供基于直接观测的态势估计,即基于潜在的威胁进行态势感知。

(2) 任务驱动 SA 推理——提供基于态势与一个所期望的威胁任务的匹配,进行态势估计。

通常,3 级 CID 需这两个活动协同进行。

4.3 识别信息获取与度量

识别信息获取属于 0 级和 1 级 CID 问题,是 CID 的核心[8],它与信息论有惊人的相似之处。香农(Shannon)在他的著名论文:"通信的数学理论"[9]中,奠定了通信理论(后来称"信息论")的基础,它把通信的基础问题定义为"在一个节点精确地或近似地重现其他节点所确定的消息",这里的"重现"就是指信息的传输和接收的过程,而这些消息则涉及确定的物理或概念实体,或依照某个系统与实体相关联,这里的系统即指一个关联判定识别系统。因此,从识别意义上讲,"采用某些形式的传感器识别一个对象就是在其他地点精确或近似重现该对象的过程",即在传感器探测地点或信息处理地点识别重现该战场对象。这就要求保持重现对象与物理或概念对象的一致性。进一步地说,一个对象的完整、准确识别依赖于所提供的传感器信息的数量、质量和类型,以及采用的融合识别算法。一个传感器提供的识别信息应是可能识别消息集(能够描述与消息内容有关的一个或多个可能对象的备选集合)中的一个子集,这就要求传感器识别结果与先验的备选识别消息集合元素保持一致性。

上述重现对象与其来自的物理或概念对象的一致性,以及传感器获取的识别结果与先验的备选识别消息集元素的一致性,展现了探测级 CID 与信息论的主要相似点。

4.3.1 传感器目标信号获取过程

如 Shannon 所述,一个典型的目标探测识别过程与信息传输收发过程极为相似,如图 4.7 所示。对图 4.7 的各环节说明如下:

(1) 通信系统的信源与识别系统的探测目标对应,是一个确定的实体系列,它能够辐射或反射电磁信号,生成合作信息(如 IFF,空中交管系统都使用它)、无意识合作信息(如电子支援(ES)传感器,能检测到无意泄露的辐射源信号特征),以及称为非合作目标识别(NCTR)的非合作信息(如高分辨率雷达(HRR)),通常指敌方目标,只能基于探测信息估计识别出其属性特征。基于多个信息源获取的合作、无意识合作和非合作识别信息，能够形成一个目标识别向量。

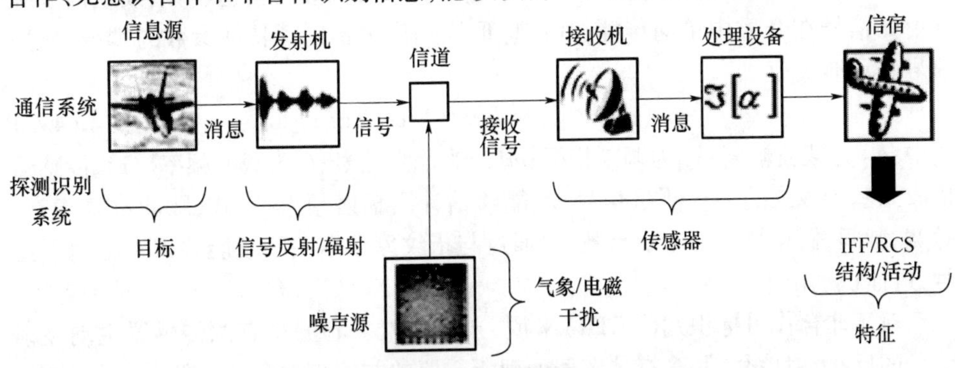

图 4.7　目标识别—信息收发过程对应关系

（2）发射机相当于辐射或反射信号的设备，对于 IFF 是应答器回答信号的发射机（又称为二次雷达），对于 ES 是雷达或通信辐射设备，对于非合作系统是对雷达、红外等有源传感器发射信号的发射体。

（3）信道是目标信号（也包括主动传感器发射探测信号）向传感器传输的介质，包括大气、水介质等，其中存在能改变信号特征的噪声，包括目标噪声、大气噪声、空间（太空）噪声、电磁噪声和随机噪声等。在战场上，还可能出现有意图的信道改变或电磁干扰或欺骗。

（4）接收机是对来自信息源的辐射或反射能量的接收装置，处理设备对接收的信号能量、波形、变化率等特征进行转换，每个 CID 传感器的信息域有一个唯一的接收（处理）设备型号，能在其关注领域最优提取出目标信号。

（5）信宿对接收机和处理设备提取出来的目标信号进行推断，以产生目标属性识别特征向量。该特征提取处理通常在传感器中进行。

4.3.2　目标特征测量方程

与目标状态测量估计类似，目标属性识别也是通过建立目标识别特征测量方程实现的。我们以对合作、无意识合作和非合作目标的三种探测手段，对直升机平台进行观测为例，描述目标识别特征测量方程。对于 M_k XII 型直升机平台的 IFF 合作信息，其存在 1030MHz、1090MHz 的上行和下行链两种不同波形，获取的合作信号形式是可能的应答代码集合（如 4096 个八进制 3/A 代码），对 M_k XII 型直升机的每一个 IFF 询问，应答信号与载频的调制方程为

$$x_{\mathrm{IFF}}(t) = \sum_{n=0}^{N} \left| A\cos(t\omega + nt_n(\omega)) \right| \tag{4.1}$$

式中：N 为脉冲形成所需余弦信号数；A 为调制脉冲幅度；ω 为脉冲频率；t_n 为脉冲间隔，其依赖于应答代码模式（1.2.3/A.C）。接收机接收到该调制方程确定的应答信号，就能获得八进制应答代码，进一步识别出直升机型号。

对于无意识合作 ES 信息,如从一个直升机平台携载的雷达、声纳或通信系统发射的信号在介质中单向传播,其信息形式是许多辐射源特征参数的耦合,典型信号表示形式为

$$x_{ES}(t)=A_C[1+k_a m(t)\cos(2\pi f_c t)] \tag{4.2}$$

式中:A_C 为载波幅度;k_a 为调制指标;$m(t)$为消息信号;f_c 为载波频率。ES 传感器接收到基于该式的多次测量信号,就能够估计出辐射频率、模式、脉冲重复频率、脉宽、脉间、极化特征等电磁参数,再通过与指纹库数据关联就能够识别辐射源型号,进而识别出平台型号。

对于非合作目标识别(NCTR)来说,人们通常关心的是有源传感器主动发射信号的反/折射信号,其含有传感器处理所需要的与物理对象相关联的特征信息。直升机识别中的一个方法是通过螺旋桨的周期性运动进行雷达回波解调检测,RCS 是雷达发射频率 ω 和螺旋桨角度 θ 的函数:

$$\text{RCS}(\theta)=\exp(\mathrm{i}\omega t)\frac{C}{2\mathrm{i}\omega\tan\theta}\left[1-\exp\left(\frac{2\mathrm{i}\omega t}{C}\sin\theta\right)\right] \tag{4.3}$$

从该方程给出的频谱出发,就能够解调直升机主螺旋桨轮廓(单、双)、桨计数、旋转对称性,以及尾螺旋桨轮廓(十字形、星形)、桨计数、旋翼叶毂轮廓等参数,进而推断出直升机型号。

从对合作目标、无意识合作目标和非合作目标探测传感器获得的目标测量信息出发,基于式(4.1)~式(4.3)推断获得的关于目标实体型号的三类识别结果,就构成了对目标实体的识别向量,其中每个估计分量的来源不同,其可信度也不相同。

4.3.3 目标识别信息的度量

对于每一个 CID 信息域,需要度量识别向量中所包含的信息量、不确定性,以及对识别有用的知识量,从而确定各识别分量在综合识别中所起的作用。这里简单介绍表示目标识别信息量的信息熵 $H(\boldsymbol{P})$ 和概率信息内容 PIC($\boldsymbol{P}$)概念和公式,以及它们表示的识别不确定性和知识量概念。

若识别向量(又称辨识框架)所含互不相容的假设分量为$\{h_1,h_2,\cdots,h_N\}$,并且数目 N 是有限的,则该数目(或其单调函数)就可以用来度量识别向量中所含信息量。设 $H(p_1,p_2,\cdots,p_N)$是数目 N 的一个函数,这里 p_i 是分假设 h_i 的识别概率,通常是由样本集合中分假设 h_i 出现的频率确定的。若 H 对 p_i 是连续的,并且,H 是 N 的单调增函数,即 N 越大,具有可选择的识别假设越多,即所含识别信息量越大,则 $H(p_1,p_2,\cdots,p_N)$可作为该识别向量的识别信息量的一个度量函数。值得指出的是,若无证据样本的初始状态,可以假设 $p_i=1/N(i=1,2,\cdots,N)$,此时,虽然可选的识别信息量随 N 增大,但识别的不确定性也增大。此外,若一个识别假设选择向下裂变为两个相继的选择,则前面的 H 是后续选择的识别度量函数之和,

如图 4.8所示。

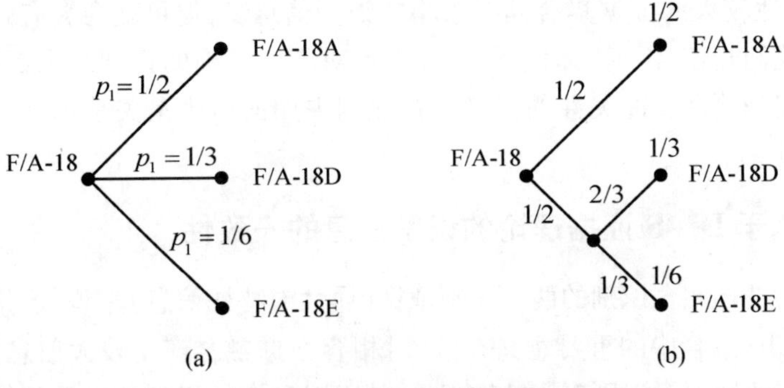

图 4.8　事件选择的分裂

图 4.8(b)表示第一次识别选择仅以 50% 识别出 F/A－18A，而以另 50% 概率识别出 F/A－18D 和 F/A－18E 的混合集合；若第二次识别选择才分别以识别概率 2/3 和 1/3 将该混合识别集合分开为 F/A－18D 和 F/A－18E，则有

$$H\left(\frac{1}{2},\frac{1}{3},\frac{1}{6}\right)=H\left(\frac{1}{2},\frac{1}{2}\right)+\frac{1}{2}H\left(\frac{2}{3},\frac{1}{3}\right)$$

Shannon 采用信息熵来度量识别向量所出现的信息量：

$$H=-K\sum_{i=1}^{n}p_i\ln p_i \tag{4.4}$$

式中：K 为正常数。

Sudano[10] 给出了以概率形式表示的信息内容(Probability Information Contex，PIC)度量指标：若存在 N 个可能选择假设$(h_1,h_2,\cdots,h_N)$，各自具有概率为$(p_1,p_2,\cdots,p_N)$，则

$$\mathrm{PIC}(P)=1+\frac{\sum_{i=1}^{N}p_i\ln p_i}{\ln N} \tag{4.5}$$

式(4.5)实际上是将式(4.4)所示的度量识别信息量的 Shannon 熵式(4.4)正则化到[0,1]区间中，它提供了度量识别向量/可选识别假设$(h_1,h_2,\cdots,h_N)$的总信息量和对识别有用的知识量。

不难看出 PIC＝0 表示当所有识别假设具有相等出现概率(如初始状态)$p_i=1/N(i=1,2,\cdots,N)$时，对识别有用的知识量接近于零，即识别的信息熵最低(不确定性最大)，但可能与其他识别结果的相容性最好；反之，PIC＝1，表示识别结果采用一个完整的可选分假设 h_i，即 $p_i=1$，其他为零的情况，此时识别知识量最大，信息熵最高(不确定性最小)，但可能与其他识别结果的相容性最差。

4.4　识别信息的一致性与冲突性

作战识别中所获得的识别信息/证据的一致性和冲突性会对识别结果产生重

大影响。一致性好的证据集合具有较大的信息量，但所含有用的识别知识量不一定多；冲突性较大的证据集合其有较小的识别信息量，但可能会含有较多的识别知识量。我们知道，识别的信息量和知识量对产生正确的识别结果都很重要，因此识别证据一致性和冲突性的定义和在识别中如何运用是关乎识别结果正确和可用的关键。

4.4.1 基于 D－S 证据理论的识别信息的一致性

对于要进行融合识别的两个识别证据（属性或特征信息）来说，度量和应用其一致性在 CID 融合中的重要意义在于，对相容证据融合产生较大信息量的同时，还要能相应地增加对识别有用的知识量，从而对融合的识别结果及其信度产生有效的正面影响。这里介绍 Fixsen 和 Mahler 给出[11]并由 Fister 和 Michall 实现[12]的一个 D－S 证据理论修正方法，该方法导出了 D－S 合成命题分布和一致性（Agreement）函数。

4.4.1.1 基于改进 D－S 证据理论的信息一致性

设两个独立传感器获取的关于同一对象的证据 E_1 和 E_2 元素 a、b 的概率赋值函数（mass 函数）分别为 $m_1(a)$ 和 $m_2(b)$，基于 D－S 证据理论，其合成的 mass 函数为

$$m_{12}(a,b) = m_1(a)m_2(b) \tag{4.6}$$

它仅能用来表述相容证据元素 a 与 b 的一致程度。Fister 和 Michall 实现的两证据元素合成的加权 mass 函数定义为

$$\alpha[E_1(a),E_2(b)] = m_{12}(a,b)\frac{N(a\cap b)}{N(a)N(b)} \tag{4.7}$$

式中：$N(a)$、$N(b)$分别为元素 a、b 中所含基本命题（指辨识框架中的互不相容命题）数目；$N(a\cap b)$为 a、b 共有基本命题（交集所含命题）数目。权系数 $N(a\cap b)/N(a)N(b)$[13]反映了两证据元素交集对合成 mass 函数影响。文献[14]将该权系数取为 $N(a\cap b)/N(a\cup b)$。

正则化的改进合成 mass 函数为

$$\gamma(a_i,b_j) = \frac{\alpha[E_1(a_i),E_2(b_j)]}{\alpha(A,B)} \tag{4.8}$$

它用来表述证据 E_1 的元素 a_i 与证据 E_2 的元素 b_j 的一致性，其中正则化因子为

$$\alpha(A,B) = \sum_{i,j=1}^{n}\alpha(E_1(a_i),E_2(b_j)) \tag{4.9}$$

式中：$E_1=\{A\}=\{a_1,a_2,\cdots,a_n\}$；$E_2=\{B\}=\{b_1,b_2,\cdots,b_n\}$。

作为对传感器获取同一对象识别命题元素进行合成的例子，设来自传感器 1、传感器 2 的证据 E_1 和 E_2 的元素及其概率赋值（mass 函数）分别为

$$\begin{cases}[E_1(a_i)]_{i=1}^4=\{(\text{F/A}-18,0.3),(\text{F/A}-18C,0.4),(\text{F}-18\text{D},0.2),(\text{未知},0.1)\}\\ [E_1(b_j)]_{j=1}^4=\{(\text{F/A}-18,0.2),(\text{F/A}-18C,0.4),(\text{F}-16,0.2),(\text{未知},0.2)\}\end{cases} \tag{4.10}$$

这两个传感器给出的证据元素、mass 函数，以及相应信度和似真区间，见表4.3。

表4.3　带有计算的信度/似真区间的两源属性传感器数据

报告 \ 信源	传感器1	传感器2
报告的质量分布	F/A－18(0.3) F/A－18C(0.4) F/A－18D(0.2) 未知(0.1)	F/A－18(0.2) F/A－1c(0.4) F－16(0.2) 未知(0.2)
信度/似真证据区间	F/A－18[0.9,0.9] F/A－18C[0.4,0.7] F/A－18D[0.2,0.5] F/A－18C 或 F/A－18D[0.6,0.9] 未知[0.1,0.1]	F/A－18[0.6,0.9] F/A－18C[0.4,0.6] F－16[0.2,0.2] — 未知[0.2,0.2]

为直观、方便地进行交集操作，我们将证据元素用0－1布尔向量表示，得到下述5个传感器探测证据元素表示向量：

$$\begin{cases}\text{F/A}-18 & \text{F/A}-18\text{C} & \text{F/A}-18\text{D} & \text{F/A}-16 & \text{未知}\\ (1,1,1,0,0) & (0,1,0,0,0) & (0,0,1,0,0) & (0,0,0,1,0) & (0,0,0,0,1)\end{cases} \tag{4.11}$$

其中，布尔向量中的每一位表示基于辨识框架中互不相容的一个命题元素，由于F/A－18C和F/A－18D是F/A－18的组成部分，故F/A－18的布尔向量为(1,1,1,0,0)。

基于式(4.6)～式(4.10)计算获得的证据向量 E_1 和 E_2 诸元素的D－S合成分布见表4.4。

表4.4　D－S合成命题分布

1 \ 2		传感器2(命题 b_j)			
传感器1 (命题 a_i)	组合结果	(1,1,1,0,0) F/A－18 $m_i=0.2$ $N=3$	(0,1,0,0,0) F/A－18C $m_i=0.4$ $N=1$	(0,0,0,1,0) F－16 $m_i=0.2$ $N=1$	(0,0,0,0,1) Unknown $m_i=0.2$ $N=1$
(1,1,1,0,0) F/A－18 $m_i=0.3$ $N=3$	组合命题＝ $m_{ij}=$ $\alpha(a_i,b_j)=$ $\gamma_{ij}=$	(1,1,1,0,0) 0.2×0.3 3/3×3 0.02/0.28＝0.071	(0,1,0,0,0) 0.4×0.3 1/1×3 0.04/0.28＝0.142	(0,0,0,0,0) 0.2×0.3 0/1×3 0	(0,0,0,0,0) 0.2×0.3 0/1×3 0

（续）

2 1		传感器2（命题 b_j）			
传感器1 （命题 a_i）	组合结果	(1,1,1,0,0) F/A－18 m_i＝0.2 N＝3	(0,1,0,0,0) F/A－18C m_i＝0.4 N＝1	(0,0,0,1,0) F－16 m_i＝0.2 N＝1	(0,0,0,0,1) Unknown m_i＝0.2 N＝1
(0,1,0,0,0) F/A－18C m_i＝0.4 N＝1	组合命题＝ m_{ij}＝ $\alpha(a_i,b_j)$＝ γ_{ij}＝	(0,1,0,0,0) 0.2×0.4 1/3×1 0.27/0.28＝0.096	(0,1,0,0,0) 0.4×0.4 1/1×1 0.16/0.28＝0.571	(0,0,0,0,0) 0.2×0.4 0/1×1 0	(0,0,0,0,0) 0.2×0.4 0/1×1 0
(0,0,1,0,0) F/A－18D m_i＝0.2 N＝1	组合命题＝ m_{ij}＝ $\alpha(a_i,b_j)$＝ γ_{ij}＝	(0,0,1,0,0) 0.2×0.2 1/3×1 0.013/0.28＝0.046	(0,0,0,0,0) 0	(0,0,0,0,0) 0	(0,0,0,0,0) 0
(0,0,0,0,1) Unknown m_i＝0.1 N＝1	组合命题＝ m_{ij}＝ $\alpha(a_i,b_j)$＝ γ_{ij}＝	(0,0,0,0,0) 0	(0,0,0,0,0) 0	(0,0,0,0,0) 0	(0,0,0,0,0) 0.2×0.1 1/1×1 0.02/0.28＝0.071

从表4.4给出的证据向量 E_1 和 E_2 诸元素的D－S合成命题与不确定性分布数据，进一步得到诸非空合成命题元素的总mass函数值和相应信度/似真区间，见表4.5。

表4.5 合成命题元素mass与信度/似真区间

对象	总计mass	信度/似真区间
F/A－18	0.071	[0.93,0.93]
F/A－18C	0.142＋0.096＋0.571＝0.809	[0.81,0.88]
F/A－18D	0.046	[0.05,0.12]
Unknown	0.071	[0.07,0.07]

4.4.1.2 识别信息的一致性度量

如所周知，D－S证据合成公式仅适用于证据假设元素相容，即交集非空情况；该非空交集就是合成产生的新命题，各交集元素概率赋值（mass）函数之积（或增加某些样式的修正权系数）即作为合成命题的概率赋值。对于D－S证据理论不适用于证据假设元素相容性较弱或相悖的情况，许多文献提出了各种各样修正方法[15－22]。然而，从融合识别的上游处理环节，即属性或特征级的关联/相关处理来说，如果证据元素的交集为空集，即不能同时对目标的某一属性或特征提供支撑，当然认为这些证据元素不相关或相悖，对不相关/相悖的证据自然不应该进行合成（融合）处理。因此从这个意义上说，不能因为D－S证据理论无法合成不相关或相悖证据，而降低其对相关或相容证据合成的应用价值。

相关或相容证据共同支持某一识别命题（或特征）假设，故可视其为具有一致性的证据。因此，从D－S证据理论点出发，两个识别证据及其元素之间的一致性度量实际上可认为就是两识别证据元素合成的非空识别命题元素的mass函数值，称为局部一致性信度，所有局部一致性信度的总和称为两识别证据的全局一致性信度。这样，基于D－S证据理论的识别信息/证据的局部一致性信度（Local Agreement Belief）和全局一致性信度（Global Agreement Belief）分别为

$$\begin{cases} A_{\text{loc}}(a_i, b_j) = m_{12}(a_i, b_j) a_i \cap b_j \neq \varnothing \\ A_{\text{glo}}(E_1, E_2) = \sum\limits_{a_i \in E_1, b_j \in E_2} m_{12}(a_i, b_j) a_i \cap b_j \neq \varnothing \end{cases} \tag{4.12}$$

式中：$m_{12}(a_i, b_j)$如式(4.6)所示。

从表4.4所给出的两传感器属性证据合成分布数据，可以计算获得两属性证据E_1、E_2的全局一致性信度为

$$\begin{aligned} A_{\text{glo}}(E_1, E_2) &= [0.2 \times 0.3 + 0.4 \times 0.3] + [0.2 \times 0.4 + 0.4 \times 0.4] \\ &\quad + [0.2 \times 0.2] + [0.2 \times 0.1] = 0.48 \end{aligned}$$

式中：每个方括号中每一项为交集非空两证据元素信度之积。

从Michell给出的D－S修正方法[12]出发，局部一致性信度和全局一致性信度可分别表示为

$$\begin{cases} A_{\text{loc}}(a_i, b_j) = \alpha[E_1(a_i), E_2(b_j)] a_i \cap b_j \neq \varnothing \\ A_{\text{glo}}(E_1, E_2) = \sum\limits_{a_i \in E_1, b_j \in E_2} \alpha[E_1(a_i), E_2(b_j)] \end{cases} \tag{4.13}$$

式中：$\alpha[E_1(a_i), E_2(b_j)]$如式(4.7)所示。

4.4.2　识别信息的冲突性

建立识别信息/证据之间的冲突性度量指标，对冲突证据实现有效合成的重要意义在于，冲突证据能够增大对识别有用的知识量，但冲突证据自身是来自识别目标还是来自干扰或来自两个（及以上）识别目标，则需要进行分析，以容纳干扰证据并逐渐排除其影响，或支持两个实体属性识别的冲突证据的合成，识别出两个目标，而不仅仅支持识别一个目标。

4.4.2.1　基于D－S证据理论的证据冲突度量

与证据一致性一样，证据冲突及其度量也是对两证据进行的。

若两传感器提供的证据向量E_1、E_2的某些元素的合成命题元素合为空集（$a_i \cap b_j \neq \varnothing$），则称为冲突证据元素或不相容证据元素，此时式(4.6)所示的mass函数$m_{12}(a_i, b_j)$称为证据元素a_i与b_j的局部冲突信度，而证据E_1、E_2的全局冲突信度则是所有局部冲突信度的总和。这样，基于D－S证据理论的局部冲突信度（Local Conflict Belief）和全局冲突信度（Global Conflict Belief）分别为

$$\begin{cases} C_{\text{loc}}(a_i,b_j) = m_{12}(a_i,b_j) a_i \cap b_j = \varnothing \\ C_{\text{glo}}(E_1,E_2) = \sum\limits_{a_i \cap b_j = \varnothing} m_{12}(a_i,b_j) a_i \in E_1, b_j \in E_2 \end{cases} \tag{4.14}$$

式中:$m_{12}(a_i,b_j)$如式(4.6)所示。

从表4.4给出的两传感器提供的证据E_1与E_2的合成分布数据,类似全局一致性信度$C_{\text{iab}}(E_1,E_2)$计算(只是约束条件改为$a_i \cap b_j = \varnothing$),可以得到$E_1$与$E_2$的全局冲突信度为

$$\begin{aligned} C_{\text{glo}}(E_1,E_2) = & [0.2 \times 0.3 + 0.2 \times 0.3] + [0.2 \times 0.4 + 0.2 \times 0.4] + \\ & [0.4 \times 0.2 + 0.2 \times 0.2 + 0.2 \times 0.2] + \\ & [0.2 \times 0.1 + 0.4 \times 0.1 + 0.2 \times 0.1] \\ = & 0.52 \end{aligned}$$

式中:每个方括号中的每一项为交集为空的两证据元素信度之积。易见

$$A_{\text{glo}}(E_1,E_2) + C_{\text{glo}}(E_1,E_2) = 1 \tag{4.15}$$

4.4.2.2 基于距离函数的证据冲突度量

Jousselme 等学者提出的距离计算公式[25],可以用来度量证据之间的冲突程度。

设证据集$E = \{E_1, E_2, \cdots, E_n\}$中诸证据所采用的基本概率赋值函数(BPA)分别为$m_1, m_2, \cdots, m_n$,则证据集$E_i$与$E_j(i,j \leqslant n)$的局部冲突信度为

$$C_{ij} = \sum_{\substack{i,j=1 \\ A_i \cap A_j = \phi}}^{n} m_i(A_i) m_j(A_j) \quad A_i \in E_i, A_j \in E_j \tag{4.16}$$

于是,最多可能存在$n(n-1)/2$个局部冲突(这里指两两冲突的证据集数量),其信度记为

$$C = \{C_{ij}^{(1)}, C_{ij}^{(2)}, \cdots, C_{ij}^{(n(n-1)/2)}\} \tag{4.17}$$

式中:$C_{ij}^{(s)}$是第s个局部冲突信度,$s = 1, 2, \cdots, n(n-1)/2$。

注意,这里的冲突信度概念从两证据之间的冲突扩展到n个($n>2$)证据之间的冲突,式(4.16)所示的局部冲突信度C_{ij}与式(4.14)中的两证据全局冲突信度$C_{\text{glo}}(E_1,E_2)$相对应。

设含有N个互不相容基本识别命题的识别框架$H = \{h_1, h_2, \cdots, h_N\}$,其所有子集构成的集合为$\Omega(H)$,其中共有$2^N$个元素(含空集),此时将$\Omega(H)$中两个证据子集$E_1$、$E_2$的基本概率赋值函数$m_1$与$m_2$的 Jousselme 距离定义为

$$d_{\text{BPA}}(m_1,m_2) = \sqrt{\frac{1}{2}(\|m_1\|^2 + \|m_2\|^2 - 2 < m_1, m_2 >)} \tag{4.18}$$

其中

$$< m_1, m_2 > = \sum_{i,j=1}^{2N} \sum m_1(A_i) m_2(A_j) \frac{|A_i \cap A_j|}{|A_i \cup A_j|} A_i, A_j \in \Omega(H) \tag{4.19}$$

特别地,$\|m\|^2 = < m, m >$。

这里,$|A_i \cap A_j|$和$|A_i \cup A_j|$分别为A_i与A_j的交集和并集中所含基本识别命题

数。于是，m_1 与 m_2 所表征的两证据子集相似性信度可表示为

$$\mathrm{sim}(m_1,m_2)=1-d_{\mathrm{BPA}}(m_1,m_2) \tag{4.20}$$

其表示BPA函数的距离越近，两证据越相似，相似性信度越大。式(4.20)又可理解为BPA函数 m_1、m_2 表征的证据 E_1 与 E_2 的相互支持程度。

这样，对于证据集合 E 来说，其中的证据 E_i 获得证据集 E 中所有其他证据的总支持度为

$$\sup(m_i)=\sum_{\substack{j=1\\j\neq i}}^{n}\mathrm{sim}(m_i,m_j) \tag{4.21}$$

规格化为

$$\sup(m_i)=\frac{\sup(m_i)}{\sum\limits_{j=1}^{n}\sup(m_j)} \tag{4.22}$$

式中：$\sup(m_i)$ 反映了证据 E_i 被其他证据 $\{E_j,j=1,2,\cdots,n,j\neq i\}$ 的支持程度，是相似性信度的函数，即若一个证据与其他证据越相似，被其他证据的支持程度越高；反之，被支持程度越低。一般情况下，一个证据被其他证据的支持程度越高，该证据越可信。

基于以上描述，我们定义证据集合 $E=\{E_1,E_2,\cdots,E_n\}$ 中所有证据元素之间的全局冲突信度为

$$C_{\mathrm{glo}}(E)=\sum_{s=1}^{n(n-1)/2}w_{ij}^{(s)}C_{ij}^{(s)} \tag{4.23}$$

其中

$$w_{ij}^{(s)}=\frac{P_{ij}^{(s)}}{\sum\limits_{s=1}^{n(n-1)/2}P_{ij}^{(s)}},P_{ij}^{(s)}=\frac{1}{2}[S_{\sup}(m_i)+S_{\sup}(m_j)] \tag{4.24}$$

注意，这里的权系数 $w_{ij}^{(s)}$ 是证据 E_i 与 E_j 所获得其他证据的规格化总支持程度的均值。

4.4.2.3　证据冲突性度量案例

在4.3.3节中，描述的低信息熵集合系指该信息集合(证据 E)所含对识别有用的知识较少，即概率信息内容度量 PIC(E)数值较小。对于一个证据集合 $E=\{(E_1,P_1),(E_2,P_2),\cdots,(E_n,P_n)\}$ 来说，低信息熵是指支持诸命题集合(证据)的概率 $P_i(i=1,2,\cdots,n)$ 比较接近，从而出现对诸 $E_i(i=1,2,\cdots,n)$ 难于进行准确识别排序的情况。对于两个证据集合 E_1 和 E_2 来说，低信息熵是指其比较“接近”，即一致(相容)性较强。我们通过两相容证据的合成，若能够增大合成证据各分量信息支持概率之间的差距(增加对识别有用的知识)，提高合成证据的信息熵，那么随着相容证据的不断到来和叠加合成，信息熵会越益增大，最终合成证据集合中只剩一个分量$(E_i,P_i=1)$，其余 $P_j=0(j=1,2,\cdots,n;j\neq i)$，此时信息熵最大PIC

$(E)=1$,导致判定接受识别结论为 E_i 支持的命题。对于属性识别来说,不断到来的证据之间的冲突(合成证据与后续证据之间的冲突)信度通常会随着相容证据融合信息熵的不断增大而减少,随着相容证据的不断到来和叠加合成,冲突信度最终趋于0。

文献[24]将式(4.20)~式(4.22)给出的某证据 E_i 获得证据集 E 中所有其他证据的总支持信度称为自相似度量 $S_{\sup}(m_i)$,并建立了自冲突指标 SCI(Self Conflict Index);文献[24]还将式(4.23)、式(4.24)给出的证据集合 E 中所有证据之间的全局冲突信度 $C_{\mathrm{glo}}(E)$ 称为 Fister 不一致性度量 B(Fister Inconsistency - B, FI - B)。Sudano 在文献[24]中对表 4.4 中的 mass 函数分配使用 Smets Pignistic 变换进行改进,得到陆续到来的如表 4.5 所列的独立传感器报告,从而不断获得下述证据:

$$E_i=\{(\text{F/A}-18,0.071),(\text{F/A}-18\text{C},0.809),(\text{F/A}-18\text{D},0.046),(\text{未知},0.071)\}\qquad i=1,2,\cdots$$

经不断叠加合成,得到空中目标型号级别为 F/A - 18C 的分类识别概率 P、概率信息内容度量 PIC、自冲突指标 SCI,以及证据 E 中各分量之间的总信息冲突度量 FI - B,如表 4.6和图 4.9 所示。

表 4.6 对象 F/A - 18C 的概率、PIC 和冲突度量

迭代	(0,1,0,0,0)的概率	PIC	Fister 自冲突 PD	Fister 不一致性 B
0	0.5000	0.6161	0.3400	0.4757
1	0.8333	0.6161	0.2098	0.5767
2	0.9496	0.8515	0.0820	0.4497
3	0.9822	0.9396	0.0327	0.3062
4	0.9930	0.9730	0.0136	0.2111

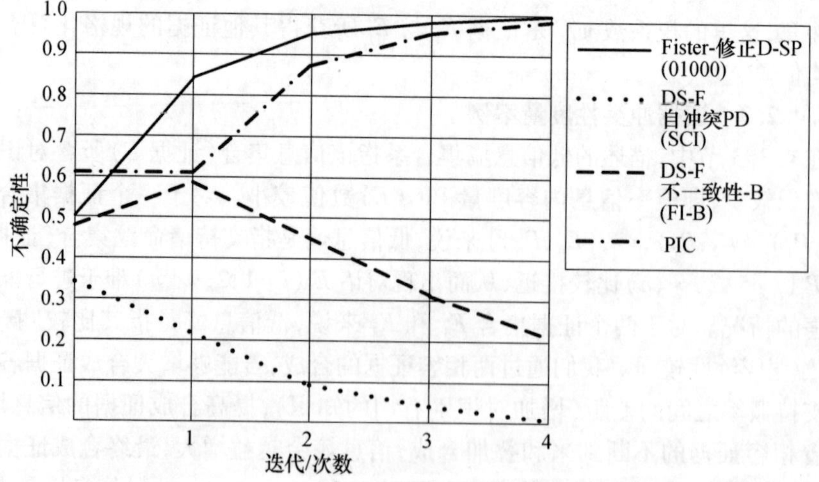

图 4.9 对象 F/A - 18C 的概率、PIC 和冲突度量图示

从表4.6和图4.9可以看出，识别目标为F/A－18C的概率经4次叠加合成之后，累计概率已达到较高的水平；此时，由于积累了较多的证据，基于概率信息内容对F/A－18C的识别信息（知识）指标PIC接近于1，表示信息熵较高。此时，当可能识别为真的对象集合在叠加过程之中从100减少到2，PIC也接近1，这是由于此时含两个可能识别命题的合成证据集与后续到来证据的冲突很小。由于不断获取的证据集中F/A－18C的概率赋值最大（0.809），因此随着叠加合成的持续进行，F/A－18C的合成概率赋值愈益增大，而与其他支持证据的自冲突指标SCI逐渐减少，最终趋于零。所有到来的证据集中各证据之间的总冲突信度（FI－B）跨越F/A－18、F/A－18C、F/A－18D、F－16等各种机型，因此其远高于F/A－18C的自冲突信度SCI是很自然的；然而，随着证据不断到来并进行合成叠加，总冲突信度FI－B也在不断减少，当然前提是不断得到的证据是合理的。值得指出的是，如果空中目标确实存在两个型号（级别），由于不断报告的证据集合中，这两个型号（级别）目标的概率赋值可能相近，因此在不断进行叠加所产生的合成命题中，会出现该两型号（级别）目标都具有较大的自冲突指标SCI，且所有证据的总冲突信度也始终保持在某确定值之上而无法接近于零，此时所面临的问题就是如何同时增加识别的知识量和信息量，这需要采取其他措施进行冲突消除，否则会影响CID各级融合处理的正确性。

4.5　CID融合中的不确定性变换

4.5.1　CID融合中的不确定性概念

4.5.1.1　不确定性基本概念

迄今为止，人们对信息不确定性的认识分类主要包括随机性、模糊性和可信性。信息的随机性是指描述某事物的信息随时间和环境无规律变化特征，信息的模糊性则表示人们对事物认识的非清晰或不明确程度。可信性在概念上比较复杂，它展示了信息表征事物的可靠性、健壮性，以及人们对信息表征该事物的认可或相信程度的一种综合度量。其中，信息的随机性和模糊性与产生信息的事物和获取信息手段有关，而可信性主要取决于作为认知主体的人的经验和偏好。从不确定性概念的产生和应用看，最早出现的是随机性，以统计概率作为唯一度量标准，已有近300年历史，由经典概率发展到后验概率，在各种基于测量样本的统计推理中得到广泛应用。模糊集理论是Zadeh在20世纪60年代创立的[26,27]，它采用模糊隶属度为度量标准，在无法清晰认识和无法准确描述事物的综合推断认识中得到广泛应用。随着人工智能和知识工程的产生和发展，作为多种因素引起的信息综合不确定性，特别是对有人参与产生的事物察觉、理解、判断、推理和预测信息的“信赖程度“日益突出，于是出现对信息不确定性的一种综合描述，即可信度,它贯穿物理域、信息域和认知域。当前,在 CID 融合中有较多应用的 D－S 证据理论是基于概率统计理论建立的,它提出了信息的不确定性的两个度量标准,即可信度和似真度,从而克服了其他不确定性单一度量方法的局限性,更加符合客观实际;但 D－S 证据理论及其各种修正方法在理论上并不完备,处于发展和逐步完善的阶段。

4.5.1.2 CID 融合中的不确定性

CID 融合系统中的不确定性与输入信息与分类命题、融合信息与分类命题紧密相联系,而不确定性处理就是将输入信息/分类命题及其不确定性融合变换为输出信息/分类命题及其不确定性的过程。对于一个多源集成(MSI)融合结构(包括同类源集成(SSI)和非同类源集成(DSI))来说,其不确定性与输入/输出信息的关系如图 4.10 所示。

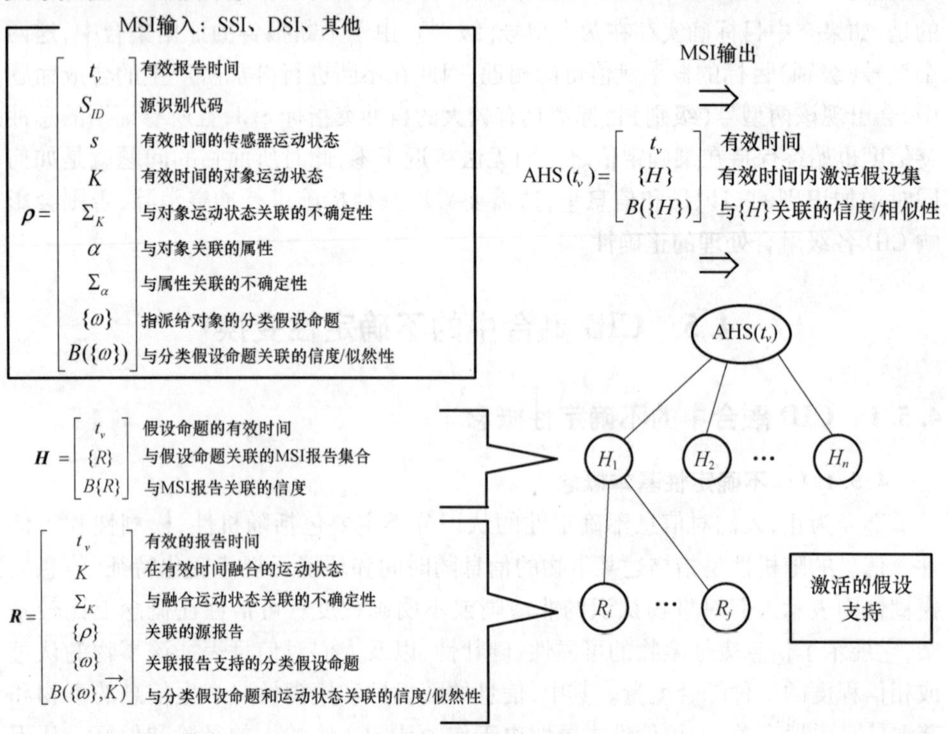

图 4.10 MSI 输入/输出与不确定性的关联

图 4.10 中,左上方框内容是 MSI 输入信息;右上方是融合的 MSI 输出信息 AHS(t_v),其作为对时间 t_v 对象活动假设命题的更新,由一组 CID 更新假设建议 $\{H_i\}$ 及其可信度 $B(\{H_i\})$ 组成。图 4.11 下方给出了融合输出报告 R 的内容,包含融合的对象状态及其不确定性和融合的属性识别分类命题假设及其不确定性,底层输出的融合报告为上层输出的对关注活动的 CID 更新建议的诸假设命题 $[\{H_i\},B(\{H_i\})]$ 提供支撑。

4.5.2　CID 中的不确定性融合方法

4.5.2.1　CID 融合信息特征

CID 融合信息的第一个特征是层次性，即 CID 融合所面对的识别信息（包括传感器和各类侦察手段获取的识别信息，下级融合节点上报的识别信息等）具有不同的层次，如 4.4.1 节中给出的两传感器获取的识别证据中所含有的 F/A－18 属于型号层，而 F/A－18C 则数据级别层；实际上，图 4.4 描述的 1 级 CID 中的目标自然属性各多假设集合分类就是一个自下而上的逐层支持结构，如图 4.5 所示。

CID 融合信息的第二个特征是互包含性，各类信息源获得的识别信息相互不独立，除上层信息包含下层信息之外，还存在同层内互相包含的识别信息，如有源雷达获取的大目标识别信息，可能包含远程战略轰炸机（B1，B2）、反潜侦察机（EP－3）、预警指挥机（E－3A），以及大型波音客机等型号，而 ES 传感器可能匹配识别出其中的具体型号和级别。

CID 融合信息的第三个特征是不相容性（独立性），即可能出现的识别证据信息的交集是空集的情况，其不共同支持同一命题假设，无法合成产生新的识别命题；如级别信息 F/A－18C 与型号信息 F－16 并不共同支持某一命题，可以认为其源于不同目标而无法合成。

CID 融合信息的第四个特征是融合命题的综合性，即融合命题并不产生于证据命题的交集，而是对多个证据命题的综合，即产生于诸证据的并集，如 3 级 CID 威胁识别中，支撑威胁意图识别的下层证据包括威胁能力、进袭目标状态、攻防兵力对抗效果等，它们属于不同专业领域，只能生成对威胁意图的综合支撑而无法采用传统的不确定性融合推理方法。

CID 融合信息的第五个特征是信息的真伪特征，真伪特征是超出真实实体属性的另一类特征，真伪特征指由于杂波或干扰环境或由于识别对象对探测传感器的有意欺骗和干扰，使传感器探测信息潜在恶化，无法分辨对象的真假或型号；例如有源雷达通常能基于探测目标的 RCS 大小对飞机进行大、中、小的粗略分类，从而进行战斗机和大飞机区分，但无法对同时具有较大 RCS 信号的民航机和军用加油机进行区分；然而若一架小飞机（如战斗机）使用一系列边缘反射器增加其 RCS，或一架大型机采用隐身技术大大缩小其 RCS（如 B2 轰炸机的 RCS 仅为 $10^{-3}m^2$），则常规雷达由于无法发现这类欺骗而产生错误的识别信息。对真伪目标的识别方法通常不能采用常规的不确定性变换或综合等融合识别方法，而要采用物理域的识别手段，在第 4.7.1 节描述反导系统中对弹道目标真假弹头的识别案例，就是基于弹头和诱饵的物理特征进行的。

CID 融合信息的第六个特征是证据信息对识别的贡献与证据信息的级别直接相关，证据信息的级别越高，其含有的识别知识量越多，但与其他同层次识别信息的相容性越低，即冲突性越大；反之，较低级别的证据信息与其他证据信息相容性较好,易于与其他证据信息进行融合。例如,某一较高级别的识别判定结果F/A－18所携带的目标型号识别知识最多,但与同级别的判定结果F－16冲突,无法进行融合;但若F/A－18和F－16的判断结果分别来自下一层次的属性集,即

$$E_1 = \{(F/A-18A,0.4),(F/A-18C,0.2),(F/A-18D,0.3),(F-16-B,0.1)\}$$

$$E_2 = \{(F-16A,0.4),(F-16AB,0.3),(F/A-18C,0.3)\}$$

则 E_1 与 E_2 具有一定相容性,能够进行融合。

4.5.2.2 不确定性融合方法

针对CID融合信息的不同特征,需采用不同的融合识别方法,这里首先介绍文献[4]9.2.3.2节给出的不确定性逐级综合方法及其在融合识别中的应用条件和所适用的识别问题。

基于不确定性综合的目标融合识别的二层次关联模型为

$$\begin{cases} A = T(A_1, A_2, \cdots, A_n) \\ C(A) = f[C_1(A_1), C_2(A_2), \cdots, C_n(A_n)] \end{cases} \tag{4.25}$$

该模型的含义:$\{A_1, A_2, \cdots, A_n\}$ 是识别某一级别目标属性的证据子集或下一级别的识别结果/特征子集,$\{C_1(A_1), C_2(A_2), \cdots, C_n(A_n)\}$ 是各子集元素的不确定信度,变换 T 实现由下一级别识别命题(或证据)子集向合成该级别识别命题 A 的变换,函数 f 表示诸下级子集不确定信度与识别命题 A 的信度之间的关系函数;对于不同的不确定性融合方法,模型中的信度概念和表示形式也不同,所面对的识别命题类型也不相同。

1. 贝叶斯推理方法

贝叶斯推理方法是基于后验贝叶斯概率理论,通过贝叶斯变换,将下一级多识别证据(命题)及其概率变换生成融合命题及其概率,即

$$\begin{cases} A = \bigcup_{i=1}^{n} A_i \quad A_i \cap A_j = \varnothing \\ C_i(A_i) = C(A_i) = P(E_i/A) \in [0,1] \quad i = 1,2,\cdots,n \quad \sum_{i=1}^{n} C_i(A_i) = 1 \end{cases} \tag{4.26}$$

式中:$\{A_i\}_{i=1}^{n}$ 为互不相容的同一级别证据(子命题)集合;$\{C_i(A_i)\}_{i=1}^{n}$ 为相应证据的条件概率集合,具有完备性。合成命题 A 是互不包含/不相容命题的互补合成,可理解为 n 个独立命题之并集,合成命题 A 的不确定信度是基于证据集合 $E = \{E_i\}_{i=1}^{n}$ 的后验概率,即

$$C(A) = P_r(A \mid E) = \frac{P(E \mid A)P_r(A)}{P(E)} = \frac{P_r(A)\prod_{i=1}^{n} C(A_i)}{P(E_1, E_2, \cdots, E_n)} \tag{4.27}$$

式中:$P_r(A)$ 为合成命题 A 的先验概率(先验赋值);$P(E_1, E_2, \cdots, E_n)$ 为证据 E 的分布密度(已知);$C(A)$ 为对多个不相容识别结果的贝叶斯综合推断识别结果。

不难看出，贝叶斯后验推理方法适用于相互独立的多证据、互补性支持同一命题的识别问题。

2. 模糊推理方法

模糊推理方法是基于模糊集理论，通过对下一级多模糊证据（命题）的模糊综合，产生融合命题及其模糊性度量，即

$$\begin{cases} C_i(A_i) = \mu_A(A_i) \in [0,1] \\ A = [\bigcup_{i=1}^{n} A_i] \text{或} [\bigcap_{i=1}^{n} A_i] \end{cases} \tag{4.28}$$

式中：$\{A_i\}_{i=1}^{n}$为相互独立的命题集合 Θ 的中元素的 n 个子集，合成命题 A 也是 Θ 中元素的一个子集；A 为各子集命题（证据）集的并集或交集；$\mu_A(A_i)$为证据 A_i 对命题 A 的模糊隶属度（$i=1,2,\cdots,n$）。

对于 $A=\bigcap_{i=1}^{n}A_i \neq \varnothing$情况，合成命题 A 对命题集合 Θ 的隶属度为

$$C(A) = \mu_\Theta(A) = \inf_{x \in \{A_i\}_{i=1}^{n}} \{\mu_A(x)\}$$

其表示共同支持合成命题 A 的信度。

对于 $A=\bigcup_{i=1}^{n}A_i$ 情况，合成命题 A 对 Θ 的隶属度为

$$C(A) = \mu_\Theta(A) = \sup_{x \in \{A_i\}_{i=1}^{n}} \{\mu_A(x)\}$$

其表示诸 A_i 互补支持合成命题 A 的信度。

上述两式可综合记为

$$C(A) = \mu_\Theta(A) = \begin{cases} \inf\limits_{x \in \{A_i\}_{i=1}^{n}} \{\mu_A(x)\} & A = \bigcap_{i=1}^{n} A_i \neq \varnothing \\ sup\limits_{x \in \{A_i\}_{i=1}^{n}} \{\mu_A(x)\} & A = \bigcup_{i=1}^{n} A_i \end{cases} \tag{4.29}$$

3. D－S 证据合成方法

D－S 证据理论明确地指出，它所操作的对象是互不相容的基本命题集合 Θ 的子集（幂集）元素集合 $\Omega(\Theta)$（或记为 2^Θ），即其所涉及的命题和证据皆为 2^Θ 中的元素，在识别推理中表现为

$$\begin{cases} E = \{A_1, A_2, \cdots, A_n\} & A_i \in 2^\Theta, A_i \neq \varnothing \\ C_i(A_i) = m_i(A_i) & i = 1,2,\cdots,n \\ A = \bigcap_{i=1}^{n} A_i \neq \varnothing \end{cases} \tag{4.30}$$

这里的每个证据（子命题）A_i的不确定度量 $C_i(A_i)$是 A_i 的概率赋值函数 $m_i(A_i)$。基于经典 D－S 合成公式产生的合成命题 A 的信度计算公式为

$$\begin{cases} C(A) = m(A) = \sum\limits_{A=\bigcap_{i=1}^{n} A_i \neq \varnothing, A_i \in 2^\Theta} C_1(A_1)\cdots C_n(A_n)/(1-k) \\ k = \sum\limits_{\bigcap_{i=1}^{n} A_i = \varnothing, A_i \in 2^\Theta} C_1(A_1)\cdots C_n(A_n) \end{cases} \tag{4.31}$$

由式(4.30)、式(4.31)可以看出,经典 D-S 合成公式不适应于对弱相容证据或相悖证据(其交集为空集$\varnothing$)的合成,因此其只适用于相互包含的多识别证据共同支持合成命题,而不支持相互独立的互补性识别证据支持上一级综合识别命题的情况。

4. 改进的 D-S 证据推理方法

针对 D-S 证据理论无法对冲突证据进行合成和对弱相容证据合成产生与实际结果不符的情况,许多人提出了修正方法[14,21,23,25,29],其中每种方法仅具有各自局部优点,分析认为 4.4.2.2 节中描述的 Jousselme 等学者提出的证据距离函数[25]可以作为证据冲突度量,实现包括冲突证据在内的合成识别推理,具有较强的可应用性。基于 Jousselme 改进的合成公式的多证据综合识别推理方法如下:

设证据 $E=\{E_1,E_2,\cdots,E_n\}$,其中 $E_i=(A_i,m_i(A_i))$,$m_i(A_i)=C_i(A_i)$($i=1,2,\cdots,n$);于是 n 个证据(子命题)的合成识别命题 A($A\in 2^{\Theta}$,$A\neq 2^{\Theta}$,$A\neq\varnothing$)的识别可信度为

$$C(A)=P(A)+k\alpha(E)q(A) \tag{4.32}$$

其中

$$P(A)=\sum_{A=\bigcap_{i=1}^{n}A_i\neq\varnothing,A_i\in E} m_1(A_1)\cdots m_n(A_n),\quad k=\sum_{\bigcap_{i=1}^{n}A_i=\varnothing,A_i\in E} m_1(A_1)\cdots m_n(A_n) \tag{4.33}$$

分别为 n 个证据合成识别命题 A 的信度和 n 个证据的总冲突信度,而

$$\alpha(E)=\mathrm{e}^{-C_{\mathrm{glo}}(E)} \tag{4.34}$$

为将总冲突信度 k 分配给合成识别命题 A 的有效性系数,这里 $C_{\mathrm{glo}}(E)$ 为证据 E 的全局冲突信度,是基于 Jousselme 证据距离得到的,如式(4.23)所示;$q(\boldsymbol{A})=\dfrac{1}{n}\sum_{i=1}^{n}\boldsymbol{m}_i(\boldsymbol{A})$ 为证据 A 的信度均值。由式(4.32)可以看出,当总冲突信度长度 k 较小时,$P(\boldsymbol{A})$ 对合成识别命题 A 的识别信度起主要作用;当 k 较大(接近 1)时,$\alpha(E)$ 对 A 的识别信度起主要作用。

5. 变权关综合推理

变权综合推理并不分析 n 个识别证据(子命题)互补性支持还是共同支持一个综合识别命题,与常权向量加权求和不同,这里的权向量随 n 个识别证据对综合识别命题支持程度的变化而变化[30]。基于变权综合推理的合成命题及其信度计算公式为

$$\begin{cases}\boldsymbol{A}=(\boldsymbol{A}_1,\boldsymbol{A}_2,\cdots,\boldsymbol{A}_n)\\ C(\boldsymbol{A})=w_1C_1(\boldsymbol{A}_1)+\cdots+w_nC_n(\boldsymbol{A}_n)\end{cases} \tag{4.35}$$

式中:$\boldsymbol{w}_i=w_i(\boldsymbol{A}_1,\boldsymbol{A}_2,\cdots,\boldsymbol{A}_n)$,$\sum_{i=1}^{n}w_i=1$ 为可变权系数;$\boldsymbol{w}(w_1,w_2,\cdots,w_n)=\boldsymbol{w}(A_1,A_2,\cdots,A_n)=\boldsymbol{w}(A)$ 为混合型变权向量,其计算公式为

$$w(A)=\frac{w\circ s(A)}{\sum_{i=1}^{n}w_i s_i(A)}=\frac{(w_1 s_1(A),w_2 s_2(A),\cdots,w_n s_n(A))^{\mathrm{T}}}{\sum_{i=1}^{n}w_i s_i(A)} \tag{4.36}$$

式中：$\boldsymbol{w}=(w_1,w_2,\cdots,w_n)^{\mathrm{T}}$ 为常权向量；$\boldsymbol{s}(\boldsymbol{A})=(s_1(\boldsymbol{A}),s_2(\boldsymbol{A}),\cdots,s_n(\boldsymbol{A}))^{\mathrm{T}}$ 为证据变化状态向量。

式(4.36)表示变权向量是常权向量与证据变化状态向量的 Hadamard 积。变化状态向量反映了权向量随识别证据的动态变化情况，可以视为某函数（称为均衡函数）的梯度向量。通常采用和型均衡函数 $B_1(x)=\sum_{j=1}^{n}x_j^{\alpha}(\alpha>0)$ 与积型均衡函数 $B_2(x)=\prod_{i=1}^{n}x_i^{\alpha}(\alpha>0)$，相应的变权状态向量分别为

$$s_i^1(\boldsymbol{A})=\alpha\boldsymbol{A}_i^{\alpha-1},s_i^2(A)=\alpha B_2(\boldsymbol{A})\boldsymbol{A}_i^{-1}\quad i=1,2,\cdots,n \tag{4.37}$$

最终得到相应的两类变权向量分量为

$$\begin{cases}w_i^1(\boldsymbol{A})=w_i\boldsymbol{A}_i^{\alpha-1}/\sum_{j=1}^{n}w_j\boldsymbol{A}_j^{\alpha-1}\\ w_i^2(\boldsymbol{A})=w_i\boldsymbol{A}_i^{-1}/\sum_{j=1}^{n}w_j\boldsymbol{A}_j^{-1}\end{cases}\quad i=1,2,\cdots,n \tag{4.38}$$

它们分别反映了权向量分量 $\boldsymbol{w}_i$ 随相应证据 $\boldsymbol{A}_i$ 的不同指数（$\alpha-1$ 和 -1）变化而变化。变权综合推理的关键在于确定基于均衡函数的变权状态向量，一般可通过多样本训练确定选择（积型与和型）均衡函数类型。

4.6　CID 融合方法

4.6.1　CID 融合方法分类描述

关于作战识别融合模型的分类有各种方法，从技术发展和当前应用需求现状看，划分为物理模型、统计估计模型、图像融合识别模型和基于认知的识别模型等四类比较合适，如图 4.11 所示。

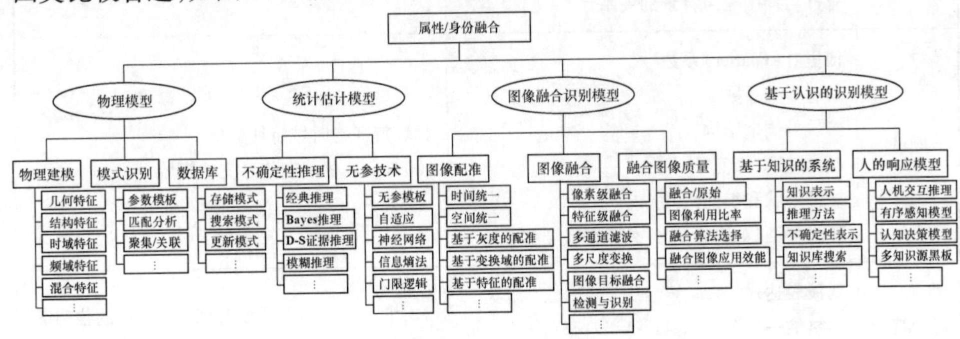

图 4.11　CID 融合模型分类

4.6.1.1 物理模型

物理模型是基于目标的物理机理产生的特征信号(时域信号、频域数据、图像信号等)进行建模,其通常应用在传感器探测识别级别上,通过探测信号或数据与物理模型的匹配比较识别信息源和目标平台型号。对于不同的探测手段,物理模型可以基于目标辐射信号建立,如基于目标辐射的电磁信号参数(射频(RF)、重频(PRF)、脉冲间隔(PRI)、脉冲宽度(PW),以及天线极化特性等)建立各类目标的指纹数据库(包括辐射源指纹库和携载平台关系数据),以匹配识别探测发现的辐射源目标。又如,利用获取的对象物理成分预测目标的红外频谱[31],识别发射的卫星或导弹类型,以及采用电波绕射模型检测复杂对象的 RCS 识别目标[32]等。物理模型的建立与获取对象特征紧密相联系,表 4.7 描述了传感器获取的目标信号主要特征分类。

表 4.7 目标属性识别特征

特征类型	特征表示	描述
几何特征	边缘、线、线长、线关系(平行、垂直)、弧、圆、圆锥形、大小、区域	特征能表现目标的几何尺寸/形状,人造目标,能用不同的边缘线有规律表示其几何形状
结构特征	表面区域、相对方位、对垂直和水平地平面的方位,平面、圆柱、圆锥的交叉配置	结构特征能导出目标图像各部分的比例和关系样式
统计特征	表面数、区域/周长、矩、Fourier 描述、均值/方差/矩、峰值/斜度、熵	统计特征能够在局部和总体图像级别上表征图像数据
频谱特征	颜色系数、有效的黑体温度、频谱峰值(线)、频谱特征图形	人造目标具有不同的频谱特征图形
时间域	脉冲表征:下降时间、上升时间、幅度、脉冲宽度/持续时间 动量 跳变/空变现象 脉冲重复区间 脉冲与周围噪声背景的关系	时间特征、频域特征的选择依赖于信号的特征 非 100% 负载的周期信号支持时域特征
频域	傅里叶(Fourier)系数 切比雪夫系数 频域的周期结构 频谱轮廓/峰值 脉冲形状和表征 压力特征(如自乘到 N 次幂的信号 PSD)	频域特征与时域特征类似 100% 负载的周期信号支持频域
混合特征	弱波表达式 维格纳—维勒(Wigner - Ville)分布 循环稳态表达式	对于时间和频率(持续时间)都重要的信号来说,混合特征很有用

基于物理模型的目标识别技术包含物理建模、模式识别(Pattern Recognition)、参数模板、聚类分析、数据库系统和置信统计估计等。其中,物理建模可能很复杂,即使物理建模利用预设的信号数据(指纹库),但观测模型和信号处理也很复杂,这也是物理模型在目标识别中应用较少的原因之一。

4.6.1.2　统计估计模型

统计估计模型指基于多源探测和侦察手段获得的目标状态与识别信息进行统计、分析和分类,建立作战识别模型和方法,如基于目标运动状态(位置、速度、高度、机动特性)识别目标空间分类、目标平台和型号,基于视频信号和参数统计信息识别目标型号和级别等。统计估计模型支持物理模型和图像融合识别模型克服随机误差和干扰,产生正确的识别结果。统计估计模型采用的方法有两类:

(1) 基于不确定性的统计推理算法,如经典概率推理、贝叶斯后验概率推理、D-S证据合成推理及其修正方法,以及模糊推理、变权综合等方法。

(2) 无参匹配识别推理算法,如自适应神经网络、信息熵法、品质因数、统计门限逻辑,以及模板匹配技术(统计逻辑模板和模糊模板)等。

4.6.1.3　基于图像的识别模型

基于图像的目标识别分为单一图像目标识别和图像融合目标识别,基于单一图像的目标识别属于传感器探测识别级别,图像融合识别在总体上处于信号/数据级别,但须在图像传感器组网中心进行。图像识别与成像传感器介质类型和成像特征有密切关系,表4.8描述了主要几类成像传感器的有用特征与工作方式。

表4.8　主要类型传感器目标成像特征与工作方式

传感器类型	信号形式	识别特征	性能
红外热成像	2维热辐射图像	· 形状(区域/周长、纵横比、矩) · 构成 · 热点位置、数量、极大/极小辐射范围 · 周边关系	· 波段:8~14μm/3~5μm · 工作方式:被动、昼夜两用 · 特点:能穿透烟、雾、雪,隐蔽性好,分辨率高,作用距离几千米至十几千米 · 缺陷:作用距离远时,图像不稳定
可见光CCD	可见光图像	· 颜色和形状 · 丰富的对比度	· 波段:0.4~10μm · 工作方式:被动、不能夜间工作 · 特点:成像分辨率高、隐蔽性好 · 缺陷:受光照影响,无穿透和伪装识别能力

（续）

传感器类型	信号形式	识别特征	性能
毫米波雷达	· 1 维反射轮廓 · 1 维和 2 维偏振图像 · 多普勒调制	· 散射体的散布和距离范围 · 突发/平稳散射体的数量和位置 · 发动机频率和带宽（r/min、推进通道、抑制跳变等）	· 波段:1 ~ 7.5mm · 工作方式:主动、准全天候工作 · 特点:成像分辨率高、频带宽、电磁兼容/隐蔽/抗干扰性能较其他雷达好 · 缺陷:目标特征不充分、隐蔽性差、易受气候和电磁干扰影响
合成孔径雷达(SAR)	2 维（距离—截面范围） 反射图像	散射体的大小、纵横比、数量和位置	· 波形:2.5 ~ 30cm · 工作方式:主动、全天候 · 特点:高空间分辨率、高灵敏度大面积成像，距离远，对植被、土壤、水有一定穿透力 · 缺陷:隐蔽性差、分辨率较可见光、红外低、易受电磁干扰
激光成像雷达	· 3 维反射图像 · 多普勒调制（振荡） · 2 维速度图像	· 散射体大小、三维形状、位置 · 推进器、结构和表面频率	· 波形:小于 10mm · 工作方式:主动、全天候 · 特点:兼有测距、测速和成像功能，成像距离 3 ~ 5km，分辨率高

从表 4.8 可以看出，不同介质的传感器成像机理不同，所提供的识别特征也不同，并且在性能上存在较大差异。因此，基于某一种介质传感器图像，只能在该介质领域检测和识别战场实体、态势与威胁，以及毁伤效果，所获得的识别结果一般是不完整的，识别准确度不高。采用多介质传感器图像（包括微波雷达和光电视频图像）融合技术，发挥不同介质图像在作战识别中的互补性，才能获得比较全面、准确的作战识别结果，有效提升战场感知和对作战活动的支撑能力。支持多介质图像融合识别模型的主要技术如下：

（1）图像配准技术，是指将同一场景的多介质、多分辨率、多视角图像进行时空统一，即将它们统一到一个时间基准和空间基准之下，这是图像融合的前提条件，其涉及图像特征变换，难度较大。

（2）多源图像目标探测与跟踪技术，当目标距离较远时，通过多源场景图像融合，增强目标信号，实现对图像目标的检测、定位与跟踪。

（3）多源图像融合目标识别技术，当目标距离较近时，基于多源图像融合，增强目标特征（边缘、奇异点、域连通，以及与背景的对比度特征），识别目标的真伪和自然属性，或为后续的目标自动提取和视觉识别提供增强、准确的目标特征，提高目标识别能力。

（4）融合图像质量评估技术，包括融合图像保留源图像有用识别信息程度、融合图像算法、融合图像对视觉显著特征和区域的增强程度以及融合图像满足作战活动需求程度等的评估。

尽管在理论上将图像融合方法划分为像素级、特征级和判定级，但最能体现图像特征的融合方法是像素级融合，像素级图像融合方法见文献[3]第 8 章，融合图像质量评估技术详见本书第 9 章。

4.6.1.4　基于认知的识别模型

基于认知的识别模型主要指在作战识别中，作为识别应用主体的人在认知域进行 CID 各级识别中所采用的理解、判断和推理模型。主要包含基于知识的识别推理模型和人在各级别上所采用的识别响应模型。CID 包含如图 4.4 所示体系结构描述的多级识别问题，在每个识别级别上都存在由于信息缺乏或信息模糊（特别是在非合作识别信息域）所引起的识别不确定问题，在物理域和信息域是无法解决的，需要在认知域通过人的参与或建立基于人类认知的识别模型加以解决。CID 中，识别层次越高，所面临的识别问题越复杂，所需要的有关情报信息越多，对识别模型的智能化程度要求越高。例如，2 级 CID 态势识别中的目标身份属性和关系属性识别、3 级 CID 威胁识别中的意图识别等均涉及多类探测和侦察情报，在识别中涉及多级分类特征要素，仅采用目前已有的结构化模型和一些尚不成熟的涉及不确定性的定量推理模型，远远不能达到满足作战活动要求的识别结果，从而必须开发基于人类认知的识别模型。

图 4.12 给出了支持 C^4ISR 系统中态势与威胁估计的专家系统所必备的基本功能的顶层描述（见文献[6]9.2.5 节）。该图中，自上而下分为三层：输入层、处理层和输出层。自左向右是 STA 功能实现过程，最左边是能力与活动识别，包括友方和敌方能力和活动识别；中间是核心的威胁行为估计，包括威胁意图识别与威胁态势生成；右边是进一步的预测，包括预测可能出现的威胁活动、行为和能力。这三项功能相互支撑，每一项功能实现过程都包含输入已有知识（含估计知识和环境），上周期的预测、本周期接收的新的情报报告，以及人机交互信息；输出处理生成估计或预测报告，并以图形方式显示产生的结论。

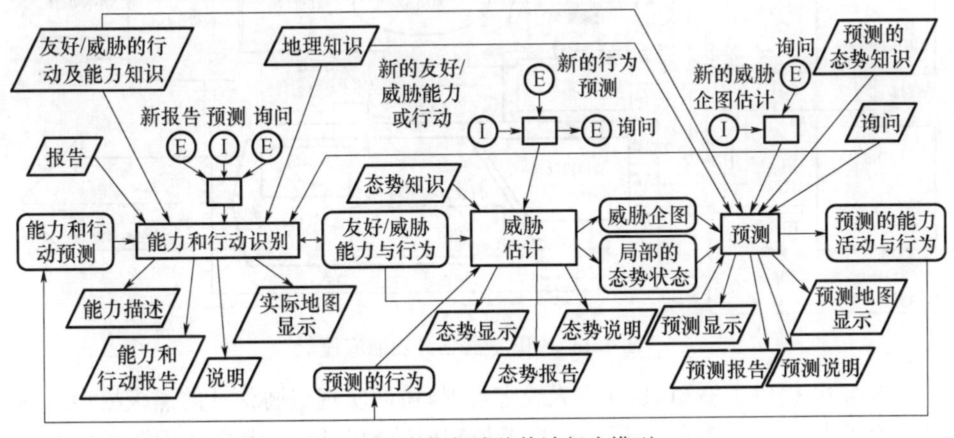

图 4.12　态势与威胁估计行为模型

图 4.13 描述了防空作战的 CID 威胁估计的潜在功能流程（见文献[1]中第 31 章），该图最底层是 CID 融合实现的威胁意图估计，其中威胁意图的初始假设是基于 CID 任务规划（战场情报准备模板 IPB）和 JDL1 级航迹融合结果，以及 JDL2 级（态势估计）假设生成的，并得到基于知识库的任务识别功能的支持；威胁意图估计和理解功能基于初始假设进行，并得到知识库和假设管理的支持，实现威胁估计假设的精炼，基于预测模式估计来袭目标的可能威胁行动方案，最后将确定的威胁意图、状态、信度、推断过程和依据输出给指挥员。最上层是综合威胁估计功能，其初始假设生成、威胁假设估计与理解与底层威胁意图估计功能实现方式类似，皆基于 CID 任务规划、目标航迹融合假设和 CID 融合假设进行，并得到知识库和假设管理的支持；所不同的是其增加了综合威胁（影响）建模功能，威胁模型得到意图估计功能的预测模式和知识库的支持，实现对威胁假设的理解与估计，最终获得综合威胁估计（影响）的预测结果。图 4.13 的中间层在知识库和人的支持下通过对象聚集，实现战场事件的识别和目标威胁任务的识别，以对威胁意图估计和综合威胁估计提供支撑。图 4.13 最左边输入的对象行为是指实时输入的来袭目标状态，飞行计划、联邦航空管理局（FAA）更新，以及 ADS-B（通播式自动相关监视）输入的威胁意图估计所涉及的空管信息；最右边除输出来袭目标的威胁意图、综合威胁（时机、等级、意图）之外，还要输出目标指示和预警信息，其中预警的产生受 CID 任务规划设置的门限控制。

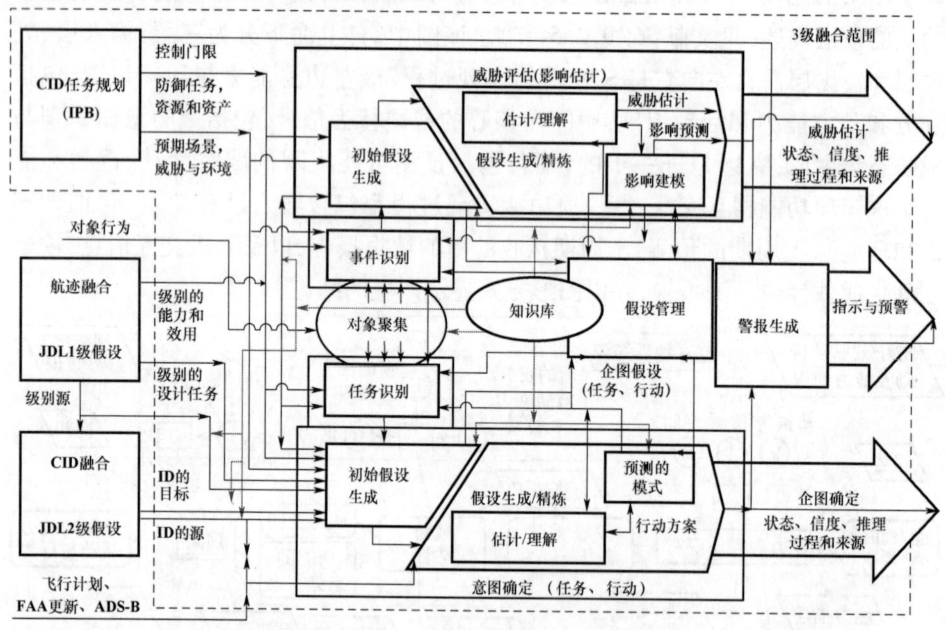

图 4.13　CID 威胁估计功能流程

图 4.14 提供了多知识源（多人或多规则）协同实现威胁估计的黑板模型。图中设置了当前态势黑板、知识源操作黑板和威胁预测黑板，其中知识源操作黑板

是指通过人(专家)基于当前态势,通过知识库和规则进行推理操作,产生不同的局部态势和威胁估计结果。由于可由多人进行推理操作,产生的推理结论可能不相同或相悖,因此该黑板模型能够用于多人(多代理)协同进行态势与威胁估计,产生基于多知识源的优化估计结果。

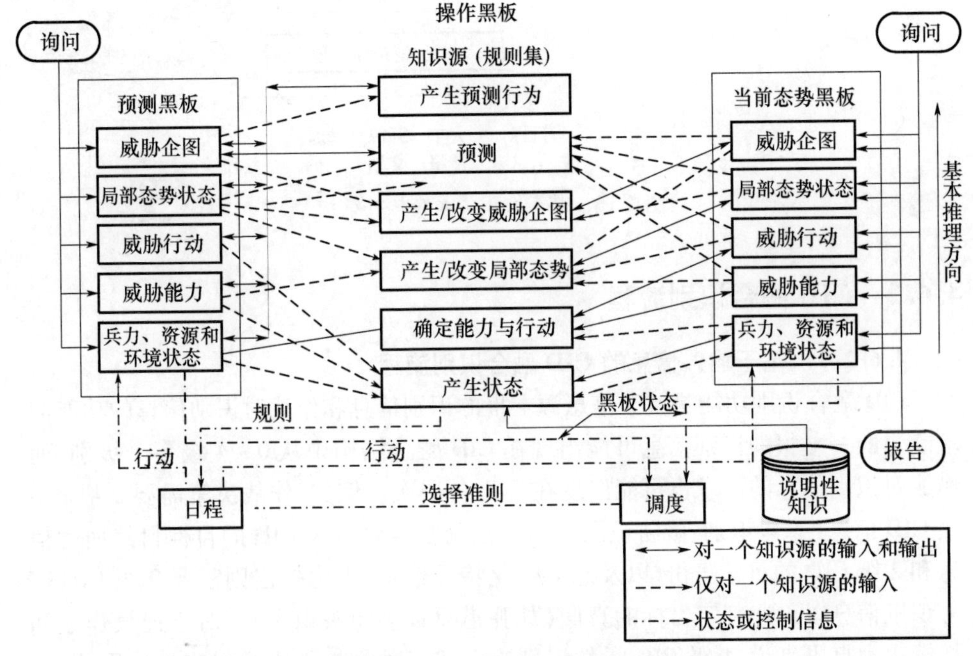

图 4.14　STA 的多知识源黑板模型

图 4.15 给出了 CID 各级融合都能够采用的基于知识的系统拓扑结构,基于知识的系统又称为专家系统,其中知识库和推理机是核心部件。知识的获取是通过人机界面输入专家或领域知识,或通过实时和非实时情报信息推理产生的模型,学习训练产生;知识可根据问题推理需要采用产生式规则、语义网络、谓词逻辑、框架等表示方式,军事应用领域通常以产生式规则表示居多。推理机基于知识库(包括模型库和数据库)实现产生判定结论的推理,采用的推理方式有正向推理(从情报数据到判定结论)、反向推理(从假设的判定结论出发,寻求匹配的情报数据)或正反向结合的部分回溯推理。专家系统的一个重要特征是不确定性处理,可能判定结论是一个多假设结构,每个假设都存在不确定性(概率或信度),包括各命题假设的先验概率和在推断过程中产生的后验概率,以及推断产生的结论命题的概率。同样,推断使用的情报/证据也存在不确定性,是由其来源产生的。因此,专家系统中的推理机在确定推理方式之后,实际上就是采用哪种方式进行不确定性变换,如后验贝叶斯推理、D－S 证据合成推理、模糊集推理等,它们在专家系统中具有举足轻重的作用。

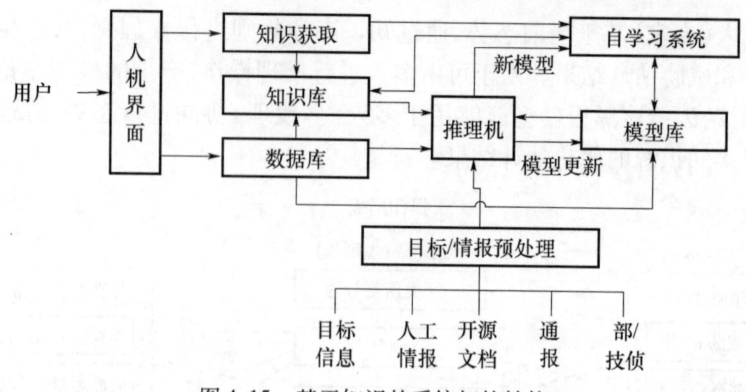

图 4.15 基于知识的系统拓扑结构

4.6.2 CID 融合识别流程

4.6.2.1 基于输入信息的 CID 融合识别流程

CID 融合识别功能是基于信息源上报的识别信息和作战对识别信息的功能需求确定的。上报的识别信息可能出现在 CID 融合结构中从 0 ~4 级各个级别,而作战对识别信息的需求也可能出现在 CID 各层次。例如,作战决策需要 2 级和 3 级 CID 信息(态势识别、威胁识别),指挥控制则需要 1 级 CID 的目标自然属性信息和 2 级 CID 的目标身份,以及态势变化特征信息,火力打击则需要 0 级 CID 信号识别信息以迅速判定目标的真假(如弹道目标多弹头识别)。对于连续作战和持续火力打击来说,4 级 CID 毁伤识别为上述三种作战需求提供支撑。因此,图 4.3 所示的 CID 多源多假设融合结构与 JDL 数据融合模型一样,不是一个串行结构,而是一个总路线结构,其功能可根据输入信息级别和作战活动对输出信息的需求进行裁剪选择。

基于信息源自主识别(CID 输入信息)的属性级别的多级 CID 功能流程,如图 4.16 所示。其中$\{s_i\}$表示向 CID 融合系统输入信息为信号或图像,其内容为 0 级 CID 的三个假设集合元素;经信号融合(SF)产生 0 级 CID 目标特征识别产品,并支持 1 级 CID 特征融合。$\{C_i\}$表示输入信息为目标特征,内容为 1 级 CID 的 6 个假设集合元素;经与 0 级 CID 识别结果融合(CF),产生 1 级 CID 目标自然属性识别产品,支持 2 级 CID 态势融合。$\{T_i\}$表示输入信息为已局部判断的目标属性,融合(TF)产生 1 级 CID 目标自然属性识别产品,支持 2 级 CID 态势融合。$\{\mathrm{SM}_i\}$表示输入信息为态势要素,内容为 2 级 CID 的三个假设集合元素,经与 1 级 CID 识别结果融合(SMF),产生 2 级 CID 识别产品,支持 3 级 CID 威胁融合。$\{\mathrm{TM}_i\}$表示输入信息为威胁要素,内容为 3 级 CID 的 4 个假设集合元素,经与 2 级 CID 识别结果融合(TMF),产生 3 级 CID 识别产品,支持 4 级 CID 毁伤融合。$\{\mathrm{DM}_i\}$表示输入信息为 4 级 CID 的三个假设集合元素,经与 3 级 CID 识别结果融合

(DMF),产生毁伤识别产品。从图 4.16 还可以看出,CID 精炼基于可能出现的各级 CID 融合识别结果进行效果评估,并实现相应级别 CID 融合过程直至信息源的优化。

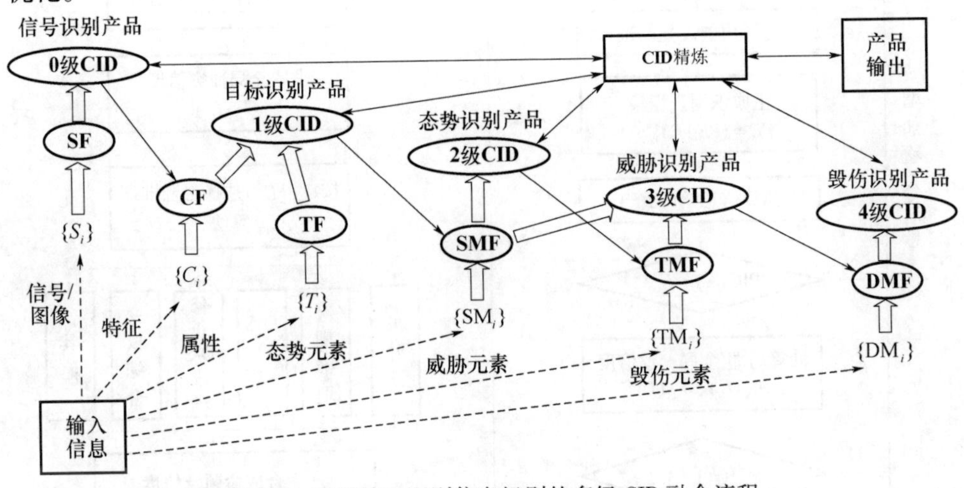

图 4.16　基于输入识别信息级别的多级 CID 融合流程

图 4.16 展现了多级识别信息同时输入时的一个多级 CID 融合结构。文献[3]中图 2-5中的对地面目标(坦克)的多级传感器感知信息的融合结构就是图 4.16 的一个应用实例。

4.6.2.2　CID 融合通用处理流程

图 4.16 描述的多级 CID 融合功能流程,涉及信号/图像融合、特征融合、属性融合、态势元素融合和威胁元素融合,以及毁伤元素融合,分别生成相应级别的 CID 融合识别产品。每一级 CID 中的融合功能均涉及相应级别输入信息(识别证据)的关联/相关、融合识别算法和识别结果的判定选择等环节。

CID 融合识别依据的证据元素集合可能存在两种情况:一是证据集合中诸证据可能相互独立,即其交集是空集(无公共元素),但相互独立的证据可能会互补性地支持融合属性命题,此时融合命题表现为各互补证据支持命题的并集;二是证据集合中诸证据元素可能相关,即其交集非空,从而能够共同增强支持融合属性命题,此时融合命题表现为是各相关证据支持命题的交集。

对于某一个证据集合来说,这两种情况可能同时存在。CID 融合识别的这一特征,特别是证据相互独立情况,与目标状态融合中的关联聚集/相关具有较大差异,从而促使人们在 CID 融合识别中,考虑采用证据的一致性和冲突性度量来处理证据的关联/相关问题。

设基本识别命题集为 $H=\{H_1,H_2,\cdots,H_N\}$,证据集为 $E=\{E_1,E_2,\cdots,E_N\}$ 和诸合成识别命题都是 H 的子集集合(幂集)元素,图 4.17 给出了一个基于证据集合 E 的 CID 通用融合流程。

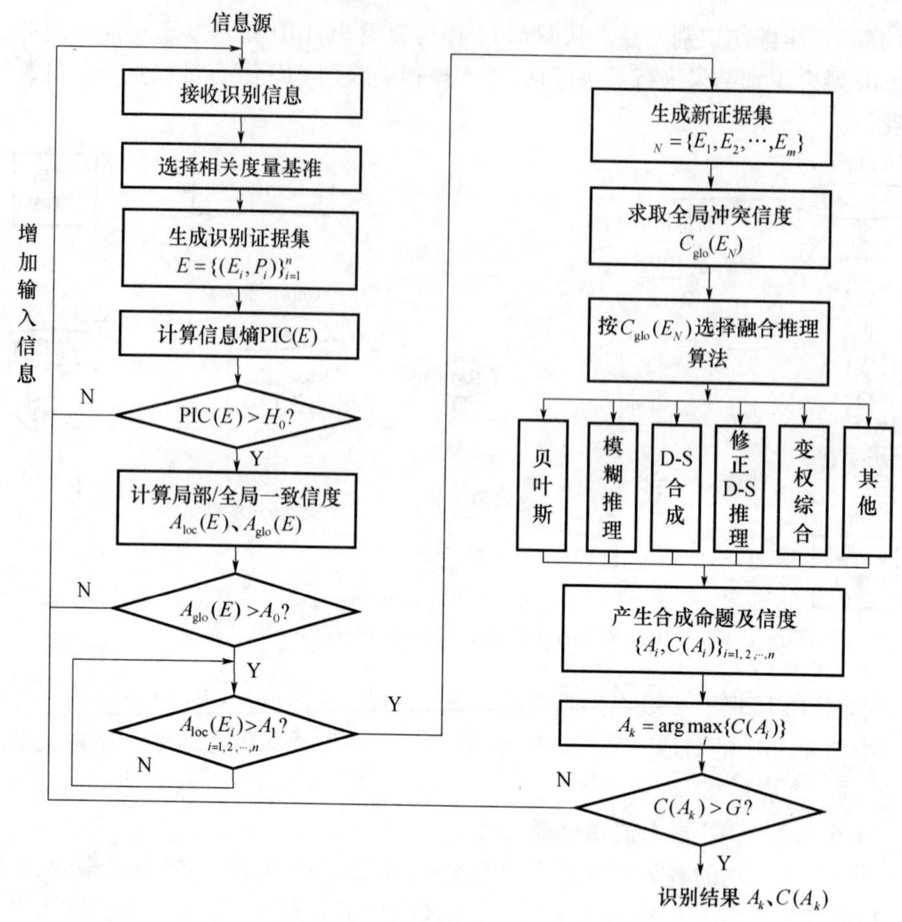

图 4.17　多级 CID 融合功理流程

该融合流程基本思想:一是对接收的多源识别信息选择度量基准,形成统一的识别证据集合。二是由于信息熵能够度量证据所含信息量(可能选择的识别命题数)和识别知识量(各可能识别命题的概率差异),并且一致性能够度量证据所含信息量(一致性证据能产生较多的可能识别命题),因此可以通过信息熵(概率信息内容 PIC)和全局一致性判断证据的有效性,当证据有效度低于阈值时,需要增加证据信息。三是基于局部一致信度进行关联/相关聚集生成相容性较强的证据集合,这也是考虑一致性与信息量的关系。由于一致性并不能度量识别知识量,因此识别知识量主要考虑借助证据的冲突性。然而,冲突性并不能判定证据的真伪,出现一个较大冲突证据时,可能来自干扰,也可能来自另一目标,因此对冲突证据不能冒然予以排除。当前许多对 D－S 证据理论的修改合成算法都强调要能够容纳冲突证据的原因即在于这一点。四是基于全局冲突信度值选择证据合成算法,进行不确定性融合。五是在融合生成的识别命题集合中,选取信度最大并超过判定门限的命题作为 CID 融合识别的最终结果。

图4.17中,关于信息熵(概率信息内容PIC)、证据的局部一致性信度和全局一致性信度,以及证据的全局冲突信度计算见4.3节和4.4节相应公式,各类不确定性推理方法见4.5.2节相应公式与描述。在4.2.2.1节图4.5描述的一个1级CID贝叶斯因果网络中,6个分假设命题集合之间的命题变换就是通过基于后验概率的贝叶斯推理实现的。

4.7　CID融合识别实现案例

4.7.1　基于一维距离像的弹道目标识别方法

这里给出反导拦截作战中真假弹头识别方法,作为战场目标识别物理模型的一个应用案例[60]。

4.7.1.1　问题描述

弹道目标识别是弹道导弹防御的主要技术瓶颈之一,其目的是从大量的诱饵、弹体碎片等构成的威胁管道中识别出真弹头。在理论上,能够用于识别真假弹道目标的特性主要有三个:目标的尺寸和形状、目标的温度、目标的运动状态。当雷达带宽足够宽时,目标径向距离占据多个雷达距离分辨单元,使得高分辨雷达回波呈现连续起伏特性,通常称为目标的一维距离像(Range Profile)。一维距离像反映了目标散射中心的散射强度和相对位置沿雷达视线的距离分布,且易于获取和处理,从而为雷达目标识别提供了一种有效途径[33]。

在实际情况中,通过距离像可分析获得诸如散射中心的数目、强度及其在径向上的分布等参数,进而解算出目标的尺寸、形状、凸凹等粗略的结构信息,可作为目标分类识别的特征[34]。在装备方面,导弹防御系统的预警雷达(如美国的“铺路爪”雷达)具备长时间跟踪目标并测量目标一维距离像的能力,可以为预警系统的弹道目标识别提供距离像数据[35]。

图4.18为一维距离像弹道目标识别流程框图。针对获取的目标距离像,首先根据最大信噪比准则,采用自适应门限估计方法,获取目标长度和头部位置;其次,将距离像分割为若干单元,搜索局部极值点,获取目标散射中心的数量和相对头部位置;再次,利用极大似然估计算法,提取距离像的非高斯统计模型参数;最后,考虑目标长度特征、散射中心特征和距离像统计特征的识别分类能力,进行多特征最优线性模糊组合的融合识别。仿真结果表明该目标识别算法在合理的假

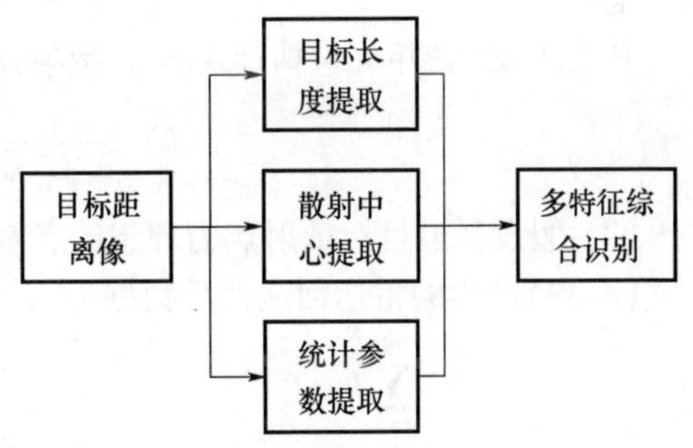

图4.18　一维距离像弹道目标识别流程框图

设下能够有效区分弹头、球形轻诱饵和再入型重诱饵。

4.7.1.2　弹道目标宽带一维距离像

1. 目标一维距离像数学模型

在光学区,雷达目标的频率响应特性可以表示为各个散射中心的频率响应之和。假设雷达发射阶梯变频信号,起始频率为 f_0,频率跳变步长为 δf,频域测量的数据点数为 N。若一个目标由 M 个散射中心构成,其后向散射场经由线极化天线接收后可表示为[35]

$$y(k) = \sum_{i=1}^{M} k_i \mathrm{e}^{-\mathrm{j}\frac{2\pi f_k 2r_i}{c}} (\mathrm{j}2\pi f_k)^{t_i} \qquad k = 1,2,\cdots,N \tag{4.39}$$

式中:k_i 为幅度系数,即散射中心(距离单元)的散射强度;r_i 为第 i 个散射中心(距离单元)对参考点的相对距离;$f_k = f_0 + k\delta f$ 为雷达发射阶梯变频信号;$t_i \in \{-1, -0.5, 0, 0.5, 1\}$ 为散射中心类型,反映散射中心的散射强度对频率的依赖程度,称为依赖因子。对雷达回波进行快速傅里叶变换(FFT),则获得目标的一维距离像为

$$Y(r) = FFT[y(k)] \qquad k = 1,2,\cdots,N-1 \tag{4.40}$$

2. 弹道目标一维距离像仿真

根据式(4.39)和式(4.40),设计了弹道目标一维距离像仿真方法,描述如下:

(1) 基于设定的目标散射中心位置确定目标所有距离单元的散射强度 k_i 分布。

在散射中心区域,距离像幅度分布往往呈现较强的非高斯特性,采用如下规则模拟各距离单元 i 的散射强度 k_i^s,即

$$k_i^s = k^s \exp\left\{-\frac{(r_i - r_s)^2}{T_r}\right\} \qquad |r_i - r_s| < T_r \tag{4.41}$$

式中:k^s 为散射点 s 的散射强度;r_s 为散射点 s 的径向位置;T_r 为 s 的散射中心区域的范围。

其他区域距离单元包括背景部分,散射强度为高斯随机分布,概率密度函数为

$$p(k) = \frac{1}{\sqrt{2\pi}\sigma} \mathrm{e}^{-\frac{(k-k_i)^2}{2\sigma^2}} \tag{4.42}$$

(2) 假设弹道目标散射点为理想的点散射体,则式(4.39)中,$t_i = 0$。此时,基于式(4.39)产生的雷达回波信号数据为

$$\begin{aligned} y(k) &= \sum_{i=1}^{M} k_i \mathrm{e}^{-\mathrm{j}\frac{2\pi f_0 \cdot 2r_i}{c}} \\ &= \sum_{i=1}^{M} k_i \left(\cos\left(\frac{2\pi f_0 \cdot 2r_i}{c}\right) + i \cdot \sin\left(\frac{2\pi f_0 \cdot 2r_i}{c}\right)\right) + v(n) \end{aligned} \tag{4.43}$$

式中:v 为回波数据传输过程中的加性白噪声。

(3) 对合成的雷达回波采样数据进行快速傅里叶变换,获得弹道目标距离像

数据为

$$Y(r) = \mathrm{FFT}[y(k)] = \sum_{i=1}^{N} k_i\left(\frac{f_0 \cdot 2r}{c}\right) \tag{4.44}$$

4.7.1.3 基于一维距离像的弹道目标识别方法

本节提出的弹道目标识别方法主要由目标长度提取、散射中心提取、统计模型参数提取和多特征综合识别等四部分组成。

1. 基于距离像的目标长度特征提取

弹道目标尺寸是识别特性信息中非常重要的一个参数,而目标的高分辨距离像与目标尺寸特性密切相关,因此利用它来估计目标的长度,可行性强。对于弹道目标而言,真假弹头的长度存在差别,弹头长度大多为1~3m,母舱的长度一般大于弹头,简单转发式有源诱饵往往只能形成单个尖锋,其长度很小,碎片的长度一般也小于弹头长度。因此,采用长度信息识别目标是国内外研究者公认的有效手段[36]。

基于距离像的长度估计实质上就是要确立目标和噪声在距离轴上的分界点,一般采用门限估计法,确定目标与背景噪声的分割阈值。但是,门限估计法要求根据经验值设定门限阈值或比例系数,而设定值的正确与否在很大程度上影响了长度提取的精确性。采用自适应门限估计方法,不需要人为设定阈值的比例系数,通过设置目标窗口,根据最大信噪比准则,直接计算目标头部位置和长度。该算法首先定义归一化后的平均信噪比为[36]

$$r(\theta) = \frac{\dfrac{1}{w_1}\sum_{m\in\theta} |H_1(m)|^2}{\dfrac{1}{w_2}\sum_{m\in\theta} |H_2(m)|^2} \tag{4.45}$$

式中:θ为距离像中的目标窗口;w_1为距离像中目标占据的窗宽;$w_2 = N - w_1$为非目标部分窗宽;N为距离像总长度;$H_1(m)$为目标占据部分的距离像;$H_2(m)$为噪声占据部分的距离像。估计准则是使$r(\theta)$达到最大,即

$$r(\theta_{\mathrm{opt}}) = \max_{w}\{r(\theta) | n = 1,2,\cdots,N; w_{\min} < w < w_{\max}\} \tag{4.46}$$

式中:$w_{\min}$、$w_{\max}$分别为目标可能占据窗口长度w的最小值和最大值。

窗口θ由其起始位置w_s和窗宽$w_n(w_{\min} < w_n < w_{\max})$唯一确定。因此,一旦求得二元函数$r(\theta)$的全局最优解,则由求得的最优窗长度$w_{\mathrm{opt}}$,可求得目标观测长度$L_s$以及目标头部位置$w_s$,即

$$L_s = \Delta r \cdot w_{\mathrm{opt}} \tag{4.47}$$

式中:Δr为距离分辨单元大小。

2. 散射中心提取

在一维距离像中提取目标的散射中心,实质就是在一维数组中确定局部极值点。由于一维距离像叠加了复杂的未知噪声,变化剧烈,很难建立准确模型,所以

在频域提取极值点的方法较难实现。工程化中,要求算法具有较好的实时性和鲁棒性,本节设计了一种在时域提取局部极值点的方法,步骤如下:

(1) 设定最小散射中心区域的宽度为 θ_s,并紧密分割距离像数据组形成若干固定大小窗口 w_s^i。

(2) 对每个窗口 w_s^i 计算散射强度均值,并排序,即

$$Q_s = Qck(\text{ave}(w_s^i)) \tag{4.48}$$

$$\text{ave}(w_s^i) = \frac{1}{\theta_s}\sum_{m \in w_s^i} H(m) \tag{4.49}$$

(3) 将小于门限 T_1 的固定窗口从 Q_s 中去除,判定条件可以描述为

$$\text{ave}(w_s^i) < T_1,\ T_1 = 1.2 \cdot \text{ave}(Y(m)) \tag{4.50}$$

式中:$Y(m)$为目标的一维距离像。

(4) 取 Q_s 中每一个散射中心区域内的极值点位置为散射中心位置 P_s^i。

(5) 将距离小于设定门限 T_2 的散射中心合并为一个散射中心,即

$$P_s^i = \begin{cases} P_s^i \mid |i-j| < \theta_s,\ H(i) > H(j) \\ P_s^j \mid |i-j| < \theta_s,\ H(i) < H(j) \end{cases} \tag{4.51}$$

3. 非高斯模型参数提取

在距离像识别方法中,近年来统计识别方法受到了越来越多的关注。距离像的非高斯特性本身包含目标的结构特性,它反映了强散射中心的多少和相对强弱。用模型参数表现距离像的非高斯特性,那么模型参数将是距离像结构的体现,可直接用于目标识别。物理统计建模的基本思想是将样本看作相互独立的高斯部分和非高斯部分的迭加,这里采用 Class A 模型的包络一维概率密度函数[36]:

$$\omega(z) = 2\mathrm{e}^{-A}\sum_{m=0}^{\infty}\frac{A^m(A+k)}{m!(m+k)}z\mathrm{e}^{-z^2(A+k)/(m+k)} \tag{4.52}$$

式中:z 表示归一化的包络;A、k 为模型参数。

将式(4.52)分为两个部分,第一部分是 $m=0$ 项,其加权系数为 e^{-A},这对应于高斯部分;第二部分是 $m>0$ 项,其加权系数为 $1-\mathrm{e}^{-A}$,这对应于非高斯部分。因此,A 表示非高斯成分在整个样本中所占的比例。k 表示“功率因素”,它的物理意义是样本中高斯部分和非高斯部分的功率比。因此,A 和 k 分别代表了非高斯成分的多少和强弱,它们一起构成了对模型的全面描述。

参数 A 和 k 的估计方法采用极大似然估计法。基本思想是:为提高迭代求解似然方程的效率,先设法寻找关于模型参数较好的初值,然后再代入模型导出的似然方程并求解。最终得到使这个样本出现的概率达最大的参数。步骤如下:

根据样本分布取门限,用观测值 z 与门限比较,将观测数据分为非高斯和高斯分布两个子集 α、β。设 α 的样本数量为 n_α,β 的样本数量为 n_β。A 表示非高斯

成分在整个样本中所占的比例，k 表示样本中高斯部分和非高斯部分的功率比，其初值为

$$\bar{A} = \frac{n_\alpha}{n_\alpha + n_\beta} \tag{4.53}$$

$$\bar{k} = \frac{\frac{1}{n_\beta}\sum_{i=1}^{n_\beta} z_i^2}{\frac{1}{n_\alpha}\sum_{j=1}^{n_\alpha} z_i^2} \tag{4.54}$$

得到参数初值后，将其代入由式(4.52)导出的两个似然方程，即

$$\begin{cases} \sum_{i=1}^{n} \frac{\omega'_A(z_i)}{\omega(z_i)} = 0 \\ \sum_{i=1}^{n} \frac{\omega'_k(z_i)}{\omega(z_i)} = 0 \end{cases} \tag{4.55}$$

式中：$\omega'_A(z_i)$ 为概率密度函数 $\omega(z_i)$ 对 A 的一阶偏导数；$\omega'_k(z_i)$ 为 $\omega(z_i)$ 对 k 的一阶偏导数。将初值带入似然方程，利用牛顿迭代法可以求解该方程组。

4. 多特征模糊融合识别

模糊模式识别技术将目标特征量转换成由模糊集及隶属函数表征的统一标记，即把对象 $\boldsymbol{x} = (x_1, x_2, \cdots, x_p)$ 规划到模糊集 $\boldsymbol{A}_1, \boldsymbol{A}_2, \cdots, \boldsymbol{A}_n$ 的某一个最相似的类别 $\boldsymbol{A}_i$ 中去，其中每个特性指标 x_i 刻画了对象 $\boldsymbol{x}$ 的某个特性。将某种多特征融合算法作用于对象 $\boldsymbol{x}$，能够产生一组隶属度函数 $\mu_{A_1}(x), \mu_{A_2}(x), \cdots, \mu_{A_n}(x)$，它们分别表示对象 $\boldsymbol{x}$ 隶属于类别 $\boldsymbol{A}_1, \boldsymbol{A}_2, \cdots, \boldsymbol{A}_n$ 的程度。建立了模糊模式的隶属函数组之后，就可以按照某种隶属门限判断出对象 $\boldsymbol{x}$ 应归属于哪一个类别。对多特征模糊融合识别的这两个步骤描述如下。

1）建立各类别融合隶属度函数

构造以下隶属度函数：

$$\mu_{\boldsymbol{A}_i}(x_p) = \mathrm{e}^{-w_p|x_p - T_p^{A_i}|/T_p^{A_i}} \tag{4.56}$$

式中：$\mu_{\boldsymbol{A}_i}(x_p)$ 表示一维距离像的特征 x_p 对目标 A_i 的隶属度（x_p 属于目标类型为 A_i 的概率）；$T_p^{A_i}$ 为目标类型 A_i 在 x_p 上的先验阈值；w_p 为 x_p 的权重。

当目标各特征相互独立时，基于 m 个特征目标类别为 A_i 的概率为

$$P(A_i) = \prod_p \mu_{\boldsymbol{A}_i}(x_p) \tag{4.57}$$

2）真假弹头的模糊识别

对于弹道目标群的识别场景而言，往往无法获得全体模糊分类的集合，而只能获得所关注的识别对象的隶属度函数。例如，在具体的反导空间环境中，可能只知道来袭导弹弹头的尺寸信息，如美国“民兵”-3、“三叉戟”-2 弹道导弹采用的 MK 系列弹头的长度为 1.72m，底面直径为 0.541m，但对诱饵和发射碎片的特

征分布却一无所知,此时将无法获得模糊集的全集。隶属度函数 $\mu_A(x)$ 表明了待识别对象 x 属于特定类别 A 的可能程度,而弹道目标识别只关心目标为真(或为假)弹头的程度,因此可以直接采用隶属度值的绝对大小来进行目标真假的判断。对弹道目标 $\boldsymbol{x}$,获得其为真的隶属度函数 $\mu_A(x)$ 后,设定隶属度门限 d_1、d_2,可采用下式进行判决:

$$\begin{cases}\text{若}\ \mu_A(x)>d_1 & x\ \text{为真目标}\\ \text{若}\ \mu_A(x)<d_2 & x\ \text{为假目标}\\ \text{若}\ d_2\leqslant\mu_A(x)\leqslant d_1 & \text{待定}\end{cases}\tag{4.58}$$

同样,对于假目标中的重型诱饵和轻型诱饵,在获得相应隶属度函数 $\mu_B(x)$、$\mu_C(x)$ 之后,也可采用式(4.58)进行判决。门限 d_1、d_2 可基于给出的判定风险确定,如果要保持较高的识别可信度,可将 d_1 设得较大,d_2 设得较小;如果要减少拒判次数,可将 d_1、d_2 的值设定为较接近或相等,此时该判决式中不定情况很少或不出现。对于出现的不定情况,可以基于后续获取的目标信息,继续进行本节所描述的计算和判决过程,直到获得满足的判决结果。

4.7.1.4 仿真实验

仿真实验中,首先按式(4.41)~式(4.44)建立仿真数据。假设弹头两个理想散射中心(相对头部位置)为 0.32m,2.0m;相对强度为 1.0,1.5;重诱饵两个理想散射中心为 0.32m,1.8m;相对强度为 1.0,1.8;轻诱饵一个理想散射中心为 1.2m;相对强度为 2.0。一维距离像分辨单元为 0.04m,长度为 70 个像素。实验对弹头、重诱饵、轻诱饵分别产生 100 组仿真数据。然后,按 4.7.1.3 节中的第 1~3款所述的特征提取算法获取目标长度、两个散射点位置、非高斯模型参数(A,k)三类特征的先验门限,再进行重要性排序,设定权重向量为 $\boldsymbol{W}_p=(0.4,0.2,0.2,0.1,0.1)$。最后,采用式(4.56)~式(4.58)的模糊判决方法,计算多特征隶属函数,并获得目标为弹头或假目标的判决结果(概率)。模拟的一维距离像仿真数据如图 4.19 所示,识别结果如图 4.20 所示。

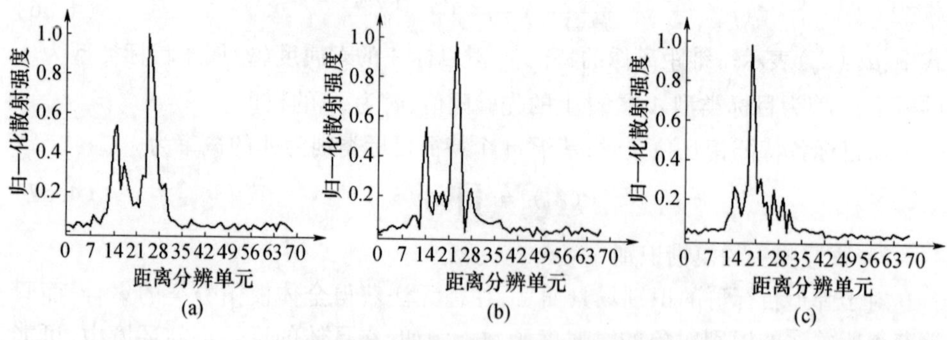

图 4.19 弹道目标一维距离像仿真

(a)弹头;(b)重诱饵;(c)轻诱饵。

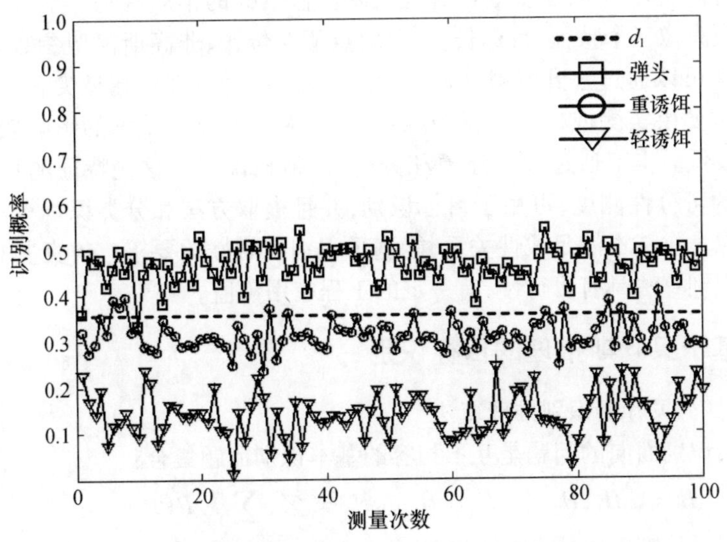

图 4.20　弹道目标一维像识别结果

根据图 4.20 的识别结果分布，取式(4.58)的门限值为 $d_1 = d_2 = 0.35$，得到表 4.9 的统计结果。

表 4.9　模糊识别结果

结果＼目标	弹头	锥形重诱饵	球形轻诱饵
真目标/次数	100	14	0
假目标/次数	0	86	100

从图 4.19 和表 4.9 可以看出，由于球形轻诱饵的径向长度、散射中心特征与弹头具有本质差别，采用弹头模拟数据识别真目标正确率为 100%，采用球形轻诱饵模拟数据识别假目标正确率为 100%。可见本算法能够快速有效的剔除简单诱饵，避免作战资源因为大量充气诱饵饱和。重诱饵在尺寸结构和散射特性方面可以做到与弹头极其相似，但中短程弹道导弹突防舱受载荷限制，一般不携带刚性重诱饵突防。从表 4.9 可以看出，采用锥形重诱饵识别假目标正确率为 86%，识别结果存在一定误差，可以通过调整式(4.58)中的门限阈值提高识别准确率。实际反导作战中，将真目标判断为假(漏判)付出的代价远远大于将假目标判断为真(虚警)的代价，所以将目标认定为假的条件较为苛刻。

4.7.1.5　小结

弹道目标多特征综合识别采用的特征要具有十分明确的物理意义，这样在没有识别数据库的情况下能够基于通常的先验知识大致判断目标的类型；另外，还要求这类特征具有一定的稳定性，并能反映真假目标的本质区别。本节选取弹道目标一维距离像三个特征：目标长度、散射点相对位置、非高斯模型参数。弹头类的尺寸结构可以通过公开资料获取，锥型弹头的散射点集中在鼻尖和底部边缘，统计参数需要由实测或模拟数据训练获得，受先验信息完整度的影响较大，所以融合权重较低。本节通过数学建模和分析，清晰地说明了这些特征的物理意义，具有较好的可分性测度，可用于目标识别，并且提取方法和分类识别算法的复杂度与一维像大小基本满足线性关系，能满足识别实时性的要求。仿真实验表明本节的目标识别算法具有可行性，有一定的工程应用价值。

4.7.2 基于贝叶斯推理的目标识别

4.7.2.1 贝叶斯识别推理算法

贝叶斯识别面向的问题是互不相容的基本识别命题集合：

$$H = \{H_1, H_2, \cdots, H_n\}, H_i \cap H_j = \varnothing, \sum_{i=1}^{n} P(H_i) = 1$$

传感器或侦察手段独立获取的证据集合为 $E=\{E_1,E_2,\cdots,E_m\}$，计算证据对识别命题的支持概率的贝叶斯公式为

$$P_r(H_i \mid E) = \frac{P(E \mid H_i)P_r(H_i)}{P(E)} = \frac{P(E \mid H_i)P_r(H_i)}{\sum_{j=1}^{n} P(E \mid H_j)P_r(H_j)}$$

贝叶斯识别推理就是将识别命题 H_i 的先验概率 $P_r(H_i)$ 通过证据的条件似然函数 $P(E|H_i)$，变换产生识别命题基于证据的后验概率 $P_r(H_i|E)$，以不断改进对识别命题 H_i 的识别效果。从中不难看出，贝叶斯识别推理的关键，是条件似然函数的计算。

贝叶斯识别推理算法步骤如下：

(1) 提取识别证据 E_i，通常在相应信息源 $s_i(i=1,2,\cdots,m)$ 中进行。

(2) 基于具体物理模型计算证据的条件似然函数 $P(E_i|H_j)(i=1,2,\cdots,m; j=1,2,\cdots,n)$。

(3) 计算 m 个证据的联合似然函数 $P(E|H_j)=P(E_1,\cdots,E_m/H_j)(j=1,2,\cdots,n)$。

当诸个证据独立获取时，联合似然函数为

$$P(E \mid H_j) = P(\bigcap_{i=1}^{m} E_i \mid H_j) = \prod_{i=1}^{m} P(E_i \mid H_j) \quad j = 1,2,\cdots,n \tag{4.59}$$

(4) 由贝叶斯公式计算诸识别命题的后验概率，即

$$\begin{aligned} P_r(H_j \mid E) &= P(E \mid H_j)P_r(H_j)/P(E_1,E_2,\cdots,E_m) \\ &= [\prod_{i=1}^{m} P(E_i \mid H_j)]P_r(H_j)/P(E_1,E_2,\cdots,E_m) \quad j = 1,2,\cdots,n \end{aligned} \tag{4.60}$$

式中：先验概率 $P_r(H_j)$ 可从上一周期的后验识别结果获得，$P(E_1,E_2,\cdots,E_m)$ 为证据 E 的先验分布密度。

（5）判定逻辑，求取具有极大后验概率的命题，即

$$H_k = \arg(\max_j P_r(H_j | E))$$

基于给定的识别风险，设定后验判定概率门限 P_0，进行下述判定：

$$\begin{cases} P_r(H_k | E) \geqslant P_0 & \text{接受命题 } H_k \\ P_r(H_k | E) < P_0 & \text{不定} \end{cases} \tag{4.61}$$

在不定情况下，将所有命题的后验概率 $P_r(H_i | E)$ 作为下一周期证据融合识别的先验概率，继续下一周期的步骤（1）~（5）的融合识别过程，直到得出满足后验概率判断门限的识别结果。以上5个步骤的识别推理流程如图4.21所示。

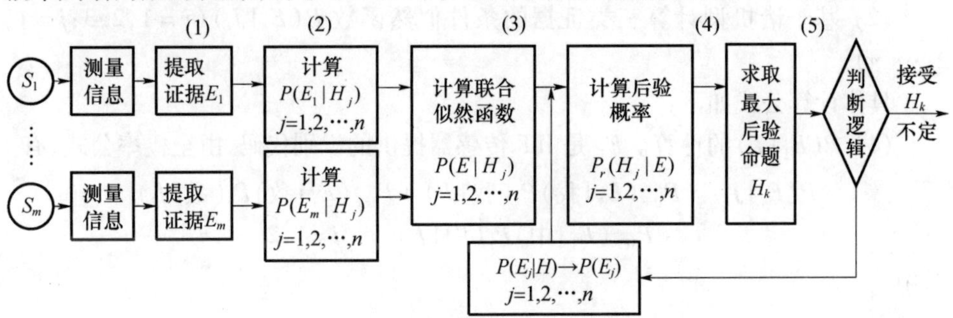

图4.21　贝叶斯识别推理流程

图4.21中上面标注的是所对应的推理步骤，下面一框是识别不定情况本周期识别结果对下一周期识别推理的反馈，即将本图形诸命题的后验概率反馈给下一目标作为计算后验概率时的先验概率。

4.7.2.2　三类传感器目标身份识别贝叶斯推理

设地面或机载电子支援措施（ESM）、有源雷达、IFF等三类传感器探测综合进行空中目标识别。采用这三类传感器提供的识别信息对空中目标进行身份识别的贝叶斯推理流程如图4.22所示。

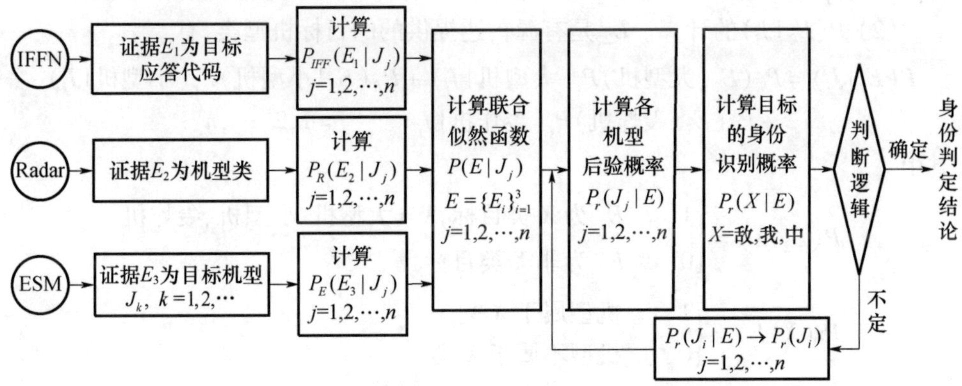

图4.22　三类传感器目标身份属性识别贝叶斯推理

从图 4.22 所示的贝叶斯推理过程可以看出,利用该三类传感器信息旨在融合识别空中目标的身份属性敌、我或中,是基于空中目标的机型识别结果实现的。识别过程中利用了关于敌、我方的机型指纹库信息。对图 4.22 给出的目标身份融合识别推理的具体实现步骤说明如下:

(1) 提取传感器证据。IFF 提供的证据 E_1 是合作目标对询问信息的应答代码,有源雷达提供基于 RCS 的目标类型(大、小型机和轰炸机等)证据 E_2,ESM 传感器基于其接收到的辐射源电磁信号和其自身的电磁参数指纹库能识别出具体的目标机型证据 E_3。

(2) 基于诸机型计算三类证据的条件似然函数 $P(E_i | J_j)$ $(i=1,2,3;j=1,2,\cdots,n)$。

具体计算公式如下:

(1) $P(E_1|J_j)$的计算。E_1 是 IFF 传感器提供的识别代码,由全概率公式,有

$$P(E_1|J_j)=P_{\mathrm{IFF}}(E_1|\text{我})P_r(\text{我}|J_j)+P_{\mathrm{IFF}}(E_1|\text{敌})P_r(\text{敌}|J_j)+P_{\mathrm{IFF}}(E_1|\text{中})P_r(\text{中}|J_j) \qquad j=1,2,\cdots,n$$

其中

$$P_{\mathrm{IFF}}(E_1|\text{我})=\begin{cases}1 & \text{代码 } E_1 \text{ 为“我”方目标}\\0 & \text{无应答}\end{cases}$$

$$P_{\mathrm{IFF}}(E_1|\text{敌})=\begin{cases}P_{\text{敌}} & \text{敌机有一定模拟应答能力}(P_{\text{敌}}<1)\\0 & \text{无应答}\end{cases}$$

$$P_{\mathrm{IFF}}(E_1|\text{中})=1-P_{\mathrm{IFF}}(E_1|\text{我})-P_{\mathrm{IFF}}(E_1|\text{敌})$$

$$P_r(X|J_j)=\begin{cases}1 & X\text{ 方有机型 } J_i\\0 & X\text{ 方无机型 } J_i\end{cases},X=\text{敌、我、中}$$

对敌、我、中方指纹库均有机型 J_i 的情况,可增加机型定义:敌 J_i、我 J_i、中 J_i 等,$P_r(X|J_j)$也可采用上一周期估计结果作为本周期的先验概率。

(2) $P(E_2|J_j)$的计算。E_2 是有源雷达提供的的目标机型类,有

$$P(E_2|J_j)=P_R(E_2|\text{大型机})P_r(\text{大型机}|J_j)+P_R(E_2|\text{小型机})P_r(\text{小型机}|J_j)+P_R(E_2|\text{轰炸机})P_r(\text{轰炸机}|J_j) \qquad j=1,2,\cdots,n$$

其中

$$P(E_2|X)=\begin{cases}1 & E_2\text{ 为 } X\text{ 类目标},X=\text{大型机、小型机、轰炸机}\\0 & E_2\text{ 为非 } X\text{ 类目标}\end{cases}$$

$$Pr(X|J_i)=\begin{cases}1 & \text{机型属于 } X\text{ 类}\\0 & \text{机型不属于 } X\text{ 类}\end{cases}$$

对于 E_2 为不确定情况,$P(E_2|J_j)$可采用基于机型指纹库确定的机型类分布密度取值。

(3) $P(E_3|J_j)$的计算。

$$P(E_3|J_i)=\begin{cases}1 & \text{ESM 识别出是机型 } J_i\\ 0 & \text{ESM 未识别出是机型 } J_i\end{cases}$$

对于 E_3 为不确定情况,$P(E_3|J_j)$可采用基于电磁参数指纹库确定的电磁参数分布密度取值。

(4) 计算每个机型的联合似然函数 $P(E|J_j)$,当三类传感器独立测量时,基于机型的联合似然函数为

$$P(E|J_j)=P(E_1|J_j)P(E_2|J_j)P(E_3|J_j)\quad j=1,2,\cdots,n$$

若传感器间相互指示目标,需要增加目标指示条件概率并参加运算。

(5) 计算各机型的后验概率,它依赖本周期相应机型的三类传感器证据的联合似然函数,并将上一周期该机型后验估计概率作为本周期该机型先验概率,即

$$P_r(J_j|E)=P(E|J_j)P(J_j|E^{(N-1)})/P(E)$$

式中:$E^{(N-1)}=(E^1,E^2,\cdots,E^{N-1})$为直到 $N-1$ 周期三传感器测量证据集合;$E^i=(E_1,E_2,E_3)_i$ 为第 $i(i=1,2,\cdots,N-1)$;周期三传感器测量集合:$E^N=E$;$P(E)=\sum_{i=1}^{n}P(E|J_i)P(J_i)$ 为本周期测量的机型分布密度。

(6) 计算目标身份的后验概率。

$$P_r(我|E)=\sum_{i=1}^{n}P_r(J_j|E)P_r(我|J_j)$$

$$P_r(敌|E)=\sum_{i=1}^{n}P_r(J_j|E)P_r(敌|J_j)$$

$$P_r(中|E)=\sum_{i=1}^{n}P_r(J_j|E)P_r(中|J_j)$$

目标机型类的后验概率可类似于目标身份的后验概率计算公式获得,即

$$P_r(大型机|E)=\sum_{i=1}^{n}P_r(J_i|E)P_r(大型机|J_i)$$

其中

$$P_r(大型机|J_i)=\begin{cases}1 & J_i\text{ 是大型机}\\ 0 & J_i\text{ 不是大型机}\end{cases}$$

4.7.3　基于修正 D－S 证据合成的地面目标识别

这是针对 D－S 证据理论无法兼容弱相容证据合成的不足,描述了两种改进的证据合成方法,并给出对地面目标识别的应用案例。

4.7.3.1　D－S 证据理论及其合成规则

设 H 为互不相容命题(证据)的识别框架,$\Omega(H)$是其所有子集构成的集合,若函数 $m:\Omega(H)\to[0,1]$满足:

$$\sum_{A \subset \Omega(H)} m(A) = 1, m(\varnothing) = 0, (\varnothing \text{ 为空集})$$

则称 $m(A)$ 为命题 A 的基本概率赋值函数(BPA)或基本信度,而

$$\mathrm{Bel}(A) = \sum_{B \subset A} m(B), \mathrm{Pl}(A) = \sum_{B \cap A \neq \varnothing} m(B)$$

分别称为 $\Omega(H)$ 中命题 A 的可信度函数和似真度函数,即 D-S 证据理论对事物的二元不确定性描述。

D-S 证据理论的两证据集 $\{A, m_1(A)\}$, $\{B, m_2(B)\}$ 的合成公式为

$$\begin{cases} m(C) = \begin{cases} K^{-1} \sum\limits_{A \cap B = C} m_1(A) m_2(B) & C \in \Omega(H), C \neq \varnothing \\ 0 & C = \varnothing \end{cases} \\ K = 1 - k = 1 - \sum\limits_{A \cap B = \varnothing} m_1(A) m_2(B) \end{cases} \tag{4.62}$$

式中:k 为两证据的总冲突信度。

D-S 证据理论的明显不足[14]是:正则化会导致弱相容证据结论不合理,并且对相悖证据无法合成。

4.7.3.2 Yager 的改进合成公式[18]

针对 D-S 证据理论的不足,Yager 去掉了 D-S 合成公式中的正则化过程,并将总冲突信度 k 赋给全命题空间集合 $\Omega(H)$,得到合成公式为

$$m_Y(C) = \begin{cases} \sum\limits_{A \cap B = C} m_1(A) m_2(B) & C \in \Omega(H), C \neq \Omega(H), C \neq \varnothing \\ m_1(\Omega(H)) m_2(\Omega(H)) + k & C = \Omega(H) \\ 0 & C = \varnothing \end{cases} \tag{4.63}$$

4.7.3.3 Jousselme 的改进合成公式

基于 Jousselme 在文献[25]中给出的集合 $\Omega(H)$ 中命题的支持信度和冲突信度的定义及其计算公式,见式(4.21)~式(4.24),定义证据集 $E = \{\{E_1, m_1\}, \cdots, \{E_n, m_n\}\}$ 诸元素的合成证据/命题的有效性函数为

$$\alpha(E) = \mathrm{e}^{-C_{\mathrm{glo}}(E)} \tag{4.64}$$

式中:$C_{\mathrm{glo}}(E)$ 为式(4.63)所示的证据集合 E 中所有证据之间的全局冲突信度。

不难看出,有效性系数反映了证据集合全局冲突信度对诸元素合成效果的影响,全局冲突度信度越大,合成命题的有效性越低。基于上述讨论,Jousselme 给出的改进合成公式为

$$\begin{cases} m(A) = P(A) + k\alpha(E) q(A) A \neq \Omega(H) \quad A \neq \varnothing \\ m(\Omega(H)) = P(\Omega(H)) + k\alpha(E) q(\Omega(H)) + k(1 - \alpha(E)) \quad A = \Omega(H) \\ m(\varnothing) = 0 \quad A = \varnothing \end{cases} \tag{4.65}$$

其中

$$\begin{cases} P(A) = \sum\limits_{A_i \in E_i, \bigcap\limits_{i=1}^{n} A_i = A \neq \varnothing} m_1(A_1)\cdots m_n(A_n) \\ q(A) = \dfrac{1}{n}\sum\limits_{i=1}^{n} m_i(A) \\ k = \sum\limits_{A_i \in E_i, \bigcap\limits_{i=1}^{n} A_i = A = \varnothing} m_1(A_1)\cdots m_n(A_n) \end{cases} \tag{4.66}$$

易见,全局冲突信度 k 较小时,$P(A)$起主要作用;k 较大(接近1)即冲突较大时,合成信度主要由 $\alpha(E)q(A)$决定,这就体现了对 Yager 合成公式的改进,Yager 公式在合成冲突证据时,将冲突信度全部赋给了命题全集 $\Omega(H)$,即认为冲突信度不能提供任何有用信息;而 Jousselme 合成公式认为冲突信度是部分可用的,其可用程度取决于有效系数 $\alpha(E)$和 $q(A)$。

4.7.3.4　地面目标融合识别应用[26]

例4.1　地面目标平台类型集合为 H={坦克,自行火炮,步兵战车},传感器1和传感器2获取的证据和基本概率赋值分别为

E_1:{坦克,0.99},{自行火炮,0.01}

E_2:{自行火炮,0.01},{步兵战车,0.99}

由 D-S 证据理论合成公式(4.62),可计算得到

m(坦克)=m(步兵战车)=0,m(自行火炮)=1,k=0.99

这是由于冲突信度较大情况下,尽管两证据中自行火炮的信度皆很小(0.01,可视为干扰),但却获得肯定的合成识别结果(传感器1),这显然有悖常理。

按 Yager 的合成公式(4.63),可计算得到

m_y(坦克)=m_y(步兵战车)=0,m_y(自行火炮)=0.001

$m(H)$=0.9999,k=0.9900

由此看出,在冲突信度较大情况下,Yager 合成公式尽管没有给出合成识别结果是自行火炮,但其将冲突信度主要分配到所有识别集合 H 中,从而无法获得正确的结论。当冲突证据多于两个时,Yager 合成公式的局限性也比较明显,注意下面例2。

例4.2　仍如例4.1的地面目标平台类型集合 H,三个传感器获得的关于目标类型的证据和基本概率赋值为

E_1:{坦克,0.98},{自行火炮,0.01},{步兵战车,0.01}

E_2:{坦克,0},{自行火炮,0.01},{步兵战车,0.99}

E_3:{坦克,0.90},{自行火炮,0},{步兵战车,0.10}

由这里给出的两证据、三证据及证据继续增加时,Yager 公式的合成信度如表4.10所列。

表 4.10　三类地面目标的多证据 Yager 公式合成信度

合成证据	m_y(坦克)	m_y(自行火炮)	m_y(步兵战车)	$m_y(H)$	冲突信度 k
E_1,E_2	0	0.0001	0.0099	0.9900	0.9900
E_1,E_2,E_3	0	0	0.001	0.9990	0.9990
证据增加	0	0	→0	→1	→1

由表 4.10 可见,尽管多数证据确认“坦克”,但某一证据否认即可导致合成结果的否认,这显然是不合理的。在地面目标识别中,由于自然或人为因素影响,可能会出现传感器报告与被测对象属性有较大的误差,尽管很少或偶然一次,却导致与实际相悖的合成识别结果,这说明 Yager 合成方法的容错性较差而有待改进。

例 4.3　仍如例 1 的地面目标平台类型集合 H,4 个传感器获得的目标类型证据及概率赋值见表 4.11。

表 4.11　三类地面目标的四证据及其概率值

证据	m(坦克)	m(自行火炮)	m(步兵战车)
E_1	0.98	0.01	0.01
E_2	0	0.01	0.99
E_3	0.90	0	0.10
E_4	0.90	0	0.10

对于三个证据情况,按 Jousselme 改进的合成公式的计算式(4.16)~式(4.24)可得

$$C_{12}=0.99, C_{13}=0.117, C_{23}=0.901$$

$$w_{12}=0.2548, w_{13}=0.47, w_{23}=0.2752$$

再由式(4.64)~式(4.66)可得

$$C_{glo}=\sum w_{ij}C_{ij}=0.5552, \alpha=0.574$$

m(坦克) = 0.3594, m(自行火炮) = 0.0038, m(步兵战车) = 0.2103, $m(H)=0.4255$

表 4.12 给出了三种融合方法分别对 2、3、4 个具有较大冲突程度证据的合成计算结果。

表 4.12　三种合成方法对冲突证据的合成结果

合成公式	采用证据	k	c	α	m(坦克)	m(自行火炮)	m(步兵战车)	$m(H)$
D-S	E_1,E_2	0.99			0	1	0	0
	$E_1\sim E_3$	0.999			0	0	1	0
	$E_1\sim E_4$	0.9999			0	0	1	0

（续）

合成公式	采用证据	k	c	α	m(坦克)	m(自行火炮)	m(步兵战车)	$m(H)$
Yager	E_1,E_2	0.99			0	0.0001	0.0099	0.99
	$E_1\sim E_3$	0.999			0	0	0.001	0.999
	$E_1\sim E_4$	0.9999			0	0	0.0001	0.9999
Jousselme	E_1,E_2	0.99	0.99	0.3716	0.18	0.004	0.194	0.622
	$E_1\sim E_3$	0.999	0.5552	0.5741	0.3594	0.0038	0.2103	0.4255
	$E_1\sim E_4$	0.9999	0.4219	0.6558	0.4557	0.0033	0.1964	0.3442

从表4.12可以看出，D-S证据理论对多冲突证据的合成结果几乎都是错误的，即其无法对冲突证据进行合成；Yager合成方法尽管对冲突证据的合成较D-S合成方法有一定合理性（在两证据情况），但其合成结果仍有悖常理。Jousselme的基于证据距离的合成公式有效克服了这两种缺陷，它能克服随机的（少量）错误证据（如E_1,E_2对自行火炮的识别证据），具有较好的容错性；当支持正确命题（坦克）的证据逐渐增多时，正确识别结果（坦克）的信度会不断增加。

4.7.4　基于多分类器的空中目标融合识别

这里给出基于ESM传感器和有源雷达测量信息，以及兵力部署和飞机性能等先验信息，对空中目标型号的多分类器融合识别方法[37]。

目标（平台）型号的准确识别对作战活动具有重要影响。由于有源和无源传感器实时获取的目标特征信息，以及准实时战场情报和态势信息，具较大差异性[38]和互补性，很难在统一的模式下进行目标型号的融合识别。Susen在1990年提出多分类器概念[39]，不同的分类器针对不同的信息类别，具有不同的分类模式和识别算法，识别结果可能并无交集而具有互补性[40,41]。将多分类器的识别结果进行融合，能大大提高目标识别能力和识别结果的准确性。

4.7.4.1　多分类器融合框架

电子支援（ES）传感器能获取运动平台（机、舰）辐射源的电磁信号，如载频、重频、脉间、脉宽、极化特性等特征，通过辐射源—电磁参数指纹库比对，可以识别作为辐射源的雷达型号；若雷达型号与平台型号有较稳定的配系，则可进一步识别平台型号。

从有源雷达获取的目标信息来看，在信号级能获得目标有效RCS，在处理级能获得目标的位置、速度、高度等状态信息，它们均与目标平台特征有一定关系。此时，长时间的目标探测和航迹统计结果还能反映目标活动区域、初始出现位置和目标航迹等态势特征。这些态势特征通过起降机场及所驻机型，以及相应目标航迹模式等先验情报信息与平台型号特征相联系。

基于上述分析,利用ESM和雷达获取的目标特征和态势信息,以及战场兵力部署等先验情报信息,构建三个关于目标型号的识别分类器和融合分类器,以获取最终的目标型号识别分类,融合识别框架如图4.23所示。

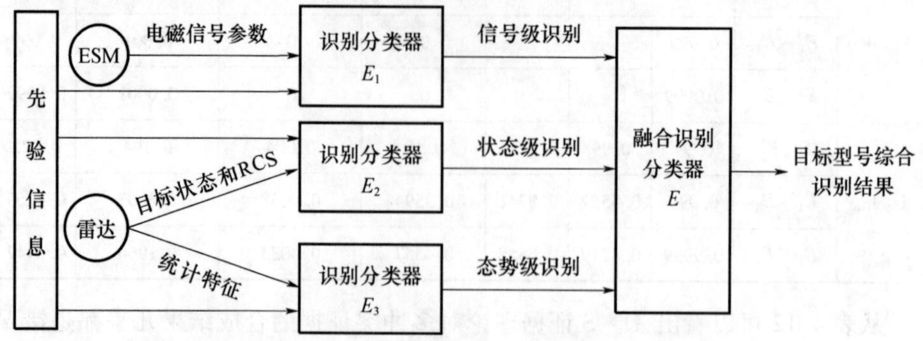

图4.23 ESM与雷达情报多分类器融合识别框架

4.7.4.2 单一识别分类器构建

1. 分类器 E_1

分类器 E_1 接收ESM传感器探测的信号载频、脉冲间隔和宽度等电磁信号参数,记为 $z=(f,p_{ri},p_w)^{\mathrm{T}}$。基于平台型号 C_j 的训练样本集 S_j,估计其电磁信号的质心 $\bar{z}_j$:

$$\bar{z}_j = \frac{1}{N_j}\sum_{z\in S_j} z \tag{4.67}$$

式中:N_j 为 S_j 中训练样本数。

$\bar{z}_j$ 也可作为平台 C_j 先验基准信息,从平台 C_j 的指纹库中统计获得。通过统计偏差计算,可得到电磁信号测量样本 z 与平台 C_j 的电磁信号关联信度为

$$m_{1j} = \| z-\bar{z}_j \|^{-1} / \sum_{j=1}^{n} \| z-\bar{z}_j \|^{-1} \qquad j=1,2,\cdots,n \tag{4.68}$$

式中:n 为可能的平台型号数量。

2. 分类器 E_2

分类器 E_2 接收雷达探测和处理得到的目标速度、高度和RCS等信息,记为 $\boldsymbol{u}=(v,h,\mathrm{RCS})^{\mathrm{T}}$。由于每个机型有其相应的飞行高度和速度范围,且具有相应的有效反射面积RCS(可视为与探测距离无关)[44],故基于 C_j 的训练样本 S_j 或 C_j 指纹库统计获得质心 $\bar{u}_j$,即

$$\bar{u}_j = \frac{1}{N_j}\sum_{u\in S_j} u \qquad j=1,2,\cdots,n \tag{4.69}$$

于是,得到目标状态样本(含RCS)u 与平台 C_j 的状态关联信度为

$$m_{2j} = \| u-\bar{u}_j \|^{-1} / \sum_{j=1}^{n} \| u-\bar{u}_j \|^{-1} \qquad j=1,2,\cdots,n \tag{4.70}$$

3. 分类器 E_3

分类器 E_3 接收雷达获取的目标位置信息和累积的目标航迹信息:$s_t\,(x,T_r)^{\mathrm{T}}$,

利用指纹库中的平台型号 C_j 所驻或起降机场位置、目标活动区域与活动模式等先验基准信息,在态势级上求取雷达测量的目标平台位置和累积的航迹信息 s_t 与平台型号 C_j 的关联信度。

1）基于活动区域 Q_j 的目标位置与平台类型关联

目标位置 x 与平台类型 C_j 的活动区域 Q_j 的距离为

$$d_j(x)=\begin{cases}0 & x\in Q_j\\ \min\limits_{x_i\in Q_j}\|x-x_i\| & x\notin Q_j\end{cases} \tag{4.71}$$

基于活动区域 Q_j 的目标位置与平台类型 C_j 规格化的关联信度为

$$a_{1j}=\begin{cases}d_j^{-1}\Big/\sum_{i=1}^{n}d_j^{-1} & x\notin\bigcup\limits_{i=1}^{n}Q_i\\ 1 & x\in Q_j\\ 0 & x\in\bigcup\limits_{i\neq j}^{n}Q_i\end{cases}\quad j=1,2,\cdots,n \tag{4.72}$$

2）基于起降机场的目标位置与平台类型关联

目标位置 x 基于起降机场 x_{p_j} 与平台类型 C_j 的关联信度规格化为

$$a_{2j}=\|x-x_{p_j}\|^{-1}/\sum_{i=1}^{n}\|x-x_{p_i}\|^{-1}\quad j=1,2,\cdots,n \tag{4.73}$$

3）基于活动模式的目标航迹(Tr)与平台类型关联

基于指纹库中平台类型 C_j 的活动模式 M_j(飞行航线、机动模式等)先验基准信息与雷达获取的目标航迹匹配,得到目标航迹与 C_j 的关联信度 ξ_j,规格化为

$$a_{3j}=\xi_j/\sum_{i=1}^{n}\xi_i\quad j=1,2,\cdots,n \tag{4.74}$$

基于上述三种关联度量计算结果,加权求和得到态势级的雷达测量目标航迹与平台 C_j 的关联信度,即

$$m_{3j}=\sum_{i=1}^{3}\lambda_i a_{ij}\quad j=1,2,\cdots,n \tag{4.75}$$

式中:权重 λ_i 满足 $\sum\limits_{i=1}^{3}\lambda_i=1$,可通过训练样本对单分类器 E_3 进行训练获得。

4.7.4.3 融合识别分类器构建

Kittle 等人[42]研究了基于不同特征的多分类器识别信息的融合方法,基于图4.24给出的多分类器识别框架,在获取各单一分类器识别的基础上,融合分类器的融合规则有积规则与和规则两种。研究发现,和规则对单一分类器的识别偏差具有较强的相容性,因此具有较好的融合识别性能。

这里考虑到各单一分类器所依据的识别信息具有不同的级别(分别为信号级、状态级、和态势级),它们的识别结果的相容性和相悖性可能不同,并且对最终识别结果的影响也不相同,故采用加权和规则构建融合分类器。采用加权规则对上述三个单一识别分类器得到的与目标平台 C_j 的关联信度进行加权求和,得到与平台型号 C_j 关联的融合信度为

$$m_j = \sum_{i=1}^{3} \rho_i m_{ij} \quad j = 1,2,\cdots,n \tag{4.76}$$

式中：$\boldsymbol{\rho} = (\rho_1,\rho_2,\rho_3)^{\mathrm{T}}$ 为权向量，$\sum_{i=1}^{3}\rho_i = 1$，可采用粒子群优化(PSO)算法[43]，采用训练样本对融合分类器进行训练获得。

4.7.4.4 目标型号分类的融合判定

将构建单一识别分类器所采用的ESM传感器和有源雷达目标特征统一记为：$\boldsymbol{S} = (z,u,s_t)^{\mathrm{T}} = (f,p_{rj},p_{w_j};v,H,\mathrm{RCS};x,T_r)^{\mathrm{T}}$。我们基于目标特征向量$\boldsymbol{S}$和先验信息（平台$C_j$的起降机场$x_{p_j}$，活动区域$Q_j$，活动模式$M_j$，$j=1,2,\cdots,n$）分别构建了对目标平台进行识别的单一识别分类器$E_1$、$E_2$和$E_3$，以及融合识别分类器$E$。若基于某个验证样本特征向量$\boldsymbol{S}$，最终获得了目标平台$C_j(j=1,2,\cdots,n)$的融合识别信度分别为$m_1,m_2,\cdots,m_n$，则该目标平台的最终分类识别结果可从下式获得，即

$$m_k = \max_{1\leqslant j\leqslant n}\{m_j\} > M \tag{4.77}$$

m_k对应的分类C_k即为该目标平台具有最大信度的三级分类器融合识别结果。这里M为目标型号分类信度判定门限。当m_k小于该门限时，可继续增加ESM和雷达对该目标的特征测量，重复基于分类器E_1、E_2、E_3和E的识别过程，直到式(4.77)成立，获得满意的目标型号分类识别结果。

4.7.4.5 训练与验证仿真

1. 仿真基础参数设置

选用三种飞机型号$C_j(j=1,2,3)$，生成仿真样本的基础数据如表4.13～表4.15所列。

表4.13 三种机载雷达辐射参数范围

型号	载频 Z_1/MHz	脉间 Z_2/μs	脉宽 Z_3/μs
C_1	[6000,8000]	[10,50]	[4,7]
C_2	[7000,9000]	[40,80]	[6,9]
C_3	[8000,10000]	[70,100]	[8,10]

表4.14 三种飞机状态参数范围

型号	速度 u_1/(km/h)	高度 u_2/m	RCSu_3/m^2
C_1	[800,1000]	[7000,10000]	[3,5]
C_2	[600,900]	[6000,8000]	[4,8]
C_3	[500,700]	[4000,7000]	[7,10]

表4.15 三种飞机基准态势参数范围

型号	活动区域 Q_j	初始位置 x_j	机场位置 x_{p_j}	航迹模式关联区间
C_1	(52,48)为中心15km圆域	(35,55)为中心10km圆域	(35,55)	[0.6,1.0]
C_2	(40,32)为中心15km圆域	(25,45)为中心10km圆域	(25,45)	[0.3,0.8]
C_3	(26,16)为中心15km圆域	(15,30)为中心10km圆域	(15,30)	[0.0,0.4]

2. 训练样本和验证样本生成

表4.13、表4.14 中各机型的特征样本数据和表4.15 中的航迹模式关联数据，以高斯分布（均值为相应区间中值、均方差为区间长度的1/6）随机生成。表4.15 中目标初始位置数据以相应机场位置为中心，均方差为圆域半径的1/3 随机生成。表4.15 给出的三类目标平台的基准数据（活动区域、机场位置、航迹模式）和目标位置点累积生成的目标航迹，如图4.24 所示。

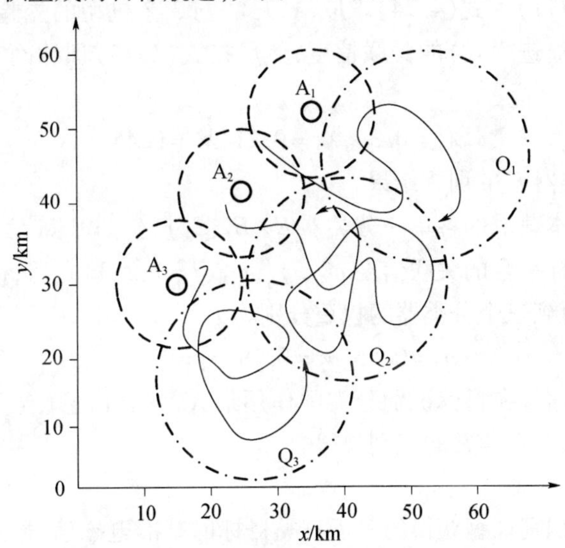

图4.24　三类目标航迹及相应的机场位置、活动区域等仿真场景

按上述方法仿真生成1 组训练样本集（含飞机型号分类 C_1、C_2、C_3 各1000 个ESM 和有源雷达目标测量样本数据），以及10 组验证样本数据集（每个样本集含有ESM 和有源雷达100 个测量样本：$\boldsymbol{s}=(z,u,s_t)^{\mathrm{T}}$）。

3. 分类器识别训练

按照4.7.4.2 节和4.7.4.3 节给出的分类器 E_1、E_2、E_3 和 E 的设计方法，采用训练样本，获取各分类器识别3 类目标的基准参数数据。

1）分类器 E_1 的训练结果

利用训练样本集中的1000 个电磁信号向量 $\boldsymbol{z}=(f,p_{ri},p_w)^{\mathrm{T}}$，按式(4.67)统计计算三类型目标平台的信号向量基准，得到的信号基准数据，如表4.16 中 $\bar{z}$ 所列。

表4.16　分类器 E_1、E_2 的三类目标训练结果（基准）数据

型号	$\bar{z}$			$\bar{u}$		
	$\bar{z}_1(f)$	$\bar{z}_2(p_{ri})$	$\bar{z}_3(p_w)$	$\bar{u}_1(v)$	$\bar{u}_2(H)$	$\bar{u}_3$(RCS)
C_1	7005.32	32.29	5.82	902.51	8506.32	4.29
C_2	8007.32	60.57	7.69	754.28	7003.52	5.95
C_3	9007.41	86.74	8.96	603.71	5502.81	8.42

2）分类器 E_2 的训练结果

利用训练样本中的1000 个目标状态向量 $\boldsymbol{u}=(v,H,\mathrm{RCS})^{\mathrm{T}}$，按式（4.69）统计计算3类目标平台的状态向量，得到状态基准数据如表4.16中 $\bar{u}$ 所列。

3）分类器 E_3 的训练结果

分类器 E_3 利用训练样本中的目标（初始）位置点和累积生成的目标航迹向量 $(x,T_r)^{\mathrm{T}}$，按式（4.71）~式（4.74）求取 $(x,T_r)^{\mathrm{T}}$ 与3个机型的先验基准信息（活动区域、起降机场、航迹模式）的关联信度，然后按式（4.75）训练确定三类关联特征的权重分别为

$$\lambda_1=0.34,\lambda_2=0.21,\lambda_3=0.45$$

4）融合分类器 E 的训练结果

通过训练样本获取的各单一分类器 E_1、E_2、E_3 产生的ESM信号和雷达探测目标信息对三类目标平台的关联信度 $m_{1j},m_{2j},m_{3j}(j=1,2,3)$ 之后，按式（4.76）进行加权综合训练，得到三个分类器的权重分别为

$$\rho_1=0.56,\rho_2=0.29,\rho_3=0.15$$

这说明电磁信号在目标识别分类中作用最大，状态信息（含RCS）次之，态势信息作用最小，这符合通常的识别规律。

4. 融合识别验证

基于分类器识别训练获得的关于三类目标的基准电磁信号、状态基准值和分类器 E_3 三类关联特征权重与综合分类器 E 中三个单一分类器权重，利用10组验证样本数据集合，进行单一分类器 E_1、E_2、E_3 和融合分类器 E 的目标识别验证。基于每组验证样本集合，各单一分类器和融合分类器对三类目标的识别结果与仿真设置的样本相应分类进行比对统计，识别正确率如表4.17所列。

表4.17　单一和融合分类器三类目标识别统计

验证样本组号	识别正确率/%			
	E_1	E_2	E_3	E
1	90.66	89.33	89.00	95.66
2	89.44	89.33	87.33	96.44
3	89.55	90.44	88.11	95.88
⋮	⋮	⋮	⋮	⋮
10	89.44	89.33	89.33	96.22
平均	90.18	88.34	88.34	96.27

从表4.17的验证统计结果可以看出，融合分类器 E 的目标识别分类正确率高于各单一分类器的识别分类正确率。这充分说明，从目标平台分类识别能力上看，融合分类器更有效。

4.7.4.6 小结

战场目标型号识别是信息融合目标属性识别的重要内容，识别的正确与否对战场态势与威胁判断，以及对作战决策具有决定性影响。本案例基于 ESM 传感器和有源雷达获取目标辐射电磁信号、目标状态（含 RCS）信息，以及目标航迹与三种机型有关的兵力部署和状态模式等先验态势信息，分别建立三个单一识别分类器，最后通过对三者进行融合的融合分类器实现对目标的综合识别。通过大样本集的仿真训练和验证试验，表明基于多级信息的融合分类器的综合识别正确率高于基于各单一级别信息的单一分类器的识别结果。该案例只是对目标综合识别的原理和方法描述，在实际应用中可能会遇到许多具体问题需要解决。

4.7.5 基于对抗效果的防空威胁识别

4.7.5.1 应用背景

野战防空属于陆军战术行动，防卫对象是地面战场，主要任务是保护战场内我方作战部队和重要军事设施不受敌方空中袭击，保障地面部队能够顺利地集结、展开和遂行地面作战任务。现代防空作战中，空中进袭目标往往采用多批次、多方向、多层次、连续饱和攻击手段，使地面防空指挥人员短时间内面对信息急剧膨胀，无法及时做出合理的威胁排序和火力分配决策[45]，因此防空系统应具备进行空中目标威胁估计的辅助决策功能。作为判断敌情的重要组成部分，威胁估计在野战防空作战中有非常重要的作用，它要查明或预测敌方来袭的目标数量、类型、接近时间、航路等因素，确定威胁程度，为合理部署兵力、兵器提供基本依据。

威胁等级估计包括提取威胁因素和选择估计与综合方法。现有的威胁估计方法通常只从进袭目标单方面特性考虑，较少顾及到保卫对象的特性和防空力量的强弱，尤其对双方对抗因素几乎未做考虑。另外，在选择综合方法上，当前实际系统应用中的威胁等级判定方法有：到达时间判断法、相对距离判断法、相对方位判断法、预定截击线判断法、进袭企图判别法、进袭兵力判别法以及线性加权求和法等[46]，这些方法普遍过于简单，不够合理。针对以上问题，本章在现有威胁估计方法的基础上，提出了一种考虑对抗因素的变权综合[47]威胁估计方法。该方法首先依据排队论思想建立防空作战的服务对抗模型，将对抗因素提取为威胁因素，然后对普通的常权综合方法进行改进，依据各因素状态动态调整其对应的权重系数，使最终威胁结论更加合乎实际情况，提高了辅助决策的可信程度。

4.7.5.2 威胁因素及其隶属函数

选取威胁因素时，我们在现有各种威胁估计方法所采用的威胁因素的基础上，针对野战防空作战的特点，选取目标国籍类型（目标身份）、目标属性（目标类型）、保卫对象抗毁能力、目标相对方位、目标到达时间（接近时间）、目标突防概率这六个威胁因素确定进袭目标的威胁等级。

根据模糊集理论，以上因素可分别作为描述目标威胁程度的论域，其中前三者论域是离散的,后三个论域是连续的。我们将对应这六个论域的目标威胁程度用隶属函数来表示,函数值定义在[0,1]之间,值越接近1,目标威胁等级越高。下面确定每个因素的威胁隶属度函数。

1. 目标身份

目标身份是指目标国籍类型,分为敌、中立、盟国、我4种类型,用 F_1 代表其对应隶属度,即

$$F_1=\begin{cases}1 & \text{敌国目标}\\ 0.6 & \text{中立国目标}\\ 0.3 & \text{盟国目标}\\ 0.1 & \text{本国目标}\end{cases} \tag{4.78}$$

这里需要指出的是,即便目标识别为本国的飞机也需要关注,因此威胁值不为0。

2. 目标类型

目标类型是指通过目标识别过程得到的关于进袭目标的属性。用 F_2 代表其对应隶属度,野战防空作战中通常考虑的目标分为导弹、轰炸机/歼轰机、电子干扰机、歼击机、侦察机,其隶属度为

$$F_2=\begin{cases}1 & \text{导弹目标}\\ 0.8 & \text{轰炸机/歼轰机}\\ 0.6 & \text{电子干扰机}\\ 0.4 & \text{歼击机}\\ 0.1 & \text{侦察机}\end{cases} \tag{4.79}$$

3. 保卫对象抗毁能力

保卫对象抗毁能力是指保卫对象能承受空袭打击而不被摧毁的能力,有掩体,机动性、分散性强的对象抗毁能力通常都比较强。抗毁能力越强,对应的威胁隶属度就越小,用 F_3 表示,即

$$F_3=\begin{cases}1 & \text{没有防护固定目标,抗毁能力弱}\\ 0.6 & \text{有防护固定目标,或没有防护机动目标,抗毁能力中等}\\ 0.2 & \text{防护性能极好,或分散机动能力强,抗毁能力强}\end{cases} \tag{4.80}$$

4. 相对方位

目标到我保卫对象的相对方位代表目标朝向我飞行的可能程度,可能性越大威胁程度越高,如图4.25所示,θ 是目标航向与目标点到我保卫对象连线的夹角,

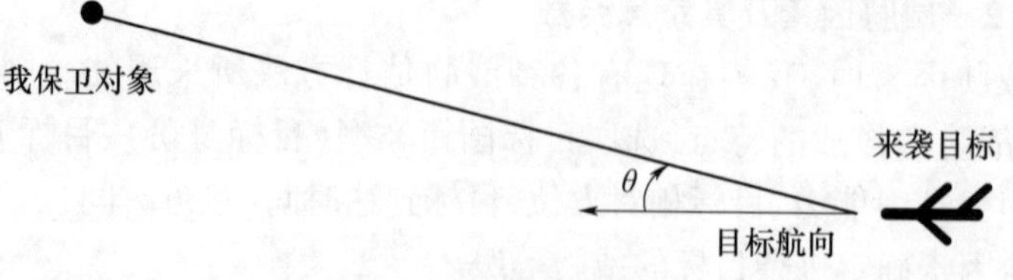

图4.25 目标相对方位

根据角度大小将目标朝我保卫对象飞行的可能程度分为“是”、“相似”和“否”三种情况。实际上,当目标与保卫点处于不同的距离的时候,如果它朝我飞行的可能性一样,它所对应的 θ 角度会不同,距离大时 θ 小,距离小时 θ 大。所以,定义了一个与距离有关的函数参与这三种可能性的隶属度计算:

$$\varphi(d)=\begin{cases}k\dfrac{1000-d}{1000}\cdot 90^\circ & d\leqslant 1000\\ 90^\circ & \text{其他}\end{cases} \tag{4.81}$$

式中:d 表示目标与保卫对象距离,单位是 km;k 是系数。另外,也不考虑距离大于 1000km 的目标。这样,若 $\theta\leqslant\varphi(d)$ 时,认为目标朝向我飞行,即目标相对方位为“是”;$\phi(d)<\theta\leqslant 2\phi(d)$ 时,认为目标可能朝向我飞行,即目标相对方位为“相似”;$2\phi(d)\leqslant\theta$ 时,认为目标不朝向我飞行,即目标相对方位为“否”。对应与目标到我保卫对象相对方位,隶属度 F_4 的取值为

$$F_4=\begin{cases}1 & \text{是}\\ 0.7 & \text{相似}\\ 0.3 & \text{否}\end{cases} \tag{4.82}$$

5. 来袭目标接近时间

目标距离我方越近,飞行速度越快,接近时间就越短,对应的威胁隶属度就越大。用 F_5 表示,计算公式为

$$F_5=\mathrm{e}^{-k\frac{d}{v}} \qquad t\in[0,+\infty) \tag{4.83}$$

式中:d 为目标距保卫对象的距离;v 为目标速度;k 为系数。显然,由于接近时间是不小于 0 的数值,因此,当接近时间为 0 的时候,隶属度 F_5 取到最大值 1。

6. 突防概率

来袭目标与防空火力对抗的结果直接影响威胁等级,来袭目标突防概率越大,威胁等级就越高。但是,由于对抗分析非常复杂,所以在通常的威胁估计方法中忽略了该重要因素。文献[51]建立了以排队论为基础的防空作战对抗模型,根据该模型计算来袭目标的突防概率 $P_{突}$ 作为威胁隶属度 F_6,$P_{突}$ 的计算公式为

$$P_{突}=1-P_{抗击}=1-P_{毁}(1-P_{未射}) \tag{4.84}$$

式中:$P_{抗击}$ 为防空力量对来袭目标的拦截效果(击毁目标)概率;$P_{毁}$ 为一个防空火力单元对一个来袭目标进行拦截射击时所能达到的击毁概率;$P_{未射}$ 为一个目标不被拦截的概率,具体计算方法参见文献[51]。

4.7.5.3 变权综合计算威胁等级

1. 问题分析

在威胁等级的多因素综合方法中,最常用的方法是线性加权求和法,但是这种固定权重的加权求和法不能完全保证计算结果的合理性[55]。例如,考虑目标国籍类型、目标属性、相对方位、到达时间四个因素,根据专家们的意见获得这四个因素的权重分别为 0.3、0.2、0.24、0.26,对应每个因素都给出了相应的隶属度函

数。在大多数情况下,用线性加权求和的方法对不同目标计算得到的威胁等级进行比较的结果是合理的,但是如比较以下两个目标:

目标1:敌、导弹、向我飞行、接近时间为8min;

目标2:敌、轰炸机、可能向我飞行、接近时间为2min。

计算两个目标的威胁值分别为

$$T_{h1} = \sum_{j=1}^{4} w_j F_j = 0.3 \times 1 + 0.2 \times 1 + 0.24 \times 1 + 0.26 \times e^{-0.1 \times 8} = 0.8568$$

$$T_{h2} = \sum_{j=1}^{4} w_j F_j = 0.3 \times 1 + 0.2 \times 0.8 + 0.24 \times 0.7 + 0.26 \times e^{-0.1 \times 2} = 0.8409$$

式中:F_j为各因素对应的隶属度。

结果显示,目标1的威胁值比目标2高。由于目标1虽然是导弹,但其到达我还有8min,而目标2已近在眼前,常理来说,目标2的威胁更大。

造成这种现象的原因就是前面提到的因素权重值 w 固定不变(称为常权)造成的,我们希望无论各因素隶属度如何取值,最终的威胁排序至少在直觉上要合理。为了解决这个问题,本章引入变权的方法来确定空中目标的威胁等级。

2. 变权综合计算

变权是相对于常权来说的,首先来看一下加权综合的统一表达式。在可加性系统[48]决策中,综合函数(ASM$_\text{m}$ - func)M_m常用如下公式表示,即

$$M_m(x_1, x_2, \cdots, x_m) = \sum w_i(x_1, x_2, \cdots, x_m) \cdot x_i \tag{4.85}$$

式中:$w_i \in [0,1]$,且满足 $\sum_{i=1}^{m} w_i = 1$ 。

式(4.85)就是常用的加权平均或加权求和。如果权 w_i 是常数,式(4.85)就称为常权综合,w_i 对应的 $\boldsymbol{W} = (w_1, w_2, \cdots, w_m)$ 称为常权向量。常权综合在一定程度上反映了各因素确定的相对重要程度对事物的影响,由于其简单和一定的合理性而被广泛应用。

然而无论各因素的组态(各因素的取值状况)如何,权向量 $\boldsymbol{W}$ 都保持固定不变,往往会造成实际问题中出现不合理的综合结果,即出现"状态失衡"问题。变权思想是通过动态调整权向量,不但考虑各基本因素的相对重要次序,也考虑各因素状态均衡变化程度,在一定程度上解决"状态失衡"问题。

文献[54]在文献[53]变权思想的基础上,根据因素空间理论对变权原理进行了深入讨论,给出了变权的公理化定义[54]:变权是下述 m 个映射 $w_j(j=1,2,\cdots,m)$:

$$w_j:[0,1]^m \to [0,1], (x_1, x_2, \cdots, x_m) \to w_j(x_1, x_2, \cdots, x_m) \qquad j=1,2\cdots,m$$

满足三条公理:

(1) 归一性: $\sum_{j=1}^{m} w_j(x_1, x_2, \cdots, x_m) = 1$ 。

（2）连续性：$w_j(x_1,x_2,\cdots,x_m)(j=1,2,\cdots,m)$关于每个变元连续。

（3）惩罚性：$w_j(x_1,x_2,\cdots,x_m)(j=1,2,\cdots,m)$关于变元 x_j 单调下降；或激励性：$w_j(x_1,x_2,\cdots,x_m)(j=1,2,\cdots,m)$关于变元 x_j 单调上升；或混合型：$w_j(x_1,x_2,\cdots,x_m)(j=1,2,\cdots,p)p<m$ 关于变元 x_j 单调下降（上升），$w_j(x_1,x_2,\cdots,x_m)(j=p+1,p+2,\cdots,m)$关于变元 x_j 单调上升（下降）。

文献[52,53]给出了惩罚型、激励型和混合型三种变权模型，分析变权的原理，可以得到以下结论[54]。

（1）变权向量 $\boldsymbol{W}(X)=(W_1(X),W_2(X),\cdots,W_m(X))$可以表示为常权向量 $\boldsymbol{W}$ 和变化状态向量 $\boldsymbol{S}(X)$的归一化的 Hadamard 乘积，即

$$\boldsymbol{W}(X)=\frac{W^\circ S_X}{\sum_{i=1}^{m}(w_iS_i(X))}=\frac{(w_1S_1(X),w_mS_m(X)\cdots,w_mS_m(X))}{\sum_{i=1}^{m}(w_iS_i(X))} \tag{4.86}$$

（2）变化状态向量 $\boldsymbol{S}(X)$是某个 m 维实函数（该函数称为均衡函数 $B(x_1,x_2,\cdots,x_m)$）的梯度向量，它反映了各状态因素的一阶变化情况，即

$$\boldsymbol{S}(x)=\mathrm{grad}B(x_1,x_2,\cdots,x_m)=\left(\frac{\partial B}{\partial x_1},\frac{\partial B}{\partial x_2},\cdots,\frac{\partial B}{\partial x_m}\right) \tag{4.87}$$

可以看出，变权是关于因素组态的函数，该函数的单调变化特性应该和考察的实际情况相一致，能否合理利用变权原理的关键在于构造合理的状态变化的均衡函数。

下面再考察一下选定的六个因素变化情况对威胁值的影响程度。目标身份、目标类型、保卫对象抗毁能力一旦确定，不会随其运动状态的变化而改变；目标相对方位与其运动状态有关，但其取值的变化不会引起威胁值的剧烈变化；目标突防概率通常一经过计算就不再变化；只有目标飞临保卫点时间 t 的变化最能影响威胁值，因为当 t 很小，也就是目标很接近的时候，不论其他因素如何，其对应的威胁值应该显著提高。

（1）确定函数形态。由6个因素可知，函数为六变量函数；另外，由于随着 t 的值减小，我们需要权值 w_5 相应增加，同时其他因素的权重相应减小，我们选取混合型变权模型。

（2）F_1,F_2,F_3,F_4,F_6变化趋势为线性，因此采用一阶线性函数，即

$$B_1=x_1,B_2=x_2,B_3=x_3,B_4=x_4,B_6=x_6$$

（3）F_5为非线性变化函数，分析问题可知，当目标由远接近，t 取值由大变小，F_5取值基本上是线性增加，当目标很接近时，即 t 的取值很小时（小于1min），其微小变化应能显著影响威胁值。所以，选择了线性函数加上对数函数的形式，即

$$B_5=x_5+l\cdot\ln x_5$$

式中：l 为调整因子。

综合整个均衡函数为

$$B(x_1,x_2,\cdots,x_6)=B_1+B_2+\cdots+B_6=x_1+x_2+x_3+x_4+x_5+l\cdot\ln x_5+x_6 \tag{4.88}$$

根据式(4.88)求得变化状态向量为

$$S_j(x_1,x_2,\cdots,x_m)=\frac{\partial B}{\partial x_j}=\begin{cases}1 & j=1,2,3,4,6\\ 1+\dfrac{l}{x_5} & j=5\end{cases} \tag{4.89}$$

分析该变化状态向量可知,当$j=1,2,3,4,6$时,S_j为常数,表示其对应的权值不随x_j的取值变化;而S_5是一个单调减函数,其对应的权值w_5随x_5的减小而增大,特别当x_5接近0的时候,S_5趋向于无穷,这符合我们要求。

根据式(4.86),计算得到变权向量$\boldsymbol{W}'=(w_1',w_2',w_3',w_4',w_5',w_6')$中诸元素为

$$w'_j=\begin{cases}\dfrac{w_j}{\sum\limits_{\substack{j=1\\ j\neq5}} w_j+w_5\left(1+\dfrac{l}{x_5}\right)} & j=1,2,3,4,6\\[2ex] \dfrac{w_5\left(1+\dfrac{l}{x_5}\right)}{\sum\limits_{\substack{j=1\\ j\neq5}} w_j+w_5\left(1+\dfrac{l}{x_5}\right)} & j=5\end{cases} \tag{4.90}$$

用式(4.90)计算得到变权值后,将式(4.85)改进为变权综合威胁值,即

$$T_h=\sum_{j=1}^{6}w_j'F_j \tag{4.91}$$

在此基础上,计算目标威胁等级。

4.7.5.4 仿真实验及结论分析

假设我方保卫对象有一个指挥所、一个通信枢纽、一个步兵集结阵地,每个对象相距较远,需要配置相对独立的防空火力单元,因此可以看成三个防空节点。每个防空节点配置了数量不等的近程防空火力单元,包括近程防空导弹和高炮。另外,在离整个防区较远的纵深,配置远程防空导弹,它的防空范围涵盖了指挥所,因此指挥所节点有两道防线,其他两个节点只有一道近区防线,如图4.26所示。

在图4.26中,各防空节点火力包络圈表示各节点的近程防空导弹和高炮,顶部保卫对象下面的弧状火力包络线表示远程防空导弹。在态势图的右侧,我们将威胁结论分成了三个页面来显示。第一页显示的是敌来袭目标对我三个防空节点的威胁等级,以及直接影响威胁的六个因素的威胁隶属度,其中“可能被毁程度”代表“保卫对象抗毁能力”;“可能被袭程度”代表“对该保卫对象与可能来袭目标的相对方位”,其对保卫对象可能被该目标袭击起重要作用。另外,最下端整个防区的威胁等级是根据三个防空节点的重要程度权重以及威胁等级加权求和得到的。第二页显示的是我保卫对象的态势要素,包括各保卫对象类型、重要程

度、防空武器配置情况、防空作战效能等。第三页显示的是敌方来袭目标的态势要素，包括国籍类型、目标类型、可能携带的武器、速度、航向等信息。下面选取 10 批单机连续进袭目标，设进袭密度 $\lambda=0.2$，经识别和计算处理后得到的 10 个目标的威胁因素及其模糊描述，如表 4.18 所列。

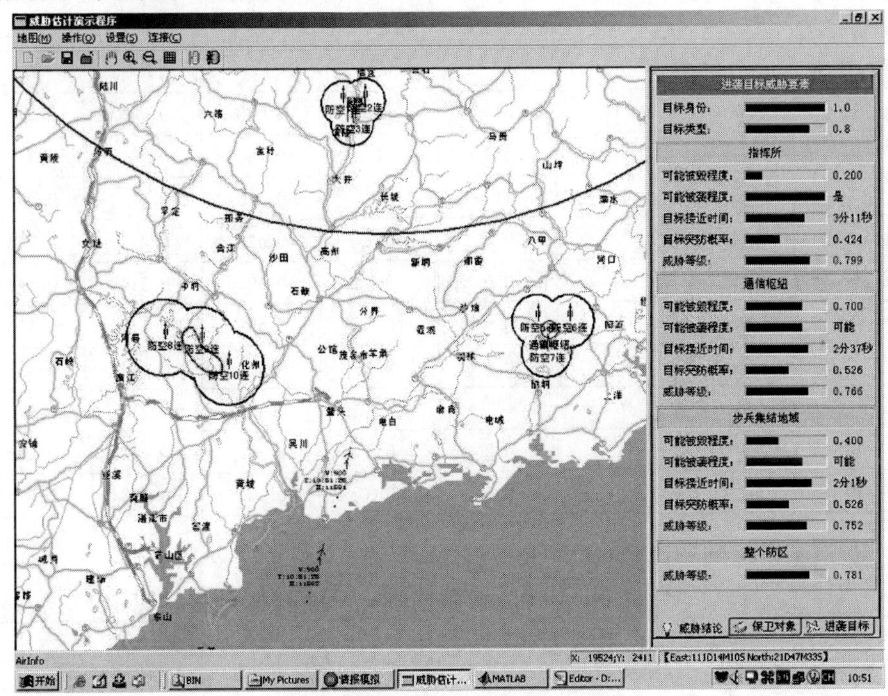

图 4.26　威胁估计仿真软件界面

表 4.18　目标威胁因素先验值

目标序号	目标身份	目标类型	保卫对象抗毁能力	相对方位	接近时间/min	火力单元对目标毁伤概率 $P_{毁}$
1	敌	导弹	弱	是	0.8	0.3
2	敌	导弹	强	是	3	0.3
3	敌	轰炸机	弱	是	5	0.6
4	敌	轰炸机	中	相似	6	0.6
5	敌	电子干扰机	中	否	6.5	0.7
6	中立	侦察机	中	相似	6.5	0.9
7	中立	电子干扰机	强	否	7	0.7
8	盟	歼击机	弱	否	9	0.8
9	盟	侦察机	强	否	12	0.9
10	我	侦察机	中	否	15	0.9

表4.18中最后一列给出了火力单元对目标的毁伤概率值，它是4.7.5.3节中计算突防威胁隶属度 $F_6 = P_{突}$ 所必需的。

根据式(4.78)~式(4.83)以及式(4.84)、式(4.91)计算得到以上目标各因素对应的目标威胁隶属度 $F_1 \sim F_6$ 和最后的威胁值 T_h，如表4.19所列。

表4.19　目标威胁隶属度和综合威胁值

目标序号	F_1	F_2	F_3	F_4	F_5	F_6	T_h
1	1	1	1	1	0.938	0.706	0.942
2	1	1	0.2	1	0.787	0.706	0.847
3	1	0.8	1	1	0.670	0.412	0.807
4	1	0.8	0.6	0.7	0.618	0.412	0.713
5	1	0.6	0.6	0.3	0.595	0.314	0.592
6	0.6	0.1	0.6	0.7	0.595	0.118	0.470
7	0.6	0.6	0.2	0.3	0.571	0.314	0.467
8	0.3	0.4	1	0.3	0.487	0.216	0.396
9	0.3	0.1	0.2	0.3	0.383	0.118	0.252
10	0.1	0.1	0.6	0.3	0.301	0.118	0.219

各因素对应的变权值如表4.20所列。

表4.20　目标各因素(隶属度)对应的变权值

目标序号	w'_1	w'_2	w'_3	w'_4	w'_5	w'_6
1	0.1846	0.1230	0.0616	0.1477	0.3600	0.1230
2	0.2164	0.1442	0.0722	0.1731	0.2500	0.1442
3	0.2219	0.1479	0.0740	0.1775	0.2308	0.1479
4	0.2234	0.1488	0.0745	0.1786	0.2258	0.1489
5	0.2239	0.1492	0.0747	0.1791	0.2239	0.1492
6	0.2239	0.1492	0.0747	0.1791	0.2239	0.1492
7	0.2244	0.1495	0.7486	0.1795	0.2222	0.1495
8	0.2258	0.1505	0.7533	0.1806	0.2174	0.1505
9	0.2270	0.1513	0.7574	0.1816	0.2131	0.1513
10	0.2278	0.1518	0.7599	0.1822	0.2105	0.1518

从以上计算的数据可以看出，当进袭目标的逐渐接近，接近时间所对应的权重 w'_5 逐渐增大，充分体现了变权的思想。尤其当目标很靠近时，其变权值甚至可以接近1，此时决定目标威胁等级的因素几乎全部由接近时间决定，这符合实际情况。

4.7.5.5　小结

本节研究了陆军野战防空作战的威胁建模和估计技术，其中考察的因素在大多数情况下是合理的，在具体应用中可针对作战背景进一步调整和改进。在利用常权综合方法来对空中目标威胁等级进行排序时，由于权值的固定不变造成某些情况下结果的不合理，变权则是解决该问题的一种较好方法。在使用变权综合时，关键在于构造恰当的均衡函数，这需要一定的经验，要根据实测数据反复训练调整相应的参数。另外，本章在基于随机服务理论的对抗模型上计算目标突防概率时，需要知道单个防空火力单元毁伤单个来袭目标的概率，这个概率是由大量模拟试验和实战结果统计得到的。

4.7.6　空情识别专家系统

空情识别是平时防空作战值班的一项重要内容。空情识别又称空中态势识别，主要指对空中出现的目标进行身份识别（敌、我、中立、可疑、民航目标）以及对目标机型、起降机场、飞机航线、活动性质（有无来袭意图以及其训练、救灾）等进行判断。战时，为保证战役和战术防空作战的实时进行，在作战行动展开之前，必须进行空情识别，为作战决策、兵力出动和火力拦截提供支撑。战时的空情识别主要针对战场防空区域进行，而平时更多的是对防空区域的当面（可能或潜在对手领空或公共空域）进行。鉴于空中目标类型和功能的多样性，活动性质及其随时间变化的复杂性，并且对于空情识别来说，不同的情报专家所采用的判断知识和方法各异，因此很难建立结构化模型。于是，人们求助于基于知识的系统（KBS）方法，通过对较长时期积累的多位情报分析专家知识和经验进行分析和整合，建立空情判断专家系统，实现对区域当面空情的识别和判断。

4.7.6.1　系统结构与功能概述

专家系统（Expert System，ES）是人工智能的一个分支，1965年，美国斯坦福大学计算机专家爱德华·费根鲍姆（E. A. Feigenbaum）教授首次提出专家系统概念，并研制出世界上第一个专家系统DENDRAL，能够根据质谱数据识别化合物的分子结构。50多年发展表明，专家系统已成为人工智能从实验走向应用的重要推动力量，成为“第二次计算机革命的工具”[56]。到20世纪90年代，世界上已有近千个军事专家系统成功运行。一个独立于各专业领域的专家系统的基本结构如图4.27（a）所示，主要包含知识库、推理机和人机交互界面等三个主要部件[57]。其中知识库分类存储问题领域的相关知识，知识表示通常包含产生式规则、谓词逻辑、语义网络、框架结构等形式，它们均属于启发性和经验性知识表示，无法实现结构化。在军事专家系统中，以产生式规则表示知识居多。推理机是由人机界面输入的事实/证据，运用知识库中的知识，进行推理产生识别结论的部件，是专家系统重要的动态运行部件。推理方式通常包括正向推理（由证据推断结论）、反向推理（由假设结论模式寻求证据）模式，以及正反向结合的部分回溯推理模式。推理模式通常基于具体问题选择。人机交互界面在系统运行时作为事实或证据的输入部件和人实现对专家系统推理过程或识别结果的干预手段，平时则作为不断添加、修改知识库的主要手段。推理机的识别结果在人机界面经人判断选择后，输出到下一级用户。图 4. 27(a)中的数据库存储从知识和证据中分离出来的数据，可通过人机界面维护，对知识库和推理机起基础支撑作用。

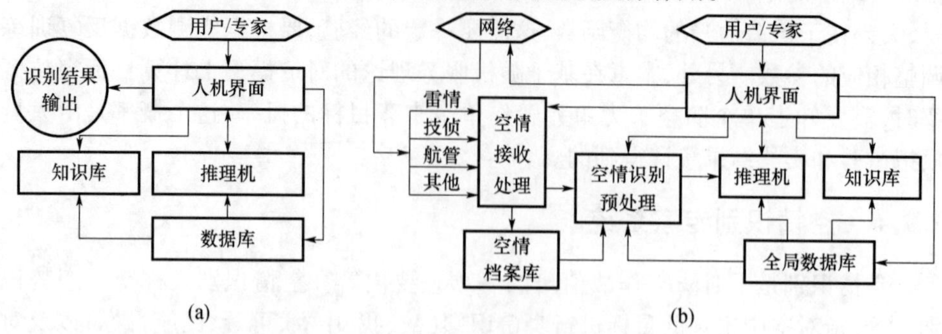

图 4. 27　专家系统结构

(a)专家系统基本结构；(b)空情识别专家系统应用结构。

作为军事专家系统之一的空情识别专家系统，是接入一个大的应用系统(如 ISR 或 C^4ISR)网络的一个节点，其应用结构如图 4. 27(b)所示。

图 4. 27(b)所示的应用结构，在专家系统基本结构基础上增加了空情接收和预处理功能，实时空情的输入和识别结果的输出都通过网络进行，并且人机界面功能大大增加。

(1) 通过网络接收雷达空情、技侦空情、航行管制预飞报和其他手段获取的空中情报。

(2) 空情接收处理模块实现各类空情格式的统一转换、空情融合，生成实时/准实时空情，存入档案数据库，支持空情识别预处理。

(3) 空情识别预处理模块实现融合后的空情向空情识别证据的转换。首先分析该输入的融合空情能够支持的推理规则(推理机采用的知识)，然后在空情档案库和全局数据库支持下，通过模型计算产生支持推理规则的证据(即推理规则所需要的前提条件)，支持推理机的推理识别活动。

(4) 人机界面具有多类功能，包括：

① 知识库的建立与维护。

② 全局数据库的建立与维护。

③ 空情接收处理(融合处理)的人工干预。

④ 空情识别预处理的人工干预。

⑤ 推理机的运行控制。

⑥ 识别结果的输出选择。

推理机的推理识别和知识库的构建与使用在下面各节描述。

4.7.6.2　空情识别知识、知识库与全局数据库

空情识别专家系统采用产生式规则知识表示方法，这里将规则分为基本规则

和元规则(Meta Rule)两类。基本规则的条件部分与证据相对应,是由空情识别预处理模块基于融合空情产生的,其动作部分是获得识别结果所要进行的一组操作。元规则是调用基本规则的规则,其条件部分与证据相对应,而动作部分则是要执行的一组规则。在空情识别专家系统中,每条基本规则所进行的一组操作以程序模块或程序调用接口(API)函数形式出现。该专家系统中的规则知识表示方式举例说明如下。[58]

设元规则为 $R_6=(A,B)$,其中 $A=(A_1,A_2)$ 为两个条件,$B=(r_1,r_2)$ 为两条基本规则。该元规则 R_6 展现的识别逻辑如图4.28所示。

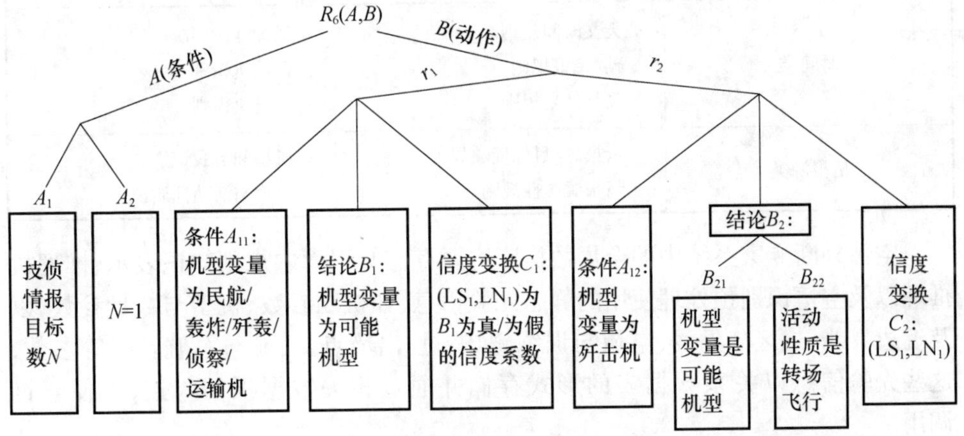

图4.28　识别机型和活动性质的规则 R_6

图4.28展现的规则 R_6 的识别逻辑是,当技侦情报获得目标架数 $N=1$,若该机型是全局数据库中 A_{11} 中的一种,则再次确认该机型并增加架数 $N=1$ 信息(该机型单架活动),并通过 C_1 中信度变换系数进行可信度变换,增加本批目标是该机型的可信度;若该机型是歼击机,则在确认该机型并增加 $N=1$ 信息的同时,还能产生该批目标的活动性质为转场飞行的结论(同样要通过 C_2 信度系数进行变换)。

空情识别专家系统知识库中设置了多类规则,规则的类别及其产生的相应识别结论如表4.21所列。经技术人员与情报专家对多年累积的空情识别案例进行分析整理,共归纳出基本规则18000余条,整理出应用元规则26条。这些基本规则和元规则基本上属于理性行为公理范畴。

表4.21　空情识别专家系统规则

规则类别	规则举例	可能识别结论
空域类	· 机场空域规则 · 巡航空域/靶场空域 · 近边界线规则 · 战区规则 · 国境线规则	· 目标起降机场 · 巡航空域/靶场—起降机场 · 可能出/入境识别 · 活动性质识别 · 敌/我识别

（续）

规则类别	规则举例	可能识别结论
航线类	· 民航航线规则 · 巡逻航线规则 · 转场航线规则	· 活动性质识别 · 起/降机场判断 · 起降机场和机型识别
态势类	· 目标航线规则 · 目标高度/速度规则 · 目标航迹/点迹规则	· 活动性质识别 · 目标机型与活动性质识别 · 目标机型识别
时间类	· 天文时间规则 · 预/飞报规则 · 飞行计划规则	· 活动性质判决 · 民航机识别 · 民航机识别
情报源类	· 情报源/目标境域规则 · 情报源属性规则	· 机型和敌我识别 · 机型与活动性质识别

空情判断专家系统中的全局数据库主要存储知识库中规则知识表示、推理机推理以及空情识别预处理使用的静态先验信息，如机场参数、机型与数量参数，以及近边界线、战区分界线、空域与训练靶场、进/出境点、民航与军航航线等参数，这些先验信息以关系数据表的形式存储并通过相关数据项的勾连，方便查询调用。

全局数据库中的这些静态先验信息是对各种探测/侦察信息的大量统计和训练获得的，对形成知识库中的规则知识和推理识别至关重要。例如，机场信息包含机场位置、跑道长/宽、导航台数量、起降和驻留机型、巡逻航线/空域、训练靶场等，既反映机场基本信息又反映了与起降机型、某些活动性质有关的先验信息。

4.7.6.3 推理机运行模式

推理机基于空情识别预处理模块产生的实时证据，在知识库和全局数据库支持下，采用正向推理模式进行证据及其可信度向识别结果及其可信度的变换推理计算，并将推断的识别结果及其可信度输出到人机界面上，由用户选择最有可能的识别结果，控制传输到网络接口，输出到系统中下一级用户使用。

空情识别推理机采用主观贝叶斯推理模式[59]，基本原理如下：

(1) 贝叶斯推理是通过证据对已有识别命题进行改善的过程。在空情识别中，应用贝叶斯推理，就是通过不断实时或准实时获取的空中目标信息，对目标信息的机型、起降机场、活动性质等识别结论不断改善的过程，即将空情的先验识别结果不断更新为后验识别结果。这就要求对于出现的每一类空情，都要设置其可能涉及到的识别结果的先验信息，称为与空情相关的动态先验信息。不难看出，动态先验信息的初始值与静态先验信息密切相关，只是动态先验信息要随某一种空情的连续到来（如一批目标航迹的不断延伸）不断更新。

(2) 空情识别推理采用主观贝叶斯推理主要指某识别结论的可信度由先验变为后验的变换系数由专家给出，这里的信度变换系数分别是证据 E 成立和不成立(记为 $\overline{E}$)在识别命题 H 和 $\overline{H}$ 条件下的似然比，即

$$\begin{cases}\mathrm{LS}=P(E|H)/P(E|\overline{H})\\ \mathrm{LN}=P(\overline{E}|H)/P(\overline{E}|\overline{H})\end{cases} \tag{4.92}$$

此时，贝叶斯公式为

$$\begin{cases}P(H|E)=\mathrm{LS}\cdot P(H)/[(\mathrm{LS}-1)P(H)+1]\\ P(H|\overline{E})=\mathrm{LN}\cdot P(H)/[(\mathrm{LN}-1)P(H)+1]\end{cases} \tag{4.93}$$

式中：$P(H)$ 为识别命题的先验概率；$P(H|E)$、$P(H|\overline{E})$ 分别为证据 E 成立和不成立条件下的识别命题后验概率。

(3) 在空情识别专家系统中，由于知识库中各规则表示的复杂性，某些类型的空情信息无法建立向规则证据转换的数学模型，只能统计估计空情信息对证据的支持程度。此时，后验贝叶斯公式表现为直接基于空情信息实现识别命题由先验向后验的变换，即

$$P(H/S)=\begin{cases}P(H|\overline{E})+\dfrac{P(H)-P(H|\overline{E})}{P(E)}P(E|S) & 0<P(E|S)\leqslant P(E)\\ P(H)+\dfrac{P(H|E)-P(H)}{1-P(E)}[P(E|S)-P(E)] & P(E)<P(E|S)\leqslant 1\end{cases} \tag{4.94}$$

式中：$P(E|S)$ 为测量 S 对证据 E 的支持概率，可统计获得；$P(H/S)$ 为测量 S 对识别命题的支持概率，即所要求取的命题后验概率；$P(H|E)$ 和 $P(H|\overline{E})$ 分别为证据 E 和 $\overline{E}$ 对识别命题的支持概率，由式(4.92)和式(4.93)获得。

4.7.6.4　空情识别案例

图4.29给出某区域当面近边界线、两条预设航线、机场空域和两条空情航迹等模拟信息，并给出了在一条航线上飞行的目标的四个识别阶段示意图。

在区域当面上空出现一批目标5231，雷达探测到其航迹点在 P 点附近经预处理获得其航向为145.54°，速度870km/h，技侦情报报出其机型可能为歼击机。采用速度规则、航线规则、机型隶属规则，经预处理知目标前方有机场B，再采用机场和空域规则，识别出该批最大可能为从A机场起飞的某型歼击机，活动性质为从机场A向机场B的转场，可信度0.96，如图4.29中第1段。

当5231飞过机场B上空，进入B区域南面时速度为720km/h，航向仍为145.54°，技侦情报报知机型可能为侦察机。采用近边界线规则和机型隶属规则，识别出5231是从机场A起飞的某型侦察机，活动性质为边境侦察，可信度0.75，如图4.29中第2段。

当5231位于两条航线交叉点附近时，预处理模块得出其速度为920km/h，航向为131.85°，技侦情报报出其机型为民航机。此时，采用预飞航线规则、前方出境

点规则、机型隶属规则等,识别出 5231 为从机场 A 起飞的民航波音 737 飞机,可信度为 0. 96,如图 4. 29 中第 3 段。

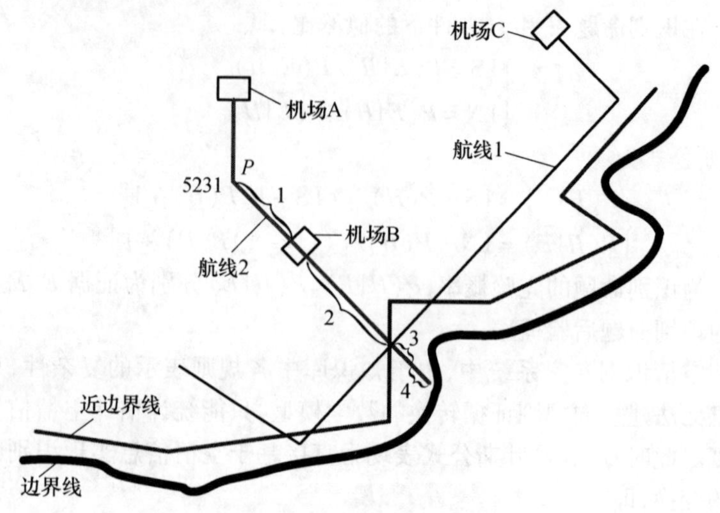

图 4. 29　空情识别仿真图示

当 5231 进入近边界线以外并接近国境线时,预处理模块得到其速度为 850km/h,航向为 120°。此时,技侦情报报出机型可能为轰炸机。采用机型隶属规则,近边界线规则,特殊类匹配规则,判断出 5231 为从机场 A 起飞的某型飞机,活动性质为特殊类,可信度 0. 78,如图 4. 29 中第 4 段。

该空情识别专家系统经大量仿真案例和实侦案例验证,能够识别出 20 余个可能起降机场,10 余种可能机型,10 余种活动性质,识别准确率大于 95%。

参 考 文 献

[1] Martin E. Liggins, David L. Hall and James Llinas. Handbook of Multisensor Data Fusion Theory and Practice Second Edition. 2008 CRC Press Taylor & Francis Group Boca Raton London NewYork.

[2] McCants T. CC&D ORD KPP. Analysis, internal presentation, 22 May 2001.

[3] Kebodeaux C E. Reducing the Fog of War in the Single Integrated Air Picture through Improved Data Fusion, Thesis to the Air Force Institute of Technology(AFIT), Wright - Patterson AFB, March 2005.

[4] 赵宗贵,熊朝华,等. 信息融合概念、方法与应用[M]. 北京:国防工业出版社,2012.

[5] Highlower T A. Boyd's O. O. D. A. Loop and How we use it. http://www. tactical resource. com/d/node/226

[6] Edward L. Waltz, James Llinas. Multisensor Data Fusion[M]. Artech House, Boston London, New York, 1990 chapter3.

[7] Hall D. Lectures in Multisensor Data Fusion and Target Tracking, CD lecture notes section 7. 3 - 272, Artech House, MA, 2001.

[8] Schuck T. A mathematical theory of identifi cation for information fusion. 7th Annual International Command

and Control Research and Technology Symposium(ICCRTS), Quebec City, Canada, September 2002.

[9] Shannon C. A mathematical theory of communication. The Bell System Technical Journal, 27, July and October 1948, 379 – 423 and 623 – 656.

[10] Sudano J. The system probability information content (PIC) relationship to contributing components, combining independent multi – source beliefs, hybrid and pedigree pignistic probabilities. Proceedings of the 5th International Conference on Information Fusion, 2002.

[11] Fixsen D. and Mahler R. The modifi ed Dempster – Shafer approach to classifi cation. IEEE Transactions on Systems, Man, and Cybernetics – Part A, 27(1), January 1997, pp. 96 – 104.

[12] Fister T, Mitchell R. Modified Dempster – Shafer with entropy based belief body compression. Proceedings of the 1994 Joint Service Combat Identifi cation Systems Conference (CISC), Naval Postgraduate School, CA, August 1994.

[13] Kari Santy. Combination of evidence in Dempster – Shafe theory. http://www. sandia. gov/ epistemic/Reports/SAND 2002 – 0835.

[14] 刘海燕. 信息融合的几个关键技术研究[D]. 南京:解放军理工大学,2007,4.

[15] Zaheh L. A SimpleView of the Dempster – Shafer Theory of Evidence and Its Implication for the Rule of Combination[J]. AI Magzine, 1986, 7, 85 – 90.

[16] Smets P. Transferable belief model versus Bayesian model. The 8th EDA I, Munich, 1988.

[17] Smets P. The transferable belief model[J]. Artificial Intelligence, 1994, 66(2): 191 – 234.

[18] Yager R R. On the Dempster – Shafer framework and new combination rules. Information Sciences, 1987, 41: 93 – 138.

[19] Dubois D, Prade H. Represent and combination of uncertainty with belief functions and possibility measures. Compute. Intell. 1988, 4: 244 – 264.

[20] Levre E, Colot O. A generic framework for resolving the conflict in the combination of belief structures [A]. The 3rd International Conference on Information Fusion, July 2000, Paris, France.

[21] 王壮,胡卫东,郁文贤,等. 基于均衡信度分配准则的冲突证据组合方法[J]. 电子学报,2001,29(12): 1852 – 1855.

[22] Kari Sentz, Combination of Evidence in Dempster – Shafer Theory, http:// www. sandia. gov/ epistemic/Reports/SAND2002 – 0835.

[23] 赵宗贵,刘海燕. 基于局部信度分配的证据合成方法[J]. 现代电子工程 2008,(2): 42 – 47.

[24] Sudano J. Pignistic probability transforms for mixes of low and high probability events. 4th International Conference on Information Fusion. Montreal, Canada, August 2001.

[25] Jousselme A L, Dominic G, Bosse E. A new distance between two bodies of evidence. Information fusion. 2001, 91 – 101.

[26] 车德朝,陈杰. 基于改进证据合成的地面目标身份识别方法[J]. 指挥信息系统与技术,2014,5(1): 43 – 47.

[27] Zadeh L A. Fuzzy logic and Approximate Reasoning. Synthesis. 1975, 30.

[28] Zadeh L A. Fuzzy Sets and Systems. Horth – Hollands Amsterdan, 1978.

[29] Jean Derzent. Quantitative and Qualitative Information Fusion [A]. International conference of Information Fusion. 杭州电子科技大学,2009,6.

[30] 汪培庄. 模糊集与随机集落影[M]. 北京:北京师范大学出版社,1985.

[31] Huber A J, Triplett M J, Wolverton J R. Imaging Infrared, Scene Simulation, Modeling, and Real Image Tracking. Proceedings of SPIE, vol. 1110, 1989.

[32] Stone W R. Radar Cross Sections of Complex Objects. IEEE press, New York, 1990.

[33] 刘本永．子空间法雷达目标一维像识别研究[J]．电子与信息学报,2004,26(7):1137-1143.

[34] 毕莉,赵锋,高勋章,等．基于高分辨距离像的弹道目标尺寸综合估计方法[J]．现代雷达,2009,31(10):42-46.

[35] 周万幸．弹道导弹雷达目标识别技术[M]．北京:电子工业出版社,2011.

[36] 冯德军．弹道中段目标雷达识别与评估研究[D]．长沙:国防科学技术大学研究生院,2006.

[37] 张桂林,王宏杰,朱霞,等．基于多分类器的 ESM 与雷达情报融合识别[J]．指挥信息系统与技术．2013,4(6):54-59.

[38] 李君灵,王裕,赵宗贵．多类差异信息柔性融合概念与内涵[J]．指挥信息系统与技术,2013.4(2):15-20.

[39] Susen C Y, Nadalc, Mai T A. Recognition of totally unconstrained handwriting numerals based on the Concept of multiple experts[c]. In: Susen C. Yed. Frontiers in Handwriting Recognition, Montreal, Canada: International Workshop on Frontiers in Handwriting Recognition, 1990:131-143.

[40] Duerr B, Haettich W. Tropf H, et al. A combination of statistic and syntactical pattern recognition applied to classification of unconstrained handwritten numerals[J]. Pattern Recognition, 1980, 12(1):189-199.

[41] Ahmed P, Susen C. Y. Computer recognition of tatally uncontrained hand written ZIP Codes[J]. Pattern recognition and Artificial Intelligence 1987, 1(1):1-15.

[42] Kittler J, Hatef M, Duin R P W. On combining classifiers[J]. IEEE Transactions on Pattern Analysis and Machine Intelligence. 1998, 20(3):226-239.

[43] 杨利英,覃征,胡广伍．粒子群优化多分类器融合模型[J]．小型微型计算机系统,2006,27(7):1313-1316.

[44] 中国雷达与电子设备研究所．雷达系统[M]．北京:国防工业出版社,2008.

[45] Cisneros J, Clark, McCauley-Bell K P, et al. Threat Analysis using Fuzzy Set Theory [A]. Proceedings of the 6th Conference on Computer Generated Forces and Behavioral Representation, Orlando, FL. July, 1996: pp. 455-462.

[46] 吕辉,贺正洪,等．防空指挥自动化系统原理[M]．西安:西安电子科技大学出版社,2003.

[47] 李洪兴．因素空间理论与知识表示的数学框架(Ⅷ)-变权综合原理[J]．模糊系统与工程,1995,9(3):1-9.

[48] 温羡峤．空袭模式与防空对策[J]．现代防御技术,1991,19(2):10-13.

[49] 克拉美．统计学数学方法[M]．上海科学技术出版社．1982.6,第 2 次印刷．

[50] 刘家春．概率论与数理统计[M]．哈尔滨工业大学出版社．2005.

[51] 曹可劲,江汉,赵宗贵．一种基于变权理论的空中目标威胁估计方法[J]．解放军理工大学学报(自然科学版),2006,7(1):32-36.

[52] 汪应洛．系统工程理论、方法与应用[M]．北京:高等教育出版社,1998.

[53] 汪培庄．模糊集与随机集落影[M]．北京:北京师范大学出版社．1985.

[54] 李洪兴．因素空间理论与知识表示的数学框架(Ⅸ)-均衡函数的构造与 Weber-Fechner 特性[J]．模糊系统与数学．1996,10(3):12-19.

[55] 李德清,李洪兴．状态变权向量的性质与构造[J]．北京师范大学学报(自然科学版),2002,38(4):455-461.

[56] Richard Frost. Introduction to Knowledge Based System. 1986.

[57] 赵宗贵．专家系统基本原理及应用意见[J]．现代电子工程,1992,(2):1-7.

[58] 赵宗贵,何松,等．空情判断专家系统结构及特点[J]．现代电子工程,1992,(1):57-65.

[59] Richard O. Duda, Peter E Hart, Nils J. Nilsson. Subjective Baysian Method for Rule-Based Inference System. Menlo park California 94025 U. S. A. January 1976.

[60] 何枞,张亚．基于一维距离图像的弹道目标识别方法[J]．指挥信息系统与技术,2014.

第5章 目标跟踪优化算法与应用

5.1 引 言

众所周知,跟踪传感器作为武器打击系统的火控传感器,主要用于对打击目标的精确跟踪和锁定,以及对己方平台(如飞船)或弹药(如弹道导弹或拦截弹)的制导和控制。跟踪传感器的重要特征,一是高数据率,对同一跟踪目标达到每秒几百至上千个测量数据;二是高精度,无论是对打击目标的锁定还是对己方平台(弹药)的控制都要求对目标的高精度定位与跟踪;三是高实时性,上述两种应用显然都具有高实时性要求。基于这三个特征所进行的跟踪传感器目标数据处理也具有大容量、高精度和高实时性要求。5.2节介绍了基于跟踪传感器测量的高阶运动目标状态估计方法,该方法将多项式的阶数作为目标运动状态阶数,如目标常速运动状态采用一阶多项式(状态参数仅考虑位置和速度),目标常变速运动状态采用采用二阶多项式(状态参数为目标位置、速度和加速度)。文献[1]中分析了不同阶数多项式状态估计误差和基于阶数的截断误差(称为系统误差或模型误差),从而可以按需选择多项式阶数,以达到目标跟踪的精度要求。5.3节介绍了测量数据的充分统计量概念与判定方法,以及充分统计量在两假设统计判决中的应用。在5.2节和5.3节基础上,进一步建立了提高跟踪传感器数据处理实时性的方法,提出了对大容量、高速率的目标跟踪数据的二次最优滤波概念和方法。在5.4节中,建立了线性系统的最小充分统计量和二次滤波公式,5.5节建立了常(匀)变速系统的最小充分统计量和二次最优滤波公式。这些公式都经过作者的严格推导,并已在空中平台靶试指控系统中应用,取得了满意的效果。

5.2节~5.5节所介绍的内容既相互独立又相互联系,作为实现方法和技术,可以根据具体需求独立应用于不同的领域,对目标动态噪声和测量随机噪声较大的高速率数据处理系统,更能凸显出应用效果。

5.6节~5.8节较系统地介绍了关于目标运动状态(运动参数)变化的最优判定方法和应用案例。其中5.6节介绍了作者在工程应用中创立的系统状态参数辨识方法和两个命题[2]:动态系统状态参数数量统计辨识方法和两个动态系统部分参数异同的辨识方法,给出了较严格的推导和证明。作为5.6节理论和方法的应用,5.7节给出了目标速度机动的最优判决方法、实现公式和应用案例[3];5.8节给出了目标航向机动的最优判决方法,其中将较长时间(多测量周期)的目标转弯过程视为另一种运动状态,而将目标航向机动视为从直线进入转弯,再从转弯改出到直线的两个状态变化(机动)过程,导出了涉及这两种机动过程的广义似然判决准则和判决模型,并给出了应用案例。

本章的主要内容来自作者的工作实践,相信对读者,特别是相关工程技术人员会有所裨益。

5.2 基于跟踪传感器测量的高阶运动目标状态估计

5.2.1 高阶运动目标状态数学模型与求解

高阶运动目标状态方程在数学上可以用如下多项式描述(不考虑状态噪声),即

$$x(t) = a_0 + a_1 t + a_2 t^2 + \cdots + a_m t^m \tag{5.1}$$

状态测量为

$$z(t) = x(t) + v(t) \tag{5.2}$$

式中:$v(t)$为均值为零的高斯噪声。这样一来,问题就归结为:基于等周期(T)测量$z_1,z_2,\cdots,z_n$,求取状态$x(t)$的最优估计。

采用最小二乘估计求解该问题,即基于测量$z_1,z_2,\cdots,z_n$,估计高阶运动目标状态参数$a_0,a_1,\cdots,a_m$,使估计误差达到最小,即

$$D = \sum_{i=1}^{n} \left(z_i - \sum_{k=1}^{m} a_k t_i^k\right)^2 = \min \tag{5.3}$$

以测量时刻中点$t_1 + \frac{n-1}{2}T$为零点,则诸测量时刻为

$$t_j = jT \qquad j = -\frac{n-1}{2}, -\frac{n-1}{2}+1, \cdots, \frac{n-1}{2}$$

将D分别对各状态参数求一阶导数并令其为0,得

$$\begin{cases} \sum_j z_j = a_0 \sum_j 1 + a_1 T \sum_j j + \cdots + a_m T^m \sum_j j^m \\ \sum_j j z_j = a_0 \sum_j j + a_1 T \sum_j j^2 + \cdots + a_m T^m \sum_j j^{m+1} \\ \vdots \\ \sum_j j^m z_j = a_0 \sum_j j^m + a_1 T \sum_j j^{m+1} + \cdots + a_m T^m \sum_j j^{2m} \end{cases}$$

记为矩阵形式:

$$\boldsymbol{J} \begin{bmatrix} a_0 \\ a_1 T \\ \vdots \\ a_m T^m \end{bmatrix} = \begin{bmatrix} \sum_j z_j \\ \sum_j j z_j \\ \vdots \\ \sum_j j^m z_j \end{bmatrix} \tag{5.4}$$

其中

$$\boldsymbol{J}=\begin{bmatrix}\sum_j 1 & \sum_j j & \cdots & \sum_j j^m \\ \sum_j j & \sum_j j^2 & \cdots & \sum_j j^{m+1} \\ \vdots & \vdots & \ddots & \vdots \\ \sum_j j^m & \sum_j j^{m+1} & \cdots & \sum_j j^{2m}\end{bmatrix} \tag{5.5}$$

由式(5.4)可解得

$$\begin{bmatrix}a_0 \\ a_1 T \\ \vdots \\ a_m T^m\end{bmatrix}=\boldsymbol{J}^{-1}\begin{bmatrix}\sum_j z_j \\ \sum_j j z_j \\ \vdots \\ \sum_j j^m z_j\end{bmatrix}=\boldsymbol{J}^{-1}M\begin{bmatrix}z_{-\frac{n-1}{2}} \\ z_{-\frac{n-1}{2}+1} \\ \vdots \\ z_{\frac{n-1}{2}}\end{bmatrix} \tag{5.6}$$

其中

$$\boldsymbol{M}=\begin{bmatrix}1 & 1 & \cdots & 1 \\ -\frac{1}{2}(n-1) & -\frac{1}{2}(n-1)+1 & \cdots & \frac{1}{2}(n-1) \\ \left(-\frac{n-1}{2}\right)^2 & \left(-\frac{n-1}{2}+1\right)^2 & \cdots & \left(\frac{n-1}{2}\right)^2 \\ \vdots & \vdots & \ddots & \vdots \\ \left(-\frac{n-1}{2}\right)^m & \left(-\frac{n-1}{2}+1\right)^m & \cdots & \left(\frac{n-1}{2}\right)^m\end{bmatrix} \tag{5.7}$$

以 $t=t_1+\frac{n-1}{2}T$ 为零点，目标在任一时刻 $t=iT$ 的状态估计和估计误差方差分别为

$$\begin{aligned}\hat{x}_i &= \hat{x}(iT)=a_0+a_1(iT)+a_2({}^iT)2+\cdots+a_m({}^iT)m \\ &\triangleq \sum_j w_j(i,m)z_j\end{aligned} \tag{5.8}$$

$$\sigma_{x_i}^2=\operatorname{var}[\hat{x}(iT)]=\sum_j \operatorname{var}[w_j(i,m)z_j]=\sigma^2\sum_j w_j^2(i,m) \tag{5.9}$$

式中：σ^2 为诸测量的等随机误差方差；$\sum_j$ 是指 j 从 $-\frac{n-1}{2}$ 到 $\frac{n-1}{2}$ 求和。

式(5.8)和式(5.9)就是高阶运动目标状态估计和估计误差的通用表达式。文献[1]中表1和表2给出了诸 $w_j(k,m)$ 和 $w_j(i,m)$ 的表达式（对应 $p=0$ 的情况）。

5.2.2 一阶目标状态估计模型的求解

当 $m=1$ 时,状态方程式(5.1)呈常速运动模型,式(5.4)可写为

$$\begin{bmatrix}\sum 1 & \sum j\\ \sum j & \sum j^2\end{bmatrix}\begin{bmatrix}\hat{a}_0\\ \hat{a}_1 T\end{bmatrix}=\begin{bmatrix}1 & \cdots & 1\\ -\frac{n-1}{2} & \cdots & \frac{n-1}{2}\end{bmatrix}\begin{bmatrix}z_{-\frac{n-1}{2}}\\ \vdots\\ z_{\frac{n-1}{2}}\end{bmatrix}$$

注意,各采样时刻对时间零点$\left(t_1+\dfrac{n-1}{2}T=0\right)$的对称性,有

$$\sum_j 1=n,\ \sum_j j=0$$

再由和式 $\sum\limits_{j=1}^{p} j^2=\dfrac{p(p+1)(2p+1)}{6}$[4],可以得到

$$\sum_{j=-\frac{n-1}{2}}^{\frac{n-1}{2}} j^2=2\sum_{j=1}^{\frac{n-1}{2}} j^2=\frac{n(n^2-1)}{12}$$

于是

$$|\boldsymbol{J}|=\begin{vmatrix}\sum\limits_j 1 & 0\\ 0 & \sum\limits_j j^2\end{vmatrix}=\frac{n^2(n^2-1)}{12}$$

再注意

$$\boldsymbol{J}^{-1}=\frac{J^*}{|J|}=\frac{12}{n^2(n^2-1)}\begin{bmatrix}\sum j^2 & 0\\ 0 & \sum 1\end{bmatrix}=\frac{1}{n}\begin{bmatrix}1 & 0\\ 0 & \frac{12}{n^2-1}\end{bmatrix}$$

这样,式(5.6)可写为

$$\begin{bmatrix}\hat{a}_0\\ \hat{a}_1 T\end{bmatrix}=\frac{1}{n}\begin{bmatrix}1 & \cdots & 1\\ \frac{12}{n^2-1}\left(-\frac{n-1}{2}\right) & \cdots & \frac{12}{n^2-1}\frac{n-1}{2}\end{bmatrix}\begin{bmatrix}z_{-\frac{n-1}{2}}\\ \vdots\\ z_{\frac{n-1}{2}}\end{bmatrix}=\frac{1}{n}\sum_{j=-\frac{n-1}{2}}^{\frac{n-1}{2}}\begin{bmatrix}1\\ \frac{12j}{n^2-1}\end{bmatrix}z_j \tag{5.10}$$

最后得到

$$\begin{cases}\hat{a}_0=\dfrac{1}{n}\sum\limits_j z_j\\ \hat{a}_1=\dfrac{12}{Tn(n^2-1)}\sum\limits_j jz_j\end{cases} \tag{5.11}$$

于是,任一时刻 t,有

$$\hat{x}(t)=\hat{a}_0+\hat{a}_1 t=\sum_j\left(\frac{1}{n}+\frac{12j}{Tn(n^2-1)}t\right)z_j \tag{5.12}$$

特别在等间隔 T 测量时，以 $t = t_1 + \frac{n-1}{2}T$ 为零点的任一时刻 $t = iT$，目标的一阶状态估计为

$$\hat{x}_i = \hat{x}(iT) = \hat{a}_0 + \hat{a}_1(iT) = \sum_j \left(\frac{1}{n} + \frac{12j}{n(n^2-1)} i \right) z_j$$

估计误差方差为

$$\hat{\sigma}^2_{\hat{x}(t)} = \mathrm{Var}[\hat{x}(t)] = \sum_j \left(\frac{1}{n} + \frac{12j}{Tn(n^2-1)} t \right)^2 \sigma^2$$

$$= \sum_j \left\{ \frac{1}{n^2} + \left[\frac{12t}{Tn(n^2-1)} \right]^2 j^2 \right\} \sigma^2 \tag{5.13}$$

$$\hat{\sigma}^2_{\hat{x}_i} = \mathrm{Var}[\hat{x}(iT)] = \sum_j \left(\frac{1}{n} + \frac{12j}{n(n^2-1)} i \right)^2 \sigma^2$$

$$= \sum_j \left\{ \frac{1}{n^2} + \frac{24ji}{n^2(n^2-1)} + \left[\frac{12ij}{n(n^2-1)} \right]^2 \right\} \sigma^2$$

$$= \left[\frac{1}{n} + \frac{12}{n(n^2-1)} i^2 \right] \sigma^2 \tag{5.14}$$

式中：σ^2 为诸测量 z_j 的等随机误差方差。

式(5.13)和式(5.14)的导出再一次利用了对称测量（取测量中点为时间零点）获得的 $\sum_j j = 0,\ \sum_j j^2 = \frac{n(n^2-1)}{12}$。

5.2.3　二阶目标状态估计模型的求解

当 $m=2$ 时，状态方程式(5.1)呈常变速运动模型，即

$$x(t) = a_0 + a_1 t + a_2 t^2 \tag{5.15}$$

式(5.4)可写为

$$J \begin{bmatrix} a_0 \\ a_1 T \\ a_2 T^2 \end{bmatrix} = \begin{bmatrix} 1 & \cdots & 1 \\ -\frac{n-1}{2} & \cdots & \frac{n-1}{2} \\ \left(-\frac{n-1}{2}\right)^2 & \cdots & \left(\frac{n-1}{2}\right)^2 \end{bmatrix} \begin{bmatrix} z_{-\frac{n-1}{2}} \\ \vdots \\ z_{\frac{n-1}{2}} \end{bmatrix}$$

在考虑对称测量之下，有

$$J = \begin{bmatrix} \sum 1 & \sum j & \sum j^2 \\ \sum j & \sum j^2 & \sum j^3 \\ \sum j^2 & \sum j^3 & \sum j^4 \end{bmatrix} = \begin{bmatrix} \sum 1 & 0 & \sum j^2 \\ 0 & \sum j^2 & 0 \\ \sum j^2 & 0 & \sum j^4 \end{bmatrix} \tag{5.16}$$

由文献[4]中的求和公式

$$\sum_1^p j^4 = \frac{1}{30} p(p+1)(2p+1)(3p^2+3p-1)$$

可得

$$\sum_{j=-\frac{n-1}{2}}^{\frac{n-1}{2}} j^4 = 2\sum_{j=1}^{\frac{n-1}{2}} j^4 = \frac{n(n^2-1)(3n^2-7)}{240}$$

再次利用 $\sum_{j=-\frac{n-1}{2}}^{\frac{n-1}{2}} j^2 = \frac{n(n^2-1)}{12}$，可得

$$\begin{aligned} |J| &= \left(\sum 1\right)\left(\sum j^2\right)\left(\sum j^4\right) + \left(\sum j^2\right)^3 \\ &= \frac{n^3(n^2-1)^2(3n^2-7)}{12\times 240} + \frac{n^3(n^2-1)^3}{12^3} \end{aligned}$$

与一阶模型求解方法类似，能够获得二阶模型式(5.15)的参数估计值 $\hat{a}_0$、$\hat{a}_1$、$\hat{a}_2$ 的表达式如下(由于推导比较复杂，为节省幅面不详述，有兴趣的读者可自行推导)：

$$\begin{cases} \hat{a}_0 = \sum_{j=-\frac{n-1}{2}}^{\frac{n-1}{2}} \frac{3(3n^2-7)-60j^2}{4n(n^2-4)} z_j \\ \hat{a}_1 = \sum_{j=-\frac{n-1}{2}}^{\frac{n-1}{2}} \frac{12j}{Tn(n^2-1)} z_j \\ \hat{a}_2 = \sum_{j=-\frac{n-1}{2}}^{\frac{n-1}{2}} \frac{180j^2-15(n^2-1)}{T^2 n(n^2-1)(n^2-4)} z_j \end{cases} \tag{5.17}$$

于是，以 $t_1+\frac{n-1}{2}T$ 为时间零点的任一时刻 t，有

$$\begin{aligned} \hat{x}(t) = \hat{a}_0 + \hat{a}_1 t + \hat{a}_2 t^2 = \sum_{j=-\frac{n-1}{2}}^{\frac{n-1}{2}} \Big[& \frac{3(3n^2-7)-60j^2}{4n(n^2-4)} + \frac{12j}{Tn(n^2-1)} t \\ & + \frac{180j^2-15(n^2-1)}{T^2 n(n^2-1)(n^2-4)} t^2 \Big] z_j \end{aligned} \tag{5.18}$$

当 $t=iT$ 时，目标二阶运动状态估计为

$$\begin{aligned} \hat{x}_i = \hat{x}(iT) = \sum_{j=-\frac{n-1}{2}}^{\frac{n-1}{2}} \Big[& \frac{3(3n^2-7)-60j^2}{4n(n^2-4)} + \frac{12j}{n(n^2-1)} i \\ & + \frac{180j^2-15(n^2-1)}{n(n^2-1)(n^2-4)} i^2 \Big] z_j \end{aligned} \tag{5.19}$$

在各测量 z_j 具有等随机误差方差 σ^2 的假设下，二阶运动目标的状态估计误差方差为

$$\hat{\sigma}_{\hat{x}_i}^2 = \sigma^2 \sum_j \left[\left(\frac{3(3n^2-7)}{4n(n^2-4)} - \frac{15(n^2-1)i}{n(n^2-1)(n^2-4)} \right)^2 + \frac{12i}{n(n^2-1)} j + \left(\frac{180i^2}{n(n^2-1)(n^2-4)} - \frac{60}{4n(n^2-4)} \right) j^2 \right]^2$$

仍利用诸测量时刻 t_j 的对称性质：

$$\sum_j 1 = n, \sum_j j = \sum_j j^3 = 0, \sum_j j^2 = \frac{n(n^2-1)}{12}, \sum_j j^4 = \frac{n(n^2-1)(3n^2-7)}{240}$$

通过对 j 求和，得

$$\hat{\sigma}_{\hat{x}_i}^2 = \sigma^2 \sum_j \left\{ \left[\frac{3(3n^2-7)(n^2-1) - 60(n^2-1)i^2}{4n(n^2-1)(n^2-4)} \right]^2 \cdot n + \left[\frac{12i}{n(n^2-1)} \right]^2 \cdot \frac{n(n^2-1)}{12} + \left[\frac{60(12i^2-(n^2-1))}{4n(n^2-1)(n^2-4)} \right]^2 \cdot \frac{n(n^2-1)(3n^2-7)}{240} + 2 \cdot \frac{[3(n^2-1)(3n^2-7) - 60(n^2-1)i^2]60[12i^2-(n^2-1))n(n^2-1)]}{[4n(n^2-1)(n^2-4)]^2} \cdot \frac{n(n^2-1)}{12} \right\}$$

对该式{}内诸式按 i 的幂次分项，整理后可以得到各分项系数如下：

常数项：$\dfrac{3(3n^2-7)}{4n(n^2-4)}$

i^2 项系数：$\dfrac{-18(n^2+1)}{n(n^2-1)(n^2-4)}$

i^4 项系数：$\dfrac{180}{n(n^2-1)(n^2-4)}$

最后，得到目标二阶状态估计 $\hat{x}_i$ 的估计误差方差为

$$\hat{\sigma}_{\hat{x}_i}^2 = \frac{\sigma^2}{n(n^2-4)} \left[\frac{3}{4}(3n^2-7) - \frac{18(n^2+1)}{n^2-1} i^2 + \frac{180}{n^2-1} i^4 \right] \tag{5.20}$$

上述诸式是对文献[1]部分内容的简化证明和更正①。

对于舰载雷达对弹道目标进行跟踪的指控系统中，由于导航系统对舰船姿态的测量存在误差，使得舰载雷达对弹道目标的非稳定测量变换到稳定坐标系后仍存在较大的的误差，从而降低了对弹道目标的跟踪和控制精度。采用文献[1]所给出的多项式最优估计和误差计算公式，充分利用跟踪雷达高数据率测量优势，能够按系统对弹道目标跟踪精度的要求，选用适宜阶数的目标运动状态，以减少

---

① 文献[1]中“二、误差分析，表一 最优估计的随机误差均方根值”$P=0, m=2$（二阶多项式）情况，误差均方根值的计算结果有误（$\sqrt{3}\varepsilon\ \sqrt{(3M^2-7)-24i^2+240i^4/(M^2-1)}/2\sqrt{M(M^2-4)}$），主要是对 i^2 项系数计算错误引起的。按式（5.20），该计算结果应是 $\sqrt{3}\varepsilon \sqrt{(3M^2-7) - \dfrac{24(M^2+1)}{M^2-1}i^2 + \dfrac{240}{M^2-1}i^4} \Big/ 2\sqrt{M(M^2-4)}$。

模型截断误差，并基于最小二乘算法给出的目标状态最优估计结果式(5.18)~式(5.20)，实现对弹道目标的平稳、连续跟踪。

5.3 充分统计量及其应用

本节介绍充分统计量的概念，并给出在基于测量信号的目标检测与跟踪中的应用案例。统计量是大量测量数据基于应用的某种形式的统计结果，统计量在数量上大大压缩了测量数据量。充分统计量在概念上是指在某种应用意义上不损失任何测量信息的统计量，从而为无损压缩测量数据，降低数据处理计算负荷，提高应用系统的实时性提供了一条可行技术途径。本节从减少计算量提高实时性出发，建立测量数据的充分统计量概念，为建立高实时目标精确跟踪二次滤波算法奠定基础。

5.3.1 充分统计量概念与判定

设系统状态 x 的测量样本为 $Z=(z_1,z_2,\cdots,z_n)$，为了用测量样本对系统状态或其依赖的参数进行估计和推断，人们往往根据具体的应用问题，构造组合测量的相应函数形式，称为测量的统计量，例如，$\bar{z}=\frac{1}{n}\sum_{i=1}^{n}z_i$，$\sigma^2(z)=\frac{1}{n-1}\sum_{i=1}^{n}(z_i-\bar{z})^2$，$z(n)=\max\{z_1,z_2,\cdots,z_n\}$ 等均可视为测量样本集 Z 的统计量，分别称为测量样本均值、方差、极大值等[5]。

构造统计量的目的是为了把按测量样本 Z 直接估计系统状态参数变换为依据测量样本的统计量进行估计，那么，如何使这种变换不损失任何测量信息呢？即从对系统参数或状态估计的意义上来说，如何使这两种估计结果完全相同呢？这显然取决于统计量如何构造。为此，引入充分统计量的概念如下。

测量样本 Z 的函数 $T(Z)$ 称为基于概率密度函数 $f(x|\omega)$ 的充分统计量系指，对于未知参数 ω 的任何先验分布密度 $\xi(\omega)$，若基于测量样本 Z_1、Z_2 的后验分布密度 $f(\omega|Z_1)=f(\omega|Z_2)$，则成立 $T(Z_1)=T(Z_2)$。这里，后验分布密度 $f(\omega|Z_1)$ 和 $f(\omega|Z_2)$，基于贝叶斯公式获得

$$f(\omega\mid Z)=\frac{f(Z\mid\omega)\xi(\omega)}{f(Z)}=\frac{f(Z\mid\omega)\xi(\omega)}{\int_{\Omega}f(Z\mid\omega)\xi(\omega)\mathrm{d}\omega}$$

对充分统计量 $T(Z)$ 进行判定的两个命题如下。

命题 5.1 若对任何测量样本集合 $Z=(z_1,z_2,\cdots,z_n)$，状态 x 的分布密度 $f(x)$ 成立：

$$f(\omega|Z)=f(\omega|T(Z))\tag{5.21}$$

则称函数 $T(x)$ 为基于 $f(x)$ 的充分统计量。特别当 $f(x)$ 为正态分布时，式(5.21)

成为

$$\begin{cases} E(\omega|Z) = E(\omega|T(Z)) \\ \text{Var}(\omega|Z) = \text{Var}(\omega|T(Z)) \end{cases} \tag{5.22}$$

该命题实际上是定义的一个变形。

命题5.2 $T(x)$是概率密度函数$f(x)$的充分统计量,当且仅当对任何测量样本集合Z,成立:

$$\begin{cases} f(Z|\omega) = u(Z)V[T(Z),\omega] \\ u(Z) > 0, V[T(Z),\omega] \geqslant 0 \end{cases} \tag{5.23}$$

式中:$u(Z)$与ω无关,而V只通过$T(Z)$依赖于Z。此命题证明见文献[6]。

由这两个命题可以看出,充分统计量能将较多的状态样本测量概括为一个样本函数或相应的几个参数,因此采用充分统计量研究目标(系统)状态要比直接采用大量样本测量容易实现得多。在工程实践中,人们在各类统计估计和判定中,充分统计量得到了成功应用。

5.3.2 充分统计量在两假设判决中的应用

依据测量Z对目标状态的最优估计归结为寻求目标状态的后验概率密度$f(x|Z)$的极大值[7],而估计目标出现或状态变化(机动)则导致寻求目标及其变化状态参考估计,它们都是测量的充分统计量。针对两假设判决问题,举例说明如下[8]。

例5.1 高斯噪声中基于充分统计量的目标信号检测。

两假设为

$$\begin{cases} \boldsymbol{H}_0: z_k = v_k & \text{无信号} \\ \boldsymbol{H}_1: z_k = m + v_k & \text{有信号 } m \\ v_k \text{ 为高斯白噪声} & k = 1,2,\cdots,n \end{cases} \tag{5.24}$$

测量$Z=(z_1,z_2,\cdots,z_n)$的条件密度为

$$\begin{cases} f(Z|\boldsymbol{H}_0) = \dfrac{1}{(2\pi\sigma^2)^{\frac{n}{2}}}\exp\left(-\dfrac{1}{2\sigma^2}\sum_{k=1}^{n} z_k^2\right) \\ f(Z|\boldsymbol{H}_1) = \dfrac{1}{(2\pi\sigma^2)^{\frac{n}{2}}}\exp\left[-\dfrac{1}{2\sigma^2}\sum_{k=1}^{n}(z_k - m)^2\right] \end{cases} \tag{5.25}$$

由式(2.40)可以得到似然比判决公式为

$$L(Z) = \frac{f(Z|\boldsymbol{H}_1)}{f(Z|\boldsymbol{H}_0)} = \exp\left[\frac{1}{2\sigma^2}\sum_{k=1}^{n}(2z_k m - m^2)\right] \begin{matrix} > \lambda & \text{接受}\boldsymbol{H}_1 \\ < \lambda & \text{接受}\boldsymbol{H}_0 \end{matrix} \tag{5.26}$$

式中:λ为似然比判决门限,如式(2.41)或式(2.42)所示。

引入标量形式的充分统计量:

$$T(Z) = \frac{1}{\sigma\sqrt{n}}\sum_{k=1}^{n} z_k \tag{5.27}$$

则式(5.26)变为基于该充分统计量的判决公式,即

$$\begin{cases} T(z) > \dfrac{\sigma}{m\sqrt{n}}\ln\lambda + \dfrac{m\sqrt{n}}{2\sigma} & \text{接受}\boldsymbol{H}_1\text{,有目标} \\ T(z) < \dfrac{\sigma}{m\sqrt{n}}\ln\lambda + \dfrac{m\sqrt{n}}{2\sigma} & \text{接受}\boldsymbol{H}_0\text{,无目标} \end{cases} \tag{5.28}$$

例 5.2 高斯噪声中,基于充分统计量的马尔可夫信号序贯检测。

两假设为

$$\begin{cases} \boldsymbol{H}_0: z_k = v_k \text{ 无信号} \\ \boldsymbol{H}_1: z_k = H_k x_k + v_k \text{ 有信号} \end{cases} \tag{5.29}$$

式中:测量 $z_k(k=1,2,\cdots)$ 按一定间隔序贯到达,系统状态信号 x_k 服从如下马尔可夫模型,即

$$x_{k+1} = \boldsymbol{\Phi}_{k,k+1} x_k + w_k \tag{5.30}$$

设 $Z_n=(z_1,z_2,\cdots,z_n)$ 为前 n 个样本测量值集合,则联合似然比为

$$L(Z_n) = \frac{f(Z_n \mid \boldsymbol{H}_1)}{f(Z_n \mid \boldsymbol{H}_0)} = \exp[T(Z_n)]\left[\prod_{k=1}^{n}\frac{|\det \boldsymbol{R}_k|^{\frac{1}{2}}}{\{|\det[\boldsymbol{H}_k P(k \mid k-1)\boldsymbol{H}_k^{\mathrm{T}} + \boldsymbol{R}_k]|\}^{\frac{1}{2}}}\right] \tag{5.31}$$

式中:$T(Z_n)$ 为 Z_n 的充分统计量,表达式为

$$T(Z_n) = -\frac{1}{2}\sum_{k=1}^{n}\{[z_k - \boldsymbol{H}_k\boldsymbol{\Phi}_{k,k-1}\hat{x}_k]^{\mathrm{T}}[\boldsymbol{H}_k P(k \mid k-1)\boldsymbol{H}_k^{\mathrm{T}}]$$

$$[z_k - \boldsymbol{H}_k\boldsymbol{\Phi}_{k-1,k}\hat{x}_k] - z_k^{\mathrm{T}}\boldsymbol{R}_k^{-1}z_k\} \triangleq \sum_{k=1}^{n} T(z_k) \tag{5.32}$$

式(5.31)、式(5.32)中 $R_k = \mathrm{Var}(v_k)(k=1,2,\cdots)$ 是测量误差方差,而马尔可夫信号状态估计及估计误差方差预测为

$$\begin{cases} \hat{x}_k = E(x_k \mid Z_k, \boldsymbol{H}_1) \\ P(k \mid k-1) = \mathrm{Var}(x_k \mid Z_{k-1}, \boldsymbol{H}_1) \end{cases} \tag{5.33}$$

它们可以从卡尔曼递推滤波器得到。

信号检测的似然比判决公式为

$$\begin{cases} L(Z_n) \geqslant L_F & \text{接受假设}\boldsymbol{H}_1\text{,有信号} \\ L(Z_n) < L_M & \text{接受假设}\boldsymbol{H}_0\text{,无信号} \\ L_M \leqslant L(Z_n) < L_F & \text{不确定} \end{cases} \tag{5.34}$$

其中

$$L_F = \frac{1-P_M}{P_F}, L_M = \frac{P_M}{1-P_F} \tag{5.35}$$

式中:P_F 为虚警概率,P_M 为漏警概率;这里假设序贯检测的每一周期所采用的虚警概率和漏警概率均相同[9]。

最后得到基于充分统计量 $T(Z_n)$ 的信号检测序贯判决公式为

$$\begin{cases} T(Z_n) \geqslant \ln L_F - \xi_n & \text{接受假设}\boldsymbol{H}_1\text{,有信号} \\ T(Z_n) < \ln L_M - \xi_n & \text{接受假设}\boldsymbol{H}_0\text{,无信号} \\ \ln L_M - \xi_n \leqslant T(Z_n) < \ln L_F - \xi_n & \text{不确定} \end{cases} \tag{5.36}$$

其中

$$\xi_n = \sum_{k=1}^{n} \{\ln|\det R_k| - \ln|\det[\boldsymbol{H}_k P(k|k-1)\boldsymbol{H}_k^{\mathrm{T}} + R_k]|\} \triangleq \sum_{k=1}^{n} \xi(k) \tag{5.37}$$

为直到 n 周期的滤波残差对数似然比之和,而 $\xi(k)$ 为 k 周期的滤波残差对数似然比。

$T(Z_n)$ 和 ξ_n 的递推计算公式为

$$\begin{cases} T(Z_{n+1}) = T(Z_n) + T(z_{n+1}) \\ \xi_{n+1} = \xi_n + \xi(n+1) \end{cases} \tag{5.38}$$

当式(5.36)判定为不确定结果时,则随 $n+1$ 周期测量的到来,计算 $T(z_{n+1})$ 和 $\xi(n+1)$,然后按式(5.38)构造 $T(Z_{n+1})$ 和 ξ_{n+1},继续按式(5.36)进行 $n+1$ 周期判决,直到获得确定性判定结果。

5.4　线性系统状态测量的充分统计量与二次最优滤波

本节基于5.2节给出的一阶跟踪系统状态估计和估计误差方差表达式(5.12)、式(5.14),以及5.3节描述的充分统计量概念和命题5.1中式(5.21)、式(5.22),建立线性系统测量的充分统计量和二次滤波公式。

设线性(一阶)系统状态方程和测量方程为

$$\begin{cases} x(t) = a_0 + a_1 t \\ z(t) = x(t) + v(t) \end{cases} \tag{5.39}$$

式中:$v(t)$ 为均值为零的高斯白噪声。

5.4.1　线性系统状态测量的充分统计量

这里建立一个关于线性系统充分统计量计算的一个命题,并给出证明。

设已获得线性系统状态的一组测量 $Z = (z_1, z_2, \cdots, z_n)$,等测量间隔为 T,则成立如下命题。

命题5.3　线性系统式(5.39)的 n 个测量值 Z 的充分统计量为

$$T(Z) = (\hat{x}_{\pm K}, \sigma_{\hat{x}_{\pm K}}^2) \tag{5.40}$$

其中

$$\begin{cases} \hat{x}_{\pm K} = E[x(\pm KT)|Z] \\ \sigma_{\hat{x}_{\pm K}}^2 = \mathrm{Var}[x(\pm KT)|Z] \end{cases} \tag{5.41}$$

是以 $t_1=\frac{n-1}{2}T$ 为零点，测量时刻为 $\pm KT$ 时，基于测量 Z 的目标状态的一次估计值和估计误差方差，且有

$$K=\sqrt{(n^2-1)/12} \tag{5.42}$$

该命题给出的充分统计量将线性系统状态的 n 个测量归结为两个一次滤波估计值 $\hat{x}_{-K}$和 $\hat{x}_K$ 及其估计误差方差。之所以只考虑两个位置/时间点估计，是因为两个点求取线性系统状态参数估计 $\hat{a}_0$ 和 $\hat{a}_1$ 所需要的最少点数，故式(5.40)又称为线性系统测量的最小充分统计量。证明该命题只需证明式(5.40)中所示的充分统计量 $T(Z)$ 满足命题5.1中式(5.22)，其中未知参数 ω 可以直接取任一测量时刻的目标估计值，于是只需证明：

$$\begin{cases}E(x_i\mid T(Z))=E(x_i\mid Z)\\ \mathrm{Var}(x_i\mid T(Z))=\mathrm{Var}(x_i\mid Z)\end{cases}\quad i=1,2,\cdots \tag{5.43}$$

注意：$T(Z)=[\hat{x}_{-K},\hat{x}_K;\sigma^2_{\hat{x}_{-K}},\sigma^2_{\hat{x}_K}]$，于是基于 $T(Z)$ 对 x_i 进行估计，即是基于两个测量 $\hat{x}_{-K}$、$\hat{x}_K$ 及其测量误差方差对线性系统 iT 时刻状态 x_i 进行估计。引用式(5.12)和式(5.13)可得(注意此两式中，$n=2$，测量时刻 j 为 $-\frac{1}{2}$、$\frac{1}{2}$，分母中的测量间隔为 $2KT$，而 $t=iT$ 为任意估计时刻)：

$$\begin{aligned}E(x_i\mid T(Z))&=\sum_{j=-\frac{1}{2},\frac{1}{2}}\left(\frac{1}{2}+\frac{12j}{2\times3\times2KT}\cdot iT\right)\hat{z}_j\\&=\sum_{j=-\frac{1}{2},\frac{1}{2}}\left(\frac{1}{2}+\frac{j}{K}\cdot i\right)\hat{z}_j\end{aligned} \tag{5.44}$$

$$\begin{aligned}\mathrm{Var}(x_i\mid T(Z))=\sigma^2_{\hat{x}(it)}&=\sum_{j=-\frac{1}{2},\frac{1}{2}}\left\{\frac{1}{4}+\left[\frac{12iT}{2KT\cdot2\cdot3}\right]^2j^2\right\}\sigma^2_{\hat{x}_{\pm K}}\\&=\left(\frac{1}{2}+\frac{i^2}{2K^2}\right)\sigma^2_{\hat{x}_{\pm K}}\end{aligned} \tag{5.45}$$

这里假设 $\hat{x}_{-K}$和 $\hat{x}_K$ 误差独立，且方差相等。

由式(5.12)，当估计时刻 $t=\pm KT$ 时，分别得到基于直接测量 $Z=\{z_j\}_{j=-\frac{n-1}{2}}^{\frac{n-1}{2}}$ 的一次滤波结果为

$$\begin{cases}\hat{z}_{-\frac{1}{2}}=\hat{x}_{-K}=\displaystyle\sum_{j=-\frac{n-1}{2}}^{\frac{n-1}{2}}\left[\frac{1}{n}-\frac{12j}{n(n^2-1)}K\right]z_j\\ \hat{z}_{\frac{1}{2}}=\hat{x}_K=\displaystyle\sum_{j=-\frac{n-1}{2}}^{\frac{n-1}{2}}\left[\frac{1}{n}+\frac{12j}{n(n^2-1)}K\right]z_j\end{cases} \tag{5.46}$$

将这两个估计时刻的一次滤波结果代入式(5.44)，可得到任意时刻的二次滤波状态估计为

$$
\begin{aligned}
E(x_i \mid T(Z)) &= \left(\frac{1}{2} - \frac{i}{2K}\right)\hat{x}_{-K} + \left(\frac{1}{2} + \frac{i}{2K}\right)\hat{x}_K \\
&= \sum_{j=-\frac{n-1}{2}}^{\frac{n-1}{2}} \left[\frac{1}{n} + \frac{12j}{n(n^2-1)} i\right] z_j \\
&= \hat{x}_i = E(x_i \mid Z)
\end{aligned}
$$

即其与 $t = iT$ 时刻的一次直接滤波结果相等,这就证明了式(5.43)中的第一式。

再注意,若使式(5.45)所示的 $\mathrm{Var}(x_i \mid T(Z))$ 与式(5.14)给出的 $\sigma_{\hat{x}_i}^2$ 相等,可得

$$
\left(\frac{1}{2} + \frac{i^2}{2K^2}\right)\sigma_{\hat{x}_{\pm K}}^2 = \left[\frac{1}{n} + \frac{12i^2}{n(n^2-1)}\right]\sigma^2 \tag{5.47}
$$

令式(5.47)两侧常数项相等,i^2 项系数相等,则得

$$
\begin{cases}
\dfrac{\sigma^2}{n} = \dfrac{1}{2}\sigma_{\hat{x}_{\pm K}}^2 \\[2ex]
\dfrac{12\sigma^2}{n(n^2-1)} = \dfrac{1}{2K^2}\sigma_{\hat{x}_{\pm K}}^2
\end{cases} \tag{5.48}
$$

由此解得,$K = \sqrt{(n^2-1)/12}$,此即式(5.42)。

下面我们证明,在导出式(5.44)、式(5.45)时关于 $\hat{x}_{-K}$ 与 $\hat{x}_K$ 估计误差相互独立的假设。事实上,当取 $K = \sqrt{(n^2-1)/12}$ 时,有

$$
\begin{aligned}
\mathrm{cov}(\hat{x}_{-K}, \hat{x}_K) &= \mathrm{cov}\left[\sum_j \left(\frac{1}{n} - \frac{\sqrt{12}j}{n\sqrt{n^2-1}}\right) z_j \left[\sum_j \left(\frac{1}{n} + \frac{\sqrt{12}j}{n\sqrt{n^2-1}}\right) z_j\right]^{\mathrm{T}}\right] \\
&= \sum_j \left(\frac{1}{n} - \frac{\sqrt{12}j}{n\sqrt{n^2-1}}\right)\left(\frac{1}{n} + \frac{\sqrt{12}j}{n\sqrt{n^2-1}}\right)\mathrm{cov}(z_j, z_j) \\
&= \sum_j \left(\frac{1}{n^2} - \frac{12j^2}{n^2(n^2-1)}\right)\sigma^2 = 0
\end{aligned}
$$

这里利用了公式 $\mathrm{cov}(z_i, z_j) = \delta_{ij}\sigma^2$ 和 $\sum_{j=-\frac{n-1}{2}}^{\frac{n-1}{2}} j^2 = \frac{n(n^2-1)}{12}$。

至此,命题5.3证明完毕。

5.4.2 基于充分统计量的线性系统二次滤波流程

命题3使我们面对跟踪传感器获取的高速率测量数据集合 $Z = (z_1, z_2, \cdots, z_n)$,且测量误差方差 $\sigma^2(z_i) = \sigma^2$ 较大时,首先按式(5.46)及式(5.48),获得估计时刻 $t_{\pm K} = \pm\sqrt{(n^2-1)/12} \cdot T$(以 $t_1 + (n-1)T/2$ 为零点)处的线性系统状态的一次滤波估计值及估计误差方差 $\hat{x}_{-K}$、$\hat{x}_K$、$\sigma_{\hat{x}_{\pm K}}^2$,然后,以它们代替测量数据集合 Z 及测量误差方差 σ^2,参与进一步的二次滤波处理。二次滤波的流程如下:

（1）确定测量数据集合 Z 中元素数量 n 和测量集合 Z 的数量 N。

（2）对很短时间内（高数据率）到来的测量集合 $Z_1=(z_1,z_2,\cdots,z_n)$，计算以 $t_1+(n-1)T/2$ 为零点，$t_{\pm K}=\pm\sqrt{(n^2-1)/12}T$ 处的一次滤波值 $\hat{X}_1=(\hat{x}_{-K},\hat{x}_K,\sigma^2_{-K},\sigma^2_K)_1$。

（3）对接连到来的测量集合 $Z_2=(z_{n+1},z_{n+2},\cdots,z_{2n})$，计算以 $t_{n+1}+(n-1)T/2$为零点，$t_{\pm K}=\pm\sqrt{(n^2-1)/12}T$ 处的一次滤波值 $\hat{X}_2=(\hat{x}_{-K},\hat{x}_K,\sigma^2_{-K},\sigma^2_K)_2$。

（4）重复步骤（2）、（3），直到第 N 组测量集合 $Z_N=(z_{N-n+1},z_{N-n+2},\cdots,z_N)$，计算以 $t_{N-n+1}+(n-1)T/2$ 为零点，$t_{\pm K}=\pm\sqrt{(n^2-1)/12}T$ 处的一次滤波值 $\hat{X}_N=(\hat{x}_{-K},\hat{x}_K,\sigma^2_{-K},\sigma^2_K)_N$。

（5）对一次滤波产生的 N 组估计值 $\hat{X}=(\hat{X}_1,\hat{X}_2,\cdots,\hat{X}_N)$ 进行二次滤波，能够产生与依据 N 组直接测量集合 $Z=(Z_1,Z_2,\cdots,Z_N)$ 进行线性系统状态滤波同样的状态估计和估计误差方差。

需指出的是，由于每组测量 Z_i 所产生的一次滤波估计 $\hat{x}_{\pm K}$分布的不均性（非等距测量），因此，二次滤波估计可以随一次滤波结果 $\hat{X}_i$ 的不断到来序贯进行。

5.5 常变速系统的充分统计量与二次最优滤波

本节基于 5.2 节给出的求解二阶状态模型得到的状态估计和估计误差方差表达式（5.18）、式（5.19）和式（5.20），以及 5.3 节给出充分统计量概念和式（5.21）、式（5.22），建立常变速系统测量的充分统计量和二次滤波公式。

设常变速系统状态方程和测量方程分别为

$$\begin{cases}x(t)=a_0+a_1t+a_2t^2\\z(t)=x(t)+v(t)\end{cases}\tag{5.49}$$

与线性系统一样，状态噪声为 0，测量噪声 $v(t)$ 为零均值的高斯白噪声。

5.5.1 常变速系统状态测量的充分统计量

设常量变速系统式（5.49）的一组状态测量 $Z=(z_1,z_2,\cdots,z_n)$，是等间隔 T 测量，则有如下命题成立。

命题 5.4 常变速系统式（5.49）的 n 个测量值 Z 的充分统计量为

$$T(Z)=(\hat{x}_0,\sigma^2_{\hat{x}_0};\hat{x}_{\pm K},\sigma^2_{\hat{x}_{\pm K}})\tag{5.50}$$

其中

$$\begin{cases}\hat{x}_0=E\{x[t_1+(n-1)T/2]\mid Z\}\\\sigma^2_{\hat{x}_0}=\mathrm{Var}\{x[t_1+(n-1)T/2]\mid Z\}\end{cases}\tag{5.51}$$

是以测量时间中点 $t_1+(n-1)T/2$ 为零点的系统状态一次估计及估计误差方差。

$$\begin{cases}\hat{x}_{\pm K}=E[x(t_1+((n-1)/2\pm K)T)\mid Z]\\ \sigma^2_{\hat{x}_{\pm K}}=\mathrm{Var}[x(t_1+((n-1)/2\pm K)T)\mid Z]\end{cases}\tag{5.52}$$

是以零点为中心、以 $\pm KT$ 为间隔的两个对称点系统状态的一次估计及估计误差方差，这里

$$K=\sqrt{(3n^2-7)/20}\tag{5.53}$$

该命题将常变速系统的 n 个状态测量归纳为三个一次滤波值 $\hat{x}_0$、$\hat{x}_{-K}$、$\hat{x}_K$ 及其估计误差方差。之所以仅考虑三个位置（时间）点的估计量，是因为求取常变速系统状态参数估计 $\hat{a}_0$、$\hat{a}_1$、$\hat{a}_2$ 所需要的最少点数是 3，故式(5.50)又称为常变速系统测量的最小充分统计量。

与命题 5.3 的证明一样，命题 5.4 成立只需证明式(5.50)～式(5.53)给出的充分统计量 $T(Z)$ 满足命题 5.1 中式(5.22)，其中未知参数 ω 可以取任一测量时刻的目标状态估计值，即证明

$$\begin{cases}E(x_i\mid T(Z))=E(x_i\mid Z)\\ \mathrm{Var}(x_i\mid T(Z))=\mathrm{Var}(x_i\mid Z)\end{cases}\tag{5.54}$$

为此，以式(5.50)所示的充分统计量为测量值，对任意估计时刻 $t_1+(n-1)iT/2$ 的常变速系统目标状态 x_i 进行二次滤波。

由式(5.19)和式(5.20)，可以得到以 $t_1+(n-1)T/2$ 为零点的常变速状态的估计 $\hat{x}_0=\hat{x}(0T)$ 及其估计方差 $\sigma^2_{\hat{x}_0}$ 为

$$\begin{cases}\hat{x}_0=\sum\limits_j\dfrac{3(3n^2-7)-60j^2}{4n(n^2-4)}z_j\\ \sigma^2_{\hat{x}_0}=\dfrac{3(3n^2-7)}{4n(n^2-4)}\sigma^2\end{cases}\tag{5.55}$$

当 $i=\pm K$ 时，可得

$$\begin{cases}\hat{x}_{\pm K}=\sum\limits_j\left[\dfrac{3(3n^2-7)-60j^2}{4n(n^2-4)}\pm\dfrac{12j}{n(n^2-1)}K+\dfrac{180j^2-15(n^2-1)}{n(n^2-1)(n^2-4)}K^2\right]z_j\\ \sigma^2_{\hat{x}_{\pm K}}=\dfrac{3(3n^2-7)}{4n(n^2-4)}\sigma^2\end{cases}\tag{5.56}$$

下面从式(5.55)、式(5.56)所示的常变速系统目标状态 x 在 $t=0$ 和 $t=\pm K$ 时刻的一次滤波结果出发，进行任意估计时刻目标状态的二次滤波。此时将式(5.50)所示的 $T(Z)$ 中诸分量视为测量分量：$\hat{z}_0=\hat{x}_0$，$\hat{z}_1=\hat{x}_K$，$\hat{z}_{-1}=\hat{x}_{-K}$。注意，这里测量间隔为 KT，$n=3$；将其代入式(5.18)，可以得到任意 t 时刻，目标状态滤波值为

$$E(x(t)\mid T(Z))=\sum_{j=-1,0,1}\left[\frac{3(27-7)-60j^2}{4\times3\times5}+\frac{12j}{(KT)3\times8}t+\frac{180j^2-15\times8}{(KT)^2 3\times8\times5}t^2\right]\hat{z}_j$$

将 $t=iT$ 代入得

$$E(x_i \mid T(Z)) = \left[-\frac{i}{2K}+\frac{1}{2}\left(\frac{i}{K}\right)^2\right]\hat{z}_{-1} + \left[1-\left(\frac{i}{K}\right)^2\right]\hat{z}_0 + \left[\frac{i}{2K}+\frac{1}{2}\left(\frac{i}{K}\right)^2\right]\hat{z}_1$$

将式(5.55)、式(5.56)中的 $\hat{z}_0=\hat{x}_0,\hat{z}_1=\hat{x}_K,\hat{z}_{-1}=\hat{x}_{-K}$ 的表达式代入,经计算整理,得到

$$E(x_i \mid T(Z)) = \sum_{j=-\frac{n-1}{2}}^{\frac{n-1}{2}}\left[\frac{3(3n^2-7)-60j^2}{4n(n^2-4)} \pm \frac{12j}{n(n^2-1)}i + \frac{180j^2-15(n^2-1)}{n(n^2-1)(n^2-4)}i^2\right]z_j$$

此式与直接基于 n 个测量 $Z=(z_1,z_2,\cdots,z_n)$ 的一次滤波状态估计式(5.19)完全相同。于是,证明了:

$$E(x_i \mid T(Z)) = E(x_i \mid Z)$$

即式(5.54)中的第一式成立。

为了证明式(5.54)中的第二式,注意式(5.55)、式(5.56)中给出的估计 $\hat{x}_0$ 与 $\hat{x}_{\pm K}$ 的误差协方差为

$$\begin{aligned}\operatorname{cov}(\hat{x}_0,\hat{x}_{\pm K}) = \sigma^2\sum_j\Bigg\{&\frac{3(3n^2-7)(n^2-1)[3(3n^2-7)-60K^2]}{16n^2(n^2-4)^2(n^2-1)} \\ &+\frac{3(3n^2-7)60[12K^2-(n^2-1)]-180(n^2-1)[3n^2-7-20K^2]}{16n^2(n^2-4)^2(n^2-1)}j^2 \\ &-\frac{60\times60[12K^2-(n^2-1)]}{16n^2(n^2-4)^2(n^2-1)}j^4\Bigg\}\end{aligned}$$

利用式 $\sum_j j^2=\frac{n(n^2-1)}{12}$, $\sum_j j^4=\frac{n(n^2-1)(3n^2-7)}{240}$,这里 $\sum_j$ 是对 $j=-\frac{n-1}{2},\cdots,\frac{n-1}{2}$ 求和,得到

$$\operatorname{cov}(\hat{x}_0,\hat{x}_{\pm K}) = \frac{3}{4(n^2-4)}[(3n^2-7)-20K^2]\sigma^2$$

易见,当 $K=\sqrt{(3n^2-7)/20}$ 时,$\operatorname{cov}(\hat{x}_0,\hat{x}_{\pm K})=0$,这表示 $\hat{x}_0$ 与 $\hat{x}_{-K}$、$\hat{x}_K$ 相互独立。

将式(5.56)中的第一式求和的各项改写为按 j 升幂排列的多项式形式,即

$$\hat{x}_{\pm K} = \sum_j\left[\frac{3[(3n^2-7)-20K^2]}{4n(n^2-4)} \pm \frac{12K}{n(n^2-1)}j + \frac{60[12K^2-(n^2-1)]}{4n(n^2-1)(n^2-4)}j^2\right]z_j$$

将 $K=\sqrt{(3n^2-7)/20}$ 代入,得到

$$\hat{x}_{\pm K} = \sum_j\left[\pm\frac{12}{n(n^2-1)}\sqrt{\frac{3n^2-7}{20}}j + \frac{12}{n(n^2-1)}j^2\right]z_j$$

此时,有

$$\operatorname{cov}(\hat{x}_{-K},\hat{x}_K) = \sum_j\left[\frac{144(3n^2-7)}{n^2(n^2-1)^2 20}j^2 - \frac{144}{n^2(n^2-1)^2}j^4\right]\sigma^2$$

$$= \frac{144\sigma^2}{n^2(n^2-1)^2}\sum_j\left[\frac{3n^2-7}{20}j^2-j^4\right]$$

$$= \frac{144\sigma^2}{n^2(n^2-1)^2}\left[\frac{3n^2-7}{20}\cdot\frac{n(n^2-1)}{12}-\frac{n(n^2-1)(3n^2-7)}{240}\right]=0$$

这表示 $\hat{x}_{-k}$ 当 $\hat{x}_k$ 相互独立。

至此，证明了一次滤波估计 $\hat{x}_0$、$\hat{x}_{-K}$、$\hat{x}_K$，当 $K=\sqrt{(3n^2-7)/20}$ 时相互独立。

下面导出以这三个一次滤波值及其误差方差统计量 $T(Z)=(\hat{x}_0,\hat{x}_{-K},\hat{x}_K;\sigma^2_{\hat{x}_0},\sigma^2_{\pm\hat{x}_K})$ 为测量的任一估计时刻目标状态滤波值 $\hat{x}(t)$ 的误差协方差 $\mathrm{Var}(x(t)\mid T(Z))$。从式(5.18)(注意此时 $n=3$，测量间隔为 kT) 可以得到

$$\mathrm{Var}(x(t)\mid T(Z))=\mathrm{Var}\left\{\sum_{j=-1,0,1}\left[\frac{3(27-7)-60j^2}{4\times3\times5}+\frac{12j}{KT3\times8}t+\frac{180j^2-15\times8}{(KT)^2 3\times8\times5}t^2\right]\right\}\hat{z}_j$$

再将任一估计时刻 $t=iT$ 代入，得

$$\mathrm{Var}(x_i\mid T(Z))=\mathrm{Var}\left\{\left[-\frac{i}{2K}+\frac{1}{2}\left(\frac{i}{K}\right)^2\right]\hat{z}_{-1}+\left[1-\left(\frac{i}{K}\right)^2\right]\hat{z}_0+\left[\frac{i}{2K}+\frac{1}{2}\left(\frac{i}{K}\right)^2\right]\hat{z}_1\right\}$$

再注意，刚刚证明的三个估计量 $\hat{z}_{-1}=\hat{x}_{-K}$，$\hat{z}_0=\hat{x}_0$，$\hat{z}_1=\hat{x}_K$ 之间的相互独立性，可以得到

$$\mathrm{Var}(x_i\mid T(Z))=\left[-\frac{i}{2K}+\frac{1}{2}\left(\frac{i}{K}\right)^2\right]^2\hat{\sigma}^2_{-K}+\left[1-\left(\frac{i}{K}\right)^2\right]^2\hat{\sigma}^2_0+\left[\frac{i}{2K}+\frac{1}{2}\left(\frac{i}{K}\right)^2\right]\hat{\sigma}^2_K$$

将式(5.55)中的 $\sigma^2_{\hat{x}_0}$ 和式(5.56)中的 $\sigma^2_{\hat{x}_{\pm K}}$ 表达式代入，整理得到

$$\mathrm{Var}(x_i\mid T(Z))=\frac{\sigma^2}{n(n^2-4)}\left[\frac{3}{4}(3n^2-7)-\frac{18(n^2+1)}{n^2-1}i^2+\frac{180}{n^2-1}i^4\right]$$

此式与 5.2.3 节 $\sigma^2_{\hat{x}_i}$ 的表达式(5.20)相同，这就证明了式(5.54)中的第二式成立，即任意时刻的常变速系统状态基于直接测量 Z 的一次滤波估计误差与基于测量 Z 的充分统计量 $T(Z)$ 的二次滤波误差方差相等。

至此，命题 5.4 证明完毕。

5.5.2　基于充分统计量的常变速系统的二次最优滤波

常变速系统状态的二次最优滤波与 5.4.2 节讨论基于测量的充分统计量的线性系统状态二次滤波流程中的五个步骤类似。所不同的是，常变速系统测量的充分统计量是在三个时间点上产生的目标状态一次估计，即在 $t_0=t_1+(n-1)T/2$、t_0-KT 和 t_0+KT 时刻产生系统状态的一次滤波估计 $\hat{x}_0$、$\hat{x}_{-K}$、$\hat{x}_K$ 及其估计误差方差 $\sigma^2_{\hat{x}_0}$ 和 $\sigma^2_{\hat{x}_{\pm K}}$，如式(5.51)～式(5.53)所示。在积累了一定时间段测量的充分统计量后，再将所获得的充分统计量作为间接测量对系统状态进行二次最优滤波，会取得与直接基于大量测量数据的一次滤波相同的效果。

5.4 节和 5.5 节描述的线性系统和常变速系统的充分统计量和二次最优滤波方法,已在某空中平台靶试指控系统中得到成功应用,有效抑制了高数据率跟踪雷达大批量测量数据直接滤波的运算处理负荷,满足了系统对目标跟踪的实时性和精度要求。

5.6 系统参数辨识的优化方法

系统参数辨识问题包含系统参数数量辨识(或称系统的阶辨识)和不同观测下系统参数异同辨识。通常,系统参数辨识采用似然比方法;在高斯分布之下,采用估计残差平方和来计算似然函数。本节导出一种似然比的简单计算方法[2],只需采用系统状态变量的部分滤波估计值及相应误差协方差矩阵,计算方法简单,运算量小,从而能满足目标运动状态变化(机动)判定的实时性要求。

5.6.1 问题的提出

关于运动目标状态动态变化的系统参数辨识问题通常包含基于目标观测数据的运动参数个数(阶)辨识,以及运动参数异同辨识。赤池弘次提出 AIC 准则[10],是通过使指标函数:

$$\mathrm{AIC}(\hat{K}) = -2\max_{\theta}\left[\lg\prod_{i=1}^{N}f(x_i/\theta) + 2K(\theta)\right]$$

达到极小来确定系统阶数的估计 $\hat{K}$,其中 $\prod_{i=1}^{N}f(x_i \mid \theta)$ 是似然函数,K 是参数数量。文献[12]提出了动态系统阶的一致估计方法,即当测量样本无限增加时,系统参数估计值不收敛于零的参数个数将收敛于动态系统的真实阶数。许多文献建立了动态系统参数辨识的各种方法[10~17],但从本质上看都是应用似然比原理,其困难都在于似然函数的计算。采用计算估计残差平方和来获取似然函数的方法运算量太大,以至于无法在实时控制系统中实现,特别是无法应用于高实时性的战场感知、指挥控制和火力打击系统。

本节建立了关于系统参数辨识的两个命题:命题 5 和命题 6。命题 5 针对一个动态系统,基于一组测量样本,判断其部分状态参数分量是否为零。命题 6 则针对两个动态系统,在已知两系统部分状态参数分量相同的情况下,基于各自的测量样本集合,判断这两个系统另一部分状态参数分量是否不同,即判断两个动态系统是不相同的系统(或一个系统的部分状态发生了变化)。这两个命题的证明主要依据似然比判定原理,由于这里的似然比计算只依赖于部分状态参数估计值,而毋须求取似然函数,因此算法相对简单,运算量也大为减少。

本节假设读者通晓统计判定和卡尔曼滤波知识,命题 5 和命题 6 所引用的知识大多可以从文献[7,8,18]中找到。

5.6.2 基于测量样本的动态系统参数辨识方法

本小节给出动态系统参数个数(即系统阶)辨识的一个命题,并给出证明。

设无噪声线性动态系统的离散状态方程为

$$\boldsymbol{x}_k = \boldsymbol{\Phi}_k x_{k-1} \qquad k=1,2,\cdots,N \tag{5.57}$$

式中:$\boldsymbol{\Phi}_k$ 是状态转移矩阵;状态 x_k 可表示为两个分矢量形式:

$$\boldsymbol{x}_k = (Y_k, S_k)^{\mathrm{T}} \qquad Y_k \neq 0 \tag{5.58}$$

线性测量方程为

$$z_k = H_k \boldsymbol{x}_k + v_k \tag{5.59}$$

式中:v_k 为均值为零的高斯白噪声。假设已有 N 个测量样本:

$$Z = (z_1, z_2, \cdots, z_N) \tag{5.60}$$

为了基于这 N 个测量样本判断状态分矢量 $\boldsymbol{S}_k$ 是否为零,给出两假设:

$$\begin{cases} \boldsymbol{H}_0: \boldsymbol{S}_N = 0 \\ \boldsymbol{H}_1: \boldsymbol{S}_N \neq 0 \end{cases} \tag{5.61}$$

命题 5.5 动态系统状态和测量模型式(5.57)~式(5.60)中,两假设式(5.61)之下的测量集合的对数似然比为

$$L = \lg \frac{f(Z \mid \boldsymbol{H}_1)}{f(Z \mid \boldsymbol{H}_0)} = C_1 + \frac{1}{2} \hat{\boldsymbol{S}}_{N_1}^{\mathrm{T}} \boldsymbol{P}_{S_1}^{-1} \hat{\boldsymbol{S}}_{N_1} \tag{5.62}$$

从而,两假设对数似然比判决准则成为

$$\begin{cases} \hat{\boldsymbol{S}}_{N_1}^{\mathrm{T}} \boldsymbol{P}_{S_1}^{-1} \hat{\boldsymbol{S}}_{N_1} \geqslant C_2 & \text{接受假设}\boldsymbol{H}_1 \\ \hat{\boldsymbol{S}}_{N_1}^{\mathrm{T}} \boldsymbol{P}_{S_1}^{-1} \hat{\boldsymbol{S}}_{N_1} < C_2 & \text{接受假设}\boldsymbol{H}_0 \end{cases} \tag{5.63}$$

式中:C_1 为常数,C_2 为对数似然比判定门限。$\hat{\boldsymbol{S}}_{N_1}$ 和 $\boldsymbol{P}_{S_1}$ 分别为假设$\boldsymbol{H}_1$ 之下,基于测量样本集合 Z 的状态 x_N 的分矢量 $\boldsymbol{S}_N$ 的最小方差估计与估计误差协方差矩阵,即

$$E(x_N \mid Z, \boldsymbol{H}_1) = \hat{\boldsymbol{x}}_{N_1} = (\hat{Y}_{N_1}, \hat{\boldsymbol{S}}_{N_1}) \tag{5.64}$$

$$\mathrm{Var}(x_N \mid Z, \boldsymbol{H}_1) = \boldsymbol{P}_1 = \begin{pmatrix} \boldsymbol{P}_{Y_1} & \boldsymbol{P}_{YS_1} \\ \boldsymbol{P}_{SY_1} & \boldsymbol{P}_{S_1} \end{pmatrix} \tag{5.65}$$

它们可以基于测量集合 Z 利用卡尔曼滤波得到。若动态系统状态向量的维数$m = m_1 + m_2$,其中 m_1 和 m_2 分别为分矢量 $\boldsymbol{Y}$ 和 $\boldsymbol{S}$ 的维数,则该命题的意义在于,若由式(5.63)得的判定结果是接受假设$\boldsymbol{H}_1$,则系统状态保持维数 m;若接受假设$\boldsymbol{H}_0$,则系统状态维数降为 $m_1(<m)$。

下面给出命题5.5的证明。

首先,利用通过线性系统递推(卡尔曼)滤波得到的假设$\boldsymbol{H}_1$ 之下系统状态的最小方差估计及估计误差协方差矩阵 $\hat{\boldsymbol{x}}_{N_1}$ 和 $\boldsymbol{P}_1$,再求取假设$\boldsymbol{H}_0$ 之下系统状态的最

小方差估计 $\hat{\boldsymbol{x}}_{N_0}$。为此,我们将 $\hat{x}_{N_1}$、$\boldsymbol{P}_1$ 作为状态 x_N 的预测和预测误差协方差矩阵,而将假设$\boldsymbol{H}_0$ 作为状态 x_N 的一次新测量,该新测量得到的 x_N 中分矢量 $\boldsymbol{S}_N$ 为零,于是该测量方程可写为

$$Z_N = \boldsymbol{H}x_N \tag{5.66}$$

其中

$$\boldsymbol{H} = (\boldsymbol{O}_{SY}, \boldsymbol{I}_S) = \begin{pmatrix} \overbrace{\begin{matrix} 0 & \cdots & 0 \\ \vdots & \ddots & \vdots \\ 0 & \cdots & 0 \end{matrix}}^{m_1} & \overbrace{\begin{matrix} 1 & \cdots & 0 \\ \vdots & \ddots & \vdots \\ 0 & \cdots & 1 \end{matrix}}^{m_2} \end{pmatrix} \tag{5.67}$$

再基于该测量,采用卡尔曼滤波公式对预测状态 $\hat{\boldsymbol{x}}_{N_1}$ 进行测量修正(注意测量 $\boldsymbol{Z} = \boldsymbol{O}_S$),遂得

$$\hat{\boldsymbol{x}}_{N_0} = \hat{\boldsymbol{x}}_{N_1} + \boldsymbol{K}(\boldsymbol{O}_S - \boldsymbol{H}\hat{\boldsymbol{x}}_{N_1}) \tag{5.68}$$

其中增益为

$$\boldsymbol{K} = \boldsymbol{P}_1\boldsymbol{H}^{\mathrm{T}}(\boldsymbol{H}\boldsymbol{P}_1\boldsymbol{H}^{\mathrm{T}})^{-1} = \begin{pmatrix} \boldsymbol{P}_{YS_1} \\ \boldsymbol{P}_{S_1} \end{pmatrix}\boldsymbol{P}_{S_1}^{-1} = \begin{pmatrix} \boldsymbol{P}_{YS_1} & \boldsymbol{P}_{S_1}^{-1} \\ & \boldsymbol{I}_S \end{pmatrix} \tag{5.69}$$

代入式(5.68)得

$$\hat{\boldsymbol{x}}_{N_0} = \begin{pmatrix} \hat{\boldsymbol{Y}}_{N_1} - \boldsymbol{P}_{YS_1}\boldsymbol{P}_{S_1}^{-1}\hat{\boldsymbol{S}}_{N_1} \\ \boldsymbol{O}_S \end{pmatrix} \triangleq \begin{pmatrix} \hat{\boldsymbol{Y}}_{N_0} \\ \boldsymbol{O}_S \end{pmatrix} \tag{5.70}$$

相应的估计误差协方差矩阵为

$$\boldsymbol{P}_0 = (\boldsymbol{I} - \boldsymbol{K}\boldsymbol{H})\boldsymbol{P}_1 = \boldsymbol{P}_1 - \boldsymbol{K}\boldsymbol{H}\boldsymbol{P}_1 = \boldsymbol{P}_1 - \begin{pmatrix} \boldsymbol{P}_{YS_1}\boldsymbol{P}_{S_1}^{-1}\boldsymbol{P}_{SY_1} & \boldsymbol{P}_{YS_1} \\ \boldsymbol{P}_{SY_1} & \boldsymbol{P}_{S_1} \end{pmatrix} = \begin{pmatrix} \boldsymbol{P}_{Y_0} & 0 \\ 0 & 0 \end{pmatrix} \tag{5.71}$$

由定义式(5.64)、式(5.65)可知,在假设$\boldsymbol{H}_1$ 之下,状态 x_N 的后验概率密度为

$$P(x_N | Z, \boldsymbol{H}_1) = \frac{1}{(2\pi)^{\frac{m}{2}}\sqrt{|\boldsymbol{P}_1|}}\exp\left[-\frac{1}{2}(x_N - \hat{\boldsymbol{x}}_{N_1})^{\mathrm{T}}\boldsymbol{P}_1^{-1}(x_N - \hat{\boldsymbol{x}}_{N_1})\right] \tag{5.72}$$

从而,在 $x_N = \hat{\boldsymbol{x}}_{N_0}$处的后验概率密度为

$$P(\hat{\boldsymbol{x}}_{N_0} | Z, \boldsymbol{H}_1) = \frac{1}{(2\pi)^{\frac{m}{2}}\sqrt{|\boldsymbol{P}_1|}}\exp\left[-\frac{1}{2}(\hat{\boldsymbol{x}}_{N_0} - \hat{\boldsymbol{x}}_{N_1})^{\mathrm{T}}\boldsymbol{P}_1^{-1}(\hat{\boldsymbol{x}}_{N_0} - \hat{\boldsymbol{x}}_{N_1})\right] \tag{5.73}$$

式中:m 为$\boldsymbol{H}_1$ 之下状态 x_N 的维数。

同理,可以得到

$$\begin{aligned} P(x_N | Z, \boldsymbol{H}_0) &= P(Y_N | Z, \boldsymbol{H}_0) \\ &= \frac{1}{(2\pi)^{\frac{m_1}{2}}\sqrt{|P_{Y_0}|}}\exp\left[-\frac{1}{2}(Y_N - \hat{\boldsymbol{Y}}_{N_0})^{\mathrm{T}}\boldsymbol{P}_{Y_0}^{-1}(Y_N - \hat{\boldsymbol{Y}}_{N_0})\right] \end{aligned} \tag{5.74}$$

在 $x_N=\hat{\boldsymbol{x}}_{N_0}$ 处，式(5.74)所示的该后验概率密度达到极大，即

$$P(\hat{\boldsymbol{x}}_{N_0}|Z,\boldsymbol{H}_0)=\frac{1}{(2\pi)^{\frac{m_1}{2}}\sqrt{|\boldsymbol{P}_{Y_0}|}} \tag{5.75}$$

式中：m_1 为状态分矢量 $\boldsymbol{Y}$ 的维数；$\boldsymbol{P}_{Y_0}$ 如等式(5.71)中给出的定义：

$$\boldsymbol{P}_{Y_0}=\boldsymbol{P}_{Y_1}-\boldsymbol{P}_{YS_1}\boldsymbol{P}_{S_1}^{-1}\boldsymbol{P}_{SY_1} \tag{5.76}$$

由条件概率公式：

$$P(Z)=P(\hat{\boldsymbol{x}}_{N_0})P(Z|\hat{\boldsymbol{x}}_{N_0})/P(\hat{\boldsymbol{x}}_{N_0}|Z)$$

加入条件 $\boldsymbol{H}_i$ 得

$$P(Z|\boldsymbol{H}_i)=P(\hat{\boldsymbol{x}}_{N_0}|\boldsymbol{H}_i)P(Z|\boldsymbol{H}_i,\hat{\boldsymbol{x}}_{N_0})/P(\hat{\boldsymbol{x}}_{N_0}|Z,\boldsymbol{H}_i)\quad i=0,1$$

于是，得到似然比为

$$\frac{P(Z|\boldsymbol{H}_1)}{P(Z|\boldsymbol{H}_0)}=C\frac{P(\hat{\boldsymbol{x}}_{N_0}|Z,\boldsymbol{H}_0)}{P(\hat{\boldsymbol{x}}_{N_0}|Z,\boldsymbol{H}_1)} \tag{5.77}$$

由于在给定状态估计 $\hat{\boldsymbol{x}}_{N_0}$ 之下，$P(Z|\boldsymbol{H}_i,\hat{\boldsymbol{x}}_{N_0})$ 与假设 $\boldsymbol{H}_i$ 无关，且 $\hat{\boldsymbol{x}}_{N_0}$ 无任何先验信息，故 C 视为常数。

将式(5.73)、式(5.75)代入式(5.77)，遂得

$$\frac{P(Z|\boldsymbol{H}_1)}{P(Z|\boldsymbol{H}_0)}=C\,(2\pi)^{\frac{m_2}{2}}\left(\frac{|\boldsymbol{P}_1|}{|\boldsymbol{P}_{Y_0}|}\right)^{\frac{1}{2}}\exp\left[\frac{1}{2}(\hat{\boldsymbol{x}}_{N_0}-\hat{\boldsymbol{x}}_{N_1})^{\mathrm{T}}\boldsymbol{P}_1^{-1}(\hat{\boldsymbol{x}}_{N_0}-\hat{\boldsymbol{x}}_{N_1})\right] \tag{5.78}$$

再注意式(5.64)、式(5.65)和式(5.70)，可导出

$$\hat{\boldsymbol{x}}_{N_0}-\hat{\boldsymbol{x}}_{N_1}=\begin{pmatrix}\hat{\boldsymbol{Y}}_{N_1}-\boldsymbol{P}_{YS_1}\boldsymbol{P}_{S_1}^{-1}\hat{\boldsymbol{S}}_{N_1}\\ \boldsymbol{O}_S\end{pmatrix}-\begin{pmatrix}\hat{\boldsymbol{Y}}_{N_1}\\ \hat{\boldsymbol{S}}_{N_1}\end{pmatrix}=\begin{pmatrix}-\boldsymbol{P}_{YS_1}\boldsymbol{P}_{S_1}^{-1}\hat{\boldsymbol{S}}_{N_1}\\ -\hat{\boldsymbol{S}}_{N_1}\end{pmatrix}=-\begin{pmatrix}\boldsymbol{P}_{YS_1}\\ \boldsymbol{P}_{S_1}\end{pmatrix}\boldsymbol{P}_{S_1}^{-1}\hat{\boldsymbol{S}}_{N_1} \tag{5.79}$$

于是

$$(\hat{\boldsymbol{x}}_{N_0}-\hat{\boldsymbol{x}}_{N_1})^{\mathrm{T}}=-\hat{\boldsymbol{S}}_{N_1}^{\mathrm{T}}\boldsymbol{P}_{S_1}^{-1}(\boldsymbol{P}_{YS_1}\quad\boldsymbol{P}_{S_1}) \tag{5.80}$$

$$(\hat{\boldsymbol{x}}_{N_0}-\hat{\boldsymbol{x}}_{N_1})^{\mathrm{T}}\boldsymbol{P}_1^{-1}(\hat{\boldsymbol{x}}_{N_0}-\hat{\boldsymbol{x}}_{N_1})=\hat{\boldsymbol{S}}_{N_1}^{\mathrm{T}}\boldsymbol{P}_{S_1}^{-1}(\boldsymbol{P}_{YS_1}\quad\boldsymbol{P}_{S_1})\begin{pmatrix}\boldsymbol{P}_{Y_1}&\boldsymbol{P}_{YS_1}\\ \boldsymbol{P}_{SY_1}&\boldsymbol{P}_{S_1}\end{pmatrix}^{-1}\begin{pmatrix}\boldsymbol{P}_{YS_1}\\ \boldsymbol{P}_{S_1}\end{pmatrix}\boldsymbol{P}_{S_1}^{-1}\hat{\boldsymbol{S}}_{N_1}$$

由文献[19,20]给出分块矩阵求逆公式，当 $\boldsymbol{A}$、$\boldsymbol{D}$ 可逆时，成立：

$$\begin{bmatrix}\boldsymbol{A}&\boldsymbol{U}\\ \boldsymbol{V}&\boldsymbol{D}\end{bmatrix}^{-1}=\begin{bmatrix}(\boldsymbol{A}-\boldsymbol{U}\boldsymbol{D}^{-1}\boldsymbol{V})^{-1}&-\boldsymbol{A}^{-1}\boldsymbol{U}\,(\boldsymbol{D}-\boldsymbol{V}\boldsymbol{A}^{-1}\boldsymbol{U})^{-1}\\ -\boldsymbol{D}^{-1}\boldsymbol{V}\,(\boldsymbol{A}-\boldsymbol{U}\boldsymbol{D}^{-1}\boldsymbol{V})^{-1}&(\boldsymbol{D}-\boldsymbol{V}\boldsymbol{A}^{-1}\boldsymbol{U})^{-1}\end{bmatrix}$$

注意，这里的 $\boldsymbol{P}_{Y_1}$ 和 $\boldsymbol{P}_{S_1}$ 皆为可逆矩阵，将 $\boldsymbol{A}=\boldsymbol{P}_{Y_1}$、$\boldsymbol{D}=\boldsymbol{P}_{S_1}$、$\boldsymbol{U}=\boldsymbol{P}_{YS_1}$、$\boldsymbol{V}=\boldsymbol{P}_{SY_1}$ 代入该分块矩阵可逆公式，经计算可得

$$\boldsymbol{P}_{S_1}^{-1}(\boldsymbol{P}_{YS_1}\quad\boldsymbol{P}_{S_1})\begin{pmatrix}\boldsymbol{P}_{Y_1}&\boldsymbol{P}_{YS_1}\\ \boldsymbol{P}_{SY_1}&\boldsymbol{P}_{S_1}\end{pmatrix}^{-1}\begin{pmatrix}\boldsymbol{P}_{YS_1}\\ \boldsymbol{P}_{S_1}\end{pmatrix}\boldsymbol{P}_{S_1}^{-1}=\boldsymbol{P}_{S_1}^{-1}$$

于是

$$(\hat{\boldsymbol{x}}_{N_0}-\hat{\boldsymbol{x}}_{N_1})^{\mathrm{T}}\boldsymbol{P}_1^{-1}(\hat{\boldsymbol{x}}_{N_0}-\hat{\boldsymbol{x}}_{N_1})=\hat{\boldsymbol{S}}_{N_1}^{\mathrm{T}}\boldsymbol{P}_{S_1}^{-1}\hat{\boldsymbol{S}}_{N_1} \tag{5.81}$$

再将式(5.81)代入式(5.78),并注意$\boldsymbol{P}_1$、$\boldsymbol{P}_{Y_0}$与测量Z无关,遂得

$$L=\lg\frac{P(Z|\boldsymbol{H}_1)}{P(Z|\boldsymbol{H}_0)}=C_1+\frac{1}{2}\hat{\boldsymbol{S}}_{N_1}^{\mathrm{T}}\boldsymbol{P}_{S_1}^{-1}\hat{\boldsymbol{S}}_{N_1}$$

此即欲证之式(5.62),从而导致判决准则式(5.63)成立。至此,命题5.5证毕。

5.6.3 两个动态系统状态参数异同辨识方法

设两个线性动态系统状态方程和测量方程分别为

$$\begin{cases}x_k^1=\boldsymbol{\Phi}_k^1\boldsymbol{x}_{k-1}^1\\ Z_k^1=H_k^1\boldsymbol{x}_k^1+v_k^1\end{cases} \tag{5.82}$$

$$\begin{cases}x_k^2=\boldsymbol{\Phi}_k^2\boldsymbol{x}_{k-1}^2\\ Z_k^2=H_k^2\boldsymbol{x}_k^2+v_k^2\end{cases} \tag{5.83}$$

式中:v_k^1、v_k^2是均值为零方差已知的高斯白噪声。

确定性状态向量$\boldsymbol{x}_k^1$、$\boldsymbol{x}_k^2$可分别表示为两个分矢量形式:

$$\boldsymbol{x}_k^1=(y_k^1,S_k^1)^{\mathrm{T}}\qquad k=1,2,\cdots,N_1 \tag{5.84}$$

$$\boldsymbol{x}_k^2=(y_k^2,S_k^2)^{\mathrm{T}}\qquad k=1,2,\cdots,N_2 \tag{5.85}$$

并且已知

$$S_{N_1}^1=S_{N_2}^1=S \tag{5.86}$$

面对的问题是,若两个线性动态系统分别获取下述测量样本:

$$Z^1=\{z_k^1\}_{k=1}^{N_1},Z^2=\{z_k^2\}_{k=1}^{N_2} \tag{5.87}$$

如何基于测量样本集合Z^1和Z^2,辨识$y_{N_1}^1$和$y_{N_2}^2$是否相同,即要对下述两个假设:

$$\begin{cases}\boldsymbol{H}_0:y_{N_1}^1=y_{N_2}^2\\ \boldsymbol{H}_1:y_{N_1}^1\neq y_{N_2}^2\end{cases} \tag{5.88}$$

进行辨识或判决。

我们知道,利用卡尔曼滤波或其他线性滤波方法,对两个动态系统可分别基于其测量样本集合Z^1和Z^2,获得各自状态向量$\boldsymbol{x}_{N_1}^1$和$\boldsymbol{x}_{N_2}^2$的最优估计及估计误差协方差矩阵:

$$\boldsymbol{E}(\boldsymbol{x}_{N_1}^1|Z^1)=\boldsymbol{E}\left[\begin{pmatrix}y_{N_1}^1\\ S_{N_1}^1\end{pmatrix}\middle|Z^1\right]\triangleq\begin{pmatrix}\hat{y}_1\\ \hat{S}_1\end{pmatrix} \tag{5.89}$$

$$\boldsymbol{E}(\boldsymbol{x}_{N_2}^2|Z^2)=\boldsymbol{E}\left[\begin{pmatrix}y_{N_2}^2\\ S_{N_2}^2\end{pmatrix}\middle|Z^2\right]\triangleq\begin{pmatrix}\hat{y}_2\\ \hat{S}_2\end{pmatrix} \tag{5.90}$$

$$\mathrm{Var}(\boldsymbol{x}_{N_1}^1|Z^1)=\mathrm{Var}\left[\begin{pmatrix}y_{N_1}^1\\ S_{N_1}^1\end{pmatrix}\middle|Z^1\right]\triangleq\begin{pmatrix}\boldsymbol{P}_y^1 & \boldsymbol{P}_{yS}^1\\ \boldsymbol{P}_{Sy}^1 & \boldsymbol{P}_S^1\end{pmatrix}\triangleq P^1 \tag{5.91}$$

$$\mathrm{Var}(\boldsymbol{x}_{N_2}^2|Z^2)=\mathrm{Var}\left[\begin{pmatrix}y_{N_2}^2\\S_{N_2}^2\end{pmatrix}\middle|S^2\right]\triangleq\begin{pmatrix}\boldsymbol{P}_y^2&\boldsymbol{P}_{yS}^2\\\boldsymbol{P}_{Sy}^2&\boldsymbol{P}_S^2\end{pmatrix}\triangleq P^2 \tag{5.92}$$

利用命题5.5和矩阵变换,可以证明下述命题。

命题5.6　在数学模型式(5.82)~式(5.87)之下,若给出两动态系统状态基于不同测量集合的估计及估计误差协方差矩阵式(5.89)~式(5.92),则基于两假设式(5.88)的似然比判决公式变为

$$\begin{cases}\boldsymbol{A}^{\mathrm{T}}\boldsymbol{B}^{-1}\boldsymbol{A}\geqslant C & \text{接受假设}\boldsymbol{H}_1\\\boldsymbol{A}^{\mathrm{T}}\boldsymbol{B}^{-1}\boldsymbol{A}<C & \text{接受假设}\boldsymbol{H}_0\end{cases} \tag{5.93}$$

式中:C是与测量集合Z^1、Z^2无关的常数,并且

$$\boldsymbol{A}=(\hat{\boldsymbol{y}}^1-\hat{\boldsymbol{y}}^2)-(\boldsymbol{P}_{yS}^1+\boldsymbol{P}_{yS}^2)(\boldsymbol{P}_S^1+\boldsymbol{P}_S^2)^{-1}(\hat{\boldsymbol{S}}^1-\hat{\boldsymbol{S}}^2) \tag{5.94}$$

$$\boldsymbol{B}=\boldsymbol{P}_y^1+\boldsymbol{P}_y^2+(\boldsymbol{P}_{yS}^1+\boldsymbol{P}_{yS}^2)(\boldsymbol{P}_S^1+\boldsymbol{P}_S^2)^{-1}(\boldsymbol{P}_{Sy}^1+\boldsymbol{P}_{Sy}^2)(\boldsymbol{P}_S^1+\boldsymbol{P}_S^2)^{-1}(\boldsymbol{P}_{yS}^1+\boldsymbol{P}_{yS}^2) \tag{5.95}$$

当假设$\boldsymbol{H}_0$为真时,$\boldsymbol{A}$是均值为零,方差为矩阵$\boldsymbol{B}$的高斯随机向量。

下面给出命题5.6的证明。为简单,记

$$\boldsymbol{x}_{N_1}^1=\begin{pmatrix}y_{N_1}^1\\S_{N_1}^1\end{pmatrix}=\begin{pmatrix}y^1\\S\end{pmatrix},\boldsymbol{x}_{N_2}^2=\begin{pmatrix}y_{N_2}^2\\S_{N_2}^2\end{pmatrix}=\begin{pmatrix}y^2\\S\end{pmatrix} \tag{5.96}$$

并记$\boldsymbol{I}_y(\boldsymbol{I}_S)$、$\boldsymbol{O}_y(\boldsymbol{O}_S)$分别为与分量$y(S)$同维的单位矩阵和零矩阵,$\boldsymbol{O}_{yS}(\boldsymbol{O}_{Sy})$是行(列)与$y(S)$同维、列(行)与$S(y)$同维的零矩阵。

由于在假设$\boldsymbol{H}_1(y^1\neq y^2)$之下,测量$Z^1$不包含$y^2$信息,同样此时$Z^2$不包含$y^1$信息,故利用$Z^1(Z^2)$估计$y^2(y^1)$时,估计误差可视为任一大常数$M$。再注意$y^1$与$y^2$,以及$y^1$、$y^2$与$S$之间的无关性,可以证明,若取

$$\boldsymbol{E}[(y^1,y^2,S)^{\mathrm{T}}|Z^1,\boldsymbol{H}_1]=(\hat{y}^1,\hat{y}^2,\hat{S}^1)\triangleq\hat{x}^1 \tag{5.97}$$

则估计误差协方差矩阵为

$$\mathrm{Var}[(y^1,y^2,S)^{\mathrm{T}}|Z^1,\boldsymbol{H}_1]=\begin{pmatrix}\boldsymbol{P}_y^1&\boldsymbol{O}_y&\boldsymbol{P}_{yS}^1\\\boldsymbol{O}_y&\boldsymbol{MI}_y&\boldsymbol{O}_{yS}\\\boldsymbol{P}_{Sy}^1&\boldsymbol{O}_{Sy}&\boldsymbol{P}_S^2\end{pmatrix}\triangleq P_1 \tag{5.98}$$

同样成立

$$\boldsymbol{E}[(y^1,y^2,S)^{\mathrm{T}}|Z^2,\boldsymbol{H}_1]=(\hat{y}^1,\hat{y}^2,\hat{S}^2)\triangleq\hat{x}^2 \tag{5.99}$$

$$\mathrm{Var}[(y^1,y^2,S)^{\mathrm{T}}|Z^2,\boldsymbol{H}_1]=\begin{pmatrix}\boldsymbol{MI}_y&\boldsymbol{O}_y&\boldsymbol{O}_{yS}\\\boldsymbol{O}_y&\boldsymbol{P}_y^2&\boldsymbol{P}_{yS}^2\\\boldsymbol{O}_{Sy}&\boldsymbol{P}_{Sy}^2&\boldsymbol{P}_S^2\end{pmatrix}\triangleq P_2 \tag{5.100}$$

以上四式中各分量由式(5.89)~式(5.92)定义。

由累计估计定理[11],可得

$$\boldsymbol{E}[(y^1,y^2,S)^{\mathrm{T}}|Z^1,Z^2,\boldsymbol{H}_1]=\boldsymbol{P}(\boldsymbol{P}_1^{-1}\hat{\boldsymbol{x}}^1+\boldsymbol{P}_2^{-1}\hat{\boldsymbol{x}}^2) \tag{5.101}$$

$$\mathrm{Var}[(y^1,y^2,S)^{\mathrm{T}}|Z^1,Z^2,\boldsymbol{H}_1]=\boldsymbol{P}(\boldsymbol{P}_1^{-1}+\boldsymbol{P}_2^{-1})^{-1}=\boldsymbol{P} \tag{5.102}$$

由于通过此二式计算最终结果的过程太复杂，故采用与命题5.5的证明中类似的“再次测量”方法，求取式(5.101)、式(5.102)的最终表达式。

将式(5.97)、式(5.98)给出的 $\hat{\boldsymbol{x}}^1,\boldsymbol{P}_1$ 作为状态 (y^1,y^2,S) 的预测值及预测误差协方差矩阵，并将式(5.99)所示的 $\hat{\boldsymbol{x}}^2$ 中的部分估计 $(\hat{y}^2,\hat{S}^2)^{\mathrm{T}}$ 作为对状态 (y^1,y^2,S) 的一次新的测量，其测量方程为

$$\begin{pmatrix}\hat{y}^2\\ \hat{S}^2\end{pmatrix}=\boldsymbol{H}(y^1,y^2,S)^{\mathrm{T}}+v \tag{5.103}$$

由式(5.92)可知，v 是均值为零、方差为 $\boldsymbol{P}^2$ 的高斯白噪声，测量矩阵为

$$\boldsymbol{H}=\begin{pmatrix}\boldsymbol{O}_y & \boldsymbol{I}_y & \boldsymbol{O}_{yS}\\ \boldsymbol{O}_{Sy} & \boldsymbol{O}_{Sy} & \boldsymbol{I}_S\end{pmatrix} \tag{5.104}$$

再次援用卡尔曼滤波对 $\hat{x}^1$ 进行测量修正，得

$$E[(y^1,y^2,S)^{\mathrm{T}}|Z^1,Z^2,\boldsymbol{H}_1]=\hat{\boldsymbol{x}}^1+K[(\hat{y}^2,\hat{S}^2)^{\mathrm{T}}-\boldsymbol{H}\hat{\boldsymbol{x}}^1] \tag{5.105}$$

其中

$$\boldsymbol{K}=\boldsymbol{P}_1\boldsymbol{H}^{\mathrm{T}}(\boldsymbol{H}\boldsymbol{P}_1\boldsymbol{H}^{\mathrm{T}}+\boldsymbol{P}^2)^{-1} \tag{5.106}$$

注意式(5.97)、式(5.98)、式(5.104)，以及 $\boldsymbol{P}^2$ 的表达式(5.92)，不难得出

$$\boldsymbol{P}_1\boldsymbol{H}^{\mathrm{T}}=\begin{pmatrix}\boldsymbol{O}_y & \boldsymbol{P}_{yS}^1\\ \boldsymbol{M}\boldsymbol{I}_y & \boldsymbol{O}_{yS}\\ \boldsymbol{O}_{Sy} & \boldsymbol{P}_S^1\end{pmatrix}\qquad \boldsymbol{H}\boldsymbol{P}_1\boldsymbol{H}^{\mathrm{T}}+\boldsymbol{P}^2=\begin{pmatrix}\boldsymbol{M}\boldsymbol{I}_y+\boldsymbol{P}_y^2 & \boldsymbol{P}_{yS}^2\\ \boldsymbol{P}_{Sy}^2 & \boldsymbol{P}_S^1+\boldsymbol{P}_S^2\end{pmatrix}$$

注意当 $\boldsymbol{A}$、$\boldsymbol{D}$ 可逆时，分块矩阵的求逆公式为[19,20]

$$\begin{pmatrix}\boldsymbol{A} & \boldsymbol{V}\\ \boldsymbol{V} & \boldsymbol{D}\end{pmatrix}^{-1}=\begin{pmatrix}\boldsymbol{E} & -\boldsymbol{A}^{-1}\boldsymbol{V}\boldsymbol{F}\\ -\boldsymbol{D}^{-1}\boldsymbol{V}\boldsymbol{E} & \boldsymbol{F}\end{pmatrix}$$

其中

$$\boldsymbol{E}=(\boldsymbol{A}-\boldsymbol{V}\boldsymbol{D}^{-1}\boldsymbol{V})^{-1},\boldsymbol{F}=(\boldsymbol{D}-\boldsymbol{V}\boldsymbol{A}^{-1}\boldsymbol{V})^{-1}$$

略去高阶无穷小，可以得到

$$\boldsymbol{H}\boldsymbol{P}_1\boldsymbol{H}^{\mathrm{T}}+\boldsymbol{P}^2=\begin{pmatrix}\dfrac{\boldsymbol{I}_y}{\boldsymbol{M}} & -\dfrac{\boldsymbol{I}_y}{\boldsymbol{M}}\boldsymbol{P}_{yS}^2(\boldsymbol{P}_S^1+\boldsymbol{P}_S^2)^{-1}\\ -(\boldsymbol{P}_S^1+\boldsymbol{P}_S^2)^{-1}\boldsymbol{P}_{yS}^2\dfrac{\boldsymbol{I}_y}{\boldsymbol{M}} & (\boldsymbol{P}_S^1+\boldsymbol{P}_S^2)^{-1}\end{pmatrix}$$

将该表达式和上面刚导出的 $\boldsymbol{P}_1\boldsymbol{H}^{\mathrm{T}}$ 代入式(5.106)，得

$$\boldsymbol{K}=\begin{pmatrix}-\boldsymbol{P}_{yS}^1(\boldsymbol{P}_S^1+\boldsymbol{P}_S^2)^{-1}\boldsymbol{P}_{yS}^2\dfrac{\boldsymbol{I}_y}{\boldsymbol{M}} & \boldsymbol{P}_{yS}^1(\boldsymbol{P}_S^1+\boldsymbol{P}_S^2)^{-1}\\ \boldsymbol{I}_y & \boldsymbol{P}_{yS}^2(\boldsymbol{P}_S^1+\boldsymbol{P}_S^2)^{-1}\\ -\boldsymbol{P}_S^1(\boldsymbol{P}_S^1+\boldsymbol{P}_S^2)^{-1}\boldsymbol{P}_{yS}^2\dfrac{\boldsymbol{I}_y}{\boldsymbol{M}} & \boldsymbol{P}_S^1(\boldsymbol{P}_S^1+\boldsymbol{P}_S^2)^{-1}\end{pmatrix} \tag{5.107}$$

将以上结果代入式(5.105),遂得

$$E[(y^1,y^2,S)^{\mathrm{T}}|Z^1,Z^2,\boldsymbol{H}_1]=\begin{bmatrix}\hat{\boldsymbol{y}}^1-\boldsymbol{P}_{yS}^1(\boldsymbol{P}_S^1+\boldsymbol{P}_S^2)^{-1}(\hat{\boldsymbol{S}}^2-\hat{\boldsymbol{S}}^1)\\ \hat{\boldsymbol{y}}^2+\boldsymbol{P}_{yS}^2(\boldsymbol{P}_S^1+\boldsymbol{P}_S^2)^{-1}(\hat{\boldsymbol{S}}^2-\boldsymbol{S}^1)\\ \hat{\boldsymbol{S}}^1+\boldsymbol{P}_S^1(\boldsymbol{P}_S^1+\boldsymbol{P}_S^2)^{-1}(\hat{\boldsymbol{S}}^2-\hat{\boldsymbol{S}}^1)\end{bmatrix} \tag{5.108}$$

由式(5.108)容易得到

$$\boldsymbol{E}[(y^1-y^2)|Z^1,Z^2,\boldsymbol{H}_1]=\hat{\boldsymbol{y}}^1-\hat{\boldsymbol{y}}^2-(\boldsymbol{P}_{yS}^1+\boldsymbol{P}_{yS}^2)(\boldsymbol{P}_S^1+\boldsymbol{P}_S^2)^{-1}(\hat{\boldsymbol{S}}^1-\hat{\boldsymbol{S}}^2) \tag{5.109}$$

考虑作为随机向量的估计向量 $\hat{\boldsymbol{y}}^1$、$\hat{\boldsymbol{y}}^2$、$\hat{\boldsymbol{S}}^1$、$\hat{\boldsymbol{S}}^2$ 之间的相互独立性,从式(5.109)可以导出估计误差方差矩阵为

$$\begin{aligned}\mathrm{Var}[(y^1-y^2)|Z^1,Z^2,\boldsymbol{H}_1]=\boldsymbol{P}_y^1+\boldsymbol{P}_y^2+(\boldsymbol{P}_{yS}^1+\boldsymbol{P}_{yS}^2)(\boldsymbol{P}_S^1+\boldsymbol{P}_S^2)^{-1}(\boldsymbol{P}_{Sy}^1+\boldsymbol{P}_{Sy}^2)\\ (\boldsymbol{P}_S^1+\boldsymbol{P}_S^2)^{-1}(\boldsymbol{P}_{yS}^1+\boldsymbol{P}_{yS}^2)\end{aligned} \tag{5.110}$$

这里利用了 $\boldsymbol{P}_S^1+\boldsymbol{P}_S^2$ 和$(\boldsymbol{P}_{yS}^1+\boldsymbol{P}_{yS}^2)$都是对称矩阵的特征。

利用命题5.5的结论,这里取 $S_N=\hat{\boldsymbol{y}}^1-\hat{\boldsymbol{y}}^2,\boldsymbol{Z}=(Z^1,Z^2)^{\mathrm{T}}$,于是命题5.5中的对数似然比判决公式(5.63)即成为

$$\begin{cases}\boldsymbol{A}^{\mathrm{T}}\boldsymbol{B}^{-1}\boldsymbol{A}\geqslant C & 接受假设\boldsymbol{H}_1\\ \boldsymbol{A}^{\mathrm{T}}\boldsymbol{B}^{-1}\boldsymbol{A}<C & 接受假设\boldsymbol{H}_0\end{cases}$$

式中:$\boldsymbol{A}=\hat{S}_N=\boldsymbol{E}[(y^1-y^2)|Z^1,Z^2,\boldsymbol{H}_1]$,如式(5.109)所示;$\boldsymbol{V}=\mathrm{Var}[(y^1-y^2)|Z^1,Z^2,\boldsymbol{H}_1]$,如式(5.110)所示。这就是命题5.6的结论式(5.93)~式(5.95)。显然当$\boldsymbol{H}_0$ 成立时,$\boldsymbol{A}$ 即是均值为零,方差为 $\boldsymbol{B}$ 的高斯随机向量。

5.7 目标速度机动的最优判决

空中或海上目标跟踪要解决的一个重要问题是,当目标增速或减速即其速度出现机动时,需要实时、准确地判断出速度机动的出现和出现时刻,以基于测量实现对目标的准确定位和连续跟踪。因此,对空海目标速度机动的准确判定,对获得清晰的战场态势,识别面临的威胁,特别是确定威胁对象和威胁时间,实现正确的作战决策,制定实时准确的火力拦截方案,具有重要的意义。

我们在这里采用5.6.3节中证明的命题6,对基于目标的不同测量所获得的估计速度量值进行异同辨识。其中目标机动前状态向量为$(S,v^1)^{\mathrm{T}}$,机动后状态向量为$(S,v^2)^{\mathrm{T}}$,这里 S 为目标直到 t 时刻所历经的距离(轨迹长度)。

5.7.1 目标速度变化状态和测量模型

速度机动前:

$$S_{k+1}=S_k+(t_{k+1}-t_k)v_1 \quad k=1,2,\cdots,n-i-1 \tag{5.111}$$

速度机动后：

$$S_{k+1}=S_k+(t_{k+1}-t_k)v_2 \quad k=n-i,\cdots,n-1 \tag{5.112}$$

式中：t_{n-i}为目标速度发生变化（机动）的时刻，是未知的，$i=1,2,\cdots,n-2$。

测量方程为

$$Z_k=S_k+\xi_k \qquad k=1,2,\cdots,n-i-1 \tag{5.113}$$

式中：ξ_k 为均值为零；方差为 σ^2 的正态白噪声。

将式(5.111)、式(5.112)代入式(5.113)，可得目标速度机动前后的测量方程为

$$Z_k=S_{n-i}+(t_k-t_{n-i})v_1+\xi_k \qquad k=1,2,\cdots,n-i-1 \tag{5.114}$$

$$Z_k=S_{n-i}+(t_k-t_{n-i})v_2+\xi_k \qquad k=n-i,\cdots,n \tag{5.115}$$

于是，可按目标机动前后将测量分为两组，即

$$\boldsymbol{Z}^1=\{Z_k\}_{k=1}^{n-i-1} \qquad \boldsymbol{Z}^2=\{Z_k\}_{k=n-i}^{n} \tag{5.116}$$

采用卡尔曼滤波可分别获得测量集合$\boldsymbol{Z}^1$ 和$\boldsymbol{Z}^2$ 之下，系统参数 S、v 的最小方差估计和估计误差协方差矩阵为

$$\boldsymbol{E}[(S_{n-i},v_1)^{\mathrm{T}}|\boldsymbol{Z}^1]\triangleq(\hat{S}_i^1,\hat{v}_i^1)^{\mathrm{T}} \tag{5.117}$$

$$\boldsymbol{E}[(S_{n-i},v_2)^{\mathrm{T}}|\boldsymbol{Z}^2]\triangleq(\hat{S}_i^2,\hat{v}_i^2)^{\mathrm{T}} \tag{5.118}$$

$$\mathrm{Var}((S_{n-i},v_1)^{\mathrm{T}}|\boldsymbol{Z}^1)\triangleq\begin{pmatrix} P_{S_i}^1 & P_{S_iv}^1 \\ P_{vS_i}^1 & P_{v_i}^1 \end{pmatrix} \tag{5.119}$$

$$\mathrm{Var}((S_{n-i},v_2)^{\mathrm{T}}|\boldsymbol{Z}^2)\triangleq\begin{pmatrix} P_{S_i}^2 & P_{Sv_i}^2 \\ P_{vS_i}^2 & P_{v_i}^2 \end{pmatrix} \tag{5.120}$$

5.7.2 基于复合假设的速度机动判决

由于目标速度机动时刻 t_{n-i}未知，故这里的目标速度机动判决采用如下复合假设[21]：

$$\begin{cases} \boldsymbol{H}_0\text{：在测量区间}(t_1,t_{n-1})\text{内未出现速度机动} \\ \boldsymbol{H}_1:\{H_{n-i}\} \quad \text{目标在 } t_{n-i}\text{时刻出现速度机动} \qquad i=1,2,\cdots,n-2 \end{cases} \tag{5.121}$$

此复合假设下的广义似然比判决准则为

$$\begin{cases} \max\limits_{1\leqslant i\leqslant n-2}\left[\dfrac{p(\{Z_k\}_{k=1}^n|H_{n-i})}{p(\{Z_k\}_{k=1}^n|\boldsymbol{H}_0)}\right]\geqslant C & \text{拒绝假设}\boldsymbol{H}_0 \\ \max\limits_{1\leqslant i\leqslant n-2}\left[\dfrac{p(\{Z_k\}_{k=1}^n|H_{n-i})}{p(\{Z_k\}_{k=1}^n|\boldsymbol{H}_0)}\right]< C & \text{接受假设}\boldsymbol{H}_0 \end{cases} \tag{5.122}$$

若判决接受假设$\boldsymbol{H}_0$，则认为目标在$[t_1,\cdots,t_{n-1}]$内未出现速度机动；若判决拒绝接受假设$\boldsymbol{H}_0$，并且式(5.122)左端极大值在 $n-k_0(\leqslant n-2)$时达到，则接受假设

H_{n-k_0}，即判定目标在 t_{n-k_0} 时刻出现速度机动。显然，这里的机动时刻 t_{n-k_0} 是按极大似然估计选取的。

将 5.6.3 节命题 5.6 的结论，推广到复合假设式(5.121)的情况，则广义似然比判决准则呈下述结果：

$$\begin{cases} \max\limits_{1\leqslant i\leqslant n-2}[\boldsymbol{A}_i^{\mathrm{T}}B_i^{-1}A_i]\geqslant C & \text{拒绝假设}\boldsymbol{H}_0 \\ \max\limits_{1\leqslant i\leqslant n-2}[\boldsymbol{A}_i^{\mathrm{T}}B_i^{-1}A_i]< C & \text{接受假设}\boldsymbol{H}_0 \end{cases} \tag{5.123}$$

注意，这里的目标状态参数和测量都是一维标量（目标运动距离 S），由式(5.117)～式(5.120)中各量可以得到与命题 5.6 结论式(5.94)、式(5.95)对应的 A_i 和 B_i 值为

$$\boldsymbol{A}_i=(\hat{\boldsymbol{v}}_i^1-\hat{\boldsymbol{v}}_i^2)-(\boldsymbol{P}_{vS_i}^1+\boldsymbol{P}_{vS_i}^2)(\boldsymbol{P}_{S_i}^1+\boldsymbol{P}_{S_i}^2)^{-1}(\hat{\boldsymbol{S}}_i^1-\hat{\boldsymbol{S}}_i^2) \tag{5.124}$$

$$\boldsymbol{B}_i=\boldsymbol{P}_{v_i}^1+\boldsymbol{P}_{v_i}^2+(\boldsymbol{P}_{vS_i}^1+\boldsymbol{P}_{vS_i}^2)(\boldsymbol{P}_{S_i}^1+\boldsymbol{P}_{S_i}^2)^{-1}(\boldsymbol{P}_{Sv_i}^1+\boldsymbol{P}_{Sv_i}^2)(\boldsymbol{P}_{S_i}^1+\boldsymbol{P}_{S_i}^2)^{-1}(\boldsymbol{P}_{vS_i}^1+\boldsymbol{P}_{vS_i}^2) \tag{5.125}$$

5.7.3　目标速度机动判定实现公式

对于目标航迹的测量是等间隔 T 的情况，目标运动距离和速度的最优估计式(5.117)、式(5.118)如下：

$$\begin{cases} \hat{S}_i^1=\dfrac{1}{n-i-1}\sum\limits_{j=1}^{n-i-1}Z_j \\ \hat{v}_i^1=\sum\limits_{j=1}^{n-i-1}(Z_j-\hat{S}_i^1)(t_j-\hat{t}_i^1)\Big/\sum\limits_{j=1}^{n-i-1}(t_j-\hat{t}_i^1)^2 \end{cases} \tag{5.126}$$

其中

$$\hat{t}_i^1=\frac{1}{n-i-1}\sum_{j=1}^{n-i-1}t_j$$

$$\begin{cases} \hat{S}_i^2=\dfrac{1}{i+1}\sum\limits_{j=n-i}^{n}Z_j \\ \hat{v}_i^2=\sum\limits_{j=n-i}^{n}(Z_j-\hat{S}_i^2)(t_j-\hat{t}_i^2)/\sum\limits_{j=n-i}^{n}(t_j-\hat{t}_i^2)^2 \end{cases} \tag{5.127}$$

$$\hat{t}_i^2=\frac{1}{i+1}\sum_{j=n-i}^{n}t_j$$

这样一来，不难导出估计误差方差式(5.119)、式(5.120)中各标量计算公式为

$$P_{S_i}^1=\frac{12}{(n-i-2)(n-i-1)(n-i)}\frac{\sigma^2}{T^2} \tag{5.128}$$

$$P_{S_i}^2=\frac{12}{i(i+1)(i+2)}\frac{\sigma^2}{T^2} \tag{5.129}$$

$$P_{vS_i}^1 = P_{Sv_i}^1 = \frac{6}{(n-i-2)(n-i-1)} \frac{\sigma^2}{T} \tag{5.130}$$

$$P_{vS_i}^2 = P_{Sv_i}^2 = \frac{6}{(i+2)(i+1)} \frac{\sigma^2}{T} \tag{5.131}$$

$$P_{v_i}^1 = \frac{4(n-i)-2}{(n-i-2)(n-i-1)}\sigma^2 \tag{5.132}$$

$$P_{v_i}^2 = \frac{4i+2}{(i+1)(i+2)}\sigma^2 \tag{5.133}$$

式中：T 为等测量周期；σ^2 为测量误差方差。

将式(5.128)～式(5.133)代入式(5.124)、式(5.125)，则广义似然比判决准则式(5.123)变为

$$\begin{cases} \max\limits_{1\leqslant i\leqslant n-2}\left\{L_i = \dfrac{[a_i(\hat{S}_i^1-\hat{S}_i^2)-b_i(\hat{v}_i^1-\hat{v}_i^2)/T]^2}{a_i(a_i d_i - b_i^2)\sigma^2/T^2}\right\} \geqslant C_0 & \text{拒绝假设}\boldsymbol{H}_0 \\ \max\limits_{1\leqslant i\leqslant n-2}\left\{L_i = \dfrac{[a_i(\hat{S}_i^1-\hat{S}_i^2)-b_i(\hat{v}_i^1-\hat{v}_i^2)/T]^2}{a_i(a_i d_i - b_i^2)\sigma^2/T^2}\right\} < C_0 & \text{接受假设}\boldsymbol{H}_0 \end{cases} \tag{5.134}$$

其中

$$a_i = \frac{4(n-i)-2}{(n-i-2)(n-i-1)} + \frac{4i+2}{(i+1)(i+2)} \tag{5.135}$$

$$b_i = \frac{6}{(n-i-2)(n-i-1)} - \frac{6}{(i+2)(i+1)} \tag{5.136}$$

$$d_i = \frac{12}{(n-i-2)(n-i-1)(n-i)} - \frac{12}{i(i+1)(i+2)} \tag{5.137}$$

在判决拒绝假设$\boldsymbol{H}_0$ 条件下，如前所述，按复合似然比准则选取使式(5.134)左端达极大的分假设 H_{n-k_0}，$1\leqslant k_0\leqslant n-2$，即认为目标在 t_{n-k_0}时刻出现速度机动。

关于目标速度估计值的求取问题，若判决接受假设$\boldsymbol{H}_0$，则采用如下公式：

$$\hat{v} = \sum_{j=1}^{n}(t_j-\hat{t})(Z_j-\hat{S}) \Big/ \sum_{j=1}^{n}(t_j-\hat{t})^2 \tag{5.138}$$

其中

$$\hat{S} = \frac{1}{n}\sum_{j=1}^{n} Z_j, \hat{t} = \frac{1}{n}\sum_{j=1}^{n} t_j$$

若判决接受分假设 H_{n-k_0}，则在 t_{n-k_0}之前，按式(5.126)求取 $\hat{v}_1$，即

$$\hat{v}_1 = \sum_{j=1}^{n-k_0-1}(t_j-\hat{t}_1)(Z_j-\hat{S}_1) \Big/ \sum_{j=1}^{n-k_0-1}(t_j-\hat{t}_1)^2 \tag{5.139}$$

其中

$$S_1 = \frac{1}{n-k_0-1}\sum_{j=1}^{n-k_0-1} Z_j, \hat{t}_1 = \frac{1}{n-k_0-1}\sum_{j=1}^{n-k_0-1} t_j$$

在 t_{n-k_0}之后（含 t_{n-k_0}），按式(5.127)求取 $\hat{v}_2$，即

$$\hat{v}_2 = \sum_{j=n-k_0}^{n}(t_j - \hat{t}_2)(Z_j - \hat{S}_2)\Big/\sum_{j=n-k_0}^{n}(t_j - \hat{t}_2)^2 \tag{5.140}$$

其中

$$\hat{S}_2 = \frac{1}{k_0+1}\sum_{j=n-k_0}^{n} Z_j, \hat{t}_1 = \frac{1}{k_0+1}\sum_{j=n-k_0}^{n} t_j$$

关于判定门限的选取问题,由文献[9]可知,接受目标速度不机动假设$\boldsymbol{H}_0$的判定门限为

$$C_0 = \frac{P_M}{1-P_F} \tag{5.141}$$

式中:P_F为给出的容许虚警(未机动时判为机动)概率;P_M为容许的机动漏判概率。若判决式(5.134)左侧达极大值的分假设H_{n-k_0}已求出,则接受目标速度机动假设$\boldsymbol{H}_1$的判定门限为

$$C_1 = \frac{1-P_M}{P_F}$$

此时,判决准则成为

$$\begin{cases} \max\limits_{1\leqslant i\leqslant n-2} L_i = L_{n-k_0} \geqslant C_1 & \text{接受机动分假设 } H_{n-k_0} \\ \max\limits_{1\leqslant i\leqslant n-2} L_i = L_{n-k_0} < C_1 & \text{拒绝假设}\boldsymbol{H}_1 \end{cases} \tag{5.142}$$

5.7.4 应用案例

按5.6.2节给出的辨识准则(命题5.5)和5.6.3节给出的实现公式(命题5.6),这里描述某指控系统中基于目标未知时刻速度机动的大量仿真和实测数据所进行的统计判定结果。采用等测量周期$T=10\text{s}$,判定门限$C_0=3.3$,相应的虚警概率为0.0014。统计判决中,采用有限记忆,$n\leqslant 16$;在判决中,可能机动时刻取6个时间点,$t_{n-2},t_{n-3},\cdots,t_{n-7}$($t_n$为当前时间)。试验中,目标状态滤波和速度机动判决实时递推进行,直到判定出目标速度机动。然后,将判定获得的目标速度机动时刻与目标实际出现的速度机动时刻(仿真设置的机动时刻或合作试验平台实时记录或回传的机动时刻)进行比较,以确定速度机动判定的准确率和时间延误。

表5.1给出了目标出现的速度机动量$\Delta v = v_2 - v_1$分别为50km/h、100km/h、150km/h时,目标机动的大量统计判决结果,包括机动判决延迟均值,判决时间误差根方差和漏判率。

表5.1　目标速度机动判决统计结果

机动量 Δv/(km/h)	机动判决时延均值/s	判决时间根方差/s	漏判概率
50	60.6	23.9	0.407
100	50.3	17.4	0.028
150	36.1	12.7	0

工程中常用的目标速度机动的直观判决方法是采用距离残差(测量与估计值之差)即纵向偏离程度(如2.4.1.2节给出的直线和曲线运动速度偏差计算公式)进行机动判决。当在给定时间(周期)内的距离残差超过给定门限,并且连续两次偏离方向相同(即皆为正或皆为负)时,则判为速度机动:当距离偏差连续两次向减少方向变化时,判为减速机动;连续两次向增加方向变化时,判为加速机动。这种基于距离偏差的速度机动判决方法判决误差大、漏警率高。当机动量 Δv 为100km/h时,漏警率达2.8%;当机动量 Δv 为50km/h时,漏警率达40%。

图5.1给出了两种速度机动判决方法在不同速度机动量 Δv 之下的漏警率 P_M 曲线比较。其中,实线表示基于广义似然比准则的等价判决式(5.134)的判决结果,虚线表示基于距离纵向偏离的判决结果。

从表5.1和图5.1可以看出,在同一速度机动量之下,本节建立的复合假设广义似然比判决方法的漏警概率比基于距离纵向偏离的直观判定方法大大降低。

图5.2给出了目标速度机动量 $\Delta v = 100$km/h时,判决时间延误密度曲线比较。其中,实线为本节给出的基于复合假设广义似然比判决方法的判决结果,虚线为基于距离纵向偏离的直观判定方法的判决结果。

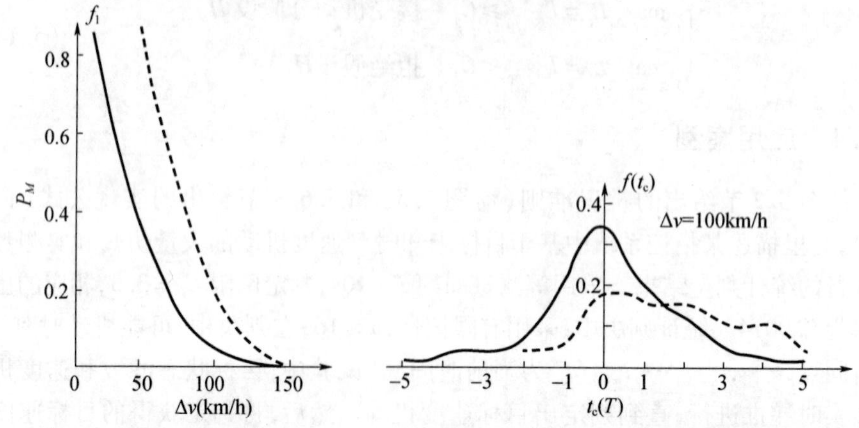

图5.1 不同机动量下的两种判决方法的漏警概率

图5.2 两种速度机动判决方法的时延密度

从图5.2可以看出,本节所述方法机动时间判决时间延误更向零点聚集,而基于距离纵向偏离的直观判决方法的判决时延则向更大的范围散布。

5.8 目标航向机动的最优判决

通常,目标转弯系指目标在空中或海上运动时,从一个直线航线转向另一个直线航线运动的过程。因此,转弯是目标实现航向机动不可缺少的状态。当然,若目标动力性能较好(过载系数大),航向机动所需时间少(转弯状态时间短);反之则同样航向机动量所需转弯时间长。目标航向机动的判决包括从直线状态进入转弯状态的判决和从转弯状态改出为直线状态的判决。由于直线运动状态与转弯运动状态有较大差异,因此所采用的状态方程、测量方程,以及滤波公式也不相同。这就意味着,及时、准确地判断出目标运动从直线到转弯和从转弯到直线的变化时刻,对于实时、准确地实现机动目标跟踪至关重要。

5.8.1　复合假设似然比判决问题

设目标航向机动前后状态向量分别满足离散线性方程:

$$\boldsymbol{x}_i^1=\boldsymbol{\Phi}_i^1\boldsymbol{x}_{i-1}^1+\boldsymbol{w}_i^1 \qquad i=1,2,\cdots,M \tag{5.143}$$

$$\boldsymbol{x}_i^2=\boldsymbol{\Phi}_i^2\boldsymbol{x}_{i-1}^2+\boldsymbol{w}_i^2 \qquad i=M+1,\cdots,n \tag{5.144}$$

式中:$\boldsymbol{x}_i^1$、$\boldsymbol{x}_i^2$ 分别是 m 维和 q 维向量;$\boldsymbol{w}_i^1$、$\boldsymbol{w}_i^2$ 是相应维数的,均值为零、方差已知的状态噪声;$\boldsymbol{\Phi}_i^1$、$\boldsymbol{\Phi}_i^2$ 是相应的从 t_{i-1}时刻向 t_i 时刻的状态转移矩阵。这里测量时刻为 $t_1,t_2,\cdots,t_n$,目标机动时刻 $t_M(t_1\leqslant t_M\leqslant t_n)$未知。目标状态的离散测量方程为

$$z_i=\boldsymbol{H}_i\boldsymbol{x}_i+v_i,\quad i=1,2,\cdots,n \tag{5.145}$$

式中:z_i、v_i 为另一维数的测量向量和噪声;$\boldsymbol{H}_i$ 为测量变换矩阵。

对目标未知时刻机动进行判决的复合假设为[23]:

$$\begin{cases}\boldsymbol{H}_0:t_M\geqslant t_n & \text{目标在}[t_1,t_n]\text{内不机动}\\ \boldsymbol{H}_1:\{h_1,\cdots,h_l\} & h_i:t_M=t_{n-i}(i=1,2,\cdots,n-2)\quad\text{目标在 }t_{n-i}\text{出现机动}\end{cases} \tag{5.146}$$

该复合假设的最优(极大后验)判决准则为

$$\begin{cases}\displaystyle\sum_{i=1}^{l}p(Z\mid h_i)\Pr(h_i\mid \boldsymbol{H}_1)\geqslant C & \text{接受假设}\boldsymbol{H}_1\\ \displaystyle\sum_{i=1}^{l}p(Z\mid h_i)\Pr(h_i\mid \boldsymbol{H}_1)< C & \text{接受假设}\boldsymbol{H}_0\end{cases} \tag{5.147}$$

式中:$Z=\{z_i\}_{i=1}^n$,$p(Z|\cdot)$是在相应统计假设下的条件似然函数,各机动假设的先验条件概率 $\mathrm{P}(h_i|\boldsymbol{H}_1)$已知。注意 $p(\boldsymbol{Z}|h_i)$的计算要按 $t_M=t_{n-1},t_{n-2},\cdots,t_{n-l}$等不同假设机动时刻,选择不同的状态方程。

当由式(5.147)判决接受$\boldsymbol{H}_1$ 时,通常按纯策略选取机动分假设,即选取使似然函数达极大的分假设 h_{k_0},即

$$h_{k_0}=\arg\{\max_{1\leqslant i\leqslant l}p(Z|h_i)\} \tag{5.148}$$

于是,复合假设的广义似然比判决准则为

$$\begin{cases}\dfrac{p(Z|h_{k_0})}{p(Z|\boldsymbol{H}_0)}=\max\limits_{1\leqslant i\leqslant l}\dfrac{p(Z|h_i)}{p(Z|\boldsymbol{H}_0)}\geqslant C & \text{接受 }h_{k_0}\\ \dfrac{p(Z|h_{k_0})}{p(Z|\boldsymbol{H}_0)}=\max\limits_{1\leqslant i\leqslant l}\dfrac{p(Z|h_i)}{p(Z|\boldsymbol{H}_0)}< C & \text{接受}\boldsymbol{H}_0\end{cases} \tag{5.149}$$

分假设个数 l 表示目标机动可能发生在(t_{n-l},t_n)中,并且一般 l 取值不大,这表示有待判决的目标机动出现时刻不会距当前时间很远,因在距当前较远的测量时刻,目标是否机动早已确定。对目标航向机动过程时间很短(可以忽略)的情况,视目标在某时间点附近完成从一个航向转到另一个航向运动的机动,称为点机动。对于忽略目标航向机动过程的点机动,文献[21]4.5.2 节给出了较详细的似然比计算公式、不机动滤波器和诸机动滤波器的构建方法,以及仿真实现的案例。

在这里针对目标航向机动过程时间较长情况,将目标航向的机动过程视为另一种运动状态,即转弯过程,建立相应的状态方程,并给出运动状态变化判决模型和应用案例[3]。这样,就将目标航向机动从开始到结束视为运动状态改变两次——从直线进入转弯和从转弯改出到直线,如图 5.3 所示。

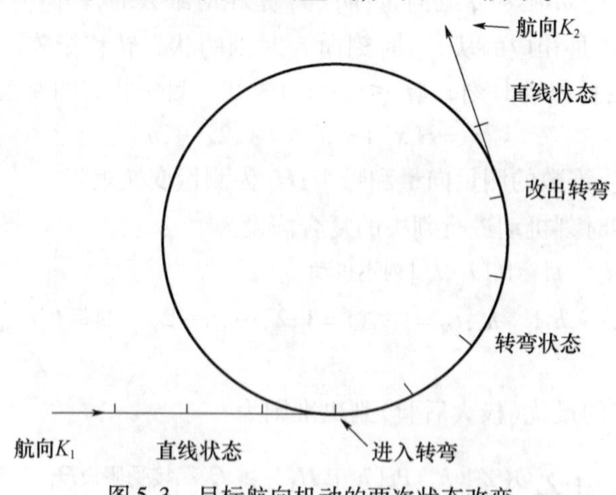

图 5.3　目标航向机动的两次状态改变

5.8.2　目标转弯的机动判决模型

运动目标在进入转弯状态时,其航向随时间发生显著变化,而直线运动状态下,目标航向基本保持稳定。因此,为了突出这两种状态下目标测量的概率密度函数的差异,增大似然函数(似然比)的变化特征,我们选取目标航向为状态参数。

对于目标转弯运动状态,给出状态方程和测量方程分别为

$$K_i = K_{i-1} \pm gT/(v + w_i) \quad \begin{matrix}\text{左转}\\ \text{右转}\end{matrix} \quad i = 2,3,\cdots,n \tag{5.150}$$

$$Z_i = \sum_{j=2}^{i} K_{j-1,j}, \quad Z_1 = 0, \quad i = 2,3,\cdots,n \tag{5.151}$$

式中:w_i 是均值为零、方差为$(gT/3v)^2$ 的白噪声;T 为测量周期;v 为目标运动线速度(切向速度);g 是重力加速度。g/v 是转弯坡度为 45°时目标转弯运动角速度,

gT/v 是 T 时间内目标航向变化角度。$K_{j-1,j}$ 是 (t_{j-1},t_j) 间目标航向测量值，由东北天坐标系下的目标位置测量值得到

$$K_{j-1,j}=\arctan(x_j-x_{j-1})/(y_j-y_{j-1}) \tag{5.152}$$

对于目标直线运动状态，易知其航向状态方程和测量方程分别为

$$K_i=K_{i-1} \quad i=2,\cdots,n \tag{5.153}$$

$$Z_i=\sum_{j=2}^{i}K_{j-1,j}=(i-1)K_i+v_i \quad Z_1=0;\quad i=2,3,\cdots,n \tag{5.154}$$

式中：v_i 是均值为零、方差为 $R/(Tv)^2$ 的白噪声，$R=\sigma_x^2=\sigma_y^2$ 为目标单一坐标位置测量误差方差。

目标转弯判决包括对目标两次运动状态出现改变的判决，由于这两次状态改变仅是初始状态不同，所涉及到的目标转弯状态似然函数计算和目标直线运动状态似然函数计算皆依据式(5.150)、式(5.151)和式(5.153)、式(5.154)进行，因此，我们建立适用于这两种判决所需的复合假设：

$$\begin{cases}\boldsymbol{H}_0\text{:目标初始未变,即未产生状态变化}\\ \boldsymbol{H}_1=\{h_2,\cdots,h_l\},h_i:t_M=t_{n-i},i=2,\cdots,l,\text{目标在 }t_{n-i}\text{时刻出现状态变化}\end{cases} \tag{5.155}$$

其中，分假设 h_i 表示目标在 t_{n-i} 时刻由直线状态进入转弯状态，或由转弯状态改出到直线状态。如5.8.1节所讨论，可能机动时刻数量不宜太多，只需在 (t_{n-l},t_n) 中能够判决出这两种状态的变化即可。此时，复合假设的广义似然比判决准则形式与式(5.149)相同，只是其中各条件似然函数的计算所采用的状态方程和测量方程不同。

5.8.3 目标转弯机动判决工程实现公式

在某指控系统中，涉及目标转弯的两次机动判决。在实现技术上，目标可能的机动时刻数目选取 $l=3$，即能够满足要求。此时，复合假设为

$$\begin{cases}\boldsymbol{H}_0\text{:目标运动状态未发生变化}\\ \boldsymbol{H}_1=\{h_2,h_3,h_4\}\quad h_i:t_M=t_{n-i}(i=1,2,\cdots,n-2)\quad\text{目标在 }t_{n-i}\text{发生机动}\end{cases} \tag{5.156}$$

这里选择的三个机动假设是由所应用的指控系统所涉及目标的机动能力、传感器探测能力和探测信息处理能力决定的，在目标出现机动的一个周期内通常无法判断出目标机动，而最有可能在时间区间 (t_{n-4},t_{n-2}) 内判断出目标进入或改出转弯的机动。

在复合假设式(5.156)下，仅需有限记忆5个测量值 $Z_n,Z_{n-1},\cdots,Z_{n-4}$，为方便将其重新反向记为 $Z_1,Z_2,\cdots,Z_5$（即将 Z_n 记为 $Z_1,\cdots,Z_{n-4}$ 记为 Z_5）。利用卡尔曼滤波公式不难导出目标转弯状态的条件似然函数分别为

$$\begin{cases} p(Z_3|Z_1,Z_2)=(2\pi D_1^2)^{-\frac{1}{2}}\exp(-\gamma_3/2) \\ p(Z_4|Z_1,Z_2,Z_3)=(2\pi D_1^2)^{-\frac{1}{2}}\exp(-\gamma_4/2) \\ p(Z_5|Z_1,Z_2,Z_3,Z_4)=(2\pi D_1^2)^{-\frac{1}{2}}\exp(-\gamma_5/2) \end{cases} \tag{5.157}$$

其中

$$\underset{(i=3,4,5)}{\gamma_i}=\begin{cases} (K_{i-1,i}-K_{i-2,i-1}-gT/v)^2/(2D_1) & 左转且\ K_{i-1,i}-K_{i-2,i-1}\leqslant gT/v \\ (K_{i-1,i}-K_{i-2,i-1}+gT/v)^2/(2D_1) & 右转且\ K_{i-1,i}-K_{i-2,i-1}\geqslant -gT/v \\ 0 & 其他情况 \end{cases} \tag{5.158}$$

$$D_1=[gT/(3v)]^2+6R/(Tv)^2 \tag{5.159}$$

式(5.158)中的左转和右转的物理意义如图5.4所示(以分假设 h_2,即在 t_{n-2} 出现机动为例)。

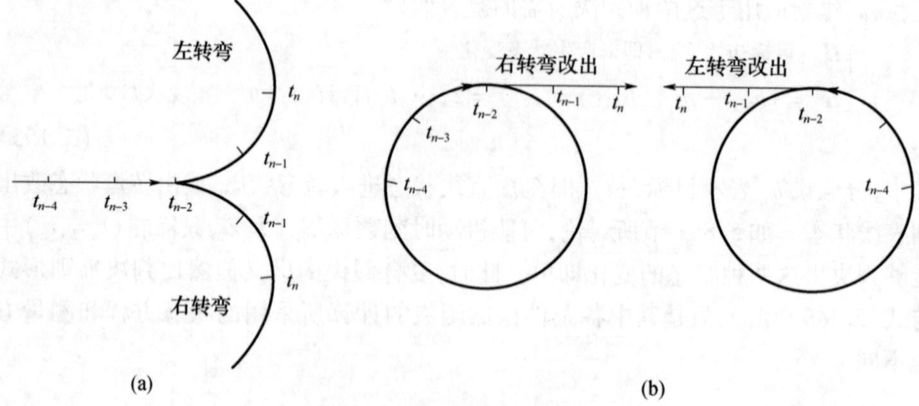

图5.4　目标运动状态改变示意图

(a)由直线进入转弯;(b)由转弯改出为直线

目标在直线运动状态下的条件似然函数可以导出为

$$\begin{cases} p(Z_3|Z_1,Z_2)=(2\pi\cdot 6R)^{-\frac{1}{2}}\exp(-f_3/2) \\ p(Z_4|Z_1,Z_2,Z_3)=\left(2\pi\cdot\frac{10}{3}R\right)^{-\frac{1}{2}}\exp(-f_4/2) \\ p(Z_5|Z_1,Z_2,Z_3,Z_4)=\left(2\pi\cdot\frac{5}{2}R\right)^{-\frac{1}{2}}\exp(-f_5/2) \end{cases} \tag{5.160}$$

其中

$$\begin{cases} f_3=(K_{2,3}-K_{1,2})^2/(6D_2) \\ f_4=(K_{3,4}-(K_{2,3}-K_{1,2})/3)^2/(10D_2/3) \\ f_5=(K_{4,5}-(K_{2,3}-K_{1,2})/2)^2/(5D_2/2) \end{cases} \tag{5.161}$$

$$D_2 = R/(Tv)^2 \tag{5.162}$$

(1) 首先考察目标由直线进入转弯的机动情况。注意，在分假设 h_2 之下，目标在 t_{n-2} 时刻由直线进入转弯，故此时的测量 Z_3 的条件密度 $p(Z_3 \mid Z_1, Z_2)$ 应采用式(5.157)所示的转弯状态似然函数。此时，目标在 t_{n-3}、t_{n-4} 时刻仍处于直线运动状态，故其测量的条件密度 $p(Z_4 \mid Z_1, Z_2, Z_3)$、$p(Z_5 \mid Z_1, Z_2, Z_3, Z_4)$ 应采用式(5.160)所示的直线状态似然函数，如图5.5(a)分假设 h_2 所示。

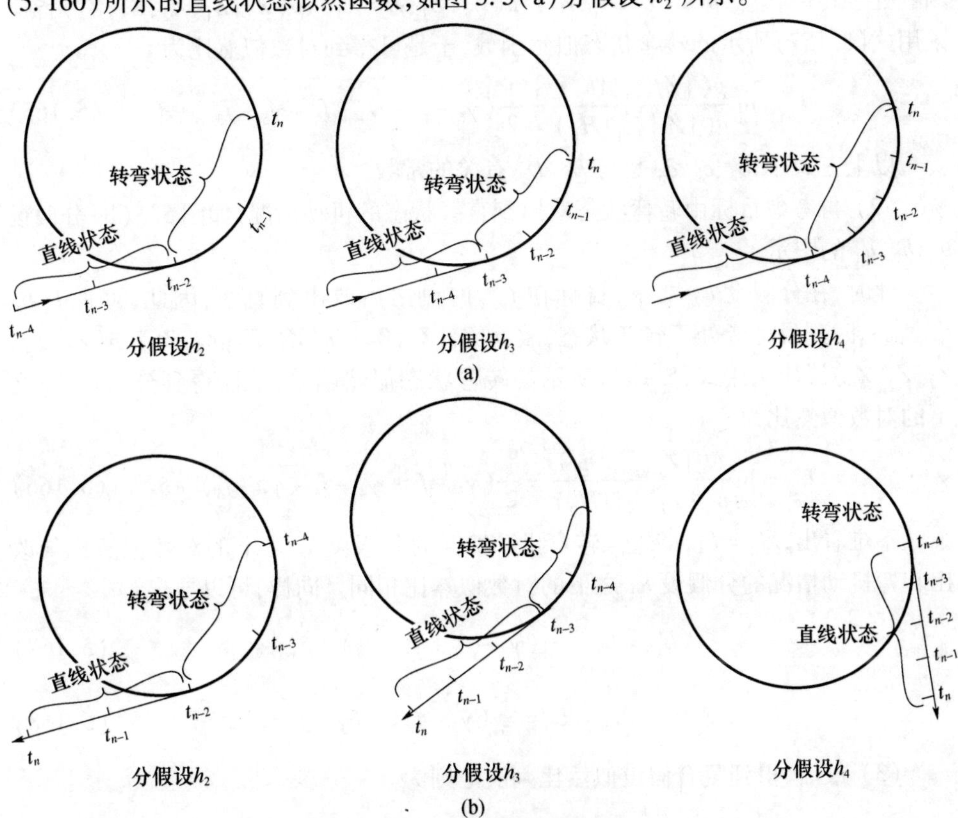

图5.5　目标状态两次机动复合假设图示
(a)进入转弯机动；(b)改出转弯机动

这样，利用条件概率密度链公式：

$$p(\{z_i\}_{i=1}^{n}) = p(z_1)p(z_2 \mid z_1)\cdots p(z_n \mid z_{n-1}, \cdots, z_1)$$

就能够得到分假设 h_2 之下的对数似然比为

$$L_2 = \ln \frac{p(\{Z_i\}_{i=1}^{5} \mid h_2)}{p(\{Z_i\}_{i=1}^{5} \mid \boldsymbol{H}_0)} = \frac{1}{2}(\gamma_3 - f_3) + \delta_3 \tag{5.163}$$

在分假设 h_3 之下，目标在 t_{n-3} 时刻由直线进入转弯，自然在后面的 t_{n-2} 时刻也处于转弯状态，而在前面的 t_{n-4} 时刻处于直线状态，故 $p(Z_4 \mid Z_1, Z_2, Z_3)$ 和 $p(Z_3 \mid Z_1, Z_2)$ 应采用式(5.157)所示的转弯状态似然函数，而 $p(Z_5 \mid Z_1, Z_2, Z_3, Z_4)$

应采用式(5.160)所示的直线状态似然函数,如图5.5(a)分假设 h_3 情况。于是,分假设 h_3 之下的对数似然比为

$$L_3 = \ln \frac{p(\{Z_i\}_{i=1}^{5} \mid h_3)}{p(\{Z_i\}_{i=1}^{5} \mid \boldsymbol{H}_0)} = \frac{1}{2}(\gamma_3 - f_3 + \gamma_4 - f_4) + \delta_4 \tag{5.164}$$

同理(图5.5(a)分假设 h_4 情况),在分假设 h_4 之下,目标在 t_{n-2}、t_{n-3}、t_{n-4}时刻皆处于转弯状态,故 $p(Z_3 \mid Z_1,Z_2)$、$p(Z_4 \mid Z_1,Z_2,Z_3)$、$p(Z_5 \mid Z_1,Z_2,Z_3,Z_4)$皆应采用式(5.157)所示的转弯状态似然函数,于是可得到对数似然比为

$$L_4 = \ln \frac{p(\{Z_i\}_{i=1}^{5} \mid h_4)}{p(\{Z_i\}_{i=1}^{5} \mid \boldsymbol{H}_0)} = \frac{1}{2}(\gamma_3 - f_3 + \gamma_4 - f_4 + \gamma_5 - f_5) + \delta_5 \tag{5.165}$$

以上三式中,δ_3、δ_4、δ_5 是与 D_1、D_2 有关的常数。

(2) 再考虑目标由转弯状态改出到直线状态的机动情况,如图5.5(b)分假设 h_2、h_3、h_4 的图示。

此时,在分假设 h_2 之下,目标在 t_{n-2}时刻之后改出到直线,因此,可视 t_{n-2}、t_{n-3}、t_{n-4}时刻目标皆处于转弯状态,故 $p(Z_3 \mid Z_1,Z_2)$、$p(Z_4 \mid Z_1,Z_2,Z_3)$、$p(Z_5 \mid Z_1,Z_2,Z_3,Z_4)$皆应采用式(5.157)所示的转弯状态似然函数,从而得到分假设 h_2 之下的对数似然比为

$$L'_2 = \ln \frac{p(\{Z_i\}_{i=1}^{5} \mid h_2)}{p(\{Z_i\}_{i=1}^{5} \mid \boldsymbol{H}_0)} = \frac{1}{2}(\gamma_3 - f_3 + \gamma_4 - f_4 + \gamma_5 - f_5) + \delta_5 \tag{5.166}$$

不难看出,$L'_2 = L_4$,即进入转弯机动情况的分假设 h_4 之下的对数似然比与改出转弯机动情况的分假设 h_2 之下的对数似然比相同。同样,可以导出:

$$L'_3 = L_3 = \frac{1}{2}(\gamma_3 - f_3 + \gamma_4 - f_4) + \delta_4 \tag{5.167}$$

$$L'_4 = L_2 = \frac{1}{2}(\gamma_3 - f_3) + \delta_3 \tag{5.168}$$

(3) 最后,得到复合假设似然比判决准则为

$$\begin{cases} \sum_{i=2}^{4} \exp[L_i] \geqslant C_1 & \text{接受假设}\boldsymbol{H}_1 \\ \sum_{i=2}^{4} \exp[L_i] < C_1 & \text{接受假设}\boldsymbol{H}_0 \end{cases} \tag{5.169}$$

在接受复合假设$\boldsymbol{H}_1$ 之下,求取所接受的某个分假设 h_{k_0} 产生的广义似然比判决准则为

$$\begin{cases} L_{k_0} = \max\limits_{i=2,3,4}[L_i] \geqslant C_2 & \text{接受假设 } h_{k_0} \\ L_{k_0} = \max\limits_{i=2,3,4}[L_i] < C_2 & \text{接受假设}\boldsymbol{H}_0 \end{cases} \tag{5.170}$$

其中,接受分假设 h_{k_0} 意味着判决结果是目标在 t_{n-k_0} 时刻由直线运动状态进入转弯状态,或由转弯状态改成到直线运动状态。由于目标直线运动和转弯运动在状态上具有较大差异,因此,及时、准确判断出目标这两种运动状态的转换时刻,对于

平滑求取准确的目标航向，实现对目标实时、连续跟踪具有重大意义。

5.8.4　目标转弯机动判决应用案例

工程中常用考虑目标运动距离横向偏离（见 2.4.1.3 节）进行目标转弯或改出机动的判决，这里给出的复合假设广义似然比判决准则比工程常用方法具有明显优势。图 5.6 给出了这两种判决方法误差密度曲线比较，是对目标转弯坡度分别为 15°、30°、45°和 60°情况的大量仿真和实测数据统计结果。其中，实线为本章描述的广义似然比判决准则结果，虚线表示基于运动距离横向偏差判决准则的判决结果。

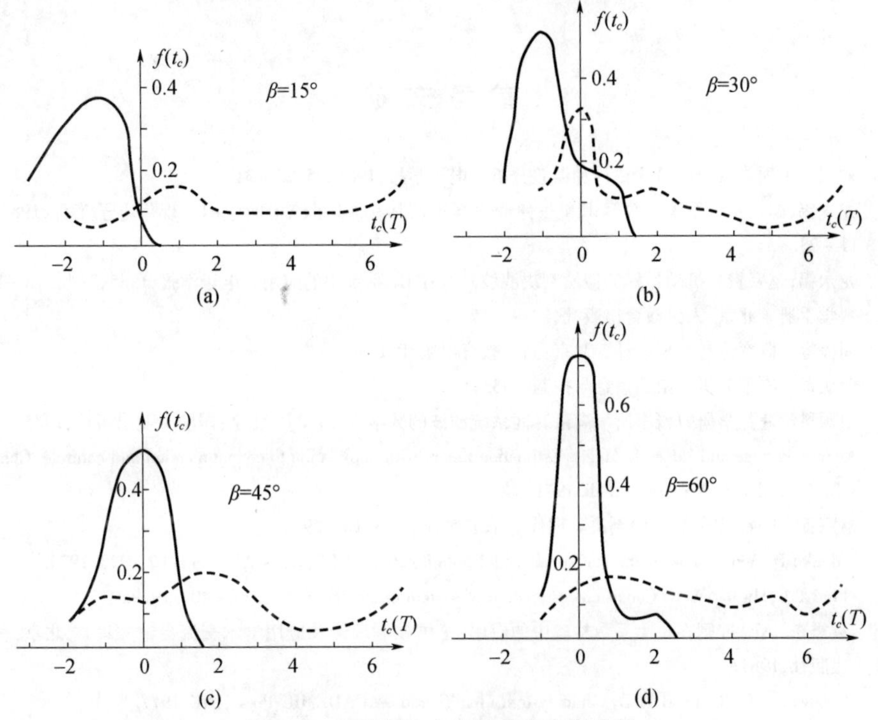

图 5.6　两种判决方法的误差密度曲线

从图 5.6 可以看出，广义似然比判决误差密度明显向零点聚集，而基于距离横向偏差的判决误差则向较大范围散布。特别当目标转弯坡度 β 较大（45°，60°）时，广义似然比判决具有非常准确的判决效果。

图 5.7 给出了目标进入转弯和改出转弯所采用的两种机动判决方法的判决时间延迟曲线。

从图 5.7 可以看出，尽管广义似然比判决准则判决时间延误在 2 ~ 3 个周期，且随目标转弯坡度的增加有一定上升趋势，但与考虑距离横向偏差的判决时间延误比较，延误时间尚不到其二分之一。

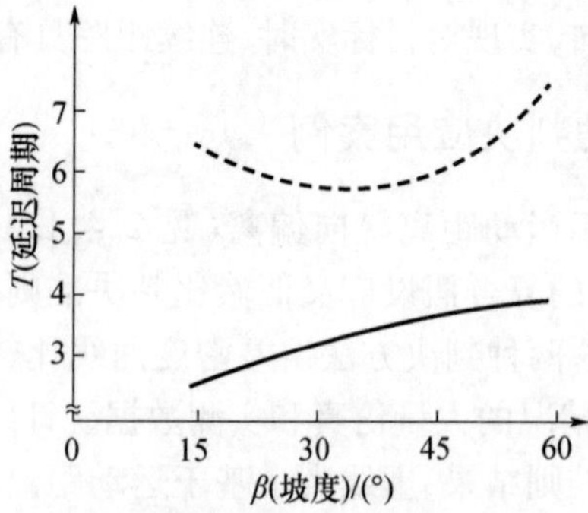

图 5.7　两种判决方法的时间延迟

参考文献

[1]　刘兴．多项式微分的最优估计和误差分析．电子学报,1981,95:22 - 31.

[2]　龙永锡,赵宗贵．系统参数辨识和一种最优算法及其在 C2 系统中的应用．现代电子工程,1985,1:11 - 23.

[3]　龙永锡,赵宗贵．机动目标的似然判决滤波及其在 C^2 系统中的应用．电子学报,1985,7(4):75 - 82.

[4]　数学手册．北京:人民教育出版社,1979.

[5]　周概容．概率论与数理统计．北京:高等教育出版社,1986.

[6]　何毓奇．决策分析引论．信息与控制,1983,1.

[7]　中国科学院数学研究概率所．离散时间系统滤波的数学方法[M]．北京:国防工业出版社,1975.

[8]　Andrew P. Sage and James L. Melsa. Estimation theory with application to communication and controle. Chapter 5 Decision theory. Mc Graw - Hill. 1971.

[9]　赵宗贵．Bayes 定理和后验判决．现代电子工程,1986,3:18 - 29.

[10]　Akaike H. A new look at the statistical model identification. IEEE Trans AC - 19,716 - 723. 1974.

[11]　Fine T L,Hwang W G. Consistent estimation of system order. IEEE AC,387 - 402. 1979.

[12]　袁震东．AIC 准则在模型系数检验中的应用(全国控制理论及应用学术交流会论文集)．北京:科学出版社,1981.

[13]　Goodwin G C,Rayne R L. Dynamic system identification. ACADEMIC Press,INC. 1977.

[14]　Akaike H. Statistical predictor identification. Ann,Ins. Stat. Math. 1970,22:203 - 217.

[15]　Parzen E. Some recent advances in time series modeling. IEEE AC,1974,723 - 730.

[16]　Parzen E. Nonparametric statistical data science. Statist. Sci. Div,Sung,Buffalo,Tech. Rep. ARO - 1,Jan,1977.

[17]　Schwarz G. Estimating the Dimension of a model. Ann,Statist. ,1978,461 - 464.

[18]　Genin Y. Ganssian estimation and Kalman filtering. AD 704306 Theory and application of Kalman filtering, Chapter 2,Section II.

[19]　Hotelling H. Some new method in matrix calculation. Ann math,Statist. 1943,14:1 - 34.

[20]　Hotelling H. Further point on matrix calculation and simultaneous equations. Ann math,Statist. 1943,14:440 - 441.

[21]　赵宗贵,熊朝华,等．信息融合概念、方法与应用．北京:国防工业出版社,2012.

[22]　龙永锡,赵宗贵．机动目标的最优判决(平滑、滤波技术交流会会议录),1977,10:81 - 93.

第6章　纯方位目标跟踪系统的可观测性分析

在探测领域中，可观测性的基本概念是基于对事物（目标）的观测，估计该事物（目标）状态的可能性和精准性，如估计算法的收敛性、状态估计的精度等。在有源传感器探测领域，由于单源即能实现目标定位，因此称为完全测量。完全测量系统基本上是可观测的，不可观测只是极少数情况，如因目标机动或强干扰（杂波）产生较大测量误差而无法准确定位和跟踪目标。在无源（被动）探测领域，由于仅有目标角度或距离测量，单信息源无法实现目标定位，称为不完全测量。不完全测量系统通常可观测性较弱，一般需要多源或对单源平台机动控制才能实现目标定位。因此，可观测性问题在无源探测领域比较典型，至今尚有许多有待解决的问题。

6.1　引　言

无源目标定位跟踪系统因其具有抗干扰能力强、隐蔽性好等优点而得到广泛应用。该类系统一般是基于运动学原理，通过目标与跟踪平台之间的相对运动关系而构建的动态系统，按照目标运动分析（Target Motion Analysis，TMA）来确定目标运动状态，与有源定位跟踪系统不同，无源定位跟踪系统通常只能接收/截获目标辐射/反射电磁信号和获取目标方位/俯仰角及多普勒频移等信息，无法直接获得目标与探测平台的距离，因此无法直接实现对目标的定位和跟踪；由于直角坐标系下的无源测量方程为非线性方程，因此无源目标定位跟踪系统是一个弱可观测的非线性系统，其定位跟踪算法的有效性要求预先满足特定的可观测性条件。另外，由于可观测性条件能够为定位跟踪算法的研究及其性能评估提供理论依据，因而可观测性分析是无源目标定位跟踪首先要研究的问题，只有在可观测条件下确定目标状态（位置、速度等），定位和跟踪问题才有可靠的唯一解。

无源目标定位跟踪系统的可观测性本质上是非线性系统的可观测性问题，严格地讨论和分析需要较高深的数学理论，为避免使用复杂的数学方法，工程界提出了一些简单的分析方法，一般将这些方法大致分为三类[1]：几何方法、代数方法和线性系统方法。其中，几何方法最为直观，但应用范围仅限于直线和折线运动跟踪平台对匀速运动目标的跟踪问题[2]；代数方法是采用状态变量解的唯一性来研究目标的可观测性问题[3]；线性系统方法则采用线性系统可观测性理论研究目标的可观测性问题[4]。需要指出的是，采用的分析方法不同，所获得结论的表述方式也不相同。在直角坐标系下,虽然纯方位目标定位跟踪系统的测量值是目标与跟踪平台相对坐标的非线性函数,但由于反三角函数的特殊性,测量方程可以通过数学变换转变成伪线性测量方程,因此,人们通常采用线性系统的可观测性理论讨论目标的可观测性问题,应用该方法能够导出更精致的结论[4]。

本章将主要应用线性系统的可观测性理论,研究单站纯方位常速和常加速运动目标定位跟踪系统、单站纯方位测量 N 阶运动目标定位跟踪系统,以及多固定基站和运动基站目标定位系统的可观测性问题,并给出了迄今为止的最新研究成果。对于可观测性较弱的目标定位问题,提高可观测性的控制方法即能控性方法,将在第7章研究。

6.2 线性系统可观测性的基本理论

可观测性问题和跟踪(观测)平台最优运动轨迹问题是单平台纯方位目标跟踪系统中两个非常棘手的问题。在笛卡儿直角坐标系下,纯方位目标跟踪系统的目标测量方程包含三角函数,因此该系统是非线性系统。考虑到目前非线性系线尚无明确统一的可观测性定义,同时考虑对非线性测量方程中三角函数进行数学变换能够得到伪线性测量方程,故本章采用线性系统的可观测性理论对纯方位目标跟踪系统的可观测性问题进行研究。

可观测性是现代控制理论中的一个重要的概念。一个系统的输入、输出和系统状态的变化可以通过状态方程和测量方程来描述,但是状态的直接测量往往是不可能的,因此自然会想到,时刻 t_0 时系统的状态能否通过从 t_0 起的某段时间内对系统的测量来估计确定,这就是系统的可观测性问题。下面分别介绍离散线性系统可观测性理论和连续线性系统可观测性理论。

6.2.1 离散线性系统可观测性

设系统状态方程和测量方程分别为[5]

$$\boldsymbol{X}(k+1)=\boldsymbol{\Phi}(k+1,k)\boldsymbol{X}(t)+\boldsymbol{B}(k)\boldsymbol{U}(k) \tag{6.1}$$

$$\boldsymbol{Z}(k)=\boldsymbol{H}(k)\boldsymbol{X}(k)+\boldsymbol{D}(k)\boldsymbol{U}(k) \tag{6.2}$$

式中:$\boldsymbol{X}$、$\boldsymbol{U}$、$\boldsymbol{Z}$ 分别为 n、r、m 维向量;$\boldsymbol{\Phi}$、$\boldsymbol{B}$、$\boldsymbol{H}$、$\boldsymbol{D}$ 分别为 $n\times n$、$n\times r$、$m\times n$、$m\times r$ 阶矩阵。假定状态控制向量 $\boldsymbol{U}(k)$ 与输出(测量)向量 $\boldsymbol{Z}(k)$ 均为已知。

定义 6.1　离散线性系统可观测性定义:对于式(6.1)和式(6.2)描述的离散线性系统,如果对时刻 t_0 存在正整数 N,使得由 $t_0,t_1,\cdots,t_N$ 时刻输出的测量$\boldsymbol{Z}(0)$,$\boldsymbol{Z}(1)$,$\cdots$,$\boldsymbol{Z}(N)$能唯一地确定系统在 t_0 的状态 $\boldsymbol{X}(0)$,这时称系统在 t_0 时是可观测的(也称系统在$[t_0,t_N]$上是可观测的)。如果系统在有定义的任一时刻都是可观测的,就称该系统为完全可观测的。

定理 6.1　由式(6.1)和式(6.2)描述的离散线性系统在时刻 t_0 可观测的充

要条件为：存在正整数 N，使得 n 阶方阵

$$\boldsymbol{M}(0,N) = \sum_{i=0}^{N} \boldsymbol{\Phi}^{\mathrm{T}}(i,0)\boldsymbol{H}^{\mathrm{T}}(i)\boldsymbol{H}(i)\boldsymbol{\Phi}(i,0) \tag{6.3}$$

是满秩的。此处 $\boldsymbol{\Phi}(i,j)=\boldsymbol{\Phi}(i,i-1)\boldsymbol{\Phi}(i-1,i-2)\cdots\boldsymbol{\Phi}(j+1,j),(i>j)$，$\boldsymbol{\Phi}(i,i)=I_n$（$n$ 阶单位矩阵）。

在实际应用中，可观测性条件有下列较简单的形式。

定理 6.2　由式(6.1)和式(6.2)描述的离散线性系统在时刻 t_0 可观测的充要条件为：存在正整数 N，使 $n\times m(N+1)$ 矩阵：

$$\boldsymbol{R}(0,N)=[\boldsymbol{H}^{\mathrm{T}}(0)\ \vdots\ \boldsymbol{\Phi}^{\mathrm{T}}(1,0)\boldsymbol{H}^{\mathrm{T}}(1)\ \vdots\ \cdots\ \vdots\ \boldsymbol{\Phi}^{\mathrm{T}}(N,0)\boldsymbol{H}^{\mathrm{T}}(N)] \tag{6.4}$$

的秩为 n。

对于定常线性系统（即矩阵 $\boldsymbol{\Phi}$、$\boldsymbol{B}$、$\boldsymbol{H}$、$\boldsymbol{D}$ 均与 k 无关），可观测条件更为简单。

推论 6.1　当式(6.1)和式(6.2)描述的离散线性系统为定常线性系统时，其完全可观测的充要条件为

$$\operatorname{rank}[\boldsymbol{H}^{\mathrm{T}}\ \vdots\ \boldsymbol{\Phi}^{\mathrm{T}}\boldsymbol{H}^{\mathrm{T}}\ \vdots\ \cdots\ \vdots\ (\boldsymbol{\Phi}^{n-1})^{\mathrm{T}}\boldsymbol{H}^{\mathrm{T}}]=n \tag{6.5}$$

上述定理和推论是离散线性系统可观测性的常用判据。

6.2.2　连续线性系统可观测性

首先给出连续线性系统的模型[5,6]。考虑没有噪声的线性时变系统，其状态方程为

$$\dot{X}(t)=\boldsymbol{A}(t)\boldsymbol{X}(t)+\boldsymbol{B}(t)\boldsymbol{U}(t) \tag{6.6}$$

系统的测量方程为

$$\boldsymbol{Z}(t)=\boldsymbol{H}(t)\boldsymbol{X}(t) \tag{6.7}$$

式中：$t\in[t_0,t_1]$，$\boldsymbol{X}(t)$ 为 $n\times1$ 的状态向量；$\boldsymbol{A}(t)$ 为 $n\times n$ 的状态矩阵；$\boldsymbol{B}(t)$ 为 $n\times r$ 的输入（控制）矩阵；$\boldsymbol{U}(t)$ 为 $(r\times1)$ 的控制向量；$\boldsymbol{H}(t)$ 为 $m\times n$ 的测量矩阵，$\boldsymbol{Z}(t)$ 为 $m\times1$ 的输出（测量）向量。假定状态控制向量 $\boldsymbol{U}(t)$ 与输出（测量）向量 $\boldsymbol{Z}(t)$ 均为已知。

由于判断一个常数向量组是否线性相关（矩阵满秩）的方法不适用于函数向量，这里介绍判断函数向量相关性的方法。首先介绍相关概念。

定义 6.2　Gram 矩阵：设 $\boldsymbol{c}_1(x),\boldsymbol{c}_2(x),\cdots,\boldsymbol{c}_m(x)$ 是 m 个定义在 $[a,b]$ 上的 n 维连续函数向量，即

$$\boldsymbol{c}_i(x)=[\boldsymbol{c}_{i1}(x),\boldsymbol{c}_{i2}(x),\cdots,\boldsymbol{c}_{in}(x)]\qquad i=1,2,\cdots,m$$

记 $g_{ij}=\int_a^b \boldsymbol{c}_i(x)\boldsymbol{c}_j^{\mathrm{T}}(x)\mathrm{d}x\ (i,j=1,2,\cdots,m)$，则将 g_{ij} 为元素的常数矩阵 $\boldsymbol{G}=[g_{ij}]_{m\times m}$ 称为 $\boldsymbol{c}_1(x),\boldsymbol{c}_2(x),\cdots,\boldsymbol{c}_m(x)$ 的 Gram 矩阵。

定义 6.3　Wronski 矩阵：设 $\boldsymbol{c}_i(x)=[c_{i1}(x),c_{i2}(x),\cdots,c_{in}(x)]\ (i=1,2,\cdots,m)$，是 m 个定义在 $[a,b]$ 上的有 $m-1$ 阶导数的 n 维函数向量，记

$$\boldsymbol{C}(x)=\begin{bmatrix}\boldsymbol{c}_1(x)\\ \boldsymbol{c}_2(x)\\ \vdots\\ \boldsymbol{c}_m(x)\end{bmatrix}=\begin{bmatrix}c_{11}(x) & c_{12}(x) & \cdots & c_{1n}(x)\\ c_{21}(x) & c_{22}(x) & \cdots & c_{2n}(x)\\ \vdots & \vdots & \ddots & \vdots\\ c_{m1}(x) & c_{m2}(x) & \cdots & c_{mn}(x)\end{bmatrix} \tag{6.8}$$

则称矩阵：

$$\boldsymbol{W}(x)=[\boldsymbol{C}(x),\boldsymbol{C}^{(1)}(x),\cdots,\boldsymbol{C}^{(m-1)}(x)]_{m\times mn}$$

$$=\begin{bmatrix}c_{11}(x) & c_{12}(x) & \cdots & c_{1n}(x) & \cdots & c_{11}^{(m-1)}(x) & c_{12}^{(m-1)}(x) & \cdots & c_{1n}^{(m-1)}(x)\\ c_{21}(x) & c_{22}(x) & \cdots & c_{2n}(x) & \cdots & c_{21}^{(m-1)}(x) & c_{22}^{(m-1)}(x) & \cdots & c_{2n}^{(m-1)}(x)\\ \vdots & \vdots & \vdots & \vdots & \ddots & \vdots & \vdots & \ddots & \vdots\\ c_{m1}(x) & c_{m2}(x) & \cdots & c_{mn}(x) & \cdots & c_{m1}^{(m-1)}(x) & c_{m2}^{(m-1)}(x) & \cdots & c_{mn}^{(m-1)}(x)\end{bmatrix} \tag{6.9}$$

是函数向量 $\boldsymbol{c}_1(x),\boldsymbol{c}_2(x),\cdots,\boldsymbol{c}_m(x)$ 的 Wronski 矩阵。其中 $\boldsymbol{C}^{(1)}(x),\boldsymbol{C}^{(2)}(x),\cdots,\boldsymbol{C}^{(m-1)}(x)$ 分别是 $\boldsymbol{C}(x)$ 一阶、二阶、…、$(m-1)$ 阶导数矩阵。

定义 6.4　函数向量的线性相关性：对于在 $[a,b]$ 上定义的 m 个连续的 n 维函数向量 $\boldsymbol{c}_i(x)=[c_{i1}(x),c_{i2}(x),\cdots,c_{in}(x)]\ (i=1,2,\cdots,m)$，若存在不全为零的常数 $k_1,k_2,\cdots,k_m$，使得所有 $x\in[a,b]$，成立等式

$$k_1\boldsymbol{c}_1(x)+k_2\boldsymbol{c}_2(x)+\cdots+k_m\boldsymbol{c}_m(x)=\boldsymbol{0} \tag{6.10}$$

则称函数向量 $\boldsymbol{c}_1(x),\boldsymbol{c}_2(x),\cdots,\boldsymbol{c}_m(x)$ 在 $[a,b]$ 上线性相关，否则称其在 $[a,b]$ 上线性无关。显然线性无关情况是指：只有当 $k_1=k_2=\cdots=k_m=0$ 时，式(6.10)才成立。

定义 6.5　连续线性系统可观测性定义：式(6.6)和式(6.7)描述的时变连续线性系统，对于时刻 t_0，若存在时刻 $t_1(t_1>t_0)$，使得基于时间区间 $[t_0,t_1]$ 内系统的测量 $\boldsymbol{Z}(t)$ 能唯一确定系统 t_0 时刻的状态 $\boldsymbol{X}(t_0)$，则称系统在 t_0 时是可观测的，或称系统在 $[t_0,t_1]$ 是可观测的。如果系统在定义的时间区间内任一时刻都是可观测的，称系统为完全可观测的。

设微分方程式(6.6)的解[7]为

$$\boldsymbol{X}(t)=\boldsymbol{\Phi}(t,t_0)\boldsymbol{X}(t_0)+\boldsymbol{R}(t) \tag{6.11}$$

式中：转移矩阵 $\boldsymbol{\Phi}(t,t_0)$ 满足：$\mathrm{d}\boldsymbol{\Phi}(t,t_0)/\mathrm{d}t=\boldsymbol{A}(t)\boldsymbol{\Phi}(t,t_0)$，$\boldsymbol{\Phi}(t_0,t_0)=\boldsymbol{I}_n$，$\boldsymbol{I}_n$ 表示 $n\times n$ 的单位矩阵。当 $\boldsymbol{A}$ 是常值矩阵时，可以得到

$$\boldsymbol{\Phi}(t,t_0)=\exp\{\boldsymbol{A}(t-t_0)\},\boldsymbol{R}(t)=\int_{t_0}^{t}\boldsymbol{\Phi}(t,\tau)\boldsymbol{B}(\tau)\boldsymbol{U}(\tau)\mathrm{d}\tau$$

由(6.7)式和式(6.11)可得

$$\boldsymbol{H}(t)\boldsymbol{\Phi}(t,t_0)\boldsymbol{X}(t_0)=\boldsymbol{Z}(t)-\boldsymbol{H}(t)\boldsymbol{R}(t) \tag{6.12}$$

将式(6.12)两端左乘 $\boldsymbol{\Phi}^{\mathrm{T}}(t,t_0)\boldsymbol{H}^{\mathrm{T}}(t)$，然后积分，得

$$\left\{\int_{t_0}^{t_1}\Phi^{\mathrm{T}}(t,t_0)\boldsymbol{H}^{\mathrm{T}}(t)\boldsymbol{H}(t)\boldsymbol{\Phi}(t,t_0)\mathrm{d}t\right\}\boldsymbol{X}(t_0)=$$

$$\int_{t_0}^{t_1}\{\boldsymbol{\Phi}^{\mathrm{T}}(t,t_0)\boldsymbol{H}^{\mathrm{T}}(t)[\boldsymbol{Z}(t)-\boldsymbol{H}(t)\boldsymbol{R}(t)]\}\mathrm{d}t \tag{6.13}$$

方程式(6.13)关于$\boldsymbol{X}(t_0)$具有唯一解的充要条件是其 Gram 矩阵,即

$$\boldsymbol{M}(t_0,t_1)=\int_{t_0}^{t_1}\boldsymbol{\Phi}^{\mathrm{T}}(t,t_0)\boldsymbol{H}^{\mathrm{T}}(t)\boldsymbol{H}(t)\boldsymbol{\Phi}(t,t_0)\mathrm{d}t \tag{6.14}$$

可逆或正定,即对任意的$\boldsymbol{\mu}\neq\boldsymbol{0}$,满足:

$$\boldsymbol{\mu}^{\mathrm{T}}\left[\int_{t_0}^{t_1}\boldsymbol{\Phi}^{\mathrm{T}}(t,t_0)\boldsymbol{H}^{\mathrm{T}}(t)\boldsymbol{H}(t)\boldsymbol{\Phi}(t,t_0)\mathrm{d}t\right]\boldsymbol{\mu}>0$$

或者对任意的$\boldsymbol{\mu}\neq\boldsymbol{0}$,存在$t\in[t_0,t_1]$,满足:

$$\boldsymbol{H}(t)\boldsymbol{\Phi}(t,t_0)\boldsymbol{\mu}\neq 0$$

由此得到式(6.6)和式(6.7)构成的线性时变系统的可观测性定理如下。

定理6.3　式(6.6)和式(6.7)描述的时变连续线性系统在时刻t_0可观测的充要条件是存在时刻$t_1(t_1>t_0)$,使n阶 Gram 矩阵$\boldsymbol{M}(t_0,t_1)$可逆。

当该系统为定常系统时,其完全可观测的充要条件简化为

$$\mathrm{rank}[\boldsymbol{H}^{\mathrm{T}}\vdots\boldsymbol{A}^{\mathrm{T}}\boldsymbol{H}^{\mathrm{T}}\vdots\cdots\vdots(\boldsymbol{A}^{\mathrm{T}})^{n-1}\boldsymbol{H}^{\mathrm{T}}]=n \tag{6.15}$$

由于 Gram 矩阵$\boldsymbol{M}(t_0,t_1)$可逆等价于矩阵$\boldsymbol{H}(t)\boldsymbol{\Phi}(t,t_0)$的列向量线性无关[7],因而有如下等价定理。

定理6.4　式(6.6)和式(6.7)描述的连续时变线性系统在时间$[t_0,t_1]$上可观测的充要条件是:对于任意的非零向量$\boldsymbol{\mu}$,存在$t\in[t_0,t_1]$,满足$\boldsymbol{H}(t)\boldsymbol{\Phi}(t,t_0)\boldsymbol{\mu}\neq\boldsymbol{0}$。

定理6.4的逆否(等价)命题也较常用。

定理6.5　式(6.6)和式(6.7)描述的连续时变线性系统在时间$[t_0,t_1]$上是可观测的,当且仅当对任意$t\in[t_0,t_1]$,若存在$\boldsymbol{\mu}$使得$\boldsymbol{H}(t)\boldsymbol{\Phi}(t,t_0)\boldsymbol{\mu}=\boldsymbol{0}$,则$\boldsymbol{\mu}=\boldsymbol{0}$。

上述定理6.4和定理6.5是利用函数向量线性无关的定义来建立线性系统的可观测性条件。另外,还可通过向量函数线性无关的判定定理来建立线性系统的可观测性条件(注意,判断一个常数向量组是否线性相关的方法不适用函数向量)。

如果函数向量不仅连续,而且具有足够高阶的导数,那么可以通过对某个函数矩阵求导的方法来判断函数向量组的线性相关性。

定理6.6　式(6.6)和式(6.7)描述的时变连续线性系统在时间$[t_0,t_1]$上可观测的充要条件是:存在$t\in[t_0,t_1]$,其 Wronski 矩阵$[\boldsymbol{W}^{(0)}(t)\boldsymbol{W}^{(1)}(t)\cdots\boldsymbol{W}^{(n-1)}(t)]^{\mathrm{T}}$的秩为$n$。其中,$\boldsymbol{W}(t)=\boldsymbol{H}(t)\boldsymbol{\Phi}(t,t_0)$,$\boldsymbol{W}^{(k)}(t)$表示$\boldsymbol{W}(t)$对$t$的$k$阶导数。

以上各定理是从不同角度给出的关于连续线性系统系统的可观测性条件,也都是式(6.13)有唯一解的条件,可根据具体应用灵活选择。

6.3　单静止站纯方位跟踪系统的可观测性

单一静止测向站对目标有很多隐蔽探测方式,如一部地面测向雷达隐蔽跟踪

空中目标;又如,一艘水下潜艇使用无源声纳监听水面或水下目标,以及固定的岸边监测站独立探测近岸水面或水下目标等。相关研究表明,利用单一静止站所测量的目标方位信息不可能同时解算出目标的距离、航速和航向参数,即是一个不完全可观测系统[2]。本节的分析表明,利用单一静止观测站的纯方位信息可以估计出目标的航向,并预测出目标通过其航路捷点(即与观测站最近点)的时刻,以及目标初始距离和目标速度的比值,即运动目标的部分参数是可观测的[8-11]。这些目标信息能够支持对目标进行威胁判断。另外,若掌握了目标类型信息可以估算出目标的运动航速,从而确定目标大致位置,为作战决策提供支持。

6.3.1 问题描述

假定目标作匀速直线运动,且仅考虑目标在二维平面上运动的情形,建立如图 6.1 所示的直角坐标系,单一静止测向站位于坐标系的原点。

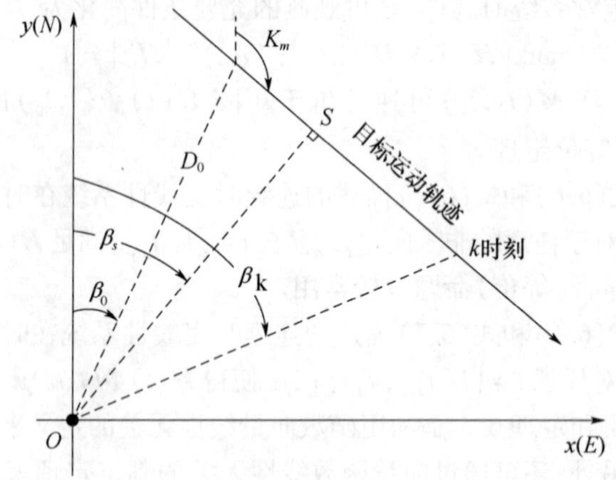

图 6.1　目标常速运动的几何图示

在此假定之下,用参数(D_0, K_m, V_m, β_0)就可以唯一地确定目标的运动轨迹。其中,D_0 表示目标的初始距离(单位为 m);K_m 表示目标航向;V_m 表示目标的运动速度(单位为 m/s);β_0 表示初始时刻 t_0 的目标方位观测值。

现在假定单静止观测站获得了 $t_1, t_2, \cdots, t_k$ 时刻的目标方位观测值序列:β_1, $\beta_2, \cdots, \beta_k$,根据三角形知识,常速直线运动的目标满足关系式 $|\beta_k - \beta_0| \leqslant \pi$。

又记 V_{mx} 和 V_{my} 分别表示目标运动速度 V_m 的 x 轴和 y 轴分量;(x_{m0}, y_{m0})表示目标初始位置坐标,则目标运动满足关系式

$$\begin{cases} V_{mx} = V_m \sin K_m \\ V_{my} = V_m \cos K_m \\ x_{m0} = D_0 \sin\beta_0 \\ y_{m0} = D_0 \cos\beta_0 \end{cases} \tag{6.16}$$

由式(6.16)可得

$$\begin{cases} D_0 = \sqrt{x_{m0}^{\ 2} + y_{m0}^{\ 2}} \\ V_m = \sqrt{V_{mx}^{\ 2} + V_{my}^{\ 2}} \\ \tan\beta_0 = \dfrac{x_{m0}}{y_{m0}} \\ \tan K_m = \dfrac{V_{mx}}{V_{my}} \end{cases}$$

可见,由参数集合($V_{mx}, V_{my}, x_{m0}, y_{m0}$)能够唯一确定常速运动目标的运动轨迹。

由目标方位观测值序列 $\beta_1, \beta_2, \cdots, \beta_k$,可得到目标方位与上述参数集合之间如下关系式

$$\tan\beta_j = \frac{x_{m0} + V_{mx}(t_j - t_0)}{y_{m0} + V_{my}(t_j - t_0)} \quad j = 1, 2, \cdots, k \tag{6.17}$$

由式(6.16)和式(6.17)还可以得到

$$\tan\beta_j = \frac{D_0 \sin\beta_0 + V_{mx}(t_j - t_0)}{D_0 \cos\beta_0 + V_{my}(t_j - t_0)} \quad j = 1, 2, \cdots, k \tag{6.18}$$

进一步变换可以得到

$$\tan\beta_j = \frac{\sin\beta_0 + V_{mx}(t_j - t_0)/D_0}{\cos\beta_0 + V_{my}(t_j - t_0)/D_0} \quad j = 1, 2, \cdots, k \tag{6.19}$$

当 t_j 和 β_j 为已知量($j = 0, 1, 2, \cdots, k$)时,利用式(6.19)便可以形成关于(D_0, V_{mx}, V_{my})为未知量的非线性方程组,若能够对其进行求解,便可以唯一确定目标的运动轨迹,从而实现对目标的定位,此时称系统是完全可观测的。

6.3.2　可观测性分析

由式(6.19)可以得到

$$D_0 \sin(\beta_j - \beta_0) - (t_k - t_0)\cos\beta_j V_{mx} + (t_j - t_0)\sin\beta_j V_{my} = 0 \quad j = 1, 2, \cdots, k \tag{6.20}$$

写成矩阵形式($k \geqslant 2$)为

$$\begin{bmatrix} \sin(\beta_1 - \beta_0) & -(t_1 - t_0)\cos\beta_1 & (t_1 - t_0)\sin\beta_1 \\ \sin(\beta_2 - \beta_0) & -(t_2 - t_0)\cos\beta_2 & (t_2 - t_0)\sin\beta_2 \\ \vdots & \vdots & \vdots \\ \sin(\beta_k - \beta_0) & -(t_k - t_0)\cos\beta_k & (t_k - t_0)\sin\beta_k \end{bmatrix} \begin{bmatrix} D_0 \\ V_{mx} \\ V_{my} \end{bmatrix} = \mathbf{0} \tag{6.21}$$

记

$$\boldsymbol{X}_0 = (D_0, V_{mx}, V_{my})^{\mathrm{T}}, \boldsymbol{A} = \begin{bmatrix} \sin(\beta_1 - \beta_0) & -(t_1 - t_0)\cos\beta_1 & (t_1 - t_0)\sin\beta_1 \\ \sin(\beta_2 - \beta_0) & -(t_2 - t_0)\cos\beta_2 & (t_2 - t_0)\sin\beta_2 \\ \vdots & \vdots & \vdots \\ \sin(\beta_k - \beta_0) & -(t_k - t_0)\cos\beta_k & (t_k - t_0)\sin\beta_k \end{bmatrix}$$

则式(6.21)可以写成

$$AX_0 = \mathbf{0} \tag{6.22}$$

若定义矩阵 $M = A^{\mathrm{T}}A$(3 阶方阵),则通过计算可以得到

$M = A^{\mathrm{T}}A =$

$$\begin{bmatrix} \sum_{j=1}^{k} \sin^2(\beta_j - \beta_0) & -\sum_{j=1}^{k}(t_j - t_0)\cos\beta_j\sin(\beta_j - \beta_0) & \sum_{j=1}^{k}(t_j - t_0)^2\sin\beta_j\sin(\beta_j - \beta_0) \\ -\sum_{j=1}^{k}(t_j - t_0)\cos\beta_j\sin(\beta_j - \beta_0) & \sum_{j=1}^{k}(t_j - t_0)^2\cos^2\beta_j & -\sum_{j=1}^{k}(t_j - t_0)^2\cos\beta_j\sin\beta_j \\ \sum_{j=1}^{k}(t_j - t_0)^2\sin\beta_j\sin(\beta_j - \beta_0) & -\sum_{j=1}^{k}(t_j - t_0)^2\cos\beta_j\sin\beta_j & \sum_{j=1}^{k}(t_j - t_0)^2\sin^2\beta_j \end{bmatrix}$$

由式(6.22)两边同乘以矩阵 A^{T},从而可以得到

$$MX_0 = \mathbf{0} \tag{6.23}$$

而对于常速直线运动的目标状态而言,可知 $X_0 \neq \mathbf{0}$,所以矩阵 M 必为奇异矩阵,但这样一来就会导致未知向量 X_0 有无穷多组解,即系统是不完全可观测的[8-11]。

6.3.3 部分可观测性

为进一步分析可观测性,对式(6.23)的左端的矩阵进行如下形式的矩阵分块

$$\begin{bmatrix} M_{11} & -M_{12} \\ -M_{21} & M_{22} \end{bmatrix}\begin{bmatrix} D_0 \\ X_1 \end{bmatrix} = \mathbf{0} \tag{6.24}$$

其中

$$X_1 = [V_{mx}, V_{my}]^{\mathrm{T}},\ M_{11} = \sum_{j=1}^{k} \sin^2(\beta_j - \beta_0)$$

$$M_{12} = (M_{21})^{\mathrm{T}} = \left[\sum_{j=1}^{k}(t_j - t_0)\cos\beta_j\sin(\beta_j - \beta_0) \quad -\sum_{j=1}^{k}(t_j - t_0)^2\sin\beta_j\sin(\beta_j - \beta_0)\right]$$

$$M_{22} = \begin{bmatrix} \sum_{j=1}^{k}(t_j - t_0)^2\cos^2\beta_j & -\sum_{j=1}^{k}(t_j - t_0)^2\cos\beta_j\sin\beta_j \\ -\sum_{j=1}^{k}(t_j - t_0)^2\cos\beta_j\sin\beta_j & \sum_{j=1}^{k}(t_j - t_0)^2\sin^2\beta_j \end{bmatrix}$$

对式(6.24)展开可得

$$M_{22}(X_1/D_0) = M_{21} \tag{6.25}$$

记

$$M_{22} = \begin{bmatrix} a_{11}(k) & a_{12}(k) \\ a_{21}(k) & a_{22}(k) \end{bmatrix}, M_{21} = (b_1(k), b_2(k))^{\mathrm{T}}, X_2 = (V_{mx}/D_0, V_{my}/D_0)^{\mathrm{T}}$$

其中

$$a_{11}(k)=\sum_{j=1}^{k}(t_j-t_0)^2\cos^2\beta_j,a_{12}(k)=a_{21}(k)=-\sum_{j=1}^{k}(t_j-t_0)^2\sin\beta_j\cos\beta_j$$

$$a_{22}(k)=\sum_{j=1}^{k}(t_j-t_0)^2\sin^2\beta_j,b_1(k)=\sum_{j=1}^{k}(t_j-t_0)\cos\beta_j\sin(\beta_j-\beta_0)$$

$$b_2(k)=-\sum_{j=1}^{k}(t_j-t_0)\sin\beta_j\sin(\beta_j-\beta_0)$$

由于矩阵 $\boldsymbol{M}_{22}$ 的行列式为

$$\begin{aligned}\det[\boldsymbol{M}_{22}]&=a_{11}(k)a_{22}(k)-a_{12}^2(k)\\&=\sum_{i=1}^{k}\sum_{j=1}^{k}(t_i-t_0)^2(t_j-t_0)^2\sin^2\beta_i\cos^2\beta_j\\&\quad-\sum_{i=1}^{k}\sum_{j=1}^{k}(t_i-t_0)^2(t_j-t_0)^2\sin\beta_i\cos\beta_i\sin\beta_j\cos\beta_j\\&=\sum_{i=1}^{k}\sum_{j=1}^{k}(t_i-t_0)^2(t_j-t_0)^2\sin^2(\beta_i-\beta_j)/2\end{aligned}\tag{6.26}$$

显然,当 $k\geqslant 2$ 且满足 $\beta_1,\beta_2,\cdots,\beta_k$ 互不相等时,有 $\det(M(k))>0$,即式(6.25)中 $\boldsymbol{X}_2$ 有唯一解;因此,对于 $\boldsymbol{X}_2$ 来说,系统是可观测的。在此基础上,可以进一步确定目标的其他参数。

1. 目标航向

由式(6.16)以及 $V_m=\sqrt{V_{mx}{}^2+V_{my}{}^2}$,容易导出关系式

$$K_m=\arcsin\frac{V_{mx}}{\sqrt{V_{mx}{}^2+V_{my}{}^2}}$$

上式右端分式中分子分母同除以 D_0,可得

$$K_m=\arcsin\left[\frac{V_{mx}/D_0}{\sqrt{(V_{mx}/D_0)^2+(V_{my}/D_0)^2}}\right]\tag{6.27}$$

这表示从解 $\boldsymbol{X}_2=(V_{mx}/D_0,V_{my}/D_0)^{\mathrm{T}}$ 即可确定目标航向 K_m。

2. 目标的速度与初始距离比

由关系式 $V_m=\sqrt{V_{mx}{}^2+V_{my}{}^2}$ 容易求出

$$\frac{V_m}{D_0}=\sqrt{(V_{mx}/D_0)^2+(V_{my}/D_0)^2}\tag{6.28}$$

3. 目标通过航路捷径点的时刻

静止单一测向站至目标航线垂线的垂足,称为航路捷径点,如图6.1中目标航线上的 S 点。目标通过航路捷径点的时刻 t_s 满足关系式

$$t_s=t_0+\frac{D_0}{V_m}\cos(K_m-\beta_0)\tag{6.29}$$

由以上分析可以看出,只要目标的航路捷径不为0,并且单一静止测向站进行

至少3次以上方位测量，便可以由式(6.25)唯一确定目标的相对参数 $\boldsymbol{X}_2=[V_{mx}/D_0,V_{my}/D_0]^{\mathrm{T}}$，并且估计出目标的航向 K_m、目标的速度与初始距离的比值 V_m/D_0，以及目标通过航路捷径点的时刻 t_s。

6.3.4 目标参数估计算法分析

在第6.3.2节和第6.3.3节中，有关可观测问题的求解分析都假定观测的目标方位未受到噪声干扰。但实际上，观测的目标方位不可避免地要受到噪声干扰，因此有必要分析噪声干扰条件下目标参数的估计问题。

假定目标方位测量存在测量误差 $\varepsilon_j(j=0,1,2,\cdots,k)$，此时求解常速运动的目标运动相对参数 $\boldsymbol{X}_2=[V_{mx}/D_0,V_{my}/D_0]^{\mathrm{T}}$ 的一种方法是将测量方位值 $\beta_j=\beta_{mj}+\varepsilon_j$ 直接代入到矩阵 $\boldsymbol{M}_{22}$ 和 $\boldsymbol{M}_{21}$ 的表达式中，再利用式(6.25)求出 X_2 的估计量 $\hat{\boldsymbol{X}}_2$；这里的 β_{mj} 表示目标方位的精确测量值。

记 $\hat{\boldsymbol{X}}_2=[\hat{x}_{21},\hat{x}_{22}]^{\mathrm{T}}$，则在 t_k 时刻，由式(6.25)可以解得

$$\begin{cases}\hat{x}_{21}=\dfrac{a_{22}(k)b_1(k)-a_{12}(k)b_2(k)}{a_{11}(k)a_{22}(k)-a_{12}(k)a_{21}(k)}\\\hat{x}_{22}=\dfrac{a_{11}(k)b_2(k)-a_{12}(k)b_1(k)}{a_{11}(k)a_{22}(k)-a_{12}(k)a_{21}(k)}\end{cases}\tag{6.30}$$

可以采用如下递推公式计算 $\boldsymbol{M}_{22}$ 和 $\boldsymbol{M}_{21}$ 中的元素，即

$$\begin{cases}a_{11}(k)=a_{11}(k-1)+(t_k-t_0)^2\cos^2\beta_k\\a_{12}(k)=a_{21}(k)=a_{12}(k-1)-(t_k-t_0)^2\sin\beta_k\cos\beta_k\\a_{22}(k)=a_{22}(k-1)+(t_k-t_0)^2\sin^2\beta_k\end{cases}\tag{6.31}$$

$$\begin{cases}b_1(k)=b_1(k-1)-(t_k-t_0)\cos\beta_k\sin(\beta_k-\beta_0)\\b_2(k)=b_2(k-1)+(t_k-t_0)\sin\beta_k\sin(\beta_k-\beta_0)\end{cases}\tag{6.32}$$

式中：$k=2,3,\cdots$；$a_{11}(0)=a_{22}(0)=a_{12}(0)=a_{21}(0)=0$；$b_1(0)=b_2(0)=0$。

于是，利用累积方程式(6.32)，当 $k\geqslant2$ 之后，再运用式(6.30)和式(6.31)便可以递推地解出 $\hat{\boldsymbol{X}}_2$，该算法的优点是递推公式计算量小，毋需给出 $\hat{\boldsymbol{x}}_2$ 的初值[8]。

利用 $\hat{\boldsymbol{X}}_2$ 和式(6.27)~式(6.29)还可以解出目标的其他参数。

6.3.5 仿真实例分析

仿真实例[12]：假定等间隔采样，目标方位测量值每1s更新一次，跟踪时间为800s，方位测量误差服从正态分布，其均方根差 $\sigma_{\beta_j}\leqslant1°$。由于 V_m 相对 D_0 较小，其比值接近于0，所以取其倒数。共仿真三种航路情况（图6.2），每种态势仿真50次。

态势1：一般航路情况（图6.2(a)）。目标初始方位角为30°，航向为140°，初

始距离 D_0 为 20km,运动速度为 40m/s。

态势 2:航路捷径接近于 0 情况(图 6.2(b))。目标初始方位角为 30°,航向为 215°,初始距离 D_0 为 20km,运动速度为 20m/s。

态势 3:远距离慢速运动目标情况(图 6.2(c))。目标初始方位角为 40°,航向为 210°,初始距离 D_0 为 60km,运动速度为 20m/s。

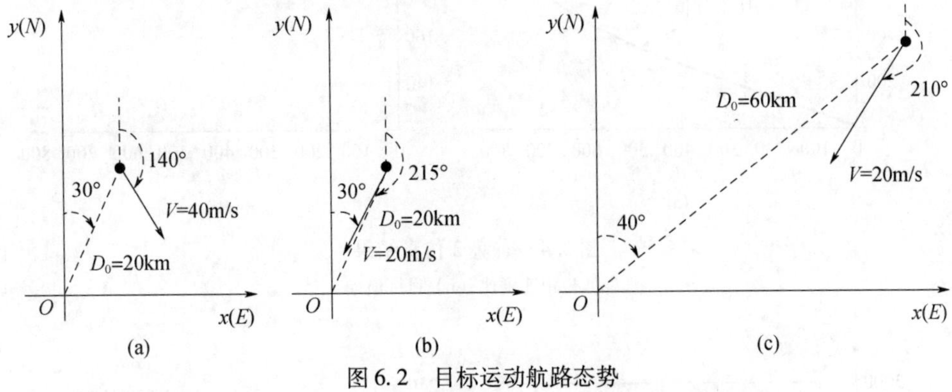

图 6.2 目标运动航路态势

(a) 一般航路;(b) 航路捷径接近于 0;(c) 远距离慢速运动目标。

30 次仿真得到的 D_0/V 和目标运动航向 K_m 的计算结果如图 6.3 ~ 图 6.5 所示。

通过对上述目标运动态势仿真结果的分析,可以得到如下结论[12]:

(1) 系统部分可观测:在图 6.2(a)的理想情况下,从图 6.3 的仿真结果可以看出,求取的目标初距速度比和航向都与真值十分吻合,即在一定的条件下,对 X_0 来说系统是部分可观测的,并进而可以求出目标航向等其他参数。

(2) 有偏估计:由图 6.3 ~ 图 6.5 所示的结果可以看出,当存在测量噪声时,计算结果在一定的时间之后都是收敛的,但偏离真值。由于观测矩阵目标测量方位误差是非高斯白噪声(均值非零),所以估计是有偏的。

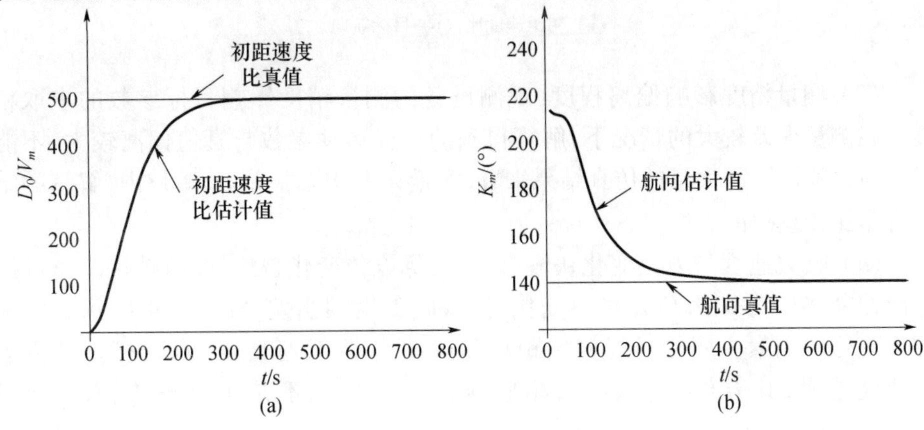

图 6.3 态势 1 仿真结果

(a) 初距速度比;(b) 目标航向。

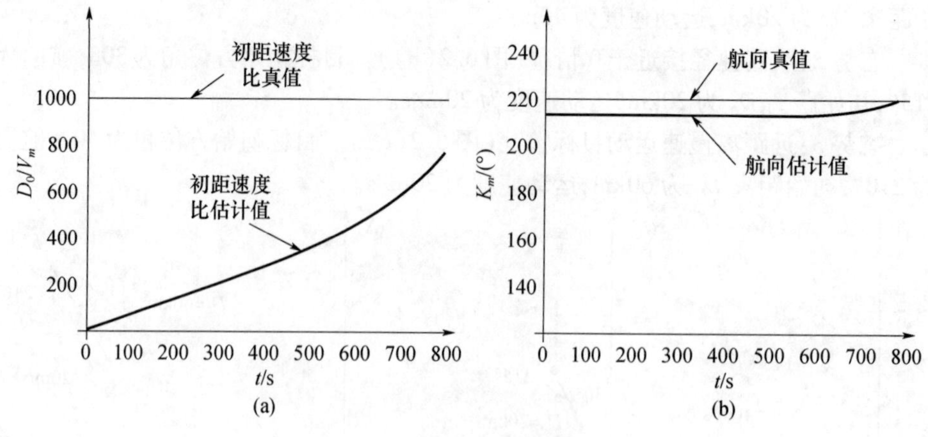

图 6.4 态势 2 仿真结果

（a）初距速度比;（b）目标航向。

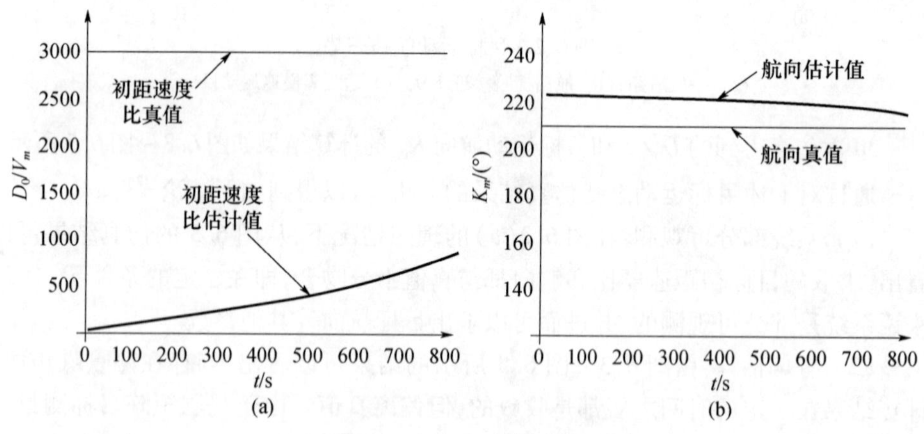

图 6.5 态势 3 仿真结果

（a）初距速度比;（b）目标航向。

（3）测量精度影响偏离程度：观测设备的测量精度影响目标参数的求取精度。在测量误差较大的情况下，解算得到的目标运动参数与真值偏离较大，不能满足应用要求。从大量的仿真结果来看，测量误差均方根差 $\sigma_{\beta_j} \leqslant 1°$内，解算的结果都是比较理想的。

（4）收敛速度与方位变化快慢有关：目标方位变化越快，收敛越快。当目标航路捷径接近为0，方位几乎不变化时，其收敛性相当差，如图 6.4 所示。影响方位变化的因素主要是目标初始距离和运动速度，目标距测向站越远，目标运动速度越慢，其方位变化越慢，相应地估计结果就不是十分理想，如图 6.5 所示。

6.4　单运动平台纯方位跟踪系统的可观测性分析

单平台纯方位跟踪系统系指单一平台在基于自身进行某种有效机动过程中连续获取的目标方位观测值，来估计该目标的运动状态(位置和速度)。该技术已在 ESM、红外和光学跟踪系统(如机载、舰载无源目标跟踪系统)中得到广泛应用。单一纯方位观测定位跟踪系统用于固定目标定位时，只要跟踪平台不沿目标观测视线(Line of Sight, LOS)方向运动，目标总是可观测的，这本质上就是多点测向定位。对于常速运动目标的二维和三维纯方位跟踪(Bearings - Only Tracking, BOT)的可观测性研究始于 20 世纪 70 年代，其理论研究成果已推广到了机动目标情形，但这些成果中在工程实践中尚未大量应用。

6.4.1　单平台纯方位跟踪系统可观测性问题的描述

考虑二维无源目标跟踪问题。设跟踪平台的运动轨迹向量为 $\boldsymbol{r}_O(t)$(已知)，目标是载有连续电磁辐射源、频率为 f_0(未知常数)的运动平台，其运动轨迹向量记为 $\boldsymbol{r}_T(t)$，跟踪平台与目标的相对运动态势如图 6.6 所示，这里采用东北二维直角坐标系。

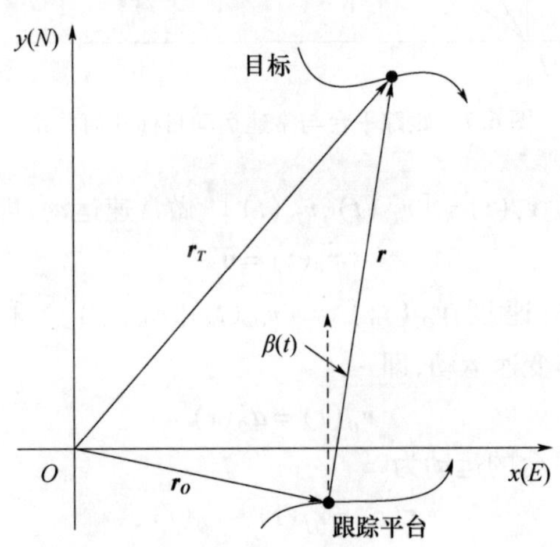

图 6.6　跟踪平台与目标运动的几何关系

目标相对于跟踪平台的位置为

$$\boldsymbol{r}(t)=\boldsymbol{r}_T(t)-\boldsymbol{r}_O(t)=[x(t),y(t)]^{\mathrm{T}}$$

目标与跟踪平台之间的距离记为 $r(t)=\|\boldsymbol{r}(t)\|$，即 $\boldsymbol{r}(t)$ 的范数。跟踪平台对目标的测量方位角记为 $\beta(t)$。

由图 6.6 可知成立下述关系式(不考虑测量噪声的影响)

$$\beta(t)=\arctan\frac{x(t)}{y(t)} \tag{6.33}$$

单平台纯方位跟踪系统的可观测性是指：目标在 $t\in[t_0,t_f]$ 时刻是可观测的，当且仅当利用跟踪平台在 $t_i\in[t_0,t]$ 内对目标的观测值序列 $\{\beta(t_i)\mid i=1,2,\cdots,t_0\leqslant t_i\leqslant t\}$ 能唯一确定 t 时刻目标的运动参数（位置、速度等）。

6.4.2 单平台纯方位跟踪系统对常速运动目标的可观测性分析

6.4.2.1 基于线性系统可观测性的理论分析

考虑直角坐标系下的二维空间的目标可观测性。设目标与跟踪平台的运动态势如图 6.7 所示。

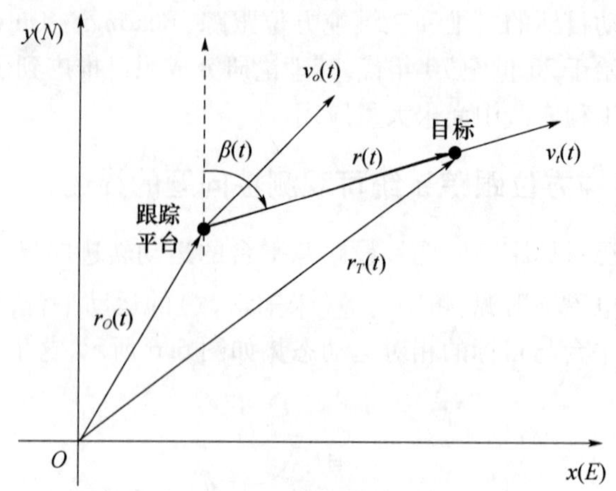

图 6.7 跟踪平台与常速运动目标几何关系

假定目标以速度 $\boldsymbol{v}_T(t)=[v_{Tx}(t),v_{Ty}(t)]^{\mathrm{T}}$ 做常速运动，即

$$\dot{\boldsymbol{v}}_T(t)=\mathbf{0} \tag{6.34}$$

而跟踪平台以初始速度 $\boldsymbol{v}_O(t_0)=[v_{Ox}(t_0),v_{Oy}(t_0)]^{\mathrm{T}}$ 和加速度 $\boldsymbol{a}_O(t)=[a_{Ox}(t),a_{Oy}(t)]^{\mathrm{T}}$ 作变速运动，即

$$\dot{\boldsymbol{v}}_O(t)=\boldsymbol{a}_O(t) \tag{6.35}$$

目标相对跟踪平台的运动为

$$\boldsymbol{r}(t)=\boldsymbol{r}_T(t)-\boldsymbol{r}_O(t) \tag{6.36}$$

$$\dot{\boldsymbol{r}}(t)=\boldsymbol{v}(t)=\boldsymbol{v}_T(t)-\boldsymbol{v}_O(t) \tag{6.37}$$

$$\ddot{\boldsymbol{r}}(t)=\dot{\boldsymbol{v}}(t)=\dot{\boldsymbol{v}}_T(t)-\dot{\boldsymbol{v}}_O(t)=-\boldsymbol{a}_O(t) \tag{6.38}$$

式中：$\boldsymbol{r}(t)=[r_x,r_y]^{\mathrm{T}}$、$\boldsymbol{v}(t)=[v_x,v_y]^{\mathrm{T}}=[\dot{r}_x,\dot{r}_y]^{\mathrm{T}}$、$\dot{\boldsymbol{v}}(t)=[-a_{Ox},-a_{Oy}]^{\mathrm{T}}$ 分别为目标与跟踪平台的相对距离矢量、相对速度矢量和相对加速度矢量。

从某初始时刻 t_0 对式(6.38)积分，可得

$$\boldsymbol{v}(t)=\boldsymbol{v}(t_0)+\int_{t_0}^{t}\dot{\boldsymbol{v}}(\tau)\mathrm{d}\tau=\boldsymbol{v}(t_0)-\int_{t_0}^{t}\boldsymbol{a}_O(\tau)\mathrm{d}\tau \tag{6.39}$$

对式(6.37)积分，可得

$$\boldsymbol{r}(t) = \boldsymbol{r}(t_0) + \int_{t_0}^{t} \boldsymbol{v}(\tau)\mathrm{d}\tau$$

将式(6.39)代入,可得

$$\begin{aligned}\boldsymbol{r}(t) &= \boldsymbol{r}(t_0) + \int_{t_0}^{t} \boldsymbol{v}(\tau)\mathrm{d}\tau \\ &= \boldsymbol{r}(t_0) + \int_{t_0}^{t} [\boldsymbol{v}(t_0) - \int_{\tau_0}^{\tau} \boldsymbol{a}_O(\tau')\mathrm{d}\tau'\mathrm{d}\tau \\ &= \boldsymbol{r}(t_0) + (t - t_0)\boldsymbol{v}(t_0) - \int_{t_0}^{t}\int_{\tau_0}^{\tau} \boldsymbol{a}_O(\tau')\mathrm{d}\tau'\mathrm{d}\tau\end{aligned}$$

交换上式中二重积分的积分次序,可求得目标相对于跟踪平台的运动轨迹为

$$\begin{aligned}\boldsymbol{r}(t) &= \boldsymbol{r}(t_0) + (t - t_0)\boldsymbol{v}(t_0) - \int_{t_0}^{t}\int_{\tau'}^{t} \boldsymbol{a}_O(\tau')\mathrm{d}\tau\mathrm{d}\tau' \\ &= \boldsymbol{r}(t_0) + (t - t_0)\boldsymbol{v}(t_0) - \int_{t_0}^{t} \boldsymbol{a}_O(\tau')(t - \tau')\mathrm{d}\tau' \\ &= \boldsymbol{r}(t_0) + (t - t_0)\boldsymbol{v}(t_0) - \int_{t_0}^{t} (t - \tau)\boldsymbol{a}_O(\tau)\mathrm{d}\tau\end{aligned}$$

上式若写成分量形式,则有

$$\begin{cases} r_x(t) = r_x(t_0) + (t - t_0)v_x(t_0) - \int_{t_0}^{t} (t - \tau)a_{Ox}(\tau)\mathrm{d}\tau \\ r_y(t) = r_y(t_0) + (t - t_0)v_y(t_0) - \int_{t_0}^{t} (t - \tau)a_{Oy}(\tau)\mathrm{d}\tau \end{cases} \tag{6.40}$$

由图6.7可见,本问题中的测量值是由跟踪平台在不同时刻对目标的一系列相对方位角$\beta(t)$构成的,其与相对距离矢量$\boldsymbol{r}(t)$有如下非线性关系

$$\beta(t) = \arctan[r_x(t)/r_y(t)] \tag{6.41}$$

将式(6.40)代入式(6.41),并整理可得

$$\begin{aligned}&\cos\beta(t)r_x(t_0) - \sin\beta(t)r_y(t_0) + (t-t_0)v_x(t_0)\cos\beta(t) - (t-t_0)v_y(t_0)\sin\beta(t) \\ &= \int_{t_0}^{t} (t - \tau)[a_{Ox}(\tau)\cos\beta(t) - a_{Oy}(\tau)\sin\beta(t)]\mathrm{d}\tau\end{aligned} \tag{6.42}$$

令

$$\boldsymbol{X}(t_0) = [r_x(t_0), r_y(t_0), v_x(t_0), v_y(t_0)]^{\mathrm{T}}$$

$$y(t) = \int_{t_0}^{t} (t - \tau)[a_{Ox}(\tau)\cos\beta(t) - a_{Oy}(\tau)\sin\beta(t)]\mathrm{d}\tau$$

$$\boldsymbol{M}(t) = [\cos\beta(t), -\sin\beta(t), (t-t_0)\cos\beta(t), -(t-t_0)\sin\beta(t)]$$

则式(6.42)可以写成

$$\boldsymbol{M}(t)\boldsymbol{X}(t_0) = y(t) \tag{6.43}$$

可见,$\boldsymbol{M}(t)$、$y(t)$依赖于跟踪平台的机动加速度$\boldsymbol{a}_O(t)$和目标的观测方位$\beta(t)$。

由于在t_0时刻跟踪平台位置已知,因此实现对常速运动目标的跟踪就归结为求取t_0时刻目标与跟踪平台的相对状态(位置与速度)向量$\boldsymbol{X}(t_0)$。这样可观测性条件就转化为求取跟踪平台机动加速度$\boldsymbol{a}_O(t)$的约束条件,使跟踪平台在采用该约束

条件的加速度 $\boldsymbol{a}_O(t)$ 进行机动的轨迹上获得目标的观测方位 $\beta(t)$，并且基于此测量方位按时变测量方程式(6.43)能够唯一求取 t_0 时刻的相对状态向量 $\boldsymbol{X}(t_0)$。

连续时变方程式(6.43)有唯一解的条件是：当且仅当其 Gram 矩阵对于 $t>t_0$ 是正定的[130]。然而按此方法确定跟踪平台的加速度，计算量巨大。根据连续线性系统可观测性原理，对式(6.43)连续微分，获得与未知向量 $\boldsymbol{X}(t_0)$ 维数相同的线性方程组：

$$\boldsymbol{A}(t)\boldsymbol{X}(t_0)=\boldsymbol{Y}(t) \tag{6.44}$$

其中

$$\boldsymbol{Y}(t)=[y(t),\dot{y}(t),\ddot{y}(t),\dddot{y}(t)]^{\mathrm{T}},\boldsymbol{A}(t)=[\boldsymbol{M}^{\mathrm{T}}(t),\dot{\boldsymbol{M}}^{\mathrm{T}}(t),\ddot{\boldsymbol{M}}^{\mathrm{T}}(t),\dddot{\boldsymbol{M}}^{\mathrm{T}}(t)]^{\mathrm{T}}$$

式(6.44)对所有 $t>t_0$ 有唯一解的条件是 $\boldsymbol{A}(t)$ 满秩，或

$$\det[\boldsymbol{A}(t)]\neq 0 \quad t\geqslant t_0 \tag{6.45}$$

若条件降低为 $\det[\boldsymbol{A}(t)]\equiv 0(t\geqslant t_0)$，则对某些能使矩阵 $\boldsymbol{A}(t)$ 满秩的时刻 t，系统可观测。式(6.45)就是纯方位常速目标跟踪系统可观测的充要条件。

经计算（参见文献[1]附录1）

$$\det[\boldsymbol{A}(t)]=2\dot{\beta}(t)\dddot{\beta}(t)-3\ddot{\beta}^2(t)+4\dot{\beta}^4(t) \tag{6.46}$$

因此，$\det[\boldsymbol{A}(t)]\neq 0(t\geqslant t_0)$ 等价于

$$3\ddot{\beta}^2(t)-4\dot{\beta}^4(t)-2\dot{\beta}(t)\dddot{\beta}(t)\neq 0 \tag{6.47}$$

经计算（参见文献[1]附录2），式(6.47)的解为

$$\beta(t)\neq\arctan\{[r_x(t_0)+v_x(t_0)(t-t_0)][r_y(t_0)+v_y(t_0)(t-t_0)]^{-1}\} \tag{6.48}$$

将式(6.40)代入式(6.41)，式(6.48)所表示的使式(6.44)有唯一解的条件成为

$$\frac{\left[r_x(t_0)+v_x(t_0)(t-t_0)-\int_{t_0}^{t}(t-\tau)a_{Ox}(\tau)\mathrm{d}\tau\right]}{\left[r_y(t_0)+v_y(t_0)(t-t_0)-\int_{t_0}^{t}(t-\tau)a_{Oy}(\tau)\mathrm{d}\tau\right]}\neq\frac{[r_x(t_0)+v_x(t_0)(t-t_0)]}{[r_y(t_0)+v_y(t_0)(t-t_0)]} \tag{6.49}$$

式(6.49)即为单平台纯方位跟踪系统常速运动目标的可观测条件。

下面对其中的特殊情况进行讨论。

结论1：若跟踪平台做常速运动，即若 $\boldsymbol{a}_O(\tau)\equiv\boldsymbol{0},\tau\in[t_0,t]$，则系统是不可观测的。

这是因为若 $\boldsymbol{a}_O(\tau)\equiv\boldsymbol{0}$，则式(6.49)为恒等式。因此，$\boldsymbol{a}_O(\tau)\equiv 0$，即跟踪平台做变速运动是系统可观测的必要条件。

结论2：当跟踪平台做变速运动时，若 $t(t>t_0)$ 时刻所获目标观测角与跟踪平台以 $v_O(t_0)$ 做常速运动在 t 时刻所获目标观测角相同，则系统是不可观测的。

该结论从式(6.49)即可得到,因该式右端表示跟踪平台以 $\boldsymbol{v}_O(t_0)$ 做常速运动在 t 时刻能够获的目标观测角。结论 2 是结论 1 的深化,下面用图 6.8 对结论 2 进行解释。

在图 6.8 中,T_t 为目标常速运动轨迹,$\{b_0, b_1, b_2, \cdots\}$ 是 $t_0, t_1, t_2, \cdots$ 时刻目标平台在 T_t 上的位置;T_o 为跟踪平台常速运动轨迹,T'_o、T''_o 和 T'''_o 为跟踪平台的可能机动运动轨迹。$\{a_0, a_1, a_2, \cdots\}$ 是 $t_0, t_1, t_2, \cdots$ 时刻跟踪平台在 T_o 上的位置,l_0, $l_1, l_2, \cdots$ 为相应观测方位线,称为常速观测方位线。

由结论 2 可知:跟踪平台从 t_0 开始沿某轨迹做变速(机动)运动时,若在 t_0, t_1, $t_2, \cdots$ 时刻所到达的位置皆位于相应的 $l_0, l_1, l_2, \cdots$ 之上时,则是不可观测的;若跟踪平台在某些时刻的位置不在相应的常速观测方位线上,则在这些时刻系统是可观测的,此时基于所获得的方位角 $\beta(t)$ 能实现目标定位。由于图 6.8 中机动轨迹 T'_o 上的观测点皆位于常速观测方位线上,因此是不可观测的;机动轨迹 T''_o 从 t_2 开始可观测;而机动轨迹 T'''_o 完全可观测。

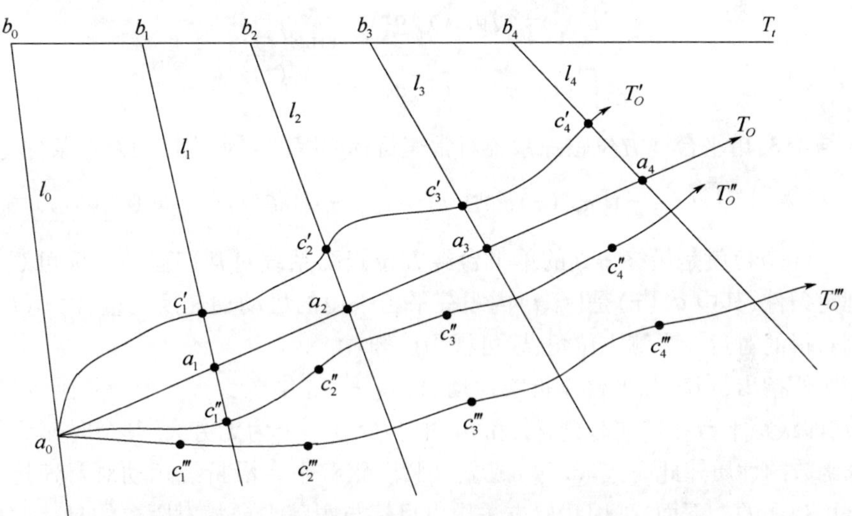

图 6.8　跟踪平台与目标不同相对态势的可观测性示意图

需要指出,由于目标的初始位置和速度矢量 $r_T(t_0)$ 和 $v_T(t_0)$ 均未知,式(6.49)含有未知的 $\boldsymbol{r}(t_0)$ 和 $\boldsymbol{v}(t_0)$ 的分量,因此其不能直接作为可观测性的判定条件。从图 6.8 还可看出,由于目标初始位置 b_0 和速度 $v_T(t_0)$ 未知,故目标后续位置 b_1, $b_2, \cdots$ 皆未知,因此无法确定常速观测方位线 $l_1, l_2, \cdots$。

为了导出能够应用的可观测性判定条件,需再次考察充要条件式(6.49)。设跟踪平台从 t_0 到 t 作常速运动和变速运动所获得的相对距离矢量分别为

$$\boldsymbol{r}'(t) = \boldsymbol{r}(t_0) + \boldsymbol{v}(t_0)(t - t_0) \tag{6.50}$$

$$\boldsymbol{r}(t) = \boldsymbol{r}'(t) - \int_{t_0}^{t} (t - \tau)\boldsymbol{a}_O(\tau)\mathrm{d}\tau \tag{6.51}$$

结论 2 给出的不可观测条件是跟踪平台同一时刻可能的常速和变速运动状态对目标的观测角相同,即指 $\boldsymbol{r}(t)$ 和 $\boldsymbol{r}'(t)$ 二矢量终点在目标的同一观测方位上,故 $\boldsymbol{r}(t)$ 与 $\boldsymbol{r}'(t)$ 目标观测共线,只是其模数可能不同。这样,结论 2 的不可观测条件可表述为

$$\boldsymbol{r}(t)=\mu'(t)\boldsymbol{r}'(t),\mu'(t)\neq 0 \tag{6.52}$$

将式(6.52)代入式(6.51),$\boldsymbol{r}(t)$ 与 $\boldsymbol{r}'(t)$ 共线条件(不可观测条件)又可写为

$$\int_{t_0}^{t}(t-\tau)\boldsymbol{a}_O(\tau)\mathrm{d}\tau=\frac{1-\mu'(t)}{\mu'(t)}\boldsymbol{r}(t)=\mu(t)\boldsymbol{r}(t) \tag{6.53}$$

其标量式为

$$\int_{t_0}^{t}(t-\tau)a_{Ox}(\tau)\mathrm{d}\tau=\mu(t)r_x(t),\int_{t_0}^{t}(t-\tau)a_{Oy}(\tau)\mathrm{d}\tau=\mu(t)r_y(t)$$

注意到 $r_x(t)=r(t)\sin\beta(t)$,$r_y(t)=r(t)\cos\beta(t)$(这里 $r(t)$ 是矢量 $\boldsymbol{r}(t)$ 的模),因此有

$$\frac{\int_{t_0}^{t}(t-\tau)a_{Ox}(\tau)\mathrm{d}\tau}{\int_{t_0}^{t}(t-\tau)a_{Oy}(\tau)\mathrm{d}\tau}=\frac{\sin\beta(t)}{\cos\beta(t)}$$

结论 3:单平台纯方位跟踪系统对常速目标跟踪的可观测性的判定条件为

$$\int_{t_0}^{t}(t-\tau)[a_{Ox}(\tau)\cos\beta(t)-a_{Oy}(\tau)\sin\beta(t)]\mathrm{d}\tau\neq 0 \tag{6.54}$$

式(6.54)就是最终得到的单平台纯方位跟踪系统对常速运动目标可观测性的判定条件,其中 $\boldsymbol{a}_O(\tau)$ 是 (t_0,t) 内跟踪平台采用的机动加速度矢量,而 $\beta(t)$ 为 t 时刻获得的对目标观测方位角,皆可视为已知量。

顺便指出,当跟踪平台作折线运动时,a_{Ox} 和 a_{Oy} 中至少有一个为 δ 函数(脉冲函数,即跟踪平台在转向时刻,a_{Ox} 和 a_{Oy} 中至少有一个为无穷大,其余时刻为零),由 δ 函数的性质知此时式(6.54)成立,因此,跟踪平台沿折线运动对常速运动目标是可观测的。下面,采用几何方法导出目标与跟踪平台相对距离的具体解析表达式,以实现平台折线跟踪的目标可观测性。

6.4.2.2 单平台纯方位跟踪系统对常速运动目标可观测性的几何分析

引理 1:设跟踪平台与目标在同一平面内均作常速运动,则跟踪平台测得的目标相对观测角序列只有三个是相互独立的,即其他观测角可用这三个观测角来表示。

证明:在平台运动坐标系下,设目标与跟踪平台的相对态势如图 6.9 所示。

在图 6.9 中,跟踪平台质心位于原点 O,平台二维直角坐标系正东方向为 x 轴,正北方向为 y 轴,K 为跟踪平台的航向。由于目标与观测器平台均作常速运动,V_r、θ_r 表示目标相对于跟踪平台的运动速度和航向。$\beta_i(i=1,2,3,4)$ 是跟踪平台在四个任意时刻 $t_i(i=1,2,3,4)$ 测得目标相对于平台航向的观测角,此时目标

相对于观测平台分别位于 T_1、T_2、T_3、T_4 点。假设 β_1、β_2、β_3 已知，而 β_4 是未知的。

由正弦定理，对三角形 ΔOT_1T_2，有

$$\frac{|OT_1|}{\sin(\theta_r-\beta_2)}=\frac{|T_1T_2|}{\sin(\beta_2-\beta_1)}=\frac{(t_2-t_1)V_r}{\sin(\beta_2-\beta_1)} \tag{6.55}$$

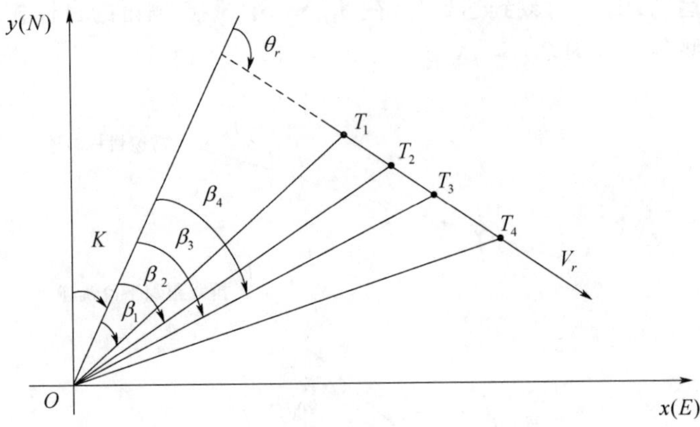

图 6.9　跟踪平台与目标的相对运动态势

对三角形 ΔOT_1T_3，有

$$\frac{|OT_1|}{\sin(\theta_r-\beta_3)}=\frac{|T_1T_3|}{\sin(\beta_3-\beta_1)}=\frac{(t_3-t_1)V_r}{\sin(\beta_3-\beta_1)} \tag{6.56}$$

由式(6.55)和式(6.56)可得

$$\frac{\sin(\theta_r-\beta_2)}{\sin(\theta_r-\beta_3)}=\frac{(t_3-t_1)\sin(\beta_2-\beta_1)}{(t_2-t_1)\sin(\beta_3-\beta_1)} \tag{6.57}$$

由式(6.57)可得

$$\theta_r=\arctan\frac{(t_3-t_1)\sin(\beta_2-\beta_1)\sin\beta_3+(t_2-t_1)\sin(\beta_3-\beta_1)\sin\beta_2}{(t_3-t_1)\sin(\beta_2-\beta_1)\cos\beta_3+(t_2-t_1)\sin(\beta_3-\beta_1)\cos\beta_2} \tag{6.58}$$

对三角形 ΔOT_1T_4，有

$$\frac{|OT_1|}{\sin(\theta_r-\beta_4)}=\frac{|T_1T_4|}{\sin(\beta_4-\beta_1)}=\frac{(t_4-t_1)V_r}{\sin(\beta_4-\beta_1)} \tag{6.59}$$

由式(6.56)和式(6.59)可得

$$\frac{\sin(\theta_r-\beta_4)}{\sin(\theta_r-\beta_3)}=\frac{(t_3-t_1)\sin(\beta_4-\beta_1)}{(t_4-t_1)\sin(\beta_3-\beta_1)} \tag{6.60}$$

由式(6.60)可得

$$\beta_4=\arctan\frac{(t_3-t_1)\sin(\theta_r-\beta_3)\sin\beta_1+(t_4-t_1)\sin(\beta_3-\beta_1)\sin\theta_r}{(t_3-t_1)\sin(\theta_r-\beta_3)\cos\beta_1+(t_4-t_1)\sin(\beta_3-\beta_1)\cos\theta_r} \tag{6.61}$$

由式(6.61)和式(6.58)可知，β_4 可由 β_1、β_2、β_3 确定。故引理 1 成立。

结论 4：设跟踪平台与目标在同一平面内运动，其中目标作常速运动，跟踪平台作常速率折线运动，则跟踪平台只需要 1 次航向机动和 4 个到达角测量就可以

确定常速运动目标的相对距离。

证明:设常速率折线运动的跟踪平台与常速运动目标几何关系如图 6.10 所示,对任意时刻 $t_i(i=1,2,3,4)$,目标位于 $T_i(i=1,2,3,4)$,跟踪平台位于 $S_i(i=1,2,3,4)$;跟踪平台在 S_3 处发生了一次转弯,转弯角为 θ;若跟踪平台在 S_3 之后仍沿原直线运动,则 t_4 时刻到达 S_4'。在 S_1、S_2、S_3、S_4 点测得的目标相对于跟踪平台航向的观测角分别为 β_1、β_2、β_3、β_4。

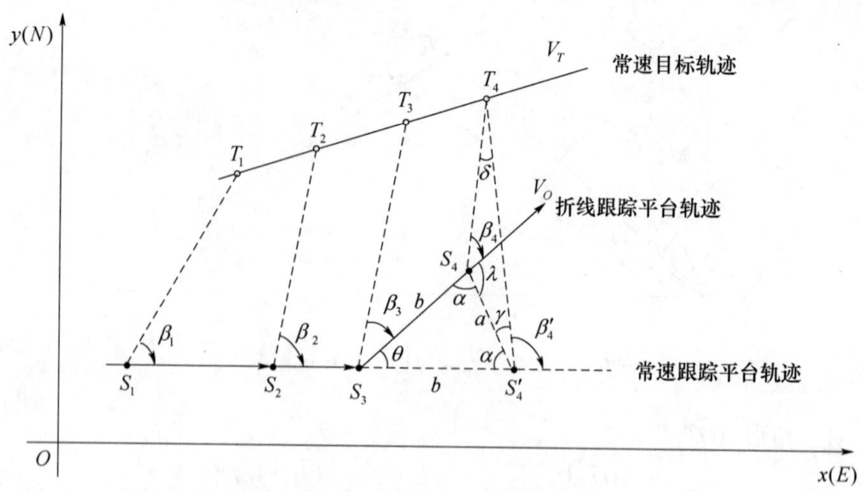

图 6.10　速率折线运动跟踪平台与常速运动目标的几何关系

对于 $\Delta T_4S_4S_4'$,由正弦定理得

$$|S_4T_4| = \frac{a\sin\gamma}{\sin\delta} \tag{6.62}$$

式中:$a=|S_4S_4'|$,$\angle S_4T_4S_4'=\delta$,$\angle S_4S_4'T_4=\gamma$,由于 $b=|S_3S_4|=|S_3S_4'|=V_OT$($V_O$ 为跟踪平台速率,T 位测量周期),且其长度已知,转弯角 θ 已知,因此,在 $\Delta S_3S_4S_4'$ 中,由正弦定理得 $a=|S_4S_4'|=2b\sin(\theta/2)$。

在 $\Delta S_3S_4S_4'$和 $\Delta T_4S_4S_4'$中,以下关系成立,即

$$\begin{cases}\alpha=(\pi-\theta)/2\\ \lambda=(\alpha+\theta)\\ \gamma=\pi-\alpha-\beta_4'\\ \delta=\pi-\gamma-(\lambda+\beta_4)\end{cases} \tag{6.63}$$

由此可得,$\gamma=\pi-\theta/2-\beta_4'$,$\delta=\beta_4'-\beta_4-\theta$。其中,$\beta_4$、$\theta$ 已知,若将图 6.10 所示的几何关系图变换到跟踪平台为原点的运动坐标系下,在所得到的如图 6.9 所示的相对运动态势图中,目标位置点 $T_1 \sim T_4$ 和平台对目标的观测角 β_1,β_2,$\beta_3+\theta$ 并没有改变,于是由引理 1 可知,β_4' 可由 β_1、β_2、$\beta_3+\theta$ 来确定。这样可由式(6.62)确定$|S_4T_4|$,故结论 4 成立。

结论4在工程上也比较容易实现，跟踪平台在有了连续3次目标观测角的测量β_1、β_2、β_3之后，只需在下一个观测观测周期内改变一次运动航向（机动量θ）后，再测一次目标观测角β_4即可求得T_4时刻跟踪平台与目标的相对距离。

6.4.3　单平台纯方位跟踪系统对常加速运动目标的可观测性分析

考虑如图6.6所示的二维常加速目标的单平台纯方位跟踪问题。$\beta(t)$为跟踪平台测量的目标方位角，其定义同式(6.33)。目标做常加速运动，其状态向量记为$\boldsymbol{X}_T=[x_T,y_T,\dot{x}_T,\dot{y}_T,a_{Tx},a_{Ty}]^{\mathrm{T}}$；跟踪平台进行某种机动运动，其状态向量记为$\boldsymbol{X}_O=[x_O,y_O,\dot{x}_O,\dot{y}_O,a_{Ox},a_{Oy}]^{\mathrm{T}}$；目标相对于观测平台的位置向量记为$\boldsymbol{r}=[x,y]^{\mathrm{T}}$，相对速度记为$\boldsymbol{V}=[\dot{x},\dot{y}]^{\mathrm{T}}$，其中$x=x_T-x_O$，$y=y_T-y_O$。令系统的状态向量为$\boldsymbol{X}(t)\triangleq[x,y,\dot{x},\dot{y},a_{Tx},a_{Ty}]^{\mathrm{T}}$，则该系统的状态方程满足：

$$\dot{\boldsymbol{X}}=\boldsymbol{A}\boldsymbol{X}+\boldsymbol{B}\boldsymbol{U}_O \tag{6.64}$$

式中：$\boldsymbol{A}=\begin{bmatrix}\boldsymbol{0}_2 & \boldsymbol{I}_2 & \boldsymbol{0}_2\\ \boldsymbol{0}_2 & \boldsymbol{0}_2 & \boldsymbol{I}_2\\ \boldsymbol{0}_2 & \boldsymbol{0}_2 & \boldsymbol{0}_2\end{bmatrix}$，$\boldsymbol{B}=\begin{bmatrix}\boldsymbol{0}_2\\ -\boldsymbol{I}_2\\ \boldsymbol{0}_2\end{bmatrix}$，$\boldsymbol{U}_O=\begin{bmatrix}a_{Ox}\\ a_{Oy}\end{bmatrix}$是跟踪平台的加速度向量。

测量方程式(6.33)等价于如下伪线性测量方程：

$$x\cos\beta(t)-y\sin\beta(t)=0 \tag{6.65}$$

令

$$\boldsymbol{Y}(t)=[0],\boldsymbol{H}(t)=[\cos\beta(t)\ \ -\sin\beta(t)\boldsymbol{0}_{1\times4}] \tag{6.66}$$

式(6.65)即变为

$$\boldsymbol{H}(t)\boldsymbol{X}(t)=\boldsymbol{Y}(t) \tag{6.67}$$

状态方程式(6.64)和伪线性测量方程式(6.67)两者构成了线性时变连续系统。能够获得方程式(6.64)的解为[2]

$$\boldsymbol{X}(t)=\boldsymbol{\Phi}(t,t_0)\boldsymbol{X}(t_0)+\int_{t_0}^{t}\boldsymbol{\Phi}(t,\tau)\boldsymbol{B}\boldsymbol{U}_O(\tau)\mathrm{d}\tau \tag{6.68}$$

其中

$$\boldsymbol{\Phi}(t,t_0)=\begin{bmatrix}\boldsymbol{I}_2 & \Delta t\boldsymbol{I}_2 & \dfrac{\Delta t^2}{2}\boldsymbol{I}_2\\ \boldsymbol{0}_2 & \boldsymbol{I}_2 & \Delta t\boldsymbol{I}_2\\ \boldsymbol{0}_2 & \boldsymbol{0}_2 & \boldsymbol{I}_2\end{bmatrix} \tag{6.69}$$

式中：$\Delta t=t-t_0$。

由6.2节连续时变线性系统可观测性定理6.4可知，由式(6.64)和式(6.67)组成的系统在t_0可观测的充要条件是：对于任意的非零常向量$\boldsymbol{\mu}$，存在$t\in[t_0,t_1]$，满足：

$$\boldsymbol{H}(t)\boldsymbol{\Phi}(t,t_0)\boldsymbol{\mu}\neq0 \tag{6.70}$$

令 $\boldsymbol{\mu}=[a_1,a_2,a_3,a_4,a_5,a_6]^{\mathrm{T}}$，代入式(6.70)可得

$$\left(a_1+a_3\Delta t+a_5\frac{\Delta t^2}{2}\right)\cos\beta(t)-\left(a_2+a_4\Delta t+a_6\frac{\Delta t^2}{2}\right)\sin\beta(t)\neq 0 \tag{6.71}$$

由于 $\tan\beta=x/y$，因此式(6.71)等价于

$$\begin{aligned}r(t)=\begin{bmatrix}x(t)\\y(t)\end{bmatrix}&\neq K(t)\begin{bmatrix}a_1+a_3\Delta t+a_5\Delta t^2/2\\a_2+a_4\Delta t+a_6\Delta t^2/2\end{bmatrix}\\&=K(t)\begin{bmatrix}a_1&a_3&a_5/2\\a_2&a_4&a_6/2\end{bmatrix}\begin{bmatrix}1\\\Delta t\\\Delta t^2\end{bmatrix}=K(t)Bt\end{aligned} \tag{6.72}$$

式中：$\boldsymbol{t}=(1,\Delta t,\Delta t^2)^{\mathrm{T}}$；$\boldsymbol{B}$ 为任意非零 2×3 的实矩阵（因为 $\boldsymbol{\mu}$ 为非零向量，即 a_1、a_2、a_3、a_4、a_5 和 a_6 不能同时为零）；$K(t)$ 为任意标量函数。

下面用反证法证明式(6.71)与式(6.72)的等价性。

事实上，若假设式(6.72)不成立，即

$$\boldsymbol{r}(t)=\begin{pmatrix}x(t)\\y(t)\end{pmatrix}=K(t)\begin{pmatrix}a_1+a_3\Delta t+a_5\Delta t^2/2\\a_2+a_4\Delta t+a_6\Delta t^2/2\end{pmatrix}$$

则

$$\begin{cases}x(t)=K(t)(a_1+a_3\Delta t+a_5\Delta t^2/2)\\y(t)=K(t)(a_2+a_4\Delta t+a_6\Delta t^2/2)\end{cases}$$

由于 $\tan\beta=x/y$，因此

$$\frac{\sin\beta(t)}{\cos\beta(t)}=\frac{a_1+a_3\Delta t+a_5\Delta t^2/2}{a_2+a_4\Delta t+a_6\Delta t^2/2}$$

整理得

$$(a_1+a_3\Delta t+a_5\Delta t^2/2)\cos\beta(t)-(a_2+a_4\Delta t+a_6\Delta t^2/2)\sin\beta(t)=0$$

这与式(6.71)矛盾，证毕。

于是，可以把式(6.72)视为常加速运动目标可观测的充要条件[36]，有如下结论。

结论5：常加速运动目标可观测的充分必要条件是跟踪平台与目标的相对位置向量 $\boldsymbol{r}(t)$ 满足 $r(t)\neq K(t)\boldsymbol{Bt}$。其中，$K(t)$ 是 t 的任意标量函数，$\boldsymbol{B}$ 是任意非零 2×3 的实矩阵，$\boldsymbol{t}=[1,\Delta t,\Delta t^2]^{\mathrm{T}}$，$\Delta t=t-t_0$。

此外，目标相对于跟踪平台的位置向量 $\boldsymbol{r}(t)$ 满足：

$$\boldsymbol{r}(t)=\boldsymbol{r}(t_0)+\boldsymbol{V}(t_0)\Delta t+\boldsymbol{a}_T\frac{\Delta t^2}{2}-\int_{t_0}^{t}(t-\tau)\boldsymbol{U}_O(\tau)\mathrm{d}\tau \tag{6.73}$$

式中：$\boldsymbol{a}_T=[a_{Tx},a_{Ty}]^{\mathrm{T}}$ 是目标加速度；$\boldsymbol{U}_O(\tau)=[a_{Ox}(\tau),a_{Oy}(\tau)]^{\mathrm{T}}$ 是跟踪平台 τ 时刻的加速度；$r(t_0)$ 和 $V(t_0)$ 分别是 t_0 时刻目标相对于跟踪平台的位置和速度。

将式(6.73)代入式(6.72)，由于 $\boldsymbol{B}$ 的任意性，若令不等式左右两侧关于 Δt 多项式的对应项系数相等，则移项整理可得

$$\int_{t_0}^{t}(t-\tau)\boldsymbol{U}_O(\tau)\mathrm{d}\tau \neq f(t)\left(\boldsymbol{r}(t_0)+\boldsymbol{V}(t_0)\Delta t+\boldsymbol{a}_T\frac{\Delta t^2}{2}\right) \tag{6.74}$$

式中：$f(t)=1-K(t)$为任意不等于1的标量函数。

对常加速目标可观测性条件的讨论如下：

(1) 注意到由式(6.74)并不能导出式(6.72)，故式(6.74)是该系统可观测的必要条件而非充分条件。

(2) $\boldsymbol{U}_O$不能为常向量，否则由式(6.73)知，$\boldsymbol{r}(t)$即为Δt的二次函数，由于式(6.72)中$\boldsymbol{B}$的任意性，当式(6.72)左右两端关于Δt多项式的对应项系数相等时，式(6.72)不再成立。这意味着跟踪平台必须作三阶(含三阶)以上的机动运动。

(3) 将式(6.73)代入式(6.74)，并令$\mu(t)=\dfrac{f(t)}{1-f(t)}=\dfrac{1-K(t)}{K(t)}$，则有

$$\int_{t_0}^{t}(t-\tau)\boldsymbol{U}_O(\tau)\mathrm{d}\tau \neq \mu(t)\boldsymbol{r}(t) \tag{6.75}$$

式(6.75)与常速目标不可观测性条件式(6.53)形式上是一致的，由此也可推出式(6.54)。不过这里$\boldsymbol{r}(t)$的阶高(至少有二阶项，因为目标加速度$\boldsymbol{a}_T\neq\boldsymbol{0}$)。

(4) 跟踪平台做机动时，应避免$\beta(t)$恒为常数，否则，式(6.71)不一定成立。

例如，若$\beta(t)$恒为常数，不妨设$\sin\beta=c_1$，$\cos\beta(t)=c_2$，则当$c_2a_1=c_1a_2$、$c_2a_3=c_1a_4$、$c_2a_5=c_1a_6$时，式(6.71)不成立，此时系统不可观测。

6.4.4 单平台纯方位跟踪对N阶运动目标的可观测性分析

首先利用连续线性系统可观测性定理6.4建立N阶运动目标不可观测性条件，然后通过仿真实验验证该不可观测条件的正确性。

6.4.4.1 N阶运动目标纯方位跟踪模型及其可观测性分析

假设目标与跟踪平台的相对运动态势如图6.9所示。

目标在二维空间中作N(非负整数)阶运动，令$\boldsymbol{r}_T(t)$表示t时刻目标的位置，则$\boldsymbol{r}_T(t)$可表示为

$$\boldsymbol{r}_T(t)=\sum_{i=0}^{N}\frac{(t-t_0)^i}{i!}\boldsymbol{r}_T^{(i)}(t_0) \tag{6.76}$$

其中，对任意的$k\geqslant N+1$，$\boldsymbol{r}_T^{(k)}(t)\equiv 0$且存在$t\in[t_0,t_1]$满足$\boldsymbol{r}_T^{(N)}(t)\neq 0$。类似地定义$\boldsymbol{r}_O(t)$表示跟踪平台$t$时刻的位置。目标相对于跟踪平台的位置为$\boldsymbol{x}_{OT}(t)=\boldsymbol{x}_T(t)-\boldsymbol{x}_O(t)$。

定义系统的状态为$\boldsymbol{X}(t)=[x_{OT}(t)^{\mathrm{T}},\boldsymbol{x}_{OT}^{(1)}(t)^{\mathrm{T}},\cdots,\boldsymbol{x}_{OT}^{(N)}(t)^{\mathrm{T}}]^{\mathrm{T}}$，系统的状态方程为

$$\dot{\boldsymbol{X}}(t)=\begin{bmatrix}\boldsymbol{O}_2 & & & \\ & & \boldsymbol{I}_{2N} & \\ \vdots & & & \\ \boldsymbol{O}_2 & \cdots & \cdots & \boldsymbol{O}_2\end{bmatrix}\boldsymbol{X}(t)+\begin{bmatrix}\boldsymbol{O}_2\\ \boldsymbol{O}_2\\ \vdots\\ \boldsymbol{O}_2\\ -\boldsymbol{I}_2\end{bmatrix}\boldsymbol{U}(t) \tag{6.77}$$

式中：$\boldsymbol{O}_2$ 表示 2×2 的零矩阵；$\boldsymbol{I}_{2N}$ 表示 $2N\times2N$ 单位矩阵；$\boldsymbol{U}(t)$ 为二维控制向量。

微分方程式(6.77)的解为

$$\boldsymbol{X}(t)=\boldsymbol{\Phi}(t,t_0)\boldsymbol{X}(t_0)+\boldsymbol{R}(t) \tag{6.78}$$

式中：相应的转移矩阵 $\boldsymbol{\Phi}(t,t_0)$ 和控制向量的积分向量 $\boldsymbol{R}(t)$ 分别为

$$\boldsymbol{\Phi}(t,t_0)=\begin{bmatrix} \boldsymbol{I}_2 & \Delta t\boldsymbol{I}_2 & \cdots & \dfrac{\Delta t^N}{N!}\boldsymbol{I}_2 \\ \boldsymbol{O}_2 & \boldsymbol{I}_2 & \cdots & \dfrac{\Delta t^{N-1}}{(N-1)!}\boldsymbol{I}_2 \\ \vdots & \vdots & \ddots & \vdots \\ \vdots & \vdots & \cdots & \Delta t\boldsymbol{I}_2 \\ \boldsymbol{O}_2 & \cdots & \boldsymbol{O}_2 & \boldsymbol{I}_2 \end{bmatrix}$$

$$\boldsymbol{R}(t)=\int_{t_0}^{t}\boldsymbol{\Phi}(t,\tau)\begin{bmatrix} \boldsymbol{O}_2 \\ \boldsymbol{O}_2 \\ \vdots \\ \boldsymbol{O}_2 \\ -\boldsymbol{I}_2 \end{bmatrix}\boldsymbol{U}(\tau)\mathrm{d}\tau=-\int_{t_0}^{t}\begin{bmatrix} \dfrac{(t-\tau)^N}{N!}\boldsymbol{U}(\tau) \\ \dfrac{(t-\tau)^{N-1}}{(N-1)!}\boldsymbol{U}(\tau) \\ \vdots \\ (t-\tau)\boldsymbol{U}(\tau) \\ \boldsymbol{U}(\tau) \end{bmatrix}\mathrm{d}\tau$$

式中：$\Delta t=t-t_0$，$\boldsymbol{I}_2$ 为 2×2 单位矩阵。

令

$$\boldsymbol{b}(t)=-\int_{t_0}^{t}\frac{(t-\tau)^N}{N!}\boldsymbol{U}(\tau)\mathrm{d}\tau \tag{6.79}$$

注意到，对任意函数 $f(t,\tau)$ 都成立

$$\frac{\mathrm{d}}{\mathrm{d}t}\left[\int_{t_0}^{t}f(t,\tau)\mathrm{d}\tau\right]=f(t,t)+\int_{t_0}^{t}\frac{\partial f(t,\tau)}{\partial t}\mathrm{d}\tau$$

因此

$$\frac{\mathrm{d}\boldsymbol{b}(t)}{\mathrm{d}t}=-\int_{t_0}^{t}\frac{(t-\tau)^{N-1}}{(N-1)!}\boldsymbol{U}(\tau)\mathrm{d}\tau$$

同理，对 $\boldsymbol{b}(t)$ 求 $(N-k)$ 阶导数，可得到

$$\frac{\mathrm{d}^{(N-k)}\boldsymbol{b}(t)}{\mathrm{d}t^{(N-k)}}=-\int_{t_0}^{t}\frac{(t-\tau)^k}{k!}\boldsymbol{U}(\tau)\mathrm{d}\tau$$

故 $\boldsymbol{R}(t)$ 可以写成

$$\boldsymbol{R}(t)=\left[\boldsymbol{b}(t)\quad \frac{\mathrm{d}\boldsymbol{b}(t)}{\mathrm{d}t}\quad\cdots\quad \frac{\mathrm{d}^{(N-1)}\boldsymbol{b}(t)}{\mathrm{d}t}\quad \frac{\mathrm{d}^{(N)}\boldsymbol{b}(t)}{\mathrm{d}t}\right]^{\mathrm{T}}$$

设目标相对于跟踪平台的位置为 $\boldsymbol{x}_{OT}(t)=[x_1,x_2]^{\mathrm{T}}$，测量方程式(6.41)可变形为

$$x_1(t)\cos\beta(t)-x_2(t)\sin\beta(t)=0 \tag{6.80}$$

令

$$C(t) = [\Gamma(t) \mid O_{1\times 2} \mid \cdots \mid O_{1\times 2}] \tag{6.81}$$

其中

$$\Gamma(t) = [\cos\beta(t) \ -\sin\beta(t)]$$

测量方程式(6.80)表示为

$$C(t)X(t) = 0 \tag{6.82}$$

结论 6:对于式(6.77)和式(6.82)组成的单平台纯方位 N 阶运动目标跟踪系统,其不可观测条件如下[128]。

(1) 跟踪平台控制向量的积分分量 $\boldsymbol{b}(t)$ 满足:

$$\boldsymbol{b}(t) = [\varphi(t) - 1]\sum_{i=0}^{N}\frac{(t-t_0)^i}{i!}\boldsymbol{x}_{OT}^{(i)}(t_0) + \varphi(t)\sum_{i=1}^{N}\frac{(t-t_0)^i}{i!}\sum_{j=0}^{i-1}C_i^{i-j}\times\left[\frac{\mathrm{d}^{i-j}[\varphi(t)^{-1}]}{\mathrm{d}t^{i-j}}\right]_{t=t_0}\boldsymbol{x}_{OT}^{(j)}(t_0) \tag{6.83}$$

时,系统是不可观测的。式中,$\boldsymbol{x}_{OT}(t)$ 表示目标相对于跟踪平台的位置;$\varphi(\cdot)$ 是 N 次可微的标量函数且 $\varphi(t_0)=1$。

(2) 跟踪平台在满足式(6.83)的 $\boldsymbol{b}(t)$ 作用下,所获得的观测角与跟踪平台保持初始状态 $\boldsymbol{X}_O(t_0)$(对应于式(6.77)中 $\boldsymbol{U}(t)=\boldsymbol{0}$ 的情况)时所获得的观测角相同,因此,跟踪平台的机动并不能获得可观测性,故称"无效机动",式(6.83)称为无效机动模型。此时跟踪平台初始状态 $\boldsymbol{X}_O(t_0)$(包括跟踪平台的前 N 阶运动参数信息,如可能包括 0 阶初始位置信息、1 阶速度信息、2 阶加速度信息等)满足:

$$\boldsymbol{X}_O(t_0) = \begin{bmatrix} \boldsymbol{x}_O(t_0) \\ \vdots \\ -\sum_{j=0}^{i} C_i^j \left[\frac{\mathrm{d}^{i-j}[\varphi(t)^{-1}]}{\mathrm{d}t^{i-j}}\right]_{t=t_0} \boldsymbol{x}_{OT}^{(j)}(t_0) + \boldsymbol{x}_T^{(i)}(t_0) \\ \vdots \\ -\sum_{j=0}^{N} \binom{N}{j} \left[\frac{\mathrm{d}^{N-j}[\varphi(t)^{-1}]}{\mathrm{d}t^{N-j}}\right]_{t=t_0} \boldsymbol{x}_{OT}^{(j)}(t_0) + \boldsymbol{x}_T^{(N)}(t_0) \end{bmatrix} \tag{6.84}$$

式(6.83)和式(6.84)的证明参见文献[1]附录 4。

对 N 阶运动目标可观测性的讨论如下:

(1) 当 $\boldsymbol{U}(t)=\boldsymbol{0}$ 时,由式(6.77)和式(6.82)组成的系统是不可观测的。因为当 $\boldsymbol{U}(t)=\boldsymbol{0}$ 时,$\boldsymbol{R}(t)=0$,$\boldsymbol{X}(t)=\boldsymbol{\Phi}(t,t_0)\boldsymbol{X}(t_0)$,$\boldsymbol{C}(t)\boldsymbol{X}(t)=\boldsymbol{C}(t)\boldsymbol{\Phi}(t,t_0)\boldsymbol{X}(t_0)=\boldsymbol{0}$,由第 2 章连续线性系统的可观测性定理 6.4 可知,此时该系统不可观测。因此,当跟踪平台的运动阶数小于或等于目标的运动阶数时,由跟踪平台的测量信息不能唯一确定目标运动参数。

(2) $\boldsymbol{b}(t)$ 本质上是跟踪平台相对于目标运动参数的高阶增量,该增量满足式(6.83)时系统不可观测。

(3) 利用逆否命题与原命题的等价性可知,对 N 阶运动目标单平台纯方位跟踪系统的可观测的充要条件是:跟踪平台控制指向量的积分分量 $\boldsymbol{b}(t)$ 满足:

$$\boldsymbol{b}(t) \neq [\varphi(t)-1]\sum_{i=0}^{N}\frac{(t-t_0)^i}{i!}\boldsymbol{x}_{OT}^{(i)}(t_0)+ \varphi(t)\sum_{i=1}^{N}\frac{(t-t_0)^i}{i!}\sum_{j=0}^{i-1}C_i^{i-j}\times\left[\frac{\mathrm{d}^{i-j}[\varphi(t)^{-1}]}{\mathrm{d}t^{i-j}}\right]_{t=t_0}\boldsymbol{x}_{OT}^{(j)}(t_0) \quad (6.85)$$

当目标作常速运动时($N=1$),系统可观测的条件为

$$\boldsymbol{b}(t)\neq[\varphi(t)-1]\begin{bmatrix}x_{OT}(t_0)+(t-t_0)x_{OT}^{(1)}(t_0)\\ y_{OT}(t_0)+(t-t_0)y_{OT}^{(1)}(t_0)\end{bmatrix}+ \varphi(t)\varphi^{(1)}(t_0)(t-t_0)\begin{bmatrix}x_{OT}(t_0)\\ y_{OT}(t_0)\end{bmatrix} \quad (6.86)$$

显然,当 $\varphi^{(1)}(t_0)=0$ 时,由式(6.86)可得

$$\boldsymbol{b}(t)\neq[\varphi(t)-1]\begin{bmatrix}x_{OT}(t_0)+(t-t_0)x_{OT}^{(1)}(t_0)\\ y_{OT}(t_0)+(t-t_0)y_{OT}^{(1)}(t_0)\end{bmatrix} \quad (6.87)$$

与常速运动目标不可观测性条件式(6.53)是一致的。

6.4.4.2 一阶运动目标纯方位跟踪平台无效机动仿真实验

考虑在平面内作常速运动的目标,在直角坐标系下,目标相对于跟踪平台的状态向量可表示为 $\boldsymbol{X}(t)=[x_{OT}(t),y_{OT}(t),x_{OT}^{(1)}(t),y_{OT}^{(1)}(t)]^{\mathrm{T}}$,则该目标跟踪系统可表示为

$$\dot{\boldsymbol{X}}(t)=\begin{bmatrix}\boldsymbol{O}_2 & \boldsymbol{I}_2\\ \boldsymbol{O}_2 & \boldsymbol{O}_2\end{bmatrix}\boldsymbol{X}(t)+\begin{bmatrix}\boldsymbol{O}_2\\ -\boldsymbol{I}_2\end{bmatrix}\boldsymbol{U}(t) \quad (6.88)$$

$$Z(t)=[\cos\theta(t),-\sin\theta(t),0,0]\boldsymbol{X}(t)=0 \quad (6.89)$$

应用结论6,此时 $N=1$,可得到相应的无效机动模型为

$$\boldsymbol{b}(t)=[\varphi(t)-1]\begin{bmatrix}x_{OT}(t_0)+(t-t_0)x_{OT}^{(1)}(t_0)\\ y_{OT}(t_0)+(t-t_0)y_{OT}^{(1)}(t_0)\end{bmatrix} +\varphi(t)\varphi^{(1)}(t_0)(t-t_0)\begin{bmatrix}x_{OT}(t_0)\\ y_{OT}(t_0)\end{bmatrix} \quad (6.90)$$

无效机动仿真实验中,设:

$$[x_O(t_0),y_O(t_0),x_O^{(1)}(t_0),y_O^{(1)}(t_0)]^{\mathrm{T}}=[0,0,-8,0]^{\mathrm{T}},\varphi(t)=-2\times10^{-6}t^2+7\times10^{-4}t+1$$

$$[x_T(t_0),y_T(t_0),x_T^{(1)}(t_0),y_T^{(1)}(t_0)]^{\mathrm{T}}=[0,8000,12,0]^{\mathrm{T}}$$

式中:位置、速度、时间的单位分别为 m、m/s 和 s,$t_0=0\mathrm{s}$,$t_1=750\mathrm{s}$。时间区间为 $[t_0,t_1]$ 在该条件下跟踪平台的无效机动轨迹如图6.11(a)所示。

将跟踪平台沿图6.11(a)中的无效机动轨迹所采集的目标方位数据与其沿相

应的常速运动轨迹(相应运动状态由式(6.84)确定)所采集的目标方位数据进行比较,发现两组数据完全相同,如图 6.11(b)所示。因此,跟踪平台沿无效机动轨迹运动时,系统对该一阶运动目标的确不可观测。

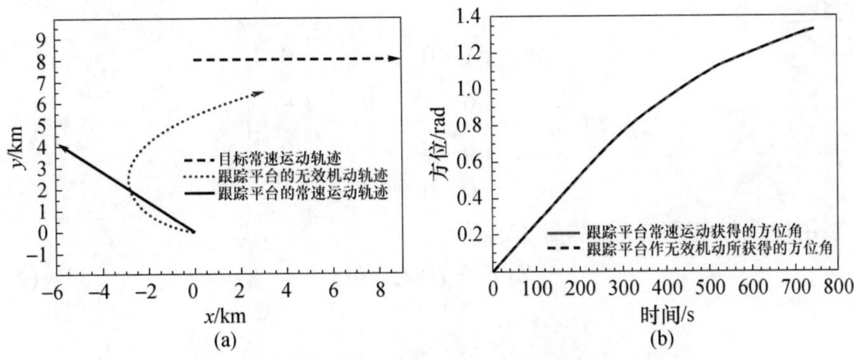

图 6.11　跟踪平台无效机动与其相应常速运动比较

(a) 轨迹对比图;(b) 采集的方位角对比图。

6.5　多固定基站纯方位跟踪系统的可观测性

在多固定基站纯方位跟踪系统中,需要将方位测量从极坐标转换到直角之下,建立目标状态伪线性方程进行可观测性研究,以得到其可观测性条件。

6.5.1　问题描述

以三基站纯方位跟踪系统为例,建立二维直角坐标系(图 6.12)。三部传感器的站址位置分别为 $S_1(0,0)$、$S_2(x_2,y_2)$ 和 $S_3(x_3,y_3)$,相应地所观测的目标方位分别为 $\alpha(t)$、$\beta(t)$ 和 $\gamma(t)$。目标相对于基站 1 的相对运动向量记为 $\boldsymbol{X}(t)=[r_x(t),r_y(t),v_x(t),v_y(t)]^{\mathrm{T}}$,其中 $r_x(t)$、$r_y(t)$ 为 x 轴和 y 轴方向上的相对距离,$v_x(t)$、$v_y(t)$ 为 x 轴和 y 轴方向上的相对速度。

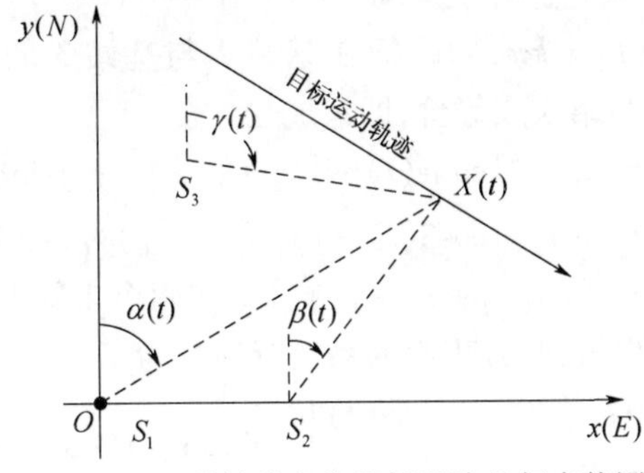

图 6.12　三基站纯方位目标跟踪几何态势图

由于噪声只影响定位和跟踪精度,在本质上并不影响系统的可观测性,故暂不考虑噪声。状态方程为

$$X(t+t_0)=\boldsymbol{\Phi}(t,t_0)\boldsymbol{X}(t) \tag{6.91}$$

其中,状态转移矩阵为

$$\boldsymbol{\Phi}(t,t_0)=\begin{bmatrix}1 & 0 & t-t_0 & 0\\ 0 & 1 & 0 & t-t_0\\ 0 & 0 & 1 & 0\\ 0 & 0 & 0 & 1\end{bmatrix} \tag{6.92}$$

采用伪线性处理之后,测量方程为

$$\boldsymbol{Z}(t)=\boldsymbol{H}(t)\boldsymbol{X}(t) \tag{6.93}$$

其中

$$\boldsymbol{H}(t)=\begin{bmatrix}\cos\alpha(t) & -\sin\alpha(t) & 0 & 0\\ \cos\beta(t) & -\sin\beta(t) & 0 & 0\\ \cos\gamma(t) & -\sin\gamma(t) & 0 & 0\end{bmatrix},\boldsymbol{Z}(t)=\begin{pmatrix}0\\ x_2\cos\beta(t)\\ x_3\cos\gamma(t)\end{pmatrix}$$

6.5.2 可观测性判定

由线性系统可观测性的判定定理[9],系统可观测的充要条件是:对任意 $\boldsymbol{Y}\neq 0\in R^n$,存在 $t\in[t_0,t_1]$,使得 $H(t)\boldsymbol{\Phi}(t,t_0)\boldsymbol{Y}\neq 0$。

该定理又可用其逆否命题表述,系统可观测的充要条件是:若对任意的 $t\in[t_0,t_1]$,均成立 $\boldsymbol{H}(t)\boldsymbol{\Phi}(t,t_0)\boldsymbol{Y}=0$,则必有 $\boldsymbol{Y}=0$。

假设 $\boldsymbol{Y}=(y_1,y_2,y_3,y_4)^{\mathrm{T}}$,代入 $\boldsymbol{H}(t)\boldsymbol{\Phi}(t,t_0)\boldsymbol{Y}=0$ 中,则可以得到

$$\begin{cases}[y_1+(t-t_0)y_3]\cos\alpha(t)-[y_2+(t-t_0)y_4]\sin\alpha(t)=0\\ [y_1+(t-t_0)y_3]\cos\beta(t)-[y_2+(t-t_0)y_4]\sin\beta(t)=0\\ [y_1+(t-t_0)y_3]\cos\gamma(t)-[y_2+(t-t_0)y_4]\sin\gamma(t)=0\end{cases} \tag{6.94}$$

下面分两种情形进行讨论。

1. 目标在其中两基站连线上运动

假设有 $\beta(t)-\gamma(t)=k\pi$,即目标在基站 2 与基站 3 的连线上运动,则此时式(6.94)中的第 2 式与第 3 式等价,即只成立

$$\begin{cases}[y_1+(t-t_0)y_3]\cos\alpha(t)-[y_2+(t-t_0)y_4]\sin\alpha(t)=0\\ [y_1+(t-t_0)y_3]\cos\beta(t)-[y_2+(t-t_0)y_4]\sin\beta(t)=0\end{cases} \tag{6.95}$$

若将 $[y_1+(t-t_0)y_3]$ 和 $[y_2+(t-t_0)y_4]$ 看作两个未知变量,则可以得到一个二元一次线性齐次方程组,此方程组的系数行列式为

$$\begin{vmatrix}\cos\alpha(t) & -\sin\alpha(t)\\ \cos\beta(t) & -\sin\beta(t)\end{vmatrix}=\sin(\alpha(t)-\beta(t)) \tag{6.96}$$

可见若此线性方程组有唯一解,必须满足:

$$\sin(\alpha(t)-\beta(t))\neq 0$$

即

$$\alpha(t)-\beta(t)\neq k\pi$$

此条件表示目标不在基站连线上运动，于是可以得到

$$\begin{cases} y_1+(t-t_0)y_3=0 \\ y_2+(t-t_0)y_4=0 \end{cases} \tag{6.97}$$

由于 t 是实时变化的，所以上述方程组成立必定有 $y_1=y_2=y_3=y_4=0$。从上述逆否定理知，此时系统是可观测的。

于是可知，当目标沿两基站连线运动时，只要三基站不共线即可满足可观测性条件。

2. 目标不在任意两基站连线上运动

方程组(6.94)具有唯一解，需要该方程组中任意两个方程所组成的新的方程组有唯一解，并且所获得的三个新的方程组的解相同。

与情形 1 的分析相似，只需要 3 个方程组的各行列式的值 $\sin(\alpha(t)-\beta(t))\neq 0$，$\sin(\alpha(t)-\gamma(t))\neq 0$，$\sin(\gamma(t)-\beta(t))\neq 0$，即有 $\alpha(t)-\beta(t)\neq k\pi$，$\alpha(t)-\gamma(t)\neq k\pi$，$\gamma(t)-\beta(t)\neq k\pi$ 成立，方程组就有唯一解。同理，可以得到 $y_1=y_2=y_3=y_4=0$，系统可观测。

4 部或以上的多基站情形与三基站的情形讨论相类似。因此，综合以上分析可以得到多基站纯方位非机动目标跟踪可观测性判定条件如下：

(1) 只要多基站不共线，系统总是可观测的。

(2) 当多基站共线时，只有目标在其连线上运动时，系统才不可观测。

6.5.3　仿真实例分析

假设有三部声纳基站均静止不动，各基站方位测量精度分别为 0.2°、0.3°和 0.4°。目标分两种情况分别进行匀速直线运动：①初始位置为(0,10km)，速度为(10,－10m/s)，时间为 1000s；②初始位置为(0,30km)，速度为(10,0m/s)，时间为 1000s。

当三基站不共线时，假设其坐标分别为 S_1(0,0km)，S_2(1,－1km)和 S_3(2,0km)，跟踪结果如图 6.13 所示。当三基站共线时，假设其坐标分别为 S_1(0,0km)，S_2(1,0km)和 S_3(2,0km)，跟踪结果如图 6.14 所示。

从仿真结果可以看出：

(1) 无论三基站共线与否，若目标位于三站测量方位线交会角较小的区域时，其跟踪效果都不是很理想，除此以外，系统均能对目标进行有效地跟踪，如图 6.13(a)和图 6.14(a)所示。

(2) 当三基站共线且目标在其连线上运动时，跟踪结果是发散的，如图 6.14(b)所示。

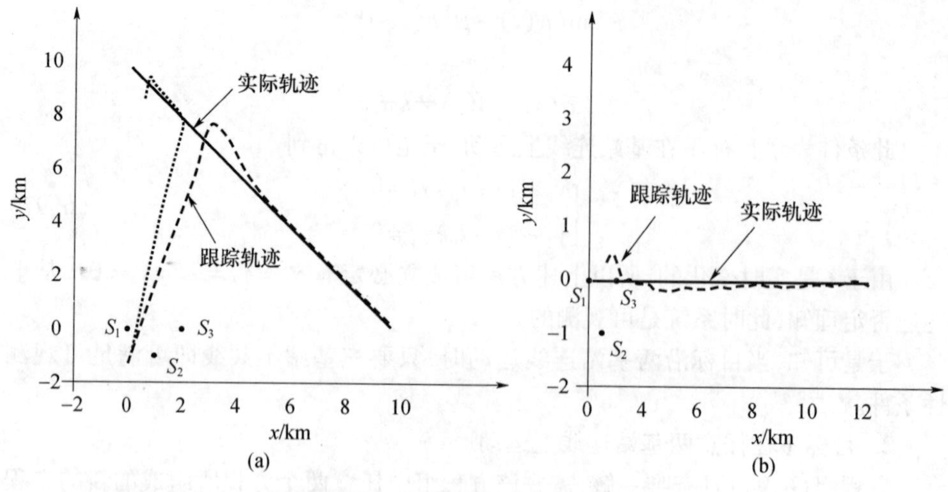

图 6.13　三基阵不共线时的跟踪结果

(a) 情形 1 的跟踪结果；(b) 情形 2 的跟踪结果。

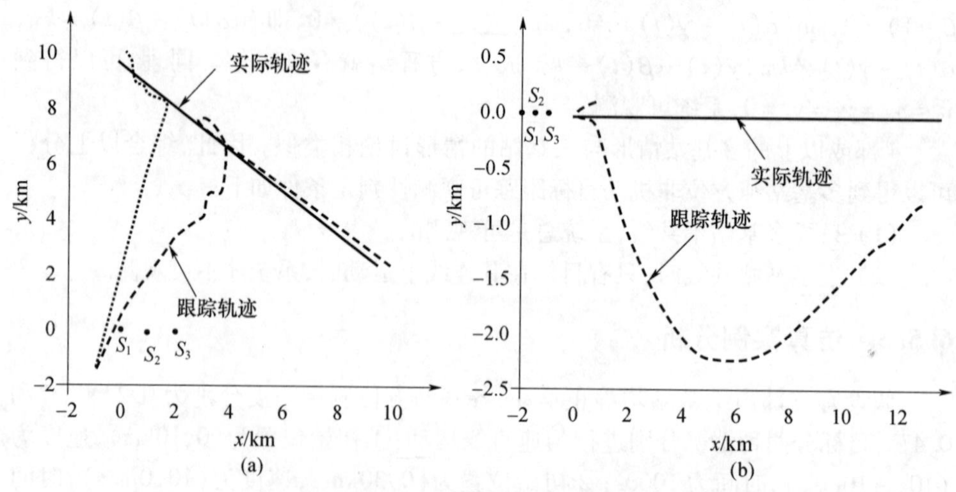

图 6.14　三基阵共线时的跟踪结果

(a) 情形 1 的跟踪结果；(b) 情形 2 的跟踪结果。

6.6　多运动平台纯方位跟踪系统的可观测性分析

6.6.1　多运动平台角度测量变换

假定目标作匀速直线运动，探测系统由 n 个无源测向运动平台 $S_0, S_1, S_2, \cdots, S_{n-1}$ 组成，正北为 y 轴，正东为 x 轴，以 0 号测向平台的初始位置为原点建立直角坐标系，如图 6.15 所示。假定各个运动测向平台离散地测量目标的方位，并将其实时地传送给位于坐标原点的处理中心(0 号测向平台)。

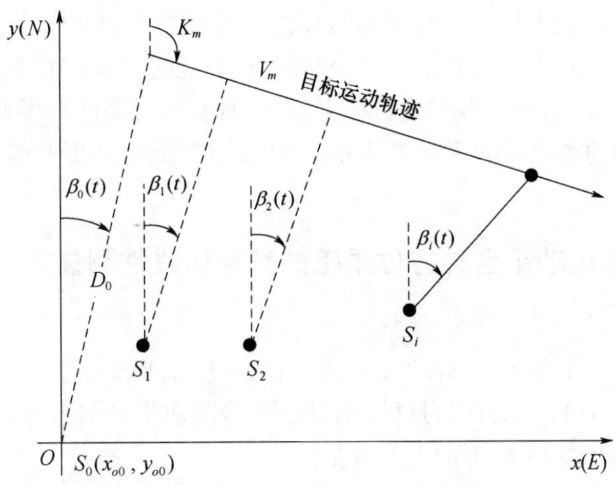

图 6.15　多站纯方位目标跟踪几何态势

假设第 i 个测向平台在其离散测量时刻 $t_{i1},t_{i2},\cdots,t_{im_i}$ 的平台位置坐标为 $(x_{Si}(t_{ij}),y_{Si}(t_{ij}))$,测得的目标方位为 $\beta_i(t_{ij})(j=1,2,\cdots,m_i;i=0,1,2,\cdots,n-1)$,$m_i$ 为第 i 个测向平台的测量次数。以 0 号测向平台的第 1 次测量为启动时刻,随后各测向平台的目标方位测量都报送到 0 号平台(处理中心),从而在 0 号平台形成了一个目标方位测量集合。

$$(t_{ij},\beta_i(t_{ij}),x_{Si}(t_{ij}),y_{Si}(t_{ij}))\quad j=1,2,\cdots,m_i;i=0,1,2,\cdots,n-1 \tag{6.98}$$

将式(6.98)所示的目标方位测量集合按时序重新排列,得到各测向平台测量的混合集合,并经重新编号得到

$$Z_s=(t_s,\beta_s,x_s,y_s)\qquad s=0,1,2,\cdots,m \tag{6.99}$$

式中:$t_s\in\{t_{ij}\mid i=0,1,2,\cdots,n-1;j=1,2,\cdots m\}$,$m=m_0+m_1+\cdots+m_{n-1}-1$,$t_s\leqslant t_{s+1}$。

式(6.99)所示集合中第 1 个元素为

$$t_0=t_{01},\beta_0=\beta_0(t_{01}),x_0=x_0(t_{01}),y_0=y_0(t_{01})$$

可以将式(6.99)视为单一(0 号)运动测向平台在$(t_{01},\max\{t_{ij}\})$区间内"跳动"在不同位置上不等间隔随机获得的目标方位序贯测量集合。如果把随机"跳动"视为单一测向平台的运动状态,那么,我们便可以把多运动测向平台看作一个特殊的单一运动平台随机测向问题。因此从理论上讲,6.4.2 节描述的单运动平台纯方位跟踪系统对常速运动目标的可观测性分析方法都适用于本节的可观测性分析。然而由于 6.4.2 节采用的是连续运动的单一平台可观测性分析方法,而这里将多运动平台的离散位置连接成一条轨迹,作为 0 号平台航迹,其很难用一个连续状态方程解析表示。由 6.4.2 节的分析可知,单一纯方位跟踪平台对常速目标的可观测性与该平台航迹的机动状态有关,由于这里产生的单一平台"跳动

航迹”具有更加灵活的机动方式(运动状态阶数更高,远远超过探测目标的运动状态阶数),从而能够大大提升其对运动目标的可观测性(实际上,若多运动平台在容许的同步测量误差周期内都报知目标方位,只要此时平台位置不共线或目标不在平台共线上,就能实现无源多站目标定位,即具有可观测性),因此,我们采用本章6.3节所描述的离散时间可观测性分析方法,以期能得到更明确的可观测性判定结论。

6.6.2 基于多运动平台纯方位跟踪的目标伪线性测量方程

记数据集合:

$$Z^m = \{Z_0, Z_1, Z_2, \cdots, Z_m\}; \boldsymbol{X}_0 = [D_0, V_{Tx}, V_{Ty}] \tag{6.100}$$

式中:Z_j 如式(6.99)所示;D_0 为目标相对于0号测向平台的初始距离;V_{Tx}、V_{Ty} 为目标速度 V_T 在 x 轴和 y 轴方向上的分量。

如果从数据集 $\boldsymbol{Z}^m$ 能估计出目标参数 $\boldsymbol{X}_0$,则目标的运动航迹就可以唯一确定。

假定对任意时刻 t_j,可以得到(参阅式(6.18))

$$\tan\beta_j = \frac{D_0\sin\beta_0 + V_{Tx}(t_j - t_0) - x_j}{D_0\cos\beta_0 + V_{Ty}(t_j - t_0) - y_j} \quad j = 1, 2, \cdots, m \tag{6.101}$$

或写成

$$\begin{aligned} &D_0\sin(\beta_j - \beta_0) - (t_j - t_0)\cos\beta_j V_{Tx} + (t_j - t_0)\sin\beta_j V_{Ty} \\ &= y_j\sin\beta_j - x_j\cos\beta_j \quad j = 1, 2, \cdots, m \end{aligned} \tag{6.102}$$

式中:(x_j, y_j) 为0号平台在 t_j 时刻的“跳动”测量位置。

在得到了 $m+1$ 次测量 $\beta_0, \beta_1, \cdots, \beta_m$ 后,式(6.102)演化成为 m 个方程,将它们联立成为方程组,得到

$$\boldsymbol{E}\boldsymbol{X}_0 = \boldsymbol{F} \tag{6.103}$$

其中

$$\boldsymbol{E} = \begin{bmatrix} \sin(\beta_1 - \beta_0) & -(t_1 - t_0)\cos\beta_1 & (t_1 - t_0)\sin\beta_1 \\ \sin(\beta_2 - \beta_0) & -(t_2 - t_0)\cos\beta_2 & (t_2 - t_0)\sin\beta_2 \\ \vdots & \vdots & \vdots \\ \sin(\beta_m - \beta_0) & -(t_m - t_0)\cos\beta_m & (t_k - t_0)\sin\beta_m \end{bmatrix}$$

$$\boldsymbol{F} = \begin{bmatrix} y_1\sin\beta_1 - x_1\cos\beta_1 \\ y_2\sin\beta_2 - x_2\cos\beta_2 \\ \vdots \\ y_m\sin\beta_m - x_m\cos\beta_m \end{bmatrix}, \boldsymbol{X}_0 = \begin{bmatrix} D_0 \\ V_{Tx} \\ V_{Ty} \end{bmatrix} = \begin{bmatrix} D_0 \\ V_T\sin K_T \\ V_T\cos K_T \end{bmatrix}$$

与式(6.21)相比,在式(6.103)中右端存在非零项 F,随着测量次数的增多(远大于3),为唯一确定 $\boldsymbol{X}_0$ 提供了可能。式(6.103)两端左乘 $\boldsymbol{E}^{\mathrm{T}}$,得到

$$(\boldsymbol{E}^{\mathrm{T}}\boldsymbol{E})\boldsymbol{X}_0 = \boldsymbol{E}^{\mathrm{T}}\boldsymbol{F}$$

若令

$$\boldsymbol{E}^{\mathrm{T}}\boldsymbol{E}=\boldsymbol{A},\boldsymbol{E}^{\mathrm{T}}\boldsymbol{F}=\boldsymbol{B}$$

则有

$$\boldsymbol{A}\boldsymbol{X}_0=\boldsymbol{B} \tag{6.104}$$

式中：$A=\{a_{kl}\}(k,l=1,2,3)$。其分量由下式计算得到(参阅式(6.22))：

$$\begin{cases}a_{11}=\sum_{j=1}^{m}\sin^2(\beta_j-\beta_0)\\a_{12}=-\sum_{j=1}^{m}(t_j-t_0)\cos\beta_j\sin(\beta_j-\beta_0)\\a_{13}=-\sum_{j=1}^{m}(t_j-t_0)\sin\beta_j\sin(\beta_j-\beta_0)\end{cases} \tag{6.105}$$

$$\begin{cases}a_{21}=a_{12}\\a_{22}=-\sum_{j=1}^{m}(t_j-t_0)^2\cos^2\beta_j\\a_{23}=-\sum_{j=1}^{m}(t_j-t_0)^2\sin\beta_j\cos\beta_j\end{cases} \tag{6.106}$$

$$\begin{cases}a_{31}=a_{13}\\a_{32}=a_{23}\\a_{33}=-\sum_{j=1}^{m}(t_j-t_0)^2\sin^2\beta_j\end{cases} \tag{6.107}$$

而 $B=\{b_l\}(l=1,2,3)$，其分量为

$$\begin{cases}b_1=\sum_{j=1}^{m}\sin(\beta_j-\beta_0)(y_j\sin\beta_j-x_j\cos\beta_j)\\b_2=-\sum_{j=1}^{m}(t_j-t_0)\cos\beta_j(y_j\sin\beta_j-x_j\cos\beta_j)\\b_3=-\sum_{j=1}^{m}(t_j-t_0)\sin\beta_j(y_j\sin\beta_j-x_j\cos\beta_j)\end{cases} \tag{6.108}$$

类似于6.3.4节的讨论，利用式(6.104)，按最小二乘原理可以推导出目标参数向量 $\boldsymbol{X}_0$ 的递推估计，即基于单一运动平台随机测向求解目标相对运动参数的算法。由于式(6.104)是伪线性的，累积计算需要选定初值(t_0,β_0,x_0,y_0)，在形式上与所含有的测向平台数量无关。

6.6.3 可观测性分析

对于 $\boldsymbol{X}_0\neq\boldsymbol{0}$ 的目标，由式(6.104)可知，如果矩阵 $\boldsymbol{A}$ 非奇异，则 $\boldsymbol{X}_0$ 有唯一解，此时称系统是完全可观测的。进一步地，如果 $\boldsymbol{A}^{-1}$存在，那么必须有 $\boldsymbol{B}\neq\boldsymbol{0}$。或者说，如果 $\boldsymbol{B}=\boldsymbol{0}$，则 $\boldsymbol{X}_0$ 不可能有唯一解，系统是不完全可观测的。由此可知，$\boldsymbol{A}^{-1}$存

在是系统完全可观测的充分条件，而 $\boldsymbol{B}\neq\boldsymbol{0}$ 是系统可观测的必要条件，如果 $\boldsymbol{A}^{-1}$ 不存在或者 $\boldsymbol{B}=\boldsymbol{0}$，则系统是不完全可观测的。

注意到：

$$\det(A)=a_{11}(a_{22}a_{33}-a_{23}^2)-a_{12}(a_{21}a_{33}-a_{13}a_{23})+a_{13}(a_{12}a_{23}-a_{13}a_{22}) \quad (6.109)$$

记式(6.109)中的第 1 项为 G，第 2、3 两项的和为 H。将式(6.106)、式(6.107)中的 a_{22}，a_{23} 和 a_{33} 的表达式代入式(6.109)第一项，可以得到

$$\begin{aligned} G &= a_{11}\sum_{j=1}^{m}\sum_{i=1}^{m}(t_j-t_0)^2(t_i-t_0)^2\cos\beta_j\sin\beta_i\sin(\beta_i-\beta_j) \\ &= \frac{1}{2}\sum_{h=1}^{m}\sum_{j=1}^{m}\sum_{i=1}^{m}(t_j-t_0)^2(t_i-t_0)^2\sin^2(\beta_h-\beta_0)\sin^2(\beta_i-\beta_j) \end{aligned} \quad (6.110)$$

显然，总成立 $G\geqslant 0$。

通过代入计算，同样可以得到

$$\begin{aligned} H = &\sum_{h=1}^{m}\sum_{j=1}^{m}\sum_{i=1}^{m}(t_h-t_0)(t_j-t_0)(t_i-t_0)^2\sin \\ &(\beta_h-\beta_0)\sin(\beta_j-\beta_0)\sin(\beta_i-\beta_j)\sin(\beta_h-\beta_i) \end{aligned} \quad (6.111)$$

由于 $\det(A)=G+H\neq 0$ 是系统可观测的充要条件，而使 $\det(A)=G+H=0$ 的情况有：

(1) 只有一次方位测量 β_0，此时无法求解目标参数。

(2) $t_j=t_0(j=1,2,\cdots,m)$，此时只能估计目标的距离。

(3) $\beta_j=\beta_0(j=1,2,\cdots,m)$，此时目标方位无变化。

因此，在此三种情形之下，系统是不可观测的。

另一方面，式(6.108)可以变形得到

$$\begin{aligned} b_1 &= \sum_{j=1}^{m}r_j(\cos b_j\sin\beta_j-\cos\beta_j\sin b_j)\sin(\beta_j-\beta_0) \\ &= \sum_{j=1}^{m}r_j\sin(\beta_j-\beta_0)\sin(\beta_j-b_j) \end{aligned} \quad (6.112)$$

式中：$r_j=\sqrt{x_j^{\ 2}+y_j^{\ 2}}$，$b_j=\arctan\dfrac{x_j}{y_j}$，分别表示 t_j 时刻等效观测平台位置(0 号平台在 t_j 时刻的“跳动”位置)至坐标原点的斜距和观测平台方位。

同理，可以导出

$$\begin{aligned} b_2 &= -\sum_{j=1}^{m}(t_j-t_0)r_j\cos\beta_j(\sin\beta_j\cos b_j-\cos\beta_j\sin b_j) \\ &= -\sum_{j=1}^{m}r_j(t_j-t_0)\cos\beta_j\sin(\beta_j-b_j) \end{aligned} \quad (6.113)$$

$$b_3=\sum_{j=1}^{m}r_j(t_j-t_0)\sin\beta_j\sin(\beta_j-b_j) \quad (6.114)$$

利用式(6.112)～式(3.114)，使 $B=\mathbf{0}$ 或者 $b_1(t_m)=b_2(t_m)=b_3(t_m)=0$ 成立的条件有：

(1) $r_j=0(j=1,2,\cdots,m)$，所有的测向平台位置相同。

(2) $\beta_j=b_j(j=1,2,\cdots,m)$，测量方位与平台位置方位相同。

因此，在这两种情形下，系统也是不可观测的。

6.7　小　结

本章研究了纯方位目标跟踪中的可观测性问题。首先，讨论了单静止站对常速直线运动目标的可观测性问题；其次，运用连续线性系统可观测性理论分别讨论了单站纯方位目标定位跟踪系统对常速、常加速以及 N 阶运动目标可观测性条件；最后，讨论了多固定基站纯方位系统的可观测性，最后运用离散线性系统的可观测性理论研究了多运动平台纯方位目标跟踪的可观测性条件。

本章讨论了单、多平台纯方位观测对运动目标跟踪的可观测性，但对如何通过布站或跟踪平台的机动以使系统始终保持良好的可观测性尚未涉及，该问题实质上是寻求跟踪平台的最优运动轨迹，以确保对目标的连续定位与跟踪，将在第7章进行研究。

参考文献

[1]　张武．纯方位目标跟踪关键技术研究[D]，解放军理工大学，2009.

[2]　邓新蒲．单平台无源定位可观测性评述[J]．中国工程科学，2007，9(11)：54－62.

[3]　孙仲康，周一宇，何黎星．单多基地有源无源定位技术[M]．北京：国防工业出版社，1996.

[4]　Fogel E，Gavish M. Nth－order dynamics target observability from angle measurements[J]. IEEE Transactions on Aerospace and Electronic Systems，1988，24(3)：305－308.

[5]　Van Trees，Detection H L，Estimation and Modulation Theory，Part I [M]. New York：Wiley，1968.

[6]　李保全，陈维远．线性系统理论[M]．北京：国防工业出版社，1997.

[7]　王朝瑞，史荣昌．矩阵分析[M]．北京：北京理工大学出社．1993.

[8]　王朝珠，秦化淑．最优控制理论[M]．北京：科学出版社，2003.

[9]　刘忠．单静止站纯方位系统的可观测性与目标参数估计算法[J]．海军工程大学学报，2001，13(5)：20－23.

[10]　Payne A N. Observability problem for bearings－only tracking[J]. Int. J. Control，1989，49(3)：761－768.

[11]　Nardone S C. Aidala V J. Observability requirement for for bearings－only target motion analysis[J]. IEEE Trans. Aerosp. Eletron Syst.，1981，17(2)：162－166.

[12]　Fogel E，Gavish M. Nth－order dynamics target observability from angle measurements. IEEE Transactions on Aerospace and Electronic Systems，1988，24(3)：305－308.

[13]　黄波，刘忠．静止单站纯方位系统目标参数的仿真计算[J]．海军工程大学学报，2002. 14(6)：67－72.

[14] Becker K. Simple linear theory approach to TMA observability [J]. IEEE Tran on Electron Syst,1993,vol. 29 (2):575 -578.

[15] Jaufferet C,Pillon D. Observability in passive target motion analysis[J]. IEEE Transaction on Aerospace and Electronic System,1996,32(4): 1290 -1300.

[16] 许兆鹏,韩树平. 多基阵纯方位非机动目标跟踪可观测性研究[J]. 传感器与微系统,2011,30(12): 57 -59.

[17] 刘忠. 多站纯方位定位系统的可观测性条件[J]. 海军工程大学学报,2004,16(1): 18 -23.

[18] Song T L. Observability of target tracking with bearings - only measurements. IEEE Transactions on Aerospace and Electronic Systems,1996,vol. 32(4):1468 -1472.

[19] Van Trees,Detection H L. Estimation and Modulation Theory. Part I [M]. New York: Wiley,1968.

[20] Li X. Rong, Vesselin Jilkov P. A Survey of Maneuvering Target Tracking: Dynamic Models. Proceedings of SPIE Conference on Signal and Data Processing of Small Targets, Orlando, FL, USA, April 2000. (4048 - 22):1 -22.

第7章　纯方位跟踪平台的最优运动轨迹

7.1 引　言

战场感知领域所涉及的基于可观测性的探测系统优化控制，主要包括探测平台的最优轨迹、传感器探测控制、探测信息处理控制等问题。探测系统的能控性体现在目标机动跟踪的自适应检测与控制、单一纯方位跟踪平台的轨迹控制，以及无源多站的优化部署等。本章的研究内容主要面向其中的一个问题，即给出单一纯方位隐蔽跟踪平台的最优运动轨迹问题的最新研究成果。

第6章的研究表明，对于单平台纯方位目标跟踪系统来说，跟踪平台要对目标始终保持可观测性，即依据采集的目标方位测量序列能够获得某准则下目标状态的最优估计，需要跟踪平台沿某条确定的轨迹运动。由于在笛卡儿直角坐标系下，单平台纯方位跟踪系统对目标的测量具有非线性和不完全性，为了精确估计目标的运动状态，必要条件是跟踪平台的运动方程阶次必须高于目标运动方程的阶次[1,2]。

纯方位跟踪平台的最优运动轨迹，是指采用跟踪平台沿此轨迹运动观测到的目标相对方位，能获得目标状态参数（位置、速度等）在某准则下的最优估计。该最优轨迹问题目前具有较高理论水平的研究方法是采用最优控制中的极大值原理，通过建立单一纯方位探测平台对常速目标跟踪系统的 Hamilton - Jacobi 方程，导出最优轨迹的必要条件，并通过仿真验证最优轨迹的部分特性。优化准则通常采用全局精度，即以 Fisher 信息矩阵之逆为下界的精度指标；仅有方位测量的目标估计问题的关键是目标相对距离的确定，因此距离精度也是可供选择的指标。由于很难从描述跟踪平台最优轨迹必要条件的正则方程组求得最优的解析解，因此，文献[1,2]运用数值解法求解该正则方程组，并获得了跟踪常速目标的方位探测平台最优运动轨迹的部分规律。目前，对纯方位跟踪平台的最优运动轨迹的研究成果主要集中在固定目标定位和常速目标跟踪时的纯方位跟踪平台最优运动轨迹，讨论常加速目标跟踪的最优轨迹的文献很少，而且很少有文献通过仿真分析和验证跟踪平台沿最优轨迹运动时对目标的跟踪精度的提升程度[2]。

本章将基于最优控制论中的极大值原理，分别在全局精度指标和距离精度指标下，建立常加速目标跟踪的单一方位探测平台最优运动轨迹模型，通过数值方法求解跟踪平台最优轨迹，分析目标加速度、目标航向、目标与跟踪平台初始相对距离，以及跟踪平台速率等因素对跟踪平台最优运动轨迹的影响。最后，利用极大似然估计方法,验证了当跟踪平台沿优化轨迹运动时,能够提高对目标状态参数的估计精度。

在 7.2 节中给出本章所涉及的基础理论概述,7.3 节描述全局精度指标下单平台纯方位跟踪平台的最优运动轨迹问题的研究成果和仿真实验验证与分析。7.4 节描述距离精度指标下单平台纯方位跟踪平台最优运动轨迹问题的研究成果和仿真实验验证与分析,以及纯方位跟踪平台沿最优轨迹和可行轨迹运动时,采用角度测量对目标进行定位和跟踪的性能分析和仿真实验结果。

7.2 基础理论概述

本节描述本章研究的单一纯方位跟踪平台实现对常速目标和常变速目标进行跟踪的最优运动轨迹问题中,涉及的最优控制理论、极大值原理以及 Fisher 信息矩阵和 Cramer - Rao 不等式等知识。

7.2.1 最优控制理论与应用

最优控制理论是 20 世纪 50 年代末至 60 年代初发展起来的现代控制理论的一个重要分支,其主要面向火箭发射、导弹拦截、飞船导航、卫星发射等领域所揭示出来的控制问题。与传统工业过程控制不同,最优控制的目标在于使控制过程产生的结果达到预期效果,其中的过程控制只是达到预期结果的手段和方法。因此,最优控制问题的指标函数通常包括直接产生的结果(如武器控制中使拦截弹脱靶量达最小)和过程产生的结果(如拦截弹能量消耗最少)两个部分。因此,最优控制策略的选择要使这两部分指标都达到优化,以产生最终的优化结果。最优控制理论的成功应用是 1969 年美国“阿波罗”登月工程中,在绕月太空站上对登月舱的登月和返回进行姿态控制[3,4]。近半个世纪以来,最优控制理论在航空、航天和航海的导航定位中,以及战术对策(微分对策)中均得到了成功应用[5,6]。由于篇幅所限,这里无法介绍最优控制理论的全部内容,只简单介绍一下本章纯方位探测平台对常速和常变速目标进行定位和跟踪所涉及的部分最优控制内容。

7.2.1.1 最优控制模型

最优控制问题的数学模型:

$$\begin{cases}\dot{\boldsymbol{X}} = f(\boldsymbol{X}(t),\boldsymbol{U}(t),t) \qquad t\in[t_0,t_f]\\ X(t_0)=X_0\\ G(X(t_f),t_f)=0\\ J[\boldsymbol{U}(t)]=\varphi(X(t_f),t_f)+\int_{t_0}^{t_f}L(\boldsymbol{X}(t),\boldsymbol{U}(t),t)\mathrm{d}t\end{cases} \tag{7.1}$$

最优控制数学模型说明如下。

（1）被控制系统状态表征为常微分方程组：

$$\dot{X}=f(\boldsymbol{X}(t),\boldsymbol{U}(t),t),t\in[t_0,t_f] \tag{7.2}$$

式中：$\boldsymbol{X}(t)=[x_1,x_2,\cdots,x_n]^{\mathrm{T}}$ 是描述被控系统的 n 维状态向量，记为 $\boldsymbol{X}\in R^n$，$\boldsymbol{U}(t)=[u_1,u_2,\cdots,u_m]^{\mathrm{T}}$ 是影响被控对象状态的 m 维控制向量，记为 $\boldsymbol{U}\in \boldsymbol{U}^m$，$\boldsymbol{U}^m$ 是 R^m 中的子集，可是开集或闭集。t 为时间变量且 $t\in[t_0,t_f]$，t_0、t_f 分别称为初始和终端时刻。通常 t_0 取定值，而 t_f 可取定值，也可变化待求。$\boldsymbol{f}(\boldsymbol{X}(t),\boldsymbol{U}(t),t)=[f_1(\boldsymbol{X}(t),\boldsymbol{U}(t),t),\cdots,f_n(\boldsymbol{X}(t),\boldsymbol{U}(t),t)]^{\mathrm{T}}$ 是描述被控对象动态特征的 n 维向量函数。记为 $\boldsymbol{f}:R^n\times\boldsymbol{U}^m\times R^1\to R^n$。$n$、$m$ 为正整数且 $m\leqslant n$。R^l 表 l 维欧几里得空间。式(7.2)称为被控系统的状态方程。

（2）初始状态和边界条件。系统动态变化过程对应于系统在 n 维状态空间中沿一条轨迹从一个状态转移到另一个状态。在最优控制中，状态轨迹的初始状态通常是已知的，即

$$\boldsymbol{X}(t_0)=\boldsymbol{X}_0 \tag{7.3}$$

而到达终端的时刻 t_f 和状态 $X(t_f)$ 则因问题而异。通常要求终端状态 $X(t_f)$ 属于 R^n 中的某个点集 $\boldsymbol{S}$（称为目标集），即 $X(t_f)\in S$。当终端状态是固定的，即 $X(t_f)=X_f$ 时，则目标集退化为 n 维状态空间中的一个点。当终态满足某些约束条件，即

$$G[X(t_f),t_f]=0 \tag{7.4}$$

此时，$X(t_f)$ 处在 n 维状态空间中该约束超曲面上。若终端状态不受约束，则目标集便扩展到整个 n 维空间 R^n，或称终端状态自由。

（3）表征系统性能优劣的指标 J。它是一个依赖控制函数 $\boldsymbol{U}(t)$ 的"函数"，又称为性能指标泛函或代价泛函。性能指标的表达式中一般既包含依赖于终端时刻 t_f 和终端状态 $X(t_f)$ 的末值型项，又包含依赖于整个控制过程的积分型项，即

$$J[U(t)]=\varphi(X(t_f),t_f)+\int_{t_0}^{t_f}L(\boldsymbol{X}(t),\boldsymbol{U}(t),t)\,\mathrm{d}t \tag{7.5}$$

式中：$\varphi\in R^1$，$L\in R^1$，即 φ、L 皆为标量函数。$\boldsymbol{X}(t)$ 是状态方程式(7.2)在初始条件式(7.3)和终端条件式(7.4)下与某个控制 $\boldsymbol{U}(t)$ 对应的一个可行解。这种综合性指标（包括积分型项和末值型项两个部分）所对应的最优控制问题称为波尔扎（Bolza）问题，当只有末值型项指标时，称为迈耶尔（Mayer）问题，当只有积分型项指标时，称为拉格朗日（Lagrange）问题[5]。

（4）控制变量的容许范围 $\boldsymbol{\Omega}$，即

$$\boldsymbol{U}(t)\in\boldsymbol{\Omega} \tag{7.6}$$

式中：$\boldsymbol{\Omega}$ 是 m 维控制空间 R^m 中的一个集合。当控制 $\boldsymbol{U}(t)$ 有界时，即 $|\boldsymbol{U}(t)|\leqslant \boldsymbol{M}$，这时控制作用属于一个闭集；当 $\boldsymbol{U}(t)$ 不受任何限制时，称它属于一个开集。$\boldsymbol{\Omega}$ 称为容许集合，属于 $\boldsymbol{\Omega}$ 的控制则称为容许控制。

这样，最优控制问题可用数学语言描述为：寻求一个容许控制 $\boldsymbol{U}(t)\in\boldsymbol{\Omega}$，使得系统式(7.1)在该控制作用下从初态 $\boldsymbol{X}_0$ 出发，在某个大于 t_0 的终端时刻 t_f 到达目

标集 $\boldsymbol{S}$ 上,且使性能指标 $J[\boldsymbol{U}(t_f)]$ 达到极值。如果最优控制问题有解,亦即使 $J[\boldsymbol{U}(t)]$ 达到极值的控制函数存在,记为 $\boldsymbol{U}^*(t),t\in[t_0,t_f]$,称之为最优控制。与 $\boldsymbol{U}^*(t)$ 相应的式(7.2)~式(7.4)的解 $\boldsymbol{X}^*(t)$ 称为最优轨迹,相应的性能指标 $J^*=J[\boldsymbol{U}^*(t)]$ 称为最优性能指标。$[\boldsymbol{U}^*(t),\boldsymbol{X}^*(t)]$ 是最优控制问题式(7.1)的解,称为最优解。

7.2.1.2 最优控制模型的应用描述

这里给出几个最优控制的应用模型[7]。

例 7.1 大气层外导弹的拦截问题。

将来袭弹道目标记为 m,拦截弹记为 l。假设它们在同一平面内运动,弹道目标运动方程为

$$\begin{cases}\dot{x}_m=v_{mx}\\ \dot{y}_m=v_{my}\\ \dot{v}_{mx}=0\\ \dot{v}_{my}=-g\end{cases}\tag{7.7}$$

这里,x 为水平方向射程,y 为垂直方向高度。拦截弹运动方程为

$$\begin{cases}\dot{x}_l=v_{lx}\\ \dot{y}_l=v_{ly}\\ \dot{v}_{lx}=Au_1(t)\cos u_2(t)M^{-1}(t)\\ \dot{v}_{ly}=Au_1(t)\sin u_2(t)M^{-1}(t)-g\\ \dot{M}(t)=-\alpha u_1(t)\end{cases}\tag{7.8}$$

式中:$u_1(t)=P(t)/p_{\max}$ 为拦截弹无量纲推力;$u_2(t)$ 为推力向量与水平面夹角(仰角);$M(t)$ 为拦截弹无量纲质量,如图 7.1 所示。

最优拦截控制指标为

$$J(u_1,u_2)=\min_{u_1,u_2}\left\{[x_l(t_f)-x_m(t_f)]^2+[y_l(t_f)-y_m(t_f)]^2+\frac{1}{2}\int_{t_0}^{t_f}r{u_1}^2(t)\,\mathrm{d}t\right\}\tag{7.9}$$

式中:积分项表示到终点 t_f 时刻的能量消耗,前两项表示 t_f 时刻拦截的脱靶量。

例 7.2 拦截弹的最优控制问题。

如图 7.2 所示,m、l 分别表示弹道目标和拦截弹,它们在同一平面内运动。假设目标 m 以常速 $\boldsymbol{v}_m$ 运动,ϕ 是视线 $\overrightarrow{lm}$ 与 $\boldsymbol{v}_{\mathrm{m}}$ 的夹角,并且 $\boldsymbol{v}_l$ 的大小也是确定的。因此,只要适当选择 $\boldsymbol{v}_l$ 的方向,使相对速度 $\boldsymbol{v}_R$ 始终保持在视线 $\overrightarrow{lm}$ 之上,则相对距离 $\overrightarrow{lm}$ 就会逐步缩小,最后 l 和 m 重合,实现在拦截点击中目标。

外层空间拦截中,在上述理想情况下,中段制导结束之后,将拦截弹控制飞行到图 7.2 所示位置,完成拦截。但在实际情况下,由于制导和观测误差,中段制导结束之后,l 与 m 的相对位置产生较大偏移,如图 7.3 所示。

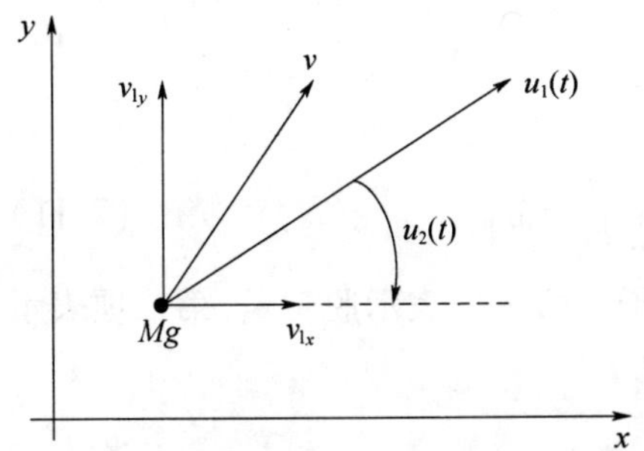

图7.1　轨迹平面内拦截弹状态

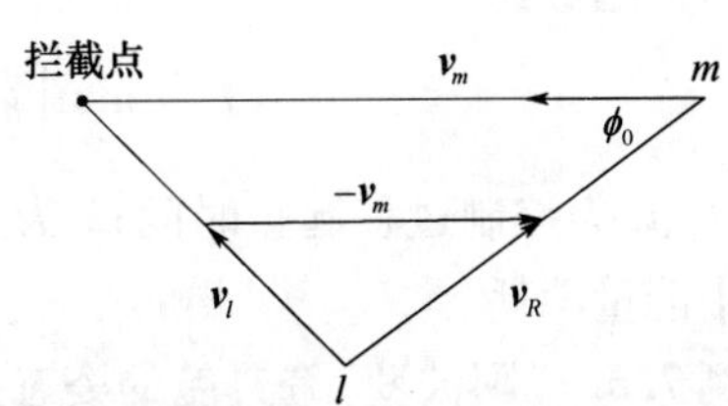

图7.2　理想情况下中段拦截制导几何图

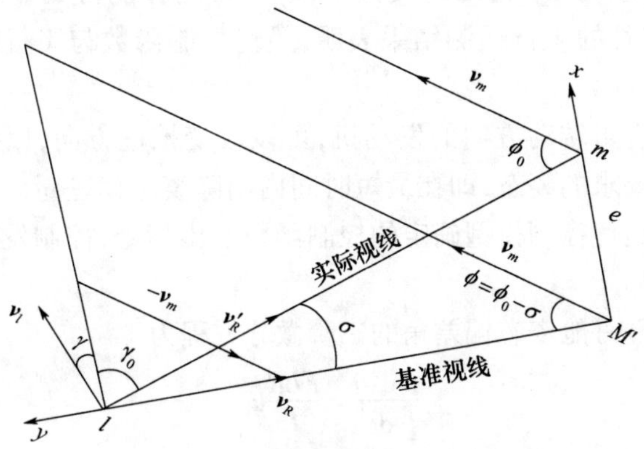

图7.3　实际制导拦截几何图

这样，就必须在外层空间对拦截器继续进行推力控制，改变 $\boldsymbol{v}_R$ 的方向，否则会如图7.3所示产生脱靶量 e（指对标准视线的横向偏移）。

注意脱靶量 e 是相对速度 $\boldsymbol{v}_R=\boldsymbol{v}_l-\boldsymbol{v}_m$ 偏移至 $\boldsymbol{v}_R'$ 形成的，所以

$$\dot{e}=\dot{v}_R=\dot{v}_l-\dot{v}_m$$

若取偏移方向为 x_1，即 $e=x_1$，则成立

$$\begin{cases}\dot{x}_1=v_l\sin(\gamma_0+\gamma)-v_m\sin\phi_0\triangleq x_2\\ \dot{x}_2=\dfrac{\mathrm{d}}{\mathrm{d}t}(v_l\sin(\gamma_0+\gamma)-v_m\sin\phi_0)\end{cases}$$

当拦截弹角度偏移量 γ 较小时，展开

$$\sin(\gamma_0+\gamma)=\sin\gamma_0+\gamma\cos\gamma_0+\cdots$$

取前两项，得到脱靶量 e 的状态方程为

$$\begin{cases}\dot{x}_1=x_2\\ \dot{x}_2=v_l\dot{\gamma}\cos\gamma_0\end{cases}$$

记 $\cos\gamma_0=c_1$，取拦截弹偏角变化率为控制量：$u=\dot{\gamma}$，其与脱靶量的二阶变化率（加速度，即控制作用力）相对应。于是，得该控制系统方程为

$$\begin{cases} \dot{x}_1 = x_2 \\ \dot{x}_2 = v_l c_1 u \end{cases} \tag{7.10}$$

指标函数为

$$J = \min_u \left[k x_1^2(t_f) + \int_{t_0}^{t_f} u^2 \mathrm{d}t \right] \tag{7.11}$$

式中：t_0、t_f 为控制过程起止时间；k 为加权因子。第一项表示脱靶量，第二项表示过程中能量消耗。

例 7.3 “阿波罗”登月舱的姿态控制[3,4]。

“阿波罗”登月舱姿态控制系统，是基于一个三阶姿态偏差控制量设计的，成功地将最优控制规律用于自动驾驶仪中，使登月舱性能得到显著改进。1969 年“阿波罗”-11 登月的飞行遥测结果表明，最优控制函数与飞行前模拟结果极为一致。

登月舱上装有可转动方向的发动机，可以改变推进方向，以控制登月舱在最短时间内达到所要求的姿态，即在最短时间内消除姿态偏差量。姿态控制包括姿态偏差检测和按最优控制模型确定的控制函数发出指令，控制发动机修正登月舱姿态。

控制系统中登月舱姿态偏差角的三阶微分方程为

$$\frac{\mathrm{d}^3\theta}{\mathrm{d}t^3} = \frac{FLR}{I} u$$

式中：F 为控制系统的发动机推力；L 为舱质心至发动机铰链点距离（发动机转动力矩）；R 为发动机转动速率（0.2r/s）；I 为舱转动惯量；$\theta = \theta_v - \theta_d$ 为姿态偏差，这里 θ_v 为检测到的实际姿态角，θ_d 为所要求的姿态角。

设 $x_3 = \theta, x_2 = \dot{\theta}, x_1 = \ddot{\theta}, C = FLR/I$，则有

$$\begin{cases} \dot{x}_1 = u \\ \dot{x}_2 = x_1 \\ \dot{x}_3 = x_2 \end{cases} \tag{7.12}$$

指标函数为

$$J = \min_u t_f \tag{7.13}$$

该最优控制问题是求取最优控制 $u^*(t)$，使系统在初始时刻 t_0 从状态空间任意一点 $x_0 = [x_1(t_0), x_2(t_0), x_3(t_0)]$ 出发，沿最优轨线 $x(u^*(t), t)$ 运动，在最短时间 $t_f - t_0$ 内到达原点，即 $x(u^*(t_f), t_f) = 0$。

这就是一个使姿态误差尽快消除的一个快速最优控制问题。

7.2.2 极大值原理

最优控制的求解问题从本质上讲是一个变分学问题。然而，经典变分学只能

解决控制变量不受约束的情况。实际问题中,经常出现控制变量受限情况,这就要求人们寻找求解最优控制问题的新途径。迄今为止,求解有约束的最优控制问题所出现的两个基本方法是动态规划和极大值原理,其中以极大值原理应用最为广泛。

动态规划理论是20世纪50年代美国兰德公司的学者R. Bellman创立的[9],从而发展了变分学中的哈密顿—雅可比(Hamilton - Jacobi)理论,用于求解多级最优决策问题。动态规划理论的基本思想是依据最优性原理:一个最优策略具有这样的特性,即不论系统的初始状态变量和初始决策如何,后续的决策对由初始决策所产生的相应状态来说,仍构成一个最优策略。然而,动态规划需要把最优控制过程的决策分解为多级单一决策,并且在终点时刻的最优策略依赖于所有前面的多级决策,因此求解动态规划的基本方程是一个难度很大的问题,许多情况无法求解,这大大限制了动态规划的应用范围。

20世纪50年代末,苏联学者莫斯科大学教授庞特里亚金基于多年对航天领域最优控制的研究成果,创立了"极大值原理"[7,8],为求解最优控制问题建立了一个具有实际应用意义的方法。极大值原理的基本思想是将复杂的最优控制问题转化为已有成熟求解方法的微分方程组,以应用于最优控制问题的求解。尽管极大值原理仅是最优控制应满足的必要条件,但是在实际问题中,结合物理背景不难在满足必要条件的控制集合中确定最优控制。

下面介绍建立求解最优控制数学模型式(7.1)的极大值原理的基本过程。

(1) 首先引入 $n+1$ 维伴随向量 $\boldsymbol{\Psi}(t)$,其各分量 $\psi_i(t)$ 满足微分方程组:

$$\dot{\psi}_i(t) = -\sum_{k=0}^{n}\frac{\partial f_k(x_1,x_2,\cdots,x_n;u_1,u_2,\cdots,u_m)}{\partial x_k}\psi_k(t) \quad i=1,2,\cdots,n \tag{7.14}$$

式中:$\psi_0=-1$;$f_0=L(x,U,t)$。

式(7.14)称为最优控制模型中系统状态方程组(7.2)的伴随方程组,$\psi_i(t)$ 称为状态变量 $x_i(t)$ 的伴随变量,$i=0,1,2,\cdots,n$。

(2) 建立哈密顿(Hamilton)函数:

$$H(\Psi,x,u,t) = \sum_{i=0}^{n}\psi_i(t)f_i(x,u,t) \tag{7.15}$$

(3) 状态方程组和伴随方程组的Hamilton正则形式为

$$\begin{cases}\dot{x}_i = \dfrac{\partial H}{\partial \psi_i} \\ \dot{\psi}_i = -\dfrac{\partial H}{\partial x_i}\end{cases} \quad i=0,1,2,\cdots,n \tag{7.16}$$

(4) 初始条件和边界条件。系统状态向量 $\boldsymbol{X}(t)$ 的初始条件和边界条件分别为式(7.3)和式(7.4);与伴随变量对称增加的状态变量 $x_0(t)$ 满足:

$$\dot{x}_0 = \frac{\partial \Phi}{\partial t} + \sum_{i=1}^{n}\frac{\partial \Phi}{\partial x_i}f_i(x,u,t) + L(x,u,t), x_0(t_0) = 0 \tag{7.17}$$

式中：$\Phi = \phi + \gamma G$，γ 为乘子。

伴随向量 $\boldsymbol{\Psi}$ 的边界条件为

$$\psi_i(t_f) = -\left(\frac{\partial \varphi}{\partial x_i} + \gamma \frac{\partial G}{\partial x_i}\right)\bigg|_{t_f} \quad i = 1, 2, \cdots, n; \psi_0(t_f) = -1 \tag{7.18}$$

（5）至此，可以表述极大值原理如下。

满足式(7.1)、式(7.14)、式(7.17)和式(7.18)的容许控制函数 $u(t)$ 成为使 $J(u)$ 达到极小的最优控制 $u^*(t)$，必须能使 Hamilton 函数达相当大，即

$$H(x, \boldsymbol{\Psi}, u^*, t) = \max_{u \in U} H(x, \boldsymbol{\Psi}, u, t) \tag{7.19}$$

这表明式(7.19)是最优控制问题的必要条件。关于极大值原理的详细证明见文献[7,8]。

应用极大值原理求解最优控制问题的步骤如下。

（1）对于给定的控制系统，建立状态向量 $\boldsymbol{X}(t)$ 的伴随向量 $\boldsymbol{\Psi}(t)$。

（2）构建 Hamilton 函数 $H(\boldsymbol{X}, \boldsymbol{\Psi}, U, t)$。

（3）将控制变量表示为 $\boldsymbol{X}(t)$、$\boldsymbol{\Psi}(t)$ 和 t 的函数 $U(\boldsymbol{X}(t), \boldsymbol{\Psi}(t), t)$，$U$ 又称为综合函数或反馈控制函数。

（4）将 U 代入系统状态方程组和伴随方程组，并根据相应的边界条件，求解出系统状态变量 $X(t)$ 和伴随变量 $\boldsymbol{\Psi}(t)$。

（5）将解得的 $X(t)$ 和 $\boldsymbol{\Psi}(t)$ 代入 $U(x(t), \boldsymbol{\Psi}(t), t)$ 中就得到 $u_k = u_k(t)$ $(k = 1, 2, \cdots, m)$。

（6）反复迭代，求取使 Hamilton 函数达极大的 $U^*(t)$。

（7）根据具体最优控制问题的物理背景，分析在 $U^*(t)$ 在容许区域中的唯一性，或在 $U^*(t)$ 的多解状态中按应用需要选取最优解。

下面对 7.2.1.2 节中例 7.2，按照这里描述的步骤(1)～(6)，给出应用极大值原理对最优控制问题的求解过程。

在拦截弹的最优控制问题式(7.10)和式(7.11)中，注意到

$$f_0 = u^2, f_1 = x_2, f_2 = v_e c_1 u$$

于是，Hamilton 函数为

$$H = \psi_0 u^2 + \psi_1 x_2 + \psi_2 v_e c_1 u$$

式(7.10)的伴随方程组为

$$\begin{cases} \dot{\psi}_0 = 0 & \psi_0 = -1 \\ \dot{\psi}_1 = 0 & \psi_1(t_f) = -2kx_1(t_f) \\ \dot{\psi}_2 = -\psi_1 & \psi_2(t_f) = 0 \end{cases}$$

其中终端边界条件由式(7.18)得到。解此伴随方程组，可以得到

$$\begin{cases} \psi_1(t) = -2kx_1(t_f) \\ \psi_2(t) = 2kx_1(t_f)(t - t_f) \end{cases}$$

由于 u 应给出 H 的极大值，且 u 不受限制，故由 $\frac{\partial H}{\partial u}=0$，可得 $-2u+\Psi_2 v_e c_1=0$。于是，解得

$$u=\frac{\psi_2 v_e c_1}{2}=\frac{2v_e c_1 k x_1(t_f)(t-t_f)}{2}=v_e c_1 k x_1(t_f)(t-t_f)$$

将该 $u(t)$ 代入系统状态方程式(7.10)中，得到

$$\dot{x}_2=v_e{}^2 c_1{}^2 k x_1(t_f)(t-t_f)$$

记 $v_e{}^2 c_1{}^2=2\mu$，则可以得到

$$\dot{x}_2=-2\mu k x_1(t_f)(t_f-t)$$

若记 $x_2(t_0)=x_2{}^0$，则对上式两端分别在 (t_0,t_f) 区间积分，可以得到

$$x_2(t)-x_2{}^0=\mu k x_1(t_f)(t_f-t)^2-\mu k x_1(t_f)(t_f-t_0)^2 \tag{7.20}$$

代入式(7.10)中的第一式并对其两端求积分可得

$$x_1(t)=-\frac{\mu k x_1(t_f)}{3}(t_f-t)^3-\mu k x_1(t_f)(t_f-t_0)^2 t+x_2^0 t$$
$$+\frac{\mu k x_1(t_f)}{3}(t_f-t_0)^3-\mu k x_1(t_f)(t_f-t_0)^2 t_0+x_2^0 t_0+x_1^0$$

式中：$x_1^0=x_1(t_0)$。又当 $t=t_f$ 时，得到

$$\begin{aligned}x_1(t_f)&=\frac{\mu k x_1(t_f)}{3}(t_f-t_0)^3-[\mu k x_1(t_f)(t_f-t_0)^2-x_2^0](t_f-t_0)+x_1^0\\&=-\frac{2}{3}\mu k x_1(t_f)(t_f-t_0)^3+x_2^0(t_f-t_0)+x_1^0\end{aligned} \tag{7.21}$$

由此式可以解得

$$x_1(t_f)=\frac{3[x_2^0(t_f-t_0)+x_1^0]}{3+2\mu k\,(t_f-t_0)^3}$$

将该 $x_1(t_f)$ 代入 u 的表达式，若将任意的 $t<t_f$ 取作控制过程的初始时刻 t_0，则

$$u(t)=\frac{3v_e c_1 k[x_2{}^0(t_f-t_0)+x_1^0](t_f-t)}{3+2\mu k\,(t_f-t_0)^3} \tag{7.22}$$

式中：x_1 和 x_2 是与 t 时刻对应的值，分别按式(7.20)和式(7.21)计算。

最后，按上述步骤(7)对该控制函数进行分析。

从图7.3中可以看出，将有：$\sigma=\arctan\frac{e}{y_l-y_m'}=\frac{e}{y_l-y_m}$，同时注意到对 $\dot{y}_l-\dot{y}_m=v_e-v_m=v_R$ 两端积分：

$$\int_t^{t_f}(\dot{y}_l-\dot{y}_m)\,\mathrm{d}t=\int_t^{t_f}v_R\,\mathrm{d}t$$

在最优控制下，要求在终点时刻脱靶量为零，即

$$y_l(t_f)-y_m(t_f)=0$$

故成立

$$v_R(t_f-t)=y_l(t)-y_m(t)$$

代入 σ 表达式,得到

$$\sigma=\frac{e}{v_R(t_f-t)}$$

两端对 t 微分,再注意到

$$e=x_1,\dot{e}=x_2$$

可以得到

$$\dot{\sigma}=\frac{e+\dot{e}(t_f-t)}{v_R\ (t_f-t)^2}=\frac{x_1+x_2(t_f-t)}{v_R\ (t_f-t)^2}$$

再将此式代入 u 的表达式(7.22)就得到

$$u(t)=\frac{-3v_e c_1 k v_R\ (t_f-t_0)^3}{3+2\mu k\ (t_f-t_0)^3}\dot{\sigma}$$

从此式可以看出,在每一个控制时刻 t,控制函数 $u(t)$ 与 $\dot{\sigma}$(偏移加速度 $\dot{v}_R$)成比例,于是由极大值原理得到了该控制函数 $u(t)$ 符合比例导引律,其成为实现目标拦截中比例导引的最优控制函数。

7.2.3 目标跟踪误差的 Cramer - Rao 下界

在目标跟踪领域,通常采用跟踪误差的克拉美—劳下界(CRLB)作为衡量某一跟踪过程中的定位精度的标准,它是在所讨论的模型条件下,状态估计误差的统计平均下限(精度上限),尽管定位跟踪精度与所采用的具体算法有关,但当算法接近最优时,定位跟踪精度将趋于 CRLB。因此,它既可以评估目标跟踪系统的精度性能,也可以评价跟踪算法的优劣。由于 CRLB 是基于费舍尔(Fisher)创立的极大似然估计(MLE)产生的,因此,这里首先介绍 Fisher 信息矩阵的相关内容。

7.2.3.1 Fisher 信息矩阵有关知识

设 x 为目标状态变量,z 为状态 x 的一个观测样本,且条件似然函数为 $p(z|x)$,则 Fisher 信息量定义为

$$J(x)=E\left\{\left[\frac{\partial}{\partial x}\ln p(z|x)\right]^2 \Big| x\right\}=\int\left[\frac{\partial}{\partial x}\ln p(z|x)\right]^2 p(z|x)\mathrm{d}z \triangleq I(x) \quad (7.23)$$

它表示随机变量的一个样本 z 所能提供的关于状态参数 x 在某种意义下的平均信息量。

若 $\mathbf{Z}=\{z_1,z_2,\cdots,z_n\}$ 是来自 x 的 n 个简单随机样本,$g(\mathbf{Z}|x)$ 为其条件密度,则

$$J(x)=E\left\{\left[\frac{\partial}{\partial x}\ln g(\mathbf{Z}|x)\right]^2 \Big| x\right\}=nI(x) \quad (7.24)$$

费舍尔信息矩阵(FIM)是 Fisher 信息量的矢量化定义,即

$$\mathrm{FIM}(\boldsymbol{X})=E\left\{\left[\frac{\partial}{\partial \boldsymbol{X}}\ln p(\mathbf{Z}|\boldsymbol{X})\right]^{\mathrm{T}}\left[\frac{\partial}{\partial x}\ln p(\mathbf{Z}|\boldsymbol{X})\right] \Big| \boldsymbol{X}\right\}$$

$$= \int \left[\frac{\partial}{\partial X} \ln p(\boldsymbol{Z} \mid \boldsymbol{X}) \right]^{\mathrm{T}} \left[\frac{\partial}{\partial X} \ln p(\boldsymbol{Z} \mid \boldsymbol{X}) \right] p(\boldsymbol{Z} \mid \boldsymbol{X}) \mathrm{d}\boldsymbol{Z}$$

$$= -\mathrm{E}\left\{ \frac{\partial}{\partial \boldsymbol{X}} \left[\frac{\partial}{\partial \boldsymbol{X}} \ln p(\boldsymbol{Z} \mid \boldsymbol{X}) \right]^{\mathrm{T}} \mid \boldsymbol{X} \right\} \tag{7.25}$$

式中：$\boldsymbol{Z}$、$\boldsymbol{X}$ 皆为向量；$p(\boldsymbol{Z}|\boldsymbol{X})$ 为测量 $\boldsymbol{Z}$ 的条件概率密度。

下面给出几种特殊情况下 Fisher 信息矩阵的表达式。

1. 线性测量情况

设到 k 时刻为止获得的观测集合为 $\boldsymbol{Z}^N = \{\boldsymbol{Z}_k | k = 0,1,2,\cdots,N\}$，即

$$\boldsymbol{Z}_k = \boldsymbol{H}_k \boldsymbol{X} + \boldsymbol{V}_k \qquad k = 0,1,2,\cdots,N \tag{7.26}$$

式中：$\boldsymbol{X}$ 为 n 维状态矢量；$\boldsymbol{H}_k$ 为测量矩阵；$\boldsymbol{Z}_k$ 为 m 维量测向量；测量噪声 $\boldsymbol{V}_k$ 为相互独立的零均值高斯白噪声，其协方差矩阵为 $\boldsymbol{R}_k = \mathrm{diag}(\sigma_{k1}^2, \sigma_{k2}^2, \cdots, \sigma_{km}^2)$，$\boldsymbol{Z}^N$ 的条件密度为 $p(\boldsymbol{Z}^N \mid \boldsymbol{X}) = K\exp\left\{ -\frac{1}{2} \sum_{k=0}^{N} (\boldsymbol{Z}_k - \boldsymbol{H}_k \boldsymbol{X})^{\mathrm{T}} \boldsymbol{R}_k^{-1} (\boldsymbol{Z}_k - \boldsymbol{H}_k \boldsymbol{X}) \right\}$，$K$ 为常数，对应的对数似然函数为

$$\ln p(\boldsymbol{Z}^N \mid \boldsymbol{X}) = \ln K - \frac{1}{2} \sum_{k=0}^{N} (\boldsymbol{Z}_k - \boldsymbol{H}_k \boldsymbol{X})^{\mathrm{T}} \boldsymbol{R}_k^{-1} (\boldsymbol{Z}_k - \boldsymbol{H}_k \boldsymbol{X}) \tag{7.27}$$

由于

$$\frac{\partial}{\partial X} \ln p(\boldsymbol{Z}^N \mid \boldsymbol{X}) = \sum_{k=0}^{N} (\boldsymbol{Z}_k - \boldsymbol{H}_k \boldsymbol{X})^{\mathrm{T}} \boldsymbol{R}_k^{-1} \boldsymbol{H}_k$$

$$\frac{\partial}{\partial \boldsymbol{X}} \left[\frac{\partial}{\partial \boldsymbol{X}} \ln p(\boldsymbol{Z}^N \mid \boldsymbol{X}) \right]^{\mathrm{T}} = -\sum_{k=0}^{N} \boldsymbol{H}_{\mathrm{k}}{}^{\mathrm{T}} \boldsymbol{R}_k^{-1} \boldsymbol{H}_k$$

于是，线性测量情况时的 Fisher 信息矩阵为

$$\mathrm{FIM}(\boldsymbol{X}) = \sum_{k=0}^{N} \boldsymbol{H}_k{}^{\mathrm{T}} \boldsymbol{R}_k^{-1} \boldsymbol{H}_k \tag{7.28}$$

其中

$$\boldsymbol{R}_k = \mathrm{cov}(\boldsymbol{V}_k, V_k{}^{\mathrm{T}}) = E(\boldsymbol{V}_k \boldsymbol{V}_k{}^{\mathrm{T}})$$

2. 线性时变状态情况

设线性时变系统如下：

$$\begin{cases} \boldsymbol{X}_k = \boldsymbol{\Phi}_{k,k-1} \boldsymbol{X}_{k-1} \\ \boldsymbol{Z}_k = \boldsymbol{H}_k \boldsymbol{X}_k + \boldsymbol{V}_k \end{cases} \qquad k = 0,1,2,\cdots,N \tag{7.29}$$

式中：$\boldsymbol{\Phi}_{k,k-1}$ 为状态转移矩阵，其余各量的含义同式(7.26)。

注意到 $\boldsymbol{\Phi}_{k,j} = \boldsymbol{\Phi}_{k,k-1} \boldsymbol{\Phi}_{k-1,k-2} \cdots \boldsymbol{\Phi}_{j+1,j}$，由式(7.29)可得

$$\begin{cases} \boldsymbol{X}_k = \boldsymbol{\Phi}_{k,j} \boldsymbol{X}_j \\ \boldsymbol{Z}_k = \boldsymbol{H}_k \boldsymbol{\Phi}_{k,j} \boldsymbol{X}_j + \boldsymbol{V}_k \end{cases} \qquad k = 0,1,2,\cdots,N \tag{7.30}$$

因此

$$\frac{\partial}{\partial \boldsymbol{X}_j} \left[\frac{\partial}{\partial \boldsymbol{X}_j} \ln p(\boldsymbol{Z}^N \mid \boldsymbol{X}) \right]^{\mathrm{T}} = -\sum_{k=0}^{N} \boldsymbol{\Phi}_{k,j}^{\mathrm{T}} \boldsymbol{H}_k{}^{\mathrm{T}} \boldsymbol{R}_k^{-1} \boldsymbol{H}_k \boldsymbol{\Phi}_{k,j}$$

从而线性时变状态下的 Fisher 信息矩阵为

$$\mathrm{FIM}(\boldsymbol{X}_j) = \sum_{k=0}^{N} \boldsymbol{\Phi}_{k,j}^{\mathrm{T}} \boldsymbol{H}_k{}^{\mathrm{T}} \boldsymbol{R}_k^{-1} \boldsymbol{H}_k \boldsymbol{\Phi}_{k,j} \tag{7.31}$$

3. 线性时变状态、非线性测量情况

此时，系统方程如下：

$$\begin{cases} \boldsymbol{X}_k = \boldsymbol{\Phi}_{k,k-1}\boldsymbol{X}_{k-1} \\ \boldsymbol{Z}_k = \boldsymbol{h}(\boldsymbol{X}_k) + \boldsymbol{V}_k \end{cases} \quad k = 0,1,2,\cdots,N \tag{7.32}$$

式中：$\boldsymbol{h}(\boldsymbol{X}_k) \in (R^n \to R^m)$ 是非线性矢量函数，其余各量定义同式(7.29)。

设条件密度为 $p(\boldsymbol{Z}^N \mid \boldsymbol{X}) = K\exp\left\{-\frac{1}{2}\sum_{k=0}^{N}(\boldsymbol{Z}_k - \boldsymbol{h}(\boldsymbol{X}_k))^{\mathrm{T}}\boldsymbol{R}_k^{-1}(\boldsymbol{Z}_k - \boldsymbol{h}(\boldsymbol{X}_k))\right\}$，从而

$$\frac{\partial}{\partial \boldsymbol{X}}\ln p(\boldsymbol{Z}^N \mid \boldsymbol{X}) = \sum_{k=0}^{N} (\boldsymbol{Z}_k - \boldsymbol{h}(\boldsymbol{X}_k))^{\mathrm{T}} \boldsymbol{R}_k^{-1} \frac{\partial \boldsymbol{h}(\boldsymbol{X}_k)}{\partial \boldsymbol{X}}$$

$$\frac{\partial}{\partial \boldsymbol{X}}\left[\frac{\partial}{\partial \boldsymbol{X}}\ln p(\boldsymbol{Z}^N \mid \boldsymbol{X})\right]^{\mathrm{T}} = -\sum_{k=0}^{N}\left(\frac{\partial \boldsymbol{h}(\boldsymbol{X}_k)}{\partial \boldsymbol{X}}\right)^{\mathrm{T}} \boldsymbol{R}_k^{-1} \frac{\partial \boldsymbol{h}(\boldsymbol{X}_k)}{\partial \boldsymbol{X}}$$

注意到 $\boldsymbol{X}_k = \boldsymbol{\Phi}_{k,j}\boldsymbol{X}_j$，于是

$$\frac{\partial}{\partial \boldsymbol{X}_j}\left[\frac{\partial}{\partial \boldsymbol{X}_j}\ln p(\boldsymbol{Z}^N \mid \boldsymbol{X})\right]^{\mathrm{T}} = -\sum_{k=0}^{N} \boldsymbol{\Phi}_{k,j}^{\mathrm{T}}\left(\frac{\partial \boldsymbol{h}}{\partial \boldsymbol{X}_k}\right)^{\mathrm{T}} \boldsymbol{R}_k^{-1}\left(\frac{\partial \boldsymbol{h}}{\partial \boldsymbol{X}_k}\right)\boldsymbol{\Phi}_{k,j}$$

故线性时变状态、非线性测量系统的 Fisher 信息矩阵为

$$\mathrm{FIM}(\boldsymbol{X}_j) = \sum_{k=0}^{N} \boldsymbol{\Phi}_{k,j}^{\mathrm{T}}\left(\frac{\partial \boldsymbol{h}}{\partial \boldsymbol{X}_k}\right)^{\mathrm{T}} \boldsymbol{R}_k^{-1}\left(\frac{\partial \boldsymbol{h}}{\partial \boldsymbol{X}_k}\right)\boldsymbol{\Phi}_{k,j} \quad 0 \leqslant j \leqslant N \tag{7.33}$$

7.2.3.2 Cramer - Rao 不等式

设 $\hat{\boldsymbol{X}}$ 是由测量向量 $\boldsymbol{Z}^N = \{\boldsymbol{Z}_k \mid k = 0,1,2,\cdots,N\}$ 获得的状态 $\boldsymbol{X}$ 的无偏估计，并且 $\frac{\partial p(\boldsymbol{Z}\mid\boldsymbol{X})}{\partial \boldsymbol{X}}$ 和 $\frac{\partial^2 p(\boldsymbol{Z}\mid\boldsymbol{X})}{\partial \boldsymbol{X}^2}$ 存在，则对 $\boldsymbol{X}$ 估计误差的协方差阵所能达到的下界(称为 Cramer - Rao 下界)等于 Fisher 信息矩阵的逆矩阵，即成立如下克拉美 - 劳(Cramer - Rao)不等式：

$$\mathrm{cov}(\tilde{\boldsymbol{X}},\tilde{\boldsymbol{X}}^{\mathrm{T}}) \triangleq E[(\boldsymbol{X}-\hat{\boldsymbol{X}})(\boldsymbol{X}-\hat{\boldsymbol{X}})^{\mathrm{T}} \mid \boldsymbol{X}] \geqslant \mathrm{FIM}^{-1}(\boldsymbol{X}) \tag{7.34}$$

式中：$\tilde{\boldsymbol{X}} = (\boldsymbol{X} - \hat{\boldsymbol{X}})$ 是估计误差；$\mathrm{FIM}^{-1}(\boldsymbol{X})$ 是 Fisher 信息矩阵之逆。等号成立的充要条件是

$$\frac{\partial}{\partial \boldsymbol{X}}\ln p(\boldsymbol{Z}\mid\boldsymbol{X}) = K(\boldsymbol{X})(\boldsymbol{X}-\hat{\boldsymbol{X}}) \tag{7.35}$$

式中：$K(\boldsymbol{X})$ 是 $\boldsymbol{X}$ 的某个正函数，并与测量样本无关。

由 Cramer - Rao 不等式可见，Fisher 信息矩阵 $\mathrm{FIM}(\boldsymbol{X})$ 是衡量状态 $\boldsymbol{X}$ 估计误差下界的参数矩阵，是评估各种状态估计方法优劣的最优统计基准。

7.3　全局精度准则下纯方位跟踪平台最优运动轨迹

确定全局精度作为性能指标的纯方位跟踪平台最优轨迹问题，是指该跟踪平台沿最优轨迹运动时，仅利用采集到的目标相对方位信息就能获得目标运动参数（位置、速度、加速度等）的最优估计，或者说，该跟踪平台沿此最优轨迹运动时，对运动目标具有可观测性。

7.3.1　单平台纯方位目标跟踪问题描述

7.3.1.1　单平台纯方位目标跟踪系统模型

设跟踪平台和目标在同一平面内运动，如图 7.4 所示。

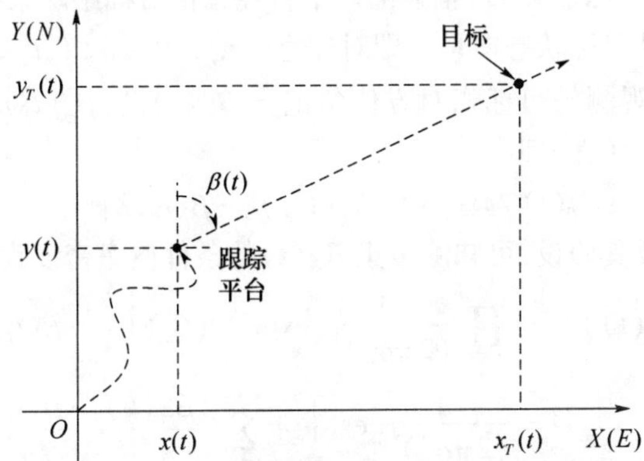

图 7.4　单平台纯方位目标跟踪图示

设目标作常加速运动，其状态向量记为

$$\boldsymbol{X}_T(t)=[x_T(t),y_T(t),V_{Tx}(t),V_{Ty}(t),a_{Tx},a_{Ty}]^{\mathrm{T}}$$

式中：$[x_T(t),y_T(t)]$、$[V_{Tx}(t),V_{Ty}(t)]$、$[a_{Tx},a_{Ty}]$分别表示 t 时刻目标的位置、速度和加速度。对任意时刻 t' 和 t''，目标的离散状态方程为（不考虑随机状态噪声的影响）

$$\boldsymbol{X}_T(t'')=\boldsymbol{\Phi}(t'',t')\boldsymbol{X}_T(t') \tag{7.36}$$

状态转移矩阵为

$$\boldsymbol{\Phi}(t'',t')=\begin{bmatrix}\boldsymbol{I}_2 & (t''-t')\boldsymbol{I}_2 & \frac{1}{2}(t''-t')^2\boldsymbol{I}_2\\ \boldsymbol{O}_2 & \boldsymbol{I}_2 & (t''-t')\boldsymbol{I}_2\\ \boldsymbol{O}_2 & \boldsymbol{O}_2 & \boldsymbol{I}_2\end{bmatrix}$$

式中：$\boldsymbol{I}_2$、$\boldsymbol{O}_2$ 分别表示 2×2 阶单位矩阵和零矩阵。

跟踪平台以常速率 V 和航向 $u(t)$ 运动，它在 t 时刻的位置记为$[x(t),y(t)]$，其运动方程和初始条件为

$$\begin{cases}\dot{x}(t) = V\sin u(t) \\ AK(t) = V\cos u(t) \\ x(0) = x_0; y(0) = y_0\end{cases} \tag{7.37}$$

记 $\beta(t) \triangleq \beta(t; \boldsymbol{X}_T(t))$ 为 t 时刻目标相对于跟踪平台的方位，即

$$\beta(t; \boldsymbol{X}_T(t)) = \arctan\left(\frac{x_T(t) - x(t)}{y_T(t) - y(t)}\right) \tag{7.38}$$

则纯方位目标跟踪系统的测量方程为

$$\beta_m(t_i) = \beta(t_i) + v(t_i) \tag{7.39}$$

式中：$t_i(i=1,2,\cdots,k)$ 是测量时刻，且假设测量噪声 $v(t_i)$ 是相互独立的均值为零、方差为 σ^2 的高斯白噪声。

7.3.1.2 目标状态估计方法及估计误差

对于式(7.36)～式(7.39)描述的单平台纯方位目标跟踪系统，采用极大似然估计(MLE)法估计目标状态向量。即对任意时刻 $t(0 \leqslant t < T, t_k \leqslant t < t_{k+1})$，令直到 t 时刻的所有离散观测的目标相对方位角记为 $\boldsymbol{B}_m(t) \triangleq [\beta_m(t_1), \cdots, \beta_m(t_k)]^{\mathrm{T}}$，相应的目标相对方位真值记为

$$\boldsymbol{B}(t; \boldsymbol{X}_T(t)) \triangleq [\beta(t_1; \boldsymbol{X}_T(t_1)), \cdots \beta(t_k; \boldsymbol{X}_T(t_k))]^{\mathrm{T}}$$

由式(7.39)及其假设，可知测量集 $\boldsymbol{B}_m(t)$ 的条件概率密度为

$$\begin{aligned} f(\boldsymbol{B}_m(t) \mid \boldsymbol{B}(t; \boldsymbol{X}_T(t))) &= \prod_{t_i \leqslant t} \frac{1}{(2\pi\sigma^2)^{1/2}} \exp[-(\beta_m(t_i) - \beta(t_i; \boldsymbol{X}_T(t_i)))^2 / 2\sigma^2] \\ &= \frac{1}{(2\pi\sigma^2)^{k/2}} \exp\left[-\sum_{t_i \leqslant t} \frac{(\beta_m(t_i) - \beta(t_i; \boldsymbol{X}_T(t_i)))^2}{2\sigma^2}\right] \end{aligned} \tag{7.40}$$

从而得到相应的对数似然函数为

$$\ln f(\boldsymbol{B}_m(t) \mid \boldsymbol{B}(t; \boldsymbol{X}_T(t))) = -\frac{k\ln(2\pi\sigma^2)}{2} - \sum_{t_i \leqslant t} \frac{[\beta_m(t_i) - \beta(t_i; \boldsymbol{X}_T(t_i))]^2}{2\sigma^2} \tag{7.41}$$

由对数函数的严格单调性，可知 $f(\cdot)$ 的极大值点与 $\ln f(\cdot)$ 的极大值点一致。因此，t 时刻的目标状态向量 $\boldsymbol{X}_T(t)$ 的极大似然估计 $\hat{\boldsymbol{X}}_T(t)$ 可以通过令

$$\frac{\partial}{\partial \boldsymbol{X}_T(t)} \ln f[\boldsymbol{B}_m(t) \mid \boldsymbol{B}(t; \boldsymbol{X}_T(t))] = 0 \tag{7.42}$$

即

$$\frac{\partial}{\partial \boldsymbol{X}_T(t)} \sum_{t_i \leqslant t} [\beta_m(t_i) - \beta(t_i; \boldsymbol{X}_T(t_i))]^2 = 0 \tag{7.43}$$

求得。

由于极大似然估计具有渐近特性[2]，因此当测量误差适度且跟踪平台作适当机动，能够保证极大似然法有解(非最优可行解)，此时对目标状态的估计值近似

高斯无偏估计，如 7.2.3.2 节中所描述。该估计误差是高斯噪声，其方差取决于跟踪平台轨迹的优化程度，通常距 Cramer - Rao 下界（Fisher 信息矩阵之逆）相差甚远[3]。

对于如式(7.32)所描述的确定性状态线性时变、测量为非线性的系统，设测量 $\boldsymbol{Z}^N$ 条件密度为

$$p(\boldsymbol{Z}^N \mid \boldsymbol{X}) = K \times \exp\left\{-\frac{1}{2}\sum_{i=0}^{N}\left[\boldsymbol{Z}_i - \boldsymbol{h}(\boldsymbol{X}_i)\right]^{\mathrm{T}}\boldsymbol{R}_i^{-1}\left[\boldsymbol{Z}_i - \boldsymbol{h}(\boldsymbol{X}_i)\right]\right\} \tag{7.44}$$

式中：K 为常数，由式(7.33)可知，该系统状态极大似然估计的估计误差协方差矩阵之逆为 Fisher 信息矩阵：

$$\boldsymbol{F}(t_k) = \sum_{i=0}^{N}\boldsymbol{\Phi}(t_i,t_k)^{\mathrm{T}}\left(\frac{\partial \boldsymbol{h}}{\partial \boldsymbol{X}_{t_i}}\right)^{\mathrm{T}}\boldsymbol{R}_i^{-1}\left(\frac{\partial \boldsymbol{h}}{\partial \boldsymbol{X}_{t_i}}\right)\boldsymbol{\Phi}(t_i,t_k) \tag{7.45}$$

对于式(7.36)～式(7.39)描述的单平台纯方位目标跟踪系统：

$$R = \mathrm{Var}[v_k] = \sigma^2, \boldsymbol{h}(\boldsymbol{X}_T) = \beta(t;\boldsymbol{X}_T) = \arctan\left(\frac{x_T - x}{y_T - y}\right)$$

不难导出该系统采用极大似然法估计所产生的 Fisher 信息矩阵为[2]

$$\mathrm{FIM}(t_k) = \frac{1}{\sigma^2}\sum_{t_i \leqslant t_k}\boldsymbol{\Phi}^{\mathrm{T}}(t_i,t_k)\boldsymbol{b}(t_i)\boldsymbol{b}^{\mathrm{T}}(t_i)\boldsymbol{\Phi}(t_i,t_k) \tag{7.46}$$

其中

$$\boldsymbol{b}(t_i) = \frac{\partial\beta(t_i;\boldsymbol{X}_T(t_i))}{\partial \boldsymbol{X}_T(t_i)} = \frac{1}{r(t_i)}\begin{bmatrix}\cos\beta(t_i) & -\sin\beta(t_i) & 0 & 0 & 0 & 0\end{bmatrix}^{\mathrm{T}}$$

式中：$r(t_i)$ 表示 t_i 时刻目标与跟踪平台的相对距离。

7.3.2　纯方位跟踪平台轨迹的约束方程

由 7.3.1 节可知，纯方位跟踪平台的速率是常数，因此，跟踪平台的运动轨迹主要由作为控制量的航向 $u(t)$ 确定，航向 $u(t)$ 的第一组约束是式(7.37)，它表示 $u(t)$ 与跟踪平台速度的关系。鉴于单平台纯方位跟踪的弱可观测性，为保证纯方位跟踪的极大似然估计有解并尽可能达到最优，必须对表示估计误差协方差矩阵下界的 Fisher 信息矩阵(FIM)进行限制，下面推导 FIM 应满足的方程，它是跟踪平台航向 $u(t)$ 应满足的第二组约束条件。

利用目标状态转移矩阵 $\boldsymbol{\Phi}(t_i,t_j)$ 的初等性质，由式(7.33)可知，t_k 时刻 Fisher 信息矩阵为

$$\begin{aligned}
\boldsymbol{F}(t_k) &= \frac{1}{\sigma^2}\sum_{t_i \leqslant t_k}\boldsymbol{\Phi}^{\mathrm{T}}(t_i,t_k)\boldsymbol{b}(t_i)\boldsymbol{b}^{\mathrm{T}}(t_i)\boldsymbol{\Phi}(t_i,t_k)\\
&= \frac{1}{\sigma^2}\sum_{t_i \leqslant t_{k-1}}\boldsymbol{\Phi}^{\mathrm{T}}(t_i,t_k)\boldsymbol{b}(t_i)\boldsymbol{b}^{\mathrm{T}}(t_i)\boldsymbol{\Phi}(t_i,t_k) + \frac{1}{\sigma^2}\boldsymbol{\Phi}^{\mathrm{T}}(t_k,t_k)\boldsymbol{b}(t_k)\boldsymbol{b}^{\mathrm{T}}(t_k)\boldsymbol{\Phi}(t_k,t_k)\\
&= \frac{1}{\sigma^2}\sum_{t_i \leqslant t_{k-1}}(\boldsymbol{\Phi}(t_i,t_{k-1})\boldsymbol{\Phi}(t_{k-1},t_k))^{\mathrm{T}}\boldsymbol{b}(t_i)\boldsymbol{b}^{\mathrm{T}}(t_i)\boldsymbol{\Phi}(t_i,t_{k-1})\boldsymbol{\Phi}(t_{k-1},t_k) + \frac{1}{\sigma^2}\boldsymbol{b}(t_k)\boldsymbol{b}^{\mathrm{T}}(t_k)
\end{aligned}$$

$$= \boldsymbol{\Phi}(t_{k-1},t_k)^{\mathrm{T}}\left(\frac{1}{\sigma^2}\sum_{t_i\leqslant t_{k-1}}\boldsymbol{\Phi}(t_i,t_{k-1})^{\mathrm{T}}\boldsymbol{b}(t_i)\boldsymbol{b}^{\mathrm{T}}(t_i)\boldsymbol{\Phi}(t_i,t_{k-1})\right)\boldsymbol{\Phi}(t_{k-1},t_k)+\frac{1}{\sigma^2}\boldsymbol{b}(t_k)\boldsymbol{b}^{\mathrm{T}}(t_k)$$

$$= \boldsymbol{\Phi}(t_{k-1},t_k)^{\mathrm{T}}\boldsymbol{F}(t_{k-1})\boldsymbol{\Phi}(t_{k-1},t_k)+\frac{1}{\sigma^2}\boldsymbol{b}(t_k)\boldsymbol{b}^{\mathrm{T}}(t_k) \tag{7.47}$$

因此,离散时间状态的 FIM 递推方程为

$$\boldsymbol{F}(t_k)=\boldsymbol{\Phi}^{\mathrm{T}}(t_{k-1},t_k)\boldsymbol{F}(t_{k-1})\boldsymbol{\Phi}(t_{k-1},t_k)+\frac{1}{\sigma^2}\boldsymbol{b}(t_k)\boldsymbol{b}^{\mathrm{T}}(t_k) \tag{7.48}$$

假设在区间[0,T]上具有均匀间距的 n 个测量时刻,用 $\Delta t=T/n$ 表示测量间隔,考虑在时刻 t_k 和 $t_{k+1}=t_k+\Delta t\quad(k\leqslant n-1)$ 的 FIM,有

$$\frac{\boldsymbol{F}(t_{k+1})-\boldsymbol{F}(t_k)}{\Delta t}=\frac{\boldsymbol{\Phi}^{\mathrm{T}}(t_k,t_{k+1})\boldsymbol{F}(t_k)\boldsymbol{\Phi}(t_k,t_{k+1})+\frac{1}{\sigma^2}\boldsymbol{b}(t_{k+1})\boldsymbol{b}^{\mathrm{T}}(t_{k+1})-\boldsymbol{F}(t_k)}{\Delta t} \tag{7.49}$$

令

$$\boldsymbol{\Phi}\triangleq\boldsymbol{\Phi}(t_k,t_{k+1})=\begin{bmatrix}\boldsymbol{I}_2 & (t_k-t_{k+1})\boldsymbol{I}_2 & \frac{1}{2}(t_k-t_{k+1})^2\boldsymbol{I}_2\\ \boldsymbol{O}_2 & \boldsymbol{I}_2 & (t_k-t_{k+1})\boldsymbol{I}_2\\ \boldsymbol{O}_2 & \boldsymbol{O}_2 & \boldsymbol{I}_2\end{bmatrix}=\begin{bmatrix}\boldsymbol{I}_2 & -\Delta t\boldsymbol{I}_2 & \frac{1}{2}\Delta t^2\boldsymbol{I}_2\\ \boldsymbol{O}_2 & \boldsymbol{I}_2 & -\Delta t\boldsymbol{I}_2\\ \boldsymbol{O}_2 & \boldsymbol{O}_2 & \boldsymbol{I}_2\end{bmatrix}$$

由于

$$\frac{\boldsymbol{\Phi}^{\mathrm{T}}(t_k,t_{k+1})\boldsymbol{F}(t_k)\boldsymbol{\Phi}(t_k,t_{k+1})-\boldsymbol{F}(t_k)}{\Delta t}=\frac{\boldsymbol{\Phi}^{\mathrm{T}}\boldsymbol{F}(t_k)\boldsymbol{\Phi}-\boldsymbol{F}(t_k)}{\Delta t}$$

$$=\frac{\boldsymbol{\Phi}^{\mathrm{T}}\boldsymbol{F}(t_k)\boldsymbol{\Phi}-\boldsymbol{\Phi}^{\mathrm{T}}\boldsymbol{F}(t_k)+\boldsymbol{\Phi}^{\mathrm{T}}\boldsymbol{F}(t_k)-\boldsymbol{F}(t_k)}{\Delta t}$$

$$=\frac{\boldsymbol{\Phi}^{\mathrm{T}}\boldsymbol{F}(t_k)(\boldsymbol{\Phi}-\boldsymbol{I}_6)+(\boldsymbol{\Phi}^{\mathrm{T}}-\boldsymbol{I}_6)\boldsymbol{F}(t_k)}{\Delta t}$$

$$=\boldsymbol{\Phi}^{\mathrm{T}}\boldsymbol{F}(t_k)\begin{bmatrix}\boldsymbol{O}_2 & -\boldsymbol{I}_2 & \frac{1}{2}\Delta t\boldsymbol{I}_2\\ \boldsymbol{O}_2 & \boldsymbol{O}_2 & -\boldsymbol{I}_2\\ \boldsymbol{O}_2 & \boldsymbol{O}_2 & \boldsymbol{O}_2\end{bmatrix}+\begin{bmatrix}\boldsymbol{O}_2 & \boldsymbol{O}_2 & \boldsymbol{O}_2\\ -\boldsymbol{I}_2 & \boldsymbol{O}_2 & \boldsymbol{O}_2\\ \frac{1}{2}\Delta t\boldsymbol{I}_2 & -\boldsymbol{I}_2 & \boldsymbol{O}_2\end{bmatrix}\boldsymbol{F}(t_k)$$

$$=-\boldsymbol{\Phi}^{\mathrm{T}}\boldsymbol{F}(t_k)\boldsymbol{D}-\boldsymbol{D}^{\mathrm{T}}\boldsymbol{F}(t_k)=(-\boldsymbol{\Phi}^{\mathrm{T}}+\boldsymbol{I}_6)\boldsymbol{F}(t_k)\boldsymbol{D}-\boldsymbol{F}(t_k)\boldsymbol{D}-\boldsymbol{D}^{\mathrm{T}}\boldsymbol{F}(t_k)$$

$$=\Delta t\boldsymbol{D}^{\mathrm{T}}\boldsymbol{F}(t_k)\boldsymbol{D}-\boldsymbol{F}(t_k)\boldsymbol{D}-\boldsymbol{D}^{\mathrm{T}}\boldsymbol{F}(t_k) \tag{7.50}$$

其中

$$\boldsymbol{D}=\begin{bmatrix}\boldsymbol{O}_2 & \boldsymbol{I}_2 & -\frac{1}{2}\Delta t\boldsymbol{I}_2\\ \boldsymbol{O}_2 & \boldsymbol{O}_2 & \boldsymbol{I}_2\\ \boldsymbol{O}_2 & \boldsymbol{O}_2 & \boldsymbol{O}_2\end{bmatrix}$$

因此,式(7.49)可以变换为

$$\frac{\boldsymbol{F}(t+\Delta t)-\boldsymbol{F}(t_k)}{\Delta t}=-\boldsymbol{D}^{\mathrm{T}}\boldsymbol{F}(t_k)-\boldsymbol{F}(t_k)\boldsymbol{D}+\Delta t\boldsymbol{D}^{\mathrm{T}}\boldsymbol{F}(t_k)\boldsymbol{D}+\frac{1}{\Delta t\sigma^2}\boldsymbol{b}(t_{k+1})\boldsymbol{b}^{\mathrm{T}}(t_{k+1}) \quad (7.51)$$

若令

$$\boldsymbol{A}=\begin{bmatrix}\boldsymbol{O}_2 & \boldsymbol{I}_2 & \boldsymbol{O}_2\\ \boldsymbol{O}_2 & \boldsymbol{O}_2 & \boldsymbol{I}_2\\ \boldsymbol{O}_2 & \boldsymbol{O}_2 & \boldsymbol{O}_2\end{bmatrix}$$

当 $\Delta t\to 0$ 时，对式(7.51)取极限，注意到式(7.46)中的 $b(t)$ 表达式和 $t_{k+1}=t_k+\Delta t$，可得 FIM 的连续时变方程为

$$\begin{cases}\dot{\boldsymbol{F}}=\dfrac{\mathrm{d}\boldsymbol{F}}{\mathrm{d}t}=-\boldsymbol{A}^{\mathrm{T}}\boldsymbol{F}(t)-\boldsymbol{F}(t)\boldsymbol{A}+\dfrac{1}{\sigma^2}\boldsymbol{b}(t)\boldsymbol{b}^{\mathrm{T}}(t)\\ \boldsymbol{F}(t_0)=\boldsymbol{O}_6\end{cases} \quad (7.52)$$

式中：$\boldsymbol{O}_6$ 表示 6×6 的零矩阵。式(7.37)和式(7.52)即为控制量(跟踪平台航向)$u(t)$应满足的约束条件。

7.3.3 全局精度准则下跟踪平台最优轨迹模型

7.3.3.1 基于全局估计精度的指标函数

跟踪平台最优轨迹依赖基于测量求取目标状态所采用的估计方法及其产生的估计误差。由于式(7.37)中含有未知的航向 $u(t)$，因此估计误差协方差矩阵之逆，即 Fisher 信息矩阵 FIM 中含有 $u(t)$，由此产生选择 $u(t)$ 的优化准则问题。本节选用全局精度作为求取跟踪平台航向即控制变量 $u(t)$ 的最优准则。全局精度准则是指在终端时刻 T 使对目标状态参数估计的误差达最小，误差椭球的维数等于目标状态 $\boldsymbol{X}_T(t)$ 的状态参数维数(6 维)，而状态估计误差椭球体积可用 Fisher 信息矩阵的行列式值来度量。

由于 $\boldsymbol{F}^{-1}(T)$ 是 T 时刻 FIM 的逆矩阵，它也是 T 时刻目标状态估计误差 $\tilde{\boldsymbol{X}}_T(T)$ 的 6 维协方差矩阵的下界，即 $\mathrm{Var}[\tilde{X}_T(T)]=\boldsymbol{F}^{-1}(T)$。为计算方便，全局精度准则下，指标函数取为

$$Q(F(T),T)=\ln|\boldsymbol{F}^{-1}(T)|=\ln|\boldsymbol{F}(T)|^{-1}=-\ln|\boldsymbol{F}(T)| \quad (7.53)$$

式中：$|\boldsymbol{F}^{-1}(T)|$表示矩阵 $\boldsymbol{F}^{-1}(T)$ 对应的行列式。

7.3.3.2 最优控制问题及求解

本节运用 7.2.2 节描述的最优控制论极大值原理，导出并求解对常变速运动目标进行纯方位跟踪平台的最优轨迹问题。由于要确定任意 t 时刻受到状态方程式(7.37)约束和式(7.52) Fisher 信息矩阵 $\boldsymbol{F}$ 时变约束的跟踪平台的位置$[x(t), y(t)]$，因此我们将跟踪平台的状态元素取为跟踪平台位置$[x(t), y(t)]$和与跟踪

目标相关联的Fisher信息矩阵 $\boldsymbol{F}(t)$ 的元素(其元素记为 $\boldsymbol{F}_{ij}(1\leqslant i,j\leqslant 6)$),即待优化系统的状态向量为

$$\boldsymbol{X}(t)\triangleq[x(t),y(t),\boldsymbol{F}_{11}(t),\boldsymbol{F}_{12}(t),\cdots,\boldsymbol{F}_{66}(t)]^{\mathrm{T}}$$

该系统状态方程和初始条件为

$$\begin{cases}\dot{\boldsymbol{X}}(t)=\boldsymbol{f}(\boldsymbol{X}(t),u(t),t)\\ \boldsymbol{X}(t_0)=\boldsymbol{X}_0\end{cases}\tag{7.54}$$

由式(7.37)和式(7.52)可知,式(7.54)展开描述即为

$$\begin{cases}\dot{x}=V\sin u(t)\\ \dot{y}=V\cos u(t)\\ \dot{\boldsymbol{F}}=-\boldsymbol{A}^{\mathrm{T}}\boldsymbol{F}(t)-\boldsymbol{F}(t)\boldsymbol{A}+\dfrac{1}{\sigma^2}\boldsymbol{b}(t)\boldsymbol{b}^{\mathrm{T}}(t)\\ x(t_0)=x_0,y(t_0)=y_0,\boldsymbol{F}(t_0)=\boldsymbol{F}_0=\boldsymbol{O}_6\end{cases}\tag{7.55}$$

状态方程式(7.54)或式(7.55)与指标函数式(7.53)共同构成了全局精度准则下跟踪平台的最优控制系统。按照极大值原理,该最优控制问题的求解步骤如下:

1. 建立伴随向量和 Hamilton 函数

设 $\boldsymbol{\Psi}(t)=[\psi_x(t),\psi_y(t),\psi_{11}(t),\psi_{12}(t),\cdots,\psi_{66}(t)]^{\mathrm{T}}$ 是与状态向量 $\boldsymbol{X}(t)$ 对应的伴随向量。由 7.2.2 节描述的求解最优控制问题的极大值原理中的式(7.14)和式(7.18),再注意本问题的性能指标函数式(7.53)中只含终端时刻 T 的优化函数,不包含过程优化的积分项,故知伴随向量 $\boldsymbol{\Psi}(t)$ 满足微分方程组:

$$\begin{cases}\dfrac{\mathrm{d}\boldsymbol{\Psi}}{\mathrm{d}t}=-\left[\dfrac{\partial\boldsymbol{f}}{\partial x}\right]^{\mathrm{T}}\boldsymbol{\Psi}(t)\\ \boldsymbol{\Psi}(T)=\left[\dfrac{\partial\boldsymbol{Q}}{\partial x}\right]_{t=T}\end{cases}\tag{7.56}$$

于是,由式(7.15)知该问题的 Hamilton 函数为

$$\begin{aligned}H[\boldsymbol{X}(t),\boldsymbol{\Psi}(t),u(t),t]\triangleq\boldsymbol{\Psi}^{\mathrm{T}}(t)\boldsymbol{f}(\boldsymbol{X}(t),u(t),t)&=\psi_x\frac{\mathrm{d}x}{\mathrm{d}t}+\psi_y\frac{\mathrm{d}y}{\mathrm{d}t}+\sum_{ij}\psi_{ij}\frac{\mathrm{d}\boldsymbol{F}_{ij}}{\mathrm{d}t}\\ &=\psi_x\frac{\mathrm{d}x}{\mathrm{d}t}+\psi_y\frac{\mathrm{d}y}{\mathrm{d}t}+tr\left\{\left(\frac{d\boldsymbol{F}}{\mathrm{d}t}\right)^{\mathrm{T}}\boldsymbol{\psi}_F(t)\right\}\\ &=V(\psi_x(t)\sin u(t)+\psi_y(t)\cos u(t))-\mathrm{tr}\{(\boldsymbol{F}^{\mathrm{T}}(t)\boldsymbol{A}+\\ &\quad\boldsymbol{A}^{\mathrm{T}}\boldsymbol{F}^{\mathrm{T}}(t))\boldsymbol{\psi}_F(t)\}+\frac{1}{\sigma^2}\boldsymbol{b}^{\mathrm{T}}(t)\boldsymbol{\psi}_F(t)\boldsymbol{b}(t)\end{aligned}\tag{7.57}$$

式中:$\boldsymbol{\Psi}_F$ 表示与状态向量 $\boldsymbol{F}$ 对的应的伴随向量,是以 $\psi_{ij}(1\leqslant i,j\leqslant 6)$ 为元素的 6 × 6 矩阵形式表示。这样,这里的最优控制问题转化为

$$u^*(t)=\arg\min_{u(t)}H[\boldsymbol{X}(t),\boldsymbol{\Psi}(t),u(t),t]\tag{7.58}$$

即寻求使 Hamilton 函数达极值的最优控制 $u^*(t)$,它是使跟踪平台可观测性达最佳的航向。

通过对 Hamilton 函数式(7.57)求取变量 $u(t)$ 的偏导数并令其为零，可以得到

$$\frac{\partial H(\boldsymbol{X}(t),\boldsymbol{\Psi}(t),u(t),t)}{\partial u}=V(\psi_x(t)\cos u(t)-\psi_y(t)\sin u(t))=0 \tag{7.59}$$

因此，跟踪平台最优航向 $u^*(t)$ 应满足：

$$u^*(t)=\arctan\left(\frac{\psi_x^*(t)}{\psi_y^*(t)}\right)+k\pi \qquad k\text{ 为整数} \tag{7.60}$$

2. 确定伴随方程

由 7.2.2 节描述的极大值原理中式(7.16)和伴随变量 $\boldsymbol{\Psi}(t)$ 满足的式(7.56)可知，在时间范围 $[t_0,T]$ 内，使 Hamilton 函数在控制区域 $[-\pi,\pi]$ 中达极值的最佳航向 $u^*(t)$ 所对应的最优轨迹 $\boldsymbol{X}^*(t)$ 和伴随向量 $\boldsymbol{\Psi}^*(t)$ 应满足正则方程组：

$$\begin{cases}\dfrac{\mathrm{d}\boldsymbol{X}}{\mathrm{d}t}=\dfrac{\partial H}{\partial \boldsymbol{\Psi}}=\boldsymbol{f}(\boldsymbol{X}(t),u(t),t)\\ \dfrac{\mathrm{d}\boldsymbol{\Psi}}{\mathrm{d}t}=-\dfrac{\partial H}{\partial \boldsymbol{X}}=-\left[\dfrac{\partial \boldsymbol{f}}{\partial \boldsymbol{X}}\right]^{\mathrm{T}}\boldsymbol{\Psi}\\ \boldsymbol{X}(t_0)=X_0,\boldsymbol{\Psi}(T)=\left[\dfrac{\partial Q}{\partial \boldsymbol{X}}\right]_{t=T}\end{cases} \tag{7.61}$$

用 $\dfrac{\partial H}{\partial \boldsymbol{F}}$ 表示实标量函数 H 对矩阵 $\boldsymbol{F}$ 的梯度，对式(7.57)表示的 Hamilton 函数对矩阵 $\boldsymbol{F}$ 中的各元素求导，得到

$$\frac{\mathrm{d}\boldsymbol{\psi}_{ij}}{\mathrm{d}t}=-\frac{\partial H}{\partial \boldsymbol{F}_{ij}}=\frac{\partial}{\partial \boldsymbol{F}_{ij}}tr\{\boldsymbol{\psi}_F^{\mathrm{T}}(\boldsymbol{F}^{\mathrm{T}}\boldsymbol{A}+\boldsymbol{A}^{\mathrm{T}}\boldsymbol{F}^{\mathrm{T}})\}=\{\boldsymbol{A}\boldsymbol{\psi}_F+\boldsymbol{\psi}_F\boldsymbol{A}^{\mathrm{T}}\}_{ij} \tag{7.62}$$

因此，有

$$\frac{\mathrm{d}\boldsymbol{\psi}_F}{\mathrm{d}t}=\boldsymbol{A}\boldsymbol{\psi}_F+\boldsymbol{\psi}_F\boldsymbol{A}^{\mathrm{T}} \tag{7.63}$$

另外，注意到式(7.57)的前两项不含状态变量 x 和 y，式(7.61)中的伴随向量方程为

$$\begin{cases}\dfrac{\mathrm{d}\psi_x}{\mathrm{d}t}=-\dfrac{\partial H}{\partial x}=-\dfrac{1}{\sigma^2}\dfrac{\partial}{\partial x}[\boldsymbol{b}^{\mathrm{T}}(t)\boldsymbol{\psi}_F(t)\boldsymbol{b}(t)]\\ \dfrac{\mathrm{d}\psi_y}{\mathrm{d}t}=-\dfrac{\partial H}{\partial y}=-\dfrac{1}{\sigma^2}\dfrac{\partial}{\partial y}[\boldsymbol{b}^{\mathrm{T}}(t)\boldsymbol{\psi}_F(t)\boldsymbol{b}(t)]\\ \dfrac{\mathrm{d}\boldsymbol{\psi}_F}{\mathrm{d}t}=\boldsymbol{A}\boldsymbol{\psi}_F(t)+\boldsymbol{\psi}_F(t)\boldsymbol{A}^{\mathrm{T}}\end{cases} \tag{7.64}$$

对于任意二次正定矩阵 $\boldsymbol{G}(x)$，其元素是数值变量 x 的函数，则由文献[2]附录6可知

$$\frac{\partial}{\partial x}\ln|\boldsymbol{G}(x)|=\mathrm{tr}\left\{\boldsymbol{G}^{-1}\frac{\partial \boldsymbol{G}}{\partial x}\right\} \tag{7.65}$$

取 $\boldsymbol{G}=\boldsymbol{F}(T)$，$x=F_{ij}(T)$，$F_{ij}(T)$ 为矩阵 $\boldsymbol{F}(T)$ 的 i 行 j 列元素，则由式(7.65)可得

$$\frac{\partial}{\partial F_{ij}}\ln|\boldsymbol{F}|=\mathrm{tr}\left\{\boldsymbol{F}^{-1}\frac{\partial \boldsymbol{F}}{\partial F_{ij}}\right\}=\mathrm{tr}\{\boldsymbol{F}^{-1}\delta_{ij}\}=\{\boldsymbol{F}^{-1}\}_{ij} \tag{7.66}$$

因此，有

$$\frac{\partial}{\partial \boldsymbol{F}}(\ln|\boldsymbol{F}(T)|)=\boldsymbol{F}^{-1}(T) \tag{7.67}$$

这样，式(7.62)中伴随向量的终端条件为

$$\begin{cases}\psi_x(T)=\left[\dfrac{\partial \boldsymbol{Q}}{\partial x}\right]_{t=T}=0\\ \psi_y(T)=\left[\dfrac{\partial \boldsymbol{Q}}{\partial y}\right]_{t=T}=0\\ \boldsymbol{\psi}_F(T)=\left[\dfrac{\partial \boldsymbol{Q}}{\partial F}\right]_{t=T}=-\boldsymbol{F}^{-1}(T)\end{cases} \tag{7.68}$$

该式即为式(7.64)的边界(终端)条件。

3. 求取伴随变量 ψ_x，ψ_y

对于线性矩阵微分方程 $\dot{\boldsymbol{P}}=\boldsymbol{GP}+\boldsymbol{PG}^{\mathrm{T}}+\boldsymbol{Q}$，其中 $\boldsymbol{G}$、$\boldsymbol{Q}$ 均是已知的时变矩阵，其解为[27]

$$\boldsymbol{P}(t)=\boldsymbol{\Phi}(t,t_0)\boldsymbol{P}(t_0)\boldsymbol{\Phi}^{\mathrm{T}}(t,t_0)+\int_{t_0}^{t}\boldsymbol{\Phi}(t,\tau)\boldsymbol{Q}(\tau)\boldsymbol{\Phi}^{\mathrm{T}}(t,\tau)\mathrm{d}\tau \tag{7.69}$$

这里 $\boldsymbol{\Phi}(t,\tau)$ 是与系统 $\dot{\boldsymbol{P}}=\boldsymbol{GP}$ 相应的转移矩阵。因此，令 $\boldsymbol{P}=\boldsymbol{\psi}_F$，$\boldsymbol{G}=\boldsymbol{A}$，$\boldsymbol{Q}=\boldsymbol{0}$，可得式(7.64)中的第三式的解为

$$\boldsymbol{\psi}_F(t)=\boldsymbol{\Phi}(t,T)\boldsymbol{\psi}_F(T)\boldsymbol{\Phi}^{\mathrm{T}}(t,T) \tag{7.70}$$

其中

$$\boldsymbol{\Phi}(t,T)=\begin{bmatrix}\boldsymbol{I}_2 & (t-T)\boldsymbol{I}_2 & \frac{1}{2}(t-T)^2\boldsymbol{I}_2\\ \boldsymbol{O}_2 & \boldsymbol{I}_2 & (t-T)\boldsymbol{I}_2\\ \boldsymbol{O}_2 & \boldsymbol{O}_2 & \boldsymbol{I}_2\end{bmatrix}$$

将式(7.68)的第三式的终端条件代入式(7.70)，可得

$$\boldsymbol{\psi}_F(t)=-\boldsymbol{\Phi}(t,T)\boldsymbol{F}^{-1}(T)\boldsymbol{\Phi}^{\mathrm{T}}(t,T) \tag{7.71}$$

将此式代入式(7.64)前两式，得到

$$\begin{cases}\dfrac{\mathrm{d}\psi_x}{\mathrm{d}t}=\dfrac{1}{\sigma^2}\dfrac{\partial}{\partial x}(\boldsymbol{b}^{\mathrm{T}}(t)\boldsymbol{\Phi}(t,T)\boldsymbol{F}^{-1}(T)\boldsymbol{\Phi}^{\mathrm{T}}(t,T)\boldsymbol{b}(t))\\ \dfrac{\mathrm{d}\psi_y}{\mathrm{d}t}=\dfrac{1}{\sigma^2}\dfrac{\partial}{\partial y}(\boldsymbol{b}^{\mathrm{T}}(t)\boldsymbol{\Phi}(t,T)\boldsymbol{F}^{-1}(T)\boldsymbol{\Phi}^{\mathrm{T}}(t,T)\boldsymbol{b}(t))\end{cases} \tag{7.72}$$

式(7.72)及其相应的边界条件式(7.68)中的前两式(即 $\psi_x(T)=0$，$\psi_y(T)=0$)，就是 ψ_x 和 ψ_y 应满足的微分方程组。

4. 求解最优控制变量(平台航向)$u^*(t)$

求解方程式(7.72)和边界条件式(7.68)即可得到跟踪平台位置伴随变量 ψ_x 和 ψ_y,进而由式(7.60)求取跟踪平台最优航向 $u^*(t)$。

这里仍然需要指出,极大值原理仅是系统最优解应满足的必要条件,即由极大值原理确定的解$\{\boldsymbol{X}^*(t), \boldsymbol{\Psi}^*(t), u^*(t)\}$并不一定能够达到式(7.53)所描述的全局精度指标的极大值。这样,从式(7.72)和式(7.68)解得的 $\psi_x(t)$ 和 $\psi_y(t)$ 也不一定是最优伴随变量 $\psi_x^*(t)$、$\psi_y^*(t)$,从而由式(7.60)求得的 $u^*(t)$ 不一定是跟踪平台的最优航向。但我们可以从获得的 $\psi_x(t)$ 和 $\psi_y(t)$ 出发,结合具体情况采用数值迭代法,获得 $\psi_x^*(t)$ 和 $\psi_y^*(t)$ 的近似解,以得到符合精度要求的跟踪平台航向 $u(t)$。

7.3.4　跟踪平台最优轨迹模型的数值解法

在许多最优控制问题中,虽然能够由微分方程中的柯西定理证明其最优控制函数的存在,但却很难求取控制函数的解析解[11],或者说,最优控制问题的解无法解析表示。因此,需采用数值求解方法达成问题的最优或近似求解,并分析跟踪平台速率、加速度等对跟踪平台最优航迹的影响。由极大值原理可知,最优控制问题的解必须满足以下几个条件。

(1) 正则方程:

$$\begin{cases}\dot{\boldsymbol{X}} = \dfrac{\partial H}{\partial \boldsymbol{\Psi}} \\ \dot{\boldsymbol{\Psi}} = -\dfrac{\partial H}{\partial \boldsymbol{X}}\end{cases} \tag{7.73}$$

(2) 哈密顿函数 H 取极小值的必要条件:

$$\frac{\partial H}{\partial \boldsymbol{U}} = \boldsymbol{0} (\boldsymbol{U}\text{ 无约束}) \tag{7.74}$$

或

$$\min_{\boldsymbol{U}\in\Omega} H(\boldsymbol{X}^*, \boldsymbol{\Psi}^*, \boldsymbol{U}, t) = H(\boldsymbol{X}^*, \boldsymbol{\Psi}^*, \boldsymbol{U}^*, t) (\boldsymbol{U}\text{ 有约束}) \tag{7.75}$$

(3) 边界条件包括初始条件、终端条件和空间边界条件。

最优控制 $u^*(t)$ 的数值计算方法通常是先求出满足上面某两个条件的解(次优解),然后采用适宜的迭代计算逐次改善这个解,使其满足第三个条件(即最优解)。

最优控制问题的数值迭代求解方法通常分为两类:直接法和间接法。

直接法是在每一步迭代中,$u(t)$ 不一定要满足 H 取极小的必要条件,而是逐步改善它,迭代结束时使它满足这个必要条件。在每一步迭代中,状态方程的积分区间是从 t_0 到 T,伴随方程的积分区间则是从 T 到 t_0,这样就避免了寻找伴随向量初值 $\boldsymbol{\Psi}(t_0)$ 的困难。常用的直接法有梯度法、二阶梯度法、共轭梯度法等。

间接法是在每一步迭代中，$u(t)$都要满足 H 取极小的必要条件，通过迭代逐步改善对正则方程和边界条件的满足程度。在每一步迭代中，要同时积分状态方程和伴随方程，并且积分区间都是从 t_0 到 T 或从 T 到 t_0。常用的间接法有边界迭代法和拟线性化法等。

本节选用直接法中的梯度法求取最优控制变量，其计算步骤如下：

(1) 先给出$[t_0,T]$中的一个控制向量 $u^{(k)}(t)=u^{(0)}(t)$，k 是迭代步数。确定初始控制变量 $u^{(0)}(t)$需要一定工程经验，若比较合理，计算收敛得就快。

(2) 在第 k 步，用估计值 $u^{(k)}$ 和给定的初始条件 $\boldsymbol{X}(t_0)$，从 t_0 到 T 正向积分式(7.61)中第一式所示的状态方程，求出状态向量 $\boldsymbol{X}^{(k)}(t)$。

(3) 用 $u^{(k)}(t)$、$\boldsymbol{X}^{(k)}(t)$和横截条件求得的终端值 $\boldsymbol{\Psi}(T)$，从 T 到 t_0 反向积分式(7.61)中第二式所示的伴随方程，求出伴随变量 ${\psi_x}^{(k)}(t)$、${\psi_y}^{(k)}(t)$。

(4) 修正控制向量，即跟踪平台的航向 $u^{(k)}(t)$可通过如下迭代过程修正，逐步达到优化：

$$u^{(k+1)}(t)=u^{(k)}(t)-\alpha^{(k)}g^{(k)}(t) \tag{7.76}$$

式中：$g^{(k)}(t)$和 $\alpha^{(k)}$ 是为了保证精度准则 Q 极小化过程的收敛性所设置的两个控制参数。$g^{(k)}(t)$是哈密顿函数 H 对 u 的梯度，控制下降方向，在具体实施过程中，$g^{(k)}(t)$的选择方法如下。

对于初始和中间迭代来说，$g^{(k)}(t)$按一阶方法选取，可得到很好的收敛效果，即取

$$g^{(k)}(t)=-\left(\frac{\partial H}{\partial u}\right)_{u=u^{(k)}}=V|\psi^{(k)}(t)|\sin(u^{(k)}(t)-\omega^{(k)}(t)) \tag{7.77}$$

该迭代是沿着 H 的梯度负方向进行的，其中

$$|\psi^{(k)}(t)|=\sqrt{\psi_x^{(k)}(t)^2+\psi_y^{(k)}(t)^2},\ \omega^{(k)}(t)=\arctan(\psi_x^{(k)}(t)/\psi_y^{(k)}(t))+\pi$$

而对于最终改善来讲，可采用二阶算法，即 $g^{(k)}(t)$可取为

$$g^{(k)}(t)=-\left(\frac{\partial^2 H}{\partial u^2}\right)^{-1}_{u=u^{(k)}}\cdot\left(\frac{\partial H}{\partial u}\right)_{u=u^{(k)}}=\tan(u^{(k)}(t)-\omega^{(k)}(t)) \tag{7.78}$$

$\alpha^{(k)}$是每次迭代的步长因子，是待定的数。可通过在区间$[0,\alpha_{\max}]$上使精度准则 $Q(T)$ 极小化来确定，这是一维寻优问题，有很多优化方法可用，如分数法、0.618 法、抛物线法和立方近似法等。$\alpha_{\max}$是最大步长(由设计者经验确定)。

(5) 该迭代过程连续进行到准则 Q 不能再改善为止，如可计算是否满足下列指标：

$$\left|\frac{Q(u^{(k+1)})-Q(u^{(k)})}{Q(u^{(k)})}\right|<\varepsilon \tag{7.79}$$

式中：ε 是指定小量，若满足则停止计算，否则令 $k=k+1$ 转步骤(2)。另一个停止计算的准则是

$$\|g^{(k)}\|<\varepsilon \tag{7.80}$$

表示 Hamilton 函数对 u 的梯度充分小，已无改善价值。

必须指出，基于精度指标 Q 可能产生一个全局极小值，但也可能产生几个局部极小值。依据初始选取的跟踪平台航向 $u^{(0)}$ 以及控制收敛的各种参数，上述迭代算法可以收敛到这些极小值中任意一个。这样，为了寻找跟踪平台的最优机动航向（使精度指标 Q 达到全局极小值），需要尝试多个初始航向 $u^{(0)}$ 和控制收敛的状态参数。

7.3.5　仿真实验及分析

本节采用数值计算方法对海上单舰纯方位隐蔽跟踪海上目标问题进行仿真实验和分析。仿真软件环境为 Windows XP 平台上运行的 Matlab 6.5 软件。

7.3.5.1　跟踪平台速率对其最优运动轨迹的影响

设目标舰从（0km，10km）出发，以初始速率 4m/s、航向 120°、加速度 0.04m/s^2 作常加速运动；观测舰从（0km，0km）出发作常速率运动，5min 内，按秒间隔采集方位，测量误差标准差 σ 等于 0.5°。跟踪平台（观测舰）速率分别取 4m/s、8m/s、12m/s、16m/s 进行仿真，仿真结果如图 7.5 所示。

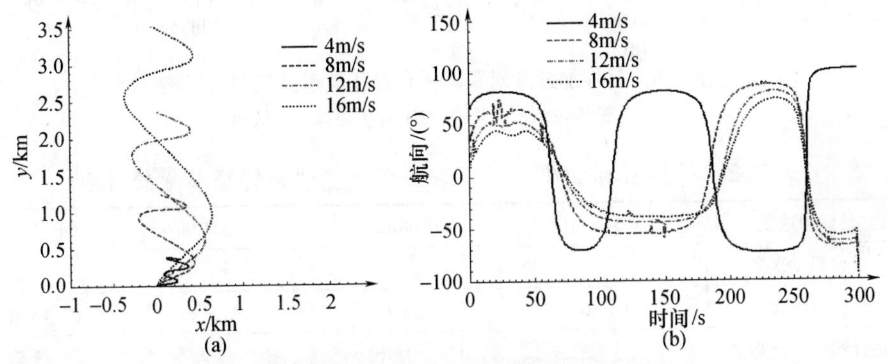

图 7.5　跟踪平台速率对其最优轨迹及航向的影响

（a）最优跟踪平台轨迹；（b）最优跟踪平台航向。

由图 7.5 可见，观测舰速率不同，则其相应的最优轨迹包含的机动次数不同，且最优轨迹的光滑程度也不同。为此，特将跟踪平台不同速率下，跟踪平台最优轨迹的特征及相应的对目标状态估计误差的统计结果用表 7.1 来说明。

表 7.1　不同跟踪平台速率下最优轨迹特征参数统计表

平台速率	4m/s	8m/s	12m/s	16m/s
平台机动次数	4	3	3	3
平台最优轨迹平滑度	低	中	中上	高
估计误差	7.54×10^{-4}	1.6×10^{-5}	1.07×10^{-6}	8.59×10^{-8}

从图 7.5 和表 7.1 可以看出,观测舰速率越高,其最优轨迹越光滑,对目标状态的估计也越精确。因此,跟踪平台速率低时,其要增加机动次数来弥补,即跟踪平台需增加航向机动次数才能提高可观测性,实现对目标的高精度定位与跟踪。

7.3.5.2 目标加速度对跟踪平台最优运动轨迹的影响

设目标舰的加速度分别取 $0.04m/s^2$、$0.08m/s^2$、$0.12m/s^2$、$0.2m/s^2$,观测舰速率为 12m/s,其他条件同 7.3.5.1 节脚本,仿真结果如图 7.6 所示。

目标以不同加速度运行时,跟踪平台最优轨迹的特征及相应对目标状态估计误差的统计结果可用表 7.2 来说明。

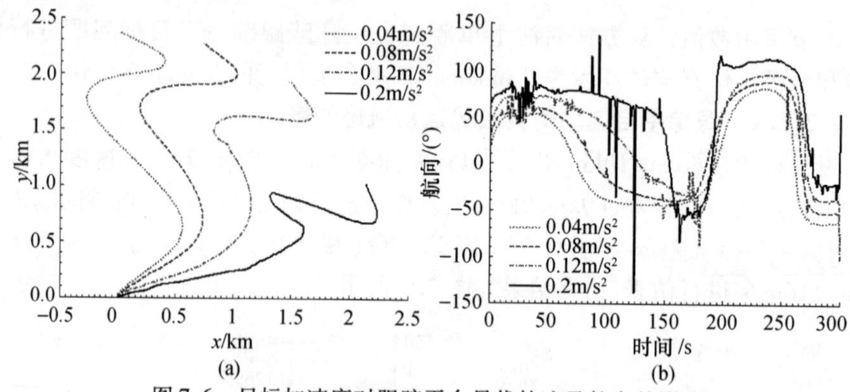

图 7.6 目标加速度对跟踪平台最优轨迹及航向的影响

(a) 最优跟踪平台轨迹;(b) 最优跟踪平台航向。

表 7.2 不同目标加速度下跟踪平台最优轨迹特征参数统计表

目标加速度	$0.04m/s^2$	$0.08m/s^2$	$0.12m/s^2$	$0.2m/s^2$
平台机动次数	3	3	4	>5
估计误差	1.1×10^{-6}	3.5×10^{-7}	1.5×10^{-7}	2.3×10^{-7}
估计精度变化趋势	上升			下降
平台最优轨迹平滑度	随着加速度的增大,平滑度下降			

从图 7.6 和表 7.2 可以看出,当目标加速度较小($0.12m/s^2$以下)时,其数值增加可使目标距离估计精度有些许提高,但最优轨迹光滑度降低。从更详细的仿真结果数据可以看到当加速度为 $0.12m/s^2$时,最优轨迹在第 260 ~ 300s 内有一次强机动(这里指跟踪平台做航向变化率较大的机动);当目标加速度为 $0.2m/s^2$时,最优轨迹在第 145 ~300s 内有三次强机动,且目标跟踪精度下降。因此,当目标加速度较大时(如 $0.2m/s^2$)会导致对目标跟踪精度下降,此时观测舰需通过较强机动来弥补,即观测舰需做较强的航向机动才能提高可观测性,实现对较大加速度目标的定位与跟踪。

7.3.5.3 目标相对初始距离对跟踪平台最优运动轨迹的影响

目标舰的初始位置分别取(0km,5km)、(0km,10km)、(0km,20km)、(0km,

40km),观测舰的速率为12m/s,其他条件同7.3.5.1节脚本,仿真结果如图7.7所示。

仿真得到相应的最优$Q(T)$值分别为-32.17、-13.75、0.41、13.49,同时结合图7.7可知,观测舰与目标的初始相对距离对观测舰的最优轨迹影响较大,目标与观测舰初始距离越近,最优轨迹越光滑,对目标跟踪精度也越高。

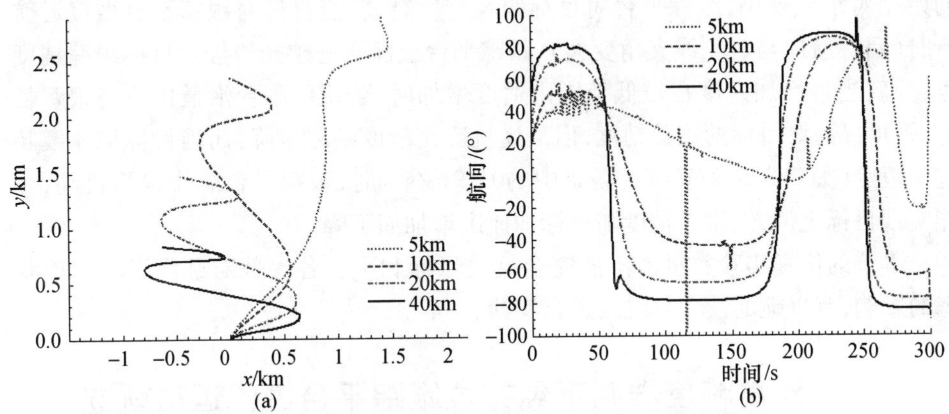

图7.7　目标初始距离对跟踪平台最优轨迹及航向的影响
(a) 最优跟踪平台轨迹;(b) 最优跟踪平台航向。

7.3.5.4　目标航向对跟踪平台最优运动轨迹的影响

目标舰加速度为$0.08\mathrm{m/s^2}$,目标航向与观测线的夹角分别取0°、30°、60°、90°、120°、150°、180°,观测舰的速率为12m/s,其他条件同7.3.5.1节脚本,仿真结果如图7.8所示。仿真得到相应的最优$Q(T)$值分别为-7.18、-8.84、-10.66、-12.63、-14.86、-17.42、-17.65。

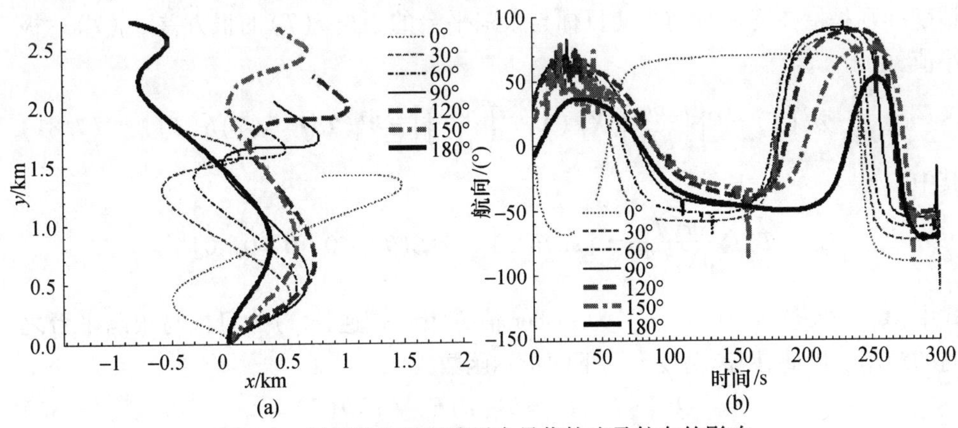

图7.8　目标航向对跟踪平台最优轨迹及航向的影响
(a) 最优跟踪平台轨迹;(b) 最优跟踪平台航向。

图7.8结合相应最优$Q(T)$值可知,目标航向与观测线夹角(从跟踪平台观测

线顺时针旋转到目标航向)对观测舰的最优轨迹影响较大,该夹角绝对值越大(为叙述方便,简称为“夹角越大”),观测舰最优轨迹越光滑,其对目标跟踪精度也越高。

上述仿真结果表明:常加速目标单平台纯方位跟踪中,在全局精度指标下,为对目标状态进行精确估计,跟踪平台应以高速率进行机动运动;跟踪平台与目标初始相对距离越小,跟踪平台对目标跟踪精度越高;当目标对跟踪平台做接近航行时(目标航向与观测线夹角变大),跟踪平台最优轨迹越光滑且对目标跟踪精度也越高;当目标加速度在较低范围内适度增加时,若跟踪平台沿最优轨迹跟踪目标,则可提高对目标的跟踪精度,但最优轨迹光滑度随之下降,而当目标加速度超过某范围(如7.3.5.2节仿真场景中的$0.12\mathrm{m/s^2}$)时,跟踪平台需作较强机动,才能实现目标定位,但跟踪精度随目标加速度增加而下降。

本节的仿真实验数量尚不能完全反映目标和平台各参数对最优跟踪轨迹状态的影响,有兴趣的读者可继续进行实验。

7.4 距离精度准则下纯方位跟踪平台最优运动轨迹

本节研究距离精度指标下最优跟踪平台机动,其基本原理同7.2节,只是最优精度准则选用基于距离精度的性能指标函数。

7.4.1 基于距离精度的指标函数

在纯方位跟踪中,实时准确地确定目标对跟踪平台的相对距离是首要目标,因此这里选用目标距离精度准则作为确定跟踪平台航向$u(t)$的性能指标。距离精度准则是指在终端时刻T使目标与跟踪平台的距离$r(T)$的根方差$\sigma_r(T)$达极小值,由于

$$\sigma_r^2(T)=E\left[\left(\frac{\partial r}{\partial \boldsymbol{X}_T}\right)^{\mathrm{T}}\widetilde{\boldsymbol{X}}_T\,(\widetilde{\boldsymbol{X}}_T)^{\mathrm{T}}\left(\frac{\partial r}{\partial \boldsymbol{X}_T}\right)\right]=\boldsymbol{h}^{\mathrm{T}}(T)\boldsymbol{F}^{-1}(T)\boldsymbol{h}(T) \tag{7.81}$$

其中

$$\boldsymbol{h}(T)\triangleq\frac{\partial r(T)}{\partial \boldsymbol{X}_T(T)}=[\sin\beta(T)\quad \cos\beta(T)\quad 0\quad 0\quad 0\quad 0]^{\mathrm{T}}$$

式中:$\widetilde{\boldsymbol{X}}_T$为状态估计误差;$\boldsymbol{F}^{-1}$为Fisher信息矩阵之逆;$r(t)$为目标与跟踪平台之间的距离。因此,距离精度准则下的指标函数为

$$Q(\boldsymbol{F}(T),T)=\boldsymbol{h}^{\mathrm{T}}(T)\boldsymbol{F}^{-1}(T)\boldsymbol{h}(T) \tag{7.82}$$

7.4.2 距离精度准则下跟踪平台的最优轨迹模型

将式(7.81)代入式(7.61)中的第四式,则伴随变量ψ_x的终端条件满足:

$$\psi_x(T)=\left[\frac{\partial Q}{\partial x}\right]_{t=T}=\frac{\partial(\boldsymbol{h}^{\mathrm{T}}(T)\boldsymbol{F}^{-1}(T)\boldsymbol{h}(T))}{\partial x}=2\boldsymbol{h}^{\mathrm{T}}(T)\boldsymbol{F}^{-1}(T)\frac{\partial \boldsymbol{h}}{\partial x}$$
$$=2\boldsymbol{h}^{\mathrm{T}}(T)\boldsymbol{F}^{-1}(T)\frac{\partial \boldsymbol{h}}{\partial \beta}\cdot\frac{\partial \beta}{\partial x}=-2\cos\beta(T)\boldsymbol{h}^{\mathrm{T}}(T)\boldsymbol{F}^{-1}(T)\boldsymbol{b}(T) \tag{7.83}$$

同理可得

$$\psi_y(T)=\frac{\partial Q}{\partial y}=2\boldsymbol{h}^{\mathrm{T}}(T)\boldsymbol{F}^{-1}(T)\frac{\partial \boldsymbol{h}}{\partial y}=2\sin\beta(T)\boldsymbol{h}^{\mathrm{T}}(T)\boldsymbol{F}^{-1}(T)\boldsymbol{b}(T) \tag{7.84}$$

由于

$$\frac{\partial Q}{\partial \boldsymbol{F}_{ij}}=\frac{\partial}{\partial \boldsymbol{F}_{ij}}(\boldsymbol{h}^{\mathrm{T}}\boldsymbol{F}^{-1}\boldsymbol{h})=-\boldsymbol{h}^{\mathrm{T}}\boldsymbol{F}^{-1}\boldsymbol{\delta}_{ij}\boldsymbol{F}^{-1}\boldsymbol{h}=-(\boldsymbol{F}^{-1}\boldsymbol{h}\boldsymbol{h}^{\mathrm{T}}\boldsymbol{F}^{-1})_{ij} \tag{7.85}$$

因此

$$\boldsymbol{\psi}_F(T)=\frac{\partial Q}{\partial \boldsymbol{F}}=-\boldsymbol{F}^{-1}(T)\boldsymbol{h}(T)\boldsymbol{h}^{\mathrm{T}}(T)\boldsymbol{F}^{-1}(T) \tag{7.86}$$

将此式代入式(7.70),可得到解

$$\boldsymbol{\psi}_F(t)=\boldsymbol{\Phi}(t,T)\boldsymbol{\psi}_F(T)\boldsymbol{\Phi}^{\mathrm{T}}(t,T)$$
$$=-\boldsymbol{\Phi}(t,T)\boldsymbol{F}^{-1}(T)\boldsymbol{h}(T)\boldsymbol{h}^{\mathrm{T}}(T)\boldsymbol{F}^{-1}(T)\boldsymbol{\Phi}^{\mathrm{T}}(t,T) \tag{7.87}$$

将此式代入式(7.64)中前两式,可得

$$\begin{cases}\dfrac{\mathrm{d}\psi_x}{\mathrm{d}t}=\dfrac{1}{\sigma^2}\dfrac{\partial}{\partial x}(|\boldsymbol{b}^{\mathrm{T}}(t)\boldsymbol{\Phi}(t,T)\boldsymbol{F}^{-1}(T)\boldsymbol{h}(T)|^2)\\[2ex]\dfrac{\mathrm{d}\psi_y}{\mathrm{d}t}=\dfrac{1}{\sigma^2}\dfrac{\partial}{\partial y}(|\boldsymbol{b}^{\mathrm{T}}(t)\boldsymbol{\Phi}(t,T)\boldsymbol{F}^{-1}(T)\boldsymbol{h}(T)|^2)\end{cases} \tag{7.88}$$

其边界条件由式(7.83)和式(7.84)给出。

将式(7.83)和式(7.84)代入式(7.60),则终端时刻 T 跟踪平台的航向满足:

$$u^*(T)=\beta(T)\pm(2k-1)\times\pi/2 \tag{7.89}$$

式中:k 为整数。该式表明,在距离精度准则下,终端时刻跟踪平台的航向应与其观测目标的视线垂直,或者说跟踪平台航向应垂直于其与目标的连线。

需要指出,与全局精度指标下求得的跟踪平台的航向仅是其最优轨迹的必要条件一样,距离精度准则下获得的式(7.88)和式(7.89)也仅是必要条件,即满足该条件的点$\{\boldsymbol{X}^*(t),\boldsymbol{\Psi}^*(t),u^*(t)\}$并不一定使式(7.82)所描述的距离精度指标达极大值。

7.4.3 仿真实验及分析

在距离精度准则下,为研究常加速目标纯方位跟踪中目标加速度、目标初始距离、跟踪平台速率等对跟踪平台最优轨迹、跟踪平台航向以及目标跟踪精度的影响,这里仍以海上单舰对海面目标隐蔽跟踪为背景进行仿真实验。仿真环境同

7.3.5 节。

7.4.3.1 跟踪平台速率对其最优轨迹的影响

设目标舰从(0km,10km)出发,以初始速率4m/s、航向120°、加速度0.04m/s^{2}作常加速运动;观测舰从(0km,0km)出发作常速率运动,5min内,按秒间隔采集方位,测量误差标准差σ等于0.5°。观测舰速率分别取4m/s、8m/s、12m/s、16m/s进行仿真,仿真结果如图7.9所示。

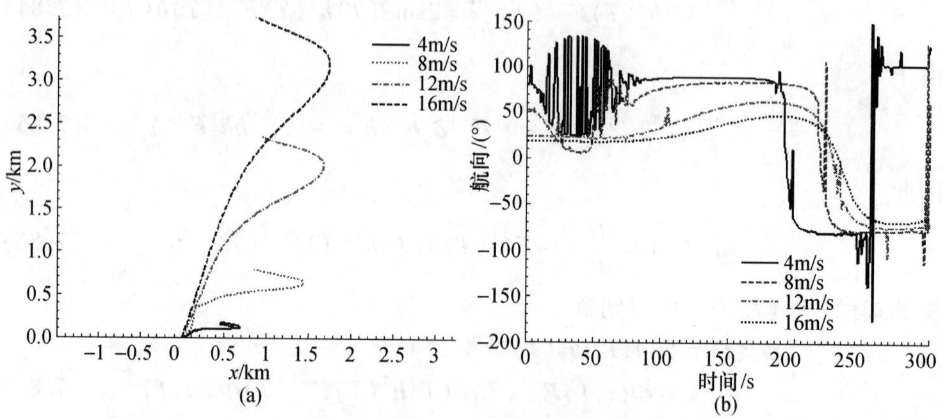

图7.9 跟踪平台速率对其最优轨迹及航向的影响

(a) 最优跟踪平台轨迹;(b) 最优跟踪平台航向。

由图7.9可见,跟踪平台(观测舰)速率为4m/s时,80s之前最优航向频繁震荡,80s后最优航向才趋于平稳变化,但在191s和259s出现两次180°的急转弯;当速率为8m/s最优轨迹平滑度稍好点;当速率为12m/s、16m/s时,最优轨迹基本平滑。可见,观测舰速率越高,其最优轨迹越光滑。另外,仿真获得相应最优$\sigma_r(T)$值分别为674.84m、240.53m、127.05m和77.38m,因此,跟踪平台高速率机动(以大的速率进行机动)才能进行高精度的跟踪。

7.4.3.2 目标加速度对跟踪平台最优轨迹的影响

设目标舰的加速度分别取0.02m/s^2、0.04m/s^2、0.08m/s^2、0.12m/s^2,观测舰速率为12m/s,其他条件同7.4.3.1节脚本,仿真结果如图7.10所示。

仿真得到相应的最优$\sigma_r(T)$值分别为156.62m、127.05m、126.78m、158.48m,同时结合图7.9可知,当目标加速度较小(0.08m/s^{2}以下)时,其数值增加可使目标距离估计精度有些许提高,但最优轨迹平滑度降低。

从图7.10(b)可见,当目标加速度为0.12m/s^{2}时,最优轨迹在273s左右有180°的急转弯,而此时目标距离估计精度也下降了。因此,当目标加速度较大时(如0.12m/s^2)会导致距离估计精度下降并使最优轨迹平滑度下降。

7.4.3.3 相对距离对跟踪平台最优轨迹的影响

目标舰的初始位置分别取(0km,5km)、(0km,10km)、(0km,20km)、(0km,

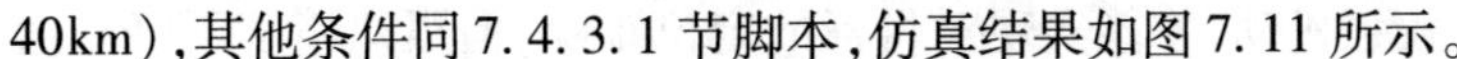

40km)，其他条件同7.4.3.1节脚本，仿真结果如图7.11所示。

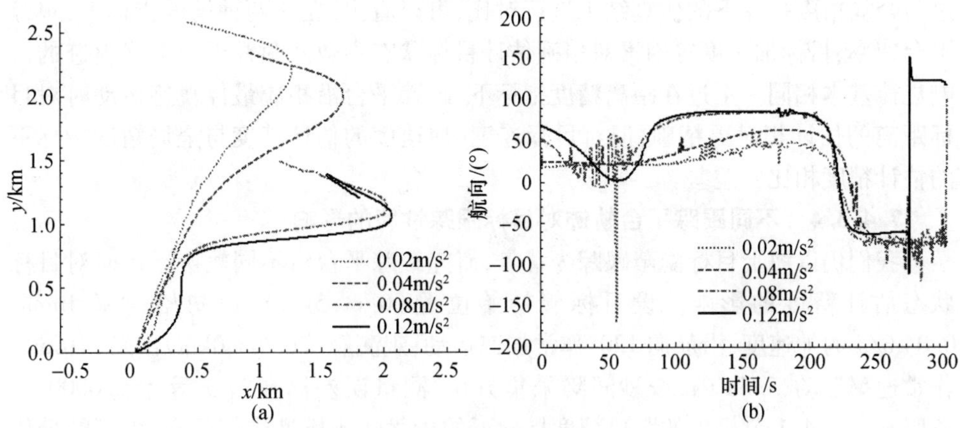

图7.10　目标加速度对跟踪平台最优轨迹及航向的影响

（a）最优跟踪平台轨迹；（b）最优跟踪平台航向。

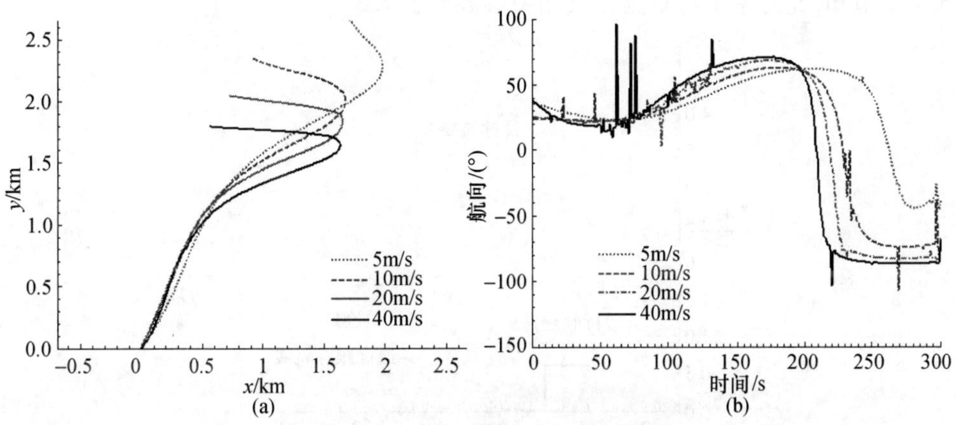

图7.11　相对距离对跟踪平台最优轨迹及航向的影响

（a）最优跟踪平台轨迹；（b）最优跟踪平台航向。

仿真得到相应的最优 $\sigma_r(T)$ 值分别为8.92m、127.05m、743.02m、3456.99m，同时结合图7.11可知，观测舰（跟踪平台）与目标的初始相对距离对观测舰的最优轨迹影响较大，目标与观测舰初始距离越近，最优轨迹越光滑，距离估计精度也越高。

以上仿真结果表明：在距离精度指标下，为利用单跟踪平台纯方位测量对常加速目标状态进行精确估计，跟踪平台应以高速率进行机动运动；目标与跟踪平台初始相对距离越小，对目标距离的估计越精确，相应的最优轨迹也越光滑；当目标加速度在较低范围内适度增加时，若跟踪平台沿最优轨迹跟踪目标，则可提高对目标状态的估计精度，但最优轨迹光滑度随之下降；当目标加速度超过一定范围时,跟踪平台需作较强机动,才能实现对目标的定位跟踪,但跟踪精度下降。通过与全局精度指标下的仿真结果进行对比,可以看出,在这两种精度指标下,跟踪平台速率、目标加速度等因素对精确估计目标状态参数及跟踪平台最优轨迹的影响规律基本相同。不过在距离精度指标下,跟踪平台沿相应最优轨迹运动时对目标距离的估计相对更精确,但对目标速度、加速度的估计精度与全局精度指标下的估计精度相比要差些。

7.4.3.4 不同跟踪平台轨迹对目标跟踪性能的影响

我们仍以海上目标隐蔽跟踪为背景,研究跟踪平台沿不同轨迹运动时对目标状态估计精度的影响。设目标舰初始位置(0km, 5km),以初始速率 4m/s、0.04m/s^{2}的加速度,沿航向 120°作常加速运动;观测舰从(0km,0km)出发,以6m/s作常速率运动,5min 内,按秒间隔采集方位,测量误差标准差 σ 等于 0.00001°。按照本章 7.4.1 节提出的距离精度指标下的最优轨迹模型进行仿真,得到的最优跟踪平台轨迹如图 7.12 所示。为了比较不同跟踪平台轨迹对目标状态估计精度的影响,设计了两个普通跟踪平台轨迹如图 7.12 中的可行轨迹 1、2 所示(由 6.4.2 节知,此时系统可观测),其相关参数见表 7.3。

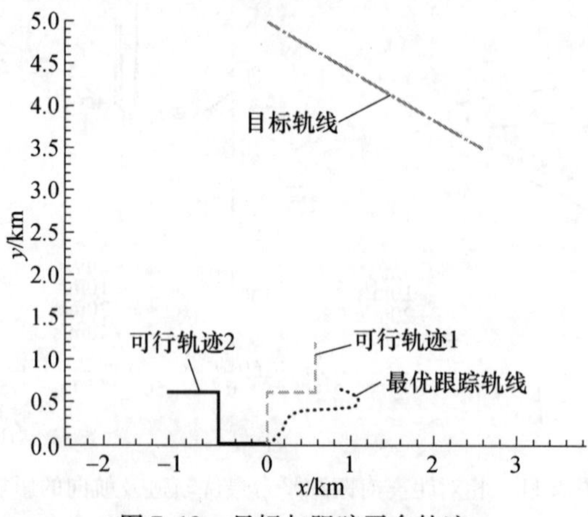

图 7.12 目标与跟踪平台轨迹

表 7.3 可行轨迹设计参数

参数 / 轨迹	时间/s	V_{Ox}/(m/s)	V_{Oy}/(m/s)
可行轨迹 1	100	0	6
	100	6	0
	100	0	6
可行轨迹 2	100	-6	0
	100	0	6
	100	-6	0

目标初始状态参数的估计采用7.3.1.2节描述的极大似然估计，其真值为(0m，5000m；3.4641m/s，−2m/s；0.0346m/s^2，−0.02m/s^2)，500次Monte Carlo仿真结果见表7−4。

表7.4　不同跟踪平台轨迹下对目标初始状态参数的估值

参数 轨迹	Q	$x_T(0)$/m	$y_T(0)$/m	$V_{Tx}(0)$ /(m/s)	$V_{Ty}(0)$ /(m/s)	a_{Tx} /(m/s^2)	a_{Ty} /(m/s^2)	位置误差 /m
最优轨迹	2.2101×10^{-6}	0.0253	5011.8390	3.4643	−2.2746	0.0346	−0.0184	11.8390
可行轨迹1	1.8098×10^{-5}	0.3300	4915.5529	3.3905	−1.3169	0.0354	−0.0225	84.4477
可行轨迹2	3.3048×10^{-4}	−2.3065	4718.7258	3.0464	1.5747	0.0442	−0.0325	281.2837

由表7.4可见，跟踪平台轨迹的Q值越小(最优跟踪平台轨迹的Q值最小)，利用极大似然估计算法，对目标状态的估计精度越高(位置误差越小)。因此，为对目标进行精确跟踪，跟踪平台应沿着或尽可能接近最优轨迹运动。

仿真结果还表明：本章建立的常加速目标纯方位跟踪最优跟踪平台轨迹的数学模型是正确的，该模型可用于常加速目标单平台纯方位跟踪系统中跟踪平台的运动轨迹设计。

7.5　小　结

本章向读者介绍了现代控制论中的最优控制理论和求解最优控制问题的极大值原理，并采用极大值原理，在全局精度和距离精度两种优化准则的性能指标下，建立了常加速目标纯方位单跟踪平台最优运动轨迹模型。通过数值仿真研究了目标加速度、目标初始相对距离、目标航向以及跟踪平台运动速率等相关因素对跟踪平台最优运动轨迹及目标跟踪精度的影响。仿真表明：为依据单平台纯方位观测实现常加速目标状态的精确估计，跟踪平台应以高速率运动或增加航向机动次数以提高可观测性；跟踪平台与目标初始相对距离越小，跟踪平台的最优运动轨迹越平滑，对目标跟踪精度也越高；当目标加速度在较低范围内适度增加时，跟踪平台沿最优轨迹跟踪目标，可提高对目标的跟踪精度，但最优轨迹光滑度随目标加速度的增加而下降；当目标加速度超过某范围时，跟踪平台需作较强机动来增加可观测性，以实现目标的定位和跟踪，但跟踪精度下降；当目标对跟踪平台做接近航行时，跟踪平台最优轨迹随之光滑且对目标跟踪精度也随之提高。7.4节通过仿真实验，验证了本章建立的跟踪平台最优轨迹模型的正确性，即跟踪平台沿最优轨迹运动时，能获得比沿其他可行轨迹更好的可观测性，从而获得观测目标状态的更精确的估计。

本章提出的基于最优控制论的极大值原理建立的常加速目标单平台纯方位最优轨迹模型和求解方法，以及仿真验证的目标加速度、目标航向、目标与跟踪平台的初始相对距离、跟踪平台速率,以及不同的跟踪平台轨迹等因素对跟踪平台最优运动轨迹及目标跟踪精度的影响效果与分析,对海上单舰对海上弱机动目标的隐蔽跟踪问题的研究与应用有一定的价值。

参考文献

[1] Passerieux J M, Cappel D V. Optimal observer maneuver for bearings - only tracking [J]. IEEE Transactions on Aerospace and Electronic Systems, 1998, vol. 34(3): 777 - 788.

[2] 张武. 纯方位目标跟踪关键技术研究[D]. 解放军理工大学,2009.

[3] Widnall W S, The minimum - time thrust vector control law in the Apollo lnnar - module autopilot[J], Atuomatic 6(5), 1970.

[4] Widnall W S. Lunar - module Digital Autopilot[J]. J Space craft and rockcts, 8(1), 1971.

[5] 张嗣瀛,王景才,许完栋. 空战格斗中的有限局部捕捉,东北工学院,自控系 77 级毕业论文微分对策小组。沈阳,1982. 4.

[6] 刘曙阳,赵宗贵. C^3I 系统开发技术[M]. 第三章第五节 C^3I 辅助决策系统设计. 北京:国防工业出版社,1997.

[7] 张嗣瀛,微分对策[M]. 北京:科学出版社,1987.

[8] Oshman Y, Davidson P. Optimization of observer trajectories for bearings - only Target Localization[J]. IEEE Transactions on Aerospace and Electronic Systems, 1999, 35(3): 892 - 902.

[9] Bellman R E. Dynamic programming[M]. Princeton University, Princeton, New Jersey, 1957.

[10] П. С. 庞特里亚金,等. 最佳过程的数学理论[M]. 陈祖浩译. 上海:上海科技出版社,1965.

[11] Laplan L M. Global node selection for target localization in a Distributed Network of Bearings - only sensors [J]. IEEE Transactions on Aerospace and Electronic Systems, 2006, 42(1): 113 - 135.

[12] 邓新蒲,周一宇. 测角无源定位与跟踪的观测器自适应运动分析[J]. 电子学报,2001,29(3): 311 - 314.

[13] 戴中华,邓新蒲. 基于方位角变化率最大的轨迹优化几何方法[J]. 航天电子对抗,2007,(4): 47 - 49.

[14] O. Tremois, Le Cadre J P. Optimal observer trajectory of bearings - only tracking for maneuvering Sources. IEE Proc. Radar, Sonar, Navig. 1999, vol. 146(1): 31 - 39.

[15] Le Cadre J P. Optimization of the observer motion for bearings - only target motion analysis [C]. IEEE Proc. of the 36th conference on decision and control, 1997: 3126 - 3131.

[16] Singh S. Stochastic Approximation for Optimal Observer Trajectory Planning[C]. Proceeding of the 42nd IEEE conference on Decision and control Maui, Hawaii USA, December 2003: 6313 - 6318.

[17] Ghassemi F, Krishnamurthy V. A Method for Constructing the Observer Trajectory in Bearings - Only Tracking of Targets with a Markovian model[C]. Proceedings of the 2005 IEEE international conference of information Acquisition, pp: 1 - 5.

[18] Ghassemi F, Krishnamurthy V. A stochastic search approach for UAV trajectory planning in Localization Problems [C]. ICASSP 2006, pp: 1196 - 1199.

[19] 董志荣. 纯方位系统定位与跟踪的本载体最优轨迹方程及其最优轨迹[J]. 情报指挥控制系统与仿真技术,2007, vol. 29(1): 7 - 15.

[20]　张益. 被动式跟踪中轨迹优化问题的研究[J]. 火控雷达技术,2004,33：5 - 11.

[21]　张福仁,赵正业,董志荣. 潜艇纯方位接敌跟踪航路优化方法探讨[J]. 火力指挥与控制,2001,vol. 26(1)：58 - 60.

[22]　张益,被动式跟踪中轨迹优化问题的研究[J]. 火控雷达技术,2004,33(12)：5 - 12.

[23]　张武,赵宗贵. 纯方位跟踪中最优轨线的影响因素分析[J]. 系统工程与电子技术,2010,32(1)：67 - 72.

[24]　李洪瑞,董志荣. 基于解距离的纯方位观测器最优机动轨迹[J]. 火力与指挥控制,2010,35(5)：48 - 52.

[25]　张武,赵宗贵. 位跟踪中最优观测者轨迹及其跟踪性能研究[J]. 军事运筹与系统工程,2009,23(1)：33 - 38.

[26]　张武,赵宗贵. 加速目标纯方位跟踪最优观测者轨迹及仿真分析[J]. 解放军理工大学学报(自然科学版),2009,10(S)：11 - 15.

[27]　Bryson A E,Ho Yu - chi. Applied Optimal Control：Optimization,Estimation,and Control[M],Washington,DC：Hemisphere Publishing Corporation,1975.

第 8 章　多站纯方位目标定位

多站无源定位是基于分散部署的多个测向站同时截获的辐射信号方位,通过定位运算确定辐射源地理位置。本章主要研究二维多站纯方位目标定位问题,首先介绍三角定位方法,它是现有众多定位方法中最为常用的方法;然后讨论最小二乘估计定位方法,它是最优位置估计算法的基础;最后重点研究目标定位的贝叶斯估计方法,并给出理论分析和仿真验证的结果。

8.1　多站纯方位三角定位法

对辐射源的测量方位角或方位线(Line of Bearing,LOB)是常用的定位参数。假设已知多传感器的位置,并在几乎同一时刻对同一目标进行测量,测得两条或多条方位线,若它们存在交点,则可以采用某一交点位置或多个交点的平均位置作为目标位置的最大可能估计值,称为三角定位法[1]。

8.1.1　二站纯方位三角定位法

在如图 8.1 所示的平面直角坐标系中,二个测向站分别位于 $S_1(x_1,y_1)$ 和 $S_2(x_2,y_2)$;待定位目标位于 $T(x_0,y_0)$,其与二站连线的方位角分别记为 θ_{01} 和 θ_{02}。二站对该目标的方位测量分别记为 θ_1 和 θ_2,其服从正态分布:$\theta_i \sim N(\theta_{0i},\sigma_i^2)$,其中 $\sigma_i{}^2$ 为第 i 个站的方位测量方差,$i=1,2$。二站与目标真实位置的距离分别为 R_{01} 和 R_{02},与二测量方位线的交点的距离分别为 R_1 和 R_2。

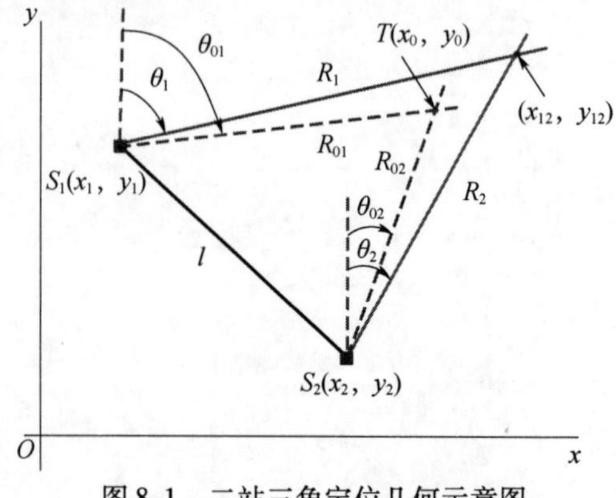

图 8.1　二站三角定位几何示意图

根据站 1 和站 2 的方位测量 θ_1 和 θ_2 以及站址坐标 $S_1(x_1,y_1)$ 和 $S_2(x_2,y_2)$，可得到定位方程组为

$$\begin{cases}(y-y_1)\sin\theta_1=(x-x_1)\cos\theta_1\\(y-y_2)\sin\theta_2=(x-x_2)\cos\theta_2\end{cases}$$

不难求得这两条方位线的交叉点坐标 (x_{12},y_{12}) 为

$$\begin{cases}x_{12}=\dfrac{x_2\sin\theta_1\cos\theta_2-x_1\cos\theta_1\sin\theta_2+(y_1-y_2)\sin\theta_1\sin\theta_2}{\sin(\theta_1-\theta_2)}\\[2ex]y_{12}=\dfrac{y_1\sin\theta_1\cos\theta_2-y_2\cos\theta_1\sin\theta_2+(x_2-x_1)\cos\theta_1\cos\theta_2}{\sin(\theta_1-\theta_2)}\end{cases}\tag{8.1}$$

由式(8.1)可见，只要 $\sin(\theta_1-\theta_2)\neq0$，即目标不位于两测向站的基线及其延长线上，总能确定目标位置的估计值，故本章讨论假设目标不位于两测向站的基线及其延长线上。另外，如果不存在测向误差，则式(8.1)确定的交点就是目标的真实位置，否则该交点 (x_{12},y_{12}) 与目标真实位置 (x_0,y_0) 存在误差，从图 8.1 可以看出，该定位误差与两站的测向误差，以及目标与两站基线的相对位置(距离和方位)密切相关。

8.1.2　三站纯方位三角定位法

三站纯方位目标定位系指由分散部署于不同位置且不共线的三个测向站对同一辐射源目标进行测向定位。如果不存在测向误差，则三站测得的三条方位线将交会于一点，其就是辐射源目标真实位置。然而，由于测向过程伴有测量噪声和环境噪声，所以方位线两两分别相交，会形成一个围绕目标实际位置的三角形，称为定位三角形，如图 8.2 所示。

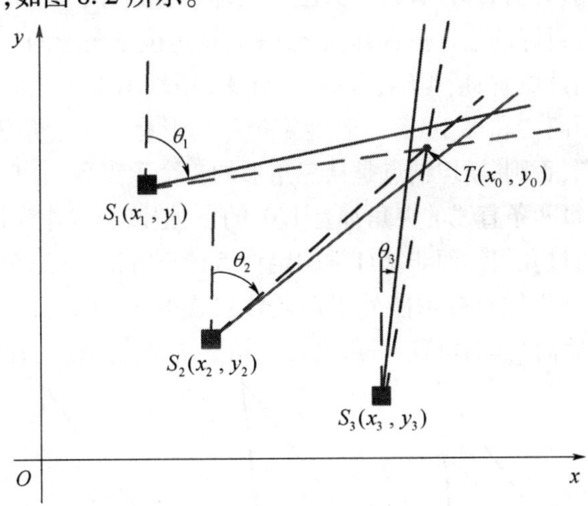

图 8.2　三站三角定位几何示意图

8.1.2.1　定位三角形及其质心的概念

在如图 8.2 所示的平面直角坐标系中，设三个测向站分别位于 $S_1(x_1,y_1)$、S_2

(x_2,y_2)和$S_3(x_3,y_3)$，待定位目标位于$T(x_0,y_0)$。假定三个测向站与目标真实位置的相对方位角分别为θ_{01}、θ_{02}和θ_{03}。对该目标的测量方位分别为θ_1、θ_2和θ_3，且服从正态分布，标准差分别为σ_1、σ_2和σ_3，即$\theta_i \sim N(\theta_{0i},\sigma_i^2)$，$i=1,2,3$。根据8.1节二站三角定位方法可以得到。

站1和站2的交会点坐标(x_{12},y_{12})为

$$\begin{cases} x_{12} = \dfrac{x_2\sin\theta_1\cos\theta_2 - x_1\cos\theta_1\sin\theta_2 + (y_1-y_2)\sin\theta_1\sin\theta_2}{\sin(\theta_1-\theta_2)} \\ y_{12} = \dfrac{y_1\sin\theta_1\cos\theta_2 - y_2\cos\theta_1\sin\theta_2 + (x_2-x_1)\cos\theta_1\cos\theta_2}{\sin(\theta_1-\theta_2)} \end{cases} \tag{8.2}$$

站1和站3的交会点坐标(x_{13},y_{13})为

$$\begin{cases} x_{13} = \dfrac{x_3\sin\theta_1\cos\theta_3 - x_1\cos\theta_1\sin\theta_3 + (y_1-y_3)\sin\theta_1\sin\theta_3}{\sin(\theta_1-\theta_3)} \\ y_{13} = \dfrac{y_1\sin\theta_1\cos\theta_3 - y_3\cos\theta_1\sin\theta_3 + (x_3-x_1)\cos\theta_1\cos\theta_3}{\sin(\theta_1-\theta_3)} \end{cases} \tag{8.3}$$

站2和站3的交会点坐标(x_{23},y_{23})为

$$\begin{cases} x_{23} = \dfrac{x_3\sin\theta_2\cos\theta_3 - x_2\cos\theta_2\sin\theta_3 + (y_2-y_3)\sin\theta_2\sin\theta_3}{\sin(\theta_2-\theta_3)} \\ y_{23} = \dfrac{y_2\sin\theta_2\cos\theta_3 - y_3\cos\theta_2\sin\theta_3 + (x_3-x_2)\cos\theta_2\cos\theta_3}{\sin(\theta_2-\theta_3)} \end{cases} \tag{8.4}$$

上述三个公式就确定了目标定位三角形的顶点坐标。

基于定位三角形的目标位置计算方法有三种[1]：重心法——将定位三角形的三条中线的交点作为目标的估计位置；内心法——将定位三角形的三条内角平分线的交点作为目标的估计位置；斯坦纳(Steiner)点法(斯坦纳点的几何意义是该点到三角形三个顶点的距离之和最小)——若此定位三角形有一个顶角为120°，则该顶点就是斯坦纳定位点，否则，斯坦纳点是从三角形的三个顶点各引出一条直线，使三条直线交于一点，且每两条直线的夹角都是120°的点，把该交点作为目标的估计位置。这三种方法都是通过几何学而非统计学的定位点计算方法，这三个定位点都位于定位三角形的内部(斯坦纳点有可能处于顶点处)(图8.3)，因此，在求得三个交会点的基础上进一步估计目标的位置，一般会比二站三角定位的精度有所提高。

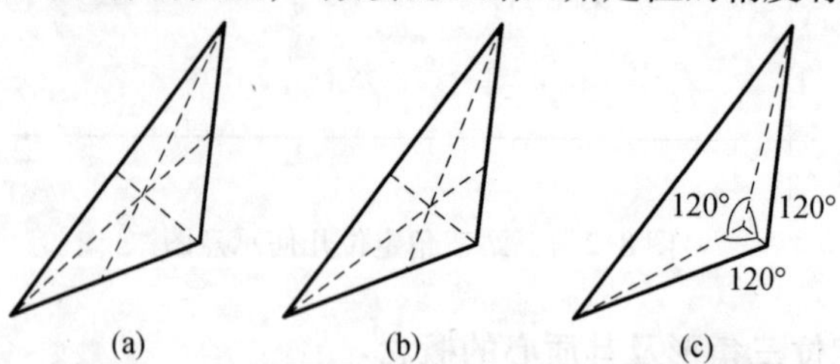

图8.3 三条方位线时估计三角形质心的方法
(a) 中线的交点；(b) 内角平分线的交点；(c) 斯坦纳点。

8.1.2.2　基于质心的三站定位算法

(1) 在获得了式(8.2)~式(8.4)为顶点的定位三角形之后,其重心(Bary Center)即三边中线的交点坐标(x_{bc},y_{bc})的计算公式为

$$x_{bc}=\frac{1}{3}(x_{12}+x_{13}+x_{23}),y_{bc}=\frac{1}{3}(y_{12}+y_{13}+y_{23}) \tag{8.5}$$

(2) 定位三角形的三条内角平分线的交点,即其内心(Incenter)坐标(x_{ic},y_{ic})的计算公式为

$$x_{ic}=\frac{ax_{12}+bx_{13}+cx_{23}}{a+b+c},y_{ic}=\frac{ay_{12}+by_{13}+cy_{23}}{a+b+c} \tag{8.6}$$

式中:a、b、c 是三角形三边的长度,分别为

$$a=\sqrt{(x_{13}-x_{23})^2+(y_{13}-y_{23})^2},b=\sqrt{(x_{12}-x_{23})^2+(y_{12}-y_{23})^2},$$

$$c=\sqrt{(x_{12}-x_{13})^2+(y_{12}-y_{13})^2}$$

(3) 定位三角形的斯坦纳点坐标(x_{Sp},y_{Sp})是使二元函数 $F(x,y)$ 达到最小值的位置点(其与三角形各顶点的张角皆为120°):

$$F(x,y)=\sqrt{(x-x_{12})^2+(y-y_{12})^2}+\sqrt{(x-x_{13})^2+(y-y_{13})^2}+\sqrt{(x-x_{23})^2+(y-y_{23})^2}$$

求解三角形的斯坦纳点的主要步骤如下。

(1) 计算三角形的边长,如式(8.6)给出的三边长度 a、b、c 的计算公式。

(2) 判断三角形的内角是否恰好有一个等于120°,即如下三式是否有一个成立:

$$a^2+b^2+ab-c^2=0$$

$$a^2+c^2+ac-b^2=0$$

$$b^2+c^2+bc-a^2=0$$

若恰有一个成立,则此角对应的顶点为斯坦纳点;否则,转入步骤(3),继续求解。

(3) 计算 S,公式为

$$S=|x_{12}y_{13}+x_{13}y_{23}+x_{23}y_{12}-x_{12}y_{23}-x_{23}y_{13}-x_{13}y_{12}|$$

(4) 计算 k_1、k_2、k_3,计算公式分别为

$$k_1=\frac{\sqrt{3}}{2}(c^2+b^2-a^2)+S$$

$$k_2=\frac{\sqrt{3}}{2}(c^2+a^2-b^2)+S$$

$$k_3=\frac{\sqrt{3}}{2}(b^2+a^2-c^2)+S$$

(5) 计算 d,其公式为

$$d=\frac{1}{\sqrt{3}}(k_1+k_2+k_3)$$

(6) 计算斯坦纳点坐标,公式为

$$x_{Sp}=\frac{k_1k_2k_3}{2\sqrt{3}Sd}\left(\frac{x_{12}}{k_1}+\frac{x_{13}}{k_2}+\frac{x_{23}}{k_3}\right),y_{Sp}=\frac{k_1k_2k_3}{2\sqrt{3}Sd}\left(\frac{y_{12}}{k_1}+\frac{y_{13}}{k_2}+\frac{y_{23}}{k_3}\right) \tag{8.7}$$

从以上导出的三种基于定位三角形质心的三站定位解析计算公式可以看出,定位点都是三角形三个顶点的不同权重系数下的加权平均值,即是不同权重系数的三角形“质心”的位置,它们一般并不相同,因此定位性能也有差别。

8.1.2.3 三站纯方位三角定位算法性能仿真分析

在统计意义上,估计量的优劣可以用无偏性和估计的偏差两个指标进行综合衡量。式(8.5)~式(8.7)给出的三站定位点是依赖于服从正态分布的多个方位测量的复杂函数,因此,通过这三个解析公式计算定位点的均值和方差比较定位算法的优劣非常困难。为此,我们首先给出三个测向站的坐标,然后利用蒙特卡罗仿真方法研究此问题,主要步骤如下。

步骤1:独立地从正态分布 $\theta_i \sim N(\theta_{0i},\sigma_i^2)(i=1,2,3)$ 中分别产生 N 组随机方位测量(N 充分大,一般可取 $N=10^5$)$\theta_{ij},i=1,2,3,j=1,2,\cdots,N$。

步骤2:依式(8.2)~式(8.4)分别计算出第 j 次组随机方位线产生的定位三角形顶点位置坐标,记为(x_{12j},y_{12j}),(x_{13j},y_{13j})和(x_{23j},y_{23j}),$j=1,2,\cdots,N$。

步骤3:依据步骤2的结果,依式(8.5)~式(8.7)分别求出第 j 个定位三角形的重心法交会点、内心法交会点和斯坦纳点法交会点坐标,记为(x_{bcj},y_{bcj}),(x_{icj},y_{icj})和(x_{Spj},y_{Spj}),$j=1,2,\cdots,N$。

步骤4:依据步骤3的结果,求取样本均值、方差和协方差,计算公式如下。

(1) 重心法。

样本均值为

$$\bar{x}_{bc}=\frac{1}{N}\sum_{j=1}^{N}x_{bcj},\bar{y}_{bc}=\frac{1}{N}\sum_{j=1}^{N}y_{bcj}$$

样本方差为

$$S_{xbc}=\frac{1}{N-1}\sum_{j=1}^{N}(x_{bcj}-\bar{x}_{bc})^2,\ S_{ybc}=\frac{1}{N-1}\sum_{j=1}^{N}(y_{bcj}-\bar{y}_{bc})^2$$

(2) 内心法。

样本均值为

$$\bar{x}_{ic}=\frac{1}{N}\sum_{j=1}^{N}x_{icj},\bar{y}_{ic}=\frac{1}{N}\sum_{j=1}^{N}y_{icj}$$

样本方差为

$$S_{xic}=\frac{1}{N-1}\sum_{j=1}^{N}(x_{icj}-\bar{x}_{ic})^2,\ S_{yic}=\frac{1}{N-1}\sum_{j=1}^{N}(y_{icj}-\bar{y}_{ic})^2$$

(3) 斯坦纳点法。

样本均值为

$$\bar{x}_{Sp} = \frac{1}{N}\sum_{j=1}^{N} x_{Spj}, \bar{y}_{Spj} = \frac{1}{N}\sum_{j=1}^{N} y_{Spj}$$

样本方差为

$$S_{xSp} = \frac{1}{N-1}\sum_{j=1}^{N}(x_{Spj} - \bar{x}_{Sp})^2, S_{ySp} = \frac{1}{N-1}\sum_{j=1}^{N}(y_{Spj} - \bar{y}_{Sp})^2$$

步骤 5：基于步骤 4 获得的样本均值和方差对三种算法的性能优劣进行分析比较，并分析算法获得的目标定位精度与三站测向误差的关系。

下面通过一个仿真例子比较三站纯方位三角定位算法的性能。如图 8.4 所示，假设有三个测向站分别部署在(0,0)、(150,0)和(300,0)(单位为 km)处。目标可能位于(−75,100)，(−75,200)，(−75,300)；(0,100)，(0,200)，(0,300)；(75,100)，(75,200)，(75,300)；(150,100)，(150,200)，(150,300)。三站测向误差标准差均取为 1°。用 Matlab 进行 Monte Carlo 仿真分析，仿真次数为 $N = 10000$。

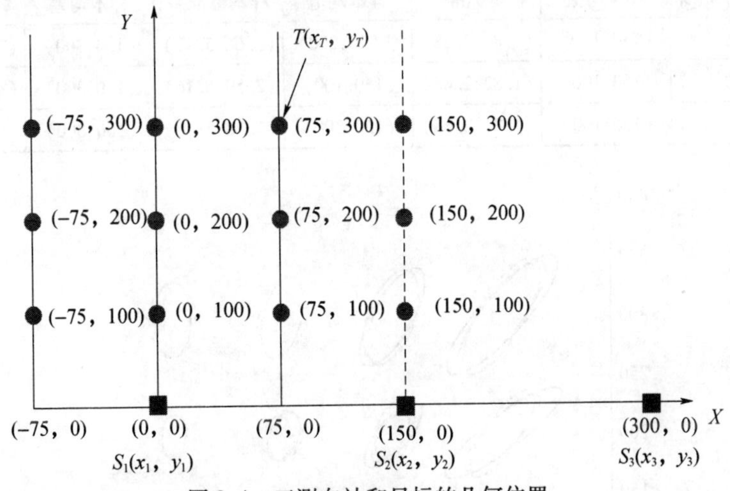

图 8.4　三测向站和目标的几何位置

三种算法的仿真计算得到的交会点散布椭圆范围情况(置信水平 $\alpha = 0.05$)如图 8.5 所示。图 8.5 中，点划线区域为内心法仿真结果；实线区域为重心法仿真结果；虚线区域为斯坦纳点仿真结果。样本均值和标准差的统计计算结果见表 8.1。

表 8.1　三种定位算法实例的仿真计算结果

目标位置 / 估计结果 / 估计方法	(−75,100)		(−75,200)		(−75,300)	
	样本均值	样本标准差	样本均值	样本标准差	样本均差	样本标准差
重心法	(−77.8,100)	(18.8,9.35)	(−76.3,201)	(11.6,11.2)	(−76.2,302)	(11.2,15.0)
内心法	(−75.3,100)	(8.88,6.84)	−75.2,200	(7.76,9.50)	(−75.3,300)	(8.83,13.7)
斯坦纳点法	(−75.2,100)	(7.44,8.83)	(−75.2,200)	(6.38,10.9)	(−75.2,300)	(7.80,14.7)
重心法	(−0.63,100)	(7.26,5.94)	(−0.44,200)	(5.83,8.01)	(−0.53,300)	(6.71,11.9)

（续）

目标位置 / 估计结果 / 估计方法	(0,100)		(0,200)		(0,300)	
	样本均值	样本标准差	样本均值	样本标准差	样本均差	样本标准差
内心法	(−0.04,100)	(3.08,4.39)	(−0.08,200)	(4.11,7.06)	(−0.15,300)	(5.48,11.2)
斯坦纳点法	(−0.19,100)	(3.62,6.5)	(−0.03,200)	(3.48,7.93)	(−0.11,300)	(5.24,11.8)
目标位置 / 估计结果 / 估计方法	(75,100)		(75,200)		(75,300)	
	样本均值	样本标准差	样本均值	样本标准差	样本均差	样本标准差
重心法	(74.9,100)	(2.35,3.66)	(74.9,200)	(3.24,5.93)	(74.8,301)	(4.45,10.0)
内心法	(75.0,100)	(1.94,3.07)	(75.0,200)	(2.82,5.63)	(75.0,300)	(3.95,9.78)
斯坦纳点法	(74.9,100)	(2.43,4.54)	(75.0,200)	(3.04,6.01)	(75.0,300)	(4.66,9.93)
目标位置 / 估计结果 / 估计方法	(150,100)		(150,200)		(150,300)	
	样本均值	样本标准差	样本均值	样本标准差	样本均差	样本标准差
重心法	(150,100)	(1.84,2.68)	(1520,200)	(2.66,5.17)	(150,300)	(3.83,9.34)
内心法	(150,100)	(1.82,2.68)	(150,100)	(2.59,5.16)	(150,300)	(3.52,9.29)
斯坦纳点法	(150,100)	(1.82,2.68)	(150,200)	(3.08,5.16)	(150,300)	(4.62,9.29)

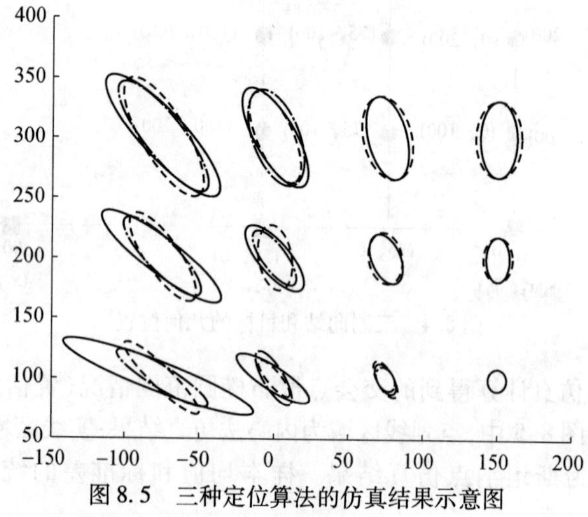

图 8.5　三种定位算法的仿真结果示意图

从图 8.5 和表 8.1 的数据可以初步得出如下结论：

（1）三种定位方法有两个明显的共同特征，一是从图 8.5 中每一列椭圆自下而上逐渐增大可看出，目标与测向站基线纵向垂直距离越远，定位精度越差；二是从图 8.5 中每一行椭圆自右向左逐渐增大可看出，目标相对于三站基线中心点坐标(150,0)横向距离越远，定位精度越差。

（2）基于表 8.1 的误差均值和方差的综合统计结果表明，内心法是这三种定位方法中最佳的方法。

（3）从表8.1还可以看出，当目标偏离基线中心区域，即基线中心位置(150，0)的纵向范围时，斯坦纳点法要优于重心法；在基线中心区域范围内，重心法与内心法性能相当，且计算更加简洁。

8.1.3　多站纯方位三角定位法

如果有$n(n\geqslant 4)$个部署在不同位置的多个测向站探测同一辐射源目标，第i个测向站位于$S_i(x_i,y_i)$，待定位目标位于$T(x_0,y_0)$，第i个测向站与该目标真的相对方位角记为θ_{0i}，对该目标的方位测量为θ_i，各个测向站的方位测量相互独立且均服从正态分布，即$\theta_i \sim N(\theta_{0i},\sigma_i^2)$，其中，${\sigma_i}^2$为第$i$个测向站的方位测量方差，$i=1,2,\cdots,n$。

多站纯方位三角定位可以对三站纯方位三种定位方法进行适当改造后实现。

重心法多站目标定位点坐标解析计算公式为

$$x_{bc}=\frac{1}{n(n-1)}\sum_{i\neq j}x_{ij},y_{bc}=\frac{1}{n(n-1)}\sum_{i\neq j}y_{ij} \tag{8.8}$$

式中：(x_{ij},y_{ij})表示第i个测向站与第j个测向站的测向线交会点坐标，其计算公式如式(8.1)。

内心法计算多站纯方位三角定位的解析计算公式，分为如下三个主要步骤。

（1）计算第i个测向站与第j个测向站的测向线交会点坐标(x_{ij},y_{ij})。

（2）求取其中任意三站i、j和k的三条测向线构成的定位三角形的内心坐标(x_{ijk-ic},y_{ijk-ic})，计算公式见式(8.6)。

（3）求所有三角形内心坐标(x_{ijk-ic},y_{ijk-ic})的平均值：

$$x_{ic}=\frac{1}{n(n-1)(n-2)}\sum_{i\neq j\neq k}x_{ijk-ic},y_{ic}=\frac{1}{n(n-1)(n-2)}\sum_{i\neq j\neq k}y_{ijk-ic} \tag{8.9}$$

最后，讨论斯坦纳点计算多站纯方位三角定位点的计算问题。根据二站三角定位法可以得到第i个测向站与第j个测向站的测向线交会点坐标(x_{ij},y_{ij})，$i,j=1,2,\cdots,n;i\neq j$。此$n(n-1)/2$个点所构成的斯坦纳点坐标(x_{Sp},y_{Sp})是满足使如下二元函数$F(x,y)$达到最小值的点：

$$F(x,y)=\frac{1}{2}\sum_{i\neq j}\sqrt{(x-x_{ij})^2+(y-y_{ij})^2}$$

一般采用求取无约束极值的数值计算方法求解斯坦纳点(x_{Sp},y_{Sp})。

类似地，多站纯方位三角定位求解目标定位精度与各观测站测向误差有关，还与目标相对各站基线(两两站址连线)的位置(距离和方位)有关。

8.2　多站纯方位最小二乘定位方法

8.2.1　多站纯方位线性最小二乘定位法

考虑分散部署的n个测向站对同一个辐射源目标进行观测，设第i个测向站的地理位置为(x_i,y_i),对目标的方位测量为θ_i,标准偏差为σ_i;目标的地理坐标为(x_T,y_T),它到第i条测量方位线的垂直距离为l_i,利用点到直线的距离计算公式可得

$$l_i=\frac{x_T\cot\theta_i-y_T+y_i-x_i\cot\theta_i}{\sqrt{1+\cot^2\theta_i}}\qquad i=1,2,\cdots,n$$

记所有这些l_i的平方之和为L,则

$$L=\sum_{i=1}^{n}\frac{(x_T\cot\theta_i-y_T+y_i-x_i\cot\theta_i)^2}{1+\cot^2\theta_i}$$

最小二乘定位的思想是将L达到最小的估计值$(\hat{x}_T,\hat{y}_T)$作为目标位置,为此需要对上式分别对x_T、y_T求导并令之为0,可得

$$\frac{\partial L}{\partial x_T}=\sum_{i=1}^{n}\frac{2\cot\theta_i(x_T\cot\theta_i-y_T+y_i-x_i\cot\theta_i)}{1+\cot^2\theta_i}=0$$

$$\frac{\partial L}{\partial y_T}=\sum_{i=1}^{n}\frac{-2(x_T\cot\theta_i-y_T+y_i-x_i\cot\theta_i)}{1+\cot^2\theta_i}=0$$

即

$$\begin{cases}x_T\sum\limits_{i=1}^{n}\dfrac{\cot^2\theta_i}{1+\cot^2\theta_i}-y_T\sum\limits_{i=1}^{n}\dfrac{\cot\theta_i}{1+\cot^2\theta_i}+\sum\limits_{i=1}^{n}\dfrac{\cot\theta_i(y_i-x_i\cot\theta_i)}{1+\cot^2\theta_i}=0\\ x_T\sum\limits_{i=1}^{n}\dfrac{\cot\theta_i}{1+\cot^2\theta_i}-y_T\sum\limits_{i=1}^{n}\dfrac{1}{1+\cot^2\theta_i}+\sum\limits_{i=1}^{n}\dfrac{y_i-x_i\cot\theta_i}{1+\cot^2\theta_i}=0\end{cases}$$

容易求出

$$\begin{aligned}\begin{bmatrix}\hat{x}_T\\ \hat{y}_T\end{bmatrix}&=\begin{bmatrix}\sum\limits_{i=1}^{n}\cos^2\theta_i & -\sum\limits_{i=1}^{n}\sin\theta_i\cos\theta_i\\ \sum\limits_{i=1}^{n}\sin\theta_i\cos\theta_i & -\sum\limits_{i=1}^{n}\sin^2\theta_i\end{bmatrix}^{-1}\begin{bmatrix}\sum\limits_{i=1}^{n}x_i\cos^2\theta_i-y_i\sin\theta_i\cos\theta_i\\ \sum\limits_{i=1}^{n}x_i\sin\theta_i\cos\theta_i-y_i\sin^2\theta_i\end{bmatrix}\\ &=\left\{\sum_{i=1}^{n}\begin{bmatrix}\cos^2\theta_i & -\sin\theta_i\cos\theta_i\\ \sin\theta_i\cos\theta_i & \sin^2\theta_i\end{bmatrix}\right\}^{-1}\sum_{i=1}^{n}\begin{bmatrix}x_i\cos^2\theta_i-y_i\sin\theta_i\cos\theta_i\\ x_i\sin\theta_i\cos\theta_i-y_i\sin^2\theta_i\end{bmatrix}\end{aligned}\tag{8.10}$$

8.2.2 多站纯方位加权线性最小二乘定位法

式(8.10)的计算中,直接使用含有随机误差的多站方位测量,但测量误差并未显式出现,故无法分析测量误差对定位精度的影响;并且计算公式中有大量的矩阵及其求逆运算。为此本节推导出多站定位的加权线性最小二乘定位法的递推形式,其易于分析测量误差的影响并能减少运算量。

考虑分散部署的n个测向站对同一目标进行观测,第i个测向站的地理坐标为(x_i,y_i),对目标的方位测量为θ_i,测量标准偏差为σ_i,则第i个测向站的测量方

位满足关系式：

$$y_T - y_i = \cot\theta_i(x_T - x_i) + \varepsilon_i$$

式中：ε_i 是由于测向误差产生的状态误差。

由此可以得到多站观测模型为

$$z_i = x_i\cot\theta_i - y_i = x_T\cot\theta_i - y_T + \varepsilon_i \qquad i = 1, 2, \cdots, n$$

且满足

$$E(\varepsilon_i) = 0, \operatorname{cov}(\varepsilon_i, \varepsilon_j) = \begin{cases} 0, i \neq j \\ {\sigma_i}^2, i = j \end{cases} \qquad i, j = 1, 2, \cdots, n$$

记

$$\boldsymbol{Z}_n = \begin{bmatrix} z_1 \\ z_2 \\ \vdots \\ z_n \end{bmatrix} = \begin{bmatrix} x_1\cot\theta_1 - y_1 \\ x_2\cot\theta_i - y_2 \\ \vdots \\ x_n\cot\theta_n - y_n \end{bmatrix}, \boldsymbol{X} = \begin{bmatrix} x_T \\ y_T \end{bmatrix}, \boldsymbol{\varepsilon}_n = \begin{bmatrix} \varepsilon_1 \\ \varepsilon_2 \\ \vdots \\ \varepsilon_n \end{bmatrix}, \boldsymbol{H}_n = \begin{bmatrix} \cot\theta_1 & -1 \\ \cot\theta_2 & -1 \\ \vdots & \vdots \\ \cot\theta_n & -1 \end{bmatrix}$$

于是，有

$$\boldsymbol{Z}_n = \boldsymbol{H}_n\boldsymbol{X} + \boldsymbol{\varepsilon}_n \tag{8.11}$$

且满足

$$\operatorname{Var}(\boldsymbol{\varepsilon}_n) = R_n = \operatorname{dig}({\sigma_1}^2, {\sigma_2}^2, \cdots, {\sigma_n}^2)$$

基于测量方程式(8.11)所获得的目标位置的加权最小二乘估计为

$$\hat{\boldsymbol{X}}_n = \begin{pmatrix} \hat{x}_T \\ \hat{y}_T \end{pmatrix}_n = ({\boldsymbol{H}_n}^{\mathrm{T}}{\boldsymbol{R}_n}^{-1}\boldsymbol{H}_n)^{-1}{\boldsymbol{H}_n}^{\mathrm{T}}{\boldsymbol{R}_n}^{-1}\boldsymbol{Z}_n \tag{8.12}$$

在获得目标定位估计 $\hat{\boldsymbol{X}}_n$ 之后，若再增加一个观测站，其对该目标的测量方位数据为

$$z_{n+1} = x_{n+1}\cot\theta_{n+1} - y_{n+1} = x_T\cot\theta_{n+1} - y_T + \varepsilon_{n+1}$$

记

$$\boldsymbol{M}_{n+1} = [\cot\theta_{n+1} \ -1]$$

可以得到

$$z_{n+1} = \boldsymbol{M}_{n+1}\boldsymbol{X} + \varepsilon_{n+1}$$

这样，就得到 $n+1$ 个测向站的目标测量方程及其最小二乘估计分别为

$$\boldsymbol{Z}_{n+1} = \boldsymbol{H}_{n+1}\boldsymbol{X} + \boldsymbol{\varepsilon}_{n+1} \tag{8.13}$$

$$\hat{\boldsymbol{X}}_{n+1} = (\boldsymbol{H}_{n+1}^{\mathrm{T}}\boldsymbol{R}_{n+1}^{-1}\boldsymbol{H}_{n+1})^{-1}\boldsymbol{H}_{n+1}^{\mathrm{T}}\boldsymbol{R}_{n+1}^{-1}\boldsymbol{Z}_{n+1} \tag{8.14}$$

其中

$$\boldsymbol{H}_{n+1} = \begin{bmatrix} \cot\theta_1 & -1 \\ \cot\theta_2 & -1 \\ \vdots & \vdots \\ \cot\theta_{n+1} & -1 \end{bmatrix} = \begin{bmatrix} \boldsymbol{H}_n \\ \boldsymbol{M}_{n+1} \end{bmatrix}$$

$$\boldsymbol{Z}_{n+1}=\begin{bmatrix} z_1 \\ z_2 \\ \vdots \\ z_{n+1} \end{bmatrix}=\begin{bmatrix} x_1\cot\theta_1-y_1 \\ x_2\cot\theta_i-y_2 \\ \vdots \\ x_{n+1}\cot\theta_{n+1}-y_{n+1} \end{bmatrix}=\begin{bmatrix} \boldsymbol{Z}_n \\ z_{n+1} \end{bmatrix}$$

$$\mathrm{Var}(\boldsymbol{\varepsilon}_{n+1})=\boldsymbol{R}_{n+1}=\begin{bmatrix} \boldsymbol{R}_n & 0 \\ 0 & \boldsymbol{\sigma}_{n+1}{}^2 \end{bmatrix}$$

将上述测量矩阵和向量的分块表达式代入式(8.14),可以得到

$$\hat{\boldsymbol{X}}_{n+1}=\hat{\boldsymbol{X}}_n+\left[\boldsymbol{H}_n^{\mathrm{T}}\boldsymbol{R}_n{}^{-1}\boldsymbol{H}_n+\frac{\boldsymbol{M}_{n+1}^{\mathrm{T}}\boldsymbol{M}_{n+1}}{\boldsymbol{\sigma}_{n+1}{}^2}\right]^{-1}\frac{\boldsymbol{M}_{n+1}^{\mathrm{T}}}{\boldsymbol{\sigma}_{n+1}{}^2}(z_{n+1}-\boldsymbol{M}_{n+1}\hat{\boldsymbol{X}}_n) \tag{8.15}$$

再利用分块矩阵求逆公式[2]:

$$(\boldsymbol{A}+\boldsymbol{X}^{\mathrm{T}}\boldsymbol{Y})^{-1}=\boldsymbol{A}^{-1}-\boldsymbol{A}^{-1}\boldsymbol{X}^{\mathrm{T}}(1+\boldsymbol{Y}\boldsymbol{A}^{-1}\boldsymbol{X}^{\mathrm{T}})^{-1}\boldsymbol{Y}\boldsymbol{A}^{-1}$$

式中:$\boldsymbol{A}$ 为方阵;而 $\boldsymbol{X}$ 和 $\boldsymbol{Y}$ 为同阶的行向量。于是式(8.15)可以进一步简化为

$$\hat{\boldsymbol{X}}_{n+1}=\hat{\boldsymbol{X}}_n+\boldsymbol{K}_n(z_{n+1}-\boldsymbol{M}_{n+1}\hat{\boldsymbol{X}}_n) \tag{8.16}$$

其中

$$\boldsymbol{K}_n=\boldsymbol{P}_n\boldsymbol{M}_{n+1}^{\mathrm{T}}[\boldsymbol{\sigma}_{n+1}^2+\boldsymbol{M}_{n+1}\boldsymbol{P}_n\boldsymbol{M}_{n+1}^{\mathrm{T}}]^{-1} \tag{8.17}$$

$$\boldsymbol{P}_n=(\boldsymbol{H}_n{}^{\mathrm{T}}\boldsymbol{R}_n{}^{-1}\boldsymbol{H}_n)^{-1},\boldsymbol{P}_{n+1}=(\boldsymbol{I}-\boldsymbol{K}_n\boldsymbol{M}_{n+1})\boldsymbol{P}_n \tag{8.18}$$

$$\boldsymbol{M}_{n+1}=[\cot\theta_{n+1}\ -1] \tag{8.19}$$

式(8.16)~式(8.19)就构成了随观测站增加进行目标测向定位的加权最小二乘递推估计公式,其流程如图8.6所示。

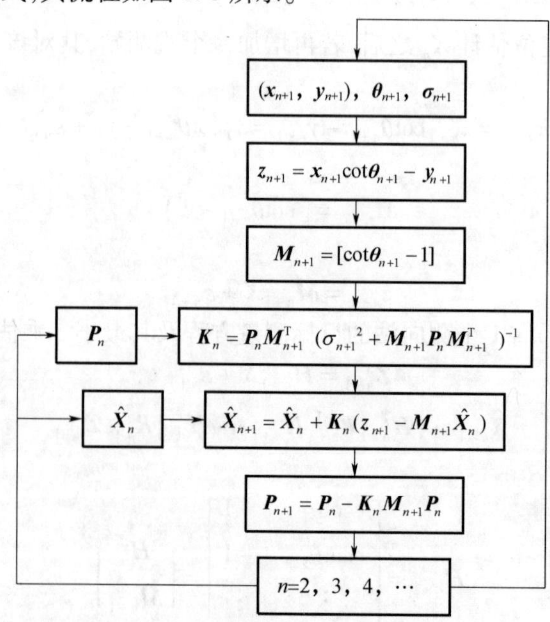

图8.6 目标定位的最小二乘递推估计流程

关于该递推估计流程的几点说明如下。

(1) 该递推计算流程只能从 $n=3$(三站)开始,这就必须首先给出初始运算条件 $\hat{\boldsymbol{X}}_2$ 和 $\boldsymbol{P}_2$,$\hat{\boldsymbol{X}}_2$ 可以直接利用二站三角定位式(8.1)直接求出,$\boldsymbol{P}_2$ 可基于具体情况设置。

(2) 该流程给出了从 n 到 $n+1$ 站测向定位递推计算过程,初始条件是已有 n 站定位估计 $\hat{\boldsymbol{X}}_n$ 及其协方差 $\boldsymbol{P}_n$,以及第 $n+1$ 站的测量值 $\boldsymbol{\theta}_{n+1}$、$\boldsymbol{\sigma}_{n+1}$ 和站址坐标 (x_{n+1},y_{n+1}),计算过程除获取 $n+1$ 站定位估计 $\hat{\boldsymbol{X}}_{n+1}$ 外,还需给出估计协方差 $\boldsymbol{P}_{n+1}$。

(3) 注意到求取增益 $\boldsymbol{K}_n$ 的式(8.17)右端出现的并非矩阵求逆,而是一维数值,这就避免了矩阵的求逆运算。

(4) 还需指出的是,无论采用的测向站数量有多少,都要求在同一时刻,或在容许的时间范围内提供测向数据,否则无法实现对运动目标的定位估计。如果测量数据时差较大,需要进行外推对齐,然后才能应用。

8.2.3　多站纯方位非线性最小二乘定位方法

假设多测向站均在某一时刻得到同一目标的方位测量,组成一个测量向量:

$$\boldsymbol{Z}=[\theta_1,\theta_2,\cdots,\theta_n]^{\mathrm{T}}$$

再假设统一直角坐标系下,该目标真实位置为 $\boldsymbol{X}=[x_T,y_T]^{\mathrm{T}}$,各测向站的位置为 (x_{S_i},y_{S_i}),$i=1,2,\cdots,n$。

在此坐标系下的多站纯方位观测模型为

$$Z=\boldsymbol{H}(X)+\boldsymbol{\Delta} \tag{8.20}$$

其中,$\boldsymbol{H}(X)$ 为观测方程:

$$\boldsymbol{H}(X)=\begin{bmatrix}\arctan\dfrac{x_T-x_{S_1}}{y_T-y_{S_1}} & \arctan\dfrac{x_T-x_{S_2}}{y_T-y_{S_2}} & \cdots & \arctan\dfrac{x_T-x_{S_n}}{y_T-y_{S_n}}\end{bmatrix}^{\mathrm{T}} \tag{8.21}$$

式中:$\boldsymbol{\Delta}=[\Delta\theta_1,\Delta\theta_2,\cdots,\Delta\theta_n]^{\mathrm{T}}$ 为测量噪声向量,$\Delta\theta_i$ 为第 i 个测向站的测量噪声;相应的随机统计模型为

$$E(\Delta\theta_i)=0,\operatorname{cov}(\Delta\theta_i,\Delta\theta_j)=\begin{cases}0,i\neq j\\ {\sigma_i}^2,i=j\end{cases}\quad i,j=1,2,\cdots,n$$

$$\operatorname{Var}(\boldsymbol{\Delta})=\operatorname{dig}({\sigma_1}^2,{\sigma_2}^2,\cdots,{\sigma_n}^2)$$

基于观测模型式(8.20)的加权最小二乘估计 $\hat{X}$ 满足:

$$\begin{aligned}L(\hat{X})&=\min_X[\boldsymbol{\Delta}^{\mathrm{T}}(\operatorname{Var}(\boldsymbol{\Delta}))^{-1}\boldsymbol{\Delta}]=(\boldsymbol{H}(\hat{X})-\boldsymbol{Z})^{\mathrm{T}}\boldsymbol{R}^{-1}(\boldsymbol{H}(\hat{X})-\boldsymbol{Z})\\&=\boldsymbol{H}(\hat{X})^{\mathrm{T}}\boldsymbol{R}^{-1}\boldsymbol{H}(\hat{X})-2\boldsymbol{H}(\hat{X})^{\mathrm{T}}\boldsymbol{R}^{-1}\boldsymbol{Z}+\boldsymbol{Z}^{\mathrm{T}}\boldsymbol{R}^{-1}\boldsymbol{Z}\end{aligned} \tag{8.22}$$

由于 $\boldsymbol{Z}^{\mathrm{T}}\boldsymbol{R}^{-1}\boldsymbol{Z}$ 为一常量,所以式(8.22)等价于指标函数,即

$$L(\hat{X})=\boldsymbol{H}(\hat{X})^{\mathrm{T}}\boldsymbol{R}^{-1}\boldsymbol{H}(\hat{X})-2\boldsymbol{H}(\hat{X})^{\mathrm{T}}\boldsymbol{R}^{-1}\boldsymbol{Z} \tag{8.23}$$

式(8.23)就是多站纯方位目标定位系统中的加权非线性最小二乘估计指标模型。下面介绍两种不同的求解方法,仿真验证表明,这两种方法具有不同的定位精度。

8.2.3.1 基于线性近似的非线性最小二乘估计

将观测方程式(8.20)在目标位置真值 X_0 处进行一阶泰勒展开,省略二阶以上的高阶多项式,得到线性近似的观测模型表达式为

$$\boldsymbol{Z}=\boldsymbol{H}(X_0)+\boldsymbol{B}(X_0)(X-X_0)+\boldsymbol{\Delta} \tag{8.24}$$

式中:$\boldsymbol{B}(X_0)$ 为 $\boldsymbol{H}(X)$ 在 X_0 处对估计参数 X 的一阶偏导数:

$$\boldsymbol{B}(X_0)=\begin{bmatrix} \dfrac{y_0-y_{S_1}}{r_1^{\ 2}} & \dfrac{y_0-y_{S_2}}{r_2^{\ 2}} & \cdots & \dfrac{y_0-y_{S_n}}{r_n^{\ 2}} \\ \dfrac{x_0-x_{S_1}}{r_1^{\ 2}} & \dfrac{x_0-x_{S_2}}{r_2^{\ 2}} & \cdots & \dfrac{x_0-x_{S_n}}{r_n^{\ 2}} \end{bmatrix}^{\mathrm{T}} \tag{8.25}$$

$$r_i^{\ 2}=(x_0-x_{si})^2+(y_0-y_{si})^2 \qquad i=1,2,\cdots,n$$

令

$$\boldsymbol{U}=\boldsymbol{Z}-\boldsymbol{H}(X_0),\boldsymbol{V}=X-X_0 \tag{8.26}$$

得到误差观测模型为

$$\boldsymbol{U}=\boldsymbol{BV}+\boldsymbol{\Delta} \tag{8.27}$$

式中:$\boldsymbol{V}$ 为待估计向量;而 $\boldsymbol{U}$ 为测量向量。这样进行线性近似处理之后,所得到的误差观测模型式(8.27)中的 $\boldsymbol{\Delta}$ 不仅包含测量误差,也包含线性化产生的误差,因此无法得到其统计模型,只能对其进行估计。式(8.27)的最小二乘估计为

$$\hat{V}=\hat{X}-X_0=(\boldsymbol{B}^{\mathrm{T}}\boldsymbol{B})^{-1}\boldsymbol{B}^{\mathrm{T}}\boldsymbol{U} \tag{8.28}$$

该式实际上是定位误差估计,而目标定位估计结果为

$$\hat{X}=(\boldsymbol{B}^{\mathrm{T}}\boldsymbol{B})^{-1}\boldsymbol{B}^{\mathrm{T}}\boldsymbol{U}+X_0 \tag{8.29}$$

8.2.3.2 基于牛顿迭代算法的非线性最小二乘估计

在线性近似最小二乘估计中,将非线性观测方程近似为线性方程,将泰勒展开式中二阶以上的分量当作噪声处理,从而忽略了非线性观测方程的高阶特性对估计精度的影响。对于非线性较强的观测方程,这样做会大大降低定位精度,甚至无法实现准确定位。如果引进二阶以上的泰勒展开式,在方程求解上又存在较大困难,因为对最小二乘估计指标函数式(8.23)求一阶偏导数并令其为零,得不到 $\hat{X}$ 的显式表达式,也就不能求出 $\hat{X}$ 的解析解。因此,为了保留系统的非线性特性,只能通过数值迭代方法,获得逼近真值的某一近似解 X^*,使得

$$|L(\hat{X})-L(X^*)|\leqslant\delta \tag{8.30}$$

式中:δ 为指定的估计指标阈值。这样求出的数值解 X^* 就可以作为式(8.23)的近似解。基于牛顿迭代算法的加权非线性最小二乘估计公式为

$$X^{(k+1)} = X^{(k)} - (G^{(k)})^{-1}(g^{(k)})^{\mathrm{T}} \tag{8.31}$$

其中

$$\boldsymbol{g}^{(k)} = (g_1{}^{(k)}, g_2{}^{(k)}) = \left[\frac{\partial L}{\partial x_T} \quad \frac{\partial L}{\partial y_T}\right]_{|X=X(k)}$$

$$\boldsymbol{G}^{(k)} = \begin{bmatrix} \dfrac{\partial^2 L}{\partial {x_T}^2} & \dfrac{\partial^2 L}{\partial x_T \partial y_T} \\ \dfrac{\partial^2 L}{\partial x_T \partial y_T} & \dfrac{\partial^2 L}{\partial {y_T}^2} \end{bmatrix}_{|X=X(k)}$$

式中：$\boldsymbol{g}^{(k)}$ 为第 k 次迭代运算中 $L(\hat{X})$ 在 $X^{(k)}$ 处的一阶偏导数矩阵（Jacobi 矩阵）；$\boldsymbol{G}^{(k)}$ 为第 k 次迭代运算中 $L(\hat{X})$ 在 $X^{(k)}$ 处的二阶偏导数矩阵，也称为 Hessian 矩阵。

式(8.31)迭代计算终止的条件为

$$|L(X^{(k+1)}) - L(X^{(k)})| \leqslant \delta \tag{8.32}$$

8.2.3.3　仿真分析

假设测量噪声服从均值为零，方差为 0.1°的正态分布，各个观测站对目标的测向误差相互独立。现有 4 个测向站位置坐标分别为（10,10）、（20,10）、（30,10）、（40,10）。目标的实际位置坐标为（50,25）。蒙特卡罗仿真 1000 次，得到线性近似法与牛顿迭代法的定位绝对误差比较结果如图 8.7 所示。

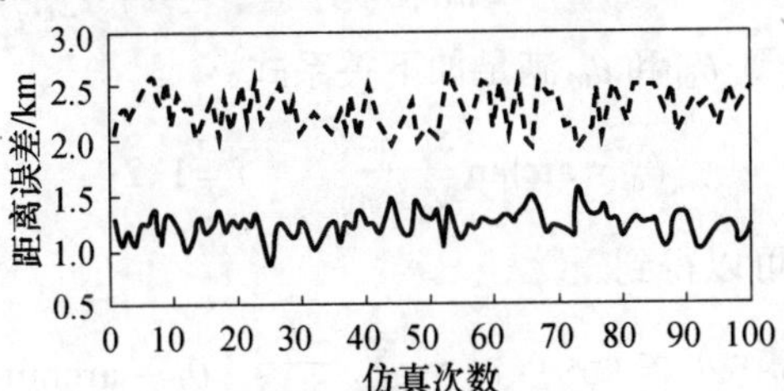

图 8.7　线性近似法与牛顿迭代法定位绝对误差结果比较

在图 8.7 中，纵轴为距离误差的绝对值，横轴为仿真次数；虚线为线性近似法，实线为牛顿迭代法。具体误差数据如表 8.2 所列。

表 8.2　线性近似法与牛顿迭代法的误差比较

误差统计量 / 方法	x 轴方向误差均值	x 轴方向误差方差	y 轴方向误差均值	y 轴方向误差方差	距离误差均值
线性近似	1.3467	0.0109	1.8125	0.0212	2.2582
牛顿迭代	0.7816	0.0095	0.9221	0.0081	1.2092

最小二乘估计方法是研究多站纯方位目标定位较为成熟的方法，从上述仿真结果可以看出，传统的线性近似最小二乘估计存在较大的定位误差，在很大程度上不能满足较强非线性特性纯方位测量系统的定位精度要求。而牛顿数值迭代法具有较好的定位精度，但其运算量较大，并且对于某些非线性最小二乘定位问

题的收敛性尚值得注意。建议采用泰勒展开一定高阶误差项的多项式近似算法，不仅能提高定位精度，而且能大大改善定位的稳定性。

8.3 多站纯方位定位的贝叶斯方法

8.1 节所描述的多站纯方位三角定位方法求解目标位置估计点在计算上十分容易，但由于未考虑测向误差的概率分布，从而分析定位精度比较困难。8.2 节给出的最小二乘估计解决多方位交叉定位问题具有求解效率高、性能稳健的优势，但也未考虑观测站的测向误差概率分布，因此对定位误差的估计同样十分复杂。本节运用贝叶斯估计理论和线性微分近似相结合的方法，给出目标位置点的贝叶斯点估计和区域估计，从而较好地克服了上述两种定位方法的不足。

8.3.1 二站纯方位目标定位的贝叶斯估计方法

8.3.1.1 无先验信息的贝叶斯点估计

如图 8.1 所示，假定两测向站独立工作，并假定它们对同一目标(x_0,y_0)的测量方位 θ_1,θ_2 服从正态分布，其联合概率密度（似然函数）为

$$f(\theta_1,\theta_2 \mid x_0,y_0) = \frac{1}{2\pi\sigma_1\sigma_2}\exp\left(-\sum_{i=1}^{2}\frac{(\theta_i-\theta_{0i})^2}{2{\sigma_i}^2}\right) \tag{8.33}$$

由图 8.1 可以得到 θ_{01} 和 θ_{02} 满足如下关系式：

$$\theta_{0i} = \arctan\frac{x_0-x_i}{y_0-y_i} \qquad i=1,2 \tag{8.34}$$

将其代入式(8.33)，可以得到

$$f(\theta_1,\theta_2 \mid x_0,y_0) \propto c\times\exp\left(-\sum_{i=1}^{2}\frac{1}{2{\sigma_i}^2}\left(\theta_i-\arctan\frac{x_0-x_i}{y_0-y_i}\right)^2\right) \tag{8.35}$$

当目标真实位置坐标(x_0,y_0)无任何先验信息时，根据贝叶斯统计理论[7]，此时可取先验概率密度 $\pi(x_0,y_0)=1$，由此可得(x_0,y_0)的后验概率密度为

$$\pi(x_0,y_0 \mid \theta_1,\theta_2) \propto c\times\exp\left(-\sum_{i=1}^{2}\frac{1}{2{\sigma_i}^2}\left(\theta_i-\arctan\frac{x_0-x_i}{y_0-y_i}\right)^2\right) \tag{8.36}$$

式中：c 为与(x_0,y_0)无关的归一化常数。

当测量值 θ_1、θ_2 已知时，目标位置坐标(x_0,y_0)的贝叶斯点估计[7]$({x_0}^B,{y_0}^B)$使 $\pi(x_0,y_0|\theta_1,\theta_2)$达到最大值。对式(8.36)右端分别对 x_0、y_0 求偏导并令其为 0，经过整理之后可以得到

$$\begin{cases}\displaystyle\sum_{i=1}^{2}\frac{1}{{\sigma_i}^2}\left(\theta_i-\arctan\frac{x_0-x_i}{y_0-y_i}\right)\frac{y_0-y_i}{(x_0-x_i)^2+(y_0-y_i)^2}=0\\ \displaystyle\sum_{i=1}^{2}\frac{1}{{\sigma_i}^2}\left(\theta_i-\arctan\frac{x_0-x_i}{y_0-y_i}\right)\frac{x_0-x_i}{(x_0-x_i)^2+(y_0-y_i)^2}=0\end{cases}$$

不难通过计算化简为

$$\begin{cases}\arctan\dfrac{x_0-x_1}{y_0-y_1}=\theta_1\\[2ex]\arctan\dfrac{x_0-x_2}{y_0-y_2}=\theta_2\end{cases}\tag{8.37}$$

求解得到

$$\begin{cases}\hat{x}_0{}^B=x_{12}=\dfrac{x_2\sin\theta_1\cos\theta_2-x_1\cos\theta_1\sin\theta_2+(y_1-y_2)\sin\theta_1\sin\theta_2}{\sin(\theta_1-\theta_2)}\\[2ex]\hat{y}_0{}^B=y_{12}=\dfrac{y_1\sin\theta_1\cos\theta_2-y_2\cos\theta_1\sin\theta_2+(x_2-x_1)\cos\theta_1\cos\theta_2}{\sin(\theta_1-\theta_2)}\end{cases}$$

因此,二站纯方位交叉定位点(x_{12},y_{12})是二站纯方位无先验信息条件下的贝叶斯点估计,其与式(8.2)给出的二站纯方位三角定位点相同,是最常用的定位点估计量[2]。

8.3.1.2　近似贝叶斯区域估计

在上节中我们导出了二站纯方位三角交叉的定位点就是无先验信息条件下的贝叶斯点估计,为了进一步分析该贝叶斯点估计的统计特性,本节讨论二站纯方位定位的近似贝叶斯区域估计。

由于式(8.36)的指数部分较为复杂,运用多元微分理论,对式(8.36)右端指数部分进行线性近似分析。首先定义两个函数:

$$F(x_0,y_0)=\sum_{i=1}^{2}\frac{1}{\sigma_i{}^2}\left(\arctan\frac{x_0-x_i}{y_0-y_i}-\theta_i\right)^2$$

$$g_i(x_0,y_0)=\theta_i-\arctan\frac{x_0-x_i}{y_0-y_i}\qquad i=1,2$$

对于点估计(x_{12},y_{12}),有

$$g_i(x_{12},y_{12})=\theta_i-\arctan\frac{x_{12}-x_i}{y_{12}-y_i}=0\qquad i=1,2$$

在定位点(x_{12},y_{12})处对函数$g_i(x_0,y_0)$进行多元函数的一阶泰劳展开[9],可得

$$\begin{aligned}g_i(x_0,y_0)&\approx g_i(x_{12},y_{12})+\left.\frac{\partial g_i(x_0,y_0)}{\partial x_0}\right|_{(x_{12},y_{12})}(x_0-x_{12})+\\&\quad\left.\frac{\partial g_i(x_0,y_0)}{\partial y_0}\right|_{(x_{12},y_{12})}(y_0-y_{12})\\&=\frac{\cos\theta_i}{R_i}(x_0-x_{12})-\frac{\sin\theta_i}{R_i}(y_0-y_{12})\end{aligned}\tag{8.38}$$

式中:θ_i 和 R_i 等符号的含义如图 8.1 所示。

把式(8.38)代入 $F(x_0,y_0)$ 的表达式,并为了讨论方便用(x,y)替换(x_0,y_0),可得

$$F(x,y) \approx \sum_{i=1}^{2} \frac{1}{\sigma_i^{\ 2}} \frac{\cos^2\theta_i}{R_i^{\ 2}}(x - x_{12})^2 + \sum_{i=1}^{2} \frac{1}{\sigma_i^{\ 2}} \frac{\sin^2\theta_i}{R_i^{\ 2}}(y - y_{12})^2 - \sum_{i=1}^{2} \frac{2}{\sigma_i^{\ 2}} \frac{\sin\theta_i\cos\theta_i}{R_i^{\ 2}}(x - x_{12})(y - y_{12}) \tag{8.39}$$

该式的右端是关于$(x-x_{12})$、$(y-y_{12})$的二次函数，且无一次项和常数项，由二次曲线的旋转不变性不难看出式(8.39)表示一平面上的椭圆曲线[10]。

这样一来，目标位置点(x_0,y_0)的后验分布$\pi(x_0,y_0|\theta_1,\theta_2)$可近似表示为

$$\begin{aligned}\pi(x_0,y_0|\theta_1,\theta_2) &\approx N(x_0,y_0|\theta_1,\theta_2)\\ &= c\times\exp[-F(x_0,y_0)]\\ &= c\times\exp(-A\,(x_0-x_{12})^2+2B(x_0-x_{12})\\ &\quad (y_0-y_{12})-C\,(y_0-y_{12})^2)\end{aligned} \tag{8.40}$$

式中：系数A、B和C的分别为

$$A = \sum_{i=1}^{2} \frac{1}{\sigma_i^{\ 2}} \frac{\cos^2\theta_i}{R_i^{\ 2}}, B = -\sum_{i=1}^{2} \frac{1}{\sigma_i^{\ 2}} \frac{\sin\theta_i\cos\theta_i}{R_i^{\ 2}}, C = \sum_{i=1}^{2} \frac{1}{\sigma_i^{\ 2}} \frac{\sin^2\theta_i}{R_i^{\ 2}}$$

注意：式(8.40)中的指数部分表示定位误差(x_0-x_{12})、(y_0-y_{12})的二次多项式，它服从χ^2分布，于是很容易得到定位点(x_0,y_0)的贝叶斯区域估计[8]为

$$\xi = A\,(x-x_0)^2+2B(x-x_0)(y-y_0)+C\,(y-y_0)^2 \leqslant k_\alpha \tag{8.41}$$

式中：k_α为置信概率为$1-\alpha$的$\chi^2(\xi,2)$分布的上分位点，即

$$1-\alpha = \int_{k_\alpha}^{\infty}\chi^2(\xi,2)\,\mathrm{d}\xi$$

式(8.41)表示的是一个置信水平为$1-\alpha$椭圆区域，其长轴a和短轴b分别为

$$\begin{cases} a=\max\left[\sqrt{k_\alpha/(A\cos^2\beta+B\sin2\beta+C\sin^2\beta)},\sqrt{k_\alpha/(A\sin^2\beta-B\sin2\beta+C\cos^2\beta)}\right]\\ b=\min\left[\sqrt{k_\alpha/(A\cos^2\beta+B\sin2\beta+C\sin^2\beta)},\sqrt{k_\alpha/(A\sin^2\beta-B\sin2\beta+C\cos^2\beta)}\right]\end{cases} \tag{8.42}$$

式中：β为置信椭圆的旋转角（即椭圆长轴与坐标横轴的夹角）。

β的计算分两种情形讨论。

(1) 若$B=0$，则无需作旋转变换，此时由式(8.41)可以得到

$$\frac{(x-x_0)^2}{(\sqrt{k_\alpha/A})^2}+\frac{(y-y_0)^2}{(\sqrt{k_\alpha/C})^2}=1$$

① 当$\sqrt{k_\alpha/A}\geqslant\sqrt{k_\alpha/C}$时，$a=\sqrt{k_\alpha/A}$，$b=\sqrt{k_\alpha/C}$，$\beta=0$。

② 当$\sqrt{k_\alpha/A}<\sqrt{k_\alpha/C}$时，$a=\sqrt{k_\alpha/C}$，$b=\sqrt{k_\alpha/A}$，$\beta=\pi/2$。

(2) 若$B\neq0$，此时需要作旋转变换，且对于A和C还需要分三种情形讨论。

① 当$A=C$时，若$B>0$，则取$\beta=\pi/4$；若$B<0$时，取$\beta=-\pi/4$。

② 当$\sqrt{k_\alpha/A}>\sqrt{k_\alpha/C}$时，则有

$$\cot 2\beta=\frac{A-C}{2B}=-\left[\frac{\cos 2\theta_{01}}{\sigma_1^2 R_1^{\ 2}}+\frac{\cos 2\theta_{02}}{\sigma_2^2 R_2^{\ 2}}\right]\Big/\left[\frac{\sin 2\theta_{01}}{\sigma_1^2 R_1^{\ 2}}+\frac{\sin 2\theta_{02}}{\sigma_2^2 R_2^{\ 2}}\right]$$

于是,旋转角为

$$\beta=\frac{1}{2}\operatorname{arccot}\left\{\frac{A-C}{2B}\right\} \tag{8.43}$$

③ 当$\sqrt{k_\alpha/A}<\sqrt{k_\alpha/C}$时,则有

$$\beta=\frac{\pi}{2}+\frac{1}{2}\operatorname{arccot}\left\{\frac{A-C}{2B}\right\} \tag{8.44}$$

关于旋转角β的符号依表8.3确定。

表8.3　旋转角β的符号

B	A和C		
	$A>C$	$A=C$	$A<C$
$B<0$	$\beta-\pi/2$	$-\pi/4$	β
$B=0$	$\pi/2$	任意角	0
$B>0$	$\beta+\pi/2$	$\pi/4$	β

依据$\chi^2(\xi,2)$分布表,当$\alpha=0.5,0.25,0.1,0.05$时,k_α分别取为$k_\alpha=1.39$,2.77,4.61,5.99。

根据式(8.42)~式(8.44)可以确定后验概率密度$\pi(x_0,y_0|\theta_1,\theta_2)$的线性近似贝叶斯区域估计,即给出了近似贝叶斯估计的置信概率为$1-\alpha$的估计误差变化范围。

8.3.1.3　仿真分析

本节通过一个仿真例子说明本文提出的二站交叉定位贝叶斯估计方法的优点。

假设有二个测向站位于坐标点$S_1(0,0)$和$S_2(300,0)$(单位:km)处,又假定目标位于(0,300)×(0,450)矩形区域内的横向间隔为75km,纵向间隔为100km的格子点上。现分如下几种情形进行仿真分析。

(1) 二站测向误差均服从均值为0,标准差为1°的正态分布。利用本节提出的贝叶斯点估计和区域估计方法进行100000次仿真,可以得到各个格子点处目标位置的点估计(表8.4)与$\alpha=0.50$的区域估计(图8.8)。

表8.4　二站测向定位线性贝叶斯点估计及其标准差

(x_0,y_0)	(0,100)	(0,200)	(0,300)	(0,400)	(0,500)
$(\hat{x}_0,\hat{y}_0)$	(−0.01,100.03)	(−0.04,200.15)	(−0.10,300.31)	(−0.13,400.47)	(−0.25,501.15)
$(\hat{\sigma}_x,\hat{\sigma}_y)$	(1.75,5.85)	(3.50,7.94)	(5.24,11.71)	(7.04,17.34)	(8.78,24.68)
(x_0,y_0)	(75,100)	(75,200)	(75,300)	(75,400)	(75,500)
$(\hat{x}_0,\hat{y}_0)$	(74.98,99.98)	(75.00,200.04)	(74.97,300.20)	(74.95,400.54)	(74.88,500.72)

（续）

$(\hat{\sigma}_x,\hat{\sigma}_y)$	(3.35,3.65)	(3.57,5.93)	(4.65,9.97)	(5.87,15.73)	(7.18,23.00)
(x_0,y_0)	(150,100)	(150,200)	(150,300)	(150,400)	(150,500)
$(\hat{x}_0,\hat{y}_0)$	(149.99,99.98)	(149.99,200.05)	(149.98,300.20)	(150.01,400.45)	(149.99,500.74)
$(\hat{\sigma}_x,\hat{\sigma}_y)$	(4.00,2.67)	(3.86,5.15)	(4.64,9.30)	(5.60,15.08)	(6.74,22.53)
(x_0,y_0)	(225,100)	(225,200)	(225,300)	(225,400)	(225,500)
$(\hat{x}_0,\hat{y}_0)$	(224.99,100.00)	(225.00,200.05)	(225.03,300.22)	(225.05,400.45)	(225.08,500.91)
$(\hat{\sigma}_x,\hat{\sigma}_y)$	(3.34,3.67)	(3.59,5.92)	(4.65,9.90)	(5.87,15.63)	(7.23,23.15)
(x_0,y_0)	(300,100)	(300,200)	(300,300)	(300,400)	(3000,500)
$(\hat{x}_0,\hat{y}_0)$	(300.00,100.02)	(300.03,200.12)	(300.11,300.36)	(300.17,400.53)	(300.30,501.09)
$(\hat{\sigma}_x,\hat{\sigma}_y)$	(1.75,5.86)	(3.49,7.92)	(5.25,11.76)	(7.01,17.35)	(8.81,24.76)
(x_0,y_0)	(375,100)	(375,200)	(375,300)	(375,400)	(375,500)
$(\hat{x}_0,\hat{y}_0)$	(375.23,100.21)	(375.21,200.26)	(375.27,300.45)	(375.41,400.85)	(375.52,501.31)
$(\hat{\sigma}_x,\hat{\sigma}_y)$	(7.43,8.81)	(6.39,10.86)	(7.77,14.55)	(9.6591,20.02)	(11.81,27.50)
(x_0,y_0)	(450,100)	(450,200)	(450,300)	(450,400)	(450,500)
$(\hat{x}_0,\hat{y}_0)$	(451.24,100.65)	(450.55,200.51)	(450.57,300.75)	(450.65,401.06)	(450.90,501.66)
$(\hat{\sigma}_x,\hat{\sigma}_y)$	(20.79,12.67)	(13.50,14.68)	(13.08,18.35)	(14.49,23.86)	(16.53,31.13)

由表8.4可知，大样本仿真结果表明，贝叶斯点估计的均值$(\hat{x}_0,\hat{y}_0)$与目标真实位置(x_0,y_0)的偏差量很小。但不同目标位置点的标准偏差$(\hat{\sigma}_x,\hat{\sigma}_y)$却是不同的，且表现为在目标距基线纵向距离相等的情况下，横向偏离基线中线越远则偏差越大；目标距基线中线横向距离相等时，纵向距离越远，则偏差越大等共性规律。

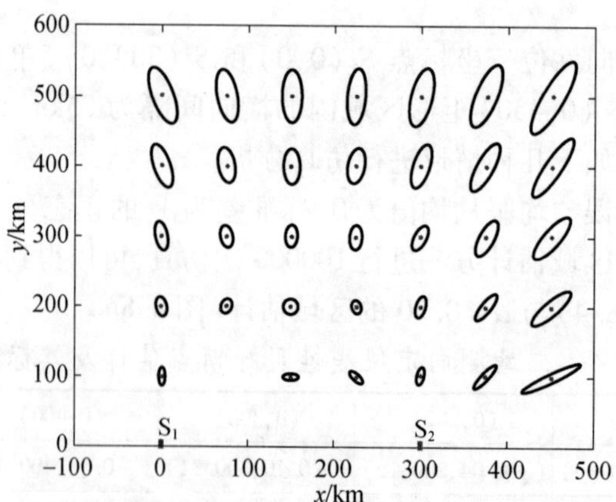

图8.8　二站测向定位线性贝叶斯点估计与区域估计

($\sigma=1°,\alpha=0.50$)

从图 8.8 可以看出，该算法不仅给出了二站纯方位定位点的贝叶斯点估计（即纯方位三角定位点），同时也给出了该定位点的近似贝叶斯区域估计，即给出了置信水平为 $1-\alpha$ 的定位点的变化范围，其作为估计误差椭圆随目标与测向站基线纵向距离的增加而增大，并且随目标与测向站基线中心横向距离增加而增加旋转角度。

（2）取目标位于(0,100)、(150,300)、(400,200)，其余仿真条件同(1)，置信水平分别为 $1-\alpha=0.99,0.95,0.90,0.75,0.5$。利用本文提出的贝叶斯点估计和区域估计方法进行 100000 次仿真，仿真结果如图 8.9 所示。

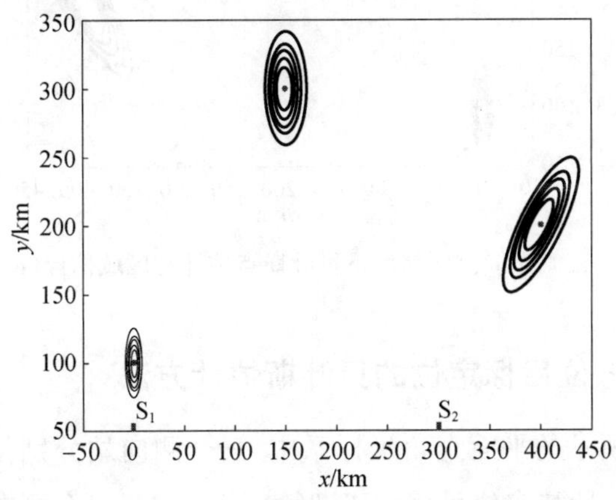

图 8.9　不同置信水平下二站测向定位的贝叶斯点估计和区域估计

图 8.9 中的椭圆曲线由内向外分别对应于风险 $\alpha=0.5,0.25,0.1,0.05,0.01$ 下的区域估计，可见当置信水平 $1-\alpha$ 增大时，近似贝叶斯区域估计的范围明显也随之增大，且目标距基线纵向距离越大或偏离基线中线越远，增大的幅度也加大。

（3）取目标位于(0,100)、(150,300)、(400,200)，二站测向误差均服从均值为 0，置信水平分别为 $1-\alpha=0.90$，其余仿真条件同(1)。利用本文提出的贝叶斯点估计和区域估计方法，在测向误差（标准差）分别为 1°，1.25°，1.5°，1.75°，2°之下进行10^5 次仿真，得到的区域估计范围如图 8.10 所示（椭圆曲线随测向误差增加由内向外）。

由图 8.10 可见，当测向站的测向误差增大（精度降低）时，区域估计的范围也相应地增大，且目标距基线纵向距离越大或偏离基线中线越远，增大的幅度也相应加大。

二站纯方位定位的贝叶斯估计方法具有以下显著优点：

（1）理论上讲，该法与极大似然法相当，但通过推导可以得出目标位置贝叶斯点估计的解析表达式，且恰好与二站纯方位三角定位的结果相同。

（2）在给定置信水平下，能给出目标位置贝叶斯区域估计的近似解析解，误差范围为平面椭圆区域，从而克服了现有三角定位算法定位误差估计较难的缺陷，且便于工程实现。

(3) 大量仿真结果表明,无论是定位点估计还是定位误差区域估计都能够达到指定风险下的估计精度,这对合理部署定向传感器,提高定位精度具有重要的应用价值。

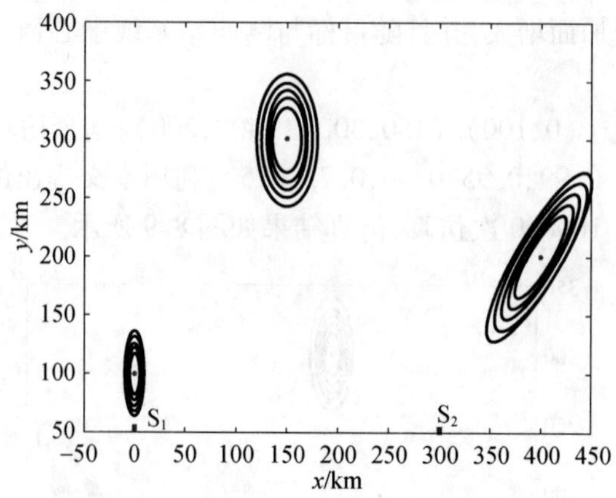

图 8.10　二站不同测向精度下贝叶斯点估计与区域估计($\alpha=0.10$)

8.3.2　三站纯方位目标定位的贝叶斯估计方法

在如图 8.11 所示的平面直角坐标系中,三个测向站分别位于 $S_1(x_1,y_1)$、$S_2(x_2,y_2)$和 $S_3(x_3,y_3)$;待定位目标位于 $T(x_0,y_0)$,它与三个测向站的相对方位分别为 θ_{01}、θ_{02}和 θ_{03}。假设三个测向站对该目标的方位测量为 θ_1、θ_2 和 θ_3 服从正态分布,标准差分别为 σ_1、σ_2 和 σ_3,即 $\theta_i \sim N(\theta_{0i},\sigma_i^2)$,$i=1,2,3$。由前述讨论可知,这一问题可以通过重心法、内心法和 Steiner 点法求解这三条方位线所构成的定位三角形的"质心"点作为目标定位的点估计,见 8.1.2.2 节;也可以通过求解目标至三条方位线的最小距离平方和达最小的最小二乘方法求解目标位置的定位点,

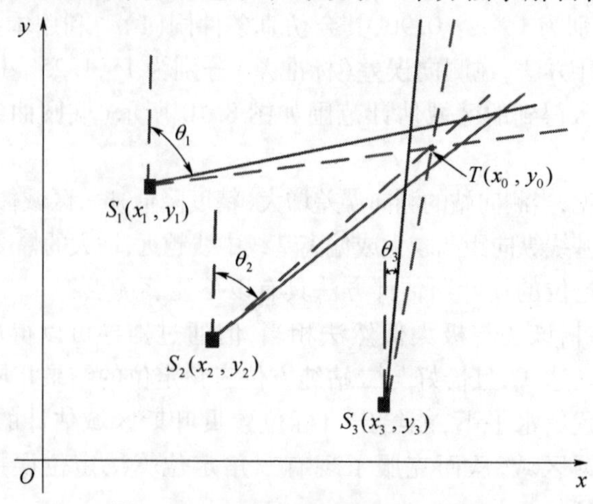

图 8.11　三站交叉定位几何示意图

见 8.2.1 节。但是,这两类估计方法都未能有效地利用测向站方位测量误差的分布特性,因此,难于进行目标定位精度分析。类似于 8.3.1 节的思想,可以导出三站纯方位定位的贝叶斯估计。

8.1.2.3 节的讨论表明,内心法的定位精度最高,因此,在贝叶斯估计中采用内心法确定的三站三角定位点坐标(x_{IC},y_{IC})(见式(8.6)),作为后验密度函数的线性近似展开中的初始点。

8.3.2.1　无先验信息的近似贝叶斯点估计

由图 8.11 的假设条件可得三站对同一目标的测量 θ_1、θ_2、θ_3 的条件联合概率密度函数:

$$f(\theta_1,\theta_2,\theta_3 \mid x_0,y_0) = \frac{1}{(\sqrt{2\pi})^3\sigma_1\sigma_2\sigma_3}\exp\left(-\sum_{i=1}^{3}\frac{(\theta_i-\theta_{0i})^2}{2\sigma_i^{\ 2}}\right) \tag{8.45}$$

式中:θ_{01}、θ_{02}、θ_{03}满足如下关系式:

$$\theta_{0i} = \arctan\frac{x_0-x_i}{y_0-y_i}, i=1,2,3 \tag{8.46}$$

代入式(8.45)可得

$$f(\theta_1,\theta_2,\theta_3 \mid x_0,y_0) = \frac{1}{(\sqrt{2\pi})^3\sigma_1\sigma_2\sigma_3}\exp\left(-\sum_{i=1}^{3}\frac{1}{2\sigma_i^{\ 2}}\left(\theta_i-\arctan\frac{x_0-x_i}{y_0-y_i}\right)^2\right) \tag{8.47}$$

无任何关于(x_0,y_0)的先验信息时,根据贝叶斯统计理论,可采用先验概率密度 $\pi(x_0,y_0)=1$。于是,在已知方位测量 θ_1、θ_2、θ_3 的条件下,定位点(x_0,y_0)的后验分布密度函数为

$$\pi(x,y \mid \theta_1,\theta_2,\theta_3) \propto c\times\exp\left(-\sum_{i=1}^{3}\frac{1}{2\sigma_i^{\ 2}}\left(\arctan\frac{x-x_i}{y-y_i}-\theta_i\right)^2\right) \tag{8.48}$$

式中:c 为归一化常数。为讨论方便,把(x_0,y_0)改记为(x,y)。

据此后验密度求解(x_0,y_0)的贝叶斯点估计,就是求使 $\pi(x,y|\theta_1,\theta_2,\theta_3)$ 达到最大的目标位置点,该位置点要满足如下两个方程:

$$\frac{\partial\pi(x,y|\theta_1,\theta_2,\theta_3)}{\partial x}=0,\frac{\partial\pi(x,y|\theta_1,\theta_2,\theta_3)}{\partial y}=0$$

即得

$$\begin{cases}\sum_{i=1}^{3}\frac{1}{\sigma_i^{\ 2}}\left(\theta_i-\arctan\frac{x-x_i}{y-y_i}\right)\frac{\cos\theta_i}{R_i}=0\\ \sum_{i=1}^{3}\frac{1}{\sigma_i^{\ 2}}\left(\theta_i-\arctan\frac{x-x_i}{y-y_i}\right)\frac{\sin\theta_i}{R_i}=0\end{cases} \tag{8.49}$$

直接求解方程式(8.49)无法得出解析解,只能通过数值迭代计算得到近似解,但这对分析其定位误差十分不利。为此,采用如下微分线性近似的方法求其近似解。

令

$$f_i(x,y)=\theta_i-\arctan\frac{x-x_i}{y-y_i}\qquad i=1,2,3$$

在内心法确定的定位点估计(x_{IC},y_{IC})处,对上述三个函数进行泰勒展开,舍弃二阶及以上高阶项,可得

$$\begin{aligned}f_i(x,y)&\approx f_i(x_{IC},y_{IC})+\frac{\partial f_i(x,y)}{\partial x}\Big|_{(x_{IC},y_{IC})}(x-x_{IC})+\frac{\partial f_i(x,y)}{\partial y}\Big|_{(x_{IC},y_{IC})}(y-y_{IC})\\&=\Theta_i+\frac{y_{IC}-y_i}{(x_{IC}-x_i)^2+(y_{IC}-y_i)^2}(x-x_{IC})-\frac{x_{IC}-x_i}{(x_{IC}-x_i)^2+(y_{IC}-y_i)^2}(y-y_{IC})\end{aligned}\tag{8.50}$$

其中

$$\Theta_i=\theta_i-\arctan\frac{x_{IC}-x_i}{y_{IC}-y_i}\qquad i=1,2,3$$

记

$$F(x,y)=-\sum_{i=1}^{3}\frac{1}{2\sigma_i^{\ 2}}[f_i(x,y)]^2=\sum_{i=1}^{3}\frac{1}{2\sigma_i^{\ 2}}\left(\theta_i-\arctan\frac{x-x_i}{y-y_i}\right)^2\tag{8.51}$$

把式(8.50)代入式(8.51)并化简,可得

$$\begin{aligned}F(x,y)\approx G(x,y)=\sum_{i=1}^{3}\Bigg\{&\frac{1}{2\sigma_i^{\ 2}}\left(\frac{y_{IC}-y_i}{(x_{IC}-x_i)^2+(y_{IC}-y_i)^2}\right)^2(x-x_{IC})^2+\\&\frac{1}{2\sigma_i^{\ 2}}\left(\frac{x_{IC}-x_i}{(x_{IC}-x_i)^2+(y_{IC}-y_i)^2}\right)^2(y-y_{IC})^2-\\&\frac{1}{\sigma_i^{\ 2}}\frac{y_{IC}-y_i}{(x_{IC}-x_i)^2+(y_{IC}-y_i)^2}\frac{x_{IC}-x_i}{(x_{IC}-x_i)^2+(y_{IC}-y_i)^2}(x-x_{IC})(y-y_{IC})+\\&\frac{1}{\sigma_i^{\ 2}}\Theta_i\frac{y_{IC}-y_i}{(x_{IC}-x_i)^2+(y_{IC}-y_i)^2}(x-x_{IC})-\\&\frac{1}{\sigma_i^{\ 2}}\Theta_i\frac{x_{IC}-x_i}{(x_{IC}-x_i)^2+(y_{IC}-y_i)^2}(y-y_{IC})+\frac{1}{2\sigma_i^{\ 2}}\Theta_i^{\ 2}\Bigg\}\end{aligned}\tag{8.52}$$

式(8.52)分别对x、y求偏导数,并令之为0,则得

$$\begin{aligned}\frac{\partial G(x,y)}{\partial x}=\sum_{i=1}^{3}\Bigg\{&\frac{1}{\sigma_i^{\ 2}}\left(\frac{y_{IC}-y_i}{(x_{IC}-x_i)^2+(y_{IC}-y_i)^2}\right)^2(x-x_{IC})-\\&\frac{1}{\sigma_i^{\ 2}}\frac{y_{IC}-y_i}{(x_{IC}-x_i)^2+(y_{IC}-y_i)^2}\frac{x_{IC}-x_i}{(x_{IC}-x_i)^2+(y_{IC}-y_i)^2}(y-y_{IC})+\\&\frac{1}{\sigma_i^{\ 2}}\Theta_i\frac{y_{IC}-y_i}{(x_{IC}-x_i)^2+(y_{IC}-y_i)^2}\Bigg\}=0\end{aligned}$$

$$\begin{aligned}\frac{\partial G(x,y)}{\partial y}=\sum_{i=1}^{3}\Bigg\{&\frac{1}{\sigma_i^{\ 2}}\left(\frac{x_{IC}-x_i}{(x_{IC}-x_i)^2+(y_{IC}-y_i)^2}\right)^2(y-y_{IC})-\\&\frac{1}{\sigma_i^{\ 2}}\frac{y_{IC}-y_i}{(x_{IC}-x_i)^2+(y_{IC}-y_i)^2}\frac{x_{IC}-x_i}{(x_{IC}-x_i)^2+(y_{IC}-y_i)^2}(x-x_{IC})-\end{aligned}$$

$$\left.\frac{1}{\sigma_i^{\ 2}}\Theta_i\frac{x_{IC}-x_i}{(x_{IC}-x_i)^2+(y_{IC}-y_i)^2}\right\}=0$$

再令

$$a_1=\sum_{i=1}^{3}\frac{1}{2\sigma_i^{\ 2}}\left(\frac{y_{IC}-y_i}{(x_{IC}-x_i)^2+(y_{IC}-y_i)^2}\right)^2$$

$$a_2=\sum_{i=1}^{3}\frac{1}{2\sigma_i^{\ 2}}\left(\frac{x_{IC}-x_i}{(x_{IC}-x_i)^2+(y_{IC}-y_i)^2}\right)^2$$

$$a_3=\sum_{i=1}^{3}\frac{1}{\sigma_i^{\ 2}}\frac{y_{IC}-y_i}{(x_{IC}-x_i)^2+(y_{IC}-y_i)^2}\frac{x_{IC}-x_i}{(x_{IC}-x_i)^2+(y_{IC}-y_i)^2}$$

$$a_4=\sum_{i=1}^{3}\frac{1}{\sigma_i^{\ 2}}\Theta_i\frac{y_{IC}-y_i}{(x_{IC}-x_i)^2+(y_{IC}-y_i)^2}$$

$$a_5=\sum_{i=1}^{3}\frac{1}{\sigma_i^{\ 2}}\Theta_i\frac{x_{IC}-x_i}{(x_{IC}-x_i)^2+(y_{IC}-y_i)^2}$$

可以得到

$$\begin{cases}2a_1(x-x_{IC})-a_3(y-y_{IC})=-a_4\\a_3(x-x_{IC})-2a_2(y-y_{IC})=-a_5\end{cases}$$

从而解得

$$\begin{cases}\hat{x}_0^{\ B}=x_{IC}+\dfrac{2a_2a_4-a_3a_5}{a_3^2-4a_1a_2}\\\hat{y}_0^{\ B}=y_{IC}+\dfrac{-2a_1a_5+a_3a_4}{a_3^2-4a_1a_2}\end{cases}\tag{8.53}$$

此$(\hat{x}_0^{\ B},\hat{y}_0^{\ B})$即为目标位置坐标点的近似贝叶斯点估计。

8.3.2.2　近似贝叶斯区域估计

由式(8.52)可知,$F(x,y)$是$(x-x_{IC})$和$(y-y_{IC})$的二次函数,于是,式(8.48)所示的后验联合概率密度$\pi(x_0,y_0|\theta_1,\theta_2,\theta_3)$近似为二元正态概率密度,经整理可得

$$\begin{aligned}&\pi(x_0,y_0|\theta_1,\theta_2,\theta_3)\approx N(x_0,y_0|\theta_1,\theta_2,\theta_3)\\&=c\times\exp(-A(x_0-\hat{x}_0^{\ B})^2+2B(x_0-\hat{x}_0^{\ B})(y_0-\hat{y}_0^{\ B})-C(y_0-\hat{y}_0^{\ B})^2)\end{aligned}\tag{8.54}$$

式中:系数A、B和C的表达式分别为

$$\begin{cases}A=\displaystyle\sum_{i=1}^{3}\frac{1}{\sigma_i^{\ 2}}\left(\frac{\hat{y}_0^{\ B}-y_i}{(\hat{x}_0^{\ B}-x_i)^2+(\hat{y}_0^{\ B}-y_i)^2}\right)^2\\B=\displaystyle\sum_{i=1}^{3}\frac{1}{\sigma_i^{\ 2}}\frac{\hat{y}_0^{\ B}-y_i}{(\hat{x}_0^{\ B}-x_i)^2+(\hat{y}_0^{\ B}-y_i)^2}\frac{\hat{x}_0^{\ B}-x_i}{(\hat{x}_0^{\ B}-x_i)^2+(\hat{y}_0^{\ B}-y_i)^2}\\C=\displaystyle\sum_{i=1}^{3}\frac{1}{2\sigma_i^{\ 2}}\left(\frac{\hat{x}_0^{\ B}-x_i}{(\hat{x}_0^{\ B}-x_i)^2+(\hat{y}_0^{\ B}-y_i)^2}\right)^2\end{cases}$$

再注意式(8.54)右端的指数部分表示的定位误差二次多项式服从χ^2分布，于是很容易得到目标位置点(x_0,y_0)的贝叶斯区域估计[8]为

$$\xi = A(x-\hat{x}_0{}^B)^2 + 2B(x-\hat{x}_0{}^B)(y-\hat{y}_0{}^B) + C(y-\hat{y}_0{}^B)^2 \leqslant k_\alpha \tag{8.55}$$

式中：k_α为置信概率为$1-\alpha$的$\chi^2(\xi,2)$分布的上分位点。

式(8.55)表示一个平面椭圆区域，其长轴和短轴分别为

$$\begin{cases} a = \max\left[\sqrt{k_\alpha/(A\cos^2\beta + B\sin2\beta + C\sin^2\beta)}, \sqrt{k_\alpha/(A\sin^2\beta - B\sin2\beta + C\cos^2\beta)}\right] \\ b = \min\left[\sqrt{k_\alpha/(A\cos^2\beta + B\sin2\beta + C\sin^2\beta)}, \sqrt{k_\alpha/(A\sin^2\beta - B\sin2\beta + C\cos^2\beta)}\right] \end{cases} \tag{8.56}$$

β为椭圆长轴与横坐标轴夹角，即椭圆的旋转角。

β的计算分两种情形讨论。

(1) 若$B=0$，则无需作旋转变换，此时由式(8.55)可以得到

$$\frac{(x-\hat{x}_0{}^B)^2}{(\sqrt{k_\alpha/A})^2} + \frac{(y-\hat{y}_0{}^B)^2}{(\sqrt{k_\alpha/C})^2} = 1$$

① 当$\sqrt{k_\alpha/A} \geqslant \sqrt{k_\alpha/C}$时，$a=\sqrt{k_\alpha/A}$，$b=\sqrt{k_\alpha/C}$，$\beta=0$。

② 当$\sqrt{k_\alpha/A} < \sqrt{k_\alpha/C}$时，$a=\sqrt{k_\alpha/C}$，$b=\sqrt{k_\alpha/A}$，$\beta=\pi/2$。

(2) 若$B\neq0$，此时需要作旋转变换，且对于A和C还需要分三种情形讨论。

① 当$A=C$时，若$B>0$，则取$\beta=\pi/4$；若$B<0$时，取$\beta=-\pi/4$。

② 当$\sqrt{k_\alpha/A} > \sqrt{k_\alpha/C}$时，则有

$$\cot2\beta = \frac{A-C}{2B}$$

即

$$\beta = \frac{1}{2}\operatorname{arccot}\left\{\frac{A-C}{2B}\right\} \tag{8.57}$$

③ 当$\sqrt{k_\alpha/A} < \sqrt{k_\alpha/C}$时，则有

$$\theta = \frac{\pi}{2} + \frac{1}{2}\operatorname{arccot}\left\{\frac{A-C}{2B}\right\} \tag{8.58}$$

依$\chi^2(\xi,2)$分布表求取k_α的取值，当$\alpha=0.5,0.25,0.1,0.05$时，k_α分别取为$k_\alpha=1.39,2.77,4.61,5.99$。

根据式(8.55)~式(8.58)可以确定(x_0,y_0)的线性近似贝叶斯区域估计，即能给出近似贝叶斯估计的置信概率为$1-\alpha$的估计误差变化范围。

8.3.2.3 仿真分析

本节通过一个仿真例子说明三站纯方位贝叶斯定位算法的实施步骤。

如图8.12所示，假设有三个测向站分布部署在(0,0)、(150,0)和(300,0)(单位:km)处。根据几何对称性，假定目标可能位于(−75,100)，(−75,300)，(−75,500)；(0,100)，(0,300)，(0,500)；(75,100)，(75,300)，(75,500)；(150,

100),(150,300),(150,500)。用Matlab编程进行Monte Carlo仿真对三站纯方位贝叶斯估计方法进行误差分析,仿真次数取为$N=10^5$。

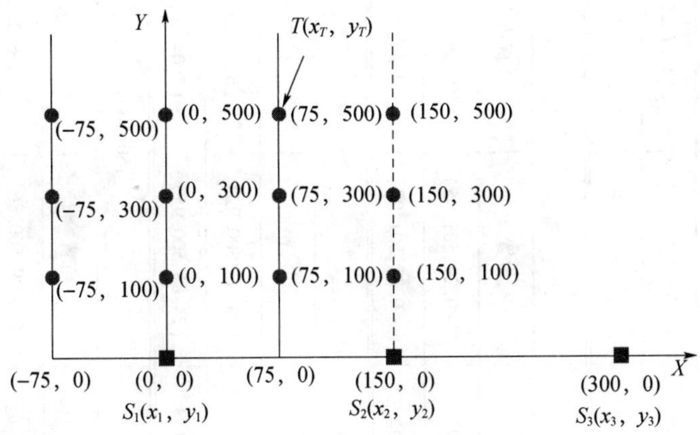

图8.12　三测向站和目标的几何位置

(1)三站测向误差的标准差均为1°,置信水平为$\alpha=0.50$。本节提出的线性近似贝叶斯估计算法和三站三角定位算法(内心法)的大样本($N=10^6$)仿真计算得到的定位误差散布椭圆如图8.13所示。

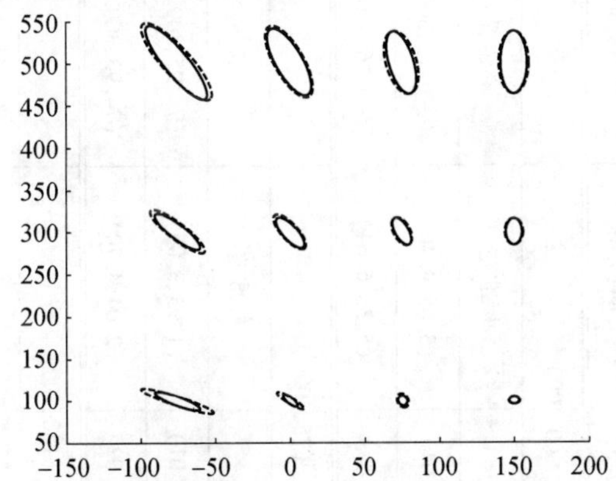

图8.13　两种三站测向定位算法的误差散布($\sigma=1°,\alpha=0.50$)

图8.13中,虚线椭圆为本文提出的贝叶斯法定位区域估计范围,实线椭圆为大样本三角定位(内心法)区域估计范围。样本均值和标准差的统计计算结果见表8.5。

从表8.5的数据可以看出:①线性近似贝叶斯估计定位点估计结果与三站内心法结果在误差均值上相当,无论是定位点的估计还是区域估计误差都能够满足风险要求的精度;②线性近似贝叶斯估计定位点估计的散布范围(标准差)与内心法定位点的散布范围总体上较接近,只有在局部较为极端的区域([−100,50]km×[0,200]km矩形内有一定的差别。

表 8.5 两种三站测向定位方法的样本均值与标准差的统计结果

目标位置 / 估计结果 / 估计方法	(−75,100)		(−75,300)		(−75,500)	
估计方法	位置	标准差	位置	标准差	位置	标准差
内心法	(−75.29,100.2)	(8.88,6.85)	(−75.30,300.5)	(8.77,13.62)	(−75.5,501.3)	(12.17,26.93)
贝叶斯方法	(−75.65,100.3)	(14.84,9.49)	(−75.38,300.5)	(11.28,15.60)	(−75.56,501.3)	(13.76,27.95)
目标位置 / 估计结果 / 估计方法	(0,100)		(0,300)		(0,500)	
估计方法	位置	标准差	位置	标准差	位置	标准差
内心法	(−0.04,100.04)	(3.08,4.40)	(−0.12,300.3)	(5.48,11.21)	(−0.29,501.05)	(8.56,24.52)
贝叶斯方法	(−0.12,100.08)	(5.38,6.64)	(−0.16,300.32)	(6.70,12.45)	(−0.32,501.09)	(9.59,25.03)
目标位置 / 估计结果 / 估计方法	(75,100)		(75,300)		(75,500)	
估计方法	位置	标准差	位置	标准差	位置	标准差
内心法	(−74.99,100.01)	(1.93,3.06)	(74.95,300.21)	(3.94,9.76)	(74.87,500.92)	(6.33,23.05)
贝叶斯方法	(−74.98,100.02)	(2.04,4.70)	(74.93,300.23)	(4.33,10.18)	(74.85,500.95)	(7.04,23.20)
目标位置 / 估计结果 / 估计方法	(150,100)		(150,300)		(150,500)	
估计方法	位置	标准差	位置	标准差	位置	标准差
内心法	(150.0,100.0)	(1.82,2.67)	(149.99,300.19)	(3.53,9.27)	(149.99,500.86)	(5.66,22.58)
贝叶斯方法	(150.0,99.97)	(2.36,2.68)	(149.99,300.21)	(3.69,9.27)	(149.99,500.89)	(6.16,22.58)

(2) 三站测向误差的标准差均为 1°，置信水平为 $1-\alpha=0.95$。本节提出的线性近似贝叶斯估计算法和三站三角定位算法（内心法）的大样本（$N=10^6$）仿真计算得到的定位误差散布椭圆大小如图 8.14 所示。

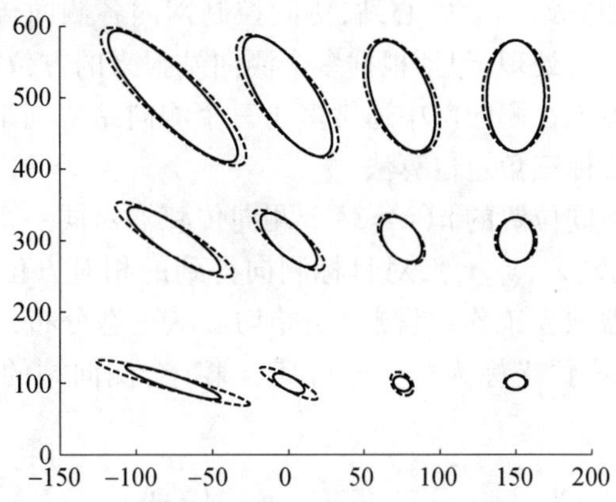

图 8.14　两种三站测向定位算法的误差散布（$\sigma=1°,\alpha=0.05$）

从图 8.14 可以看出，在区域[50,150]km × [0,300]km 范围内定位误差较小（不大于 10km），其他区域定位精度均不够理想。

(3) 三站测向误差的标准差均为 2°，置信水平为 $1-\alpha=0.95$。本节提出的线性近似贝叶斯估计算法和三站三角定位算法（内心法）的大样本（$N=10^6$）仿真计算得到的交会点的散布椭圆大小如图 8.15 所示。

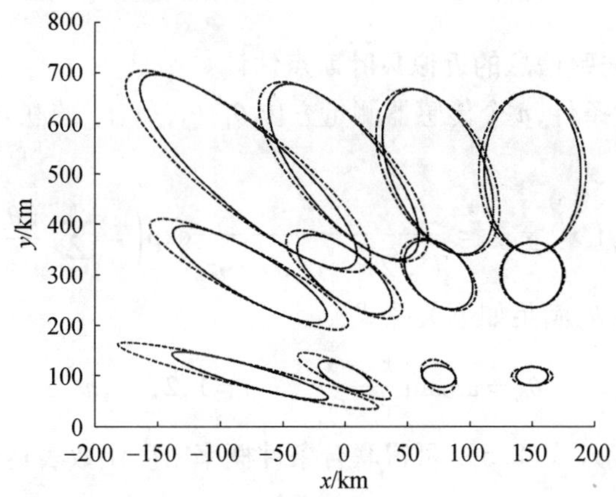

图 8.15　两种三站测向定位算法的误差散布（$\sigma=2°,\alpha=0.05$）

从图 8.15 可以看出，测向站的测量精度对目标定位点的估计影响较大，只有目标与基线纵向距离较近（200km 以内）且目标位于靠近测向站基线中心时才能进行有效的目标定位。

8.3.3 多站纯方位目标定位的贝叶斯估计方法

由分散部署的多个测向站组成的测向网中,各站通过数据链接入指挥控制系统。该系统将一个测向站作为中心站,协同控制网内各测向传感器运行,并进行多站测向数据的接收与处理,包括根据多个测向站报来的方位数据进行目标定位和定位误差分析。由于在测向网中通常多于三个测向站协同工作,因此需要研究超过三个站的多站目标三角定位算法。

假设有部署在不同位置的 $n(n\geqslant 3)$ 个测向传感器对同一个目标进行探测,第 i 部传感器的地理位置为 (x_i,y_i),对目标测向得到的相对方位角为 θ_i,如图 8.16 所示。各测向传感器独立工作,且测向误差均服从正态分布,相应的标准偏差为 σ_i;一个待定位目标位置坐标为 (x_T,y_T),其与第 i 个测向站的相对方位角为 θ_{0i},$i=1,2,\cdots,n$。

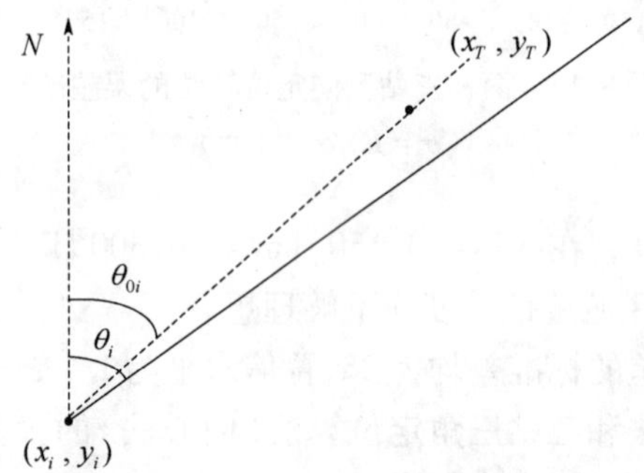

图 8.16 目标与第 i 个传感器相对方位及测量方位线

8.3.3.1 无先验信息的近似贝叶斯点估计

根据上述假设条件,n 个传感器测量方位 $\theta_1,\theta_2,\cdots,\theta_n$ 的联合条件概率密度为正态分布:

$$f(\theta_1,\theta_2,\cdots,\theta_n \mid x_T,y_T)=\frac{1}{(\sqrt{2\pi})^n\sigma_1\sigma_2\cdots\sigma_n}\exp\left(-\sum_{i=1}^{n}\frac{(\theta_i-\theta_{0i})^2}{2\sigma_i^{\ 2}}\right) \tag{8.59}$$

由图 8.16 可知,诸 θ_{0i} 满足如下关系式:

$$\theta_{0i}=\arctan\frac{x_T-x_i}{y_T-y_i}\qquad i=1,2,\cdots,n \tag{8.60}$$

将式(8.60)代入式(8.59)可得联合条件概率密度函数表达式为

$$f(\theta_1,\theta_2,\cdots,\theta_n \mid x_T,y_T)=\frac{1}{(\sqrt{2\pi})^n\sigma_1\sigma_2\cdots\sigma_n}\cdot$$

$$\exp\left(-\sum_{i=1}^{n}\frac{1}{2\sigma_i^{\ 2}}\left(\theta_i-\arctan\frac{x_T-x_i}{y_T-y_i}\right)^2\right) \tag{8.61}$$

若无任何关于 (x_T,y_T) 的先验信息可用,此时可采用无信息先验概率密度

$\pi(x_T,y_T)=1$。在此假定下，当获得了 n 个传感器的方位测量值 $\theta_1,\theta_2,\cdots,\theta_n$ 之后，目标 (x_T,y_T) 的后验概率密度函数可表示为

$$\pi(x,y\mid\theta_1,\theta_2,\cdots,\theta_n)\propto c\times\exp\left(-\sum_{i=1}^{n}\frac{1}{2\sigma_i^2}\left(\theta_i-\arctan\frac{x-x_i}{y-y_i}\right)^2\right)\tag{8.62}$$

式中:c 为归一化常数。为讨论方便，这里把 (x_T,y_T) 改记为 (x,y)。

使 $\pi(x,y|\theta_1,\theta_2,\cdots,\theta_n)$ 达到最大值的目标位置点 (x,y) 要同时满足如下两个方程：

$$\begin{cases}\dfrac{\partial\pi(x,y|\theta_1,\theta_2,\cdots,\theta_n)}{\partial x}=0\\[2ex]\dfrac{\partial\pi(x,y|\theta_1,\theta_2,\cdots,\theta_n)}{\partial y}=0\end{cases}$$

即

$$\begin{cases}\displaystyle\sum_{i=1}^{n}\frac{1}{\sigma_i^2}\left(\theta_i-\arctan\frac{x-x_i}{y-y_i}\right)\frac{y-y_i}{(x-x_i)^2+(y-y_i)^2}=0\\[2ex]\displaystyle\sum_{i=1}^{n}\frac{1}{\sigma_i^2}\left(\theta_i-\arctan\frac{x-x_i}{y-y_i}\right)\frac{x-x_i}{(x-x_i)^2+(y-y_i)^2}=0\end{cases}\tag{8.63}$$

与三站情形类似，直接求解式(8.63)无法得出解析解，为了能有效分析定位误差，采用微分线性近似方法求取近似解。定义函数：

$$f_i(x,y)=\theta_i-\arctan\frac{x-x_i}{y-y_i}\qquad i=1,2,\cdots,n$$

在多站情形下，从计算的复杂性和求解的稳定性综合考虑，采用重心法确定的定位点估计 (x_{bc},y_{bc})（如式(8.8)式所示）作为目标位置初始近似值，为此，在该点处对上述 n 个函数进行泰勒展开，可得

$$\begin{aligned}f_i(x,y)&\approx f_i(x_{bc},y_{bc})+\left.\frac{\partial f_i(x,y)}{\partial x}\right|_{(x_{bc},y_{bc})}(x-x_{bc})+\left.\frac{\partial f_i(x,y)}{\partial y}\right|_{(x_{bc},y_{bc})}(y-y_{bc})\\&=\Theta_i+\frac{y_{bc}-y_i}{(x_{bc}-x_i)^2+(y_{bc}-y_i)^2}(x-x_{bc})-\frac{x_{bc}-x_i}{(x_{bc}-x_i)^2+(y_{bc}-y_i)^2}(y-y_{bc})\end{aligned}\tag{8.64}$$

其中

$$\Theta_i=\theta_i-\arctan\frac{x_{bc}-x_i}{y_{bc}-y_i}\qquad i=1,2,\cdots,n$$

记

$$F(x,y)=\sum_{i=1}^{n}\frac{1}{2\sigma_i^2}(f_i(x,y))^2=\sum_{i=1}^{n}\frac{1}{2\sigma_i^2}\left(\theta_i-\arctan\frac{x-x_i}{y-y_i}\right)^2\tag{8.65}$$

把式(8.64)代入式(8.65)，并化简可得

$$F(x,y)\approx G(x,y)=\sum_{i=1}^{n}\left\{\frac{1}{2\sigma_i^2}\left(\frac{y_{bc}-y_i}{(x_{bc}-x_i)^2+(y_{bc}-y_i)^2}\right)^2(^x-x_{bc})2+\right.$$

$$\frac{1}{2\sigma_i^{\ 2}}\left(\frac{x_{bc}-x_i}{(x_{bc}-x_i)^2+(y_{bc}-y_i)^2}\right)^2(y-y_{bc})^2-$$

$$\frac{1}{\sigma_i^{\ 2}}\frac{y_{bc}-y_i}{(x_{bc}-x_i)^2+(y_{bc}-y_i)^2}\frac{x_{bc}-x_i}{(x_{bc}-x_i)^2+(y_{bc}-y_i)^2}(x-x_{bc})(y-y_{bc})+$$

$$\frac{1}{\sigma_i^{\ 2}}\Theta_i\frac{y_{bc}-y_i}{(x_{bc}-x_i)^2+(y_{bc}-y_i)^2}(x-x_{bc})-$$

$$\left.\frac{1}{\sigma_i^{\ 2}}\Theta_i\frac{x_{bc}-x_i}{(x_{bc}-x_i)^2+(y_{bc}-y_i)^2}(y-y_{bc})+\frac{1}{2\sigma_i^{\ 2}}\Theta_i^{\ 2}\right\} \tag{8.66}$$

将式(8.66)右端分别对 x、y 求偏导数,并令之为0,则得

$$\frac{\partial G(x,y)}{\partial x}=\sum_{i=1}^{n}\left\{\frac{1}{\sigma_i^{\ 2}}\left(\frac{y_{bc}-y_i}{(x_{bc}-x_i)^2+(y_{bc}-y_i)^2}\right)^2(x-x_{bc})-\right.$$

$$\frac{1}{\sigma_i^{\ 2}}\frac{y_{bc}-y_i}{(x_{bc}-x_i)^2+(y_{bc}-y_i)^2}\frac{x_{bc}-x_i}{(x_{bc}-x_i)^2+(y_{bc}-y_i)^2}(y-y_{bc})+$$

$$\left.\frac{1}{\sigma_i^{\ 2}}\Theta_i\frac{y_{bc}-y_i}{(x_{bc}-x_i)^2+(y_{bc}-y_i)^2}\right\}=0$$

$$\frac{\partial G(x,y)}{\partial y}=\sum_{i=1}^{n}\left\{\frac{1}{\sigma_i^{\ 2}}\left(\frac{x_{bc}-x_i}{(x_{bc}-x_i)^2+(y_{bc}-y_i)^2}\right)^2(y-y_{bc})-\right.$$

$$\frac{1}{\sigma_i^{\ 2}}\frac{y_{bc}-y_i}{(x_{bc}-x_i)^2+(y_{bc}-y_i)^2}\frac{x_{bc}-x_i}{(x_{bc}-x_i)^2+(y_{bc}-y_i)^2}(x-x_{bc})-$$

$$\left.\frac{1}{\sigma_i^{\ 2}}\Theta_i\frac{x_{bc}-x_i}{(x_{bc}-x_i)^2+(y_{bc}-y_i)^2}\right\}=0$$

再令

$$a_1=\sum_{i=1}^{n}\frac{1}{2\sigma_i^{\ 2}}\left(\frac{y_{bc}-y_i}{(x_{bc}-x_i)^2+(y_{bc}-y_i)^2}\right)^2$$

$$a_2=\sum_{i=1}^{n}\frac{1}{2\sigma_i^{\ 2}}\left(\frac{x_{bc}-x_i}{(x_{bc}-x_i)^2+(y_{bc}-y_i)^2}\right)^2$$

$$a_3=\sum_{i=1}^{n}\frac{1}{\sigma_i^{\ 2}}\frac{y_{bc}-y_i}{(x_{bc}-x_i)^2+(y_{bc}-y_i)^2}\frac{x_{bc}-x_i}{(x_{bc}-x_i)^2+(y_{bc}-y_i)^2}$$

$$a_4=\sum_{i=1}^{n}\frac{1}{\sigma_i^{\ 2}}\Theta_i\frac{y_{bc}-y_i}{(x_{bc}-x_i)^2+(y_{bc}-y_i)^2}$$

$$a_5=\sum_{i=1}^{n}\frac{1}{\sigma_i^{\ 2}}\Theta_i\frac{x_{bc}-x_i}{(x_{bc}-x_i)^2+(y_{bc}-y_i)^2}$$

可以得到

$$\begin{cases}2a_1(x-x_{bc})-a_3(y-y_{bc})=-a_4\\ a_3(x-x_{bc})-2a_2(y-y_{bc})=-a_5\end{cases}$$

从而解得

$$\begin{cases}\hat{x}_T{}^B = x_{bc} + \dfrac{2a_2a_4 - a_3a_5}{a_3^2 - 4a_1a_2} \\ \hat{y}_T{}^B = y_{bc} + \dfrac{-2a_1a_5 + a_3a_4}{a_3^2 - 4a_1a_2}\end{cases} \tag{8.67}$$

此估计位置$(\hat{x}_T{}^B, \hat{y}_T{}^B)$即为目标位置坐标点的近似贝叶斯点估计。

8.3.3.2　近似贝叶斯区域估计

注意式(8.62)和式(8.66),可知后验概率密度$\pi(x,y|\theta_1,\theta_2,\cdots,\theta_n)$近似为二元正态分布概率密度,即

$$\begin{aligned}&\pi(x,y|\theta_1,\theta_2,\cdots,\theta_n) \approx N(x,y|\theta_1,\theta_2,\cdots,\theta_n) \\ &= c \times \exp(-A(x-\hat{x}_T{}^B)^2 + 2B(x-\hat{x}_T{}^B)(y-\hat{y}_T{}^B) - C(y-\hat{y}_T{}^B)^2)\end{aligned} \tag{8.68}$$

式中:系数A、B和C的表达式分别为

$$A = \sum_{i=1}^{n} \frac{1}{\sigma_i{}^2}\left(\frac{\hat{y}_T{}^B - y_i}{(\hat{x}_T{}^B - x_i)^2 + (\hat{y}_T{}^B - y_i)^2}\right)^2$$

$$B = \sum_{i=1}^{n} \frac{1}{\sigma_i{}^2} \frac{\hat{y}_T{}^B - y_i}{(\hat{x}_T{}^B - x_i)^2 + (\hat{y}_T{}^B - y_i)^2} \frac{\hat{x}_T{}^B - x_i}{(\hat{x}_T{}^B - x_i)^2 + (\hat{y}_T{}^B - y_i)^2}$$

$$C = \sum_{i=1}^{n} \frac{1}{2\sigma_i{}^2}\left(\frac{\hat{x}_T{}^B - x_i}{(\hat{x}_T{}^B - x_i)^2 + (\hat{y}_T{}^B - y_i)^2}\right)^2$$

再注意式(8.68)右端指数部分表示定位误差的二次多项式服从χ^2分布,于是很容易得到目标定位点(x,y)的贝叶斯区域估计[8]为

$$\xi = A(x-\hat{x}_T{}^B)^2 + 2B(x-\hat{x}_T{}^B)(y-\hat{y}_T{}^B) + C(y-\hat{y}_T{}^B)^2 \leqslant k_\alpha \tag{8.69}$$

式中:k_α为置信概率为$1-\alpha$的$\chi^2(\xi,2)$分布上分位点。

式(8.69)表示的是一平面椭圆区域,其长轴a和短轴b分别为

$$\begin{cases}a = \max\{\sqrt{k_\alpha/(A\cos^2\beta + B\sin 2\beta + C\sin^2\beta)}, \sqrt{k_\alpha/(A\sin^2\beta - B\sin 2\beta + C\cos^2\beta)}\} \\ b = \min\{\sqrt{k_\alpha/(A\cos^2\beta + B\sin 2\beta + C\sin^2\beta)}, \sqrt{k_\alpha/(A\sin^2\beta - B\sin 2\beta + C\cos^2\beta)}\}\end{cases} \tag{8.70}$$

椭圆旋转角β的计算分两种情形讨论:

(1) 若$B=0$,则无需作旋转变换,此时由式(8.70)可以得到

$$\frac{(x-\hat{x}_0{}^B)^2}{(\sqrt{k_\alpha/A})^2} + \frac{(y-\hat{y}_0{}^B)^2}{(\sqrt{k_\alpha/C})^2} = 1$$

① 当$\sqrt{k_\alpha/A} \geqslant \sqrt{k_\alpha/C}$时,$a=\sqrt{k_\alpha/A}$,$b=\sqrt{k_\alpha/C}$,$\beta=0$。

② 当$\sqrt{k_\alpha/A} < \sqrt{k_\alpha/C}$时,$a=\sqrt{k_\alpha/C}$,$b=\sqrt{k_\alpha/A}$,$\beta=\pi/2$。

(2) 若$B\neq 0$,此时需要作旋转变换,且对于A和C还需要分三种情形讨论:

① 当$A=C$时,若$B>0$,则取$\beta=\pi/4$;若$B<0$时,取$\beta=-\pi/4$。

② 当$\sqrt{k_\alpha/A} > \sqrt{k_\alpha/C}$时,则有

$$\cot 2\beta = \frac{A-C}{2B}$$

即

$$\beta = \frac{1}{2}\operatorname{arccot}\left\{\frac{A-C}{2B}\right\} \tag{8.71}$$

③ 当$\sqrt{k_\alpha/A} < \sqrt{k_\alpha/C}$时,则有

$$\beta = \frac{\pi}{2} + \frac{1}{2}\operatorname{arccot}\left\{\frac{A-C}{2B}\right\} \tag{8.72}$$

k_α 的取值依据$\chi^2(\xi,2)$分布表求取,当 $\alpha = 0.5, 0.25, 0.1, 0.05$ 时,k_α 分别取为 1.39,2.77,4.61,5.99。

根据式(8.69)~式(8.72)式可以确定(x,y)的线性近似贝叶斯区域估计,即给出了近似贝叶斯估计的置信概率为 $1-\alpha$ 的估计误差变化范围。

8.4 小　结

本章系统地阐述了平面多站纯方位测量目标的三角定位法、最小二乘定位方法和贝叶斯定位方法的基本原理和算法,通过仿真实验和验证结果对它们之间的联系和优缺点进行了分析。针对二站、三站和多站纯方位目标定位方法,特别是贝叶斯点估计与三角定位法之间的联系与区别进行了分析和探讨。得出的结论是:多站纯方位目标定位的贝叶斯区域估计比传统的三角定位和最小二乘定位方法具有突出的优点,其在定位误差分析中具有独特的效用,特别适合于定位精度分析与工程实践中优化布站应用。

参考文献

[1] Motti Gavish, Antony J. Weiss, performance analysis of bearing - only target location algorithms, IEEE Transactions on aerospace and electronic systems, Vol. 28(3), 1992: 817 - 828.

[2] Richard A. Poisel. Electronic warfare target location methods[M]. second edition, Boston: ARTECH HOUSE, 2012.

[3] Ong, W S, Tan, K M. Bearing Line Signal Analysis, The Technical Report of DSO National Laboratories, Singapore, December 2003.

[4] David L. Adamy. 通信电子战[M]. 楼才义,译. 北京:电子工业出版社,2010.

[5] 修建娟,何友,王宏国. 纯方位系统中的定位模糊区分析[J]. 系统工程与电子技术,2005,27(8):1391 - 1393.

[6] 王洪迅,弥小溪,皇甫惠栋. 交叉定位模糊区的精确几何分析[J]. 电光与控制,2012,19(3):17 - 21.

[7] 王洪迅,王星,乔庆刚. 对航空测向交叉定位模糊区面积的研究[J]. 现代防御技术,2012,40(3):120 - 124.

[8]　张瑞华．二维纯方位目标跟踪算法与应用[D]．上海交通大学,硕士学位论文,2011.

[9]　谭维茜．多站纯方位被动跟踪粒子滤波算法研究[D]．南京理工大学,硕士学位论文,2009.

[10]　王本才,王国宏,何友．多站纯方位无源定位算法研究进展[J]．电光与控制,2012,19(5):56-63.

[11]　茆诗松,汤银才．贝叶斯统计[M]．北京:中国统计出版社,2012.

[12]　吴玲,刘忠,卢发兴．用于双基地雷达目标定位的全局收敛高斯-牛顿法[J],系统工程与电子技术,2004,6(1):30-34.

[13]　李成章,黄玉民．数学分析(下册)[M],天津:南开大学出版社,1999.

[14]　吕林根,许子道．解析几何[M],北京:高等教育出版社,2005.

[15]　钟子发．通信对抗测向原理[M]．中国人民解放军电子工程学院,174~180.

[16]　王铭三．通信对抗原理[M]．北京:解放军出版社,2000.

[17]　Rhea, Randall W. Oscillation Design and Computer Simulation, Second Edition[M]. Ailanta: Noble Publishing, 1995, 73~78.

[18]　Ross W. The Estimation of the Probable Accuracy of High Frequency Radio Direction - Finding Bearings [J]. J. IEE, Vol. 94, Part III, March 1947, 722~725.

[19]　Bailey A D. HF direction - of - Arrival Studies over a Medium Range Path(452Kni)[J]. Proc. conf. HF Radio Propagation, Urbana, IL: University of illinois, June 2~4, 1969, 13~30.

[20]　Ross W. The Calibration of Four. Aerial Adcock Direction Finder[J]. Proc. IEE, Wireless Section, 1939, 14: 299.

[21]　Horner E. Some Experiments on the Accuracy of Bearings Taken on an Aural - Null Direction Finder[J]. Paper No. 868, Institute of Electrical Engineers, August 1949, 359~365.

[22]　Smith F W. Estimation of Emitter Location from Aircraft - Collected Bearing Measurements[J]. SESW - G811, Sylvania Electronics Systems, March 1969.

[23]　Wiley R G. Electronic Intelligence: the Interception of Radar Signals[M]. Norwood, MA: Artech House, 1985, 110~112.

[24]　Torrieri D J. Statistical Theory of Passive Location Systems[J]. IEEE Trans. Aerospace and Electronic Systems, 1984, AES-20(2): 183~198.

[25]　Sparanga J, Goeh A. Huber, Bullock G. Passive ECM Emitter Location Techniques [J]. Microwave J., May 1971, pp: 45~50, 74.

[26]　Harrington, Jar Jies B. DF System Calibration and Correction Techniques [J]. Watkins - Johnson Co., Palo Alto, CA, Tech - Notes. 1982, 9(2).

第9章　基于视觉感知的图像融合及融合质量评价

人类从外部世界感知信息的80%是通过视觉实现的,而图像是人类视觉对现实场景感知的主要呈现形式,图像传感器则是对人类视觉系统感知能力的延伸和扩展。因此,一幅图像反映客观场景或目标的真实性、准确性和深刻性取决于人类对该图像观察和理解的效果,也就是说图像质量与人类视觉感知特征是密不可分的,不存在人类视觉感知之外的超然图像质量。

另一方面,由于单一介质的图像传感器只能提供一种探测机理的图像特征,如红外传感器能探测目标红外辐射特征,有源雷达能获取目标对电磁波的反射视频特征,可见光传感器(CCD)能获取目标对可见光反射的表面特征等。因此,只有通过多介质、多分辨率图像融合(互补或增强),才能得到对现实场景/目标的全面、准确、完整的感知和一致理解。因此,融合图像的质量涉及所采用的多介质源图像的特征和质量。例如,对红外图像与可见光图像的融合来说,红外图像中的目标特征来自热辐射源,表现为目标与背景的能量差,而可见光图像则能展现出目标表面的细节特征,表现为图像灰度分布方差,这两类源图像特征在融合图像中是互补的,在应用上主要用于目标识别领域。对于同介质多分辨率图像融合或特征接近的异介质图像融合来说,融合图像表现为对同类特征的增强,在应用上主要用于弱信号目标的检测(发现)领域。

此外,融合图像的质量既取决于其对源图像特征信息的覆盖程度(或损失程度),又依赖于所采用的融合规则、融合算法和评价指标,因此,对融合图像质量的评估与单一介质图像的质量评估有很大不同。从选择适宜的融合图像质量评价指标来说,既涉及源图像的介质特征,又涉及融合图像的应用领域,而它们与对融合图像的视觉感知密切相关,可以说人类视觉感知效果是选择融合图像质量评价指标的依据和基准。因此,在文献[1]第8章向读者介绍图像融合概念与方法的基础上,本书在本章中继续向读者介绍基于视觉感知的图像融合及融合图像质量评价有关内容。

9.1节介绍目前常用的融合图像质量定量评价指标;9.2节描述了文献[2]建立的基于人类视觉感知的多尺度图像融合方法和实验验证;9.3节建立了基于结构相似度的融合图像质量评价模型、加权机制,并进行了实验验证;9.4节设计了基于区域信息相似度的融合图像质量评价指标,并给出了实验验证结果;9.5节描述了基于频谱分析和图像融合的红外弱信号目标增强方法和实验验证,以实现红外弱信号目标的尽早发现。

本章是基于文献[2]所提出的图像融合质量评估指标选择、评估算法和实验验证结果形成的,由于多介质图像融合领域的研究刚刚起步,融合质量指标的选择和评估方法/技术更是凤毛麟角。本章的目的在于抛砖引玉,以期推进该领域的技术发展。

9.1　常用融合图像质量定量评价指标

本节介绍10类常用的融合图像质量定量评价指标,为以后各节应用提供依据。

1. 均方误差

融合图像 F 与参考图像 R 间的均方误差(Mean Square Error,MSE)定义为

$$\mathrm{MSE}=\frac{1}{M\times N}\sum_{i=1}^{M}\sum_{j=1}^{N}\left(R(i,j)-F(i,j)\right)^2 \tag{9.1}$$

式中:$R(i,j)$ 为参考图像 R 在 (i,j) 处的灰度级;$F(i,j)$ 为融合图像 F 在 (i,j) 处的灰度级;M、N 分别为图像的宽度和高度。MSE越小,说明融合图像越接近于参考图像,融合质量越高。

2. 峰值信噪比

融合图像 F 与参考图像 R 的峰值信噪比(Peak - to - peak Signal - to - Noise Ratio,PSNR)定义为

$$\mathrm{PSNR}=10\lg\frac{255\times255}{\mathrm{RMSE}^2} \tag{9.2}$$

式中:$\mathrm{RMSE}=\sqrt{\mathrm{MSE}}$;255是指图像中像素的最大灰度级(这里假设 F 和 R 是256色灰度图像,灰度级为0~255),PSNR越大说明融合效果和质量越好。

3. 互信息

互信息(Mutual Information,MI)表征了一幅图像包含另一幅图像内容的多少。根据Qu的定义,融合图像 F 与源图像 A、B 之间的互信息计算公式为[3]

$$\mathrm{MI}_F^{AB}=\sum_{f,a}p_{FA}(f,a)\lg\frac{p_{FA}(f,a)}{p_F(f)p_A(a)}+\sum_{f,b}p_{FB}(f,b)\lg\frac{p_{FB}(f,b)}{p_F(f)p_B(b)} \tag{9.3}$$

式中:$p_{FA}(f,a)$ 和 $p_{FB}(f,b)$ 分别为源图像 A、B 与融合图像 F 间的联合灰度概率分布;$p_A(a)$、$p_B(b)$ 和 $p_F(f)$ 分别为源图像 A、B 与融合图像 F 的边缘灰度概率分布。互信息量越大,说明融合图像从源图像提取的信息越多,融合效果也越好。

4. 基于Tsallis熵的互信息

Tsallis熵[1]是香农熵的一种单参数一般形式,文献[5]用Tsallis熵取代香农熵,重新定义源图像 A,B 与融合图像 F 的互信息(记为 MI_T)为

$$\mathrm{MI}_T=\frac{I^q(F,A)+I^q(F,B)}{H^q(A)+H^q(B)-I^q(A,B)},q\neq1 \tag{9.4}$$

$$I^q(X,Y) = \frac{1}{1-q}\left(1 - \sum_{x,y} \frac{p(x,y)^q}{(p(x)p(y))^{q-1}}\right) \tag{9.5}$$

$$H^q(X) = (1-q)^{-1}\left(\sum_i x_i^q - 1\right) \tag{9.6}$$

MI_T 越大,表明融合图像质量越好。

5. 基于 Renyi 熵的互信息

Renyi 熵[6]是香农熵的另一种单参数一般化表示形式。根据文献[7]的定义,源图像 A、B 与融合图像 F 的 Renyi 互信息(记为 MI_R)为

$$MI_R = R_{Re}(F,A) + R_{Re}(F,B) \tag{9.7}$$

$$R_{Re}(X,Y) = \frac{I_{FF}^{\alpha}(X;X) + I_{SS}^{\alpha}(Y;Y)}{I_{FF}^{\alpha}(X;X) + I_{SS}^{\alpha}(Y;Y) - I_{FS}^{\alpha}(X;Y)} \tag{9.8}$$

$$I_{XY}^{\alpha}(X;Y) = \frac{1}{\alpha-1}\lg\left(\sum_{x,y} p_{XY}(x,y)^{\alpha} \cdot (p_X(x) \cdot p_Y(y))^{1-\alpha}\right) \tag{9.9}$$

式中:$\alpha \geqslant 0$,且 $\alpha \neq 1$;当 $\alpha \to 1$ 时,Rényi 熵退化为香农熵。

MI_R 越大,表明融合图像质量越好。

6. 基于互信息和熵驱动的四叉树分解的局部化互信息

Hossny 等人提出的基于互信息和熵驱动的四叉树分解的局部化互信息(LMI)包括以下几个步骤[8]。

步骤 1:对源图像进行熵驱动的四叉树分解。

如果某图像块 x 的熵 $H(x) \geqslant \varepsilon_x$,则用四叉树分解 $Q(x)$ 把 x 分成四个等大的部分$\{x_1, x_2, x_3, x_4\}$,再对每个 $x_i|_{i=1,2,3,4}$ 循环应用熵检查和再分解,即

$$Q^W(x) = \begin{cases} \cup_{i=1}^{4} Q^W(x_i) & \text{当 } H(X) \geqslant \varepsilon_x^W \\ \{x\} & \text{其他} \end{cases} \tag{9.10}$$

式中:$\varepsilon_x^W = \frac{1}{|W|}\sum_{w \in W} H(X \mid w)$;$|W|$为局部子图像总数。

由于不能保证熵近似的图像在整个空间维上具有相同的信息分布,算法对每个图像分解后,把得到的拓扑映射到另一幅图像上,以使它们彼此具有相似的块大小。

步骤 2:根据上一步的分解结果,重新定义互信息。

$$I_{W,\alpha}^{Q}(X,Y) = \sum_{X_i \in Q^W(X)} \frac{d(X_i)^{\alpha} I(X_i,Y_i)}{2D_{\alpha}(X)} + \sum_{Y_i \in Q^W(Y)} \frac{d(Y_i)^{\alpha} I(X_i,Y_i)}{2D_{\alpha}(Y)} \tag{9.11}$$

式中:$\alpha \in \{-1,0,1\}$,用来调节每个图像区域的权重;$d(\cdot)$表示图像块的大小;$D_{\alpha}(\cdot)$为四叉树分解后图像中所有加权块大小的和,即

$$D_{\alpha}(x) = \sum_{x_i \in Q(x)} d(x_i)^{\alpha}$$

步骤 3:综合第二步的计算结果,得最终评价指标。

$$LMI = I_{W,\alpha}^{Q}(A,F) + I_{W,\alpha}^{Q}(B,F) \tag{9.12}$$

LMI 越大,表示融合图像质量越高。

7. 边缘保持度

Xydeas 等人[9]根据人眼对图像中的灰度梯度变化更为敏感的特性提出了一个指标，通过计算从源图像转移到融合图像中的边缘信息量来估计融合图像质量。对大小为 $M\times N$ 的图像 A、B 和融合图像 F，其边缘保持度（Edge Preservation，EP）定义为

$$\mathrm{EP}=\frac{\sum_{i=1}^{M}\sum_{j=1}^{N}\left(Q^{AF}(i,j)w^{A}(i,j)+Q^{BF}(i,j)w^{B}(i,j)\right)}{\sum_{i=1}^{M}\sum_{j=1}^{N}\left(w^{A}(i,j)+w^{B}(i,j)\right)} \tag{9.13}$$

式中：$Q^{AF}(i,j)$ 和 $Q^{BF}(i,j)$ 分别是 F 对 A 和 B 的边缘信息保持值；$w^{A}(i,j)$ 和 $w^{B}(i,j)$ 为两幅源图像边缘信息的权重。

EP 反映了图像的边缘信息，其取值范围为[0,1]，“0”表示源图像中的边缘信息全部丢失，而“1”表示融合图像包含了源图像中的全部信息。EP 越大，说明融合图像的边缘信息越丰富，融合效果越好。

8. 空间频率

图像的空间频率（Spatial Frequency，SF）定义为[10]

$$\mathrm{SF}=\sqrt{(RF)^2+(CF)^2} \tag{9.14}$$

$$\mathrm{RF}=\sqrt{\frac{1}{M\times N}\sum_{i=1}^{M}\sum_{j=2}^{N}\left[I(i,j)-I(i,j-1)\right]^2} \tag{9.15}$$

$$\mathrm{CF}=\sqrt{\frac{1}{M\times N}\sum_{j=1}^{N}\sum_{i=2}^{M}\left[I(i,j)-I(i-1,j)\right]^2} \tag{9.16}$$

式中：RF 和 CF 分别是图像的行频率和列频率。

9. G. Piella 的结构相似度

在文献[11]中，Wang 等人首次提出结构相似性这一概念，用相关性失真、亮度失真和对比度失真这三个分量对图像失真建模，构造了通用图像质量索引（Universal Image Quality Index，UIQI），对参考图像 X 和待测图像 Y，其相似度定义为

$$Q(X,Y)=\frac{4\sigma_{xy}\overline{x}\overline{y}}{(\overline{x}^2+\overline{y}^2)(\sigma_x^2+\sigma_y^2)}=\frac{\sigma_{xy}}{\sigma_x\sigma_y}\cdot\frac{2\overline{x}\overline{y}}{\overline{x}^2+\overline{y}^2}\cdot\frac{2\sigma_x\sigma_y}{\sigma_x^2+\sigma_y^2} \tag{9.17}$$

在文献[12]中，Wang 等人对 UIQI 做了改进，提出结构相似度（Structural Similarity，SSIM）指标：

$$\begin{aligned}\mathrm{SSIM}(X,Y)&=[l(x,y)]^{\alpha}\cdot[c(x,y)]^{\beta}\cdot[s(x,y)]^{\gamma}\\&=\left(\frac{2\overline{x}\overline{y}+C_1}{\overline{x}^2+\overline{y}^2+C_1}\right)^{\alpha}\cdot\left(\frac{2\sigma_x\sigma_y+C_2}{\sigma_x^2+\sigma_y^2+C_2}\right)^{\beta}\cdot\left(\frac{\sigma_{xy}+C_3}{\sigma_x\sigma_y+C_3}\right)^{\gamma}\end{aligned} \tag{9.18}$$

式中：$l(x,y)$、$c(x,y)$ 和 $s(x,y)$ 这三个分量分别对应亮度、对比度和相关性相似度。参数 α、β 和 γ 用于调节各个分量的相对重要性。引入小常数 C_1、C_2 和 C_3 是为避免分母接近于 0 时导致不稳定。

基于 UIQI,Piella 和 Heijmans 提出了三个新的融合图像质量评价指标[13]:

$$Q_G(A,B,F) = \frac{1}{|W|}\sum_{w \in W}(\lambda(w)Q(A,F \mid w) + (1-\lambda(w))Q(B,F \mid w)) \tag{9.19}$$

$$Q_{GW}(A,B,F) = \sum_{w \in W} c(w)(\lambda(w)Q(A,F \mid w) + (1-\lambda(w))Q(B,F \mid w)) \tag{9.20}$$

$$Q_{GE}(A,B,F) = Q_{GW}(A,B,F)^{1-\alpha} \cdot Q_{GW}(A',B',F')^{\alpha} \tag{9.21}$$

其中,局部图像显著度为

$$\lambda(w) = \frac{s(A|w)}{s(A|w) + s(B|w)} \tag{9.22}$$

式中:$s(A|w)$和$s(B|w)$分别为图像A、B在窗口w内的方差。式(9.20)中的系数$c(w)$表示窗口内的总体显著性,即

$$c(w) = \max(s(A \mid w), s(B \mid w)) / \left(\sum_{w' \in W}(s(A \mid w'), s(B \mid w'))\right) \tag{9.23}$$

式(9.21)中,$Q_{GW}(A',B',F')$是对A、B和F的边缘图像A'、B'和F'按照式(9.20)计算得到的结果。参数α用来调节边缘信息在评价结果中所占比例。

10. Yang 的结构相似度

在文献[14]中,Yang 等人基于 SSIM,考虑源图像之间的冗余信息问题,提出了一种新的融合图像质量评价指标:

$$Q_Y = \begin{cases} \lambda(w)\mathrm{SSIM}(A,F|w) + (1-\lambda(w))\mathrm{SSIM}(A,F|w) & \mathrm{SSIM}(A,B|w) \geqslant 0.75 \\ \max\{\mathrm{SSIM}(A,F|w), \mathrm{SSIM}(B,F|w)\} & \mathrm{SSIM}(A,B|w) < 0.75 \end{cases} \tag{9.24}$$

式中:$\lambda(w)$的定义同式(9.22)。

9.2 基于视觉感知的图像融合

对多尺度图像融合方法而言,在选定多尺度分解技术之后,融合的速度和融合图像的质量在很大程度上取决于所选用的融合规则,可以说,融合规则是多尺度图像融合技术的关键。目前对多尺度图像融合规则的研究大多集中在高频分量上,对低频分量的融合,多采用简单加权平均法或邻域取大法进行选择。由图像"稀疏"分解理论可知,经多尺度分解所得的图像高频部分仅体现图像中的点线奇异性,即图像中的灰度突变点或边缘等细节信息;而低频部分则是原始图像的模糊近似图像,其集中了源图像的大部分能量和信息。因此,若把多尺度分解所得的高频部分略去,只保留低频部分,然后进行多尺度反变换,仍可以恢复出大致的图像,即图像的有用内容主要体现在图像的低频分量中。这样一来,正确选择

低频分量的融合规则,对提高融合图像的信息量,改善融合图像的视觉效果起着至关重要的作用。人类视觉系统(Human Visual System,HVS)研究表明,其通常对图像中的显著(更能引起视觉注意的)区域更为关注[15-17],按视觉显著区域选择融合系数,更符合视觉感知需求。本节基于 Itti 视觉注意计算模型[18],结合图像的固有特性和融合应用特点,综合利用亮度、颜色、方向等多种图像特征,提取图像中的显著目标,建立了一种基于视觉显著区域的多尺度图像融合方法,具体描述如下。

9.2.1　源图像视觉显著图提取

正确获取图像中的视觉显著区域,是本节提出算法的关键。这里以红外和可见光源图像 A、B 融合为例,基于 Itti 视觉注意计算模型(图 9.1)提取单一源图像的视觉显著图,具体步骤和实现方法如下。

步骤 1:分别对两源图像进行线性滤波,得到其对比度、方向、亮度特征显著图,如图 9.1 虚线以上部分所示。

(1) 建立对比度特征显著图:先用高斯金字塔对源图像进行 5 层滤波(Itti 模型在 9 个尺度上进行图像细节提取,由于源图像分辨率不是很高,若分解尺度过多,则产生的图像过小,甚至无法完成全部滤波过程,实验表明[2],采用 5 层分解,既能降低计算量,也能够充分提取图像中的高频细节),对滤波结果应用文献[18]中的“中心—周边”逐层求差法得到源图像的对比度显著特征点分布,再应用文献[19]的熵阈值法分割得到源图像的对比度特征图。

(2) 建立方向特征显著图:先用有向 Gabor 滤波器[18]在{0°,45°,90°,135°}四个方向对源图像滤波,将滤波结果加和得到源图像的方向显著特征点分布,再对其应用熵阈值法分割生成方向特征图。

(3) 建立亮度特征显著图:先用均值滤波器对源图像进行平滑,以消除噪声和灰度突变的影响,再对平滑后的图像直接应用熵阈值法分割生成源图像的亮度特征图。

用上述方法获得的三个特征图均为二值图像。

步骤 2:对第一步得到的三个单特征图求交集(由于 HVS 通常要综合多个图像特征判断图像内容的显著性,因而本算法仅在三个特征都标记某点为显著点时,才认为其为视觉显著点),如图 9.1 虚线以下部分所示。

分别对两源图像应用上述两步操作,即得到相应的初始视觉显著区域映射图,记作 Map$A$ 和 Map$B$。

步骤 3:确定最终视觉显著区域划分。由于不同源图像的成像特性可能不同,对应区域像素的物理意义也可能不同甚至相反,为避免干扰,需要把两源图像显著图中出现重叠的部分提取出来,若 $S\text{public} = \text{Map}_A \cap \text{Map}_B \neq \varnothing$(非空),则其即为两源图像共有的显著区域。两源图像各自独有显著区域为:Smap$A$ = Map$A$ − Spublic,Smap$B$ = Map$B$ − Spublic。

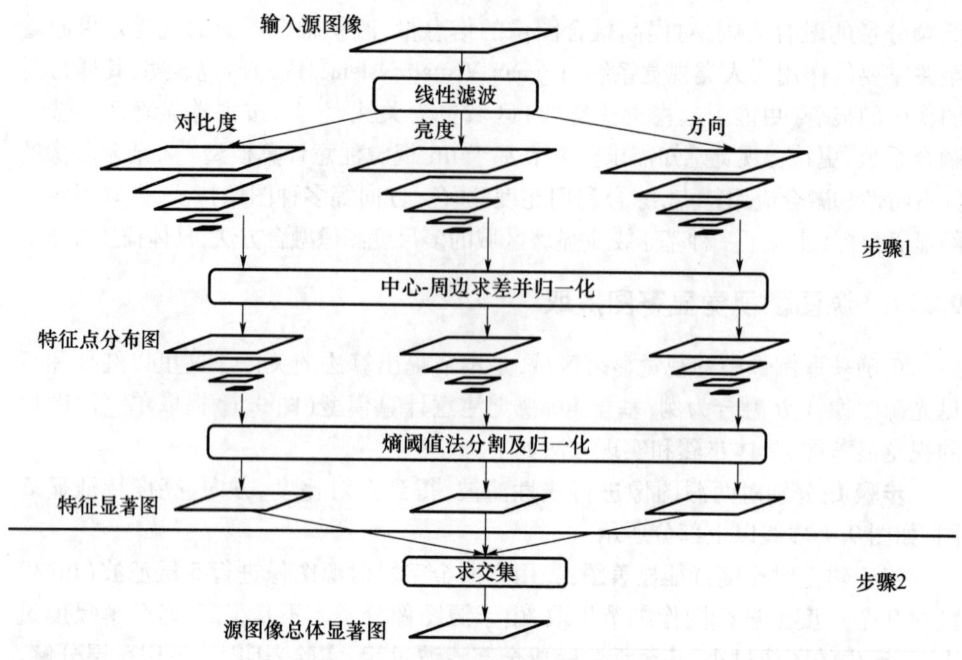

图 9.1　Itti 的视觉注意计算模型

两幅源图像的视觉显著图构造流程如图 9.2 所示。

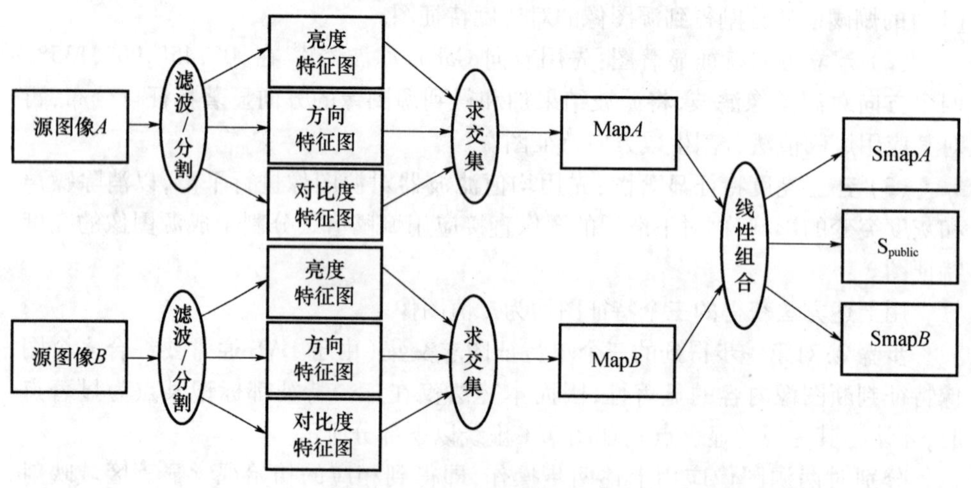

图 9.2　视觉显著图构造流程

9.2.2　基于视觉显著图的多尺度图像融合

9.2.2.1　改进的低频系数融合规则

本节算法主要关注低频部分的融合规则。以两源图像 A、B 融合为例，在 9.2.1 节得到的视觉显著区域基础上，设计低频部分的融合规则如下。

对低频图像中的每个点i,若

(1) Smap$A(i)=1$,表明该点对应的区域为源图像A的视觉显著区域,融合图像F在该点的低频系数取源图像A中对应点的低频系数。

(2) Smap$B(i)=1$,表明该点所在区域为源图像B的视觉显著区域,融合图像F在该点的低频系数取源图像B中对应点的低频系数。

(3) 若 Spublic$(i)=1$,表明该点对应区域在两源图像中都显著,为不丢失信息,取两源图像对应点低频系数的均值作为融合图像F在该点的低频系数。

(4) i不属于任意源图像的显著区域,即i为非显著点,则先计算两源图像的邻域方差,邻域方差大者,表示该源图像在点i所属区域内的细节较邻域方差低者丰富,取其对应源图像的低频系数作为融合图像F在点i的低频系数,即

$$F_L(i)=\begin{cases}A_L(i) & \text{Smap}A(i)=1 \quad \text{或} \quad i\text{非显著点且}\ \sigma_n^A(i)\geqslant\sigma_n^B(i)\\ \mathrm{B}_L(i) & \text{Smap}B(i)=1 \quad \text{或} \quad i\text{非显著点且}\ \sigma_n^A(i)<\sigma_n^B(i)\\ (A_L(i)+B_L(i))/2 & \text{Spublic}(i)=1\end{cases} \tag{9.25}$$

式中:$A_L(i)$、$B_L(i)$、$F_L(i)$分别为两源图像和融合图像在点i处的低频系数;$\sigma_n^A(i)$和$\sigma_n^B(i)$分别为两源图像在i点8邻域内的标准差。

9.2.2.2　改进的多尺度融合算法

在9.2.1节得到的视觉显著区域划分和上述低频系数融合规则基础上,本节提出一种基于视觉显著区域划分的多尺度图像融合方法,其实现步骤如下(算法实现流程示意如图9.3所示)。

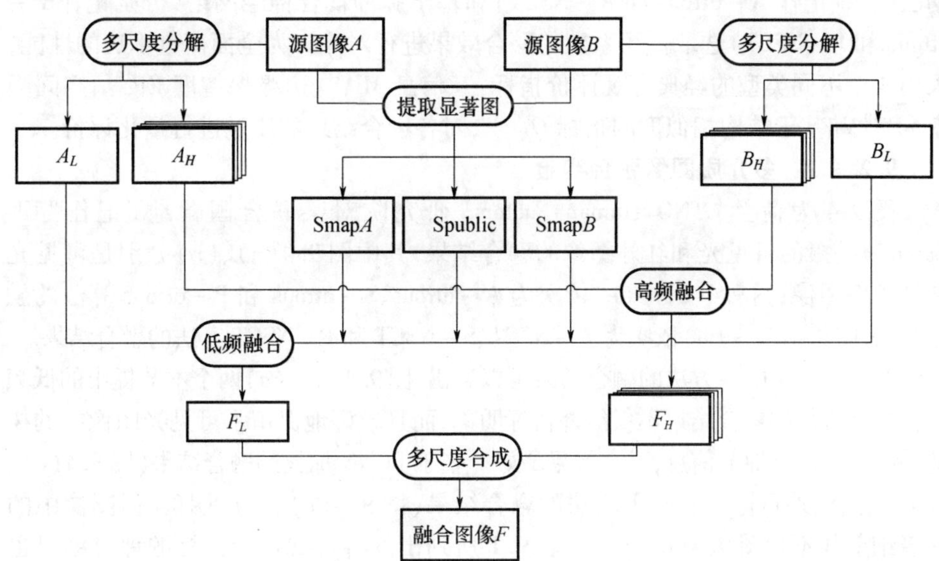

图9.3　基于视觉显著图的图像融合算法实现流程

(1) 对源图像A、B分别按照第9.2.1节的方法进行处理,提取其独有视觉显

著区域 Smap$A$、Smap$B$ 和公共显著区域 Spublic，并计算两源图像中非显著区域的 8 邻域标准差。

（2）利用多尺度分解算法对两源图像进行多尺度分解，得到其高频分量 $\{A_H\}$、$\{B_H\}$ 及低频分量 A_L 和 B_L。

（3）对高频分量，采用绝对值取大法，得到融合后的高频系数 $\{F_H\}$，即

$$F_H = \max\{\mathrm{abs}(A_H), \mathrm{abs}(B_H)\} \tag{9.26}$$

（4）对低频分量，按照式(9.25)选择融合系数 F_L。

（5）对所得的融合系数进行多尺度反变换，重构出融合图像 F。

在多尺度融合算法中，选用 àtrous 小波[20]和非下采样轮廓波变换（Nonsubsampled Contourlet Transform）[21]这两种多尺度变换技术，它们由于采用非下采样分解，具有平移不变性，不会导致块赝像[22]（Blocking Artifact，是指由于编码率降低而在图像块的边缘出现编码不连续，从而使重建图像出现明显缺陷），融合效果优于离散小波变换（DWT）[23]、轮廓波变换（CT）[24]等基于下采样分解的多尺度融合方法。采用 9.2.2.1 节的融合规则选择低频融合系数，按照图 9.3 所示的步骤进行图像融合，所得的本节融合方法分别记作 S－àtrous 和 S－NSCT。

9.2.3 实验结果与分析

我们设计了两组实验，采用文献[25]提供的已配准源图像，分别利用多介质图像和多聚焦图像对 9.2.2.2 节建立的融合方法性能进行检验，并与基于加权平均法（分别记作 A－àtrous 和 A－NSCT）和基于脉冲耦合神经网络（分别记作 P－àtrous 和 P－NSCT）选取低频系数的融合效果进行对比。为全面衡量算法的性能，采用 4 个不同类型的经典客观评价指标：互信息 MI[3]、边缘保持度 EP[9]、空间频率 SF[10] 和基于结构相似度的指标 Q_G[13]，对各融合结果的质量进行量化评价。

9.2.3.1 多介质图像融合实验

图 9.4 为荷兰“TNO Human Factors”研究院对某联合国营地（记作“UN Camp”）拍摄的可见光和红外图像的融合结果，其中图 9.4(a)、(b)分别是可见光和红外源图像；图 9.4(c)～(e)依次为 A－àtrous、S－àtrous 和 P－àtrous 算法的融合结果；图 9.4(f)～(h)依次为 A－NSCT、S－NSCT 和 P－NSCT 算法的融合结果。

观察图 9.4 中各方法的融合结果可以看出，图 9.4(d)、(g)两个本节提出的低频融合规则所得的融合结果不仅红外目标明确，而且较好地保留了可见光图像中的树丛、栅栏、道路等细节信息，融合效果最好。基于 PCNN 加权的融合结果（图 9.4(e)、(h)）虽然红外目标较基于平均法的融合结果（图 9.4(c)、(f)）明确，但图像中的环境细节却不如图 9.4(c)、(f)。表 9.1 所列出的各客观评价指标的评分结果也与上述视觉感知效果一致，认为基于本节融合规则的两种融合算法 S－àtrous 和 S－NSCT融合效果最优，基于 PCNN 的两种算法 P－àtrous 和 P－NSCT 最差。这表明用 PCNN 选取融合系数不太适用于夜视图像融合应用。

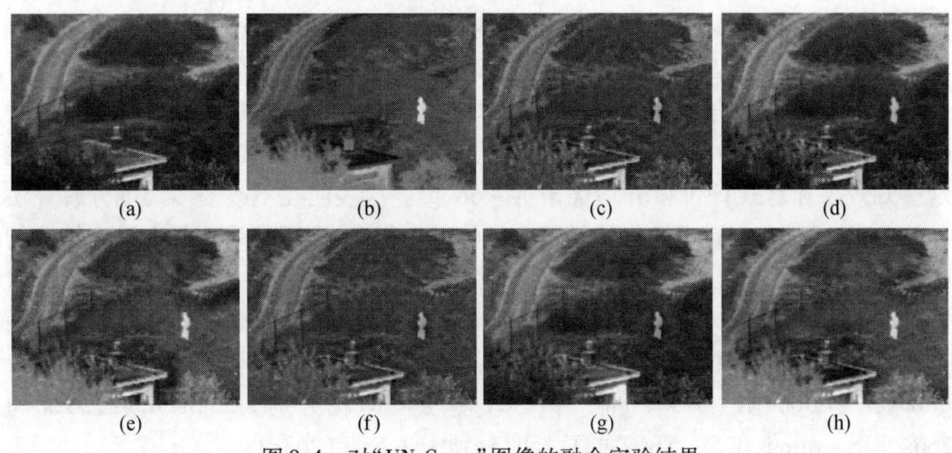

图9.4　对“UN Camp”图像的融合实验结果

(a) 可见光源图像；(b) 红外源图像；(c) A－àtrous；(d) S－àtrous；(e) P－àtrous；(f) A－NSCT；(g) S－NSCT；(h) P－NSCT。

图9.5以图9.4(a)为例展现了可见光图像经àtrous小波和NSCT多尺度分解结果，其中图9.5(a)～(e)依次为àtrous小波分解所得的低频子带（近似图像）和自底到高各层高频子带图像，图9.5(f)为NSCT分解所得低频子带图像，由于NSCT分解采用的方向滤波器数随分解层数增加而增加，四层分解共得到43幅高频子带图像，限于篇幅，在此自低到高依次从每层选其第一个方向的子图像列于图9.5(g)～(j)。从图9.5可以看到，原图像的总体结构、亮度等信息都保留在低频子带中，各高频子带仅包含原图像中的梯度细节，且高频子带所包含的信息量随分解层数递减。图9.6为图9.4(a)、(b)的视觉显著区域提取过程图。

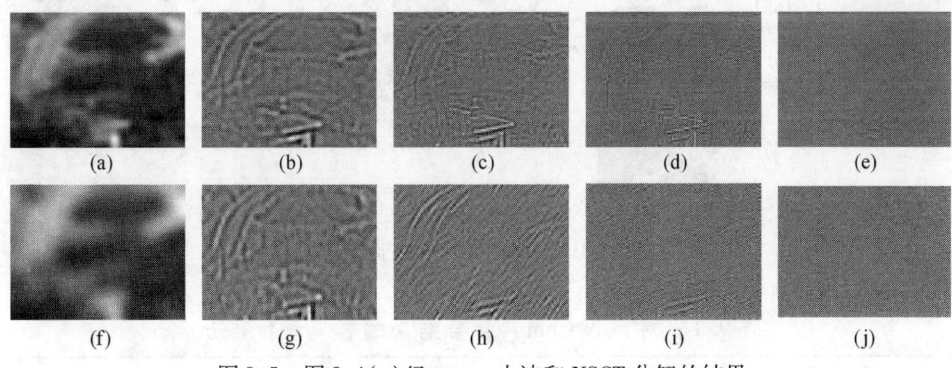

图9.5　图9.4(a)经àtrous小波和NSCT分解的结果

(a) àtrous近似图像；(a) àtrous一层分解；(c) àtrous二层分解；(d) àtrous三层分解；(e) àtrous四层分解；(f) NSCT近似图像；(g) NSCT一层分解；(h) NSCT二层分解；(i) NSCT三层分解；(j) NSCT四层分解。

表9.1为空间频率SF、互信息MI、边缘保持度EP、结构相似度Q_G等4个客观评价指标对各融合算法产生的融合图像质量的量化打分。各指标的得分越大，表示融合图像的质量越高，融合算法的性能越好。从表9.1可以看出，各指标对本

节融合算法 S - àtrous 和 S - NSCT 产生的融合图像的量化打分均高于其他 4 种算法。从表 9.1 还可以看到,多尺度分解算法的选择也影响融合图像的质量。对红外与可见光图像融合应用而言,尽管 NSCT 能够提取更多高频细节,A - NSCT 的融合效果却不如 A - àtrous。但应用本节融合规则后,S - NSCT 所得融合图像的主观感知效果和客观评价得分均优于 A - àtrous。这表明在不改变多尺度分解算法的情况下,通过本节算法优化其低频分量的融合规则,即可有效改善多尺度算法的融合效果。而且本节所采用的视觉显著区域构造过程由于仅采用了线性滤波,增加的时间耗费很小。对较为复杂的多尺度融合算法如 NSCT,本步骤增加的时耗甚至可以忽略不计(对"UN Camp"源图像,显著图构造过程耗时约 0.37s,A - àtrous、P - àtrous、A - NSCT 和 P - NSCT 算法的时耗分别为 2.3s、4.4s、262s 和 266s,而S - àtrous和 S - NSCT 的总耗时分别为 2.5s 和 263s)。

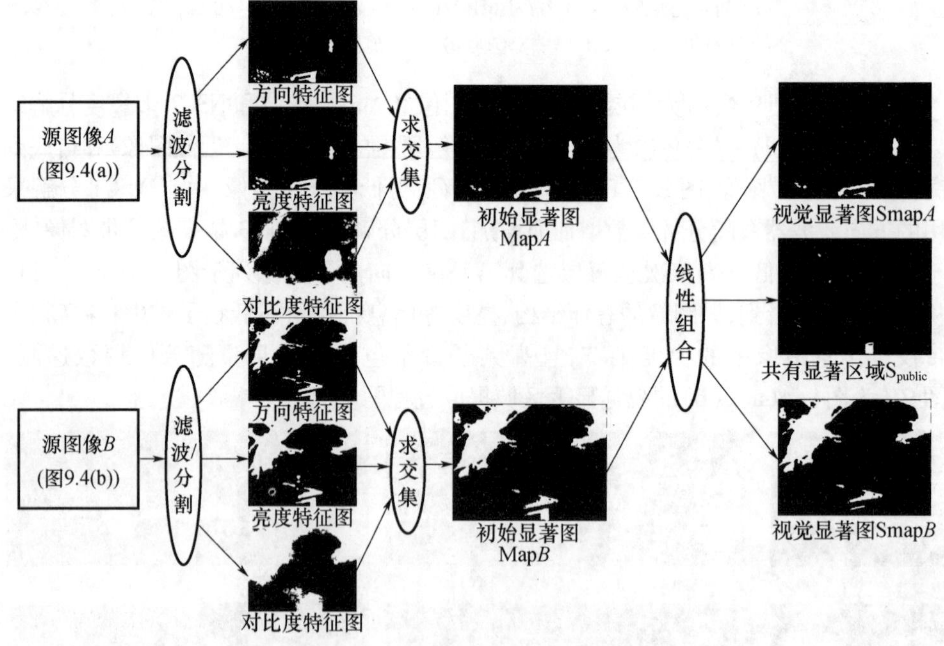

图 9.6 "UN Camp"图像的视觉显著区域

表 9.1 对"UN Camp"融合结果的客观评价得分

评价指标	融合算法					
	A - àtrous	S - àtrous	P - àtrous	A - NSCT	S - NSCT	P - NSCT
SF	6.2940	6.4782	6.2438	6.0685	6.3007	6.1296
MI	1.4387	2.5785	1.8631	1.4374	2.5619	1.8154
EP	0.4801	0.5260	0.4668	0.4725	0.5257	0.4679
Q_G	0.6227	0.6568	0.5893	0.6285	0.6739	0.6032

9.2.3.2　多聚焦图像融合实验

这里利用多聚焦图像融合检验本节融合方法的性能。多聚焦图像融合的目的是把两源图像中聚焦清晰的内容转移到融合图像中。由于多聚焦源图像通常在相同光照条件下获取,成像结果亮度差异较小,不能体现不同源图像的差异。对多聚焦图像而言,聚焦部分的高频细节较丰富,而离焦部分由于低通滤波效应损失了大量高频细节信息。由于图像的梯度恰恰反映了图像的高频细节变化,因而在对多聚焦图像提取视觉显著区域时,用梯度特征取代亮度特征更符合视觉感知。梯度特征的提取方法如下:

先用 Sobel 梯度算子对源图像滤波,提取其梯度显著点,即图像中梯度变化剧烈的点、线段和轮廓,再用8邻域多数滤波法去掉孤立点,由于图像的聚焦区域通常只有一个,且满足凸壳性,为避免遗漏聚焦区域内部细节,对梯度图应用文献[26]的方法,找到图中所有梯度显著点的凸壳区域,以此作为源图像的梯度特征图。

得到梯度特征图后,结合源图像的对比度特征图和方向特征图,依照9.2.1节的第二步和第三步,构造出视觉显著区域,按照9.2.2.1节的融合规则嵌入两种多尺度融合算法进行融合。融合结果见图9.7。其中,图9.7(a)、(b)分别是对左侧和右侧时钟聚焦所得的源图像,图9.7(c)~(h)分别为A-àtrous、S-àtrous、P-àtrous、A-NSCT、S-NSCT和P-NSCT等6种融合算法的融合结果。表9.2为5个客观评价指标对各融合结果的质量打分。为便于对比不同算法的融合效果,在图9.8(a)~(f)中放大显示了图9.7(c)~(h)融合图像的部分细节。

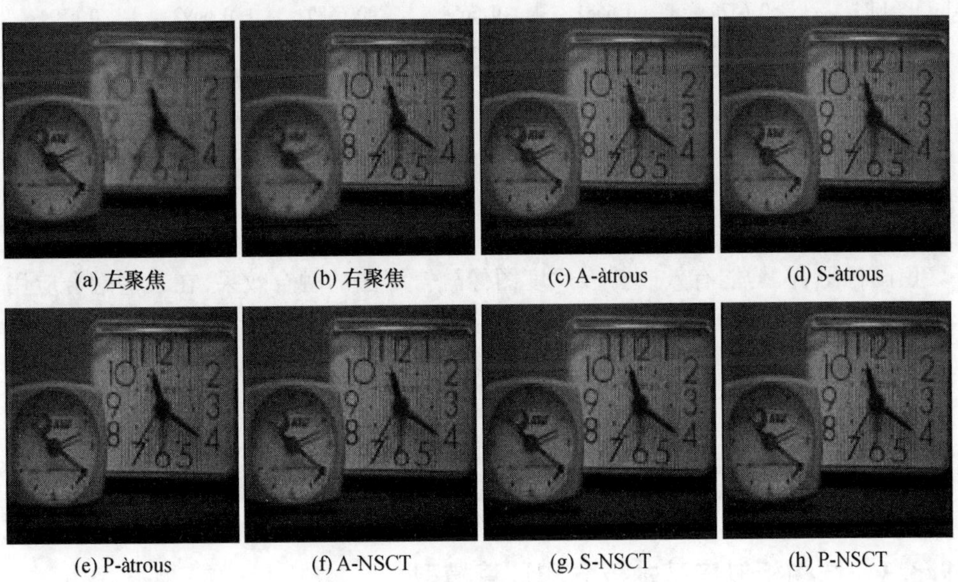

(a) 左聚焦　(b) 右聚焦　(c) A-àtrous　(d) S-àtrous

(e) P-àtrous　(f) A-NSCT　(g) S-NSCT　(h) P-NSCT

图9.7　多聚焦图像融合实验结果

由图 9.7 可以看出,对多聚焦图像而言,三类融合算法都能较好地体现两源图像中的聚焦部分,但观察图 9.8 中的细节则会发现,基于平均法和 PCNN 选择低频系数的两种融合模式,都在图像左侧边缘产生了明显赝相(图 9.8(a)、(c)、(d)和(f)中左侧类似纸张卷曲的纵向凸起),而基于本节融合规则的两种算法所得融合结果(图 9.8(b)、(e))则要好得多,尤其是图 9.8(e)几乎没有产生可见赝像。因而,对多聚焦图像而言,6 种算法的融合效果由优到劣依次为:S – NSCT > S – àtrous > P – NSCT > P – àtrous > A – NSCT > A – àtrous,表 9.2 中的客观评价得分也肯定了这一判断。

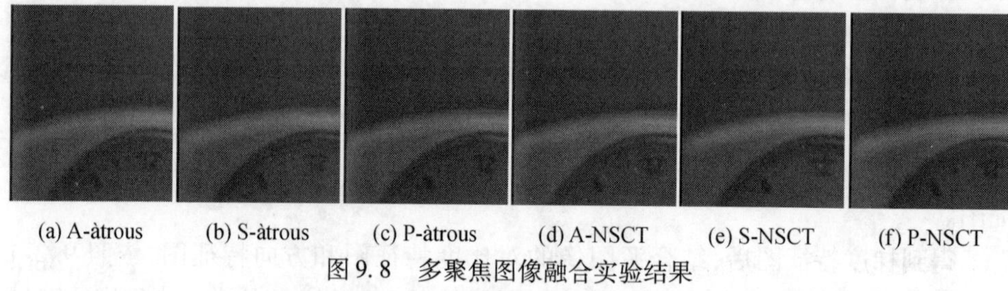

(a) A-àtrous (b) S-àtrous (c) P-àtrous (d) A-NSCT (e) S-NSCT (f) P-NSCT

图 9.8 多聚焦图像融合实验结果

表 9.2 对多聚焦图像融合结果的客观评价得分

评价指标	融合算法					
	A – àtrous	S – àtrous	P – àtrous	A – NSCT	S – NSCT	P – NSCT
SF	2.8084	2.8448	2.8333	2.8126	2.8881	2.8403
MI	6.4241	6.6199	6.4419	6.4277	6.8702	6.4383
EP	0.6576	0.6681	0.6654	0.6589	0.6692	0.6594
Q_G	0.7197	0.7682	0.7495	0.7337	0.7805	0.7538

以上实验表明,尽管不同融合应用对多尺度分解算法和融合规则的偏好有所差异(如红外与可见光图像采用 S – àtrous 融合效果较好,而多聚焦图像采用 S – NSCT 融合效果较好),但与基于平均法和神经网络激励的融合规则相比,本节提出的基于视觉显著区域的低频融合规则,无论对多介质传感器图像融合,还是多聚焦图像融合,均能有效改善多尺度图像融合算法的融合效果,在某些融合应用中甚至能以少量时间代价得到优于更复杂融合算法的结果。多聚焦实验还表明,在选取视觉特征时,需要结合源图像的物理特性进行选择,以得到有效的视觉显著区域划分。

9.3 基于结构相似度的融合图像质量评价

9.3.1 结构相似度基本概念和计算模型

自然图像具有特定的结构,像素间有很强的相关性,特别是空间邻近的像素,这种相关性蕴含着视觉场景中有关物体结构的重要信息[12]。而HVS对视野中的结构信息很敏感，因而，可以通过度量结构信息的变化来近似获取图像的感知质量。结构相似性理论是一种自顶向下的度量方法，它不是通过累加与心理物理学简单感知模型有关的误差来估计图像质量，而是直接度量图像中视觉感知结构的失真，这种直接估计两个复杂信号间结构差异的方式，在一定程度上降低了自然图像内容复杂性及多通道相关对图像质量评价效果的影响。

结构相似度SSIM指标是结构相似性理论的具体实现。其基本原理如下：人视觉感知的物体表面亮度（Luminance）实际上是照度（Illumination）与反射系数（Reflectanc）的乘积，但场景内物体的结构体现物体的固有物理特征（如高、宽等），其与光照彼此独立。为便于考察图像中结构信息的损失，结构相似度理论将物体结构信息定义为独立于平均亮度和对比度等光照属性的另一种物体属性，并在此基础上将图像失真建模为亮度、对比度和结构信息这三个不同因素的组合。设 $\boldsymbol{x}$ 和 $\boldsymbol{y}$ 为两个已经严格配准的非负图像信号，则 $\boldsymbol{x}$ 和 $\boldsymbol{y}$ 之间的结构相似度的计算流程如图9.9所示[12]。

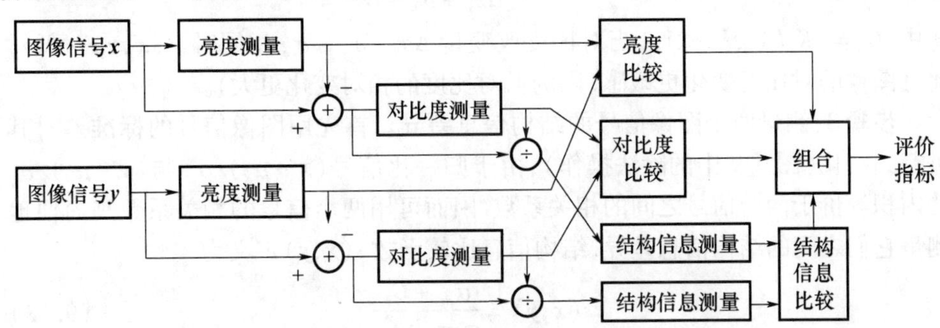

图9.9　结构相似度测量的实现流程

若将图像信号 $\boldsymbol{x}$ 作为基准图像信号，则 $\boldsymbol{x}$ 和 $\boldsymbol{y}$ 之间的结构相似度可看作是图像信号 $\boldsymbol{y}$ 的量化质量。图9.9中的结构相似度算法把两信号间的相似度测量分为亮度、对比度和结构信息三部分分别进行测量比较。

步骤1：比较两图像信号之间的亮度差异。对离散图像信号，图像的亮度用平均灰度表示，即

$$\mu_x = \frac{1}{N}\sum_{i=1}^{N} x_i \tag{9.27}$$

亮度差异 $l(\boldsymbol{x},\boldsymbol{y})$ 即定义为 μ_x 和 μ_y 的函数，即

$$l(\boldsymbol{x},\boldsymbol{y}) = \frac{2\mu_x\mu_y + C_1}{\mu_x^2 + \mu_y^2 + C_1} \tag{9.28}$$

式中：引入小常数 $C_1 = (K_1L)^2$ 是为避免当 $\mu_x^2 + \mu_y^2$ 接近于0时导致不稳定。其中 $K_1 \ll 1$，L 为图像像素值的动态范围（对8位灰度图像，$L = 255$）。

根据Weber法则，HVS对相对亮度变化敏感，但对绝对亮度变化不敏感。设

R 表示图像亮度相对于背景亮度的改变量，则失真信号 $\boldsymbol{y}$ 的亮度可表示为 $\mu_y = (1+R)\mu_x$，代入式(9.28)，得

$$l(\boldsymbol{x},\boldsymbol{y}) = \frac{2(1+R)+C_1/\mu_x^2}{1+(1+R)^2+C_1/\mu_x^2} \tag{9.29}$$

若 C_1 足够小，则 $l(\boldsymbol{x},\boldsymbol{y})$ 就是 R 的函数，与 Weber 法则一致。

步骤2：比较两图像信号的对比度差异。首先从图像信号中减去平均灰度(图9.9中的减操作)，对离散图像信号，减操作得到的信号 $\boldsymbol{x}-\mu_x$ 相当于原信号矢量 $\boldsymbol{x}$ 在 $\sum_{i=1}^{N} x_i = 0$ 定义的超平面上的投影。

算法用标准差估计图像的对比度，离散信号标准差的无偏估计定义为

$$\sigma_x = \left(\frac{1}{N-1}\sum_{i=1}^{N}(x_i-\mu_x)^2\right)^{\frac{1}{2}} \tag{9.30}$$

则两个信号的对比度差异 $c(\boldsymbol{x},\boldsymbol{y})$ 为

$$c(\boldsymbol{x},\boldsymbol{y}) = \frac{2\sigma_x\sigma_y+C_2}{\sigma_x^2+\sigma_y^2+C_2} \tag{9.31}$$

式中：$C_2=(K_2L)^2$，$K_2 \ll 1$。当对比度改变量 $\Delta\sigma = \sigma_y - \sigma_x$ 相同时，$c(\boldsymbol{x},\boldsymbol{y})$ 对低对比度图像的对比度变化更敏感(因为低对比度的相对变化更大)。

步骤3：测量两个图像信号的结构信息差异。首先用图像信号的标准差对其进行归一化(图9.9中的除法操作)，由于归一化信号 $(\boldsymbol{x}-\mu_x)/\sigma_x$ 与 $(\boldsymbol{y}-\mu_y)/\sigma_y$ 的内积等价于两个信号之间的相关系数，因而可用两个信号的相关系数来简便地测量它们之间的结构信息差异，结构信息比较函数 $s(\boldsymbol{x},\boldsymbol{y})$ 定义为

$$s(\boldsymbol{x},\boldsymbol{y}) = \frac{\sigma_{xy}+C_3}{\sigma_x\sigma_y+C_3} \tag{9.32}$$

$$\sigma_{xy} = \frac{1}{N-1}\sum_{i=1}^{N}(x_i-\mu_x)(y_i-\mu_y) \tag{9.33}$$

小常数 C_3 用以避免分母接近于零时导致不稳定。

把式(9.29)、式(9.31)和式(9.32)组合起来，即可得图像信号 $\boldsymbol{x}$ 和 $\boldsymbol{y}$ 之间的结构相似度：

$$\mathrm{SSIM}(\boldsymbol{x},\boldsymbol{y}) = [l(x,y)]^{\alpha}\cdot[c(x,y)]^{\beta}\cdot[s(x,y)]^{\gamma} \tag{9.34}$$

式中：参数 α、β 和 γ 用于调节各个分量的相对重要性。

由于考虑了 HVS 的感知特性，SSIM 方法对自然图像失真的评价结果非常接近于人的视觉感知，而且实现复杂度较低，可用性较强，评价性能显著优于 MSE、PSNR、MI 等方法，因而问世后很快进入融合图像质量评价领域，迅速成为融合图像质量评价领域的研究热点[13,14,27]。但 SSIM 没有考虑 HVS 的其他生理特征，而且融合图像质量评价与自然图像质量评价在标准和目标上存在着较大差异，直接套用 SSIM 很难得到令人满意的评价结果，许多学者尽管尝试了多种加权方式对 SSIM 指标进行改进[28-30]，效果仍不尽人意[31]。

基于上述理解,本节紧密结合自然图像质量评价指标,针对红外与可见光图像融合,从人类视觉注意机制出发,利用多种可视图像特征对图像进行区域划分,再结合不同区域对应源图像的物理特性和图像融合任务需求,设置区域结构相似度权重,构造了一种新的无参融合图像质量评价指标。

9.3.2　视觉注意加权的融合图像结构相似度

经典结构相似度指标[12]采用固定大小滑动窗口计算图像质量,这种方法在一定程度上能够反映图像结构的局部不稳定性,但实际图像中关注区域的形状通常是不规则的,固定窗口割裂了内容相关的图像区域,而且经典结构相似度指标把所有区域平等对待也是不合理的。HVS 研究表明,在观察和理解图像内容时,图像中不同区域对视觉感知的贡献并不一样,那些显著(更能引起视觉注意的)区域通常更受关注。实验表明,合理利用图像的区域特征可有效改善图像融合或融合图像质量评价算法的性能[32-35]。在计算图像质量指标时,应当根据各区域的不同物理特性和对视觉感知的贡献区别对待,以反映人的视觉感知。

本节针对红外与可见光图像融合应用,首先根据文献[18]提出的视觉注意计算模型,结合源图像的对比度、方向、亮度等多个特征,提取出各源图像的视觉显著图(Visual Saliency Map);再针对融合任务需求和不同显著区域对应源图像的物理特性,构造区域显著度权重;结合结构相似度理论,建立了一种基于视觉注意加权的红外与可见光融合图像结构相似度质量评价方法,具体描述如下。

9.3.2.1　提取源图像显著区域

视觉显著图的获取流程与 9.2.1 节基本相同,但由于本节侧重考察融合图像的质量评价,因而在确定最终视觉显著区域划分时采用了与 9.2.1 节第三步不同的如下规则:

确定源图像的最终视觉显著图。对于红外与可见光图像融合,首先要提取红外图像中的热目标,并在此基础上,尽可能多地保留可见光图像中的细节信息。因此,在确定源图像的视觉显著区域时,应首先保证红外图像中显著目标的完整性,再提取细节显著区域。设 A 为红外源图像,B 为可见光源图像,则若 $\mathrm{Map}A \cap \mathrm{Map}B \neq \varnothing$(非空),则两源图像的最终视觉显著图为:$\mathrm{Smap}A = \mathrm{Map}A$,$\mathrm{Smap}B = \mathrm{Map}B - \mathrm{Map}B \cap \mathrm{Map}B$。相应的视觉显著图获取流程如图 9.10 所示。

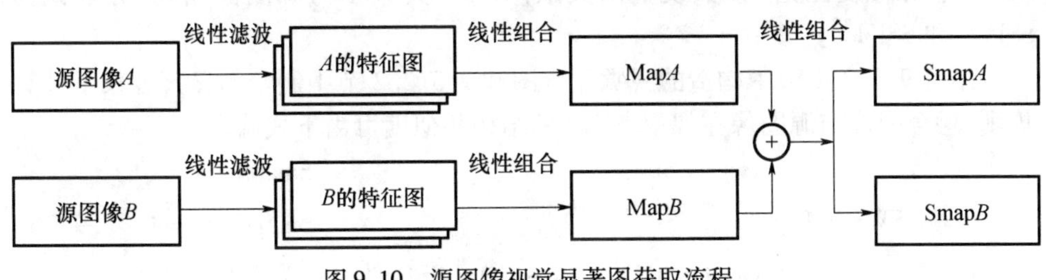

图 9.10　源图像视觉显著图获取流程

9.3.2.2 计算显著度权重

由于来自不同成像设备的源图像通常具有不同物理意义，且对不同图像融合应用，人们关注的目标也不同，因此，在评价图像融合质量时，应针对融合任务需求和源图像的物理特性计算和设置不同区域的显著度权重。若A为红外源图像，B为可见光源图像，基于构造的源图像视觉显著图，对融合图像进行区域划分时，不同显著区域内每个点处的显著度权重由如下规则决定。

对融合图像中的每个像素点i，若

(1) $\mathrm{Smap}_A(i)=1$，表明该点位于源图像A的视觉显著区域中，即i属于红外图像中的热目标区域，该区域的融合图像应取自红外源图像A。由于热目标通常呈现明显的高能量特征且具有不可分割性，因而用融合图像F与源图像A在对应区域内的能量之比作为该点处的显著度权重。

(2) $\mathrm{Smap}B(i)=1$，表明该点位于源图像B的视觉显著区域中，即i属于可见光图像细节区域，对应区域的融合图像应取自可见光源图像B。由于图像的空间频率反映图像的细节丰富程度，因而用融合图像F与源图像B在该点处的空间频率之比作为其显著度权重。

(3) 若i不属于任一源图像的显著区域，即i为非显著点，则好的融合算法应尽量多地保留两源图像中的有效信息。对此类区域，通过计算两源图像的信息熵，来确定各源图像的显著度权重。

以上三条显著度权重计算规则可公式化为

$$w_i=\begin{cases}\mathrm{EN}_k^F/\mathrm{EN}_k^A & \mathrm{Smap}A(i)=1\text{ 且 }i\in\text{区域 }k\\ \mathrm{SF}_i^F/\mathrm{SF}_i^B & \mathrm{Smap}B(i)=1\\ H_r^A/(H_r^A+H_r^B) & i\text{ 为非显著点且 }i\in\text{区域 }r\end{cases}\tag{9.35}$$

式中：$\mathrm{EN}_k^j=\sum_{i\in k}f_j^2(i)$表示图像$j$在区域$k$内的能量，$f_j(i)$表示图像$j$中点$i$处像素的灰度值，$j=A,F$。$\mathrm{SF}_i^l$为图像$l$在点$i$处的空间频率，$l=B,F$。$H_r^s$为源图像$s$在区域$r$内的信息熵，$s=A,B$。

9.3.2.3 视觉注意加权的融合图像结构相似度

由于红外与可见光图像融合应用通常没有标准参考图像，这里不妨将源图像A、B作为融合图像F的参考图像，利用式(9.34)和滑动窗口法分别计算出A、B与F的结构相似度图谱（参数设置同文献[12]），其大小与源图像相同，分别记为SSIM^{AF}和SSIM^{BF}。

结合9.3.2.1节中构造的视觉显著图和9.3.2.2节中制定的显著度权重计算规则，融合图像与源图像在像素点i处的结构相似度可由下式确定：

$$\mathrm{SWSSIM}_i=\begin{cases}w_i\cdot\mathrm{SSIM}_i^{AF} & \mathrm{Smap}A(i)=1\\ w_i\cdot\mathrm{SSIM}_i^{BF} & \mathrm{Smap}B(i)=1\\ w_i\cdot\mathrm{SSIM}_i^{AF}+(1-w_i)\cdot\mathrm{SSIM}_i^{BF} & i\text{ 为非显著点}\end{cases}\tag{9.36}$$

若融合图像的高、宽分别为 M 和 N 个像素，则其全局结构相似度为

$$\mathrm{SWSSIM} = \frac{1}{MN}\sum_{i=1}^{MN}\mathrm{SWSSIM}_i \tag{9.37}$$

9.3.3　实验结果与分析

为验证本节提出的融合图像质量评价指标的有效性，采用文献[25]提供的红外与可见光源图像序列进行实验，其中包括8个不同场景，涵盖营地、道路、人物、房屋、舰船、林地等不同类型目标，分别用加权平均法(Ave)、离散小波变换(DWT)、拉普拉斯金字塔(LP)、对比度金字塔(CP)和比率金字塔(RP)方法进行融合，其中后四种多尺度融合算法均进行4层分解，采用低频平均、高频取大的融合策略。(限于篇幅，此处仅给出其中的"UN Camp"场景红外与可见光源图像的融合结果，对其他源图像的实验结果没有列出)。采用互信息(MI)[3]、边缘保持度(EP)[9]、空间频率(SF)[10]以及Piella[13]和Yang[14]分别基于SSIM提出的指标 Q_G 和 Q_Y 等5种客观评价指标与本节建立的基于视觉注意加权的融合图像结构相似度评价指标进行对比。

图9.11为"UN Camp"场景可见光和红外源图像用五种融合算法得到的融合图像及两源图像的视觉显著图。其中，图9.11(a)、9.11(b)分别是红外和可见光源图像，图9.11(c)~(g)分别是Ave、DWT、LP、CP和RP方法的融合图像，图9.11(h)~(i)分别为两源图像的视觉显著图。

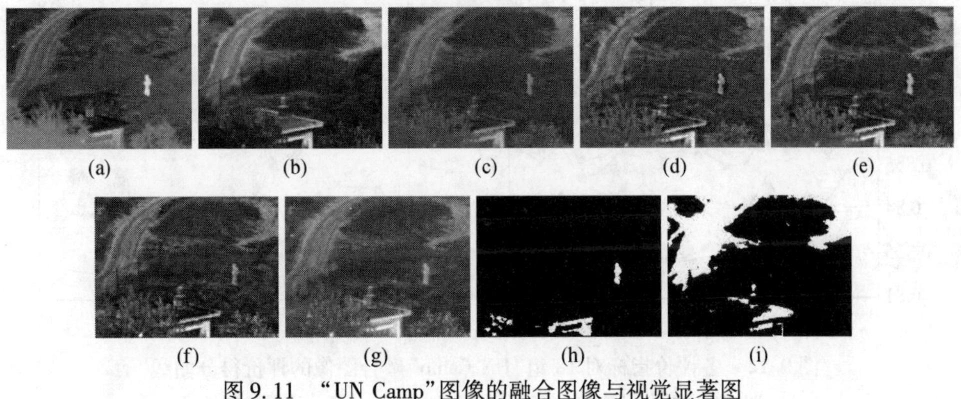

图9.11　"UN Camp"图像的融合图像与视觉显著图
(a) 红外源图像；(b) 可见光源图像；(c) Ave；(d) DWT；(e) LP；
(f) CP；(g) RP；(h) (a)的显著图；(i) (b)的显著图。

观察图9.11中各融合图像可看出，DWT、LP和CP这三种基于多尺度变换的图像融合算法均能有效提取红外源图像中的"人物"目标和可见光图像中的房屋、道路、树丛等细节信息，融合效果远优于另外两种方法；CP算法所得融合图像既完整保留了红外热目标，又较好地保留了环境细节，总体可视效果最好；LP和DWT的融合效果相近，LP稍优于DWT；RP方法所得的融合图像视觉效果明显不如前述三种多尺度融合方法，但优于Ave融合算法生成的图像。综合12位研究人员的主观

排名均值(这些参试人员均有着正常视力,了解相关图像融合知识,在相同硬件设置和光照条件下进行观察判断)。列于表 9.3最后一行,得分数值越大表示融合效果越好,这五种算法所得融合图像质量的优劣排名为:CP > LP > DWT > RP > Ave。

图 9.12 为各评价指标对 18 组"UN Camp"场景可见光和红外源图像由以上五种融合方法所得融合图像的质量评价得分曲线。

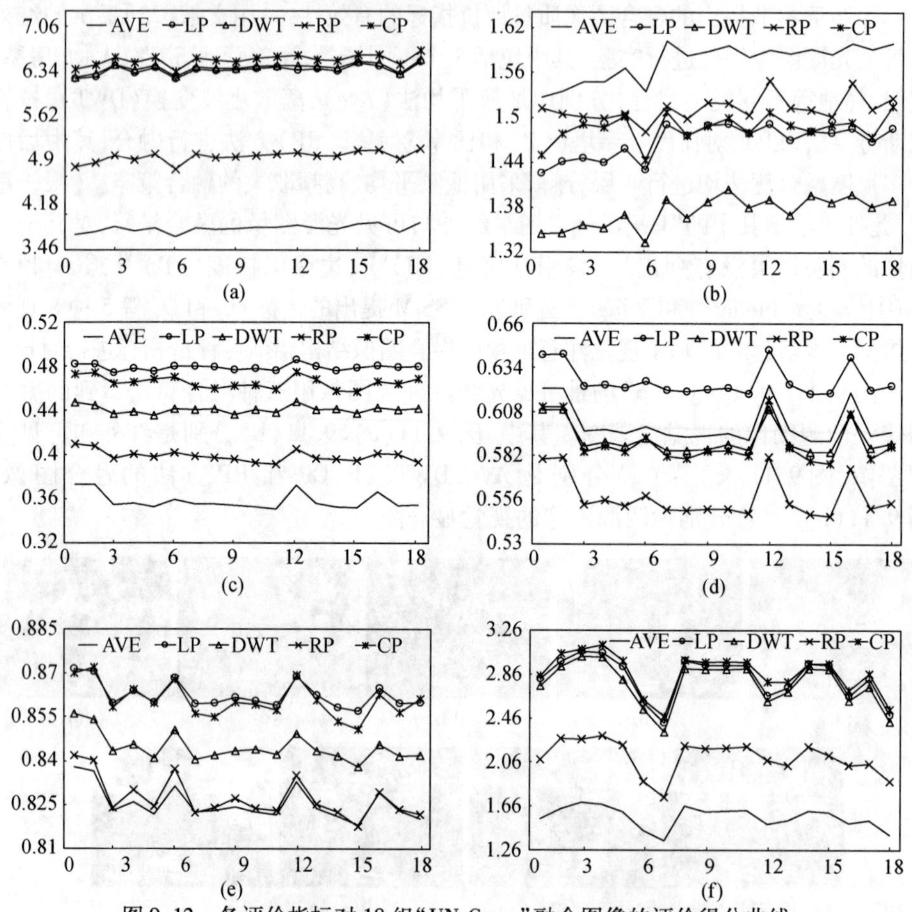

图 9.12 各评价指标对 18 组"UN Camp"融合图像的评价得分曲线

(a) SF 对 18 组融合图像的评价得分;(b) MI 对 18 组融合图像的评价得分;
(c) EP 对 18 组融合图像的评价得分;(d) Q_G 对 18 组融合图像的评价得分;
(e) Q_Y 对 18 组融合图像的评价得分;(f) 本节指标对 18 组融合图像的评价得分。

表 9.3 "UN Camp"图像各融合结果的质量评价得分

评价指标	融合算法				
	Ave	DWT	LP	CP	RP
SF	3.2718	5.4844	5.4683	5.9804	4.5484
MI	1.5967	1.3953	1.5021	1.4526	1.5292

（续）

评价指标	融合算法				
	Ave	DWT	LP	CP	RP
EP	0. 3684	0. 4517	0. 4884	0. 4259	0. 4082
Q_G	0. 6146	0. 6044	0. 6405	0. 5712	0. 5723
Q_Y	0. 8391	0. 8598	0. 8758	0. 8413	0. 8415
本节指标	1. 6611	2. 9435	2. 9533	2. 9896	2. 2074
主观排名得分	1. 3	3. 3	3. 4	5	2

观察图 9. 12 和表 9. 3 中各客观评价指标的得分可看出，MI 认为 Ave 融合图像质量最佳，EP、Q_G 和 Q_Y 都把 LP 评为最优，均与主观感知不符。仅有空间频率 SF 和本节提出的融合图像质量评价指标能正确识别 CP 算法产生的最优融合图像，但空间频率认为 DWT 略优于 LP，与主观评价相反。对比主观打分结果可看出，本节提出的利用视觉显著图对结构相似度加权的评价方法所得结论与主观感知结果一致，说明其是一种有效的客观图像融合评价方法。此外，考虑到夜视图像的成像环境通常能见度较低，数字成像设备要通过提高感光度来缩短聚焦时间、提高成像清晰度，这使得夜视图像很容易受到噪声污染。为了检验评价指标在图像质量下降时的性能，这里对图 9. 11 的红外与可见光源图像施加方差为 0. 05 的高斯白噪声，用前述五种融合算法生成融合图像，对各评价指标进行检验。图 9. 13为被噪声污染的源图像生成的各融合图像，各评价指标相应的评价得分见表 9. 4。

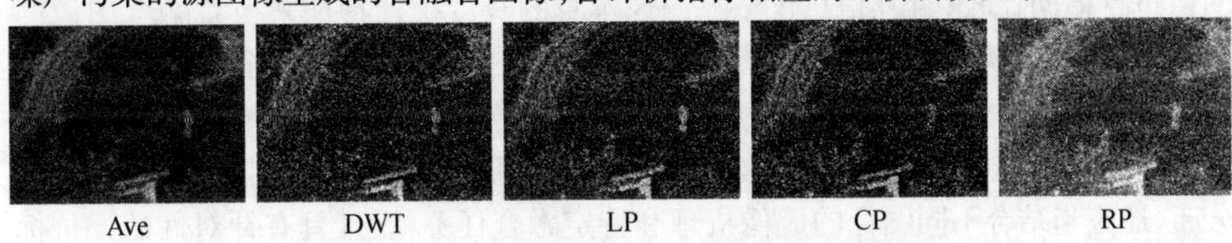

图 9. 13　源图像被噪声污染后生成的融合图像

表 9. 4　噪声污染对评价性能的影响

评价指标	融合图像				
	Ave	DWT	LP	CP	RP
SF	12. 0815	12. 3649	12. 1989	12. 1520	12. 3343
MI	2. 1613	1. 5599	1. 8429	2. 3741	1. 7115
EP	0. 2548	0. 2738	0. 2969	0. 3059	0. 2607
Q_G	0. 6444	0. 5930	0. 6089	0. 5648	0. 5322
Q_Y	0. 6801	0. 7014	0. 7163	0. 7448	0. 6031
本节指标	0. 7825	0. 9245	0. 9356	0. 7297	0. 7552
主观排名得分	2. 5	4. 3	4. 4	1. 5	2. 3

从图9.13可看到,在图像受到严重噪声污染后,四种多尺度分解融合算法与平均法Ave之间的差异明显减小,CP和RP这两种多尺度算法的融合结果甚至不如平均法。CP算法融合图像中的人物目标大部分都被噪声掩盖,而RP算法融合结果虽然亮度较高,但源图像中的树丛、栏杆等细节都变得很模糊。DWT和LP的融合图像相差不大,但LP融合图像中的细节要稍优于DWT。就视觉感受来说,五种算法的融合图像质量都较未受污染时要差,且由优到劣依次为:LP > DWT > Ave > RP > CP。从表9.4可以看出,在源图像受到噪声污染后,只有本节指标所得结果与主观评价完全一致,说明本节指标可以胜任噪声环境下的融合图像质量评价。而对比表9.4和表9.3中的数据可看出,SF和MI对噪声图像评价得分更高,Q_G也给Ave方法打了最高分,与主观感知相反。EP和Q_Y对噪声图像的评价得分虽然降低了,但它们都依然把CP的融合图像评为最优,明显与视觉效果不符。这就证明了本节结合融合任务特征提取视觉显著特征对结构相似度加权的优越性。

9.4 基于区域信息相似度的融合图像质量评价

Qu等人[3]提出的互信息方法由于不需参考图像,简单易实现,且不受图像亮度变化的影响,能够较好地反映融合图像与源图像的信息统计相关程度,因而被广泛应用于融合图像质量评价。但互信息不能用来对不同融合层次产生的融合图像进行横向比较,且互信息仅依靠图像本身的灰度统计特征来衡量融合图像的质量,当图像的灰度跳跃性较大,或源图像受到严重噪声污染时,会得出与主观感受完全不同的评价结论[36,37]。实际上,由于多源图像融合的源图像来源于不同成像传感器和不同应用环境,因此在评价融合图像质量时,除了考虑图像本身的灰度分布,还应当结合不同图像的成像机理和特定融合任务,设计具有针对性的评价标准。本节考虑人类视觉系统对图像区域特征敏感的特点,针对红外与可见光图像融合的应用需求,提出一种基于区域信息相似度(Regional Information Similarity,RIS)的夜视图像融合质量评价方法。

9.4.1 区域特征提取与评价指标设计

9.4.1.1 图像区域划分

图像在某一特定区域内的像素之间通常具有较高相关性,这些像素集合通常表现为人所关注的图像目标(如人、物体、环境等)。因此,可以按照某种规则把图像划分成若干区域,根据每个区域的具体视觉特征定义不同相似度评价规则。

由于红外与可见光图像来源于不同成像传感器,其空间像素的物理意义不同,划分得到的区域拓扑形状也必然不同。这就需要对它们的划分拓扑图进行关联处理，得到统一的联合划分拓扑，然后对两源图像进行统一的联合区域划分，如图9.14所示。

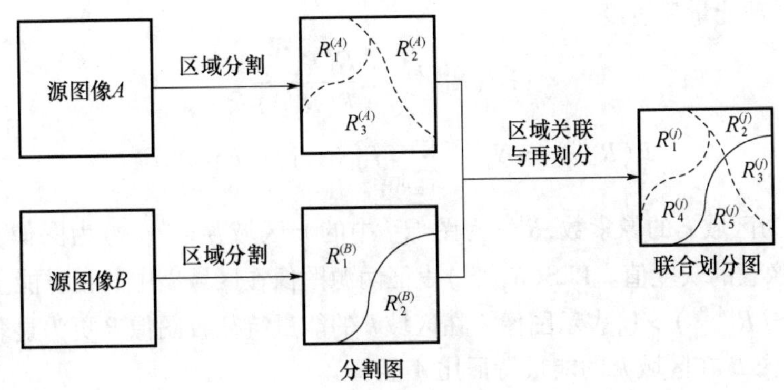

图9.14　联合划分图获取流程

设输入图像X和Y分别被划分成M和N个彼此独立的区域，即它们的划分拓扑集合为：$X_{\text{topo}}=\{X_1,X_2,\cdots,X_M\}$，且$X_1\cup X_2\cup\cdots\cup X_M=X$，$Y_{\text{topo}}=\{Y_1,Y_2,\cdots,Y_N\}$，且$Y_1\cup Y_2\cup\cdots\cup Y_N=Y$。设关联拓扑图$J$的拓扑集合为$J_{\text{topo}}=\{J_1,J_2,\cdots\}$，则其元素按照如下规则产生。

设$X_i(i=1,2,\cdots,M)$和$Y_j(j=1,2,\cdots,N)$分别是X_{topo}和Y_{topo}中的某一区域，若：

(1) $X_i\cap Y_j=\varnothing$，则X_i和Y_j在关联拓扑图中构成两个彼此独立的区域：$J_1=X_i$，$J_2=Y_j$。

(2) $X_i\subset Y_j$（或$X_i\supset Y_j$），则它们的重叠部分和其他部分分别构成关联拓扑图中的两个区域：$J_1=X_i$（或Y_j），$J_2=Y_j-X_i$（或X_i-Y_j）。

(3) $X_i=Y_j$，则它们在关联拓扑图中重合为一个区域：$J_1=X_i=Y_j$。

(4) $X_i\cap Y_j\neq\varnothing$且$X_i$和$Y_j$的关系不满足(2)和(3)，则它们在关联拓扑图中构成三个区域：$J_0=X_i\cap Y_j$，$J_1=X_i-J_0$，$J_2=Y_j-J_0$。

在拓扑图的关联与再次划分过程中，会在原划分区域边缘产生一些细碎的小区域，它们通常不能提取出足够有效的区域特征，为了降低运算量，可采用形态学算子对这类小区域进行平滑处理，将其并入灰度分布特征近似的相邻区域，以保证图像的完备性。

9.4.1.2　区域特征定义

针对红外与可见光图像的成像特点，这里把图像区域按其物理特性分为三类：热目标区域、图像细节区域和其他区域。热目标区域来自热图像，通常与背景有明显的能量差，而在可见光图像中该区域可能与背景融为一体；图像细节区域内部灰度梯度变化丰富，这类区域更可能来自于可见光图像；能量特征和细节特征都不太显著的区域，划为其他区域。为了区分这三类图像区域，定义局部能量显著度(Local Energy Saliency,LES)和局部细节显著度(Local Detail Saliency,LDS)来度量区域特征。

1. 局部能量显著度

$$\mathrm{LES}(R_k^{(A,B)}) = \frac{E(R_k^{(A)})}{E(R_k^{(B)})} \tag{9.38}$$

$$E(R_k^{(j)}) = N_k^{-1} \sum_{(x,y)\in R_k^{(j)}} f_{(j)}^2(x,y) \quad j = A,B \tag{9.39}$$

式中:N_k 为区域 k 的像素数,$R_k^{(j)}$ 为图像 j 中的 k 区域,$f_{(j)}(x,y)$ 为图像 j 中坐标 (x,y) 处像素的灰度值。$\mathrm{LES}(R_k^{(A,B)})$ 表征两源图像在区域 k 中的相对能量显著程度,若 $\mathrm{LES}(R_k^{(A,B)})>1$,表示图像 A 在区域 k 的能量特征较图像 B 更为显著;反之,则表示图像 B 在区域 k 的能量特征比 A 显著。

2. 局部细节显著度

$$\mathrm{LDS}(R_k^{(A,B)}) = \frac{\mathrm{STD}(R_k^{A})}{\mathrm{STD}(R_k^{B})} \tag{9.40}$$

式中:STD(·)表示图像的标准差。

$$\mathrm{STD}(R_k^{(j)}) = \sqrt{N_k^{-1} \sum_{(x,y)\in R_k^{(j)}} (f_{(j)}(x,y) - \mathrm{MEAN}(R_k^{(j)}))^2}$$

$$\mathrm{MEAN}(R_k^{(j)}) = N_k^{-1} \sum_{(x,y)\in R_k^{(j)}} f_{(j)}(x,y), j = A,B$$

图像的标准差反映了图像的灰度分布情况,标准差越大,说明图像内部的灰度级变化越剧烈,光谱细节越丰富,因而 $\mathrm{LDS}(R_k^{(A,B)})$ 体现了两源图像在区域 k 中的光谱信息相对丰富程度。若 $\mathrm{LDS}(R_k^{(A,B)})>1$,说明图像 A 在区域 k 的光谱信息比 B 丰富;反之,则表示图像 B 在区域 k 的光谱信息比 A 更丰富。

9.4.1.3 评价指标设计

对红外与可见光图像融合应用而言,其首要目的是检出场景中的热目标,因而好的融合算法首先要尽可能地把红外图像中的热目标信息转移到融合图像中;而在非热目标区域,则应根据图像的细节丰富程度选择,使源图像中的光谱信息尽可能多地转移到融合图像中。基于这一思想,在计算融合图像与源图像的局部相似度时,先按照 LES 值来选择。

设式(9.38)和式(9.40)中的 A、B 分别表示红外图像 I 和可见光图像 V,则给定阈值 λ,对任意区域 R_k:

若其 $\mathrm{LES}\geqslant\lambda$,则区域 k 趋向于红外图像的热目标区域,融合图像对应区域的内容应选自红外图像,因而用融合图像的信息熵 H_{F_k} 与红外图像的信息熵 H_{I_k} 之比表示区域 k 的局部相似度。

若 $\mathrm{LES}<\lambda$,则融合图像应按照区域细节的显著度 LDS 值来选择图像来源,此时,若 $\mathrm{LDS}<1$,可知可见光图像在区域 k 的光谱信息比红外图像丰富,该区域属于

细节区域，用融合图像的信息熵 H_{F_k} 与可见光图像的信息熵 H_{V_k} 之比表征区域 k 的局部相似度。

若 k 不满足上述两类区域的判断标准，则认为 k 属于其他区域。此时，由于两源图像在区域 k 内的细节特征和能量特征都不明显，最好的融合图像应当尽可能多地包含可见光图像和热图像中的有用信息。由 MI 的定义可知，融合图像与源图像之间的 MI 反映了融合图像包含源图像信息量的多少，因而用融合图像的信息熵 H_{F_k} 与融合图像对两源图像的互信息 $\mathrm{MI}_{F_k}^{IV}$ 的比值来表征区域 k 的局部相似度。

因此，区域 k 的局部信息相似度可表示为

$$\mathrm{RIS}_k=\begin{cases}H_{F_k}/H_{I_k} & \mathrm{LES}(R_k^{(I,V)})\geqslant\lambda\\ H_{F_k}/H_{V_k} & \mathrm{LES}(R_k^{(I,V)})<\lambda\ 且\ \mathrm{LDS}(R_k^{(I,V)})<1\\ H_{F_k}/\mathrm{MI}_{F_k}^{IV} & 其他\end{cases}\tag{9.41}$$

区域相似度计算如图 9.15 所示。

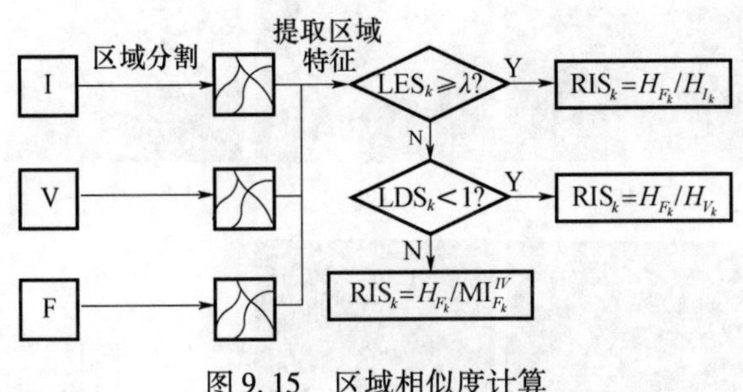

图 9.15　区域相似度计算

这里的信息熵 H 定义为

$$H=-\sum_{i=1}^{n}p_i\ln p_i\tag{9.42}$$

式中：p_i 为灰度值等于 i 的像素数与图像总像素数之比。信息熵表示图像所包含的平均信息量的多少，以及图像信息丰富（差异）程度。

若图像被划分为 N 个区域，则融合图像与源图像的全局相似度为

$$\mathrm{RIS}=\frac{1}{N}\sum_{k=1}^{N}\mathrm{RIS}_k\tag{9.43}$$

该指标值越大，说明融合图像的质量越高。

9.4.2　实验结果与分析

9.4.2.1　不同场景下的实验效果分析

这里设计了三组实验，试验图像分别取自文献[25]提供的“North Sea”“Trees”和“Dune”等几个场景的红外与可见光序列图，其中第 3 组为周围环境亮

度较高时的夜视图像。采用与9.3.3节相同的5种基本融合算法分别生成融合图像。用边缘保持度(EP)[9]、空间频率(SF)[10]、Piella基于SSIM提出的指标Q_G[13],以及基于信息论的指标互信息(MI)[3]、基于Renyi熵的互信息(MI_R)[7]、Hossny基于互信息和四叉树分解提出的指标(LMI)[8]等6种评价指标与本节给出的评价指标进行比较。

实验中,为简化算法的复杂度,采用Otsu自动阈值法对源图像进行区域划分,LES阈值的选择以能量比发生急剧变化的时刻为界。

图9.16给出了"North Sea"可见光与红外源图像用五种融合方法得到的融合图像及源图像的区域划分拓扑,表9.5是相应的融合图像质量评价结果。其中,图9.16(a)、(b)分别是可见光和红外源图像,图9.16(c)~(g)分别是五种算法的融合图像,图9.16(h)~(j)分别为两源图像的划分图及联合划分图(以下与此相同)。

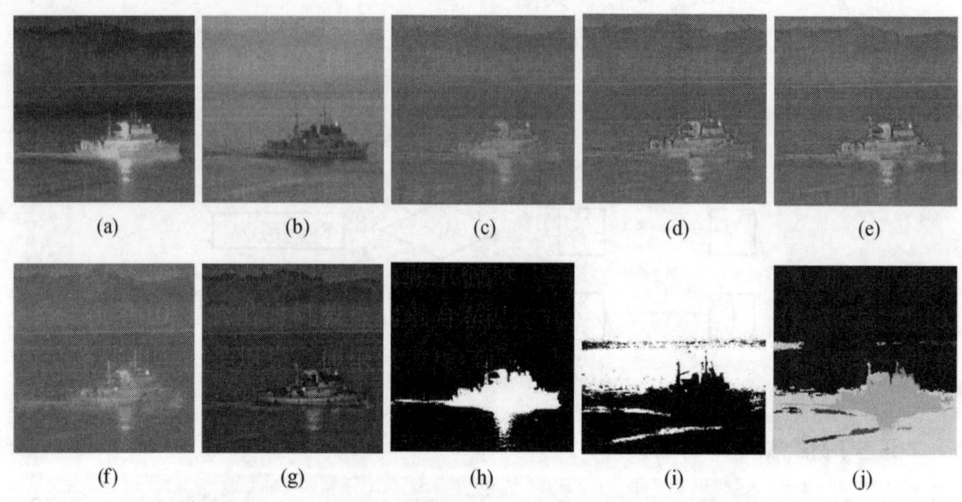

图9.16 "North Sea"源图像的融合图像与区域划分图
(a)红外图像;(b)可见光图像;(c)Ave;(d)DWT;(e)LP;(f)RP;
(g)CP;(h)红外划分;(i)可见光划分;(j)联合划分。

观察图9.16可以看出,就视觉效果而言,CP方法很好地保留了可见光图像中的轮船和红外图像中的桅杆、烟囱等细节内容,提升了图像的亮度和清晰度,质量最好,LP方法的融合结果边缘细节稍差,DWT方法次之,RP方法和Ave的融合结果细节都比较模糊,但RP融合结果中包含的源图像细节要稍多于Ave,因而5种融合算法的融合质量应该是CP > LP > DWT > RP > Ave。但从表9.5可以看到,互信息认为Ave质量最佳,LMI、EP和Q_G则认为LP的融合结果最佳,而MI_R则给RP评分最高,显然与主观感知不符。只有空间频率和本节指标的评价结果与主观感知排序一致。

表 9.5　“North Sea”源图像基于 5 种方法融合图像的质量评价结果

评价指标	融合方法				
	Ave	DWT	LP	CP	RP
EP	0.361 2	0.478 9	0.519 9	0.4576	0.3404
SF	2.068 1	3.690 5	3.694 1	2.9002	4.3319
Q_G	0.590 9	0.603 3	0.629 2	0.5479	0.3862
MI	1.620 4	1.227 5	1.353 0	1.5207	1.1046
MI_R	1.475 0	1.520 3	1.489 6	1.5424	1.5081
LMI	0.781 7	0.840 9	0.841 8	0.8007	0.8175
本节指标	1.1205	1.3627	1.4001	1.2894	1.4074

图 9.17 为“Trees”图像用 5 种融合方法得到的融合图像及源图像区域划分图，表 9.6 是相应的融合图像质量评价结果。从图 9.17可以看出，在 5 种融合算法所得的融合图像中，CP 所得的融合结果较好地保留了红外图像中的人物目标和树丛与地面之间的层次差异，同时保留了可见光图像中的道路等环境信息，细节最为丰富，可视效果最好，DWT 和 LP 的融合效果相近，但 LP 融合图像的对比度变化比 DWT 稍丰富些，RP 算法的融合结果虽然很好地保留了红外图像中的热目标，但图像整体显得模糊，效果比 DWT 要差一些，而 Ave 的融合结果环境细节模糊，人物目标也比较黯淡，效果最差。因而 5 种融合算法的融合效果自优至劣依次应为：CP > LP > DWT > RP > Ave。对比表 9.6中各客观评价算法给出的结果，可以看到互信息把 Ave 算法评为最优，MI_R 则把 RP 算法评为最优，Q_G 则认为 LP 最优，都与主观感知不符。只有 LMI、EP、SF 和本节指标得到的结论与主观排名完全一致。

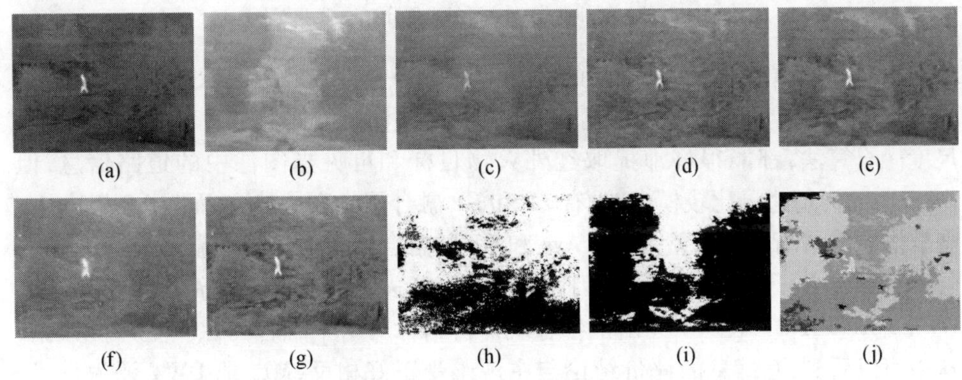

图 9.17　“Trees”图像的融合图像与区域划分图
(a) 红外图像；(b) 可见光图像；(c) Ave；(d) DWT；(e) LP；(f) RP；
(g) CP；(h) 红外划分；(i) 可见光划分；(j) 联合划分。

表 9.6 “Trees”图像基于 5 种方法融合图像的质量评价结果

评价指标	融合方法				
	Ave	DWT	LP	CP	RP
EP	0.4077	0.4864	0.5153	0.4191	0.5394
SF	3.0975	5.6115	5.6438	4.3513	6.7073
Q_G	0.6135	0.6084	0.6314	0.5481	0.5807
MI	1.8648	1.5935	1.6828	1.6012	1.6294
MI_R	1.5357	1.5213	1.4943	1.5581	1.5491
LMI	0.8363	0.8754	0.8935	0.8561	0.9074
本节指标	1.0359	1.2644	1.2667	1.1333	1.3454

图 9.18 给出了高亮度环境下“Dune”图像用 5 种融合方法所得融合图像及源图像区域划分图。

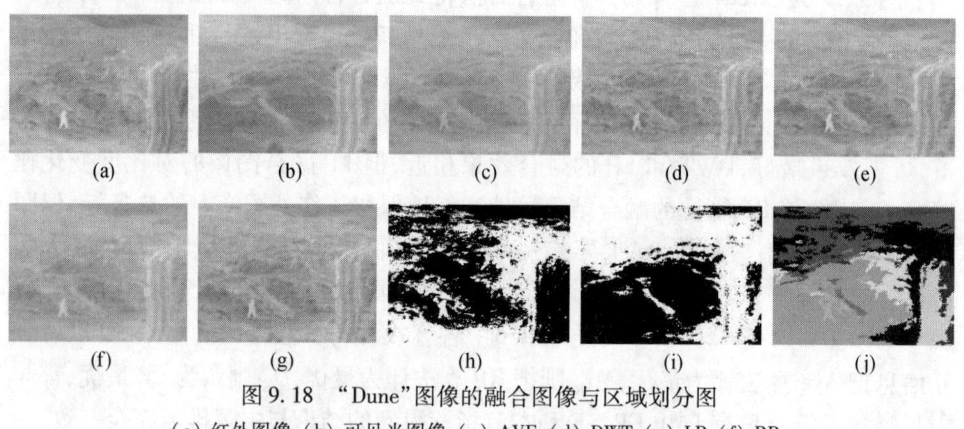

图 9.18 “Dune”图像的融合图像与区域划分图
(a) 红外图像;(b) 可见光图像;(c) AVE;(d) DWT;(e) LP;(f) RP;
(g) CP;(h) 红外划分;(i) 可见光划分;(j) 联合划分。

对“Dune”源图像而言,最好的融合图像应当包含红外源图像中的人物目标,同时还应保留可见光图像中的河流、道路等地形信息。DWT、LP 和 CP 这三种多尺度融合算法,都能很好地提取红外人物目标和可见光图像中的道路信息,但 DWT 中的河道边界比较模糊,没有 LP 和 CP 融合图像容易辨识,而与 LP 相比,CP 融合图像的清晰度要稍差一点。Ave 和 RP 的融合结果都比较模糊,只是 RP 中的红外目标较 Ave 融合结果清晰,因而 5 种融合算法的融合质量排序应为 LP > CP > DWT > RP > Ave。表 9.7 列出了各客观评价指标对 5 个融合图像质量评价数据,从中可以看到,互信息的评价结论与主观感受正好相反,MI_R 把 DWT 评为最优,LMI 和 SF 则误把 CP 评为最优,EP 和 Q_G 虽然正确识别出了最佳融合图像,但对其他几种融合结果的评分与主观感知不符。只有本节指标和边缘保持度的评价结果与实际视觉感受完全一致。

表 9.7　“Dune”图像基于 5 种方法融合图像的质量评价结果

评价指标	融合方法				
	Ave	DWT	LP	CP	RP
EP	0.4536	0.4965	0.5273	0.4637	0.5241
SF	3.0113	5.4047	5.4191	3.5878	5.4264
Q_G	0.6669	0.6481	0.6752	0.6227	0.6723
MI	1.4406	1.2292	1.3183	1.3868	1.3101
MI_R	1.7222	1.7359	1.6983	1.7277	1.6668
LMI	0.8501	0.8875	0.8958	0.8714	0.9006
本节指标	1.0365	1.2313	1.2481	1.1334	1.2346

9.4.2.2　评价性能分析

1. 区域分割精度对评价性能的影响

由于 Ostu 自动阈值分割法不能保证得到最优分割结果(把红外目标与背景分离开),而区域分割又是本评价指标的设计基础,为验证本算法的有效性,有必要对图像分割精度影响本指标性能的情况进行检验。

以图 9.17 和图 9.18 中的源图像进行实验。这两组源图像中,由于环境亮度较高,分割误差主要出现在对红外图像的分割上。由图 9.17(h)和图 9.18(h)可以看到,采用自动阈值分割时,所得结果不够准确,没有把两红外源图像中的人物目标与周围环境区分开来。图 9.19(a)、(c)分别给出了采用人工阈值分割图 9.17 和图 9.18中红外源图像的结果,可以看到人工选择的分割阈值能把人物目标与周围环境明确分离开。图 9.19(b)、(d)是用新的红外分割结果得到的联合划分图。

(a)　(b)　(c)　(d)

图 9.19　对图 9.17 和图 9.18 中红外源图像进行精确分割的结果

(a) 图 9.17(a)的人工阈值分割结果;(b) 图 9.17 采用人工阈值分割的联合划分图;
(c) 图 9.18(a)的人工阈值分割结果;(d) 图 9.18 采用人工阈值分割的联合划分图。

对比图 9.19 与图 9.17、图 9.18 中的分割结果,可以看到图 9.19 的分割精度远优于图 9.17 和图 9.18 中的自动阈值分割,但观察表 9.8 中基于两种分割精度得到的评价数据,可以看到,尽管不同分割方法所得的评价结果具体数值有所差异(对图 9.17 各评价指标得分都有所降低,而图 9.18 的各评价得分值则增大),但对不同融合算法所得结果的优劣排名相对于主观感知没有变化。这表明,本节指标的性能受所采用分割算法的分割效果影响不大,即使采用最简单的 Otsu 自动阈值分割法也可以保证评价算法的有效性。

表 9.8 分割精度对评价指标性能的影响

图像源	阈值选择规则	融合图像				
		Ave	DWT	LP	CP	RP
图 9.17	自动阈值法	1.0359	1.2644	1.2667	1.1333	1.3454
	人工阈值法	0.9894	1.1843	1.1855	1.0706	1.2269
图 9.18	自动阈值法	1.0365	1.2493	1.2281	1.1334	1.2346
	人工阈值法	1.1507	1.3505	1.3420	1.2147	1.3479

2. 平滑操作对指标评价性能的影响

9.4.1.1 节的区域划分算法中,区域关联与再分割可能会在初始图像区域边界产生大量细碎小区域,为了降低计算负载,可以采用形态学平滑算子,把小于一定大小的此类区域碎片合并到灰度分布特征相近的紧邻区域中。我们在这里对这一平滑操作可能产生的影响进行分析,以图 9.17 中的源图像作为输入图像,考察增加或缩小平滑阈值对算法的影响。表 9.9 给出了不同平滑阈值对应的分割区域数、增加的时间耗费,以及对各融合图像的质量评价得分。为方便比较,这里选用 50 个像素大小作为参考平滑阈值。

从表 9.9 可以看到,阈值越小,产生的区域越多,算法所需的运行时间也就越长。但尽管评价指标的具体得分随着所选阈值偏离参考阈值的程度而减小,但当平滑阈值位于[40,120]范围内时,其取值对不同融合算法所得结果的相对排名没有影响。但当阈值小于 40 时,本节指标对图 9.17(d)、(e)的排名与主观感知排序(CP > LP > DWT > RP > Ave)相反。看起来较大的阈值不但可以降低时间耗费,还能保证算法的性能。但需要注意的是,在某些夜视图像融合应用中,观察者感兴趣的热目标也许会比较小,若平滑阈值选得过小,则可能会漏掉重要的小目标。基于这一考虑,在选择具体平滑阈值时最好结合融合任务所关注目标的先验知识进行选择,这也是这里的融合实验选用 50 个像素作为平滑阈值的原因。

表 9.9 区域平滑操作对本节指标性能的影响

平滑阈值(像素)		50	10	20	30	40	60	70	80	90	100	120
分割产生的区域数量		49	97	71	56	54	46	42	41	38	37	30
增加的时间耗费/%		0	47.13	19.3	2.56	2.02	−9.27	−11.14	−14.57	−16.05	−17.88	−27.08
本节指标评价得分	Ave	1.0359	1.0028	1.0145	1.0252	1.0238	1.0338	1.0226	1.0296	1.0217	1.0260	0.9953
	DWT	1.2644	1.2337	1.2458	1.2597	1.2539	1.2550	1.2237	1.2373	1.2289	1.2354	1.1860
	LP	1.2667	1.2207	1.2409	1.2583	1.2550	1.2600	1.2421	1.2449	1.2333	1.2390	1.1887
	RP	1.1333	1.0882	1.1079	1.1219	1.1179	1.1281	1.1230	1.1257	1.1138	1.1206	1.0885
	CP	1.3454	1.2779	1.3097	1.3327	1.3324	1.3343	1.3135	1.3148	1.2975	1.3050	1.2425

9.5　基于频谱分析和图像融合的红外弱小目标增强

随着信息处理技术和传感器技术的发展,无源红外探测技术以其良好的隐蔽性、抗干扰性、气象适应性及识别伪装目标的能力,被广泛应用于战场环境监测、弹道目标发射识别、常规目标探测及跟踪等任务。在绝大多数远程目标探测、跟踪任务中,目标在视场中都以点状或小目标形态存在,并且红外传感器分辨率有限,因此目标信号在红外图像中通常仅占少量像素,大多没有明显的形状特征,难以得到目标的形状、纹理、尺寸等特征信息。再加上云、雾、光照等环境条件的影响,目标与背景的灰度差异不稳定,目标很容易被背景噪声淹没,大大增加了目标检测的难度。此外,红外弱小目标在运动过程中也可能被遮挡而暂时丢失。为及时发现、捕获和跟踪目标,迫切需要在进行目标检测之前利用有效的图像增强方法对红外弱小目标进行增强。

9.5.1　红外弱小目标增强原理

弱小目标根据其性质不同可分为灰度弱小目标(目标的对比度较低)和能量弱小目标(目标的像素少,总能量较低)两类。通常用信噪比表征红外弱小目标。对灰度弱小目标,其信噪比定义为

$$\mathrm{SNR} = (s-\mu)^2/\sigma^2 \tag{9.44}$$

式中:分子部分体现了目标与背景的灰度差异;s 为目标的平均灰度(或目标灰度的峰值);μ 为图像背景的平均灰度;σ 为背景灰度的标准差。对能量弱小目标,起决定作用的因素是目标的像素数,因而其信噪比定义为

$$\mathrm{SNR} = \sum t^2 / \sum b^2 \tag{9.45}$$

式中:t 为目标像素的灰度;$\sum t^2$ 为目标的总能量;b 为背景像素的灰度;$\sum b^2$ 为图像背景的总能量和。

图像增强是数字图像处理的一个重要分支。1991 年,Pratt[38] 首先给出了图像增强的定义:“图像增强是用来提高图像的视觉效果,或将图像转换成适于人眼、机器分析的形式的一门技术”[39]。

目标增强是图像增强的重要目的之一,其针对目标识别这一特定应用,通过突出图像中与关注目标相关的某些信息,抑制甚至除去其他与关注目标不相关的信息,得到比原图像更适合观察、分析目标特性的图像。需要注意的是,目标增强是指对图像中所关注的相关特征予以增强,以提高弱小目标的检测效果,因而,目标增强的结果并不意味着原图像信息量的增加,在某些情况下,甚至会由于背景抑制等操作导致原图像中的部分信息丢失。

现有的目标增强方法可分为空域方法、频域方法和空频分析方法三类。空域

方法直接对图像像素本身进行操作,如 Unsharp masking 方法[40]、邻域统计增强法[41-43]等。频域方法是基于图像的不同空间特征对应着不同的傅里叶变换频率分量这一特性,认为图像的目标信息主要体现在高频分量中,低频主要包含图像中的背景信息,通过对图像频域分量进行滤波,增强或抑制特定图像特征,从而改善图像的视觉效果,如同态增晰法[44]等。由于单一的空域方法和频域方法仅能反映部分图像特征,增强效果有限;采用空频分析方法[45,46]能够结合图像的空域和频域特征进行目标增强,更符合人类视觉系统特性,具有较好的增强效果,从而成为广泛应用的目标增强方法。空频分析图像增强方法主要采用多尺度分解方法,其把目标看作高频分量,把背景看作低频分量,通过对不同频率子带采用不同融合规则对多帧图像序列中的互补信息进行融合,实现增强目标、抑制背景的目的[47-49]。由于红外图像中的噪声在频率域也可能呈现为高频分量,这种把目标和背景作为一个整体进行处理的融合方法,可能会放大噪声,达不到弱小目标增强的效果,而且复杂的多尺度分解方法如 NSCT 所需的计算时间很长,不利于实时跟踪应用。

红外小目标虽然通常占用像素较少,且其灰度不一定是整幅图像的极大值,但其在局部区域中通常呈现明显高于周围背景的亮度特征,这种局部灰度差异在频域通常表现为图像频率振幅的突变,而红外图像的背景灰度则通常在大范围内呈均匀、有规律变化,其频率振幅曲线也相对平滑。这种含有目标图像与不含目标图像的频谱振幅之差称为频谱残留,其在空间域往往对应着显著目标所在区域[51]。这样,可利用频谱残留,提取出弱小目标所在区域,然后对目标和背景区域分别进行有针对性的增强和抑制,以提取局部显著目标。此外,由于序列图像前后帧之间通常存在信息冗余,且连续帧图像的背景灰度大多具有相似分布,可以利用多帧图像序列的这种特性,消除噪声或背景的遮蔽影响。

本节在图像频谱分析的基础上,利用频谱残留理论,给出了一种新的基于频谱分析和空域融合的弱小目标增强方法,描述如下。

9.5.2 频谱残留理论与显著区域

人类视觉系统在观察图像时,通常会更关注那些新出现的图像特征,而忽略那些持续/频繁出现的图像特征[51],基于这一特性,可把图像信息分解为两个部分,即

$$\text{图像信息} = \text{新出现的信息} + \text{先验知识} \tag{9.46}$$

其中,先验知识表征那些具有统计不变性/相似性的图像特征,其对数频谱曲线通常表现为平滑曲线;而新信息则是突出平滑曲线的信息,代表图像中新出现的奇异/显著特征,是最值得关注的。残留频谱即图像频谱与先验频谱的差,其对应于图像中的奇异部分,相当于是对图像场景的一个压缩表示。在实践中,通常用多幅图像的频谱均值或对单帧图像频谱进行均值滤波来表示先验图像信息的频

谱。图9.20(a)为9.5.4节中图9.22(a)所示源图像的对数频谱图,图9.20(b)为图9.20(a)中央轴线上的频谱曲线,图9.20(c)为图9.20(a)经3×3均值滤波后的中央频谱曲线,代表图像中的先验信息,图9.20(d)为图9.20(a)与图9.20(c)之差,即残留频谱曲线。图9.20(b)、(d)中的突变部分即对应于源图像中的局部显著点。

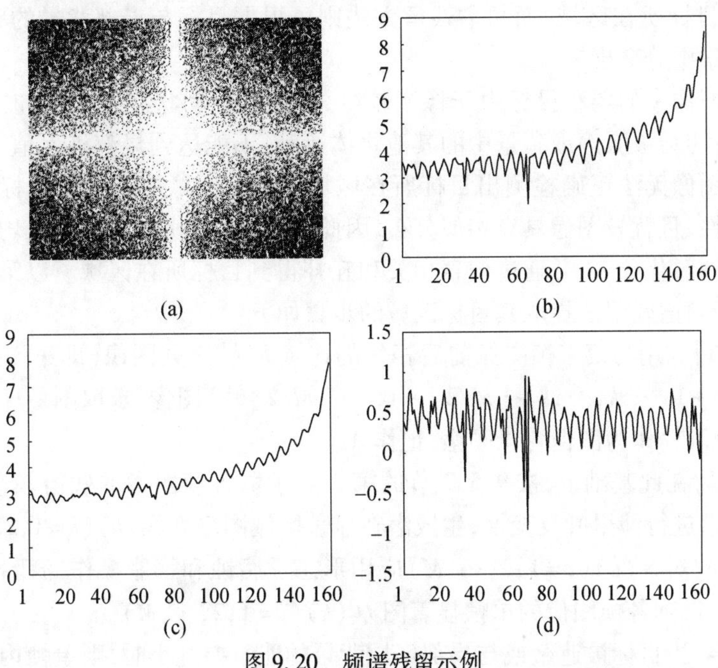

图9.20　频谱残留示例

(a) 图9.22(a)的对数频谱图;(b) 图9.20(a)的频谱曲线;(c) 平均频谱曲线;(d) 残留频谱曲线。

对残留频谱进行傅里叶反变换,即可得到图像中的潜在显著区域[50]。给定图像$I(x)$,基于频谱残留获取其显著区域的步骤如下:

(1) 对图像进行傅里叶变换,提取其频谱振幅:$A(f)=\Re(F[I(x)])$,其中$\Re(\cdot)$用以提取图像傅里叶频谱的振幅。

(2) 计算图像的对数频谱:$L(f)=\lg(A(f))$。

(3) 计算残留频谱:$R(f)=L(f)-h_n(f)\times L(f)$,这里$h_n(f)$是大小为$n\times n$的均值滤波器,用于对第二步所得的对数频谱进行滤波,以得到图像的平均对数频谱。需要注意的是,均值滤波器主要用于仅有单幅图像的情况。在有条件的情况下,应以多帧图像序列的频谱均值取代式中的$h_n(f)*L(f)$部分,以更好地反映图像背景中的统计不变特征。

(4) 由残留频谱和相位谱进行傅里叶反变换,得到潜在显著区域:

$$S(x)=g(x)\times \boldsymbol{F}^{-1}[\exp(R(f)+P(f))]^2$$

式中:$P(f)$为图像的相位谱;$g(x)$为一个高斯滤波器,用于对显著图进行平滑,以得到更好的视觉效果。

9.5.3 基于频谱残留和图像融合的弱小目标增强

9.5.3.1 提取目标区域

由于红外弱小目标的灰度分布通常不是全局显著的,难以利用常规图像分割方法提取目标所在区域,而频谱残留方法则可根据目标与局部背景的频谱差异,将其从背景中分离出来。

红外图像中的弱小目标由于像素较少,且处于运动状态,在某些时刻的成像中,目标可能会被噪声或背景中的其他物体遮蔽,不能达到局部极大值。因此,仅利用单帧图像无法正确检测出目标所在区域。多帧图像序列中的目标信息通常具有相关性,且背景图像具有相似分布,因此,可利用多帧图像序列平均构造出背景频谱的一般化分布,并通过信息相关和互补得到目标所在区域。以第 k 帧图像为例,基于频谱残留法提取其目标区域的步骤如下:

步骤1:利用与第 k 帧图像前后相邻的连续 M 帧序列图像(即第 $k-\lfloor M/2 \rfloor$, $k-\lfloor M/2 \rfloor+1,\cdots,k,\cdots,k+\lfloor M/2 \rfloor-1,k+\lfloor M/2 \rfloor$帧)图像,求取图像序列的平均傅里叶振幅谱,作为图像背景频谱,记作 A_{BG}。

步骤2:在此基础上,按9.5.2节的第3步求取各帧图像的残留频谱,结合其各自相位谱进行傅里叶反变换,生成潜在显著区域图序列 $S_i(k)(i=1,2,\cdots,M)$。

步骤3:对 $S_i(k)(i=1,2,\cdots,M)$ 应用形态学腐蚀和膨胀操作,滤除过小的区域(杂波),得到各帧图像的单帧显著图 $Q_i(k)(i=1,2,\cdots,M)$。

步骤4:当目标被遮蔽或与局部区域背景的能量差过小时,则单帧内的目标区域可能被背景淹没而无法提取或被第步骤3的滤波操作误滤除。为避免遗失目标,在此利用图像序列的信息相关和互补特性,对步骤2得到的显著图序列求并集,并以此作为第 k 帧图像的最终显著图 T_k,即 $T_k=\bigcup_{i=1}^{M} Q_i(k)$。

通过这种方式,即使目标在某帧中由于被遮挡或其他因素而暂时丢失,仍然能保证目标的可检测性。

9.5.3.2 融合增强规则

弱小目标通过图像增强,能增加其像素数和总能量,扩大目标与背景的能量差异。在9.5.3.1节得到目标区域的基础上,本节通过多帧序列图像空间点对点融合的方式,抑制图像背景,增强弱小目标,所采用的融合规则如下:

(1) 对目标区域,采用 M 帧图像序列对应区域灰度值取大法提取融合图像目标区域灰度值,以最大可能保留目标能量。

(2) 对背景区域,采用 M 帧图像灰度值平均法计算融合图像对应点灰度值,以抑制背景,其原理如下。

设 M 帧含弱小目标的图像序列 $G_k(i,j)(k=1,2,\cdots,M;i$ 和 j 分别表示像素的行和列),均可表示为目标图像 $f(i,j)$ 和与其不相关的零均值随机噪声图像(这

里,把影响目标可见度的环境因素也看作是噪声)$n_k(i,j)$的组合,即

$$G_k(i,j) = f(i,j) + n_k(i,j) \tag{9.47}$$

对这 M 帧图像序列进行平均法融合,可得

$$\overline{G}(i,j) = \frac{1}{M}\sum_{k=1}^{M} G_k(i,j) \tag{9.48}$$

则合成图像的均值为

$$E\{\overline{G}(i,j)\} = f(i,j) \tag{9.49}$$

零均值噪声的标准偏差为

$$\sigma_{\overline{G(i,j)}} = \frac{1}{\sqrt{M}}\sigma_{n(i,j)} \tag{9.50}$$

由式(9.49)和式(9.50)可看出,经平均法融合后,融合图像的均值等同于目标图像,而标准差降为源图像的 $1/\sqrt{M}$,即通过融合,目标图像得到了保留,而噪声受到了抑制。

9.5.4　实验结果与分析

为验证算法的效果,这里利用 2 组红外传感器实际拍摄的图像序列进行仿真实验,所有图像的分辨率都为 320×256。将本节算法与文献[47]的多尺度二次融合方法的融合结果进行对比,并用目标与背景的像素比和归一化能量比进行定量评价。其中,像素比是指目标所占像素数与整幅图像的像素数之比。归一化能量比定义为

$$\mathrm{NRE} = \mathrm{RE}/\mathrm{RE}_0 \tag{9.51}$$

式中:$\mathrm{RE} = \sum t^2 / \sum b^2$ 表示融合图像中目标与背景的总能量之比,t 和 b 分别是目标和背景像素的灰度值;RE_0 表示原始图像的目标与背景能量比。

9.5.4.1　试验一

第一组红外传感器图像序列共 40 帧,其中一帧如图 9.21(a)所示,弱小目标位于图像中间部分的灰色带状区域。在本图像序列中,目标的强弱随时间变化,但图像的背景灰度基本保持不变。其中,图 9.21(b)~(e)分别为基于 LP、小波及 Contourlet 二次融合和本节算法所得融合图像(目标区域在各图右侧进行了放大显示)。图 9.21(f)是图 9.21(a)用频谱残留方法得到的显著图。表 9.10 为各融合图像的客观评价结果。

观察图 9.21 中各融合图像可看出,采用本节方法所得的融合图像中小目标的能量得到了显著增强,明显优于源图像及其他三种多尺度融合方法。需要注意的是,尽管图 9.21(a)的源图像中仅包含一个弱小目标,但由于频谱残留方法会把所有具有局部频谱突变的区域都当作显著区域提取出来,因而图 9.21(f)的显著图中除了真正的小目标(图中方框内,即左起第 2 个显著点)外,还包括了 4 个由成像传感器硬件缺陷导致的灰度突变点(左起第 1、4、5 个显著点是源图像传感器

硬件缺陷导致的三个暗点,左起第3个显著点是源图像传感器硬件缺陷导致的亮点,这些点与周围背景的灰度差异都满足提取残留频谱的局部极大/极小条件)。但由于这种硬件缺陷噪点的灰度在图像序列中通常保持不变,融合操作并不会对其产生增强效果。图9.21(a)与图9.21(b)~(e)对比可看到,这几种融合图像仅使真正的小目标灰度得到明显增强,而其他几个"伪"显著点的灰度则仍与原图像基本一致。表9.10的客观评价数据表明,采用本节算法得到的目标图像的像素比和归一化能量比均高于其他三种方法。

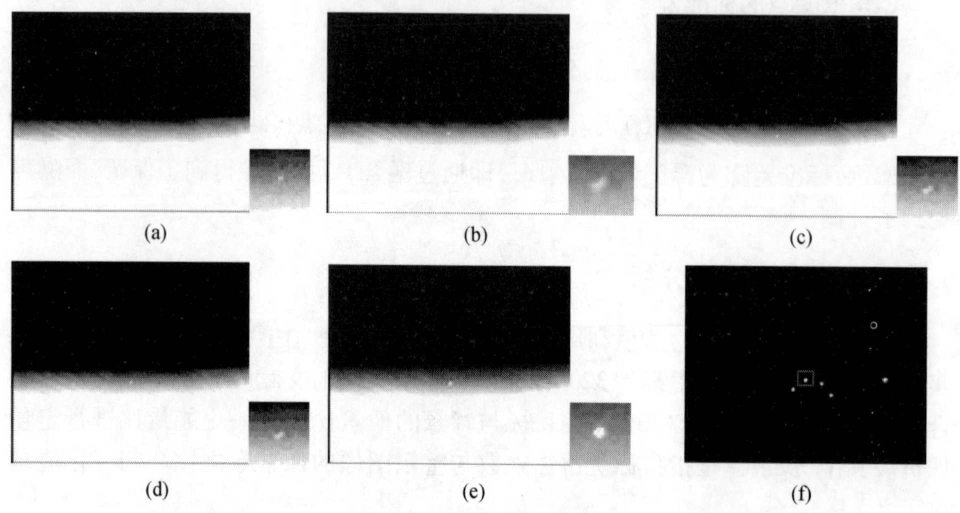

图9.21　弱小目标增强仿真实验一

(a) 一帧源图像; (b) LP 二次融合图像; (c) 小波二次融合图像;
(d) Contourlet 二次融合图像;(e) 本节方法的融合图像;(f) (a)的显著图 。

表9.10　实验一的融合结果客观评价

结果	源图像	LP 变换	小波变换	Contourlet 变换	本节方法
像素比	4/81920	7/81920	8/81920	9/81920	12/81920
归一化能量比	1	2.505	2.987	3.107	5.3284

9.5.4.2　试验二

第二组实验检验算法在背景动态变化情况下的增强效果。图像序列共45帧,其中一帧如图9.22(a)所示。与实验一图像背景基本不变不同,本组图像序列中,不仅目标本身的强弱随时间变化,背景中的云雾强弱、位置也随时间变化,因而目标在某些时刻可能因自身能量过低或被环境因素遮挡而不可见。图9.22(b)~(e)分别为基于Contourlet、àtrous小波、NSCT二次融合方法和本节融合算法所得融合图像。图9.22(f)为图9.22(a)用频谱残留方法得到的显著图,其中除真正的小目标外(方框内),也同样包含两个传感器硬件缺陷导致的噪点(本例中这两个伪显著点在源图像中均为暗点)。表9.11为各融合图像的客观评价结果。

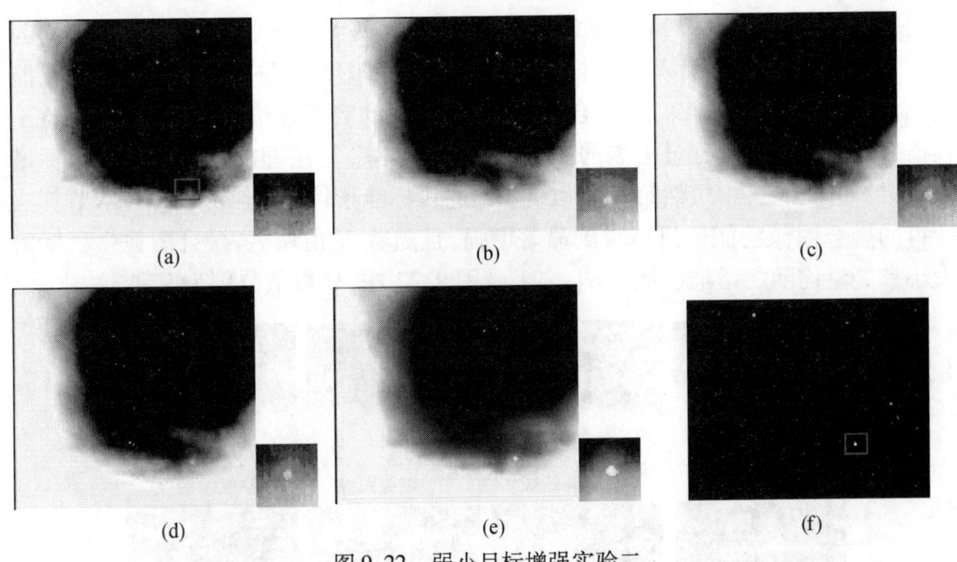

图 9.22　弱小目标增强实验二

(a) 一帧源图像；(b) Contourlet 二次融合图像；(c) àtrous 小波二次融合图像；(d) NSCT 二次融合图像；(e) 本文方法；(f) (a)的显著图。

观察图 9.22(a)可看出，由于云雾遮挡或目标本身亮度较低的原因，该小目标(方框内)几乎不可分辨，但经几种融合方法融合增强后，目标可见度均明显加强，其中以本节方法所得的融合结果视觉效果最好。表 9.11 的客观评价结果也表明，本节方法由于是在提取目标区域的基础上有针对性地进行增强，因而所得融合图像中目标的像素比和归一化能量比最高。

表 9.11　实验二的融合结果客观评价

结果	源图像	Contourlet	àtrous 小波	NSCT	本文方法
像素比	3/81920	9/81920	9/81920	10/81920	14/81920
归一化能量比	1	3.268	3.314	3.825	11.693

9.5.4.3　算法性能分析

前述两组实验表明，本节算法可以有效提高弱小目标的像素数和能量，是一种有效的红外弱小目标增强算法。影响本节算法效果的因素主要有以下两个：

(1) 所用图像序列的帧数(即 M 值)。为更好地模拟图像背景的一般频谱特征，以充分地利用序列图像的冗余信息，M 值应尽可能大；但 M 过大，目标位置可能会产生大幅度偏移，从而影响融合效果。如图 9.21(b) ~ (d)所示，在文献[47]对 12 帧分两组二次融合方法生成的融合图像中，小目标出现类似拖影的偏移。若 M 值过小，则目标可能会因为噪声或环境遮蔽而丢失。为考察 M 值对融合效果的影响，这里利用连续 M 帧源图像序列进行实验分析。图 9.23、图 9.24 分别为两组源图像序列，以第 5 帧为当前帧，采用本节方法的融合结果(其中，图 9.23 中膨胀算子半径为2,图9.24 中膨胀算子半径为1,两者形态学腐蚀算子半径均为5)。表9.12 为两图像序列在不同 M 值下融合所得图像的目标像素数及归一化能量比。观察图9.23、图9.24 融合图像及表9.12 的客观评价结果可看出,受益于频谱残留方法发现局部显著点的能力,$M \geqslant 3$ 时,本节算法即能较好地实现目标增强效果;如图9.24 中虽然第5 帧和第6 帧的目标能量较低,但 $M=3$ 时,本节算法所得的融合图像已能使目标得到显著增强,且随着 M 值增大,融合图像中目标的大小和能量均随之增加(注:在图9.21 及图9.22 中,M 取值分别为5 和3)。

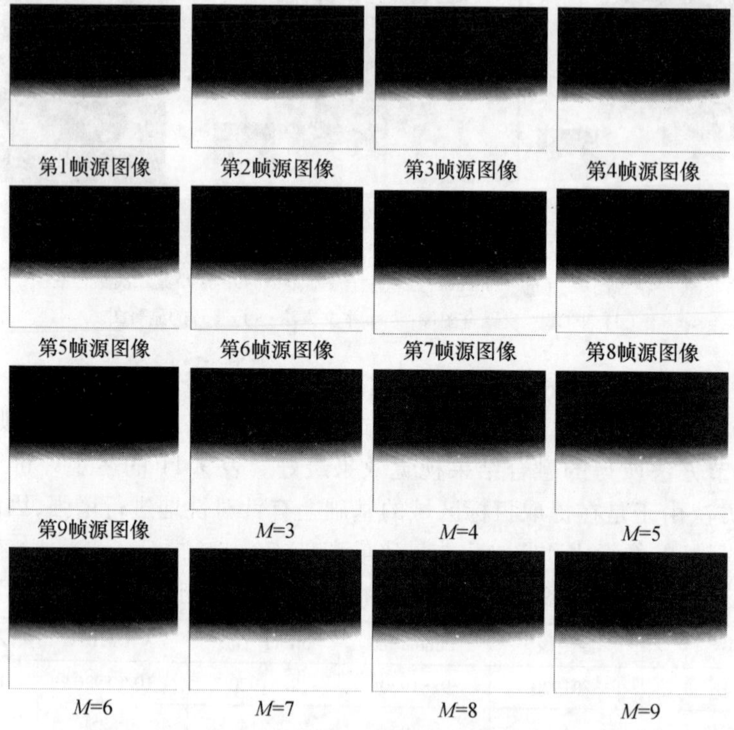

图9.23　采用本节方法的 M 帧源图像序列一的融合结果

表9.12　不同 M 值下融合结果客观评价

源图像	评价指标	M 值大小						
		3	4	5	6	7	8	9
图9.23	像素比	9/81920	11/81920	12/81920	12/81920	12/81920	13/81920	14/81920
	归一化能量比	3.8398	4.6508	5.3284	5.4313	5.8981	6.3041	6.6711
图9.24	像素比	14/81920	16/81920	16/81920	22/81920	22/81920	26/81920	26/81920
	归一化能量比	11.6930	12.4702	12.7632	16.6698	17.1152	19.7868	19.8765

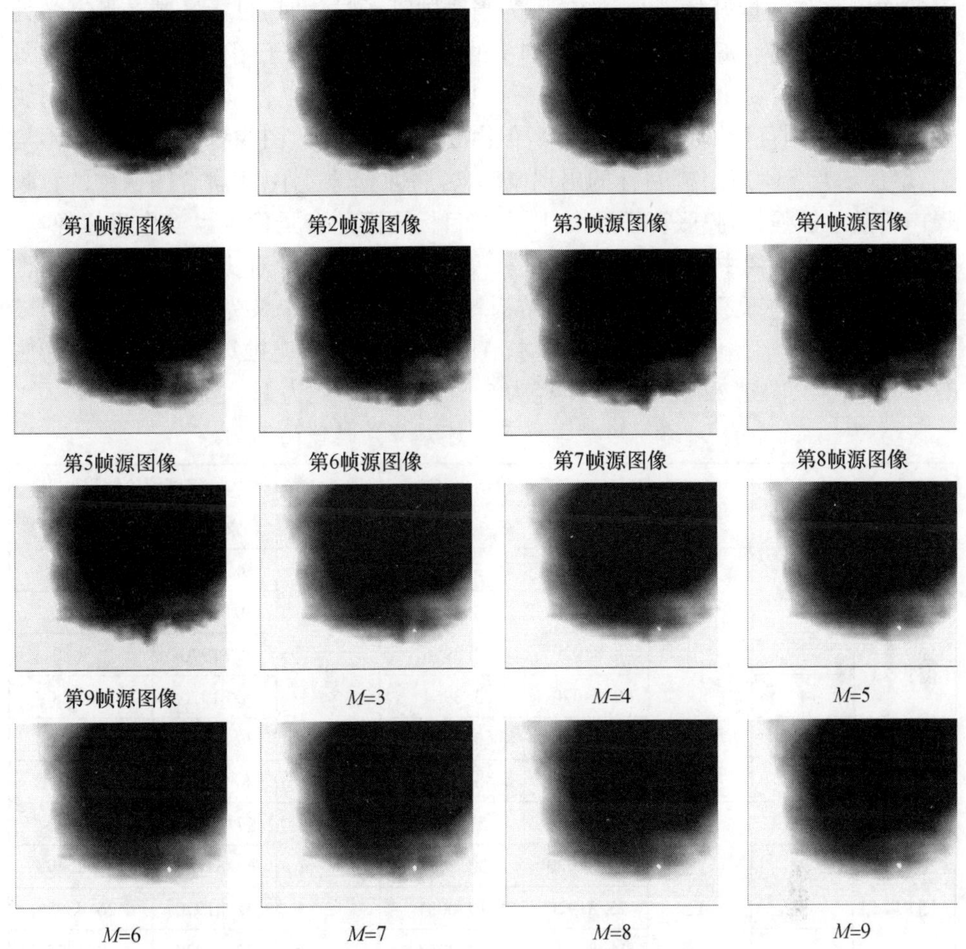

图9.24 采用本节方法的 M 帧源图像序列二的融合结果

(2) 9.5.3.1 节步骤3 所用形态学滤波器的尺寸。由于成像环境或滤波器缺陷,红外图像中可能存在噪声或暗/亮点,形态学腐蚀算子的尺寸应尽可能大,以能够覆盖这些与真实目标无关的点,同时也不能过大,以免误将目标腐蚀掉,文中选用半径为5 的圆盘结构算子进行腐蚀操作。形态学膨胀操作则用于恢复显著图中的显著区域,为使融合结果中的目标能量更为集中,膨胀算子的尺寸应尽可能小。表9.13 以及图9.23、图9.24 中第4、5、6 帧源图像序列融合为例列出了不同形态学结构算子大小对融合结果的影响。

由表9.13 可以看出,对图9.23 中的源图像序列,给定 M 值和膨胀算子大小,当腐蚀算子半径在[1,5]之间变化时,融合图像中目标的像素数和能量变化不大,这是因为图9.23中的源图像序列背景比较均匀,且与目标能量相对独立,使得形态学处理对目标区域的影响不大。但随着腐蚀算子半径继续增大,融合图像中目标的像素数和能量开始减少,这是因为当腐蚀算子过大时,目标区域在形态学处理步骤中也受到了腐蚀。而对图 9.24中的源图像序列,由于图像背景和目标本身的能量都随时间变化,图像背景对目标可见度有较大影响,因而膨胀算子越大,腐蚀算子越小,则目标增强效果越明显;但由于图 9.24 中的图像背景灰度分布不均匀,增加了背景噪声“伪”目标的出现概率,若腐蚀算子过小,则融合图像中的背景噪声会随之加强,而膨胀算子过大,则会把目标周围的背景像素也当作目标像素,从而导致融合图像中目标的周围出现晕状光斑。结合大量对比实验结果分析,作者认为腐蚀结构算子半径取 5,膨胀结构算子半径取 1 或 2 较为适宜,但若 M 值较大,则腐蚀算子半径也可取较大值。本节图 9.21 实验中腐蚀算子半径为 5,膨胀算子半径为 2,图 9.22 腐蚀算子半径为 5,膨胀算子半径为 1。

表 9.13　形态学算子尺寸对算法性能的影响

图像源	腐蚀算子半径	膨胀算子半径	客观评价结果		膨胀算子半径	客观评价结果	
			像素比	归一化能量比		像素比	归一化能量比
图 9.23	1	1	8/81920	3.3932	2	9/81920	3.8398
	2		8/81920	3.3946		9/81920	3.8471
	3		8/81920	3.3956		9/81920	3.8680
	4		8/81920	3.3964		9/81920	3.8788
	5		8/81920	3.3979		9/81920	3.8809
	6		8/81920	3.3262		8/81920	3.7989
图 9.24	1	1	68/81920	51.2088	2	97/81920	60.2132
	2		40/81920	30.2550		62/81920	40.2549
	3		25/81920	19.0031		42/81920	26.8393
	4		16/81920	12.3763		27/81920	18.4930
	5		14/81920	11.6930		22/81920	15.4930

在实际应用中,图像目标增强通常用于实时性较强的目标检测与跟踪,因而增强算法不仅要达到较高的增强效果,同时还要兼顾时间效率。表 9.14 列出了在相同软硬件环境下运用本节算法及 LP、小波、Contourlet 和 NSCT 二次融合方法生成图 9.23 中各融合图像的时间耗费(实验硬件平台:HP Pavilion a6000 微型计算机,CPU:Intel Pentium Dual E2200,内存:2.0GB;操作系统:Windows XP + SP3;软件环境:Matlab R2008a)。

表 9.14　各目标增强方法的时间耗费　　单位:s

融合方法	本节方法	NSCT 融合	小波融合	Contourlet 融合	LP 融合
时间耗费	0.903	221.97	2.391	0.352	1.434

从表 9.14 中的数据可看出,本节算法的时间耗费仅比 Contourlet 融合多

0.551s,但低于其他三种多尺度融合方法,尤其远少于 NSCT 融合方法。在此基础上,每增加 1 帧图像,增加的时间耗费约为 0.21s。由于本节方法在识别目标区域上的优越性,使得其在 M 值较小时(图 9.21 中 $M=5$,图 9.22 中 $M=3$),即可得到较明显的增强效果,与其他几种空频融合方法相比,本节方法的融合效果和融合效率综合性能较优。

参考文献

[1] 赵宗贵,熊朝华,等. 信息融合概念、方法与应用[M]. 北京:国防工业出版社,2012.

[2] 王晓文. 多源图像融合技术研究[D]. 解放军理工大学,2013,6.

[3] Qu Guihong, Zhang Dali, Yan Pingfan. Information measure for performance of image fusion. Electronics Letters,2002,38(7): 313 – 15.

[4] Tsallis C. Possible generalization of Boltzmann – Gibbs statistics[J]. Journal of Statistical Physics, vol. 52, no. 1/2,1988,479 – 487.

[5] Cvejic N, Canagarajah C N, Bull D R. Image fusion metric based on mutual information and Tsallis entropy [J]. Electronics Letters, vol. 42, no. 11, May 2006. 626 – 627.

[6] Ricardo, L R. Shannon information, LMC complexity and Renyi entropies: A straight – forward approach. Biophy. Chem. 115: 215 – 218. 2005.

[7] Y. Zheng, Z. Qin, L. Shao, and X. Hou. "A novel objective image quality metric for image fusion based on Renyi entropy," Information Technology Journal, vol. 930 – 935,2008,7(6):930 – 935.

[8] Hossny M, Nahavandi S, Creighton D, and Bhatti A. "Image fusion performance metric based on mutual information and entropy driven quadtree decomposition," Electronics Letters,2010,46(18):266 – 1268.

[9] Xydeas C S, Petrovic V. Objective image fusion performance measure[J]. Electronics Letters,2000,36(4): 308 – 309.

[10] Li S, Kwok J T, Wang Y. Combination of images with diverse focuses using the spatial frequency, Infusionstherapie 2001,2(3):169 – 176.

[11] Wang Z, Bovik A C. A universal image quality index[J]. IEEE Signal Processing Letters, Vol. 9, No. 3, March 2002.

[12] Wang Z. Bovik A C, Sheikh H R, et al. Image Quality Assessment: From Error Visibility to Structural Similarity[J]. IEEE Transactions On Image Processing,2004,13(4):600 – 612.

[13] Piella G. New quality measures for image fusion, in: Proceedings of 7th International Conference on Information Fusion, Stockholm, Sweden,2004,542 – 546.

[14] Yang C, Zhang J Q, Wang X R, et al. A novel similarity based quality metric for image fusion[J]. Information Fusion 2008,9(2):156 – 160.

[15] 田明辉. 视觉注意机制建模及其应用研究[D]. 中国科学技术大学,2010.

[16] Garcia J A, Sanchez R R, Valdivia J F. Axiomatic Approach to Computational Attention[J]. Pattern Recognition,2010,43(4):1618 – 1630.

[17] Lai J L, Yi Y. Key frame extraction based on visual attention model[J]. J. Vis. Commun. Image R. 2012,23: 114 – 125.

[18] Itti L, Koch C, Niebur E. A model of saliency – based visual attention for rapid scene analysis[J]. IEEE

Trans. Pattern Analysis and Machine Intelligence, 1998, 20: 1254 - 1259.

[19] Wong A, Sahoo P. A gray - level threshold selection method based on maximum entropy principle[J]. IEEE Transactions on Systems, Man, and Cybernetics, 1989: 866 - 871.

[20] Shensa M J. The discrete wavelet transform: Wedding the à trous and Mallat algorithms. IEEE Trans. Signal Proc. 1992, 40(10): 2464 - 2482.

[21] Cunha A L, Zhou J P, Do M N. The nonsubsampled contourlet transform: theory, design, and applications. IEEE Transactions on Image Processing, 2006, 15(10): 3089 - 3101.

[22] Karunaseker S A, Kingsbury N G. A distorion measure for blocking artifacts in image based on human visual sensitivity[J]. IEEE Trans. On Image Processing, 1995, 4(6): 713 - 724.

[23] Chipman L J, Orr T M. Wavelets and images fusion[C]. Proceedings of IEEE International Conference on Image Processing, Washington D. C., 1995: 248 - 251.

[24] Do M N, Vetterli M. Contourlet: A directional multiresolution image representation[C]. Proc. IEEE International Conference on Image Processing, Rochester, 2002: 357 - 360.

[25] www. imagefusion. org.

[26] Sugihara K. Robust gift wrapping for the three - dimensional convex hull[J]. J. Comput. Syst. Sci. 49(1994): 391 - 407.

[27] Cvejic N, Łoza A, Bull D, et al. A similarity metric for assessment of image fusion algorithms[J]. International Journal of Signal Processing, 2005, 2(3): 178 - 182.

[28] 狄红卫,刘显峰. 基于结构相似度的图像融合质量评价[J]. 光子学报, 2006, 35(5): 766 - 771.

[29] Liu J Y, Wang H J, Qin W. A New Fusion Image Quality Assessment Based on Edge and Structure Similarity [C]. Proc. of the 2011 IEEE International Conference on Cyber Technology in Automation, Control, and Intelligent Systems. Kunming: IEEE Press, 2011: 112 - 115.

[30] Zhang Q, Wang L, Li H J, et al. Video fusion performance evaluation based on structural similarity and human visual perception[J]. Signal Processing, 2012, 92(4): 912 - 925.

[31] Liu A M, Lin W S, Narwaria M. Image Quality Assessment Based on Gradient Similarity[J]. IEEE Transactions on image processing, 2012, 21(4): 1500 - 1512.

[32] 叶传奇,王宝树,苗启广. 一种基于区域特性的红外与可见光图像融合算法[J]. 光子学报, 2009, 38(6): 1498 - 1503.

[33] Chai Y, Li H F, Li Z F. Multifocus image fusion scheme using focused region detection and multiresolution [J]. Optics Communications, 2011, 284(19): 4376 - 4389.

[34] 张勇,金伟其. 基于结构相似度与感兴趣区域的图像融合评价方法[J]. 光子学报, 2011, 40(2): 311 - 315.

[35] 任仙怡,刘秀坚,胡涛等. 基于视觉注意机制与区域结构相似度的图像融合质量评价[J]. 计算机应用, 2011, 31(11): 3022 - 3026.

[36] Chen Y, Xue Z Y, Blum R S. Theoretical analysis of an information - based quality measure for image fusion [J]. Information Fusion 2008, 9(2): 161 - 175.

[37] Wei C M, Blum R S. Theoretical analysis of correlation - based quality measures for weighted averaging image fusion[J]. Information Fusion 2010, 11(4): 301 - 310.

[38] Pratt W K. Digital image processing[M], 2nd Edition. Wiley - Interscience. New York, 1991.

[39] 袁晓松,王秀坛,王希勤. 基于人眼视觉特性的自适应的图像增强算法的研究[J]. 电子学报, 1999, 27(4): 63 - 65.

[40] Levi L. Unsharp masking and related image enhancement techniques[J]. Computer Graphics Image Processing, 1974, 3(2): 163 - 177.

[41] Lee J S. Digital image enhancement and noise filtering by use of local statistics[J]. IEEE Transactions on Pattern Analysis and Machine Intelligence, 1980, 2(2): 165 - 168.

[42] 王艳华,刘伟宁. 基于各项异性扩散的弱小目标增强算法[J]. 光电工程,2008,35(6):15 - 19.

[43] 张风超,杨杰. 红外图像序列的目标增强和检测[J]. 红外与激光工程,2004,33(4):380 - 384.

[44] Gonzales R C, Wintz P. Digital Image Processing[M]. Addison - Wesley Publishing Company, New York, 1987.

[45] Laine A F, Schuler S, Fan J, Huda W. Mammographic feature enhancement by multiscale analysis[J]. IEEE Transactions on Medical Imaging, 1994, 13(4): 725 - 740.

[46] Lu J, Herly D M, Weaver J B. Contrast enhancement of medical images using multiscale edge representation [J]. Optical Engineering, 1994, 13(7): 2151 - 2161.

[47] 汤磊,赵丰,杨晓原等. 基于图像融合的红外弱小目标增强方法研究[J]. 计算机应用研究,2009,26(1): 380 - 383.

[48] 钱永浩. 图像融合[D]. 江南大学,2009.

[49] 张新明,沈兰荪. 基于小波和统计特性的自适应图像增强[J]. 信号处理,2001,17(3): 227 - 231.

[50] Hou X D, Zhang L Q. Saliency Detection: A Spectral Residual Approach[C]. Proc. IEEE Int. Conf. Comput. Vis. Pattern Recognit., Jun. 2007.

[51] Koch C, Poggio T. Predicting the VisualWorld: Silence is Golden[J]. Nature Neuroscience, 1999, 2(1): 9 - 10.

第10章 人在信息融合系统中的作用

10.1 概 述

为了使信息融合成为感知领域问题的有效技术求解方法，必须首先定义感知问题对信息融合的应用需求、功能需求和性能需求。典型的需求包括基于感知问题进行数据聚集和拓展，以增强现有工作能力，如内科医生期望借助信息融合检测肿瘤，经济学家借助信息融合寻求通货膨胀走势，军事指挥官力图借助信息融合尽早发现目标，实现对目标的定位、识别和跟踪等。因此，应该由使用信息融合系统的用户进行系统需求设计[1]。一旦需求确定，需要将其分解为可实施的功能，为此，需要获取的数据具有可观测性和有效性，以将其融合为满足需求的信息，成为一种可实现的能力，这是保障用户设计所需要的支撑能力，否则会产生不正确（不满足需求）的功能。

在融合系统设计时，经常看到融合工程师收集用户需求，并与用户一起进行需求分析，但这个阶段尚未体现用户交互、指导或规划系统的作用。

Blash与Plano于2003年提出的第5级融合模型——用户精炼（User Refinement，UR）[2]，基于可视化人机界面，将自动融合系统无法解决的融合问题与用户联系起来。这样，用户就能够通过人机交互，对融合过程进行反馈或控制，增强融合产品满足用户需求的程度。在美国防部实验室联合理事会（Joint Directors of Laboratories，JDL）2004年推荐的信息融合模型（图10.1）中，用户精炼表现为其右侧的人机界面和资源管理功能，但该模型将其排除在融合范围之外，见文献[2]的3.2节。

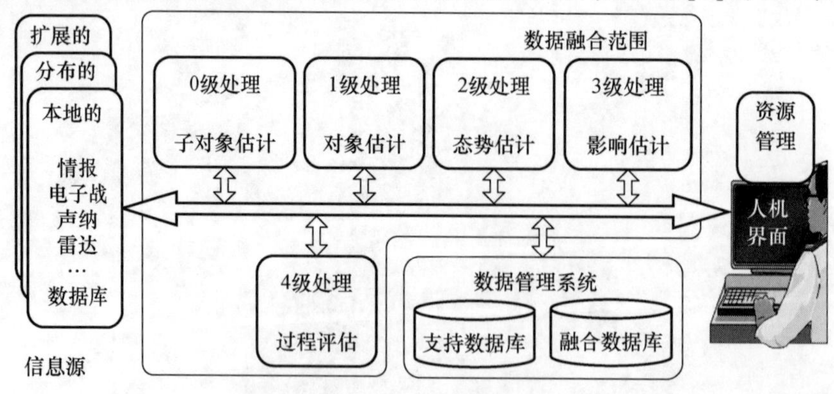

图10.1 修订的JDL模型（2004年）

用户精练(UR)强调采用用户的认知能力设计、开发、运行和调整信息融合过程,主要有:

(1) 辅助融合系统设计与新概念分析,包括用户需求中的新概念和融合功能/性能中的新概念分析。

(2) 人在融合系统运行控制和管理中的作用,主要指人在融合系统运行中,人基于自身认知对融合系统进行干预控制和功能优化(反馈)控制。

(3) 人对信息融合系统的管理,包括系统开发和运行的计划和组织等支撑活动管理,以及信息源(传感器)配置、运行平台和计算资源管理等。

为了分析用户在信息融合系统中所发挥的作用,这里将探索三种用户:原型用户(Prototype User,PU)、操作用户(Operational User,OU)和专业用户(Business User,BU)。其中,原型用户参与从需求开始的融合系统整个设计过程以确保融合系统在功能、性能上满足用户需求,在技术上符合相应标准和规范;操作用户重点关注融合系统运行的行为模式,包括系统遗漏(疏忽)的功能、无法确定需要磋商之处、相互依存的功能,以及需要交互的功能等[3]。许多情况下,操作用户不太相信融合系统得到的结果,因为操作用户通常是领域专家或军事指挥官,当融合系统的结果与其基于自身经验的认知判断不一致时,会怀疑融合系统的可信性和可靠性,因操作用户不是系统设计者,不理解融合系统所采用的推理规则和方法。为提高作为直接使用者的操作用户对融合系统的认可程度,应为用户积极参与融合系统设计、管理和运行干预控制创造条件。专业用户则重点关注融合系统设计的各类资源,系统立项过程,以及系统应用需求等方面的规划、组织、协调、指导与控制方式等。

本章首先强调用户在信息融合系统设计中的作用。为恰当地设计出用户认可的融合系统,原型用户、操作用户与专业用户应与系统设计工程师携手工作,以充分理解信息融合系统能够做什么、不能做什么[4]。信息融合系统的主要用处在于增强用户的业务功能,如提高用户的感知空间范围、感知的精确性、识别能力,以及解决缺乏用户提供的数据和推理规则情况下,无法进行决策推理等问题。工程师与用户紧密结合,才能够设计出高效且满足用户规定功能需求的系统。本章强调的第二个内容就是用户在信息融合系统运行过程中所发挥的作用,包括用户基于自身经验和头脑思索产生的认知能力,对融合系统自动运行产生的融合结果或识别与估计推理所采用的规则、方法和参数的认知干预和调整,以提升融合系统达到符合用户需求的支持能力。为此,在设计阶段就要为系统运行考虑用户对系统的关注点和人机交互手段。能够充分发挥人的作用的融合系统称为用户—融合模型,该模型既体现了自动融合系统的功能对用户的支撑,又体现了人与融合系统结合产生的能够满足用户需求的信息融合能力,这就是 5 级融合——用户精炼的主要内涵。本章将在后面几节主要描述信息融合设计中的用户精炼、用户—融合模型中所涉及的人的作用、用户精炼的主要功能和关键问题,并给出一个用户与算法结合的辅助识别案例。

10.2 用户在融合系统设计中的作用

10.2.1 用户作用概述

信息融合系统的立项、设计和应用都来源于某种(特定)需求,如尽量减少感知数据,提取关注信息,使人们从信息海洋中解脱出来;又如,扩展感知信息的时空覆盖范围,提升人们的态势感知能力,以及对人遂行的任务,在功能上进行辅助等[5]。在军事领域,信息融合系统旨在使指挥员摆脱战争迷雾,对战场感知、指挥决策和火力打击提供有效辅助。在民用领域,传感器网络扩展了用户的视听领域[6],多传感器运输控制增强了车辆运送能力[7],基于计算机的多传感器经营管理和事物处理提升了经济效益和事物效能[8],等等。尽管存在上述成功融合案例,但融合系统设计者对需求中的某些假设条件可能并不完全理解,如运输控制需要理解有益的运输规定(载重、体积、速度、车辆维护等),有效通信的连接方式(点对点、网络连接等),经营管理和商业操作必须与合同一致等,都规定必需的约束条件。在这些规范约束基础上,融合系统的设计还要依赖原型用户、操作用户和专业用户在个体、机制和经济上的支持。

融合系统设计分为微观和宏观两类模型。微观模型只需使用限定的平台或装置内安放的传感器,如内/外科医生采用正电子断层扫描——核磁共振成像(PET-MRT)的图像,就能获得图像融合结果;司机只需要察看汽车驾驶室中的各类仪表,就能够感知道路及周边环境状况;公司老板仅需要查看财务报表,就能估计成本或利润。每种微观模型中,只要感知装置确定,就能很快得到所需要的判定结果,用户在微观融合设计中的作用比较简单。宏观类模型通常要涉及很多用户和广域内设置的大量探测平台和传感器,使用广泛和有效的各种数据和信息,如军事决策支持系统[9]、支持管理跨地区或跨国商务信息融合系统,以及政务或社会管理信息系统等,就是典型的宏观类融合模型。在宏观类系统设计中,要将各种用户提供的信息尽可能聚集和集中,即要将专业用户提供的资源、操作用户对系统的信任程度,以及原型用户提供的技术尽可能聚集显示给设计工程师。此外,为了管理大型复杂系统并希望信息融合成为增强系统功能的有用工具,需要首先确定适当的约束和假设条件,并确定用户在其中的作用。在战场感知融合系统中,一般通过建立跨传感器、目标和环境的共同作战图(COP)[10]以减少宏观融合的复杂性,如图10.2所示。

10.2.2 用户角色

用户在融合系统中能够充当预先支持者、传感员、控制员和规划员等角色,以在融合系统的设计、规划、设置和执行中充分发挥作用。在一个典型的战场目标跟踪与识别系统中,人所充当的这5类角色的具体作用如下。

图 10.2　监视屏幕上集成的一幅共用作战图

(1) 预先支持者：选择作战关注的目标及其位置，传感器重点监视范围；所需要的支撑数据库信息，以及主要融合算法模型所需要的原始信息，如不确定推理中的先验概率、状态方程的初始条件、数学规划模型的目标函数、统计综合权重等。

(2) 传感员：提供各种侦察手段获得的目标消息报告和周边关系(Contextnal)报告，编写融合系统对数据的需求，制定已有数据、资料的查询策略等。

(3) 操作员：进行输入数据检验，如检验每帧图像中的重点关注区域，以压缩处理的图像流量；过滤文本报告和简化网络通信报告，以减少非自动和自动报告信息量。许多情况是，对于特定的任务，训练特定操作员，以按相应规定和条例发挥作用。

(4) 控制员：系统功能业务操控者，在目标跟踪与识别系统中，控制员负责确定当天的感知任务，实时确定监视目标，调整和控制传感探测任务，确定探测平台航线，对融合过程的优化控制，融合信息的分类控制等，以对后续作战活动提供有力支撑。

(5) 规划员：基于"今天的"系统运行和效能，预测和规划"明天的"系统操作，包括规划未来的信息收集方案，预测可能出现的威胁和即将出现的态势等。

表 10.1 给出了用户的这 5 类角色在目标跟踪与识别系统设计阶段所发挥的作用。

表 10.1　目标跟踪与识别系统设计阶段的用户及其作用

用户	概念化	设计	设置	执行	报告
预先支持者	系统，数据库	数据库大小	权限	数据库维护	情报报告
传感员	视觉观察	训练	站员	报告	人工情报报告
操作员	界面设计以增强指派的任务	界面动作	监视传感器图像、信号	监视与报告信息	屏幕选择
控制员	传感器规划	传感器组件	改变传感器平台航线	操控传感器指向定位点	定位观察
规划员	体系结构	预算	平台可用性	平台资源(如汽油)	任务次序

为了成功设计一个融合系统，需要在最开始的概念设计阶段就进行通盘考

虑。工程师在该阶段设计中往往只考虑发挥信息融合的内在优势,而这需要许多假设条件,如在开发贝叶斯推理时要给出先验概率,以及假设传感器的有效性等。然而,若从实际的工程运行条件和环境出发,必须考虑现实的约束条件、运行规划和用户对融合能力的增强等因素。表 10.1 在很大程度上给出了概念设计阶段,在可用数据库选择、扩展观测范围、探测任务分配,以及探测平台和系统级控制等方面,与工程师聚集在一起的用户团队所能发挥作用的角色和机会。用户通过与工程师的交互,能够建立对系统设计的信任,并取得实际的效果。

在融合系统技术设计阶段,用户能够辅助描述和厘清可实现的融合功能和采用的技术。在上述目标跟踪与识别例子中,目标检测所采用的自动目标识别(Automatic Target Recognition,ATR)融合算法无法将虚警率(False Alarm Rate,FAR)减小为 0,但它能提供近乎理想的检测概率(Probability of Detection,PD),此时需由用户以某种方式确定可接受的 PD,通过融合算法使 FAR 达极小。对于操作员承载大量图像数据流情况,由于融合算法无法区分哪帧图像为用户所关注,必须由用户基于显著区域或其他关注特征进行图像预筛选。对于目标跟踪与识别系统中的传感器探测规划,由于信息融合最终要实现对用户有用数据的集成,因此,操作员和控制员在技术设计阶段必须基于任务需求对数据收集的可行性进行估计,以确定传感器探测约束条件。

对于宏观类融合系统来说,表 10.1 中的设置、执行和报告,目前停留在理论阶段,尚无法具体描述和落实,因这三项是预测的系统运行设计内容,而系统过于复杂限制了其成功应用。宏观类融合系统的设计需要进行原型设计并进行相关训练,其中要利用已有的系统工程经验和教训,并关注复杂的多级不确定性系统,涉及到最优化、人的因素、逻辑学等诸多概念,以及系统维护和基础设施。因此,系统工程方法对融合系统的设计大有裨益。图 10.2 就是原型用户和操作用户与系统设计者一起工作建立的系统观察界面。

图 10.3 描述了融合系统设计阶段(包括原型系统建造与运行)与系统成本分解的关系曲线。

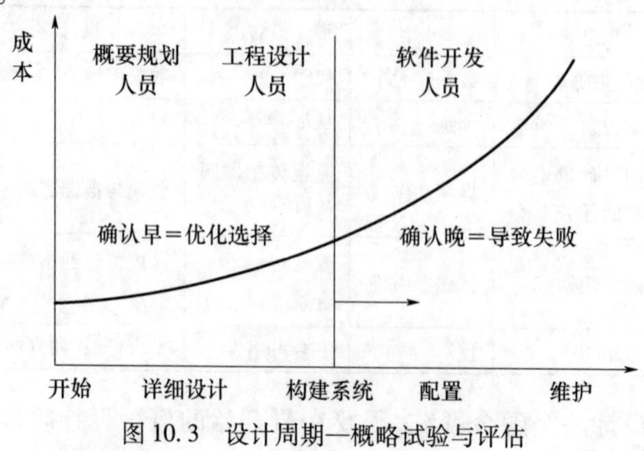

图 10.3　设计周期—概略试验与评估

从图10.3可以看出,如果各级用户事先未参与融合系统设计,会使系统设计阶段各项活动的决策确认较晚,导致工程代价逐渐增加。例如,在信息定义阶段,由用户和设计者组成的研究团队需要确定可观测的、有用的信息类型,它们与传感器选择、数据采集和确认算法密切相关;这就体现了用户的任务和信息需求对概要设计的驱动。系统详细设计与构建阶段,包含方案研讨、优化选择和原型需求诸项内容,通过这些设计活动,实现对系统的功能检验和精炼。Llinas指出,许多设计开发都是指原型系统,这是因为原型系统主要关注确保用户参与融合过程设计而设置的优先权和约束,以体现所期望的用户作用[11]。

融合系统设计中的一个新的问题是,融合设计还依赖于软件开发人员。为了控制原型系统的配置和维护代价,软件开发人员也需要与用户一起工作,以便使操作员和控制员能够控制数据过滤、算法重初始化,以及过程初始化等处理。

10.2.3　确定信息需求优先级

随着电子技术的发展,侦察手段日益增多,侦察和探测传感器的类型和数量呈指数递增,使指挥员面临信息的汪洋大海——信息太多但又不够用。因此,作战活动对信息融合的首要需求是把输入信息量减到最小;信息需求的第二点是划分信息处理优先级,以确定指挥官最关注的、需要优先处理的信息;信息需求的第三点是减少信息的不确定性。下面分别描述。

10.2.3.1　信息需求排序

为了把输入信息确定为一个最小需求集合,需要用户给出一个需求信息层次排序,以基于收集或综合的数据进行融合计算或推理。融合系统对战场信息的需求是基于其所支撑的作战活动建立的,包括对战场活动的信息需求和信息获取过程(手段)需求。

作战涉及的战场活动信息需求的一般排序如下:

(1) 对象属性信息,即战场目标型号、数量和敌/我/中/未知身份,战场目标包括武器装备、力量编成单位等。

(2) 对象位置信息,所跟踪对象所在时空和空间位置。

(3) 对象原始信息,所收集的原始信息,如信号特征、峰值、边界等。

(4) 对象已知或未知存在性,是已知对象再现还是新对象出现。

(5) 动态信息,目标静止或运动状态(速度、加速度)。

(6) 威胁信息,对象意图信息,对我方有害、有用或无意信息。

战场信息获取过程可理解为战场信息收集手段及其工作过程,信息获取过程需求的一般排序如下。

(1) 测量系统或侦察手段的可靠性(不确定性):是基于探测传感器性能或较长时间运行的统计结果。

(2) 收集数据的能力:同时探测/跟踪获取的目标数量和精度。

（3）测量和（传感器系统）处理时间延误。

（4）能够支持的用户数量及其相互作用（各用户是否独立使用该测量系统）。

10.2.3.2 信息处理排序

融合系统需要用户基于作战任务需求划分信息处理优先级，按优先级选择所关注的战场对象，并将高优先级对象的探测或原始信息精炼为融合所需要的信息。为了确定战场对象信息处理的优先级，用户需要掌握和理解产生信息的对象即信息来源和战场对象谱系，并提供给融合系统，以提高融合系统按对象优先级的自动选择和处理能力。例如，为了确定作战活动关注对象，用户需回答以下问题：

（1）谁：控制关注对象的是谁？即控制信息。

（2）什么：关注的对象和活动是什么？判断、辐射或目标。

（3）哪里：对象位置在哪里，即关注区域。

（4）何时：我们何时测量该信息，即每天的测量时间。

（5）怎样：怎样收集该信息，使用传感器测量，还是其他侦察手段。

（6）哪个：使用哪个传感器或哪种手段获得该对象信息，以及采用哪个数据挖掘算法。

10.2.3.3 信息的不确定性处理需求

为了主动推断选择具有复杂优先级的战场信息收集活动，在获取关注对象信息的同时，还要提供用户收集活动所采用的传感器或技术手段的不确定性[12]。本体论和知识搜索理论指出，必须规定减少不确定性的目标[13]。为此，用户不得不处理传感器偏差、通信时延、环境和测量噪声等多种形式的不确定性。海森堡（Heisenberg）不确定性准则作为一个例子，说明了观测与精度的复杂关系[14]。不确定性是对疑虑的度量，它可能影响用户判断，而用户则能考虑机器融合系统的缺陷和不确定性，对其进行弥补[15]。Jousselme 提出了不确定性的另一种有用表示[16]。无知状态会导致判断失误，数据变形（失准）或不完整（未充分覆盖事物）会产生期望值与测量数据之间的误差，在感知能力不足，缺乏态势估计所需要的周边关系信息或未定义优先级等情况，都会产生不确定性，这会使信息融合系统性能变坏。战场信息收集中的不确定性通常分为 4 类：

（1）模糊性：缺少对象的精确度量和清晰的感知。

（2）或然性：对获取的真实元素的相信程度。

（3）随机性：收集的信息随时间和空间无规律变化程度。

（4）二义性：对两个结论无法判定选择，如对同一目标的两个识别结果的判定，两个测量点迹是否源于同一目标的判定，皆可能出现二义性。

为了确定融合系统的信息需求的优先级和减少不确定性，用户除了上面描述的作用外，还可以通过改变优先级、非标准数据积累和实时任务规划开展仿真实验，来改善融合系统的需求设计。

10.2.4　提供外界和周边关系信息

在态势感知过程中，一般需要用户或用户群组提供与融合系统有关的外界信息和周边关系信息。外界信息包括用户所关注的社会政治信息（含地缘政治、经济和军事发展战略、宗教信息和民族文化等信息）、战场环境信息（如地理信息、兵要地志、医疗卫生、核生化污染等信息）、先验历史数据（如对方兵力编成和作战能力、武器装备性能，我方作战力量及战例，以及历史态势等信息）；以及任务目标（指态势感知及其支撑的作战任务）等。周边关系信息主要指信息融合系统所涉及的目标定位、识别，以及态势与威胁估计模型与外部信息的关系，如对敌方的一系列目标进行攻击，首先要按目标的价值（先验信息）确定攻击顺序，然后基于己方位置确定进入航线或运动走廊（地理信息和兵要地志）；又如，目标识别需要将探测的目标状态与预先建模的目标特征关系进行匹配，其中含有从不同视角观测的目标状态与已建模的目标姿态匹配。态势的周边关系信息更加广泛，其涉及社会、政治、民族宗教、地形气象、交通水系、兵力结构和部署，以及战略战术作战条例和间接支援情报等信息。

周边关系信息能够增强用户和融合系统对目标、态势与威胁的理解。在考虑周边关系的目标分类中，如果一个目标与空间上接近的其他己方目标聚集在一起，一般认为它们属于同一分类；如果进一步考虑目标与环境特征的关系：卡车只能在公路上行驶，只有坦克才能离开公路，那么尽管离开公路的目标与公路上的目标在空间上很接近，却不能归于一个分类。在图10.4给出的机载数据融合系统中，所观察到的公路中的车辆是卡车，而公路外的车辆是坦克。如果仅考虑二维空间距离，甚至可能将很接近的我（敌）方飞机和车辆归于同一分类；若再考虑高度，才能将其归于不同分类。

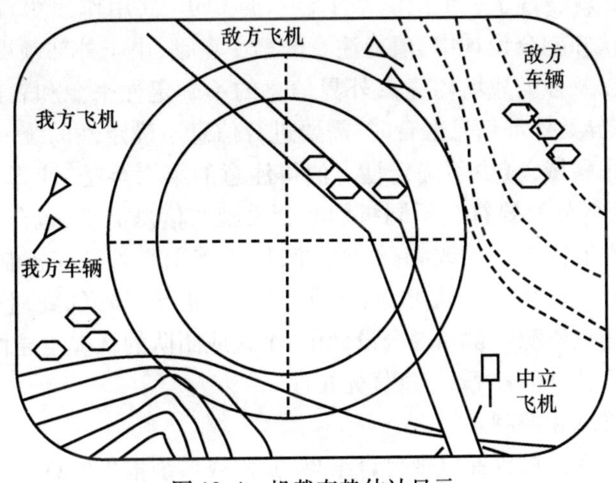

图10.4　机载态势估计显示

10.2.5 认知融合设计

信息融合在形式上集成了机器融合功能和人的认知融合,它以数学方法、技术设备和处理过程相结合的结构,通过关联和相关组合,集成和匹配来自不同信息源的数据,以解决所关注的决策问题。对用户关注的应用来说,信息融合的这种结构能够获得更高质量的信息,包括降低信息维度(减少信息量),减少信息的不确定性,提高信息的可靠性,增强信息的有效度/可用度。

信息融合功能和技术进一步分类如下:

(1) 传感器融合:对响应激励信号的设备进行组合,实现基于探测任务和关注目标的多传感器协同探测。

(2) 信号融合:组合多传感器探测信号,实现目标的多传感器融合检测,以尽早发现和识别所关注的目标。

(3) 数据融合:通过关联和相关,组合实体数据,实现目标的定位、识别和跟踪。

(4) 信息融合:组合探测数据和实体数据,创建知识,产生所关注的态势估计、威胁估计和战场事件预测结果。

(5) 认知融合:基于用户的判断结果和思维模式集成信息。

(6) 显示融合:呈现数据和知识,支持人的判断/决策活动。

众所周知,计算机或自动融合系统的优势在于数字计算,而人则擅长基于显示信息进行推理,因此需要将计算机中所建立的物理模型(数学模型)与人的认知模型进行有效融合,为区别于传统的基于计算模型的融合,这里称为认知融合。认知融合需要计算机把用户推理所需要的信息按信号级、特征级和判定级进行分解,并显示一套使用的查询选项,以辅助用户完成这三个级别的识别和估计推理任务,如图 10.2 就表现了一个团队基于显示的 COP(共用作战图)画面正在进行协同决策。在认知融合设计中,值得注意的第一点是,由于外部领域不同(其他专业领域、系统,以及各类战场环境),外界信息的不确定性来源和表述方式也不相同,融合系统与异类外部信息融合时,需要进行信息不确定性的统一转换,以扩展信息融合的适用领域,减少不确定性。值得注意的第二点是,计算机对所获得的内、外部信息进行分解要符合不同级别融合模型的信息需求,包含对象需求和期望的各级融合性能需求。为改善融合性能,用户需采用管理和控制技术,基于预测、估计和任务约束(由用户认可、调整或改变)来指导机器的处理过程和所需的数据库与先验信息资源。认知融合设计中,个人或团队的认知主导作用包括:

(1) 数据支持下的任务/信息优先排序。

(2) 人的管理和控制。

(3) 操作员在人机界面监视融合结果,并监视系统报告信息。

(4) 控制员基于终端显示进行认知推理,控制系统运行性能满足用户任务需求。

(5) 规划员查看系统级操作,分析系统运行的合理性,为系统体系结构、平台可用性、任务次序等的调整提出建议。

不难看出,认知融合贯穿于信息融合设计的整个过程,并且在融合系统应用运行中发挥重要作用。还须指出的是,认知融合与机器融合的集成是在显示融合中实现的。目前,许多用户在采用不同方法融合的同时,正在制定一些标准、为团队分布式认知融合需求提供高效的融合显示技术。

10.3　含有用户的信息融合系统

美国防部 JDL 的数据融合信息组(DFIG)当前团队(由 Frank White, Otto Kessler, Chris Bowman, James Llinas, Erik Blasch, Gerald Powell, Mike Hinman, Ed. Waltz, Dale Walsh, John Salerno, Alam Seinberg, David Hall, Ron Mahler, Mitch Kokar, Joe Karalowshi,以及 Richard Antony 等信息融合领域顶级专家组成)认识到人在信息融合中的作用和重要性,正在探索修正 JDL 信息融合模型。

10.3.1　数据融合信息组模型

数据融合信息组(DFIG)考虑基于人的作用修正 JDL 信息融合模型,其出发点包括:

(1) 多传感器信息融合在应用系统中如何配置和使用,如融合功能在 ISR 或 C4ISR 系统中以信息支撑方式的松耦合配置或一体化紧耦合配置。

(2) 日益增加的动态变化场景的复杂性,需要更智能和更有效的推理策略。

(3) 与信息推理密不可分的判定(决策)需要信息融合采用实用的知识表示,以与用户交互[17]。

(4) 对嵌入策略产生的信息融合系统要采用一种标准方法进行严格评估,该标准方法要适应不同的系统目标(任务)、不同的传感器模式、不同的融合算法,以及不同的用户行为模式[18]。

在 JDL 信息融合过程模型(1987 年)产生后,历经多次改进、修订,直到 2004 年推荐版 JDL 融合模型(图 10.1)[19-21],融合模型结构仍处于发展中。文献[22]第 2 章对信息融合系统结构/模型的发展进行了多方面的讨论。Steinberg 在信息融合学界集会上指出:JDL 模型设计为一个功能模型,该模型包含任何数据融合系统的功能定义集合。然而,如同 Boyd 的基于用户驱动的观测、判断、决策与行动的 OODA 环[23],以及运动和固定目标自动识别(Move Stationary Target Automatic Recognition, MSTAR)中的预测、提取、匹配与搜索(Predict Extract Match and Search, PEMS)环一样,JDL 信息融合模型被描述为一种处理过程,只是其涉及到功能之间的交互与控制,因此在模型分类中,包含了对涉及对象(传感器、目标、态势、威胁等)处理和控制的公理和规则,如概率论、可能性理论和证据推理等。由此可知,JDL 信息融合模型也与 OODA 环和 PEMS 环一样,在设计和运行中皆离不开人的参与。

数据融合信息组提出的 DFIG 2004 模型如图 10.5 所示[24]。

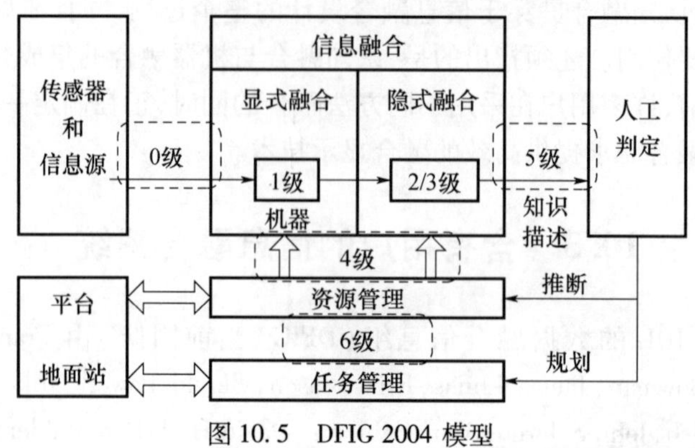

图 10.5 DFIG 2004 模型

该模型继承了图 10.1 所示的 JDL2004 推荐版融合模型的主要结构,将功能目标分为信息融合功能和管理功能,将用户作为对估计(融合)系统的管理(控制)部分。其中管理功能包括感知资源管理(传感器控制、平台部署等)和用户对任务的管理(任务选择、调整)。与 JDL2004 推荐版融合模型(它将资源管理列为人机系统通用功能,与人机界面一样处于融合功能范围之外)不同,DFIG2004 模型将管理功能列为第 6 级融合,接受人的决策推理和规划控制。此外,由于融合算法无法处理非观测数据,故信息融合需要将其转化为与用户一致的知识(这里称为 5 级融合,即将用户知识和 0 ~ 3 级融合结果转换成统一的知识表示),以与人的知识进行融合推理,弥补非观测数据融合功能。DFIG2004 模型中各融合级别定义如下。

(1) 0 级:数据估计。基于像素/信号级数据关联(信息系统收集),估计和预测可观测的信号/实体。

(2) 1 级:对象估计。基于数据关联、连续状态估计和离散状态估计(称为数据处理),估计和预测实体状态。1 级融合通常由机器自动完成,产生所出现的实体,故称为显式融合。

(3) 2 级:态势估计。估计和预测实体之间的关系,包括兵力结构、兵力关系,以及通信等(称为信息处理)。态势估计是从 1 级对象估计的显式表示与增加的外部关系信息进行融合,推断出抽象的实体间关系信息,称为隐式融合。

(4) 3 级:影响估计。估计和预测参与者计划或估计的行动产生的态势的效果,包含多参与方的行动计划的相互作用(估计对己方规划的活动、任务需求和性能评估结果具有威胁的活动)。影响估计是基于 1 级和 2 级融合结果,以及人参与的隐式融合。

(5) 4 级:过程精炼。作为一个资源管理元素,自适应进行数据获取和处理,以支持对象感知(传感器管理与信息系统扩展,以及指挥/控制)。

(6) 5 级:用户精炼(UR)。作为一个知识管理元素,自适应确定谁质疑信息、谁访问信息(如信息作战),自适应检索和显示。这里主要指知识转换和统一表示,以支持人机认知判定(DM)与行动(人机界面 HCI)。

(7) 6 级:任务管理和资源管理。在空天作战中,作为一个平台管理元素,自适应确定资源的时空控制、路径规划和确定打击目标;在战区作战中,在社会、经济和政治环境约束下,支持团队判定(决策)和行动。

10.3.2　用户—融合模型

一种有用的模型是现实世界的一种关键样式表述。Kaupp 等人于 2005 年构建了用户—融合模型,如图 10.6 所示。

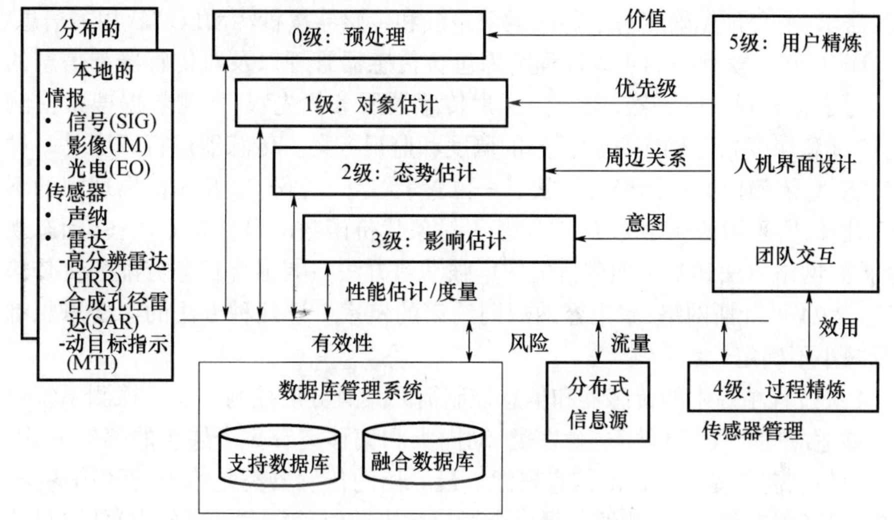

图 10.6　用户—融合模型

该模型展现了如何构建一个用户参与的融合模型[25],并强调在功能、过程和正规模型结构中的用户交互。例如,态势感知包含用户思维模型[26],该思维模型是通过数据收集、融合设计,以及用户对社会、政治与军事态势的察觉建立起来的,能够提供一种对现实世界的表述。与 JDL 的 2004 年推荐版融合模型(将用户认知和精炼活动排除在融合之外,如图 10.1 所示)不同,用户—融合模型的显著特征是增加了作为第 5 级融合的用户精炼(UR)功能。UR 的核心是由人控制实现融合结果(形式)、约定(功能)、控制(过程)和察觉(思维)模型之间的交互,从而实现对整个信息融合系统的精炼。从图 10.6 可以看出,尽管 5 级融合用户精炼并没有涉及用户在融合系统的初始设计中的作用,但以人为主导所进行的用户精炼能够对从 0 级到 4 级的各级融合功能过程,甚至结构/流程进行控制,从而实现对融合设计的优化修订和调整。从图 10.6 还可看出,UR 是在人机界面上实现的,用户基于任务需求和个人对人机界面上显示的各级融合结果的分析、评估和思维判断,通过人机界面对不同融合级别提供不同的支持信息(如对2级态势估计提供周边关系信息,对3级影响估计提供意图估计信息等),对不正确的融合结果进行交互式干预,以及对某些级别的融合模型参数和处理流程进行干预调整等,以达到融合精炼的最终目标——融合系统的整体优化。

10.3.3 传感器管理

DFIG所进行的模型更新包括将以下资源的管理作为信息融合部分:传感器;可能携载一个或多个传感器的探测平台;用户控制。其中每一项基于不同的指挥级别具有不同的用户需求。用户不仅规划探测平台的位置,而且还根据面临的态势和威胁,推断和改变对传感器的需求。一条估计时间线是用户预先规划每天的探测需求、平台预先确定每小时的运动路线和传感器按秒转动以捕获相关信息。

DFIG2004模型中的4级过程精炼包含传感器管理以及对传感器和信息的控制。为了有效利用传感器,用户应探索传感器服务优先级、探测数据搜索检测方法(广度和深度),并确定探测任务的调度和监视方案。传感器运行调度是一种控制功能,它依赖探测目标聚集的状态—位置、状态—身份,以及知识推理中的不确定性处理;所采用的典型方法有:①基于对象代价函数的最优化方法;②动态规划(如神经网络方法和基于期望目的的增强学习方法);③最优任务分配的贪婪信息论法[27];④贝叶斯网络,聚集容纳规则约束的概率。这几种方法的主要思想都是尽量减小不确定性。

4级过程精炼中的传感器和信息控制需要具有分层控制功能。探测系统设计要能够适应固定类、事件类、触发类、动向类和偏移类等5个层次的感知方式,以为用户信息需求提供丰富的信息资源。最原始的传感器类是第1类和第2类,其中第1类(固定传感器)能够获得一个对象的当前值,第2类(事件类)能提供值变化出现的通知。更高级别的传感器类即触发类,当其他传感器改变某目标状态值时,能够测量一个传感器的该目标当前值,即是状态和事件感知的瞬时组合。第4类动向类支持记录一段时间的传感器数据,并生成简单统计表,称为动向类感知。第5类传感器,即偏移类,用来检查动向统计超过门限情况,可用于指示态势正向一个不希望的情况变化,恐怕是一个威胁。

除此之外,4级过程精炼还需检查传感系统的完整性、可靠性和感知质量,这涉及绝对和相对估计,以及局部与全局度量基准等问题。尽管许多信息融合策略是嵌入到系统中,但用户—融合系统仍然要采用标准化方法进行严格评估,包括估计定位的大致范围、出现变化的目标、不同传感器模式,以及信息融合算法等。

10.3.4 用户与设计的交互活动

用户在融合系统设计中的交互可以从三方面描述。

(1) 人在2级态势估计中的交互作用。迄今为止,信息融合学界已有的大量论文都假设进行数据驱动的自底向上的 1 级目标定位、识别与跟踪的精炼设计，然后再探索如何由 1 级融合产生的目标进行聚集生成战场态势[28,29]。由于同样的目标集合中，诸元素之间的关系多种多样，因此会生成多种态势，其中哪一种感知态势是指挥官所关注的，需要对其进一步推断和决策呢[30]？这是一个难于解决的问题。如果采用自顶向下的设计方法，则信息融合学界将会从用户需求中受益，即通过与用户的交互，通过用户的任务需求确定对战场态势的需求，从而在给定的感知态势下进行态势推理和决策。进一步讲，不同的态势假设将驱动不同的感知信息需求，而态势不是完全已知的先验值，因此需要在信息融合设计中，设计者与用户交互，构建一个态势假设模型的初始集，即采用假设的模型驱动方法，通过与 1 级融合结果的匹配，确定指挥官关注的态势，以使得缺少先验信息所出现的多种态势选择的困难极小化。

(2) 人在图 10.5 中的 6 级融合设计，即资源管理和任务管理设计中的交互作用。管理设计要考虑业务、社会和经济等条件对融合设计的影响，其中业务包含融合系统所面对的专业管理人员、专业信息融合过程和专业融合产品，而融合功能也涉及管理人员、传感器与数据。这样一来，考虑了物理(业务)、社会、经济、军事与政治环境之后，所设计的信息融合系统要使用户能够(或系统自动)选择和识别出各级信息融合推理所需要的数据，其中可以采用为不同用户管理、任务管理和传感器管理设置优先级的用户控制方式。例如，如果传感器设置在一个平台上，在非自动控制方式下，就可由协调任务的最高级别指挥官确定由谁(平台还是传感器负责人)来负责该设备。显然，只有在条例、约定、空间、保障政策和其他规定都清晰(无二义)的条件下，才能采用自动控制方式(如对传感器的工作状态控制)。

(3) 图 10.5 中 5 级融合，即基于用户的知识转换和统一表示需要面向 4 类基础性问题：①建立知识度量标准；②推荐一种严格的知识融合评估和训练方法；③基于知识的动态判定(决策)规划；④融合界面的详细知识表示。这些问题离不开与用户的判定交互活动。

上述三个方面的设计交互活动如图 10.7 所示。

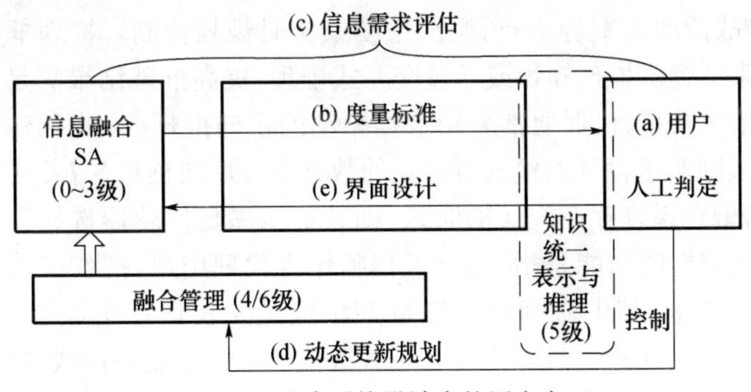

图 10.7　融合系统设计中的用户交互

10.4 用户精炼活动

10.4.1 用户精炼功能概述

在图10.6给出的用户—融合模型中的第5级——用户精炼,除了用户在融合系统设计中的交互活动之外,还有三项主要功能:

(1) 按用户的应用需求,基于变化的态势,确定和调整0~4各级融合中采用的模型和选用的数据,如目标运动和测量模型、目标状态和属性估计方法、基于任务和指挥官决策关注的态势与威胁估计模型和实现方法的选择与调整,以及测量数据和融合数据的优选等。

(2) 确定判定(决策)正确性的度量方法,包括确定判定准则、判定结论度量指标和计算模型,以及判定结论的评估方法等,如对面临的威胁的判定准则(来袭目标意图、状态和属性、能力、时间等)、威胁度量指标(突防能力、破坏能力、威胁时间和威胁等级)等。

(3) 基于用户需求进行高级推理。这里的高级推理是指融合系统无法实现的推理或结果距用户需求相关甚远的推理,需要借助于用户或其委托的专家以人机交互方式进行,如基于情报信息的目标属性(身份)估计推理、来袭目标威胁意图和能力估计推理等。

这三项功能是用户为提高融合系统的功能和性能进行精炼活动所需要的,用户精炼功能和采用的方法/技术如图10.8所示。

图10.8中,任务选择框指用户确定的融合系统所面对的某项工作或任务,不同的工作和任务对融合系统的需求不同,其中包括任务调整导致的需求变化,因为所确定的任务具有预想的对融合系统的期望结果(理想值)。行动框的概念是,由于融合系统用户必须与所面临的态势(其是融合系统的主要约束环境)打交道,故可将UR操作定义为一个(对态势的)响应函数,其通过对态势的主动或被动监视和对新的态势数据的响应,对未来行动方案(Course of Actions,COAs),如目标探测方案、作战活动方案等进行预先、主动或实时规划控制。推理框是指用户可通过向融合系统提供推理知识或通过交互式推理,提高推理结果满足任务需求的程度。值得指出的是,机器通常采用数据驱动的正向推理(寻找和建立数据满足的模式),而人则基于设计的模式对收集的数据进行反向推理(寻找满足预设模式的数据)。若融合系统存在较长的时延,则其不能满足传感器选择和设置的动态规划需求。判定框的功能是指,设计工程师作为代理用户,把各级判定假设注入到融合算法设计中,其中对判定的度量方法可预先在估计中设置或干预调整。图10.8中最下面的4列内容是迄今为止各级信息融合可能采用或选择的模型、技术和方法。

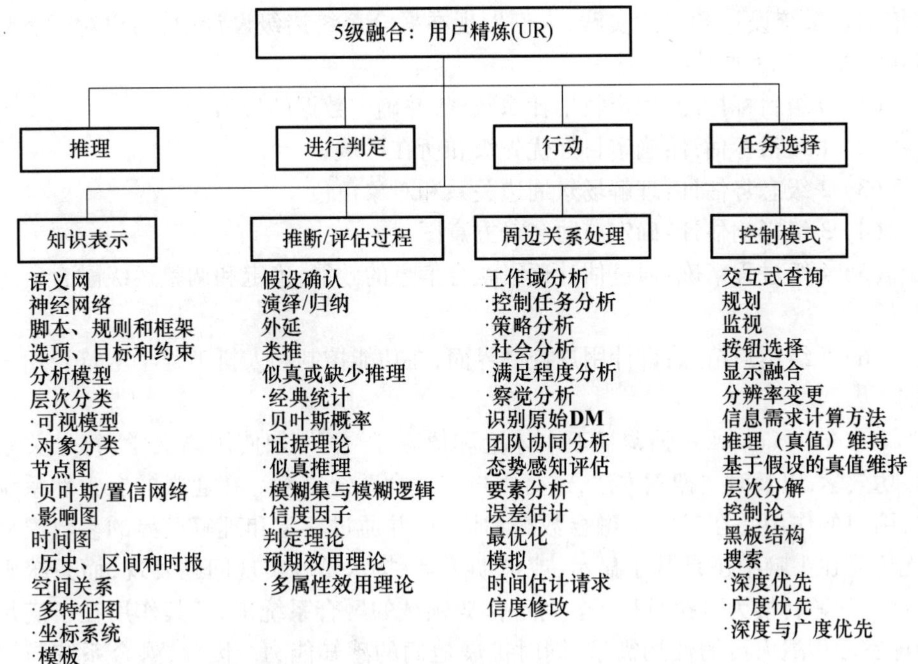

图10.8 5级融合:用户精炼(UR)功能与方法

10.4.2 融合过程中的用户精炼活动

这里主要描述用户在信息融合过程中所参与(起作用)的融合精炼活动。

10.4.2.1 人参与态势感知活动

融合系统应由用户定义,没有用户就不存在对多源信息的融合需求。存在许多含义和表述方法,在这里仅从用户参与态势感知(Situation Awareness,SAW)和确定用户需求两方面来描述。态势感知中的一个关键问题是,信息融合结果要映射到用户需求,即从察觉和认识(理解)上满足用户对信息获取[31]、神经生理学[32]、察觉生理学[33]等领域的综合感知需求[6,34,35],若输出和显示的融合结果与用户期望不一致,则融合归于失败。然而,如同Brooks所述的"大象不能玩象棋"一样[36],自动融合系统不能处理不可预料的态势[37]。因此,在态势感知中,作为用户的人是不可或缺的。为了实现人对态势感知的充分参与,有几种实现活动:①让用户参与融合系统设计过程;②收集用户的信息融合需求;③将可以使用的控制活动提供给用户。

人在态势感知中,能够确认高斯处理器无法识别的态势假设,尽管态势推理中,人们尚无法完整地给出假设的有效性准则,但能够确认所选的错误假设。在图10.8的5级融合的知识表示和推理框中,基于认知(理解)的态势感知必须有人的参与。在态势感知系统设计中,用户具有定义对象和确定任务的作用。通过

多年融合系统设计和应用实践,人们发现在融合系统诸级设计中,用户对于态势感知的参与活动如下:

(1) 0 级目标检测:确定收集什么数据,并确定数据的价值。

(2) 1 级目标估计:确定目标优先级和所在区域。

(3) 2 级态势估计:理解场景周边关系和对象角色。

(4) 3 级影响估计:确定威胁和对方意图。

(5) 4 级过程精炼:通过估计逐级融合信息的效能,确定和调整逐级融合资源配置。

(6) 5 级用户精炼:设计用户控制界面,在功能控制和人机工程学上符合用户需求。

Kokor 和 Coworker 强调基于本体论和语言学[38,39],如使用语义学、符号关系学、功效学,以及时空搜索方法,进行用户与融合系统交互。在通常的探索性系统中,用户的作用是在时空上融合数据和信息,并通过察觉和理解世界的参数模型(无论是在头脑中还是基于显示,或借助工具/技术[40])实现问题发现,而系统则将这些问题转换为可执行程序。对于作战领域的融合系统来说,其作用在于满足指挥官和作战人员的使用需求,同时扩展他们的感知能力。因此,融合系统与用户之间需要更强的交互能力。在这种交互中,用户发挥对态势进行推理的优势,如估计目标可能采取的运动路径,利用周边关系信息基于不确定性推断对手的意图等[16]。随着目标增加和容许处理时间的减少,用户将超负荷工作,此时则让机器完成例行计算和数据处理,辅助用户进行较高级别的推理。

10.4.2.2 判定信息融合与行动信息融合

在 4 级信息融合(过程精炼)中,系统控制数据流,而 UR 则指导信息收集、覆盖区域、态势与周边关系估计,以及传感器选择等过程的精炼。由于每个高层融合都构筑在低层融合信息之上,而高层同时又要对低层功能进行信息控制和行动规划,以达成整体最优。因此,融合系统的过程精炼同时也是用户功能,即是由用户实现的。文献[22]将其称为战场感知资源管理功能,每一级资源管理都提出对相应融合级别的规划需求。信息控制和行动规划可以视为全局对局部的管控功能,例如在社会领域,团队对其所属个体进行分布式管理,而个体对其自身功能对象则进行集中式控制。特别在作战领域,可能在全局上(战略或战役级)采用分布式模式,而单一的战术指挥官在局部战术活动中则采用集中式指挥控制模式。因此,信息融合的人机界面(HCI)既要反映从底层接收的和各层级融合的信息,还要为指挥官形成作战命令、作战方案提供分析和判定知识,以获取作战决策优势。一旦作战行动实施,新的观测信息将作为作战活动对系统的反馈结果出现,用户—融合系统再次对全局和局部作战变化的和新出现信息进行置信度分析,并基于作战任务进行命令、计划和行动的更新。基于上述分析可以看出,与作战指挥和作战活动密不可分的 4 级融合过程精炼并不是对信号、图像、航迹、态势的融合处理，而是对诸融合级别结果的判定信息融合（Decision Information Fusion，DEC－IF），是对观测信息的局部和全局融合进行精炼。DEC－IF 实际上是指人的经验和灵感性思维在各级信息融合中所起的估计、判断和预测作用，如人对目标属性、敌方企图、对抗角色等的判定结果，与态势信息融为一体，才能充分体现人在信息融合决策中的意志、智慧和反应能力，从而将信息融合结果转换为作战支撑能力。

用户能够基于 DEC－IF 的结果对融合系统诸级别进行规划和行动，包括由人来聚集数据，以辅助系统确定收集、分析、处理，以及向用户分发信息。提升信息接收、分析与分发活动效能的一种方法是 Col. J. R. Boyd 在 1950 年首次描述的观测—判定—决策—行动（Observer－Orient－Decide－Act，OODA）环[23]，OODA 环需要实现人的认知判定活动的人机交互式显示，此时显示信息指示用户进行态势估计；控制员以计算机显示的态势估计结果为约束，以人机交互方式对战场察觉和作战资源进行配置和调整；指挥员则基于态势估计结果（含再次观测的反馈信息）、作战意图和所掌握的外部/关系信息，预测可能产生的作战效果。用户的这些估计、判断和预测活动产生的融合结果，支持指挥员未来作战决策和行动的选择，并通过后续作战效果的反馈，支持指挥员不间断地遂行作战活动。用户参与的判断与预测活动，以及支持指挥员的作战活动所产生的信息融入系统，称为行动信息融合（Action Information Fusion，ACT－IF）。ACT－IF 将战场感知信息融合范围扩展到整个作战领域，促进 OODA 环达到整体优化。用户—融合系统的 DEC－IF 特征和 ACT－IF 特征充分体现了人的认知能力对提升融合系统效能的贡献，以及对所支持的整体作战效能的提升。

10.4.2.3　知识处理

用户精炼还包含将信息形成知识的处理过程，一是从自动融合的数据中挖掘和提炼规律、准则和（自学习产生）度量指标等知识；二是将人的认知理解能力与界面上提供的数据或知识类信息进行交互，产生智能判定和认知类知识，增强系统的智能水平。这两项活动实际上就是前面描述的自底向上和自顶向下处理方式的结合。通常，融合系统后台以自顶向下的方式自动运行，连续更新预设的态势。与此同时，用户采用自底向上的方式基于输入数据不断对假设的关注态势进行验证，支撑、修改或重新塑造所关注的关键态势和作战行动假设，并力图发现和建立新的态势，实现对全局态势的优化判定和全局作战活动的动态规划。在这一过程中，计算机通过已知（假设）的各种态势要素的各种组合的穷举集合，来达成一个态势判断，而人则擅长通过认知推理达成新的态势判断，并感知变化的态势周边关系。

用户精炼活动中的有效数据提取是由用户实现的一个典型的初级知识处理活动。随着信息领域和信息收集手段的增加，从信息海洋中提取有效数据成为识别战场实体和态势的关键活动。在采用传感器监视关注区域（Regions of Interest，ROIs）中出现事件或威胁的过程中，连续采集的许多传感器数据可能并无用途。有效的数据仅出现在敏感事件扰动监视系统和出现一个新的威胁时，此时，仅需一个小的特定数据子集就能成功实现目标识别、态势估计和影响估计。有效数据的提取（或称为数据压缩）只有通过人才能实现，因为只有人才能确定所关注的实体和态势，并对其进行时间—事件更新；融合系统通过用户创建的态势实体才能形成数据压缩策略并予以实现。压缩提取的有效数据通常融合生成共用作战图（COP）、共用战术图（CTP）和单一合成图（SIP），在人机界面上以图形形式提供给用户，支持用户的判断和控制活动，其中的控制选项也是由人定义的。

10.4.3 用户的融合控制与管理活动

操作员对融合系统的控制与管理模式有主动控制和被动控制两类[41]，共有7种模式。每一种模式的自动处理功能、用户功能和自动程度，见表10.2。

表10.2 操作员的系统控制与管理谱系

管理模式	自动功能	用户功能	自动级别	包含的级别
自主运行	融合系统完全自主运行，控制者可以被旁路，不参与系统功能控制	控制者对系统功能不起作用；监视器的故障检测结果并不告知控制者	非常高	非常少
异常管理	系统基本自主运行，系统自动进行故障判定，并将监视器的响应告知控制者	系统意图告知控制者，可以追溯到更低级别进行干预	高	少
容许管理	系统自主进行判定，但需控制者同意，才能执行	控制者可同意系统判定，也可选择备选的判定选项	中等	某些级别
授权管理	仅在控制者的指导或授权下，系统才能自动采取判定行动；控制者授权级别可选	控制者确定判定策略并确定自动计算权限级别	一定	中等
交互管理	对操作员自动提示输入数据的关键属性并进行融合	对系统融合行动进行指示、控制、规划与协调，以及对预先行动和预测进行控制	高	多
辅助控制	自动功能无效，但数据库信息可用	直接进行所有的判定；用语言进行控制与协调	低	多
无辅助控制	整个计算机故障，无法有效辅助	进行程序控制，控制者进行无辅助判定	很低	最多

表10.2给出了用户对系统不同控制程度的多种管理模式，其中的交互管理方式是融合系统设计的最佳选择模式，它能够较充分发挥融合系统的自动功能，并使操作员参与尽可能多的融合级别，以改善和提升融合系统的能力。交互式管理包括互补性策略和非互补性策略。互补策略包括：①线性附加法，如加权输入法，即控制者基于对自身输入数据的认识进行加权；②差异附加法，即控制者基于

自身关注的决策因素对各备选策略进行比较，给出其差异度量，以获得满足其关注需求的策略；③理想值附加法，即对照控制者掌握的理想（期望）结果，从备选策略集合中选择最优策略。非互补策略包括：①支配式策略，即所有的备选策略只有一个维度起支配作用，其他维度都视为同等重要；②合取式策略，即要选取所有维度都超过判定门限的备选策略；③析取式策略，即可选取一个维度超过门限的备选策略；④字典式策略，即选择一个维度最优但第二个维度相等的可选策略；⑤单特征求差策略，即选取各备选策略中具有维度最大差的策略；⑥方向消除策略，即基于生存概率消除最不重要的维度；⑦相容性试验策略，即对各备选策略各维度进行加权，通过加权门限进行比较。无论是互补性策略还是非互补性备选策略，用户和融合系统都需要设置判定规则，用户的作用在于选择判定规则，为计算机计算判定使用。

下面给出人在目标检测与跟踪中的作用案例：

采用接收机工作曲线（ROC）方法估计人和自动融合系统的信息融合能力，这里接收机是指多源信息融合系统，接收的概念指用户接收信息融合系统的输出结果。为了比较系统的自动融合能力、人的认知融合能力和人—系统结合的融合能力，我们比较三种管理方式的ROC。

（1）无知式管理，关闭自动融合显示，进行人工手动控制，对应于人的认知融合能力。

（2）接受式管理，完全采用系统输出结果，对应于系统自动融合能力。

（3）交互式管理，人与系统输出进行适应性关联推理，对应于人—系统融合能力。

在目标检测中，用户希望接受高发现概率（Hit Rate，HR）和低虚警率（False Alarm Rate，FAR）目标，而在目标跟踪中，用户希望能跟踪尽可能多的目标，并形成尽可能长的目标跟踪航迹。三种管理方式下的ROC曲线——FAR－HR曲线和目标数—航迹长度曲线，分别如图10.9（a）、（b）所示。

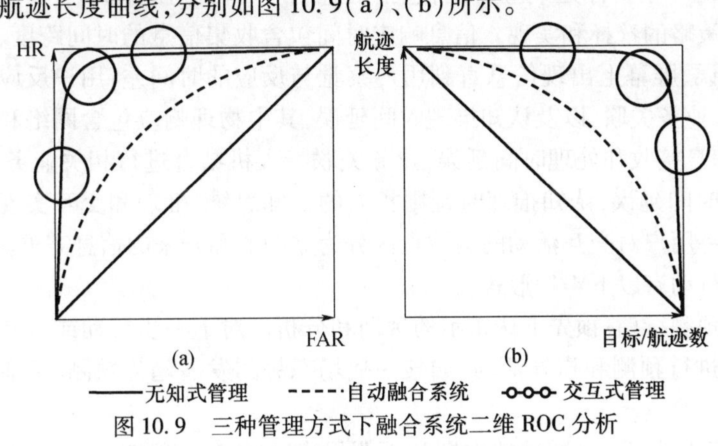

图10.9　三种管理方式下融合系统二维ROC分析

（a）FAR－HR曲线；（b）目标数—航迹长度曲线。

图 10.9(a)中,无知式管理是指在无任何先验信息,即在未知环境中,人工控制只能采用虚警率与发现率相等,即 FAR 与 HR 成正比例的 ROC 直线;自动融合处理能改善检测性能,从而使 ROC 曲线向左上方弯曲;人—系统交互式融合中,由于人基于已掌握的其他信息能够快速判断出虚警和目标,因此其 ROC 曲线进一步向左上方弯曲,从而能够大大减少虚警率,提高检测率。图 10.9(b)中,无知式管理方式,对于确定的信号处理数量来说,产生的目标数越多,目标航迹平均长度就越短,即目标识别(批号)变化率越大,因此,目标数与目标航迹平均长度成反比例 ROC 直线;自动融合处理能基于一些成熟的准则,在使目标漏检率较低情况下,尽量增加目标航迹长度,实现目标航迹变化率尽可能小,从而增加目标航迹长度,因此其 ROC 曲线向右上方弯曲;人—系统交互式融合中,人基于已知或已掌握的先验信息,能够将源于同一目标的不同标识航迹连接为一批目标,大大减少目标航迹变化率,从而其 ROC 曲线进一步向右上方弯曲,最终达到接近目标/航迹数—航迹长度的真实程度。

由上述分析可见,人—融合系统交互管理方式,能大大提升对战场目标的检测与跟踪能力。

10.4.4 用户的交互行动与度量

用户参与数据融合系统通用性能估计也是通过人机交互实现的。为此,我们要充分熟悉和理解用户能够对融合操作功能、通信时延,以及目标密度等因素产生的影响。例如,用户要监视计算机是否正常运行。与通常的人机交互管理功能类似,在用户精炼功能中,用户并非仅独立操作一台单机(如监控台),而是要与系统的技术人员和操作人员共同操作,以收集系统工作状态数据和判定环节数据。

这里的用户精炼能够影响人所进行的判断分析。对于近期分析情况,人对系统运行通过观看显示画面进行监视(含主动和被动方式);对于长期判断分析,人作为设计者,通过与预先期望的反应对比,估计长期效用和产生的信息[42]。这里的一个关键度量指标是响应时间,包括信息响应时间和用户反应时间,它关系到用户交互策略的选择和实现。信息响应时间包含收集信息的时间跨度、显示数据的时间延误、屏幕上出现信息直到用户察觉与反应的时间差;用户反应时间包括物理响应、业务关联,以及认知推理时间延误,其中物理响应包含网络和计算机硬件、软件信息接收和处理时间延误,业务关联指人机结合进行相关业务(软件)选择和处理时间延误,认知推理时延则指人的认知思维、推理和交互实现的时间延误。可以将用户对交互活动的关注点区分为立即的和未来的信息需求。

交互行动有以下 4 种形式。

(1) 预测行动:预先下达指示的规划和分析。对下一步行动或对其他场所的相应行动进行预测和指导活动,如某一战场态势的发展趋势预测、可能出现的威胁预测等。

(2) 反应行动:对激励的立即和不假思索的响应。例如,对新出现的战场实体、事件和威胁,指挥员凭经验和直觉立即作出响应。

(3) 预先行动:评估未来态势数据影响的主动方法。基于已掌握的对手和战场环境信息对未来战场态势进行分析和评估,以指导未来作战方案和作战计划的生成和作战行动的实施。

(4) 被动行动:允许当前状态无交互地持续向前的无思索行动,即不进行交互干预,维持融合系统的情报收集、传输和后台处理,以及前台显示/分发的自动运行方式。

用户采取哪种形式的判定交互行动取决于用户的应用目标和融合系统提供的交互行动类型。上述用户行动类型与可供用户选择的性能度量参数的关系,如表 10.3 所列。

表 10.3　映射到性能度量的用户行动

行动类型	时间延误	推理能力	需求范围	应用时限
预测的	规划的	有一些	之内	未来
反应的	立即的	无	之内	现在
预先的	预期的	强、积极	超出	更远未来
被动的	潜在的	无或延时	超出	现在

除了响应时间这一首要度量指标外,用户的判定交互行动度量还包括:

(1) 可集成性:形式正确、符合系统规范要求的用户交互行动能够集成到融合系统中,如用户提供的不确定性分析方法能集成到系统程序推理中。

(2) 一致性:用户对同一问题的判定交互行动要具有一致性,不能出现冲突,并且既要增强冗余度,又要减少模糊性和重复计算(如测量原点的选择能够减少或增大计算量)。

(3) 可追溯性:要具有逆向推理链,能够从结论逆向推断出所采用的信息和原始数据,以增强交互推理的可信度。

从这三项度量指标可以引伸出用户判定交互行动的信赖性、可靠性和保障性,这是设计满足用户应用目标必须具备的条件。为此,需要通过自动、业务关联和认知级的信息融合,使适宜的设计行动与用户需求关联起来。例如,为了实现融合估计判定的规划、预测和预先控制行动,用户基于可信的当前信息,要能够保障融合系统灵活响应各种功能请求,并具有自适应查询或追溯能力。

许多文献给出的典型 HCI 成果对信息融合系统的用户决策交互设计具有很大的应用价值,包括:用户模型、度量基准、评估方法、决策(判定)分析、业务域评估,以及显示设计等。

10.5　用户精炼中的关键问题

通常的分布式决策支持系统(Distribution Decision Support System,DDSS)功能

包含把数据处理为信息、基于信息进行判断、基于判断结果生成计划，以及执行计划即产生行动。这类似于 OODA 环，其中必然含有信息融合和进行判定的过程。因此，设计一个复杂、可用的 DDSS，必须深入理解用户的信息融合需求和进行判定的问题。其中，信息融合质量包含融合的适时性、不确定性，以及输出信息的质量。而用户的判定活动包含周边关系(判定问题环境因素)、判定需求(即判定问题内容和目标)和约束条件等。评估已应用或已推荐的系统的可用性度量标准也应纳入到系统约束中，如用户对系统的信赖性、关注点和工作负荷[43]，可作为融合系统的一种附加质量指标进行评估。基于多年工作经验，我们从态势感知用户模型(为理解用户在态势感知中的作用)出发，将信息融合中的 5 级——用户精炼中的关键问题，分为融合度量中人的因素、用户评估、判定认知处理、认知作业分析，以及显示界面设计等专题进行描述。

10.5.1　态势感知中的用户模型

态势感知(Situation Awareness，SAW)是美国心理学家 Endsley 提出的，她认为态势感知是对一个时空范围中的环境元素的察觉，对其含义的理解和对其未来状态的预测[26,44-46]。这里的环境元素指环境中已确定的、重要的事件及其所处环境条件。例如，在战场感知领域，2 级 SAW 系指实体间关系估计与预测，包括兵力结构与关系、通信网络状态等，需要充分的用户输入来定义这些实体，才能为半自动 ISR(或 C^4ISR)系统回路中的人(Human in the Loop，HIL)提供所需的态势感知。经典的 SAW 模型深刻反映了这 3 级 SAW 功能在描述人类活动的动态系统中的作用，如图 10.10 所示。

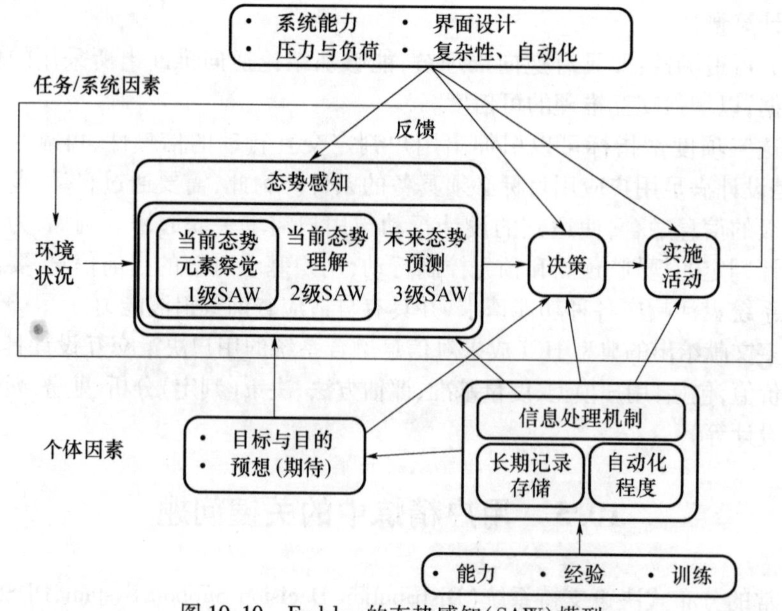

图 10.10　Endsley 的态势感知(SAW)模型

图 10.10 又称为态势感知中的用户模型，它深刻表述了人在态势感知中的作用，以及人在态势感知应用判定/决策、行动和执行中的作用。该动态系统用户基于态势感知结果进行判定活动并确定其行动方案。一个信息融合系统提供的 SAW 能够提供尽可能精确的环境对象（1 级 SAW），提供对象关系的融合表示（2 级 SAW），并为用户的规划需求提供支持（3 级 SAW），以推动用户实现其目标。由图 10.10 可以看出，工作负荷是模型的一个关键分量[47]，它不仅影响态势感知，也影响用户的判断和响应时间。工作负荷包括系统的处理能力、承担的任务压力、自动化水平，以及系统复杂程度和界面性能等。图 10.10中下面几个图框描述了用户（操作者）个人因素（预计目标和期望值、能力/经验/训练状况）对态势感知和动态判定/推理的影响，以及所采用的（预先设置的）信息处理机制、条例/规则和程序在动态判定和行动/执行中的作用。

为了理解人怎样使用态势周边关系信息进行用户精炼，这里给出一个初始识别判定（Recognition Primed Decision – Making，RPD）模型[48]，如图 10.11 所示。

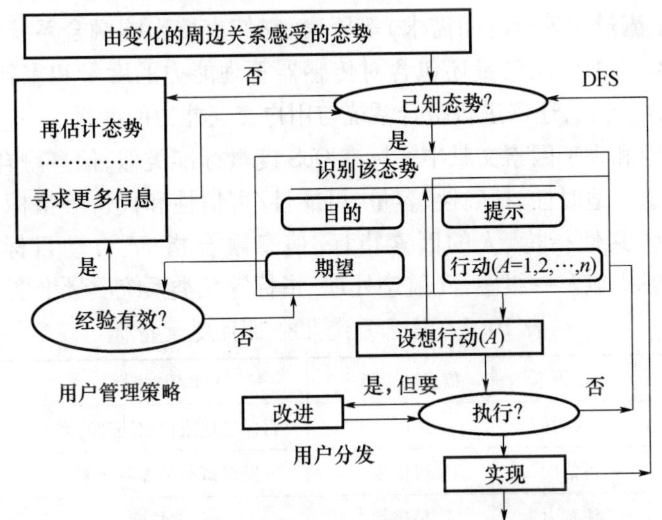

图 10.11　态势感知的初始识别判定模型

该模型开发了基于当前态势和历史经验的用户判断能力，并从用户的目的（期望）和对行动的提示来识别态势。从图 10.11 中部的数据融合系统（DFS）和下部的用户系统可以看出，用户和 IFS 均能彼此提示，以确定数据收集行动，用户可以通过查找关注数据和选择传感器收集信息来提示 IFS。

另一个实例是 Kettani 和 Roy 开发的融合态势感知模型部件[49,50]，其以一个适宜的 SAW 模式为用户提供所需的各种信息。在那里，用户想继续深入开发 SAW 模型，需要预先准备态势，并以确定的度量标准下发，以使系统能更有效运行。

10.5.2 融合质量度量中人的因素分析

对于信息融合的每一级产品或自动融合处理系统功能和性能的评估,都要进行适宜的服务质量(Quality of Service,QoS)度量或采用标准模式进行比对。质量度量结果是衡量系统复杂性和可用性/可操作性的依据。当然,对融合系统质量度量的首要关注点是系统能否满足用户战场感知需求。

对于研制和装备一个新的融合系统来说,即使其达到了系统容量、分辨力(如提高数据精度、从噪声背景中提取目标等)和适时性要求,但在运行应用中,人的认知过程仍可能成为 QoS 度量的瓶颈。该问题最频繁出现在态势感知的察觉级,统计表明,察觉级的错误通常占整个 SAW 错误的77%[47],其间接影响2级和3级SAW的判定和识别能力。

人在系统中的认知作用主要体现在动态判定能力上,包括:①实时图像分析(Real time Image Analysis,RIA);②对变化条件的动态响应;③对融合质量的连续评估(以满足流量和等待时间需求)等因素,它们直接影响融合系统性能。此外,人在融合系统中的作用度量还包含对传感器管理能力的度量和重新计划能力的度量[51]。由此可见,还需进行融合系统与用户交互能力的度量。

与信息论和人工因素文献中的标准 QoS 度量标准类似,信息融合系统质量度量标准通常选择适时性、精确性、容量、可靠性/可信性和代价等指标。表10.4描述了信息系统共性指标、人的因素指标、信息融合指标、自动目标跟踪与识别(ATR/ID)指标,以及一级融合(航迹处理)指标等几类系统质量维度。

表10.4 信息系统几个科目度量指标

共性指标	人的因素	信息融合指标	ATR/ID 指标	航迹处理指标
时延	反应时间	适时性	目标发现或提取处理时间	航迹更新率
错误概率	可信度	可信度	发现概率和虚警概率	检测概率
时延方差	注意力	精确性	位置精度	误差协方差
流量	工作量	流量	图像帧数	目标数
安全性	信赖性	可靠性	认可程度	相容性
代价	代价	代价	搜索平台	资源数量

表10.4所列的"人的因素"涉及的质量指标不仅与人的能力有关,还需要将其转换为任务管理质量和系统管理目标,以及对系统(或传感器)的离线和在线评估能力。此外,建立开发基于系统优化需求与性能评估的度量指标集,也是人的一项不可推卸的重要任务和能力度量。因此,配备有效的操作人员,以在适宜的时间设置适宜的系统平台和传感器状态,并基于系统质量评估结果实施人的判定干预行动,才能具有有效的任务管理和精确保障能力。

10.5.3　用户的评估活动

首先需要指出的是,信息融合并不是仅依靠个人判断或产生分析结果的单一系统,而通常是通过团队互通、协同判定集成起来的复杂的运行系统,无论民用还是军用,战术或战略、地方自治或联邦政府内部皆如此。团队内部互通采取跨越系统操作环境的多种形式,并随态势的变化进行调整。在信息融合系统中,通信与判断活动可以采用联合、指派或共享等运行方式,这就需要严格评估所拥有的诸单一团队所生成的判定结果。

10.5.3.1　系统响应能力指标

用户评估的首要活动是评估融合系统的适时性,即响应能力。随着计算机处理能力的增强,对于设计一个信息融合系统来说,人们往往期望完全自动化,用户在其中不起作用,这显然是不正确的方法。正确的方法是将操作者的作用加入到早期设计中并验证操作者的效用以满足系统需求。融合专家已经意识到许多方法,如 1 级融合目标定位、识别与跟踪能够支持和扩展用户能力,但绝不能取代用户,其中的目标属性识别、目标机动判定等必须有人的参与。用户对已识别目标的少量图像能够适当处理,但采集到大量图像且流量较大时,操作人员没有时间处理每幅图像,此时信息的适时性即成为融合的瓶颈问题。

信息融合每个级别上的判定活动都会增加系统总时延,从接收多传感器信息进行目标融合检测、定位与识别,直到向用户提交多级融合产品,均涉及用户的判断能力,因此需要用户对整个系统操作能力进行评估。传统上,团队进行的信息融合涉及底层的数据驱动融合,即基于传感器数据融合,发现、识别和跟踪目标。现在,融合团队越来越意识到其信息融合应涉及高层次融合,即将已融合产品中的目标数据转换为对用户更关注的高层认知系统有用的信息。作为态势和威胁估计或应用层面的作战决策等高层认知系统来说,通常包含人(情报官、指挥官)的因素,因此人的高层判定活动对融合系统的效能,特别对系统的响应能力有重大影响。

人的思维或等价的巧妙算法在信息融合的认知(判定)过程需要非同寻常、无法预料的处理时间,无论是个体还是团队皆如此。认知判定活动通常出现在分量内部(如传感器目标发现判定、已发现目标属性识别判定)、分量之间(目标之间关系判定/协同、隶属、对抗、支援等)或分系统之间(不同的计算机终端之间的功能判定)。在融合系统中,认知判定时间经常出现以下两种情况:

(1) 判定持续时间短于数据到达时间间隔,这会导致判定采用的数据不足,产生缺乏人的认知流的后果,使判定结论偏离关注的目标,并且会损失判定之间保存的可能与后续到达数据有关的关键信息片。在这种情况下,无论是操作者还是机器进行判定,都会产生态势错误。

(2) 判定历时长于新数据到达时间间隔,这会导致判定数据遗漏。这种情况下,在判定持续时间内到达的新数据,由于判定处理器被占用而未被处理,致使该数据被系统遗漏而未被操作者使用,从而产生态势错误。这种情况出现的原因是系统未充分设计存储过量输入数据,即系统超负荷情况,缺少数据排队等待的缓存或缓冲区太小出现数据重写,过量输入数据就会丢失。

融合系统适时性评估质量指标分布于融合系统的各级和各类部件、各个环节中。适时性评估涉及传感器探测时延、系统接收数据时延、各级融合处理时延,以及显示输出时延和融合信息分发时延等,从系统整体来说,还包含网络传输时延。几乎每一时延要素都与人有关,特别是在判定时延中,人起主导作用。

10.5.3.2 建立系统质量评估指标体系

建立融合系统的质量指标体系是用户评估活动的基础。除了融合系统的适时性或响应能力指标外,还包含融合系统的准确性、可靠性、完整性、安全性等质量指标。准确性指标包含传感器探测目标点迹精度、点迹关联/航迹起始准确率、航迹精度、航迹变化率和航迹长度、企图和能力估计正确率、威胁估计正确率等。完整性包含目标遗漏率、航迹丢点率(连续性)、时空覆盖率等。可靠性和安全性属于系统保障指标,遍布系统硬件、软件各环节和系统内外工作环境,如硬件、软件、系统可靠性,以及信息安全、网络安全、电磁空间安全等。请参阅文献[22]第9章。

10.5.3.3 系统质量指标评估活动

用户对融合系统的评估活动包含建立融合系统质量评价指标体系和基于所建立的质量指标开展融合系统性能和效能的评估活动,这两项活动密不可分,质量指标的合理性对融合系统性能和效能评估有重要影响。这里仅指出亟须注意的三点。

一是从应用角度看融合系统质量指标体系依赖于用户的任务需求。例如,作战决策系统要求态势和威胁判断的准确性,但并不要求高精度、高实时性的探测数据;火力打击系统则要求高精度、高实时性的目标数据,因其处于作战决策的下游。又如,反导拦截系统对打击目标精度和实时性要求要比武器平台的引导系统高得多;战略预警系统关心的是目标最先发现与识别时间和覆盖的时空范围,而不是精确位置等。因此,不能千篇一律地用一个指标体系去衡量各种应用的信息融合质量,用户应基于不同的任务需求,建立或按需选取系统质量指标体系。

二是质量指标体系内的许多指标之间具有关联性。例如,决策的准确性与耗费时间有关,安全性又与系统响应能力相互依赖,系统覆盖目标的完整性也与系统响应时间有关,信息传输的安全(保密)性与传输时间有关等。相互关联的指标往往相互影响,如信息的加密传输安全性好,但传输时延长,安全性高的系统响应能力低。因此,在确定融合系统的质量指标数值时,要基于特定的任务需求,对于相互影响的指标,可以强调某一指标的作用,赋予较高指标值,也可以折中选取。

三是质量指标的合理性检验问题,为了使质量指标体系符合用户需求,用户需要对确定的质量指标进行验证和评估,评估时要考虑多方面因素对该质量指标的影响。例如,信息的准确性受信息内容的有效性(信息是否来自目标的各分量)、结构有效性(实体结构与其他同样潜在结构的相关程度),以及相关准则的有效性(如实体或态势与某些任务的相关性)的影响。这些有效性参数只能由用户定义,并通过操作员和控制员的操作和认知判定结果进行验证和评估。

10.5.4　动态判定中的认知处理

在信息融合系统设计中(如 10.2 节所述)采取了许多方式增强用户的作用。在系统运行过程中,开发人机交互能力度量方法对于增强用户在其规定的角色或其执行任务中的能力也很重要。为此,需要设置一个能够让用户自主演示的活动(包含眼—手臂的动作),以观察和理解用户如何操作,评估和改进人的操作方式和能力,增强人的作用。此外,人能够将历史经验与当前关注的期望关联起来,如在一幅图像中识别目标时所具有的理解、推理等智能活动。于是,Rasmussen 提出了采用渐近分解(Means - end Decomposition)方法将人的上述行为变换为判定活动,包括判定技巧、规则和知识,以进行评估[52]。

10.5.4.1　行动模式概念与感知视图

在基于态势感知分析采用事先策略分配任务时,用户可以采用即时反应行动、预先行动和预防行动等 3 种模式工作。图 10.12 给出了一个目标跟踪与识别案例中,用户采用事先策略的推理过程。

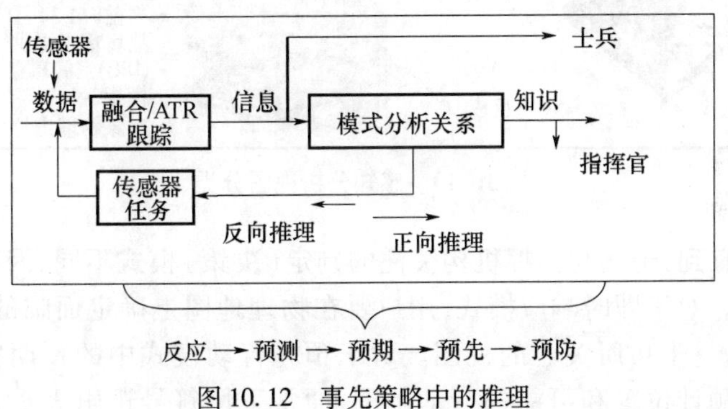

图 10.12　事先策略中的推理

在即时反应模式下,为了使己方损伤最小化或快速进行再次攻击,用户快速进行目标检测,信息融合系统积累传感器栅格网探测的战场目标威胁信息,向用户说明和告警最临近的威胁,使用户做好行动准备。单一用户借助传感器的非致命或致命威胁告警,选择适宜的即时响应策略(秒级响应),并采取行动。

在预先行动模式下,用户在事件发生前,利用传感器探测数据预测、检测并捕获所关注目标,传感器栅格网基于(技侦、人工等)先验情报和预测情报对目标运动状态进行监视。多源情报和传感器系统能够协同工作,检测和说明异常行为并警示操作用户几分钟内可能出现的预期威胁。在反恐行动中,瞄准目标的传感器栅格将跟踪恐怖分子直至其返回藏身地或策划地点,军队随即快速反应在那里捕获恐怖分子、缴获武器和有用情报。

在一个时间周期(以小时计)内抓获全部恐怖分子需要采取预防模式。预防模式的目标是防止潜在威胁或行动的出现,为此需要采取三项措施:①检测确认后再拘捕(当然这会增加恐怖风险,但从长远看是值得的);②增强控制能力,使恐怖分子难以行动;③降低恐怖行动效果,采取各种防范活动,如防范爆炸破坏。预防模式依靠一个动态情报数据库的支撑,以实现在恐怖行动出现之前,掌握恐怖分子的行踪。

将判定模式转换并综合为感知视图,如图 10.13 所示。

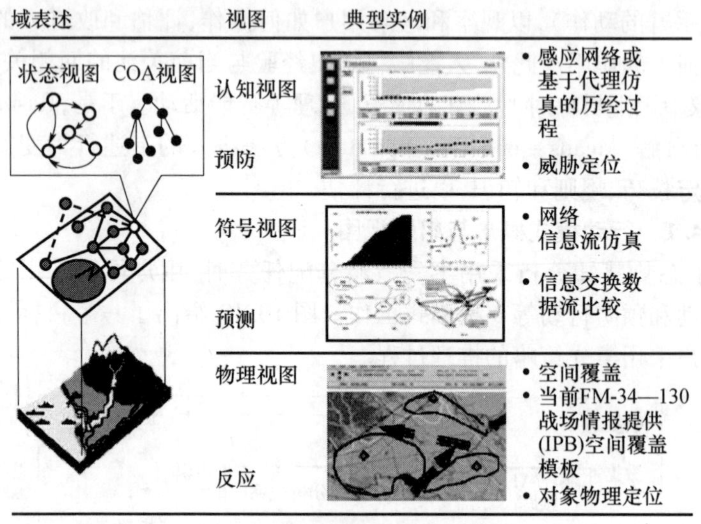

图 10.13　感知分析视图分类

我们注意到,士兵与指挥机构关注的判定(决策)模式不同,因此,需要不同的显示视图。对于即时响应模式,用户要在物理地图上确定面临的即时威胁的实际位置,这是士兵所关心的视图。对于预先行动模式中的预期威胁,用户要确定对手的预计位置和可能的行动范围,通常采用符号逻辑表示,称为符号视图。最后,对于预防行动模式中的潜在威胁,用户通过对象行为分析,将聚集到一起的对手编组成员、武器仓库,以及事件出现前的征候信息联接起来显示,以推断、预测随时间可能出现或变化的事件和行动,此时采用的视图称为认知视图,它更多地展示了指挥官在一个时间周期内的态势分析、判定推理和预测结果。Wlatz 所建立的这三类判定视图[35],反映了人在情报判定中的不同感知需求。

10.5.4.2　判定活动中的认知处理方法

情报判定活动采用许多基于知识的信息融合(KBIF)策略,如神经网络、模糊逻辑、贝叶斯网络、进化计算,以及专家系统[53]等,每个 KBIF 策略具有基于输入数据类型和数量约束的特定处理周期,并且每个策略受限于用户—融合系统采用的设施(如探测传感器、通信网络等)及其应用约束。OODA 环有助于判定/决策用户进行计划、估计和预测活动建模,其中在计划活动的周边关系影响中,需要及时并行确定检测/估计/预测威胁活动中的敏感因素和脆弱点,这是许多情报判定中所需要的估计方法但并非容易达到。

在现有的先期预测态势感知中,最成功、最有效的判定在于高准确度地估计敌方要害及其行动方案,通过对敌方潜在行动估计所产生的准确预期效果和产生的状态变化,能够大大增强和提升判定能力。威胁具有双重性,这使得很难在 OODA 周期中进行估计,如己方兵力所预期的行动方案(Course of Action,COA)受敌方(威胁、对象)行动及对其行动的检测和识别判定周期的影响,就是说,威胁估计涉及到双方兵力的相互对抗效果和己方对敌方兵力的感知程度。可以采取 3 种关于我方兵力行动方案的处理活动,以减少信息融合系统的搜索空间,它们分别是:①管理相似的 COA;②计划相关的 COA;③选择新的 COA[54]。在确定行动方案过程中这 3 种处理活动之间的关系如图 10.14 所示。

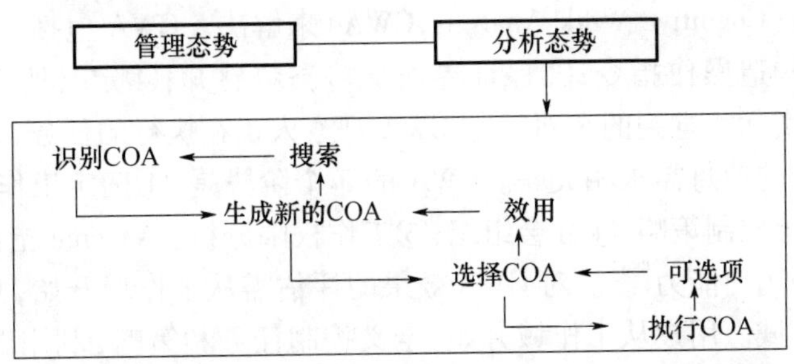

图 10.14　行动方案处理活动

其中,管理态势和分析态势是确定行动方案的基础。这里的 COA 可选项是“计划相关的 COA 活动”提供的,基于效用分析生成新的 COA,并在行动方案库中搜索和识别比对,这就是“管理类似的 COA”活动;如果搜索识别比对不成功,则选择符合效用需求的新 COA。

假设给出了复杂环境下预先行动和预防行动模式对通信活动、新传感器技术和交互操作的基本需求集合,则性能评估要从构建通用的应用度量指标开始,除了构建通用度量指标框架,还要建立对不可预料状态的响应能力度量的评估分析方法,因为不可预料状态很可能是威胁的先兆。进一步的应用性能比较分析需要智能推理、适宜的融合知识表示,以及实际运行环境中的过程控制方法。在一些关于人的因素的文献中,恰如其分地将现实环境的影响作为认知工作分析的基础。

10.5.5　认知工作分析/任务分析

支持用户推理的关键活动是设计一个支持用户承担任务和担任角色的显示方案。任务分析(Task Analysis,TA)对能够达到目的的用户行动进行建模,通常是分析从当前状态转移到目的状态的用户行动。基于用户行动的各种分析方法有[55]：

（1）序贯 TA：包括组织活动，并按照察觉、认知和用户手动行为描述它们，以展现人—机交互活动。

（2）时限 TA：估计任务或序列行动的时间要求，并比较任务完成的时效性的一种方法。

（3）层次 TA：以达到运行目标必需的任务和子任务之间的关系。

（4）认知任务分析（Cognitive Task Analysis，CTA）：描述熟练完成任务所需的认知技术和能力，而不是完成该任务过程中的专业物理活动。CTA 用于分析和理解复杂现实态势中的任务性能，特别是那些包含出现变化的、不确定性的和时间紧迫的任务。

第 5 级用户精炼问题需要理解工作负荷、时间和信息的有效性。工作负荷与时间能够通过任务分析获得，然而，用户的性能则是使命中任务的函数，需要通过认知工作分析（Cognitive Work Analysis，CWA）来解决。CWA 包括：①定义用户执行的任务；②构造操作指令；③保证界面支持态势感知；④定义所需要的任务分解；⑤表征人实际察觉到的东西[56]。CWA 观察人正在执行的任务，并理解任务怎样与情报行动的信息需求相关联。CWA 的 5 个阶段是：①确定工作域；②确定控制任务；③制定控制策略；④社会组织；⑤工作权限分析。Vicente 指出，CWA 还需要理解环境和用户能力[59]。对 CWA 效果的评估需从工作域开始，并通过融合界面推进到认知域。用户从工作域开始，定义控制任务和策略（利用融合信息），以指导行动。在态势周边关系中，用户策略包含对社会环境和用户能力的理解（社会环境例如遂行目标识别和跟踪任务的禁飞区，用户能力包含用户对新出现态势的反应时间等）。CWA 过程元素包含阅读融合显示内容、解释产生的错误、估计敏感信息与脑力工作负荷。在典型的 CWA 中，我们特别关注事件和状态变化检测中的融合/传感器操作概念，以及显示信息的实用方法。

10.5.6 显示/界面设计

显示界面是用户控制数据收集和融合处理的关键部件[57,58]。显示界面要设计成能够将融合结果转换为人的认知察觉结果（知识表示和多感官察觉形式），并展现给用户，使其能够进行深入一步的推理活动。尽管许多文献都提到了界面问题（如多模态界面），但融合学界关心的是认知类问题，如对象本体关系与关联等[59,60]。传统的融合模型基于判定准则和判定结论处理信息，而用户—融合模型则特别强调融合系统的设计要针对人的精力耗费。实际上，自顶而下的设计方法就是通过对融合系统（认知融合）结果质疑的牵引，探索信息需求；而自底而上的方法是向用户推送融合系统产生的数据组合（显示融合）结果。用户—融合交互的主要问题包括基于本体开发初始缺省信息、构建融合时机转移的度量指标，以及开发减小信息维度和不确定性的方法。在 10.6 节,我们将特别强调基于用户—融合模型的判定融合的主要数学方法。

只处理如目标存在或不存在等 2 种形式的传感器数据的融合系统存在固有的弊端,因若一个传感器察觉到一个实体的存在,而其他传感器没察觉到(认为其不存在),就会产生冲突。传感器探测信息的冲突增加了人的认知工作负载并延误行动。然而,如果融合来自不同传感器的时间、空间和频谱的事件,则借助于一个应急处理就能够解决出现的冲突,从而及时作出判定。该策略要使用配置在多场景的具有用户精炼功能的多传感器。此外,还可以使用 HCI,为用户提供一个全局的和局部的态势感知/图像分析画面,以指引关注点、减少工作负荷、增加信赖度,并提供行动使用。

可用性评估是一种以用户为中心的用户驱动的方法,它把系统定义为应用软件与硬件的结合,其重点关注系统能否以适当的方式提交正确的信息,以完成他们的任务。一旦确定了用户需求,良好的界面设计就能够把这些需求转换为显示元素,并采用与用户察觉和使用信息相容的方式来组织它们,用于支持应用业务的内外关系和使用条件[33]。

以下各项是对界面设计有用的准则:

(1) 一致性:界面应当与经验一致,符合工作习惯,并且便于推理使用以使用户错误达最小,支持信息检索和行动执行。

(2) 可视化友好结构:界面组织包括均衡性、对称性、规律性、可预测性、经济性、统一性、成比例、简洁性,以及可组合等。

(3) 分组:形态学(Gestalt)准则提供了在空间上组合屏幕元素的 6 种方式,包括邻近、相似、共用区、连通性、连续性,以及闭合准则等。

(4) 信息量:信息过多会导致混乱。采用“人在短期记忆中无法记住超过 7 ± 2 项”的米勒(Miller)法则,基于启发式的截断数据能在屏幕上增加更多所需要的相关信息。

(5) 理性排序:元素排序组织有利于所关注的任务和处理活动获取需求的信息有益。

(6) 可区分性:关注的对象要能够与其他对象和背景区分开来。

(7) 关注点与着重点:对象的突出特征能够反映关注点的相对重要性。

评估用户界面设计时考虑 9 个可用性领域:

(1) 专用名词:使用的标号、缩略语和术语。

(2) 工作流程:应用中的任务序列。

(3) 引导:用于发现应用领域的方法。

(4) 记号:用于表达信息和状态的图标。

(5) 访问:信息访问的可用性与易用性。

(6) 内容:可用信息的类型与质量。

(7) 格式:传达给用户的信息形式。

(8) 功能度:应用能力。

(9) 组织:应用屏幕的配置。

通常,用于评估这些可用性领域的准则如下:

(1) 视觉透明度。显示的信息要清晰、良好组织、不模糊(无二义性)并易于阅读,使用户能够发现需要的信息,引起用户对重要信息的注意,并使用户看到能从哪里快速和容易地输入信息。

(2) 一致性。该维度表示系统观察与工作方式在所有时间均应一致。通过维持超越当前界面的可预测性,一致性能增强用户的期望值。

(3) 相容性。该维度对应于界面与已有的用户习惯和经验的一致程度。如果界面是用户所熟悉的,会更容易引导、理解和说明他们在观察什么和系统在做什么。

(4) 信息反馈。应为用户提供清晰的反馈信息,包括他们在哪里、采取什么行动、是否成功,以及应该承担什么责任。

(5) 明确性。系统的工作方式和构建方法对用户应是清晰的。

(6) 适宜的功能度。执行任务时,系统应满足的用户需求与具体要求。

(7) 柔性与控制。界面应在结构上足够灵活,在信息展现方式和用户能做什么方面,要能协调所有用户的需求与具体要求,以使他们感到在受控之中。

(8) 错误预防和修正。系统设计应使用户出现错误的可能性达极小,并在错误出现时具有内部检测功能。用户能够检验他们的输入信息并在处理前更正其潜在的错误。

(9) 用户指南、使用性能与支持。所提供的信息和易于使用的相关指南,能够帮助用户理解和使用系统。

工作域问题将放在理环境中考虑,如设置一个指挥机构的自然环境。生态界面设计是评估用户设计的方法,其与用户控制的承受力、警戒点和物理条件有关。

10.6 基于用户与算法融合的目标识别案例

这里给出一个自动融合技术(Automated Fusion Technology,AFT)系统与用户相结合的时敏目标(Time – Critical Target)识别案例。该案例嵌入到地面时敏目标打击系统中,为指挥官选择打击目标提供支撑,提高数字化指挥地面站对时敏目标打击的操控能力[61]。

该案例中,AFT 系统由数据融合处理器、图像优先级排序、报告系统,以及附加的参考图像和输入任务图像组成。其中,数据融合处理器包含自动目标提示(Automatic Target Cue,ATC)、图像变化检测(Detected of Images Change,DICE)和 ATC 与变化检测(Change Detection,CD)关联等部件,如图 10.15 所示。来自图像分发请求的用户需求如下:

(1) 减少非妨碍(识别)背景(指没有目标和不需要花费时间的区域)的处理。

(2) 仅对带有高可信度(精度)的高概率图像插入提示记号。

(3) 减少所需要的工作负荷,并使附加的工作负荷最小化(偏差最小化)。

(4) 减少处理目标的时间(时限)。

(5) 从图像面板上的大量图像中提取可能含有高价值目标的图像,并进行图像分析告警。

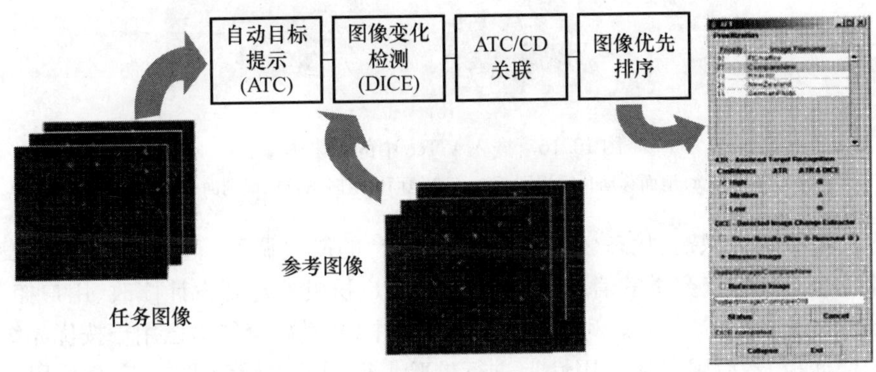

图 10.15　AFT 系统

该案例中使用了 BAE 公司的实时移动和固定目标自动识别(Real Time Moving and Stationary Target Automatic Recognition,RT - MSTAR)算法和雷神(Raytheon)公司检测图像变化提取器(Detected Imagery Change Extractor,DICE)算法。其中 RT - MSTAR 的开发来自美国防部高级研究计划署(DARPA)的 MSTAR 增强方案[62]。该案例中,来自 MSTAR 的自动目标识别(ATR)算法已在不同运行条件下经历了严格测试与评估[63]。自动融合跟踪(AFT)的关键环节在于操作可视化 VITec 显示对上述技术的集成。图 10.16 给出了嵌入 VITec 中的输出图像,其中显示了地面移动目标识别面板(图 10.16(a))和地面固定时敏目标识别面板(图 10.16(b))。

(a)

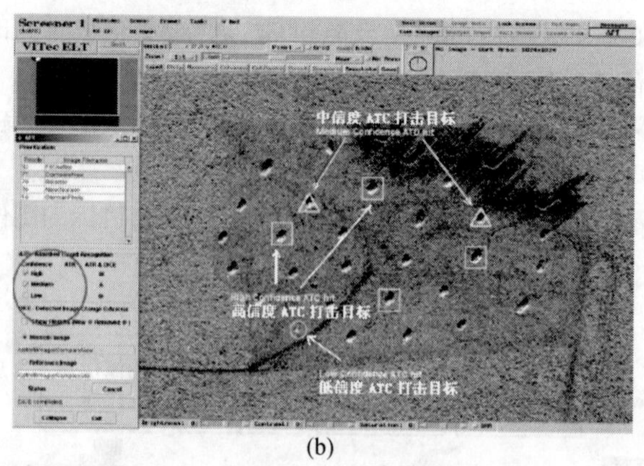

(b)

图 10.16　嵌入 VITec 中的输出图像

(a)地面移动目标识别面板;(b)地面固定时敏目标识别面板。

对象级融合识别、状态变化检测、探测平台的航线调度模型和软件的开发受限于完全自动系统穷举的信息量,这就需要用户积极参与到设计修改、用户控制、系统测试与运行[64]。本案例在第一阶段开发中,自动融合能力已用于按优先级重排图像面板,然后用户从实用性上进行校验。得到的关键教训是,完全采用信息融合解决方案仍然不可靠,而机敏的用户精炼控制的必要性得到公认。在 AFT 系统中,目标级融合有价值的功能元素包括支持传感器观测、目标检测中的识别功能,以及提供了一种目标报告的有效方法。用户通过对 AFT 系统的这些能力进行组合,能够增加融合系统效能,如减少时间耗费、扩展空间覆盖等,如图 10.17 所示。

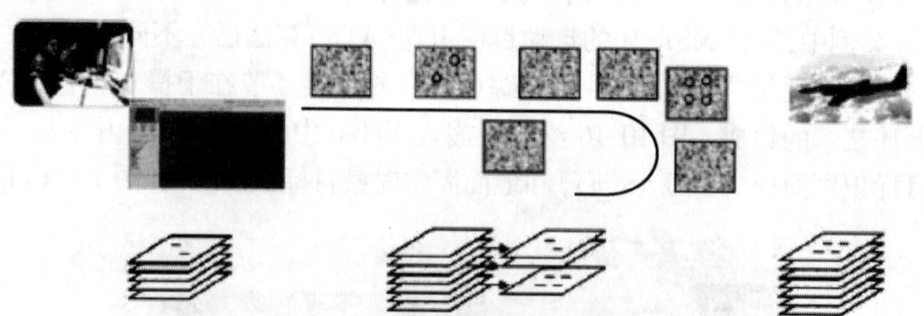

AFI重排队列:节省IA时间　　MAS清单收集:增加空间覆盖　　AFT重排队列:节省IA时间

图 10.17　采用附加图像的 AFT 图像面板重排

10.7　小　　结

在用户—融合系统中,如果人机界面上出现的结果与用户期望值冲突,用户将与融合系统出现认知上的不一致。用户从融合系统获得的必须是可靠的、精确的、及时的和可信的信息,以支持自身的判定活动或直接支撑后续的作战活动,若没有人的参与,难以实现这一目标。从图 10.18 可以看出,对于人与融合系统交互判定活动,存在影响用户的信息判定能力的技术操作条件[65]。信息融合系统必须通过提高融合输出信息质量,为后续有效判定或能直接产生判定结果提供优质融合产品,因此,信息融合设计应该对各种对象、数据和环境模型都具有健壮性[66]。

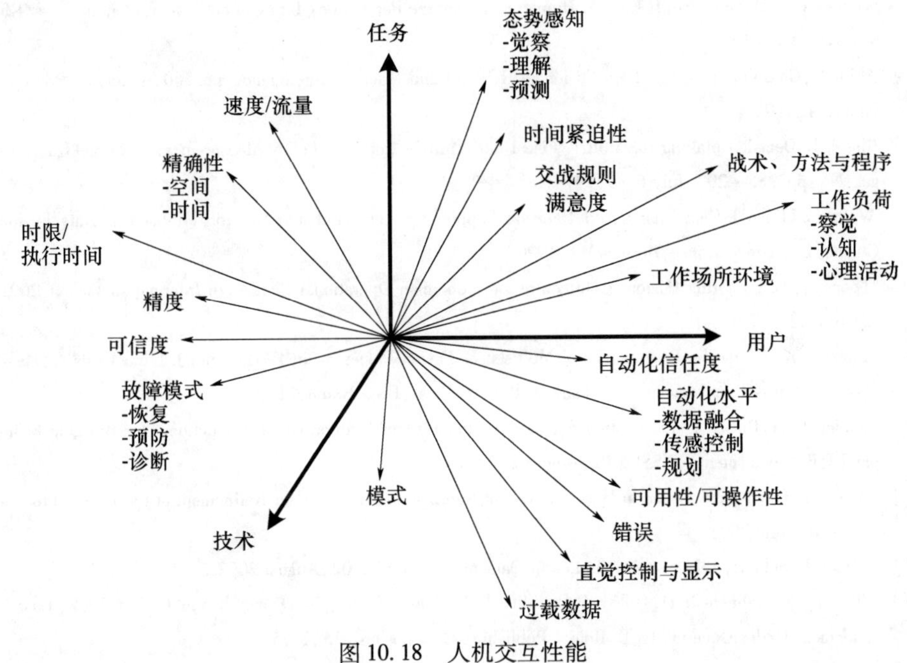

图 10.18　人机交互性能

Hall[4] 对用户精炼(UR)的补充意见(关于传感器、用户和任务管理)中所提出的一些关于信息融合的重要问题,包括:①融合系统为用户而设计;②为使代价函数最优化建立度量指标的一个标准集合;③主张建立严格的融合评估准则,以支持用户进行有效评定;④动态判定规划和任务规划所需要的任务规划的分布式更新;⑤设计的界面指南支持用户的控制活动和用户在信息融合系统中的效用。这几点意见对于"人在环中"的融合系统设计和运行既具有指导意义,又具有实现价值。

参 考 文 献

[1] Hall D. Knowledge – Based Approaches, in Mathematical Techniques in Multisensor Data Fusion, Chapter 7, pp. 239, Artech House, Boston, MA, 2004.

[2] Blasch E, Plano S. Level 5: User Refinement to Aid the Fusion Process. Proceedings of SPIE, 5096. 2003.

[3] Liggins M E, David L H, Llinas J. Handbook of Multisensor Data Fusion: Theory and Practice (Second Edition). CRC Press, Taylor & Francis Group, Boca Raton London, New York. 2009.

[4] Hall D. Dirty Little Secrets of Data Fusion, NATO Conference, 2000.

[5] Hall J M, Hall S A, Tate T. Removing the HCI Bottleneck: How the Human - Computer Interface (HCI) Affects the Performance of Data Fusion Systems, in D. Hall and J. Llinas (Eds.), Handbook of Multisensor Data Fusion, Chapter 19, pp. 1 - 12, CRC Press, Boca Raton, FL, 2001.

[6] Cantoni V V, Di Gesu, Setti (Eds) A. Human and Machine Perception: Information Fusion, Plenum Press/Kluwer, New York, 1997.

[7] Abidi M, Gonzalez (Eds. R). Data Fusion in Robotics and Machine Intelligence, pp. 560, Academic Press, Orlando, FL, 1992.

[8] Blasch E. Decision Making for Multi - Fiscal and Multi - Monetary Policy Measurements, Fusion98, Las Vegas, NV, pp. 285 - 292, July 6 - 9, 1998.

[9] Waltz E, Llinas J. Data Fusion and Decision Support for Command and Control, Multisensor Data Fusion, Chapter 23, Artech House, Boston, MA, 1990.

[10] Looney C G. Exploring Fusion Architecture for a Common Operational Picture, in Information Fusion, 2001, 2(10): 251 - 260.

[11] Llinas J. Assessing the Performance of Multisensor Fusion Processes, in D. Hall and J. Llinas (Eds.), Handbook of Multisensor Data Fusion, Chapter 20, CRC Press, Boca Raton, FL, 2001.

[12] Fabian W Jr, Blasch E. Information Architecture for Actionable Information Production, (for Bridging Fusion and ISR Management), NSSDF 02, August 2002.

[13] Blasch E. Ontological Issues in Higher Levels of Information Fusion: User Refinement of the Fusion Process, Fusion03, July 2003.

[14] Blasch E, Schmitz J. Uncertainty Issues in Data Fusion, NSSDF 02, August 2002.

[15] Tversky K, Kahneman D, Utility. Probability & Decision Making, in D. Wendt and C. A. J. Vlek (Eds.), Judgment Under Uncertainty, D. Reidel Publishing Co. , Boston, MA, 1975.

[16] Jousselme A - L, Maupin P, Bosse E. Formalization of Uncertainty in Situation Analysis, DSTO Conference, 2003.

[17] Blasch E. Situation, Impact, and User Refi nement, Proceedings of SPIE, Vol. 5096, April 2003.

[18] Blasch E, Pribilski M, Daughtery B, Roscoe B, Gunsett J. Fusion Metrics for Dynamic Situation Analysis, Proceedings of SPIE, Vol. 5429, April 2004.

[19] [JDL] US Department of Defense, Data Fusion Sub - panel of the Joint Directors of the Laboratories, Technical Panel for C3, "Data Fusion Lexicon," 1991.

[20] Steinberg A N, Bowman C, White F. Revisions to the JDL Data Fusion Model, NATO/ IRIS Conference, October 1998.

[21] Llinas J, Bowman C, Rogova G, Steinberg A, Waltz E, White F. Revisiting the JDL Data Fusion Model II, Fusion04, 2004.

[22] 赵宗贵，熊朝华等．信息融合概念、方法与应用．北京：国防工业出版社，2012.

[23] Hightower T A. Boyd's OODA Loop and How we use it. http://www. tacticalresource. com/d/ node/226.

[24] Blasch E, Kadar I, Salerno J, Kokar M M, Powell G M, Corkill D D, Ruspini E H. Issues and challenges in Situation Assessment (Level 2 Fusion). J. of Adv. in Info. Fusion. December, 2006, 1(2): 122 - 139.

[25] Kaupp T, Makarenko A, Ramos F, Durrant - Whyte H. Human Sensor Model for Range Observations, IJCAI Workshop Reasoning with Uncertainty in Robotics, Edinburgh, Scotland, July 2005.

[26] Endsley M R. Design and Evaluation for Situation Awareness Enhancement, Proceedings of Human Factors

Society, pp. 97 – 101, 1988.

[27] Musick S, Malhotra R, Chasing the Elusive Sensor Manager, IEEE NAECON, 1994.

[28] Schubert J. Robust Report Level Cluster – to – Track Fusion, Fusion02, 2002.

[29] Schubert J. Evidential Force Aggregation, Fusion03, 2003.

[30] Blasch E. Assembling an Information – Fused Human – Computer Cognitive Decision Making Tool, IEEE AESS, 2000, 7: 11 – 17.

[31] Welsh R, Blasch B. Foundations of Orientation and Mobility, American Foundation for the Blind, NY, 1980.

[32] Blasch E Gainey J. Jr. Physio – Associative Temporal Sensor Integration, Proceedings of SPIE, Orlando, FL, 1998, 4: 440 – 450.

[33] Gibson J J. The Senses Considered as Perceptual Systems, Waveland Press, Inc., Prospect Heights, IL, 1966.

[34] Kadar I. Data Fusion by Perceptual Reasoning and Prediction, Proceedings of Tri – Service Data Fusion Symposium, Johns Hopkins University, June 1987.

[35] Waltz E. Data Fusion in Offensive and Defensive Information Operations, NSSDF, June 2000.

[36] Brooks R. Elephants Don't Play Chess, Robotics and Autonomous Systems, 1990, 6: 3 – 15.

[37] Lambert D A. Situations for Situation Awareness, Proceedings of Fusion 2001, Montreal, Quebec, Canada, 7 – 10 August, 2001.

[38] Matheus C J, Kokar M M, Baclawski K. A Core Ontology for Situational Awareness, Proceedings of the Sixth International Conference on Information Fusion (Fusion03), Cairns, Australia, July 8 – 11, 2003, 545 – 552.

[39] McMichael D, Jarrad G. Grammatical Methods for Situation and Threat Analysis, Fusion05, 2005.

[40] Wickens C D. Engineering Psychology and Human Performance, Scott, Foresman, & Company, Glenview, IL, 1984.

[41] Billings C E. Aviation Automation: The Search for the Human – Centered Approach, Lawrence Erlbaum Associates, Mahwah, NJ, 1997.

[42] Suchman L A. Plans and Situated Actions: The Problem of Human – Machine Communication. Cambridge University Press, Cambridge, England, 1987.

[43] Blasch E P, Plano S. JDL Level 5 Fusion Model: User Refinement Issues and Application Group Tracking, Proceedings of SPIE, Vol. 4729, Aerosense, 2002.

[44] Gilson D, Garland D, Koonce J. Situational Awareness in Complex Systems, Aviation Human Factors Series, Defense Technical Information Center, Dayton, OH, 1994.

[45] Endsley M R. Toward a Theory of Situational Awareness in Dynamic Systems, Human Factors J, 1996, 37: 32 – 64.

[46] Endsley M R, Garland (Eds.) D J. Situation Awareness Analysis and Measurement, Lawrence Erlbaum, Mahwah, NJ, 2000.

[47] Endsley M R, Bolte B, Jones D G. Designing for Situation Awareness: Approach to User – Centered Design, Taylor and Francis, London, 2003.

[48] Klein G A. Recognition – Primed Decisions, in W. B. Rouse (Ed.), Advances in Man – Machine Systems Research, Vol. 5. JAI Press, Greenwich, CT, pp. 47 – 92, 1989.

[49] Kettani D, Roy J. A Qualitative Spatial Model for Information Fusion and Situation Analysis, Proceedings of the Third International Conference on Information Fusion, Paris, France, July 2000.

[50] Roy J, Paradis S, Allouche M. Threat Evaluation for Impact Assessment in Situation Analysis Systems, Proceedings of SPIE, Vol. 4729, 2002.

[51] Xiong N, Svensson P. Multisensor Management for Information Fusion: Issues and Approaches, Information Fusion, 2002, 3: 163 – 186.

[52] Rasmussen J. Information Processing and Human - Machine Interaction: An Approach to Cognitive Engineering, North - Holland, New York, 1986.

[53] Hall D L, McMullen S A. Mathematical Techniques in Multisensor Data Fusion, Artech House Inc., Norwood, MA, 2004.

[54] Zsambok C E, Klein G A, Beach L R, Kaempf G L, Klinger D W, Thordsen M L, and Wolf S P. Decision - Making Strategies in the AEGIS Combat Information Center. Klein Associates, Fairborn, OH, 1992.

[55] Burns C M, Hajdukiewicz J R. Ecological Interface Design, CRC Press, New York, NY, 2004.

[56] Vicente K J. Cognitive Work Analysis, Toward Safe, Productive and Healthy Computer - Based Work, Lawrence Erlbaum, Mahwah, NJ, 1999.

[57] Salerno J, Hinman M, Boulware D. Building a Framework for Situational Awareness, Proceedings of Fusion 2004, Stockholm, Sweden, 2004.

[58] Matheus C, Kokar M, Baclawski K, Letkowski J A, Call C, Hinman M, Salerno J, Boulware D. SAWA: An Assistant for Higher - Level Fusion and Situation Awareness, Proceedings of SPIE, Vol. 5813, 2005.

[59] Kokar M, Matheus C J, Letkowski J, Baclawski K. Association in Level 2 Fusion, Proceedings of SPIE: International Society for Optical Engineering, 2004, 5434: 228 - 237.

[60] Matheus C J, Baclawski K P, Kokar, M. Derivation of Ontological Relations Using Formal Methods in a Situation Awareness Scenario, Proceedings of SPIE: International Society for Optical Engineering, Vol. 5099, 2003.

[61] Blasch E. Assisted Target Recognition through User - Algorithm Fusion, NSSDF 06, 2006.

[62] Burns T, Douglass R, Hummel R, Kasprick K. DARPA MSTAR Handbook, Washington, DC, 2006.

[63] Ross T D, Mossing J C. The MSTAR Evaluation Methodology, Proceedings of SPIE, Vol. 3721, Algorithms for Synthetic Aperture Radar Imagery VI, 1999, 4: 705.

[64] Baumann, J M, Jackson III J L, Sterling G D, Blasch E. RT - ROC: A Near - Real - Time Performance Evaluation Tool, Proceedings of SPIE, April 2005.

[65] Kuperman G. Human Systems Interface (HIS) Issues in Assisted Target Recognition (ASTR), NAECON97, 1997, 37 - 48.

[66] Ross T, Minardi M. Discrimination and Confidence Error in Detector Reported Scores, Proceedings of SPIE, Algorithms for Synthetic Aperture Radar Imagery XI, 2004, 5427: 342 - 353.

内 容 简 介

全书共分为10章。第1章描述了当前信息融合研究动态,建立了人在感知环中的信息融合模式。第2章给出了工程应用的信息关联/相关的内涵、度量与判定方法。第3章介绍了基于动态规划、Hough变换和粒子滤波的检测前跟踪(TBD)原理和实现算法,以及多传感器TBD设想。第4章介绍了作战识别(CID)的概念和体系结构、基于信息熵的信息差异度量方法及其在CID中的应用。第5章阐述了高阶运动目标状态估计方法,导出了二阶运动目标状态估计的充分统计量,提出并证明了两种目标参数辨识方法。第6章描述了可观测性概念,导出了运动探测平台纯方位目标跟踪的可观测性条件。第7章建立了全局和距离精度准则下纯方位跟踪平台最优轨迹模型及数值求解方法,以实现单平台目标隐蔽跟踪。第8章导出了多站贝叶斯目标定位点估计和区域估计,以实现多站纯方位目标定位精度的定量分析。第9章建立了基于任务关注内容和人视觉感知的图像融合评价指标,并与传统的图像质量指标进行了比较。第10章描述了人在融合系统中的认知作用,以及用户参与和主导的融合系统需要解决的问题。每章都给出了仿真验证或工程应用案例,以飨读者。

本书适用于电子信息系统工程技术人员,也可以作为自动化、计算机工程和电子信息系统工程等专业的参考书。

There are ten chapters in this book. Chapter 1 describes the research development of recent information fusion, and builds the information fusion models of human – in – awareness loop. The conceptual intension, metrics and decision methods of information association/correlation for engineering applications are proposed in chapter 2. Chapter 3 introduces the principle and implementation algorithms of track before detect (TBD) technology Based on dynamic programming, Hough transformation and particle filter, and Technical Ideas of multi – sensor TBD. In chapter 4, the concepts and architectures of combat identification (CID), with information difference measure method and its application based on information entropy in CID are introduced. Chapter 5 elaborates high – order moving target state estimation method, and deduces the sufficient statistics for second – order moving target state estimation, two identification methods of target parameter are proposed and proved. Chapter 6 describes concept of observability, and the observability condition of the moving detecting platform bearing – only target tracking is deduced. Chapter 7 builds bearing – only tracking platform optimal trajectory model and its numerical solution under whole and range accuracy rules, so realizing single platform covert tracking. Chapter 8 deduces Bayesian point estimation and region estimation for target location based on multi – station. Chapter 9 builds fused image quality evaluation index by means of task content and visual sensation, and compares it with traditional image quality evaluation index. Chapter 10 describes the key cognitive roles of man in fusion system, and some problems to be solved in fusion systems while user participates and plays leading role in fusion system. Each chapter offers some simulation validation cases or engineering application cases to readers for reference.

This book is suitable for engineers who are engaged in researching and developing the electronic information system. It also can be used as a professional teaching reference book for major in automation, computer engineering, and electronic information engineering etc. .